Wissenschaftliche Untersuchungen
zum Neuen Testament · 2. Reihe

Herausgegeben von
Martin Hengel und Otfried Hofius

65

Die Ordnung
des »Hauses Gottes«

Der Ort von Frauen in der Ekklesiologie
und Ethik der Pastoralbriefe

von

Ulrike Wagener

J.C.B. Mohr (Paul Siebeck) Tübingen

Die Deutsche Bibliothek – CIP-Einheitsaufnahme

Wagener, Ulrike:
Die Ordnung des »Hauses Gottes«: der Ort von Frauen in der Ekklesiologie und Ethik der Pastoralbriefe / von Ulrike Wagener.
– Tübingen: Mohr, 1994
  (Wissenschaftliche Untersuchungen zum Neuen Testament: Reihe 2; 65)
  ISBN 3-16-146304-8

NE: Wissenschaftliche Untersuchungen zum Neuen Testament / 02

© 1994 J.C.B. Mohr (Paul Siebeck) Tübingen.

Das Buch wurde von Druck Partner Rübelmann in Hemsbach auf säurefreies Werkdruckpapier der Papierfabrik Niefern gedruckt und von der Großbuchbinderei Heinr. Koch in Tübingen gebunden.

ISSN 0340-9570

Meinen Eltern

Vorwort

Die vorliegende Arbeit wurde im Wintersemester 1992/93 von der Evangelisch-Theologischen Fakultät der Westfälischen Wilhelms-Universität Münster als Dissertation angenommen; für den Druck habe ich sie an einigen Stellen überarbeitet und erweitert.

Mein Dank gilt an erster Stelle Herrn Prof. Dr. Martin Rese, der die Arbeit angeregt und mit vielen weiterführenden Anregungen und manchmal kritischen Rückfragen begleitet hat. Neben seinem immensen Wissensschatz, von dem ich viel profitiert habe, hat mich vor allem seine menschliche Offenheit und stete Gesprächsbereitschaft beeindruckt. Herzlich gedankt sei an dieser Stelle auch Herrn Prof. Dr. D.-A. Koch, der das Korreferat übernommen hat, sowie Herrn Prof. Dr. M. Hengel und Herrn Prof. Dr. O. Hofius für die Aufnahme der Arbeit in die "Wissenschaftlichen Untersuchungen zum Neuen Testament".

Herr Prof. Dr. K.-W. Dahm hat als Direktor des Instituts für Christliche Gesellschaftswissenschaften während meiner Beschäftigung immer Verständnis für mein wissenschaftliches Engagement in einer anderen theologischen Disziplin aufgebracht und mir so die Verfolgung meiner unterschiedlichen Interessengebiete Neues Testament und theologische Ethik ermöglicht. Die Mitarbeiterinnen und Mitarbeiter des Instituts haben viel dazu beigetragen, daß die letzten Jahre für mich eine Zeit fruchtbarer wissenschaftlicher Auseinandersetzungen und bereichernder Kontakte gewesen sind. Ihnen allen sei ebenfalls sehr gedankt.

Viele Denkanstöße und interessante Diskussionen verdanke ich der Frauengruppe der beiden Münsteraner theologischen Fakultäten. Wertvolle Hinweise habe ich auch von Dr. Martin Leutzsch erhalten, der zudem - wie auch Ilse Müllner, Julia Paulus und Ulrike Stehling - die Mühe des Korrekturlesens übernommen hat. Für Hilfe bei der technischen Fertigstellung danke ich Hans-Gerd Jöhring, Ulrike Stehling und insbesondere Werner Schiewek, der sich nicht nur in allen technischen Fragen als steter Ansprechpartner zur Verfügung gestellt hat, sondern darüber hinaus meine Arbeit als freundschaftlicher Kollege in außerordentlicher Weise unterstützt hat. Dem Mohr-Verlag, insbesondere Frau Ilse König, danke ich für die freundliche Betreuung.

Meine Mitbewohnerinnen Martina Berkenkopf und Gabriele Hatting haben auch die intensivsten Arbeitsphasen mit viel Geduld mitgetragen; Cornelia Lange hat mich, wenn es nötig war, daran erinnert, daß es auch noch ein Leben jenseits des Schreibtisches gibt.

Ich widme die Arbeit meinen Eltern, die durch ihr Vertrauen und ihre Großherzigkeit die Grundlagen für meinen Weg gelegt haben.

Münster, im August 1994   Ulrike Wagener

Inhaltsverzeichnis

Teil II:
Die Frau im Gottesdienst.
Exegetische Untersuchung von 1 Tim 2,9-3,1a

Teil III:
Das Witwenamt.
Exegetische Untersuchung von 1 Tim 5,3-16

Teil IV:
Die ΟΙΚΟΣ*-Ekklesiologie und -Ethik der Pastoralbriefe - eine Strategie zur Restriktion der aktiven Teilhabe von Frauen und zur Absicherung männlicher Herrschaft in der Gemeinde.*

Einführung

1. Thema, Zielsetzung und Aufbau dieser Untersuchung

Im Zusammenhang der Forschung zur Geschichte des frühen Christentums ist in den letzten Jahren verstärkt zum einen nach dem Beitrag von Frauen zur Entwicklung urchristlicher Gemeinden und zum anderen nach der Bedeutung des christlichen Glaubens für das Leben von Frauen im römischen Reich gefragt worden. Die "Rekonstruktion frühchristlicher Frauengeschichte"[1] wurde so zu einem wichtigen Thema neutestamentlicher Forschung. Die vorliegende Untersuchung will hierzu einen Beitrag leisten, indem sie nach dem Leben und Glauben von Frauen, ihren Partizipationsmöglichkeiten und -einschränkungen in jenen christlichen Gemeinden fragt, an die sich die Pastoralbriefe richten.

Inhaltlich geht es in den Pastoralbriefen zentral um Ekklesiologie und Ethik. Die Schlüsselstelle für beide Bereiche findet sich in 1 Tim 3,14f. Dort heißt es:

Ταῦτά σοι γράφω ἐλπίζων ἐλθεῖν πρὸς σὲ ἐν τάχει. ἐὰν δὲ βραδύνω, ἵνα εἰδῇς πῶς δεῖ ἐν οἴκῳ θεοῦ ἀναστρέφεσθαι, ἥτις ἐστὶν ἐκκλησία θεοῦ ζῶντος, στῦλος καὶ ἑδραίωμα τῆς ἀληθείας.

Die Gemeinde ist hier als "Haus Gottes" verstanden; es ist wichtig zu wissen, wie man sich dort verhalten soll, da es "Kirche des lebendigen Gottes" und "Pfeiler und Fundament der Wahrheit" ist. Das Haus mit seinen Strukturen bildet von daher sowohl das Modell für die Ordnung der Kirche als auch die Norm für das Verhalten der einzelnen. Ekklesiologie und Ethik der Pastoralbriefe werden in dieser Leitvorstellung vom οἶκος θεοῦ grundgelegt.[2]

Die zentrale Bedeutung dieser Stelle wird auch in jüngeren Veröffentlichungen betont. So hat *Verner* in seiner 1983 erschienenen Monographie "The Household of God" 1 Tim 3,14f zum Ausgangspunkt einer sozialgeschichtlichen Analyse der in den Pastoralbriefen angesprochenen Gemeinden gemacht.[3] Auch im 1988 erschienenen Kommentar von *Roloff* wird dieser Text als Schlüsselstelle für die ethischen und gemeindeordnenden Bestimmungen der Pastoralbriefe gesehen: "Man könnte ihn mit ei-

---

[1] Zu Begrifflichkeit und Forschungsansatz vgl. *Brooten*, Frühchristliche Frauen, 62ff; *Brooten*, Methodenfragen, pass.; *Schüssler Fiorenza*, Gedächtnis, 11ff; analog für die Alte Kirchengeschichte: *Jensen*, Töchter, 11ff.

[2] Vgl. *Lips*, Glaube, 143.

[3] Vgl. die Einleitung in *Verner*, Household, 1. Auch *Donelson* (Pseudepigraphy, 154) verweist auf die zentrale Bedeutung dieser Stelle, allerdings nur in Bezug auf den 1 Tim: "The primary purpose of the letter is, after all, to describe 'how one should behave in the house of God' (1 Tim.3.15)."

nigem Recht darum die theologische Mitte nicht nur des 1 Tim, sondern der ganzen Past nennen."[4]

Gleichzeitig ist festzustellen, daß in den Pastoralbriefen, insbesondere im 1 Timotheusbrief, Anweisungen für das Verhalten und die angemessene Rolle von Frauen breiten Raum einnehmen. Der innere Zusammenhang dieser auffälligen Präsenz des "Frauenthemas" mit der Konzeption der Gemeinde als "im Sinne weltlicher Hausgemeinschaft geordnete[r] Institution"[5] ist aber bisher noch keiner ausführlichen Analyse unterzogen worden. Dies will diese Arbeit durch eine gründliche exegetische Untersuchung der zentralen Passagen leisten: Der erste Text, 1 Tim 2,9-3,1a, enthält eine Anweisung für das Verhalten und die angemessene Position von Frauen im Gottesdienst. Der zweite Text, 1 Tim 5,3-16, die sogenannte "Witwenregel", formuliert Bestimmungen für das Amt der Gemeindewitwe.

Den exegetischen Untersuchungen dieser beiden Texte, die in Teil II und III dieser Arbeit vorgenommen werden, ist in Teil I ein ausführlicher Forschungsbericht vorangestellt, der den Ort der vorgelegten Untersuchung in der Forschungsgeschichte bestimmt. Die bisherige Forschung zu den frühchristlichen Haus- und Ständetafeln ist sehr komplex, weil mit der formgeschichtlichen Debatte immer auch Gesamtkonzeptionen der frühchristlichen Entwicklungsgeschichte verknüpft waren und sind. Es geht hier also nicht nur um literarische Gattungsbestimmungen, sondern gleichzeitig um ein Gesamtbild der Entwicklung des Urchristentums in soziologischer, theologischer und ethischer Hinsicht; aus diesem Grund nimmt die Darstellung und kritische Würdigung der bisherigen Forschungsansätze und -ergebnisse einen recht breiten Rahmen ein. Im Ergebnis dieses Durchgangs durch die Forschungsgeschichte werden Fragestellungen für die Exegese der beiden hier zu untersuchenden Texte sowie eine Hypothese zur Interpretation der οἶκος-Ekklesiologie und -Ethik der Pastoralbriefe formuliert, die durch die Textanalyse zu überprüfen ist.

Bei den exegetischen Einzeluntersuchungen in Teil II und III hat es sich als notwendig erwiesen, die Exegese der Witwenregel ausführlicher anzulegen als diejenige der Gottesdienstanordnung für Frauen. Dies hat seinen Grund darin, daß es sich bei der Witwenregel um einen sehr vielschichtigen Text handelt, der zudem in der exegetischen Forschung bisher selten Gegenstand detaillierter Analysen war. Die hier gegebene Untersuchung will zu einem schlüssigen Gesamtverständnis der Witwenregel im Rahmen der Pastoralbriefe beitragen, in dessen Rahmen auch die mannigfaltigen bisher ungeklärten Einzelaspekte des Textes eine Lösung finden.

In den Gang der exegetischen Untersuchungen sind an vier Stellen Exkurse eingeschaltet, die ausgehend von der Analyse der Texte weitergehende Reflexionen zu Themenkomplexen und Fragestellungen enthalten, die zuvor im Durchgang durch die Forschungsgeschichte als für das Verständnis der Pastoralbriefe entscheidend aufgewiesen worden sind. Im einzelnen werden behandelt: die Frage der traditionsgeschichtlichen Einordnung der am Modell des Hauses ausgerichteten ekklesiologischen und ethischen Anweisungen der Briefe, die Interpretation ihrer antihäretischen Pole-

---

[4] *Roloff*, 1 Tim, 190.
[5] *Lips*, Glaube, 143.

mik, die Bedeutung der in den Briefen als normatives Kriterium vertretenen Orientierung an der Reaktion der nichtchristlichen Umwelt sowie der Zusammenhang von Frauenparänese und Reichenparänese in den Pastoralbriefen. Der Schlußteil der Arbeit faßt die Ergebnisse der exegetischen Untersuchungen zusammen und stellt im abschließenden Ausblick die Bedeutung der Ekklesiologie und Ethik der Pastoralbriefe in ihrer Wirkungsgeschichte dar.

2. Die Pastoralbriefe als pseudepigraphe Schriften

Die vorliegende Untersuchung geht von der Annahme der Pseudonymität der Pastoralbriefe[6] aus, wie sie sich inzwischen in der Forschung weitgehend durchgesetzt hat.[7] Die Pastoralbriefe sind somit im Kontext antiker und urchristlicher Pseudepigraphie[8] zu interpretieren; ein Verständnis ihrer Zielsetzung und Aussage kann nur durch eine Untersuchung der spezifischen pseudepigraphen Merkmale und Stilmittel gewonnen werden.

Als grundlegende Entstehungsbedingung des Phänomens antiker Pseudepigraphie hat die Forschung die Orientierung an einer als normativ geltenden Vergangenheit aufgewiesen. Dabei haben insbesondere Texte mit paränetischen Motivationen und Inhalten eine deutliche Tendenz zur Pseudepigraphie;[9] den ethischen Weisungen soll durch die Anbindung an eine Autorität der Vergangenheit normative Geltung in der Gegenwart verliehen werden. Im frühen Christentum entwickelt sich diese Voraussetzung in der zweiten und dritten Generation, in denen sich die Sicht der apostolischen Anfangszeit als schlechthin normgebend herausbildet. Hinzu kommt als Voraussetzung für die Entstehung urchristlicher Pseudepigraphie die polemisch geführte Auseinandersetzung zwischen "Orthodoxie" und "Häresie", die auf beiden Seiten zu dem Versuch führt, die je eigene Position durch Rekurs auf die Norm des Anfangs abzusi-

---

[6] Selbst im NTD werden die Pastoralbriefe inzwischen im 1991 erschienenen Kommentar von Helmut *Merkel* als Deuteropaulinen angesehen, nachdem lange Jahre immer wieder der noch für paulinische Verfasserschaft votierende Kommentar von *Jeremias* nachgedruckt wurde. Einige jüngere englischsprachige Publikationen gehen allerdings weiterhin von Echtheit aus, insbesondere ist hier der 1992 erschienene Kommentar von *Knight* zu nennen. *Towner* hält in seiner 1989 publizierten Monographie "The Goal of our Instruction" (256f) paulinische Verfasserschaft zumindest für möglich.

[7] Die Diskussion um die Verfasserschaft der Pastoralbriefe ist in der Forschung mit besonderer Heftigkeit geführt worden, was nach *Roloff* (1 Tim, 36) darauf hindeutet, "daß vor dem Eingeständnis der Pseudonymität der Past eine hohe emotionale Schwelle liegt" aufgrund "der konsequenten, überlegten und einfallsreichen Art ..., in der die Verfasserfiktion hier durchgeführt wird." Besondere Widerstände ergaben sich bei dem Ansinnen, die "privaten" Notizen des 'Paulus' im 2. Timotheusbrief für fiktiv zu halten (vgl. die Darstellung bei Donelson, Pseudepigraphy, 12; *Roloff*, 1 Tim, 24f). Diese persönlichen Anmerkungen haben deshalb die sog. Fragmentenhypothese motiviert, nach der diese Personalnotizen authentisch seien.

[8] Zur urchristlichen Pseudepigraphie vgl. die wichtigen Arbeiten von *Speyer*, Religiöse Pseudepigraphie; *Rist*, Pseudepigraphy; und für die deutschsprachige Exegese insbesondere wirkungsgeschichtlich bedeutend: *Brox*, Falsche Verfasserangaben.

[9] Dies gilt für den pagan-hellenistischen wie für den jüdischen Kontext; vgl. *Wolter*, Pastoralbriefe, 139. Belege aus griechisch-römischer Ethik bei *Donelson*, Pseudepigraphy, 23-41.

chern.[10] Das literarische Mittel der pseudepigraphen Fiktion hat außerdem eine besondere Affinität zur Gattung des Briefes. Dies hat seinen Grund darin, daß in der Antike der Brief als Ersatz für personale Anwesenheit angesehen wurde und so die Fähigkeit hatte, die Präsenz des Briefschreibers oder der Briefschreiberin zu vermitteln.[11] Dieses Merkmal des echten Briefes macht sich der pseudepigraphe Brief zunutze: aus der Ersatzpräsenz wird in ihm dann die einzig noch mögliche Präsenz einer entscheidenden Persönlichkeit.

Für ein angemessenes Verständnis der Pastoralbriefe sind unter der Voraussetzung ihrer Pseudonymität folgende Fragestellungen von entscheidender Bedeutung: Warum wählt der Verfasser Paulus als fiktiven Autor, und wie sind die Pastoralbriefe literarisch und historisch im Kontext des Deuteropaulinismus zu verorten? Aus welchem Anlaß und zu welchem Zweck bedient sich der Verfasser der literarischen Gattung des pseudepigraphen Briefes, und wie arbeitet er mit den spezifischen Artikulationsmöglichkeiten dieser Gattung? Wie ist in diesem Zusammenhang die Adressierung an Einzelpersonen, nämlich die Apostelschüler Timotheus und Titus, zu verstehen? Wie ist die Dreizahl der Briefe zu erklären und zu beurteilen?[12]

(1) Die *Autorfiktion* ist in den Pastoralbriefen in einer sehr überlegten und elaborierten Weise durchgeführt. Die drei Briefe werden nicht nur im Präskript dem Paulus als Verfasser zugeschrieben, sondern in der literarischen Fiktion der Pastoralbriefe wird eine ungebrochene Kontinuität der Verbundenheit mit dem Apostel suggeriert: Paulus ist normativer Ursprung der διδασκαλία der Pastoralbriefe; die von ihnen propagierte Theologie, Ekklesiologie und Ethik wird als paulinische Hinterlassenschaft (παραθήκη), die es zu bewahren gilt, dargestellt.[13]

Die Frage nach dem historischen Hintergrund und der sachlichen Angemessenheit dieser Berufung auf Paulus hat in der neueren Forschung zu der Erkenntnis geführt, daß die in den Past suggerierte Kontinuität zum Gemeindegründer Paulus eine literarische Fiktion darstellt, die eine faktisch bestehenden Diskrepanz zum Apostel überdeckt.[14] Die "paulinische Tradition" in dem inhaltlich bestimmten Sinne, wie sie in

---

[10] Vgl. *Donelson*, Pseudepigraphy, 42-54.

[11] Vgl. *White*, Letters, 86.

[12] Diese Fragestellungen werden in einer Reihe von Untersuchungen behandelt, die in den letzten fünfzehn Jahren die spezifische Ausprägung der Pseudepigraphie in den Pastoralbriefen thematisiert und zum Schlüssel ihrer Auslegung gemacht haben. Es sind dies insbesondere die Arbeiten von *Trummer* (1978 und 1981), *Donelson*, *Fiore* (beide 1986) und *Wolter* (1988). Diese Arbeiten haben für das wissenschaftliche Verständnis der Pseudepigraphie der Pastoralbriefe Entscheidendes geleistet, wenn auch bis heute in vielen Einzelfragen noch kein Forschungskonsens zu verzeichnen ist.

[13] Vgl. *Wolter*, Pastoralbriefe, 63.

[14] Hatten wissenschaftliche Untersuchungen zunächst die Kontinuität zwischen Paulus und den Pastoralbriefen betont (vgl. *Trummer*, Paulustradition, 97-105; *Fiore*, Function, 234), so rechnet *Wolter* mit einem Bruch. Er kommt zu dem Ergebnis, Hintergrund der Abfassung der Pastoralbriefe sei eine akute Identitätskritse paulinischer Gemeinden gewesen, die durch das Auseinandertreten ihrer paulinischen Tradition und ihrer faktischen Verfaßtheit entstand (Pastoralbriefe, 243ff). Mit der vorsichtigen Anerkennung der Diskrepanz zwischen literarischer Fiktion und historischer Realität hat *Wolter* sich damit von apologetischen Impulsen zur Erklärung der Pseudonymität gelöst. Erheblich radikaler wird ebendiese Richtung in der Analyse von *Donelson* verfolgt. Er führt aus, der Verfasser der Pastoralbriefe "appears to be a Paulinist not in theology but only in name; he is defending a man he knows mostly by reputation and legend. He is basically ignorant of Paul's unique version of Christian salva-

den Pastoralbriefen erscheint, ist eine Konstruktion der Briefe und hat vor deren Abfassung so nicht existiert.[15] Vielmehr hat der Verfasser eigenständig ein theologisches
und ethisches System geschaffen,[16] das er dann in eine fiktionale Vergangenheit projiziert, um zu versichern, von dort sei es sorgfältig und ohne Verfälschung bis in seine
Gegenwart überliefert worden. Das Mittel des pseudepigraphen Briefes bietet ihm dabei die Möglichkeit, diesen Prozeß der Erschaffung von 'Tradition' unsichtbar zu machen.[17]

(2) Wenn man versucht, den *Anlaß und Zweck der Abfassung* der Pastoralbriefe
unter dem Namen des Paulus zu rekonstruieren, so ist dabei von dem Ergebnis der urchristlichen Pseudepigraphieforschung auszugehen, daß pseudonyme Schreiben in aktuellen dogmatisch-ethischen Auseinandersetzungen verfaßt werden, um den Standpunkt einer Konfliktpartei autoritativ abzusichern.[18] Wie dieser Konflikt jedoch historisch einzuordnen und inhaltlich zu bestimmen ist, darüber besteht in der Forschung
keine Einigkeit. Vielmehr sind zwei Grundmodelle sichtbar, die sich hinsichtlich ihrer
Sicht der Paulusrezeption im historischen Kontext der Pastoralbriefe unterscheiden:
Die eine Grundposition - die etwa von Trummer und Wolter vertreten wird - geht davon aus, daß der Verfasser der Pastoralbriefe innerhalb eines lebendigen und kirchlich
wirkmächtigen Paulinismus steht und sich auf eine unhinterfragte Wertschätzung des

---

tion and thus passes on a handful of catch phrases which sound like Paul but which do not inform the
author's thinking in any substantive way" (Pseudepigraphy, 60).

[15] Vgl. *Donelson*, Pseudepigraphy, 162-170.

[16] Die grundlegenden theologischen Unterschiede zu Paulus sind in der Forschung ausführlich
analysiert worden. Sie schlagen sich in einer deutlichen Verschiebung der theologischen Begrifflichkeit
nieder. Eine Reihe der zentralen Begriffe des Paulus spielt keine oder eine geringe Rolle, so δικαιοσύνη
θεοῦ und σῶμα Χριστοῦ. Dafür treten neue theologische Begriffe in den Vordergrund, insbesondere in
der Gotteslehre der hellenistische Titel σωτήρ (1 Tim 1,1; 2,3; 4,10) und die Bezeichnung Gottes als
μακάριος (1 Tim 1,11; 6,15) sowie in der Christologie ἐπιφάνεια für die irdische Erscheinung Christi.
Für das christliche Leben hat der Begriff "Frömmigkeit", εὐσέβεια zentrale Bedeutung. Daneben ist vor
allem die Rezeption von Tugendbegriffen aus hellenistischer Ethik festzustellen (dazu s.u. S. 78-85).
Vgl. *Brox*, Past, 46-49; *Dibelius/Conzelmann*, Past, 13; *Roloff*, 1 Tim 31f; *Vielhauer*, Geschichte,
233f.

[17] Vgl. *Donelson*, Pseudepigraphy, 164. Hier wird ein spezifisches Merkmal der Pseudepigraphie
der Pastoralbriefe sichtbar, das diese von anderen neutestamentlichen Pseudepigraphen unterscheidet,
wie *Donelson* (Pseudepigraphy, 51-54) darlegt: In Eph und Kol wie auch 1 Petr, Jud und Jak könnte
die theologische Argumentation grundsätzlich auch ohne das Pseudonym bestehen; die Verfasserfiktion
ist aber nützlich, da die so herangezogene Autorität dem Brief größere Wirkungschancen verschafft.
Hingegen ruht in den Pastoralbriefen - ebenso wie im 2 Petr - die gesamte Aussage konstitutiv auf der
Durchsetzung der Autorfiktion. "The persuasiveness of his theology depends directly upon the persuasiveness of his pseudepigraphical techniques" (*Donelson*, Pseudepigraphy, 128).

[18] Gegen *Fiore*, der äußerst skeptisch gegenüber einer Interpretation der Past aufgrund historischer
Hypothesen ist. Er interpretiert die Briefe von ihrem ethischen System her und kommt zu dem Ergebnis, das Auftreten von Häresie sei kein entscheidendes Problem der Pastoralbriefe. Ihre Aussage sei
vielmehr, daß die Kirche immer Feinde habe, und ansonsten stünden die Ketzerinnen und Ketzer einfach literarisch für das Gegenmodell zu der vom Autor propagierten Ethik (vgl. Function, bes.
9.25.234). Vgl. dazu auch *Karris*, Function, 52, der die Ketzerpolemik für einen literarischen Kunst-
griff des Autors hält - in seinem Aufsatz (*Karris*, Background, pass.) hat er diese These jedoch abge-
schwächt. *Barrett*, Controversies, 240f, geht ebenfalls nicht von der Bekämpfung einer konkreten Häresie aus, sondern erwägt, "that the author was concerned to omit no heresy he had heard of". Zur Kritik
dieser Position vgl. *Wolter*, Pastoralbriefe, 263.

Apostels stützen kann.[19] Das grundlegende Problem, dem der Autor der Past mit der Abfassung seiner Briefe begegnen will, ist dann die Bewältigung der "nachapostolischen Zeit" im Sinne eines Kontinuitäts- und Identitätsproblems aufgrund des zunehmenden Abstands zur apostolischen Anfangszeit.[20] Nach *Wolter* ist ein mit fortschreitender Zeit entstandenes Legitimationsdefizit sich als paulinisch verstehender Gemeinden sekundär dadurch verstärkt worden, daß eine Häresie in das entstandene Vakuum eindrang und eine neue (nicht-paulinische) Identität anbot.[21] Mit der Berufung auf den Apostel wollten die Pastoralbriefe diese Identitätskrise bewältigen und die historisch entstandene Kirchenverfassung legitimieren. Sie bedienten sich also des Mittels des pseudepigraphen Briefes, um mit dem Problem der endgültigen *Abwesenheit* des Paulus und der damit gegebenen Gefährdung der paulinischen Identität in nachapostolischer Zeit fertigzuwerden.[22] Diese Rekonstruktion führt *Wolter* zu einer Datierung der Pastoralbriefe um 90-115.[23]

Diese Interpretation *Wolters* hat allerdings einige Schwierigkeiten: Vor allem ist zu fragen, ob die zugrundegelegte historische Situation eigentlich zur Datierung paßt. Das Problem der 'Bewältigung der endgültigen Abwesenheit des Paulus' dürfte doch eigentlich Jahrzehnte früher akut gewesen sein. Zu hinterfragen ist auch die Identifikation der gegnerischen Gruppe als nicht-paulinisch: Sie übersieht, daß die Pastoralbriefe selbst davon sprechen, Anhänger des Paulus hätten sich abgewandt und seien in das gegnerische Lager übergewechselt.[24] Diese Angabe legt es nahe, hinter der Polemik der Past eher eine Auseinandersetzung innerhalb verschiedener, sich auf Paulus berufender Strömungen um das legitime Erbe des Paulus zu sehen,[25] wie dies ein zweiter Forschungsansatz tut.

---

[19] So *Trummer*, Paulustradition, 172; *Wanke*, Paulus, 186. Sie wendet sich damit gegen die These - wie sie klassisch von *Bauer* (Rechtgläubigkeit, 227-230) formuliert worden ist -, die Past sprächen in eine Situation, in der der Name des Paulus hauptsächlich von häretischen Kreisen beansprucht wurde und der Großkirche deshalb suspekt war.

[20] Vgl. *Trummer*, Paulustradition, 107-132.219-226. *Trummer* sieht in den Past das Bewußtsein von einer paulinischen "Parusieverzögerung" (124)!

[21] Vgl. *Wolter*, Pastoralbriefe, 15-17. 243-256. Ähnlich wie *Wolter* sieht auch *Lips* das Auftreten der Häresie als sekundäres Element einer historischen Entwicklung: Zwar sei Auslöser der Polemik in den Past eine "aktuelle Bedrohung durch Häretiker", aber im ganzen sei die ekklesiologische und ethische Ausrichtung der Past nicht aus der Abwehr der Häresie zu erklären, sondern resultiere aus einem "Sicheinrichten in der Welt", das zur Betonung der Ordnungen geführt habe. Vgl. *Lips*, Glaube, 157: "Kommt es zur Betonung der Ordnungen erst in Auseinandersetzung mit der Gnosis oder ist diese Konzeption nicht vielmehr vorauszusetzen? Letzteres ist doch wohl der Fall, wenn man sich den Zusammenhang zwischen Betonung der Ordnungen und Sicheinrichten der Kirche in der Welt vergegenwärtigt. Die Auseinandersetzung mit der Häresie ist dann gewiß ein zusätzliches Motiv, die Gemeindeordnung zu festigen und die Autorität der Amtsträger zu stärken. Aber man kann jedenfalls Gemeindeordnung und Stellung des Amtes in ihrem Ansatz nicht aus dem Kampf gegen die Häresie erklären."

[22] Vgl. *Wolter*, Pastoralbriefe, 270.

[23] Vgl. *Wolter*, Pastoralbriefe, 22-25. Aufgrund der vorliegenden Zeugnisses kommt er zunächst zu einer Datierung zwischen 90 und etwa 140; meint aber, daß aufgrund der dezidiert paulinischen Traditionslinie, "deren Profil noch nicht gesamtkirchlich absorbiert ist" (24f) die Entstehung eher in der ersten Hälfte dieses Zeitraums liegt.

[24] 1 Tim, 1,19f; 2 Tim 1,15; 2,17f; 4,10.14f. Vgl. *Lips*, Glaube, 155.

[25] Dieser Ansatz wurde klassisch von *Bauer* formuliert, der davon ausgeht, daß Paulus im zweiten Jahrhundert zum Kronzeugen der Häresie geworden ist und deshalb von großkirchlichen Autoren mit

Diese Grundposition ist dadurch gekennzeichnet, daß sie die Pastoralbriefe stark von ihrem polemischen Charakter her interpretiert,[26] ohne allerdings die bekämpften Gegnerinnen und Gegner eindeutig identifizieren zu können.[27] Ein großer Teil der Forschenden vermutet eine Frühform der Gnosis,[28] die ihre Hochschätzung von Askese und Frauenemanzipation, ihr präsentisches Auferstehungsverständnis und ihre charismatisch orientierte Ekklesiologie auf Paulus zurückführe.[29] *Ford* hingegen hat hin-

---

Skepsis betrachtet wird. Die Pastoralbriefe seien zu verstehen als ein "Versuch der Kirche, Paulus unmißverständlich in die antihäretische Front einzugliedern und den Mangel an Vertrauen zu ihm in kirchlichen Kreisen zu beheben" (Rechtgläubigkeit, 228). Konkret geht Bauer davon aus, die Past polemisierten gegen Marcion, dessen Auftreten erst der Anlaß ihrer Abfassung gewesen sei (Rechtgläubigkeit, 229f). Wenn dieser konkrete Bezug auf Marcion auch in der Forschung nur von wenigen nachvollzogen worden ist (vgl. *vCampenhausen*, Polykarp, 205f; *Vielhauer*, Geschichte, 237) und auch aus inhaltlichen Gründen nicht haltbar ist (vgl. *Köster*, Einführung, 743), so hat Bauers grundsätzliche Einschätzung, die Past seien gegen die Berufung "häretischer" Kreise auf Paulus geschrieben, doch die Forschung nachhaltig beeinflußt. Eine ganze Reihe von Forschenden haben die Meinung vertreten, Hintergrund der Abfassung der Pastoralbriefe sei die Frage der legitimen Autorität in der Paulusnachfolge der dritten Generation (vgl. *Hegermann*, Ort, 59; *Haufe*, Irrlehre, 333.335; *Lips*, Glaube, 155f).

[26] So sieht *Donelson* den Anlaß für die Abfassung der Pastoralbriefe im Auftreten der in den Past bekämpften Häretikerinnen und Häretiker. Deren Lebensweise, die der Autor als lasterhaft qualifiziert, stelle er sein eigenes Modell christlicher Lebensführung und Gemeindeordnung entgegen, das an ethischen Traditionen der griechisch-römischen praktischen Philosophie orientiert ist; vgl. *Donelson*, Pseudepigraphy, 198f. *Brox* (Past, 40) hält ebenfalls die Bekämpfung der Häresie für das Zentrum der Past.

[27] Die Identifikation der in den Pastoralbriefen bekämpften Häresie ist auch deshalb schwer möglich, weil der Autor eine inhaltliche Auseinandersetzung ablehnt: Die nutzlosen Kontroversen sind zu fliehen (1 Tim 6,20; 2 Tim 2,16; Tit 3,9), Wortgefechte verstören doch nur die Zuhörenden (2 Tim 2,14). Entsprechend wird die Irrlehre einfach als "leeres Gerede" (1 Tim 6,20; 2 Tim 2,16) abgetan, ohne daß eine theologische Widerlegung angestrengt würde. An die Stelle inhaltlicher Auseinandersetzung tritt weitgehend die moralische Dequalifizierung. (Vgl. *Karris*, Function, passim, und *Karris*, Background, 549ff zu diesem Sachverhalt. *Karris* weist nach, daß die moralischen Vorwürfe gegen die Irrlehrer keine Rückschlüsse auf konkrete Zustände erlauben, sondern traditioneller Topos antisophistischer Polemik sind. Methodische Überlegungen zum Aussagewert ethisch disqualifizierender Behauptungen in der Ketzerpolemik stellt auch *Berger*, Gegner, 376.381 an.) Dennoch nennt der Autor einige Züge seiner Gegnerinnen und Gegner: Sie gebrauchen die Selbstbezeichnung als γνῶσις (1 Tim 6,20) und erheben den Anspruch, Gott zu kennen (Tit 1,16). Ihre Lehre enthält Mythen und Genealogien (1 Tim 1,4; 2 Tim 4,4; Tit 1,14; 3,9), und sie führen Auseinandersetzungen um das alttestamentliche Gesetz (1 Tim 1,7; Tit 3,9). Sie beachten gewisse Speisegebote und lehnen die Ehe ab (1 Tim 4,3). Außerdem schreibt der Verfasser ihnen ein präsentisches Verständnis der Auferstehung zu (2 Tim 2,18). Zu den Charakteristika der Häresie vgl. *Berger*, Gnosis, 525; *Brox*, Past 39-42; *Dibelius/Conzelmann*, Past 40.52ff; *Haufe*, Irrlehre, 325ff; *Lips*, Glaube, 152-160; *Roloff*, 1 Tim, 228-239; *Wolter*, Pastoralbriefe, 256-270.

[28] Vgl. *Brox*, Past, 40; *Dibelius/Conzelmann*, Past, 40; *Haufe*, Irrlehre, bes. 328f; *Köster*, Einführung, 742; *Lips*, Glaube, 152; auch *Wolter*, Pastoralbriefe, 263. Allerdings müssen bei dieser Herleitung auch noch starke judaistische Traditionen angenommen werden, um alle genannten Merkmale der Häresie zu umfassen.

[29] Häretische Kreise des 2. Jahrhunderts haben sich für eine spiritualisierte Auferstehungslehre auf Paulus berufen; vgl. *Dibelius/Conzelmann*, Past, 53. Das von präsentische Auferstehungsverständnis hat zudem innerhalb des Paulinismus einen Anknüpfungspunkt in Kol 2,12 und Eph 2,5; vgl. *Luz*, Erwägungen, 99; sowie *Conzelmann*, Schule, 90, der aufgrund dieses Bezuges zu Kol/Eph von einem Konflikt zwischen einem "rechten" und einem "linken" Flügel der Paulusschule spricht. *Koschorke*, Gemeindeordnung, pass, hat für den Traktat "Die Interpretation der Gnosis" die Anknüpfung an pauli-

ter der gegnerischen Gruppe der Past einen "Proto-Montanismus" vermutet.[30] In eine ähnliche Richtung geht die Bestimmung als enkratitisches Wanderprophetentum,[31] wobei insbesondere eine Verwandtschaft zu den apokryphen Apostelakten des 2. Jahrhunderts gesehen wird.[32] Da keine dieser Herleitungen völlig überzeugen konnte, hat sich der Forschung die Frage gestellt, ob nicht von der Sicht einer einheitlichen gegnerischen Gruppe Abstand genommen werden und stattdessen von verschiedenen Konflikten ausgegangen werden muß.[33]

Unter der Voraussetzung der Existenz verschiedener Konfliktlinien[34] hat *MacDonald* einen interessanten Erklärungsansatz vorgelegt, der von der Beobachtung der auffälligen Übereinstimmungen in den Angaben der paulinischen Personaltradition zwischen den Past und den apokryphen Paulusakten ausgeht.[35] Dieser ist deshalb für die Themenstellung unserer Untersuchung von besonderer Relevanz, weil er einen denkbaren Kontext für den Zusammenhang von Askese und Predigttätigkeit von Frauen liefert, die in den Past bekämpft werden.[36] *MacDonald* rekonstruiert hinter den Acta Pauli eine mündliche Legendentradition, die hauptsächlich von Frauen weitergegeben worden sei und sexuelle Askese, die Möglichkeit kirchlicher Lehre für Frauen

---

nische Charismenlehre und Σῶμα Χριστοῦ-Ekklesiologie nachgewiesen. Vgl. auch *Koschorke*, Polemik, bes. 67ff.77ff.109ff.

[30] Vgl. *Ford*, Proto-Montanism, 338ff.

[31] Ein Teil der Forscher geht dann allerdings nicht mehr von einem Kampf um das richtige Paulusverständnis aus, sondern sieht eine Auseinandersetzung zwischen Paulinismus und judenchristlichen Traditionen johanneischer Provenienz. Hier wirkt der Ansatz von *Bauer* nach, der die These vertreten hatte, in Ephesus sei im 2. Jahrhundert die paulinische Tradition von der johanneischen abgelöst worden (Rechtgläubigkeit, 88ff). Vgl. auch *Kretschmar*, Glaube, 138f; *Müller*, Theologiegeschichte, 58ff.

[32] Vgl. *Kretschmar*, Glaube, 138f; *Müller*, Theologiegeschichte, 58ff; *Berger*, Gegner, 393; *Dibelius/Conzelmann*, Past, 40; *Roloff*, Pfeiler, 232.

[33] Vgl. *Müller*, Theologiegeschichte, 67ff; *Berger*, Gegner, 383. *Berger* stellt auch grundsätzliche methodische Überlegungen (Gegner, 373ff) zur Rekonstruktion von Häresien in neutestamentlichen Texten an. Er führt aus, daß die Annahme einer einzigen Front auf einer "stark systematisierenden religionsgeschichtlichen Vorentscheidung" (383) beruhe. Er verlangt demgegenüber eine Umkehr der Beweislast: Der Nachweis der Einheitlichkeit bekämpfter Lehren ist in jedem Fall erst positiv zu erbringen. Darüberhinaus ist in der jüngeren Forschung zunehmend die Problematik der Terminologie von "Orthodoxie" und "Häresie" deutlich geworden. Wenn von "Irrlehre" in den Past gesprochen wird, so ist damit zunächst eine Wertung des Autors der Pastoralbriefe wiedergegeben, die dieser aus seiner spezifischen Perspektive formuliert. Die Forschung darf diese Sichtweise nicht unbesehen übernehmen oder sogar legitimieren, sondern muß danach fragen, welcher Konflikt dieser Beurteilung zugrunde liegt (zur Häresiebekämpfung s.u. S. 219-221).

[34] *MacDonald* geht davon aus, daß in den Past auch noch gnostische und judenchristliche Gruppen sowie Anhängerinnen und Anhänger des Marcion bekämpft werden; vgl. Legend, 56.

[35] Das Verhältnis zwischen Past und Acta Pauli (APl) wurde und wird in der Forschung sehr unterschiedlich bestimmt; vgl. die Diskussion des Forschungsstandes bei *MacDonald*, Legend, 59-66: Die ursprüngliche Annahme, hinter den Übereinstimmungen ständen voneinander unabhängige Erinnerungen an historische Ereignisse - neuerdings wieder vertreten von *Rordorf*, Paulusakten, 318ff -, ist in der Forschung zugunsten eines literarisch statt historisch ansetzenden Modells weitgehend aufgegeben worden: Entweder wird angenommen, der Verfasser der APl habe die Past gekannt und benutzt (Vgl. *Rohde*, Pastoralbriefe, pass.) oder der Autor der Pastoralbriefe habe auf eine schriftliche Quelle hinter den APl zurückgegriffen. *MacDonald* (Legend, 65f) entwickelt ein drittes Modell, nach dem die Past und APl dieselbe mündliche Tradition benutzt hätten.

[36] Dazu s.u. S. 220.

sowie eine massive Opposition gegenüber Rom und den Institutionen der kleinasiatischen Gesellschaft vertreten und dafür Paulus in Anspruch genommen habe.[37] Der Verfasser der Pastoralbriefe kannte demnach diese Legenden[38] und verfaßte seine eigenen Briefe, um ein Gegenbild des Paulus sowie eine an den vorherrschenden gesellschaftlichen Normen orientierte Ethik zu etablieren.[39] Diese Gegnerinnen sind nicht häretisch im dogmatischen Sinne;[40] der Grund für die Ablehnung liegt in ihrer gesellschaftskritischen Ausrichtung und Lebensform.[41] Auf dem Hintergrund seiner Rekonstruktion kritisiert *MacDonald* die in der Forschung lange vorherrschende Apologetik, die die "Domestizierung"[42] des Paulus durch die Past als "legitim, gesund und unausweichlich"[43] darstellt und die Pastoralbriefe als die "im 2. Jahrhundert rechtmäßigen Erben des paulinischen Vermächtnisses"[44] begreift. Bemerkenswert an dem Ansatz von MacDonald ist, daß er im Gegensatz zu den meisten bisherigen Interpretationen Frauen als Subjekte, d.h. Predigerinnen und Lehrerinnen, und nicht nur als Adressatinnen der - dann doch als männlich gedachten - Irrlehrer auffaßt.

(3) Als Spezifikum der Pastoralbriefe innerhalb frühchristlicher Pseudepigraphie ist ihre "doppelte Pseudonymität" zu betrachten, insofern hier zur Autorfiktion eine *Adressatenfiktion* hinzutritt.[45] *Donelson* interpretiert diese Adressierung der Briefe an Einzelpersonen zum einen damit, daß hier die Fiktion eines Privatbriefes geschaffen werden solle und der Eindruck erweckt werden solle, Paulus habe in dieser intimen Korrespondenz wirklich seine persönlichsten Überzeugungen und Anliegen ausgesprochen. Zum anderen seien die Figuren des 'Timotheus' und 'Titus' "paradigmatic models", an denen verdeutlicht werde, was richtige Nachfolge sei.[46] In der literarischen Fiktion der Pastoralbriefe bilden die Figuren der Apostelschüler das Bindeglied zwi-

---

[37] Vgl. *MacDonald*, Legend, 34-53.

[38] Besonders die Anweisung in 1 Tim 4,7 τοὺς δὲ βεβήλους καὶ γραώδεις μύθους παραιτοῦ deutet *MacDonald* auf die von Frauen tradierten Legenden (vgl. Legend, 54ff).

[39] Vgl. *MacDonald*, Legend, 14.

[40] In der Forschung herrscht heute Einigkeit darüber, daß die APl nicht gnostisch sind; sie bekämpfen vielmehr gnostische Positionen. Wie in den Past wird ein präsentisches Auferstehungsverständnis abgelehnt. Vgl. *Rohde*, Pastoralbriefe, pass.; *Schneemelcher*, Apokryphen, 195f.

[41] Vgl. *MacDonald*, Legend, 73ff.

[42] Diese kritische Qualifizierung geht begrifflich auf einen 1981 publizierten Aufsatz von *Hanson* mit dem Titel "The Domestication of Paul" zurück.

[43] *MacDonald*, Legend, 101f (Übersetzung U.W.). Als Beispiel für eine solche Legitimierung soll exemplarisch die Beurteilung in *Dibelius/Conzelmann* (Past, 40) zitiert werden: "Daß unser Autor in solcher Weise ein Anwalt 'vernünftiger Lehre' und gesunder bürgerlicher Ethik gewesen ist, darf ihm als sein größtes historisches Verdienst angerechnet werden, und zwar gerade dann, wenn man in ihm nicht Paulus, sondern einen Mann der zweiten Generation sieht, der dem gewaltigen Ansturm asketisch-synkretistischer Tendenzen standzuhalten hatte."

[44] *MacDonald*, Legend, 15 (Übersetzung U.W.). Während *MacDonald* die hermeneutische Konseqenz zieht, daß beide Traditionen mit ihrer je spezifischen Paulusrezeption gleichberechtigt nebeneinander wahrgenommen und erinnert werden müßten, fragt *Donelson* sogar, "whether his (sc. des Autors der Past) opponents ... are not the true heirs of Pauline thought" (Pseudepigraphy, 201).

[45] Vgl. *Wolter*, Pastoralbriefe, 97-99, *Hegermann*, Ort, 56f.

[46] Vgl. *Donelson*, Pseudepigraphy, 61f. Die Betonung des paradigmatischen Charakters der fiktiven Adressaten ist bei *Donelson* eingebettet in eine explizite Theorie der Bedeutung des Vorbilds in der griechischen praktischen Philosophie, auf die der Verfasser der Pastoralbriefe ja rekurriert. Vgl. *Donelson*, Pseudepigraphy, 90-100.

schen den apostolischen Anfängen und der aktuellen Situation: So wie sie von Paulus beauftragt wurden, sollen sie das von ihm Gehörte wiederum an πιστοὶ ἄνϑρωποι (2 Tim 2,2) weitergeben.[47] Dieser Hinweis auf "zuverlässige Menschen (bzw. Männer)"[48] wird in der Forschung allgemein auf die Amtsträger der Gegenwart des Verfassers bezogen, denen so über die fiktive Anweisung des 'Paulus' Glaubwürdigkeit verschafft wird.[49] Somit stellt der Autor seiner Gegenwart zwei normative Instanzen zur Verfügung: zum einen die Briefe selbst mit ihrem System einer theologisch begründeten christlichen Ethik und Ekklesiologie, zum anderen das Amt, das ebenfalls als paulinische Institution legitimiert wird.[50]

Damit stellt sich allerdings die Frage, in welchem Verhältnis die fiktiven Adressaten zu der in den Briefen propagierten Amtsstruktur stehen.[51] Die Unklarheit, welche Stellung und Rolle den fiktiven Adressaten in der Konzeption des Autors zukommen soll, hängt auch damit zusammen, daß trotz des augenscheinlichen Interesses an Kirchenordnung die Darstellung der Ämterstruktur in den Past unpräzise und nicht eindeutig ist.[52] Die Forschung geht heute allerdings davon aus, daß in den Pastoralbriefen die Verschmelzung zweier unterschiedlicher Verfassungsformen sichtbar wird, nämlich die Angleichung der aus dem Judentum übernommenen presbyterialen Verfassung an eine Episkopen/Diakonen-Ordnung.[53] Der Verfasser deutet das Ältestenamt mit Hilfe von Episkopentraditionen und unterscheidet zwischen Presbytern mit

---

[47] Diese Funktion der Herstellung von Kontinuität betont auch *Wolter*; allerdings betrachtet er sie nicht so konsequent wie *Donelson* als literarische Fiktion, da für ihn 'paulinische Tradition' eher ein historisches Faktum ist. Mit der Adressierung an die Apostelschüler Timotheus und Titus soll dann die Kontinuität der für den Verfasser verbindlichen 'Paulus-Tradition' bis in die Gegenwart des Verfassers hinein gesichert werden (vgl. *Wolter*, Pastoralbriefe, 114ff). Vgl. auch *Hegermann*, Ort 56.

[48] Wie patriarchale Sprachen insgesamt, setzt auch das Griechische tendenziell 'Mensch' und 'Mann' gleich, so daß der Begriff ἄνϑρωπος Frauen je nach Zusammenhang aus- oder einschließen kann (vgl. zur philosophischen Bedeutung dieses sprachlichen Sachverhaltes *Cavarero*, Ansätze, 65ff). In bezug auf 2 Tim 2,2 ist *Donelson* der Ansicht, hier seien speziell "zuverlässige *Männer*" in den Blick genommen; die Stelle habe in Bezug auf Frauen ausschließende Funktion; vgl. Pseudepigraphy, 169.

[49] Vgl. *Donelson*, Pseudepigraphy, 168.

[50] Vgl. *Stenger*, Timotheus, 252-267.

[51] In der Forschung werden drei Modelle diskutiert: Aufgrund der ihnen in den Briefen zugeschriebenen Aufgabe, deren Anweisungen zu lehren und durchzusetzen (1 Tim 1,18; 3,14f; 4,6; 6,2) sowie die gemeindlichen Ämter erst noch zu ordnen (Tit 1,5) hat *Rohde* (Ämter, 87ff) auf eine "metropolitenähnliche" Stellung der Adressaten geschlossen; eine ähnliche Konzeption wird neuerdings wieder von *Kidd* vertreten (s.u. S. 44-46). Einige Forscher sehen Timotheus und Titus dagegen als "Typen vorbildlicher ortsgemeindlicher Episkopen" (vgl. *Roloff*, Amt, 526. So auch *vCampenhausen*, Amt, 117; *Mühlsteiger*, Verfassungsrecht, 146; *Roloff*, 1 Tim 234). Demgegenüber haben andere Forscher es abgelehnt, die Stellung des Timotheus und Titus mit einem bestimmten kirchlichen Amt zu identifizieren. Nach *Lips* (Glaube, 108) und *Schöllgen* (Hausgemeinden, 85) sind die Adressaten nicht Repräsentanten des Episkopats, sondern Typoi des Amtsträgers an sich. Nach *Trummer* (Corpus, 128f) ist die Beauftragung des Timotheus als "Modell einer bleibenden paulinischen Sendung" konzipiert. *Wolter* (Pastoralbriefe, 198f) hält die Stellung der Adressaten zur Gemeinde für ein Element der literarischen Fiktion: Sie entspreche keinem gegenwärtigen kirchlichen Amt, sondern sei so gestaltet, wie der Verfasser sich apostolische Delegaten vorstelle, wobei er dieses Bild nach der Stellung königlicher und kaiserlicher Gouverneure und Kommissare gestalte.

[52] Vgl. *Roloff*, 1 Tim, 169ff.

[53] Vgl. *Sand*, Koordinierung, pass; *Roloff*, 1 Tim, 170-176.

und ohne Vorsteherfunktion (1 Tim 5,17).[54] Am plausibelsten erscheint die Konzeption, daß er die Verbindung beider leitender Ämter im Sinne des Monepiskopats durchführt, d.h. daß ein einzelner Bischof als Vorsteher des Presbyterkollegiums avisiert wird.[55] Damit setzt die Kirchenordnung der Pastoralbriefe einen deutlichen Impuls in Richtung auf die hierarchische Spitze des Amtes.[56]

In diesem Zusammenhang ist nun wiederum der sprachliche Befund des 1 Tim interessant: Dort finden sich zwei große Gemeindeordnungskomplexe, deren erster (2,1-3,16) die Amtsspiegel für den Bischof sowie die Diakone und Diakoninnen enthält, während der zweite, der im fünften Kapitel beginnt, sich mit dem Witwen- und Presbyteramt beschäftigt. Auffällig ist nun, daß die Amtsspiegel im ersten Teil sprachlich im unpersönlichen Imperativ der 3. Person gehalten sind, während die Anweisungen im zweiten Teil im Stil der "indirekten Weisung" ergehen, in der der Adressat ermahnt wird, die Anweisungen an diejenigen weiterzugeben, die sie betreffen. Dieser Unterschied könnte zwar mit der Verschiedenheit des verarbeiteten Traditionsmaterials erklärt werden; da jedoch der Verfasser auch sonst sprachlich sehr bewußt gestaltet, liegt es nahe, auch hier eine Intention des Autors zu vermuten. Durch die Wahl der indirekten Weisung in 5,3-22 setzt er den fiktiven Adressaten in ein Verhältnis der Lehrautorität und Disziplinarvollmacht gegenüber den Witwen und Presbytern.[57] Hingegen vermeidet es der 1 Tim, den Adressaten explizit in ein Verhältnis zum Bischof und den Diakonen/Diakoninnen zu setzen,[58] was damit zusammenhängen könnte, daß der Bischof im Gegensatz zu den Presbytern keine Autorität über sich haben soll. Da gleichzeitig die Aufgaben von Bischof und fiktivem Adressaten sich in vielem überschneiden,[59] legt sich die Schlußfolgerung nahe, doch Timotheus als Typos des Episkopen zu verstehen.

4. Als weiteres hervorstechendes Merkmal der Past ist die Tatsache der *Mehrzahl der Briefe* zu berücksichtigen, die wie die Adressierung an Einzelpersonen in der urchristlichen Pseudepigraphie singulär ist.[60] Aufgrund ihrer sprachlichen und inhaltlichen Nähe sind die drei Briefe einem einzigen Verfasser zuzuschreiben.[61] Umstritten ist allerdings noch, ob sie ursprünglich als einzelne geschrieben waren oder von Anfang an als zusammenhängendes Corpus konzipiert wurden und auch nicht wirklich

---

[54] Vgl. *Roloff*, Amt, 523ff. Zu 1 Tim 5,17ff s.u. S. 119f.166f

[55] Terminologisch ist zwischen Monepiskopat (einzelner Bischof als Vorsitzender eines Presbyteriums) und monarchischem Episkopat wie er in den Ignatianen erscheint, zu unterscheiden; vgl. *Schöllgen*, Hausgemeinde, 84f. Während *Schöllgen* jedoch meint, nicht einmal der Monepiskopat lasse sich in den Past sicher nachweisen, schreibt *Dassmann* (Hausgemeinde, 96) den Past Schrittmacherfunktion bei der Entwicklung des Monepiskopats zu.

[56] Zur Frage nach der Rolle der Pastoralbriefe für die Hierarchisierung des Amtes s.u. S. 28.33.36-38.

[57] Vgl. bes. 1 Tim 5,11 sowie 5,19f.

[58] Weniger eindeutig stellt sich allerdings das Verhältnis in Tit 1,5-9 dar, wo der Adressat zunächst an die Aufgabe erinnert wird, Presbyter einzusetzen, deren Qualifikationsliste im folgenden aber in einen Bischofsspiegel übergeht.

[59] Dies betrifft besonders die Funktion der Lehre und Unterweisung; s.u. S.101-103.

[60] Vgl. *Trummer*, Corpus, 126f.

[61] Vgl. *Roloff*, 1 Tim, 42; *Köster*, Einführung, 736.

auf unterschiedliche Situationen reagieren. Die von einigen Forschern[62] sehr pointiert herausgestellte Einheit der drei Briefe führt zu dem Problem, daß das Nebeneinander von 1 Tim und Tit, die sich vom literarischen Charakter wie von der thematischen Ausrichtung her sehr ähnlich sind, nicht befriedigend erklärt werden kann.[63] So bleibt die Möglichkeit offen, diese Doppelung einschließlich der unterschiedlichen Adressierung als Hinweis auf lokal unterschiedliche Gegebenheiten zu verstehen,[64] wenn es natürlich auch unter der Voraussetzung der Pseudonymität kaum möglich ist, im einzelnen auf diesen realen Hintergrund der fiktiven Orts- und Situationskonstruktion zu schließen.[65] Trotz dieser Akzentverschiebungen im einzelnen sind die Pastoralbriefe aber in ihrer theologischen und ethischen Grundposition als Einheit zu interpretieren.

Bezüglich des literarischen Charakters der drei Einzelschriften wurde schon auf die Übereinstimmung von 1 Tim und Tit gegenüber 2 Tim hingewiesen. Während letzterer gattungsgeschichtlich als Testament zu bestimmen ist und seine nächste Parallele in pseudepigrapher frühjüdischer Testamentenliteratur hat,[66] sind erstere nach der Gattung der Instruktionen an weisungsbefugte Amtsträger konzipiert, wie *Wolter* dargelegt hat.[67] Wie in diesen brieflichen Herrscheranweisungen dem königlichen oder kai-

---

[62] Ihre Einheit hat insbesondere *Trummer* (Corpus, 123) betont: Sie seien als geschlossenes Corpus konzipiert und hätten als solches auch nicht einen einzelnen Paulusbrief zur Bezugsgröße, sondern "ein bereits im Wachsen begriffenes Corpus Paulinum", weshalb *Trummer* auch von einem "Corpus Pastorale" spricht. Diese Bezeichnung hat *Wolter* (Pastoralbriefe, 17-20) übernommen, demzufolge die drei fingierten Briefe den Eindruck einer chronologischen Abfolge erwecken wollen, jedoch nicht wirklich auf unterschiedliche Situationen reagieren (Pastoralbriefe, 125f). Gegenüber *Trummer* betont *Wolter* aber (wie auch *Fiore*, Function 101ff und *Donelson*, Pseudepigraphy, 23-42) stärker die Beeinflussung der Pastoralbriefe durch außerchristliche pseudonyme Briefsammlungen. Er räumt aber ein, daß hier kein starrer Gegensatz besteht, da schon die Sammlung von Paulusbriefen "im Zusammenhang mit den posthumen Sammeleditionen von Briefen in hellenistisch-römischer Zeit gesehen werden muß" (Pastoralbriefe, 20).

[63] Die Erklärung von *Trummer* (Corpus, 128), die Mehrzahl der Adressaten und historischen Orte solle den Briefen einfach eine breitere allgemeine Geltung verschaffen, klingt sehr wie eine Verlegenheitslösung.

[64] Einen solchen Versuch - der aber in seiner detaillierten Rekonstruktion nicht überzeugt - hat unternommen *Schwarz*, Bürgerliches Christentum, 22ff. *Wolter* (Pastoralbriefe, 17f) hat ihn scharf kritisiert. Er beachtet aber zu wenig, daß die Annahme unterschiedlicher Kontxte z.B. für die Spannungen zwischen beiden Briefen hinsichtlich des Verhältnisses von Bischofs- und Presbyteramt eine schlüssige Erklärung bieten kann.

[65] So wirft das Nebeneinander der Adressierung des 1 Tim nach Ephesus und des Tit nach Kreta einige schwierige Fragen auf: Während Ephesus historisch Zentrum paulinischer Mission war (vgl. *Hegermann*, Ort, 61f), gibt es über eine Kreta-Mission des Paulus keine Belege. Diejenigen Exegeten, die die Adressierung der Timotheusbriefe nach Ephesus mit der Bedeutung der Stadt für den Paulinismus begründen, haben dann Probleme, die Adressierung des Tit nach Kreta plausibel zu machen, so z.B. *Roloff*, 1 Tim, 42f, der - völlig ohne nähere Begründung - die Nennung Kretas mit einer Zypernmission in Zusammenhang bringt. Auf der anderen Seite hat *Donelson* (Pseudepigraphy, 60f), der davon ausgeht, daß pseudepigraphe Schreiben gerne "unbesetzte" Räume und Zeiten des fiktiven Autors nutzen, um einen Konflikt mit existierenden Traditionen zu vermeiden, damit eine plausible Erklärung für die Wahl von Kreta als Adresse vorgelegt; aber wie erklärt er sich dann die Nennung von Ephesus, das doch historisch eine so große Rolle für Paulus und den Paulinismus spielt?

[66] Vgl. *Trummer*, Corpus, 129; *Wolter*, Pastoralbriefe, 161ff.

[67] Vgl. *Wolter*, Pastoralbriefe, 161-202. Wie in diesen brieflichen Weisungen, die im ganzen Mittelmeerraum bekannt waren (Ptolemäische Memoranda, hellenistische Königsbriefe und insbesondere die römischen Mandata Principis an die kaiserlichen Provinzstatthalter), wird auf den Amtsantritt des

serlichen Repräsentanten Anordnungen für seinen Aufgabenbereich vermittelt werden, die über ihn hinweg auf andere, untergebene Personen gerichtet sind, so werden den Adressaten Timotheus und Titus als Repräsentanten des 'Paulus' Weisungen für ihre Leitungsaufgaben erteilt, die auf die verschiedenen Gruppen in der Gemeinde, ihre Rolle und ihr angemessenes Verhalten gerichtet sind.

Die hier dargelegten Erkenntnisse zum Charakter der Pastoralbriefe als Pseudepigraphen können nun in abschließende Überlegungen zu Abfassungszeit und -ort sowie zum Verfasser und den angeschriebenen Gemeinden münden. Es wurde aufgezeigt, daß die drei Briefe trotz ihrer Berufung auf Paulus inhaltlich-theologisch in deutlicher Diskrepanz zu dem Apostel stehen. Innerhalb des deuteropaulinischen Schrifttums stellen sie eine ganz eigene Größe dar, die sich etwa vom Kolosser- oder Epheserbrief substantiell unterscheidet.[68] Aus diesem Grunde - und da viele ihrer sprachlichen Ausdrücke vor dem Ende des 1. Jahrhunderts überhaupt nicht belegt sind - können die Pastoralbriefe frühestens kurz vor der Wende zum zweiten Jahrhundert abgefaßt sein. Die Bestimmung des Auftretens des Marcion als terminus post quem, wie sie *Bauer* vertreten hat, ist nicht schlüssig.[69] Nach der anderen Seite ist auch ein terminus ante quem schwer zu bestimmen, da die Pastoralbriefe von der äußeren Bezeugung her erst in der 2. Hälfte des 2. Jahrhunderts eindeutig gesichert sind.[70] Das innere Argument, der Stand der Ämterentwicklung sei noch nicht so weit fortgeschritten wie in den Ignatiusbriefen, so daß die Past vor diesen und damit um die Jahrhundertwende zu datieren seien, ist schon aufgrund der Problematik der Authentizität und Datierung der Ignatianen[71] nicht zwingend. Außerdem spricht dagegen, daß bei der Ämterentwicklung mit Ungleichzeitigkeiten zu rechnen ist. Damit bleibt grundsätzlich ein Zeitraum zwischen etwa 90 und 150 n.Chr. möglich. Die Mehrheit der Forschung favorisiert innerhalb dieses Abfassungszeitraums eine frühere Datierung um die Wende zum zweiten Jahrhundert oder kurz danach.[72] Allerdings spricht die von *vCampenhausen*

Repräsentanten (Ordination des Timotheus in 1 Tim 1,18) Bezug genommen, auf den sich dessen Autorität gründet. Innerhalb dieser Gattung gibt es insbesondere den Topos der Belehrung des jungen Amtsträgers, auf den die Erwähnung der Jugend des Timotheus in 1 Tim 4,12 bezogen werden kann (vgl. *Fiore*, Function, 192f). Im frühchristlichen Kontext hat diese "autoritäre Kommunikationsstruktur" (*Wolter*, Pastoralbriefe, 157-161; vgl. auch *Brox*, Past, 10) eine literarische Parallele im Polykarpbrief des Ignatius (vgl. *Wolter*, Pastoralbriefe, 161-202).

[68] Um die Weiterentwicklung der Past gegenüber Kol und Eph als Deuteropaulinen zu verdeutlichen, hat *Schenk* (Pastoralbriefe, 3404ff) die Bezeichnung "Tritopaulinen" vorgeschlagen.

[69] Aus der Tatsache, daß das Apostolikon des Marcion die Pastoralbriefe nicht enthalten hat, schloß *Bauer* (Rechtgläubigkeit, 225f), Marcion habe die Past nicht gekannt, da sie zu seiner Zeit noch nicht existiert hätten. Allerdings kann das Fehlen der Past in Marcions Kanon auch darauf zurückgeführt werden, daß er sie verworfen hat, wodurch das Auftreten des Marcion als terminus post quem hinfällig ist.

[70] Einige Exegeten gehen von literarische Abhängigkeit des Polykarp von den Pastoralbriefen aus (*Barrett*, Controversies, 238; *Hanson*, Pastoral Epistles, 12), was aber umstritten ist. Die früheste sichere Bezeugung ist die Anknüpfung an 1 Tim 2,1f bei Athenagoras, leg. 37,1, etwa 177 n.Chr. Vgl. *Wolter*, Pastoralbriefe, 23, *Brox*, Past, 26ff.

[71] Vgl. *Schoedel*, Letters, 196ff.

[72] Vgl. *Brox*, Past, 38; *Dibelius/Conzelmann*, Past, 2; *Hanson*, Past, 12f; *Hegermann*, Ort, 47; *Kümmel*, Einleitung, 264ff; *Lohse*, Entstehung, 64; *Müller*, Theologiegeschichte, 54f; *Lindemann*, Paulus, 45; *Lips*, Glaube, 24; *Wolter*, Pastoralbriefe, 22.

nachgewiesene inhaltliche Nähe der Pastoralbriefe zu Polykarp eher für eine Spätdatierung, auch wenn dessen These, dieser sei der Verfasser der Pastoralbriefe, nicht zu
halten ist.[73] Des weiteren ist *Kösters* Argumentation bedenkenswert, der aus der Beobachtung, daß in den Pastoralbriefen eine "Zeit relativer Sicherheit vor Verfolgungen" sichtbar werde, auf die Regierungszeit Hadrians und Antoninus Pius' als Abfassungszeit der Pastoralbriefe schließt, was ihn zu einer Datierung zwischen 120 und
160 n.Chr. führt.[74] Dies können alles nur Indizien sein; jedoch scheint innerhalb des
grundsätzlich möglichen Zeitrahmens eine Abfassung in dessen zweiter Hälfte wahrscheinlicher. Da schon die Zeit der Abfassung nicht mit Sicherheit weiter einzugren-
zen ist, sind Überlegungen zur individuellen Identität des Autors völlig spekulativ.[75]
Da er sich selbst aber wahrscheinlich als einen jener "zuverlässigen Menschen" versteht, die in der Gegenwart das Vermächtnis des Paulus bewahren, spricht einiges dafür, daß er selbst Amtsträger gewesen ist oder zumindest der Schicht entstammt, aus
der sich die Amtsträger rekrutieren.[76] Seine Sprache kann als eine "gehobene Koine"
bezeichnet werden, "die nicht ganz ohne literarischen Anspruch ist"[77] und Vertrautheit
mit hellenistischer Philosophie und hellenistisch-jüdischen Traditionen zeigt.[78] Geo-
graphisch ist die Abfassung der Pastoralbriefe am ehesten in Kleinasien anzusetzen,[79]
so daß dortige Gemeinden bzw. deren Amtsträger die realen Adressaten der Schreiben
sind.

---

[73] Vgl. *vCampenhausen*, Polykarp, 197ff. Zur Kritik an dieser These vgl. *Trummer*, Paulustradition, 39ff; siehe auch *Brox*, Past, 57.

[74] Vgl. *Köster*, Einführung, 744.

[75] Neben *vCampenhausens* Zuschreibung an Polykarp ist die These *Strobels* (Schreiben, 191ff) zu
erwähnen, der die drei Briefe auf Lukus zurückführen wollte. Auch dieser Ansatz konnte in der Forschung nicht überzeugen, wenn auch die sprachliche und inhaltliche Verwandtschaft der Past zum lukanischen Doppelwerk nicht bestritten wird (vgl. *Schenk*, Pastoralbriefe, 3421ff).

[76] *Wolter*, Pastoralbriefe, 25 erwähnt diese Möglichkeit, äußert sich aber eher zurückhaltend.

[77] *Roloff*, 1 Tim, 41.

[78] Vgl. *Roloff*, 1 Tim, 42. Die begriffs- und motivkritischen Analysen dieser Arbeit bestätigen
diese Einschätzung; vgl. bes. S. 78ff.104ff.127ff.177ff.

[79] Vgl. *Wolter*, Pastoralbriefe, 22.

Teil I:

Haustafel - Ständetafel - Gemeindeordnung
Kritische Darstellung der neueren Forschungsgeschichte

Wenn es darum geht, die Forschungsgeschichte zu den beiden von uns zu untersuchenden Texten 1 Tim 2,9-3,1a und 1 Tim 5,3-16 aufzuarbeiten, so kann sich eine solche Darstellung nicht auf die Forschung zu den Pastoralbriefen beschränken, sondern muß auch den weiteren Zusammenhang der bisherigen Forschungsdiskussion über die Haus- und Ständetafeln des Neuen Testaments betrachten. Innerhalb dieses Kontextes haben die beiden Abschnitte unterschiedliche Relevanz: Im Rahmen der form- und sozialgeschichtlichen Analysen, die in den meisten Fällen bei den früheren Haustafeln des Kolosser- und Epheserbriefes ihren Ausgang nehmen, hat 1 Tim 2,8-15 zusammen mit Tit 2,1-10 einen zentraleren Platz als die Witwenregel 1 Tim 5,3-16. Diese wird in formgeschichtlichen Untersuchungen meist eher en passant behandelt,[1] da sie nach den gängigen Einteilungen weder so richtig in die Kategorie der Ständetafeln, noch in die Kategorie der Amtsspiegel paßt. Deshalb steht eine detaillierte Analyse und begründete Einordnung von 1 Tim 5,3-16 unter formgeschichtlichen Gesichtspunkten bisher noch aus.[2]

1. Dibelius' und Weidingers Herleitung der "Haustafeln" aus stoischen Pflichtenlehren und frühe Kritik an diesem Ansatz

Die formgeschichtliche Bestimmung von 1 Tim 2,8-15 ist mit der exegetischen Diskussion um die neutestamentlichen "Haustafeln" verknüpft, seit *Dibelius* den Text in diese Kategorie einordnete. Er subsumierte unter diesem Begriff eine Reihe neutestamentlicher und patristischer "Spruchsammlungen", die "die Pflichten der einzelnen Gruppen im Haus festlegen."[3] Im einzelnen verstand er unter "Haustafeln" die Texte Kol 3,18-4,1; Eph 5,22-6,9; 1 Petr 2,18-3,7; Tit 2,1-10 sowie 1 Tim 2,8-15 und 6,1ff sowie unter Vorbehalt 5,1f und 5,5f;[4] daneben aber auch 1 Clem 21,6-9; IgnPol 5,1f; PolPhil 4,2-6,3; Barn 19,5-7 und Did 4,9-11. Diese Form der Paränese führte er auf "das Bedürfnis des jungen Christentums" zurück, "sich im Alltagsleben einzurichten",[5] nachdem die Naherwartung der Parusie nachgelassen hatte. Traditionsgeschichtlich sah er den Hintergrund der Haustafeln in der Stoa, wobei er gleichzeitig

---

[1] S.u. die Kritik an *Berger* S. 61

[2] S.u. die Einleitung zu Teil III S. 115f.

[3] *Dibelius*, Kol, 48.

[4] Vgl. *Dibelius/Conzelmann*, Past, 6. Mit Ausnahme der vv5.6 wird die Witwenregel unter der Rubrik "Gemeindeordnung" geführt.

[5] *Dibelius*, Kol, 48.

eine Beeinflussung durch hellenistisch-jüdische Propagandaliteratur annahm. Im Anschluß an Dibelius hat *Weidinger* in seiner Monographie "Die Haustafeln. Ein Stück urchristlicher Paränese" diese These ausgearbeitet und durch umfangreiches Belegmaterial unterstützt. Über das hellenistische Judentum sei das Schema "stoischer Offizienethik" in die junge Kirche gekommen, die es übernommen und christianisiert habe. In 1 Tim und 1 Petr sei die am weitesten entwickelte Form des Schemas zu finden.[6]

Der Ansatz von *Dibelius* und *Weidinger* war forschungsgeschichtlich äußerst einflußreich und hat lange Zeit die Untersuchung des in Frage stehenden Materials bestimmt. Da als Entstehungshintergrund nachlassende eschatologische Spannung angenommen wurde, wurde das Interesse an gesellschaftlichen "Ordnungen" überhaupt zum entscheidenden Kriterium für das sogenannte "Haustafel-Schema". Dieser Ansatz spiegelt sich etwa in der sehr weit gefaßten Gattungsdefinition bei *Schrage*, der hier alle "diejenigen paränetischen Stücke" einordnet, "die sich formal durch ihre Geschlossenheit und übersichtliche Disposition von der sonst mehr lockeren, regellosen und eklektischen Aufreihung der neutestamentlichen Mahnungen abheben und die inhaltlich vor allem das Verhalten der verschiedenen Stände zu ordnen versuchen"[7]. Es gehe um die "Stellung und Haltung der Christen in den Bezügen und Strukturen der Welt",[8] weshalb auch das Verhältnis zum Staat in das Schema der Haustafeln gehöre.

Die Herkunft der "Haustafeln" aus der stoischen Pflichtenlehre wurde allerdings in der Forschung bald auch in Frage gestellt oder jedenfalls relativiert. *Lohmeyer*[9] suchte den Ursprung in alttestamentlich-jüdischer Tradition. *Rengstorf*[10] votierte für spezifisch urchristliche Prägung der "Haustafeln": Entscheidend war ihm die Konzentration auf den οἶκος; die Beschränkung auf das Haus und die Familie galt ihm als christliches Proprium. Im biblischen Kontext werde die Struktur der Familie theologisch als Schöpfungsordnung verstanden und so ontologisch verankert. Die Aufforderung zur Unterordnung in den Haustafeln intendiere nicht die Stützung des patriarchalen Systems, sondern die Sicherung des Bestandes des οἶκος und die Ermöglichung seiner Aufgabenerfüllung.[11]

---

[6] Vgl. *Weidinger*, Haustafeln, 74ff.

[7] *Schrage*, Haustafeln, 2.

[8] *Schrage*, Haustafeln, 2. Laut *Schrage* liegt auch Röm 13 Haustafeltradition zugrunde. Vgl. auch *Goppelt* (Jesus, 95-103), der ebenfalls einen engen Zusammenhang zwischen Röm 13 und den Haustafeln herstellt.

[9] Vgl. *Lohmeyer*, Kol, bes. 156. Er situiert die "Haustafeln" im pharisäisch-rabbinischen Judentum und verweist dafür auf das Eintreten der Tora für Menschen minderen gesellschaftlichen Ranges.

[10] Vgl. *Rengstorf*, Mahnungen, 131-145.

[11] Vgl. *Rengstorf*, Mann und Frau, 29. Die hier getroffene Entgegensetzung ist künstlich, beides ist nicht zu unterscheiden: Wenn es um das Funktionieren des antiken οἶκος geht, geht es eo ipso um das Funktionieren einer patriarchalen Institution. *Gielen*, Haustafelethik 31, zitiert *Rengstorfs* apologetisch wirkende Unterscheidung leider kritiklos. Von heutigen Erkenntnissen der "gesellschaftlichen Konstruktion von Wirklichkeit" ausgehend, müßte der in der Pragmatik des Ökonomikschrifttums gegebene Zusammenhang zwischen Unterordnung unter den Hausherrn und Funktionieren der Wirtschaftsgemeinschaft οἶκος zunächst als Strategie zur Stabilisierung des Systems verstanden werden.

Goppelt[12] führte die neutestamentlichen Haustafeln inhaltlich auf eine paränetische Tradition zurück, die ihren Ursprung in der Ethik Jesu habe.[13]

Alle diese Konzeptionen stellten *Weidingers* Ansatz in Frage; sie setzten sich aber nicht im einzelnen mit seinen Überlegungen auseinander. Eine erste direkte Widerlegung unternahm *Schroeder*:[14] Er arbeitete die Unterschiede der Haustafeln zu den stoischen Pflichtenreihen sowohl im Gesamtschema als auch in der Gestalt der Einzelanweisungen heraus. Die für die Haustafelmahnungen charakteristische Struktur Anrede-Imperativ-Begründung hat nach *Schroeder* vielmehr ihren Ursprung im alttestamentlichen apodiktischen Gesetz.[15] Im hellenistischen Judentum entwickelt sich aus der Dekaloginterpretation eine den neutestamentlichen Haustafeln ähnliche Form, belegt in Philo, De Decalogo 165: Dort findet sich die gleiche Reihenfolge Ehefrau-Kinder-Sklaven; die Pflichten werden paarweise aufgeführt, und das Interesse an Unterordnung ist vorhanden. In bezug auf den Entstehungshintergrund der christlichen Haustafeln folgt *Schroeder* dem Ansatz von *Goppelt*, indem er die Mahnungen inhaltlich auf Jesus zurückführt, für die letztendliche Ausprägung des Schemas aber Paulus in Anspruch nehmen will.[16]

In der Folgezeit wandte sich die Forschung mehr der differenzierten Einzeluntersuchung zu. Wirkungsgeschichtlich setzte sich die Kritik an dem Ansatz von *Dibelius* und *Weidinger* mit der Monographie von *Crouch* zur Haustafel des Kolosserbriefes durch.[17] Er unterzog das gesamte stoische Vergleichsmaterial einer kritischen Revisi-

---

[12] Vgl. *Goppelt*, 1 Petr, 165-186. *Goppelt* weist den Zusammenhang mit stoischen Pflichtenlehren nicht ganz zurück: Der Vergleichspunkt liegt für ihn darin, daß in beiden Fällen "innerlich Freie" freiwillig in Bindungen treten. (Zur Kritik dieser Konzeption vgl. *Thraede*, Hintergrund, 362 Anm. 15.) Das stoische Schema erfahre in den christlichen Haustafeln aber deshalb eine bedeutsame Veränderung in Form und Inhalt, weil sie von dem Bewußtsein geprägt seien, unter dem Kyrios zu stehen. Dies führe zur Ausbildung einer "Beziehungsethik"; vgl. *Goppelt*, "Haustafel"-Tradition, 96f.

[13] Diese Herleitung entspringt *Goppelts* Versuch, eine gemeinsame Wurzel von synoptischer Tradition und der Paränese der neutestamentlichen Briefliteratur zu benennen. Diese findet er in Jesuslogien, die in den Gemeinden in zwei Gestalten nebeneinander überliefert wurden. "Die Evangelienüberlieferung will die Logien primär als Verkündigung in der Situation Jesu, d.h. als Umkehrruf auf das kommende Reich hin, bezeugen; die paränetische Tradition gibt sie vom erhöhten Herrn her seiner Gemeinde als beispielhafte Verhaltenshilfen weiter." (*Goppelt*, "Haustafel"-Tradition, 103) Den von ihm postulierten Zusammenhang versucht *Goppelt* anhand des Gebots der Feindesliebe, des Verbots der Ehescheidung und der Frage der Kaisersteuer nachzuweisen - dies sind jedoch Themen, die gerade nicht in den Haustafelzusammenhang gehören. *Goppelts* These ist dann auch in der Forschung nicht angenommen worden. *Strecker*, Haustafeln, 354 urteilt: "ein eindrucksvoller Versuch, der sich um die Einheit der urchristlichen Überlieferung in den verschiedenen Traditionsschichten mit beachtenswerten Argumenten bemüht hat. Allerdings gerät er bei der Durchführung der Intention, sowohl Jesus als auch Paulus für die Entstehung der neutestamentlichen Haustafeln in Anspruch zu nehmen, mit sich selbst in Widerspruch."

[14] Vgl. *Schroeder*, Haustafeln, 69ff.

[15] Die Elemente Mahnung, Verbindungswort und Begründung finden sich im Elterngebot des Dekalogs (Ex 20,12); hier fehlt allerdings die direkte Anrede. Diese findet sich in den Prophetenbüchern. Vgl. *Schroeder*, Haustafeln, 93-95.

[16] Entsprechend gilt das kritisch zum Ansatz *Goppelts* Gesagte. Vgl. auch Darstellung und Kritik bei *Gielen*, Haustafelethik, 34-44.

[17] *Crouch*, The Origin and Intention of the Colossian Haustafel, Göttingen 1973. *Schroeders* Arbeit konnte als unveröffentlichte Dissertation keine entsprechende Wirkungsgeschichte entfalten.

on; als einzige nichtjüdische hellenistische Parallele zu den neutestamentlichen Haustafeln ließ er Seneca, ep 94,1[18] bestehen. Das Interesse an häuslichen Beziehungen sei der stoischen Philosophie grundsätzlich fremd, wenn historisch auch an verschiedenen Stellen eine sekundäre Integration solcher Reflexion familiärer Verhältnisse in die Stoa feststellbar sei.[19]

Da *Crouch* kein neues Vergleichsmaterial vorlegen konnte, blieb nur die auch von *Dibelius* und *Weidinger* schon gesehene Verwandtschaft mit dem hellenistischen Judentum. Neben Philos Decal 165ff und SpecLeg II, 226f verweist *Crouch* insbesondere auf Hypothetica 7,2; 7,5; 7,14 sowie Josephus, Contra Apionem II, 190-219. Den "Sitz im Leben" dieser jüdisch-hellenistischen paränetischen Tradition vermutet er ebenfalls in der Mission. Die neutestamentlichen Haustafeln begreift *Crouch* dagegen als Teil einer innerchristlichen Auseinandersetzung zwischen einer enthusiastischen und einer nomistischen Strömung; sie sind Parteinahme in einem kirchlichen Streit:

> "The tension between these two movements in Hellenistic Christianity is the context in which the Christian Haustafel was forged ... The Haustafel represents the nomistic tendency of Pauline Christianity. It was created to serve emerging orthodoxy as a weapon against enthusiastic and heretical threats to the stability of both the church and the social order."[20]

Forschungsgeschichtlich bedeutsam war *Crouchs* Arbeit aufgrund ihrer starken Relativierung des Einflusses stoischer Parallelen; dagegen wurde seine eigene Position mit der Identifizierung griechischer Vergleichstexte in der Literatur zur Ökonomik forschungsgeschichtlich schnell überholt.[21]

2. Der forschungsgeschichtliche Neuansatz: Die Herleitung der neutestamentlichen Haustafeln aus der antiken Ökonomik

2.1 David Balch: Die Haustafel des 1. Petrusbriefs als Apologie

Balch hat in seiner 1974 vollendeten Dissertation "Let Wives Be Submissive"[22] über die Haustafel des 1. Petrusbriefes die Kritik *Schroeders* und *Crouchs* an der älteren

---

[18] Seneca bezieht sich hier auf die von ihm als Teil der Ethik angesehene Regelung häuslicher Beziehungen: Es geht um "eam partem philosophiae, quae dat propria cuique personae praecepta nec in universum componit hominem, sed marito suadet quomodo se gerat adversus uxorem, patri quomodo educet liberos, domino quomodo servos regat ...". Seneca gibt damit eine Zusammenfassung des Topos περὶ οἰκονομίας. Crouch hat die Bedeutung dieses Belegs für eine allgemeine Herleitung der Haustafeln aus der Ökonomik noch nicht erkannt; dies hat dann *Balch* geleistet; vgl. seine Interpretation von Seneca, ep 94,1. in Wives, 1974/75f. (Zur Zitation vgl. unten Anm. 22).

[19] Vgl. *Crouch*, Origin, 66-72. 147.

[20] *Crouch*, Origin, 151. Zur Kritik an der Enthusiasmus-These vgl. *Thraede*, Hintergrund 365; *Gielen*, Haustafelethik 54.

[21] Vgl. auch die ausführliche Darstellung und Kritik des Ansatzes von *Crouch* bei *Gielen*, Haustafelethik, 44-54.

[22] *Balchs* Untersuchung ist unter gleichem Titel in zwei Fassungen vorhanden: Die Originaldissertation von 1974 ist als Kopie von Mikrofilm zugänglich; außerdem erschien 1981 in der SBL Mono-

Forschung übernommen, *Crouchs* These von der innerkirchlichen, antienthusiasti-
schen Funktion der Haustafeln jedoch bestritten.[23] *Balch* findet die erste Grundlage
der Haustafeln in der klassisch-griechischen politischen Philosophie: Bei Plato und
Aristoteles bildet der Topos περὶ οἰκονομίας einen integralen Bestandteil der Abhandlungen περὶ πολιτείας, wobei *Balch* auf den sehr weiten Bedeutungshorizont des Begriffs πολιτεία verweist:

> "The English term 'constitution' is inadequate because it suggests a set of written laws, so is much
> narrower than the Greek term, which includes all the unwritten customs according to which a particular
> people lived. ... For the Greek to outline the life of a city with the form 'concerning the politeia' meant
> to 'present Greek life in its totality'."[24]

Plato benennt in seiner Politeia als ein entscheidendes Moment der "gerechten" politischen Ordnung, daß jede Person einen festen sozialen Rang und bestimmte soziale
Pflichten hat.[25] Dabei ist Platos zentrale Unterscheidung die von Herrschaft und Be-
herrschtwerden. In Leges III 690A-D führt er die sozialen Gruppen der Über- und
Untergeordneten schon in der gegenseitigen Zuordnung auf, wobei er neben den für
die neutestamentlichen Haustafeln charakteristischen Paaren Eltern - Kinder, Herren -
Sklaven und Männer - Frauen die Relationen Alte - Junge, Ehrenhafte - Unehrenhafte
sowie Weise - Unwissende nennt. Die in den Bereich der οἰκονομία gehörenden The-
menkreise verhandelt er sodann in Leg VI 771E-VII 824C, nämlich Ehe, Sklaven und
Kinderaufzucht.[26]

Aristoteles entwickelt den Topos περὶ οἰκονομίας zu einem festen Schema: das
Thema der rechten Ordnung im οἶκος beinhaltet die Beziehungen zwischen dem Hausherrn und Ehefrau, Kindern und Sklaven sowie Fragen der Geldwirtschaft.[27] Aristoteles hat ein intensives Interesse an der Unterscheidung der jeweils angemessenen Form
von Herrschaft; aus diesem Grund weist er Platos direkte Analogie zwischen πόλις
und οἶκος zurück, da dort verschiedene Formen von Autorität vermischt würden.[28]

Balch weist detailliert die erkennbare Wirkungsgeschichte des aristotelischen
Schemas bis in die Zeit des römischen Kaiserreiches nach,[29] und zwar bei den Peripa-
tetikern[30] sowie aufgrund des vorherrschenden Eklektizismus bei Epikureern,[31] in der

---

graph Series eine überarbeitete Version, die in einigen Passagen erheblich von der ursprünglichen Arbeit abweicht. Ich zitiere deshalb jeweils mit Erscheinungsjahr vor der Seitenangabe.

[23] Vgl. *Balch*, Wives, 1974/25-28, 1981/6-10 (1981 bezieht er sich zusätzlich auf die inzwischen
erschienenen Arbeiten von *Thraede*).

[24] *Balch*, Wives, 1974/28. Der ganze Abschnitt fehlt in Wives, 1981, wo *Balch* πολιτεία doch
durchgängig mit "constitution" wiedergibt.

[25] *Balchs* Beleg an dieser Stelle ist Plato Pol IV, 433A-D; vgl. Wives, 1974/35, 1981/23f.

[26] Vgl. *Balch*, Wives, 1974/36f, 1981/24f.

[27] *Balch* zitiert hier Aristoteles, Pol II1253b1-14; vgl. Wives, 1974/49, 1981/33f.

[28] Vgl. *Balch*, Wives, 1974/48, 1981/33.

[29] Vgl. auch *Dassmann/Schöllgen*, Haus II, 818, die ebenfalls den "großen Einfluß" des Aristoteles
"auf die weitere Entwicklung der Gattung" betonen. Der Artikel bietet einen ausgezeichneten Überblick
über das Ökonomikschrifttum (815-823).

[30] *Balch* zieht Belege heran aus Theophrast, περὶ νόμων; Dikaiarchos, Tripoliticus, den pseudo-ari-
stotelischen Werken Magna Moralia und Oeconomica. Vgl. Wives 1974/57-60, 1981/38f.

[31] *Balch* behandelt Philodemos, Περὶ οἰκονομίας; vgl. Wives, 1974/60-63, 1981/39f.

späteren Stoa[32] und im Neopythagoreismus.[33] Die von Crouch hervorgehobene enge Verbindung zwischen Philo und den neutestamentlichen Haustafeln kann Balch in seine Herleitung integrieren: Philo benutzt in seiner Interpretation des Dekalogs ebenfalls den aristotelischen Topos περὶ οἰκονομίας.[34]

Entscheidend am "household management topos" ist die Verbindung zwischen οἶ-κος und πόλις, in der das Haus als die Keimzelle des Staates verstanden wird.[35] *Balch* zeigt anhand von ausführlichen Belegen, wie die enge Verbindung zwischen der Ordnung im Haus und der Ordnung im Staat ausgestaltet wird. Diese Verknüpfung besteht im Positiven wie im Negativen: Die positive Ausformung liegt z.B. vor in der literarischen Gattung des Enkomions, in der in den "Lobpreis" einer Stadt bzw. eines Staates an erster Stelle die ordnungsgemäße Regelung von Ehe und Haushaltung einbezogen werden.[36] Negativ wird die Verbindung akzentuiert, wo bei einer (befürchteten) Schwächung der männlichen Hausherrschaft die Gefahr des Umsturzes der politischen Ordnung beschworen wird:

> "Graeco-Roman political science often drew an analogy between the house and the city: the rejection of the husband's authority by the wife, or of the master's authority by the slave, or of the father's authority by sons led to anarchy in both home and city, to the rejection of the king's authority, and to the degeneration of the politeia".[37]

Aufgrund dieses Zusammenhangs identifiziert *Balch* zwei Sitze im Leben für den "household management topos": Er dient zum einen den politischen Führungsschichten zur Einschärfung des erwünschten "bürgerlichen" Verhaltens; zum anderen findet er sich in apologetischer Ausrichtung bei religiösen Minderheiten zum Aufweis ihrer "staatskonformen" Haltung.[38] Dies gilt im Römischen Reich insbesondere für das Judentum, das sich seitens der römischen Gesellschaft mit dem Vorwurf

---

[32] Im Rahmen der Auseinandersetzung mit *Weidinger* in seinem forschungsgeschichtlichen Teil (Wives, 1974/12f, 1981/3f) weist *Balch* auf die Topoi περὶ οἰκονόμιας und περὶ γάμου bei Hierokles hin (Stob IV 22,23; IV 28,21; IV 503,12-16; V 696-699). Des weiteren untersucht er Arius Didymus' ἐπιτομή aristotelischen Denkens bei Stob II 7,26; II 147,26-149,11. (Wives, 1974/63-70, 1981/40-44 enthält eine englische Übersetzung des Texts). Die Notizen bei Seneca (Ep. 94,1f; De Beneficiis 2.18.1f) über die unterschiedlichen Positionen der Stoiker Ariston und Hekaton in der Auseinandersetzung in der Stoa darüber, ob solche Regelung sozialer Verhältnisse zur Philosophie gehöre oder nicht; vgl. *Balch*, Wives, 1974/75f, 1981/51f.

[33] Vgl. *Balch*, Wives, 1974/82-110 (in der überarbeiteten Fassung wurde dieser Abschnitt stark gekürzt, vgl. 1981/56-58) *Balch* untersucht die erhaltenen Fragmente von Archytas, Hippodamus, Zaleucus, Charondas, Leucanus, Kallikratidas, Perictione, Phintys; außerdem den οἰκονομικός des Bryson sowie die neopythagoreischen Briefe der 'Theano' und der 'Melissa'.

[34] Vgl. *Balch*, Wives, 1974/77-81, 1981/52-54.

[35] Vgl. *Balch*, Wives, 1974/48ff.

[36] *Balch* untersucht neben der theoretischen Behandlung des Enkomions bei Pseudo-Menander, Περὶ ἐπιδεικτικῶν das apologetische Enkomion des Dionysius Halicarnassus auf Rom, den Panathenaikos des Aristides, den Antiochikos des Libanius. Im Misopogon des Julian findet sich die Gattung in der Umkehrung ins Negative. Vgl. *Balch*, Wives, 1974/140-180. Dieser Abschnitt ist 1981 gestrichen; auf den Zusammenhang mit der Gattung des Enkomions wird nur noch kurz hingewiesen, da Balch diesen inzwischen in anderen Publikationen ausgearbeitet hat; vgl. Wives, 1981/54. 58 Anm. 11.

[37] *Balch*, Wives, 1974/179.

[38] Vgl. *Balch*, Wives, 1974/132f.176-180.

konfrontiert sah, die "natürliche" Ordnung und Moral umzustoßen.[39] Dabei wurden Vorwürfe, die sich ursprünglich gegen die Kulte des Dionysos und der Isis richteten, pauschal auf das Judentum übertragen: Sie beinhalteten sexuelle Promiskuität und die Untergrabung weiblicher Moral ebenso wie Mord und Rebellion.[40] Außerdem geriet das Judentum deswegen unter den Verdacht des Umsturzes der öffentlichen Ordnung, weil jüdische Sklavinnen und Sklaven sich - entgegen den üblichen Gepflogenheiten - weigerten, die Götter ihrer Herren zu verehren. Josephus benutzt deshalb in Contra Apionem die Form des Enkomions - inclusive der in dieser Form traditionellen Regelung häuslicher Verhältnisse - um die jüdische πολιτεία zu verteidigen und deutlich zu machen, daß die jüdische Religion keine gesellschaftlichen Umsturzbestrebungen verfolgt.[41]

Von dieser apologetischen Tendenz her interpretiert *Balch* nun auch den "household duty code" in 1 Petr:[42] Er sieht einen direkten Zusammenhang zwischen der "Haustafel" in 2,11-3,12 und dem Abschnitt 3,13-17, in dem Leiden in Aussicht gestellt wird und die Christinnen und Christen aufgefordert werden, über ihren Glauben Rechenschaft abzulegen.[43]

"The 'defense' anticipated in I P 3:15 would include the ethics of the Haustafel, just as Josephus' 'defense' involved the presentation of Moses' politeia which included 'marriage laws' (II.199) and 'the law for slaves' (II.215)."[44]

Die Haustafel in 1 Petr ist also nach *Balch* eine Darstellung der christlichen πολιτεία angesichts von Angriffen, Denunziationen und Verfolgungen. Indem aufgewiesen wird, daß christliche Ehefrauen, Sklavinnen und Sklaven sich ordnungsgemäß ihren Männern und Herren unterordnen, soll den Vorwürfen und Verleumdungen entgegengetreten werden.[45] Dabei geht *Balch* nicht davon aus, daß es in den Gemeinden sozial-

---

[39] Vgl. *Balch*, Wives, 1974/115-133.

[40] Vgl. *Balch*, Wives, 1974/134-140, 1981/65-74.

[41] Vgl. *Balch*, Wives, 1974/166-175, 1981/54. Zum apologetischen Charakter der Gesetzesepitome in Josephus, Contra Apionem und Philo, Hypothetika vgl. auch *Küchler*, Weisheitstraditionen, 207ff; anders *Berger*, Gattungen, 1057.

[42] Vgl. *Balch*, Wives, 1974/195-234. Auch dieser Teil erscheint 1981/81-105 gekürzt; Teile der Abhandlung wurden in den Anhang ausgelagert; vgl. Wives 1981/124-138 (Appendix I-III).

[43] Vgl. *Balch*, Wives, 1974/213f. Balch verweist auf die Parallele zwischen 1 Petr 3,15 und Josephus, Contra Apionem II.147: An beiden Stellen bezeichne ἀπολογία die Reaktion der angegriffenen religiösen Minderheit auf Verleumdungen seitens der römischen Gesellschaft.

[44] *Balch*, Wives, 1974/213.

[45] Vgl. *Balch*, Wives, 1981/109. Leider gelingt es *Balch* nicht, das Verhältnis von Paränese und Apologie präzise zu bestimmen: Auf der einen Seite betont er durchgängig den apologetischen Charakter; auf der anderen Seite schreibt er: "As Dibelius suggested, the code is paraenetic; it is addressed to Christians, not outsiders ... the code has an apologetic function in the historical context; the paraenesis is given in the light of outside criticism." (Wives, 1981/109). Hier hätte eine Reflexion der formalen Unterschiede zwischen 1 Petr und Josephus aufschlußreich sein können: Da bei Josephus der Gesetzgeber (Moses) eine Gestalt der Vergangenheit ist, schreibt er *über* ergangene Weisungen und erteilt als Autor nicht selbst solche. Das Gesamtwerk hat somit apologetischen Charakter, während das weisunggebende Element im beschriebenen Gesetz des Mose liegt. Dagegen sind aufgrund der Autorfiktion des 1. Petrusbriefes der Erteiler der Weisungen und der Autor identisch. Dadurch erhält die Haustafel in ihren formalen Merkmalen paränetischen Charakter, während das apologetische Element sich semantisch im Rekurs auf die Reaktion der heidnischen Umwelt widerspiegelt.

revolutionäre Aspirationen wirklich geben muß. Ausgenommen von der Unterordnung ist - wie schon bei der jüdischen Entsprechung - die Frage der Religion; d.h. die geforderte Unterordnung in allen anderen Bereichen soll die Akzeptanz der Abweichung in der Frage der Religionszugehörigkeit fördern.

Nach *Balch* ist 1 Petr 2,18-3,7 nicht von der Kolosser- oder Epheserbriefhaustafel herzuleiten. Vielmehr stellt er eine eigenständige Adaptation des Topos dar, wobei *Balch* auf Parallelen zu Tit 2,1-10 verweist.[46] Die Geschichte urchristlicher Haustafeltradition sei also nicht so einlinig, wie etwa Crouch annehme.[47]

Die entscheidende forschungsgeschichtliche Bedeutung *Balchs* liegt darin, daß es ihm gelungen ist, in der Literatur zur Politik und Ökonomik außerchristliche Vorbilder für die gegenseitigen Ermahnungen der Haustafeln zu identifizieren, und daß sein Ansatz das Interesse am Haus und seiner Ordnung erklären[48] und in gesellschaftliche Zusammenhänge einordnen kann.

2.2 Die Rezeption des Ökonomik-Ansatzes in der deutschsprachigen Exegese der Haus- und Ständetafeln

In die deutsche neutestamentliche Forschung fand der Ansatz bei der antiken Ökonomik im folgenden durch *Lührmann* (1975 und 1980) und *Thraede* (1977 und 1980) Eingang,[49] er wurde von *Müller* (1983)[50] und in modifizierter Form auch von *Laub* (1982 und 1986)[51] weitergeführt. Die Übernahme des Ansatzes bei der Ökonomik und

---

[46] *Balch*, Wives, 1974/265f, 1981/120. Vgl. auch *Strecker*, Haustafeln, 349, sowie *Müller*, Haustafel, 269f, der ebenfalls eine direkte überlieferungsgeschichtliche Verbindung zwischen Kol/Eph und 1 Petr ausschließt.

[47] Vgl. *Balch*, Wives, 1981/120. *Crouch*, Origin, 139 hatte einen Bogen von 1 Kor 7 über die Kolosserhaustafel zu den Pastoralbriefen geschlagen.

[48] Dies ist eine entscheidende Weiterentwicklung gegenüber *Crouch*, dessen Ansatz die Orientierung am οἶκος unterbewertet; vgl. *Kidd*, Wealth, 79.

[49] Damit war zunächst keine Rezeption von *Balch* verbunden: *Lührmann* hat *Balch* nicht verarbeitet: In seinem 1975 erschienenen Aufsatz "Wo man nicht mehr Sklave oder Freier ist" erwähnt er ihn gar nicht, in dem 1979 gehaltenen, 1980 schriftlich veröffentlichten Referat "Neutestamentliche Haustafeln und antike Ökonomie" merkt er an, die Arbeit sei ihm nicht zugänglich gewesen. Dies mag damit zusammenhängen, daß Balchs Dissertation bis 1981 nicht als Verlagspublikation, sondern nur als Mikrofilm-Kopie vorlag. *Thraede* rezipiert *Balch* erst in seinem 1980 erschienenen Aufsatz "Zum historischen Hintergrund der Haustafeln des Neuen Testaments", jedoch noch nicht in seinem Beitrag "Ärger mit der Freiheit" von 1977, obwohl er dort ebenfalls schon auf die antike Literatur zu Ökonomik hinweist. Die fast zeitgleiche "Entdeckung" der Ökonomik in der Exegese der neutestamentlichen Haustafeln dürfte ihren Grund außerhalb der theologischen Forschung haben: Insbesondere ist hier an die Wirkungsgeschichte von *Finleys* Buch zur antiken Wirtschaft zu denken, - das englischsprachige Original "The Ancient Economy" erschien im Jahr 1973 - in dem der Sozialhistoriker die Bedeutung des οἶκος analysierte.

[50] *Müllers* Beitrag "Die Haustafel des Kolosserbriefes und das antike Frauenthema. Eine kritische Rückschau auf alte Ergebnisse" bringt eine gute kritische Revision der Forschungsgeschichte, folgt aber ansonsten weitgehend Thraede. Er braucht deshalb hier nicht ausführlich dargestellt zu werden.

[51] Ich beziehe mich hier hauptsächlich auf *Laubs* zweite Veröffentlichung "Sozialgeschichtlicher Hintergrund und ekklesiologische Relevanz der neutestamentlich-frühchristlichen Haus- und Gemeinde-Tafelparänese" von 1986, da in ihr der Grundansatz komprimiert dargestellt ist. Die thematischen Aus-

die damit verbundene Kritik an der bis dahin in der deutschen Forschung vorherr-schenden *Dibelius-Weidinger*-Linie sind bei *Lührmann* und *Thraede* sehr unterschied-lich motiviert und führen zu divergierenden Konzeptionen.[52] *Müller* schließt sich vom Ansatz her *Thraede* an, während *Laub* weitgehend mit *Lührmann* übereinstimmt. Um die inhaltlichen Übereinstimmungen und Unterschiede herauszuarbeiten, erscheint es sinnvoll, die beiden letzteren Ansätze im direkten Vergleich zu behandeln; deshalb folgt die Darstellung nicht der Chronologie, sondern dem sachlichen Zusammenhang.

2.2.1 Klaus Thraede: Die Haustafeln als Parteinahme in einem sozialethischen Richtungsstreit

Thraede hat seinen Ansatz zur traditions- und formgeschichtlichen Anbindung der Haustafeln an die antike Ökonomik im Rahmen von Forschungen zur Situation von Frauen in der Antike entwickelt und seine Position vor allem in zwei Veröffentlichun-gen dargelegt. Die inhaltlich-positionellen Grundlinien der antiken Ökonomik - und in diesem Traditionszusammenhang auch der neutestamentlichen Haustafeln - hat er im Rahmen seiner breit angelegten Studie "Ärger mit der Freiheit. Die Bedeutung von Frauen in Theorie und Praxis der Alten Kirche" analysiert. In dieser sozialgeschicht-lich orientierten Veröffentlichung, die in bezug auf die Aufarbeitung des antiken Ma-terials auf seinem 1972 erschienenen Artikel "Frau" im Reallexikon für Antike und Christentum basiert, entwickelt er seinen Ansatz des "sozialethischen Richtungs-streits": Er sieht im römischen Reich seit der späten Republik eine Auseinanderset-zung um die angemessene Rolle von Frauen; mit den Haustafeln ergreift das Christen-tum in diesem Streit Partei, indem es eine der verfügbaren Optionen, nämlich die ei-ner humanisierenden Vermittlung zwischen Gleichheit und Unterordnung, über-nimmt.[53]

In seiner umfassenden Analyse sozialer und geistesgeschichtlicher Entwicklungen in antiken Gesellschaften bezüglich der Situation von Frauen geht *Thraede* methodisch davon aus, daß philosophische Aussagen zur "Stellung der Frau" nicht als Widerspie-gelung sozialer Realität begriffen werden können; sie sind vielmehr Position in der Auseinandersetzung um die Gestaltung solcher Realität.[54] Deshalb muß ein sozialge-schichtlicher Ansatz so weit wie möglich nicht-literarische Quellen und Zeugnisse des Alltagslebens[55] in seine Analyse einbeziehen, um ein umfassenderes und angemesse-neres Bild der Verhältnisse zu gewinnen. Das Material belegt für die Städte des römi-schen Reiches seit dem ersten vorchristlichen Jahrhundert eine Emanzipation von

---

führungen in *Laubs* Untersuchung "Die Begegnung des frühen Christentums mit der Antiken Sklaverei" von 1982 können in unserem Zusammenhang außer acht bleiben.

[52] Auf diese Divergenz zwischen den verschiedenen Ansätzen bei der Ökonomik weist auch *Hart-mann* in seinem kurzen forschungsgeschichtlichen Überblick hin ("Household-Code Form", 221).

[53] Vgl. *Thraede*, Ärger 115-128.

[54] Viele historische Quellen zu Frauen sind präskriptiv, nicht deskriptiv. Diese Erkenntnis wird von *Schüssler Fiorenza*, Gedächtnis, bes. 125ff, konsequent zur Grundlage historischer Rekonstruktion gemacht. Sie betont die Notwendigkeit, von androzentrischen Texten zu ihren Kontexten vorzustoßen, um die - antike bzw. urchristliche - Geschichte von Frauen endlich angemessen zu erfassen.

[55] Vgl. *Thraede*, Ärger, 35-87; Untersuchung der philosophischen Positionen 49-70.

Frauen im Sinne von größerer rechtlicher, kultureller und wirtschaftlicher (weniger politischer) Selbständigkeit und Partizipation. Die philosophischen Positionen von der klassischen über die hellenistische Zeit bis ins Kaiserreich liegen auf einem Spektrum zwischen naturrechtlicher Argumentation zugunsten ethischer Gleichheit von Männern und Frauen und sozialer Betonung der Unterordnung der Frau. Letztere wurzele insbesondere in peripatetischer Tradition, während der philosophische Gleichheitssatz vor allem der Stoa[56] und dem Epikureismus zuzuordnen sei.[57] *Thraede* verweist jedoch auch auf den "Riß zwischen Theorie und Praxis",[58] darauf, daß der naturrechtliche Gedanke gleicher Tugend nicht zum sozialen Programm wurde:

> "Überall, wo naturrechtlich von 'dem Menschen' geredet wurde, insbesondere also von der φύσει gegebenen Gleichheit, ... erwartet man vielleicht sozialpolitische Konsequenzen; die Stoa, bis in die Spätantike Quell sozialphilosophischer Leitsätze, hat aber überkommene Strukturen so wenig angetastet wie frühere Schulen und institutionelle Folgerungen nicht angestrebt: auch ihr Interesse lag beim tugendhaften Verhalten des Einzelnen."[59]

In bezug auf das Zusammenleben von Mann und Frau wurde "der Gleichheitsgedanke ... mehr oder weniger von der Vorstellung überlagert, die Frau habe ihrem Mann folgsam zu sein. ... So kam es zu der 'liebespatriarchalischen' (E. Troeltsch) und rechtsmildernden Spielart der Ehetheorie, in der das 'Gehorsamsmotiv' mit dem Ideal des Zusammenlebens gleichwertiger Personen gekoppelt war."[60]

Diese Verbindung findet sich - in unterschiedlichen Akzentsetzungen - in Abhandlungen zur Ökonomik bzw. in aus dieser hervorgegangenen Traktaten περὶ γάμου[61] wieder: Beispiel für das Interesse an Herrschaftsmilderung ist vor allem Plutarch;[62] das neopythagoreische ökonomische Schrifttum zeigt demgegenüber ein stärkeres In-

---

[56] Ähnlich: *Klassen*, Musonius Rufus, 185ff.

[57] Vgl. *Thraede*, Ärger, 49-69. *Balch* (Wives 1981/143-149 sowie Household Codes, 29-33) kritisiert diese Zuordnung mit dem Argument, die stoischen Denker Antipater und Musonius hätten zwar in der Theorie für Gleichheit optiert, in der praktischen Gestaltung der sozialen Beziehung jedoch die Unterordnung der Frauen selbstverständlich gestützt. Auf diesen Bruch zwischen Theorie und Praxis weist Thraede jedoch selbst hin. Allerdings ist Balchs Kritik insoweit gerechtfertigt, als *Thraede* die paganen Autoren (im Vergleich zu den christlichen Texten) sehr "wohlwollend" interpretiert. - Balch konstatiert ebenfalls für das erste vor- und nachchristliche Jahrhundert die rechtlichen und wirtschaftlichen Fortschritte für die Frauen (vgl. Wives, 1981/139-142: Appendix IV), sieht aber im Raum der griechisch-römischen Philosophie keine nennenswerte Infragestellung der Forderung weiblicher Unterordnung. Vorauszusetzen ist für die römische Gesellschaft nicht "a wide variety of options ... but the consistent patriarchal pattern seen in Aristotle, Neopythagoreans *and* in Roman stoics". Widerspruch kam somit laut Balch nicht aus dem Inneren der römischen Gesellschaft, sondern von außen: "Aside from some ineffectual protests from within, the more significant social contrasts in this period seem to be those perceived by Augustan writers themselves between Greco-Roman society and foreign, Egyptian patterns, or between the Greco-Roman household codes and the earlier Jesus movement in Palestine." (*Balch*, Household Codes, 32f)

[58] *Thraede*, Ärger, 57.

[59] *Thraede*, Ärger, 55.

[60] *Thraede*, Ärger, 56.

[61] *Thraede*, Ärger, 67 beruft sich hier auf den grundlegenden Aufsatz von *Wilhelm*, "Die Oeconomica der Neupythagoreer Bryson, Kallikratidas, Periktione, Phintys" von 1915. Wilhelm hatte gezeigt, daß die Topoi περὶ πολιτείας, περὶ οἰκονομίας und περὶ γάμου eng miteinander verbunden sind und viele Überschneidungen zeigen (222).

[62] Vgl. *Thraede*, Ärger, 59-62.

teresse an der Unterordnung der Frau, enthält aber auch das Ideal des einträchtigen gemeinsamen Lebens.[63] Neben der Unterordnung kennt die Ökonomik jedoch auch ein "Mitherrschen" der Frau im Haus.[64] Auf der "konservativen" Seite artikuliert sich in augusteischer Zeit die Reaktion auf den sozialen Wandel in einer "Verfallsideologie": Restriktive Wertvorstellungen über das angemessene Verhalten von Frauen werden in die Vergangenheit projiziert, die Gegenwart wird als Abfall von alten Werten der 'Treue' und 'Pflichterfüllung' interpretiert.[65] Der moralische Rekurs auf "naturalwirtschaftlich verwurzelte Modelle wie das Haus, als agrarische Produktionseinheit verstanden",[66] ist insofern nach *Thraede* im 1. Jahrhundert gerade nicht eine Widerspiegelung der sozio-ökonomischen Verhältnisse, sondern Indiz für die Veränderung der alten Produktionsweise und den Funktionsverlust des Hauses aufgrund von Urbanisierung und Ausweitung des Handels im römischen Reich.[67]

Der 1980 erschienene Aufsatz "Zum historischen Hintergrund der 'Haustafeln' des NT" nimmt unter form- und sozialgeschichtlicher Perspektive die Ergebnisse der früheren Studie wieder auf und führt sie teilweise weiter. Auf der Basis seiner These von den 'Haustafeln' als Parteinahme im sozialethischen Richtungsstreit führt Thraede hier eine kritische (und polemische) Auseinandersetzung mit der bisherigen exegetischen Forschung.

Thraede stützt sich in seiner Argumentation zunächst auf die Ergebnisse von *Crouch*, dessen Verständnis der Haustafeln als "Bestandteil innerchristlicher Auseinandersetzungen" er positiv würdigt, aber gleichzeitig durch seinen Ansatz bei der Ökonomik modifiziert:

"Die Einsicht nämlich, daß sie einen internen theologisch-sozialethischen Richtungsstreit widerspiegeln, ... leistet aber auch der Prämisse Vorschub, auf 'Freiheit' oder 'Gleichheit' zielende Ideen seien primär religionsgeschichtlich verwurzelt gewesen."[68]

Thraede wendet sich damit gegen *Crouchs* Annahme eines kirchlichen Enthusiasmus, den er als Folie für die Haustafeltradition für nicht notwendig hält; der allgemeine gesellschaftliche Streit um Humanisierungs- und Liberalisierungstendenzen als Hintergrund liefere eine ausreichende Erklärung.[69] An dem Zitat wird gleichzeitig die grundsätzliche Frontstellung *Thraedes* ersichtlich: Er argumentiert insbesondere gegen solche exegetischen und theologischen Positionen, die von einer scharfen Entgegensetzung paganer und christlicher Sozialethik geprägt sind, die es erlaubt, dem Christentum in bezug auf die Lage von Frauen wie Sklavinnen und Sklaven die entscheidende humanisierende Rolle in der Antike zuzu-

---

[63] Vgl. *Thraede*, Ärger, 65-68.

[64] Vgl. Dionysios von Halikarnassos, Ant Rom 2,25,5, Plutarch, Quaest Rom 30. *Thraede* weist auch auf die Anrede "domina" für die Frau hin, die erst kaiserzeitlich belegt ist (Ärger, 84f).

[65] Vgl. *Thraede*, Ärger, 79-81. Hier hat die ökonomische Schrift des Columella ihren Ausgangspunkt, die durch den Sittenverfall die Hauswirtschaft bedroht sieht.

[66] *Thraede*, Ärger, 67f.

[67] Vgl. Columella, agr. 12 praef, wo beklagt wird, daß die Frauen, statt sich selbst um Wollverarbeitung zu kümmern, Geld für Importkleidung ausgeben.

[68] *Thraede*, Hintergrund, 361.

[69] Vgl. *Thraede*, Hintergrund, 365; ebenso seine Stellungnahme zu *Balch*, 361 Anm. 9.

schreiben.[70] *Thraede* übt scharfe Kritik an dieser exegetischen Tradition: Sie vernachlässige die Bandbreite der antiken philosophischen Stellungnahmen in "der schier unausrottbaren Ansicht ... daß die antike Eheanschauung nur ein rüdes κρατεῖν des Mannes, kein ἀγαπᾶν (Col.3,19) gekannt habe."[71] *Thraede* polemisiert dagegen, daß die antike Gesellschaft einseitig schwarz gezeichnet werde, um auf dieser Folie für die Haustafeln trotz ihres Interesses an Unterordnung eine emanzipatorische Position beanspruchen zu können.[72] Dahinter sieht er ein auf die gegenwärtige Diskussion bezogenes defensiv-apologetisches Interesse:

> "Je mehr sich der Eindruck verfestigt, daß gerade im Punkt 'Gehorsam' die Haustafeln innerhalb einer schon antiken Debatte Partei ergreifen, desto mehr büßen sie leider an heutiger theologischer Verwertbarkeit ein. Der Versuch, sie vom Vorwurf des 'Paternalismus' reinzuwaschen, hat infolgedessen allerlei 'Eisegese' ins Kraut schießen lassen. Am weitesten gehen wohl jene Gelehrten, die ihnen eine gesellschaftskritische Komponente zuschreiben und mit ihr ein christlich-erstmaliges Plädoyer gegen autoritären Ordnungsmißbrauch meinen. Das bedeutet meistens, zu Gunsten eines - oft begriffsrealistisch oder aus Äquivokation gewonnenen - 'grundlegend neuen Sinnes' den Textinhalt außer Kraft zu setzen."[73]

Wie der letzte Satz deutlich macht, wirft *Thraede* den kritisierten exegetischen Positionen nicht nur vor, der paganen Sozialethik nicht gerecht zu werden, sondern auch, den Sinn der neutestamentlichen Texte zu verfehlen. Die heute anstößige Unterordnungsforderung der Haustafeln werde gemildert, indem für das ὑποτάσσεσθαι der Frauen wie für das von den Männern geforderte ἀγαπᾶν ein neuer christlichen Sinn postuliert wird,[74] wodurch die Parallelität zu paganen Texten bestritten wird. Insbesondere ist es nach Thraede unhaltbar, wenn nach dem Schema "pagane Inhalte - christliche Begründung"[75] das gesellschaftskritische christliche Moment in der formelhaften Wendung ἐν κυρίῳ gesucht wird, die zur Kyriostheologie ausgeweitet wird.[76] Er

---

[70] Thraede polemisiert insbesondere gegen *Goppelt, Lohse, Schrage* und *Strecker*, vgl. Hintergrund, 359-361, insbesondere die Anmerkungen 1-10.

[71] *Thraede*, Hintergrund, 362.

[72] Vgl. *Thraede*, Hintergrund, 364: "man gewahrt hier auch Fronten, die es verbieten, 'der Antike' auf diesem Feld eine fraglose Einhelligkeit zuzuschreiben. Die Option für ὑποταγή verstand sich nicht von selbst, ihre Ausdrücklichkeit hatte, wenn man so will, eine 'kritische Komponente' gleich den Haustafeln, nur eben eine ausgesprochen anti-egalitäre." - Der von *Thraede* hier kritisierte Mangel an Differenzierung in bezug auf "antike Sozialethik" ist auch in jüngsten Veröffentlichungen noch zu finden; vgl. das Pauschalurteil von *Hartmann*, "Household-Code Form", 227: "Turning to the semantic dimension of Col.3:18-4:1, we need not worry too much about it. The author remains within the framework of the established social system,..."

[73] *Thraede*, Hintergrund, 362.

[74] Vgl. *Thraede*, Hintergrund, 360 Anm. 7 und 362 Anm. 14.

[75] *Thraede*, Hintergrund, 361.

[76] Diesen Vorwurf richtet er an *Lohse*s Kolosserkommentar, 223, sowie *Schrage*, Haustafeln 10f. Das von *Thraede* kritisierte exegetische Vorgehen findet sich jüngst wieder bei *Weiser*, Evangelisierung, 79: "Die Einbeziehung des Herrn Jesus Christus als *den Herrn* aller in die 'Haustafel' *relativiert* die im menschlichen Bereich genannten Über- und Unterordnungen." (Hervorhebungen im Original) *Weiser* verweist - wie schon *Schrage* - darauf, daß in Kol 4,1 die Aufforderung an die Hausherren zur Gerechtigkeit mit dem Hinweis begründet wird, daß sie selbst dem Herrn im Himmel unterstehen. Daß jedoch im Falle der Frauen und Männer sowie Kinder und Väter jeweils nur die Mahnung an die Untergeordneten mit Bezug auf den Kyrios motiviert wird, berücksichtigt *Weisers* Interpretation nicht. Dazu *Thraede* (Hintergrund, 362 Anm. 15): "Normalerweise müßte man folgern, die Berufung auf 'den

bestreitet grundsätzlich die hermeneutische Möglichkeit, zwischen dem Inhalt der Haustafelmahnungen und ihrer Begründung zu unterscheiden:

"Exegeten versichern zwar, die Fusion lasse sich in christliche Motivation und historisch bedingte Sozialanschauung auflösen, aber diese Art der Sachkritik verstößt gegen den Wortlaut der betreffenden ältesten Texte."[77]

"Wie dem auch sei: das theologisch heutzutage naheliegende Unternehmen, aus den Haustafeln die zeitbedingt-konservativen Elemente als 'damalige Sitte' herauszulösen und so dem Text einen abstrakten Ordnungsbegriff zu unterlegen, auf den das Evangelium kritisch oder anerkennend oder teils bejahend, teils korrigierend bezogen sei, scheitert daran, daß da genau diese Christologie in genau dieser antiken *Denk*weise Niederschlag gefunden hat. *Beide* bedürfen kritischer Interpretation, und wie Verkündigung und Gesellschaft heute theologisch - statt weltanschaulich - ins Verhältnis kommen, läßt sich anhand der Haustafeln wohl einfach nicht entscheiden."[78]

Thraede unterscheidet die Haustafeln des Kolosser- und Epheserbriefes aufgrund ihrer formalen Merkmale[79] und ihres ausschließlichen Bezuges aufs Haus von den späteren Texten. Bei den Pastoralbriefen spricht *Thraede* von "Ständetafeln", verweist aber auf die grundsätzliche Schwierigkeit, hier zu einer trennscharfen Terminologie zu kommen.[80] Um eine Einebnung der Unterschiede zwischen den verschiedenen neutestamentlichen und frühchristlichen Texten zu vermeiden, hält er es für entscheidend, jeden einzelnen Text auf seine zugrundeliegende Situation hin zu untersuchen:

"Wenn außerdem Eph. von Col. abhängt ... und 1 Petr. gegen beide absticht, bleibt schwerlich noch eine feste Form übrig, der man als Haustafel-'Schema' noch eine Art Gattungsgeschichte vindizieren dürfte."[81]

"... wer von vornherein den - zugegebenermaßen unscharfen - Oberbegriff zugrundelegt, um flugs dogmatisch zu aktualisieren, braucht sich natürlich um Entstehungsprobleme, geschweige denn um historisch-philologische Kleinigkeiten nicht mehr zu kümmern. Vom 'Schema' her (mit Col., Eph. und 1 Petr als 'Beispielen') gibt es keinen Weg zur Ausgangslage, dazu ist die 'Situation' der genannten Texte denn doch zu verschieden."[82]

Die Entwicklung vom Kolosser- und Epheserbrief zu den Pastoralbriefen und den Apostolischen Vätern faßt *Thraede* als Ausdruck der Gemeindeentwicklung:

Herrn', nun aber an die Untergebenenseite adressiert ... festige und verhärte, verewige gewissermaßen das Gehorsamsverhältnis."

[77] *Thraede*, Hintergrund, 367f.

[78] *Thraede*, Ärger, 122 (Hervorhebungen im Original).

[79] Dazu zählt *Thraede*: Dreierschema, Gegenseitigkeit der Beziehungen, Versuch der Humanisierung von Herrschaftsverhältnissen, Motive 'Liebe' und 'Furcht'; vgl. Hintergrund, 359.

[80] In Ärger, 115, faßt *Thraede* unter Haustafeln die entsprechenden Texte in Kol, Eph und 1 Petr, weist aber auch auf die Abweichungen bei letzterem hin. *Müller*, Haustafel, 280ff will den Begriff ausdrücklich auf Kol und Eph beschränken. Kritik an dieser sehr engen Gattungsabgrenzung übt *Balch*, Household Codes, 34, der darauf hinweist, daß die antike Literatur zur Ökonomik nicht immer das aristotelische Dreierschema aufweist und die häuslichen Beziehungen im Kontext der "Politik" diskutiert. Der von *Balch* aufgezeigte enge Zusammenhang von "Ökonomie" und "Politik" macht deutlich, daß eine einfache Entgegensetzung von Orientierung am Haus *oder* an der größeren Einheit von Stadt bzw. Gemeinde nicht möglich ist.

[81] *Thraede*, Hintergrund, 359. Ihm stimmt *Fiedler*, Haustafel, 1070, zu. Ebenfalls aus textformalen Gründen skeptisch gegenüber der Rede von einer Gattung "Haustafel" ist *Hartmann*, "Household-Code Form".

[82] *Thraede*, Hintergrund, 360 Anm. 6.

"Daß wir es in diesen paränetischen Einheiten, zumindest vom Epheserbrief an, mit 'Gemeinde-ethik' zu tun haben, ist wohl herrschende Ansicht, d.h. man sagt nichts Neues, wenn man das betonte Interesse an Patria potestas mit der Entstehung kirchlicher Ämter in Zusammenhang bringt."[83]

Der Aufbau kirchlicher Hierarchie vollzieht sich in "Anlehnung an Strukturen des zeitgenössischen Reiches"; wie im philosophischen Denken die politische Herrschaft mit der Hausherrschaft verknüpft worden war, so legitimiert die Kirche die Herrschaft des Bischofs mit Hilfe der hausherrlichen Gewalt. Thraede verweist hier insbesondere auf die Rolle des politisch bedingten 'Monotheismus', der über den Stellvertreter- oder Abbildgedanken zur Absicherung von Führungsansprüchen dient.[84] Es bildet sich die Unterscheidung zwischen (männlichen) Amtsinhabern und Laiinnen (bzw. Laien) heraus; um den Anspruch der Frauen auf den geistlichen Beruf zu bestreiten, werden in den Pastoralbriefen Elemente der Haustafeln mit einem Lehrverbot verbunden.

"... die privatisierende Gehorsamsethik speziell für Frauen wird ... Kehrseite eines auf männliche Bischofsautorität gegründeten Kirchenverständnisses."[85]

Thraede bezieht sich für diesen ganzen Prozeß auf *Schweizers* Untersuchung "Die Weltlichkeit des Neuen Testaments". Seine Beurteilung weicht jedoch in zwei Punkten von *Schweizer* ab: Dieser faßt die Entwicklung als "Paganisierung unter dem Gewand der Christianisierung"; damit geht die theologisch-hermeneutische Entscheidung ein-her, "die gesunde und noch unprätentiöse Weltlichkeit der ersten Haustafel in Kol 3,18-4,1 durchaus als die eigentlich christliche Aussage dem ausgebauten Schema der späteren Zeit vor[zu]ziehen."[86] *Thraede* teilt die negative Bewertung der Ständetafeln, will aber, da er die Entgegensetzung "pagan - christlich" insgesamt nicht für einen an-gemessenen Interpretationsrahmen hält, nicht von einer "Paganisierung" reden, son-dern von "Zunahme des autoritären Elements auch in der Kirche".[87] Obwohl er nun aber die sozialethische Position der Kolosser-Haustafel innerhalb des antiken Spek-trums gegenüber den späteren Ständetafeln positiver als "humanisierende Mittelposi-tion" beurteilt, widersteht er der Versuchung, sie auch als "christlicher" zu apostro-phieren.[88] Für die Formulierung einer heutigen christlichen Sozialethik sind die Haus-und Ständetafeln für *Thraede* als ganze unbrauchbar.

2.2.2 Die Ankopplung der Gemeinde an den antiken οἶκος: Die sozialgeschichtlichen Ansätze von Dieter Lührmann und Franz Laub

Lührmann teilt die Kritik von *Rengstorf*, *Schroeder* und *Crouch* an dem von *Weidin-ger* beigebrachten stoischen Vergleichsmaterial.[89] Diese Kritik verfehle jedoch ihre

---

[83] *Thraede*, Hintergrund, 365f.

[84] Terminologisch wird dieser Zusammenhang am deutlichsten in der Rede vom τύπος θεοῦ; vgl. Ärger, 126; Thraede ordnet aber auch das ἐν κυρίῳ diesem Zusammenhang zu; vgl. Hintergrund, 366. Zum Zusammenhang von Monotheismus und Entstehung des monarchischen Episkopats vgl. *Dass-mann*, Entstehung, 74ff.

[85] Vgl. *Thraede*, Ärger, 127.

[86] *Schweizer*, Weltlichkeit, 413.

[87] *Thraede*, Hintergrund, 367. Seiner Beurteilung stimmt *Berger*, Gattungen, 1088, zu.

[88] *Thraede*, Ärger, 124; Hintergrund, 367f.

[89] Vgl. *Lührmann*, Sklave, 73-75. und Haustafeln, 84.

richtige Wirkung aufgrund ihrer "Grundschwäche", "daß sie nämlich gegenüber der imponierenden Fülle an Material bei Dibelius und Weidinger nur destruktiv wirkt, weil sie die Haustafeln nicht neu anderen vergleichbareren Texten zuordnen kann."[90] Die Orientierung an der Literatur zur Ökonomik[91] kann dieses Defizit beheben.

"Stellt man die Haustafeln des Kol und Eph in den Zusammenhang dieser Tradition, so gewinnt man also den Vorteil, sowohl das Dreierschema als auch die Reziprozität der Ermahnungen aus einer einheitlichen Tradition erklären zu können, während bei der Ableitung aus dem hellenistischen Pflichtenkatalog diese beiden für die Haustafeln fundamentalen Ordnungsprinzipien gerade nicht erklärt werden können."[92]

Lührmanns eigentliche Argumentation liegt jedoch nicht auf der Ebene literarischer oder traditionsgeschichtlicher Einzelanalysen, sondern auf der Ebene der theologisch-hermeneutischen Schlußfolgerungen, die *Dibelius* - und mit ihm ein großer Teil der älteren Forschung - aus der Analyse gezogen hatte:

"Zugleich bewirkt diese neue Zuordnung [sc. zur Ökonomik] aber ... auch eine andere Wertung der neutestamentlichen Haustafeln. Schloß Dibelius aus seiner traditionsgeschichtlichen Zuordnung auf jenes Bedürfnis, sich im Alltagsleben einzurichten, waren die Haustafeln mithin Symptom einer doch wohl nicht eindeutig positiv gewerteten 'Verbürgerlichung' des frühen Christentums, so weist diese neue Zuordnung auf einen *latent* politischen Anspruch dieses frühen Christentums, der als solcher dann auch durchaus von den politischen Instanzen wahr- und ernstgenommen worden ist."[93]

Lührmann kritisiert also bei *Dibelius* das Abfolgeschema 'Von der Naherwartung geprägter Anfang - Institutionalisierung bei fortlaufender Zeit', bei dem die spätere Phase tendenziell als "Abfall" vom genuinen Ursprung verstanden wird. *Lührmann* wendet sich aber nicht nur gegen die damit verbundene Wertung, sondern bestreitet diese Entgegensetzung von der ersten gegenüber den weiteren christlichen Generationen überhaupt. Dagegen setzt er ein Kontinuität betonendes Drei-Phasen-Modell, deren Abfolge sich literarisch in den echten Paulinen (I), den Deuteropaulinen Kol, Eph und 1 Petr (II) und den Pastoralbriefen (III) spiegelt. Die Kontinuität liegt dabei für *Lührmann* in der Orientierung an den Strukturen des οἶκος, die schon bei Paulus im Blick seien, wie seine Option für den Erhalt der Ehe in 1 Kor 7 zeige.[94] Der "Anschluß des Gemeindeaufbaus in der hier verfolgten frühchristlichen Linie an die Konzeption des οἶκος" als der elementaren "Sozial- und Wirtschaftsform schlechthin nicht nur der Antike ... sondern vermutlich aller vorindustriellen seßhaften Kulturen"[95] ist eine Entscheidung des frühen Christentums paulinischer Prägung, das damit zwei andere Möglichkeiten verwirft: "die radikale Vereinzelung"[96] wie "die Ver-

---

[90] *Lührmann*, Haustafeln, 85.

[91] *Lührmann* ordnet der Gattung folgende Texte zu: Xenophons Oikonomikos, Aristoteles' Buch I der Politik, Pseudo-Aristoteles' Oeconomica I, Philodemos von Gadara, Hierokles, Dion v. Prusa, Bryson, Kallikratidas, Periktione, Phintys, sowie die Rezeption des xenophontischen Oikonomikos bei L.J.M. Columella: vgl. *Lührmann*, Haustafeln, 85f.

[92] *Lührmann*, Sklave, 79.

[93] *Lührmann*, Haustafeln 86 (Hervorhebung im Original). Vgl. auch die sehr ähnliche Formulierung in *Lührmann*, Sklave, 79f.

[94] Vgl. *Lührmann*, Haustafeln, 92.

[95] Vgl. *Lührmann*, Haustafeln, 87.

[96] *Lührmann*, Haustafeln, 87. Gemeint ist mit dieser Alternative der Wanderradikalismus, wie ihn *Theißen* als Folge jesuanischer Verkündigung angenommen hat. Die Alternative formuliert *Lührmann*

einigung Gleichartiger (sozial, ethnisch oder wie immer)".[97] Spezifikum und Grundlage ihres Erfolges ist damit die "hohe soziale Integrationsfähigkeit" paulinischer Gemeinden. *Lührmann* kann in diesem Zusammenhang Gal 3,28 als "früheste[] Formulierung einer Gemeindeordnung"[98] begreifen, die nicht einen idealen Grundsatz wie-
dergebe, sondern die Realität der Gemeinden widerspiegele, die sich integrativ und
nicht entlang der sozialen, religiösen und Geschlechtsunterschiede organisiert hätten.[99]
Unter diesem Aspekt der sozialen Integration ist die skizzierte Entwicklung für *Lührmann* zwar nicht zwangsläufig, aber durchaus folgerichtig: Paulus entscheidet zugunsten der Entwicklung von Gemeinden als tragfähigen Sozialgebilden von bestehenden
Sozialstrukturen aus, die Haustafeln des Kol, Eph und 1 Petr setzen diesen Weg fort.
Was sich mit den Pastoralbriefen formgeschichtlich als Übergang von den Haustafeln
zu Gemeindeordnungen darstellt, spiegelt eine Entwicklung, in der die Gemeinden
größer und sozial ausdifferenzierter geworden sind und noch deutlicher in Analogie
zum οἶκος begriffen werden.[100]

Grundlage des von *Lührmann* geschlagenen Bogens ist letztlich nicht eine literarische oder traditionsgeschichtliche, sondern eine sozialgeschichtliche Kontinuität, nämlich die strukturelle Ankopplung der Gemeinden an den οἶκος als grundlegender So-
zial- und Wirtschaftsstruktur, zu der es - trotz der von Lührmann selbst genannten anderen Optionen - letztlich keine Alternative gibt:

> "Paulus gibt also nicht eine theologische Begründung einer von mehreren möglichen Sozialstruktu-
> ren, sondern spricht im Zusammenhang der in vorindustrieller Gesellschaft offenbar einzig möglichen
> Denkstruktur."[101]

> "Die Haustafeln ... sind Mahnungen in die einstmals einzig denkbaren Strukturen hinein."[102]

Dabei ordnet er die hier skizzierte Entwicklung von Paulus zu den Pastoralbriefen
in einen noch weiter gespannten Bogen ein: Aus der Erkenntnis, daß in der antiken
Philosophie die Ökonomik Teil der Politik ist, schließt *Lührmann*, daß die Orientierung des Christentums am οἶκος einen latent politischen Anspruch beinhaltet.[103] Dieser
führt im folgenden zunächst zum Konflikt mit dem römischen Staat, der "nicht zulas-
sen [konnte], daß neben und in ihm ein weiteres auf der Grundstruktur des οἶκος auf-

---

noch einmal schärfer in Sklave, 82, unter Berufung auf *Troeltsch*' Entgegensetzung (Soziallehren, 72):
"entweder der idealistische Anarchismus und der Liebeskommunismus, die mit radikaler Gleichgültig-
keit oder mit Abneigung gegen die sonstigen Ordnungen der Welt im kleinen Kreise die Liebesidee ver-
wirklichen, oder die sozialkonservative Ausbildung einer in Gottes Ordnung und Willen sich fügenden
Haltung gegenüber der Welt mit starker Selbständigkeit der nach innen ihre eigenen Angelegenheiten
ordnenden Gemeinde, die bei wachsendem Umfang die Ordnungen der Welt nicht ignorieren kann, sondern sie tunlichst für ihre Aufgaben benützen muß."

[97] *Lührmann*, Haustafeln, 87. Vgl. auch Sklave, 55: "Das Urchristentum paulinischer Prägung hat
sich also nicht als nationale oder ständische, als Männer- oder Frauenvereinigung konstituiert, sondern
als neue Einheit, die solche Differenzierungen im Prinzip überwunden hatte ..."

[98] *Lührmann*, Sklave, 82.

[99] Vgl. *Lührmann*, Haustafeln, 93.

[100] Vgl. *Lührmann*, Haustafeln, 95. Als Beleg führt er die "Anforderung an einen Bischof, die οἰκονομία zu beherrschen (1 Tim. 3.4f)" an.

[101] *Lührmann*, Sklave, 63 Anm. 31.

[102] *Lührmann*, Sklave, 81.

[103] Vgl. *Lührmann*, Sklave, 80. Diese These wird aufgenommen von *Bieritz/Kähler*, Haus, 485.

bauendes Gebilde mit ebenfalls universalem Anspruch bestand."[104] Schließlich wird diese Konkurrenz jedoch mit der Erhebung des Christentums zur Staatsreligion beendet; an die Stelle der Bekämpfung tritt die Nutzbarmachung des christlichen Potentials für das römische Reich.

"Es ergibt sich also ein durchaus nicht inkonsequenter Weg von Gal 3,28 als der frühesten Formulierung einer Gemeindeordnung über die Haustafeln und die aus ihnen entstehenden Gemeindeordnungen (einschließlich des monarchischen Bischofsamts) bis hin zur Übernahme der Verantwortung für das ganze Römische Reich im 4. Jahrhundert. Was die Kirche stellen kann, ist in Zeiten sozialer Desintegration eine integrationsfähige Organisation mit in sich politischem Anspruch."[105]

Zusammenfassend läßt sich sagen: *Lührmanns* Rezeption der antiken Ökonomik für die Interpretation der neutestamentlichen Haustafeln steht im Zusammenhang einer an Kontinuität orientierten Konzeption der Geschichte des Urchristentums (und der Alten Kirche),[106] die einen Gegenentwurf zu dem in der deutschen neutestamentlichen Forschung lange vorherrschenden Schema der Krise beim Übergang zur zweiten urchristlichen Generation darstellt. Innerhalb dieser Konzeption *Lührmanns* stellt die von der ökonomischen Literatur hergeleitete Haustafeltradition nur einen - den mittleren - Pfeiler dar. Der eigentliche umfassende Bezugspunkt ist mit dem antiken οἶκος eine soziale Struktur, nicht eine literarische Gattung.

Dem entspricht, daß *Lührmann* selbst die Orientierung seines Beitrages zu den Haustafeln als "sozialgeschichtliche" angibt: Er schreibt, er versuche,

"eine Beziehung herzustellen zwischen Texten des Neuen Testaments und der sozialen und wirtschaftlichen, historisch erhobenen Wirklichkeit der damaligen Zeit, und ... zugleich, *damalige* Deutung und Wertung dieser sozialen und wirtschaftlichen Wirklichkeit herauszuarbeiten."[107]

Während *Lührmann* also sozial-, ideen- und literaturgeschichtliche Aspekte in ihrer engen Verbindung behandelt, hat *Laub* einen Ansatz vorgelegt, der jenem zwar inhaltlich weitgehend folgt, dabei jedoch eine entscheidende methodische Akzentverschiebung vornimmt: Laub stellt sozialgeschichtliche und literarhistorische Fragestellungen einander entgegen und optiert für einen strikt soziologischen Zugang zu den neutestamentlichen Haustafeln: Die Exegese darf nicht bei literarischen oder traditionsgeschichtlichen Zusammenhängen ansetzen,[108] sondern muß die soziale Realität in den Blick nehmen - von woher sich dann literarische Phänomene erklären lassen:

---

[104] *Lührmann*, Haustafeln, 97. Danach müßte der sich in der Haustafeltradition dokumentierende politische Anspruch die Spannungen mit dem römischen Staat verschärft haben. Dies ist ein Gegenentwurf zu Balchs Konzeption der apologetischen Funktion der Haustafel, die gesellschaftliche Konformität signalisieren und damit das Mißtrauen römischer Führungsschichten besänftigen solle. Beide Ansätze betonen zwar die Verbindung der Haustafel zur Politik, akzentuieren aber das Verhältnis genau entgegengesetzt. Wenn *Balch* (Household Codes, 26) *Lührmann* an dieser Stelle zustimmt, scheint er die Zielrichtung von dessen Argumentation nicht erfaßt zu haben.

[105] *Lührmann*, Sklave, 82.

[106] Diese Ausrichtung hat *Balch* völlig mißverstanden, wenn er *Lührmann* als Diskontinuität betonend wiedergibt (Household Codes, 26). Natürlich unterscheidet *Lührmann* die Phasen; sein Interesse liegt aber im Aufweis der Kontinuität.

[107] *Lührmann*, Haustafeln, 83 Anm.* (Hervorhebung im Original).

[108] Dabei erklärt *Laub* "Tradierungsprozesse auf literarhistorisch-geistiger Ebene" nicht für per se irrelevant, aber: "Es geht hier vielmehr um Prioritäten des methodischen Einstiegs (Hintergrund, 255)".

"Das Verbindende in diesen Texten ist der im Hintergrund stehende antike Oikos mit seinem sozialen Ordnungs- und Wertgefüge, das in den verschiedenen moralphilosophischen und religiös-geistigen Strömungen je neu reflektiert und rezipiert wird mit einem entsprechenden literarischen Niederschlag. Vermeintliche Elemente einer durchgehenden literarischen Form haben hier ihren Ursprung, sind also nicht literarisch-traditionsgeschichtlicher Natur, sondern spiegeln je auf ihrer Reflexionsebene die soziale Realität des antiken 'Hauses' wider."[109]

Von dieser These aus führt *Laub* die Aporien der bisherigen Forschung auf deren Ausrichtung auf geistig-ideelle statt auf konkret sozialgeschichtliche und gesellschaftliche Perspektiven zurück. Dies betrifft zunächst die an der stoischen Pflichtentafel orientierte ältere Forschungsrichtung,[110] die formale und inhaltliche Unterschiede der Texte verwischt habe und insbesondere "nie so recht eine befriedigende Antwort auf die Frage nach dem 'Sitz im Leben' der Haustafeltradition" habe geben können.[111] Demgegenüber hat der Ansatz beim ökonomischen Schrifttum den Vorteil, mit dem Dreierschema und der Gegenseitigkeit der Beziehungen einen weit unmittelbareren Zusammenhang mit den neutestamentlichen Haustafeln aufzuweisen.

"Dennoch empfiehlt sich Zurückhaltung, derlei Querverbindungen wiederum primär auf der literarhistorischen Ebene zu diskutieren. Die Indizien für literarhistorische Zusammenhänge sind im Grunde genommen auch hier nicht weniger problematisch als diejenigen, die man zuvor für einen Traditionszusammenhang zwischen hellenistischer Pflichtentafel und neutestamentlicher Haustafel beizubringen bemüht war."[112]

Laub verweist dazu auf die Unterschiede im Umfang sowie auf die Tatsache, daß die ökonomische Literatur sich im Gegensatz zu den Haustafeln nicht paränetisch an die Untergeordneten wendet. Des weiteren gerate ein literarisch orientierter Ansatz bei der Ökonomik in die gleiche Aporie wie die ältere Forschung, nämlich einen 'Sitz im Leben' der Haustafeln nicht überzeugend bestimmen zu können.[113] Literarisch gesehen versteht *Laub* die neutestamentlichen Haustafeln somit als genuin urchristliche Schöpfung,[114] die aber nur Widerspiegelung einer geschichtlichen Realität ist:

"Als vorläufiges Resultat aber zeichnet sich so gut wie in allen Schichten neutestamentlicher Überlieferung eine missionsstrategische, organisatorische und ekklesiologische Relevanz des Oikos ab, daß

---

[109] *Laub*, Hintergrund, 255.

[110] Vgl. *Laub*, Hintergrund 251: "Im Grunde genommen blieb die Forschung mit ihrer Fixierung auf die hellenistische Pflichtentafel ... auf halbem Wege stehen. Was dazu anregt, die in Frage kommenden Texte unter dem Gesichtspunkt einer gemeinsamen Tradition zu betrachten, nämlich ein gewisser Konsens in sozialethischen Wert- und Ordnungsvorstellungen, wurde mit der Suche nach einem zugrunde liegenden gemeinsamen Schema ausschließlich auf der literarhistorischen und geistig-ideellen Ebene verhandelt. Die Frage nach einer konkreten sozialgeschichtlichen und gesellschaftlichen Realität, die sich in diesen Texten eventuell gleichermaßen versprachlichte und so zu ihrer Traditionsgeprägtheit beitrug, wurde so gut wie nicht gestellt. Die Folge war eine eigentümliche Verzerrung der Perspektiven."

[111] *Laub* lehnt als Hintergrund sowohl nachlassende Naherwartung wie ihr Gegenteil, "apokalyptische Passivität" ab. Auch eine antihäretische Frontstellung gegen "innerkirchliche enthusiastisch-emanzipatorische Strömungen" überzeugt ihn nicht. Vgl. *Laub*, Hintergrund, 252. Hier trifft sich seine Kritik mit *Thraede*, von dem er sich sonst stark abhebt.

[112] *Laub*, Hintergrund, 253.

[113] *Thraedes* These des sozialethischen Richtungsstreits lehnt *Laub* ab, vgl. Hintergrund, 254. Mit *Balchs* These der apologetischen Funktion setzt er sich leider nicht auseinander.

[114] Dabei bezieht er sich auf den älteren Ansatz von *Rengstorf*; vgl. Hintergrund, 251.255.

man analog zur antiken 'Oikos-Gesellschaft' mit Fug und Recht von einer frühchristlichen 'Oikos-Kirche' reden kann. Angesichts der Fragwürdigkeit einer literarhistorischen Herleitung der neutestamentlichen Haustafel ... wird man jetzt sagen können, daß es diese Bedeutung des Oikos für die werdende Kirche ist, die die Haustafel hervorgebracht hat."[115]

Die Entwicklung von den Haustafeln des Kol, Eph und 1 Petr zu den Gemeinde- und Ständetafeln der Pastoralbriefe und Apostolischen Väter vollzieht sich nach *Laub* folgerichtig: Da das formgebende Element des οἶκος die Person des Hausherrn ist,[116] läuft die Anlehnung der Gemeinde an die Ordnung des Hauses auf den Monepiskopat zu. Das Ordnungsdenken des Oikos bildet in den Pastoralbriefen und in den Ignatianen die entscheidende Grundlage für die sich herausbildende episkopale Gemeindeverfassung.[117]

Der einzelne urchristliche Oikos tritt in seiner Bedeutung für die Gesamtgemeinde zurück, während diese sich in ihrem Wesen und ihrer Struktur als Oikos Gottes begreift.[118] Die auf der literarischen Ebene feststellbaren Akzentverschiebungen - die Erweiterung des Personenkreises auf andere gemeindespezifische Gruppen und Personen, der Wegfall der Reziprozität und das wachsende Interesse an hierarchischen Ordnungsstrukturen einschließlich ihrer theologischen Legitimation im Gedanken des τύπος θεοῦ[119] - spiegeln diesen Prozeß wider.

Diese Zunahme des autoritären Charakters und die Herausbildung einer metaphysisch legitimierten hierarchischen Ordnung werden von *Laub* zwar recht detailliert beschrieben, spielen jedoch in seiner Gesamtsicht und -wertung der Entwicklung keine Rolle.[120] Diese ist bestimmt von der alten Frage der Haustafelexegese nach dem christlichen Proprium:

---

[115] *Laub*, Hintergrund, 261.

[116] "Insofern der Mann als der ontologisch Befähigte zur Ausübung der Hausgewalt gesehen wird, kann man geradezu sagen: ohne Mann kein Oikos." *Laub* weist zwar auch darauf hin, daß die realen Verhältnisse dem durchaus nicht unbedingt entsprechen müssen (Hintergrund, 256); daraus folgt aber keine grundsätzliche Reflexion des Verhältnisses von Konzeption bzw. Ideologie der Hausvaterrolle und sozialer Realität. S.u. S.35f, meine kritische Stellungnahme zu *Laubs* sozialethischem Ansatz.

[117] "Denn wie immer die Geschichte des urchristlichen Episkopos seit Phil 1,1 zu sehen ist, von den Pastoralbriefen an jedenfalls ist das Episkopenamt funktional von der Oikos-Ordnung und vom Oikos-Denken her bestimmt. ... Für den ignatianischen Monepiskopat lassen sich aus dem Frühchristentum und seiner Umwelt keine anderen zeit- und geistesgeschichtlichen Voraussetzungen namhaft machen als die antike Oikos-Wirklichkeit, und zwar in ihrer griechisch-philosophischen Durchdringung." (*Laub*, Hintergrund, 264.266) Er weist damit einen Ansatz zurück, der die Herausbildung des Monepiskopats auf das frühchristliche Interesse an der Sicherung der 'apostolischen' Überlieferung zurückführt. Zur Kritik seiner Position durch *Schöllgen*, s.u. S. 36ff.

[118] Vgl. *Laub*, Hintergrund, 262-268.

[119] "... der entscheidende Punkt ist jedenfalls, daß Ignatius im Kontext des Oikos-Denkens eine ontologische Identität zwischen Gott und Bischof im Sinn von Urbild und Abbild konstruiert. Gebündelt ist diese Anschauung in der Definition des Bischofs als Typos Gottes (Trall 3,1) ... Mit der Argumentation des Ignatius ist die Herrschaftsstruktur des Oikos in ihrer Gültigkeit für die Gemeinde ontologisch-theologisch begründet, und hierarchische Ordnung ist jetzt Teil der Heilsordnung selbst." (Hintergrund, 267).

[120] Im Text selbst nimmt *Laub* keine Wertung dieser Entwicklung vor. In einer Anmerkung stimmt er *Schweizer* zu, der in seinem Aufsatz "Die Weltlichkeit des Neuen Testaments" diese Entwicklung als "Paganisierung der Haustafel unter dem Gewand der Christianisierung" charakterisiert hatte. Dies än-

"Das Neue und das spezifisch Christliche an Haus- und Gemeindetafel sind die konkreten Christengemeinden, deren soziologisches Profil in diesen Texten seinen literarischen Ausdruck findet. Die Art, wie hier Menschen gleich welchen Alters, Geschlechts, sozialen Standes oder nationaler Herkunft als Gemeinde Gottes angeredet werden, zeugt von einer außergewöhnlichen gemeinschaftsbildenden Dynamik, die in der Religionsgeschichte der Antike ihresgleichen nicht hat."[121]

In einem gesellschaftlichen Umfeld, in dem die Mehrheit der Kultgemeinschaften nach Geschlecht und sozialem Status homogen seien, d.h. Frauen und Sklaven ausschlössen,[122] vermittle das Christentum - wie in gewisser Weise schon die jüdische Diasporagemeinde[123] - umfassende Integration und Gemeinschaft. Entscheidend sei deshalb an den Haustafeln des Kol, Eph und 1 Petr nicht die Forderung nach Unterordnung, sondern die Tatsache, daß auch die Untergebenen paränetisch angeredet und damit als verantwortliche Persönlichkeiten und gleichwertige Gemeindemitglieder ernstgenommen würden.[124] Entsprechend legt *Laub* bei den Pastoralbriefen den Akzent ganz darauf, daß die Gemeinde sich überhaupt aus den verschiedensten Ständen zusammensetzt.[125] Sein Abschlußurteil lautet denn auch:

"Religiöse Gemeinschaften in der vielfältigen Schichtung, wie sie Haus- und Gemeindetafel bezeugen, religiöse Gemeinschaften, die für ihren Bereich soziale, gesellschaftliche und ethnische Schranken

---

dert jedoch nichts an Laubs Gesamturteil, daß die Kirche in diesem ganzen Prozeß "ihrer Sendung und damit sich selbst in beachtlicher Weise treu geblieben" (271) sei.

[121] *Laub*, Hintergrund, 268f. Die soziale Integrationskraft der christlichen Gemeinden betont ebenfalls: *Weiser*, Evangelisierung, 75.

[122] Die Schlußfolgerung ist nicht zwingend: Wenn Kultgruppen nach Geschlecht und Status homogen sind, wäre daraus doch wohl zunächst zu schließen, daß es einfach getrennte Organisationen gibt; vgl. *Lührmann*, Sklave, 55, der diese Möglichkeit zumindest voraussetzt. In bezug auf die Teilnahme von Sklavinnen und Sklaven an verschiedenen Kulten vgl. den differenzierten Befund bei *Bömer*, Untersuchungen, bes. 229-234. Selbst wenn die Analyse Laubs in bezug auf die Sklaven (und Sklavinnen? vgl. *Bömer*, Untersuchungen, 129) stimmte, ginge es doch nicht an, das Ergebnis unbesehen auf die (freien) Frauen - als ja ebenfalls "Untergebene" - zu übertragen, wie *Laub* das hier tut. Seine Rede vom "Ausschluß" in bezug auf Frauen offenbart insofern eine androzentrische Perspektive, als er rein weibliche Kultgruppen überhaupt nicht in den Blick nehmen kann. Hier wirkt sich negativ aus, daß er die 1986 schon umfangreich publizierten Ergebnisse der historischen und theologischen Frauenforschung über die religiöse Partizipation von Frauen nicht zur Kenntnis genommen hat (vgl. für das Urchristentum *Schüssler Fiorenza*, Gedächtnis, bes. 297ff.381ff; *Harvey*, Women; *Heine*, Frauen; für das Judentum besonders *Brooten*, Women Leaders, *Brooten*, Inscriptional Evidence; *Brooten*, Jewish Women; *Schottroff*, Anführerinnen).

[123] *Laub* bringt hier ein häufig vorgebrachtes Argument, daß nämlich die Integrationsfähigkeit der Diasporagemeinde aufgrund von Beschneidung und Toratreue beschränkt gewesen sei. Zur Kritik dieser traditionellen Argumentation christlicher Exegese vgl. *Schottroff*, Anführerinnen, 73-84.

[124] *Laub* denkt hier vornehmlich an die Sklaven. Ein Problembewußtsein für die Geschlechterdifferenz läßt er vermissen, wenn er etwa schreibt, daß in den urchristlichen Gemeinden die Verkündigung universalen Christusheils "in einem gänzlich entschränkten Bruderverständnis (!) Menschen jedweden Standes und jedweder Herkunft zur neuen Gemeinschaft der ἐκκλησία Gottes zusammenführt." (Hintergrund, 269; ähnlich 270).

[125] Vgl. *Laub*, Hintergrund,270. Wenn aber in den späteren Ständetafeln die direkte Anrede der "Untergeordneten" immer weiter zurücktritt, bleibt von der "sozialen Integrationsfähigkeit" des Christentums nur die bloße "Zulassung" der freien Frauen, Sklavinnen und Sklaven zur Gemeinde übrig. Offensichtlich geht *Laub* davon aus, daß die Situation der Frauen so alternativlos war, daß sie solches "Zugeständnis" freudig aufnahmen. Dies widerspricht aber den Erkenntnissen der letzten zwanzig Jahre über die sehr differenzierte Situation der Frauen in der römischen Gesellschaft; vgl. *Thraedes* Artikel "Frau" in RAC, sowie *Gardner*, Women in Roman Law and Society.

als irrelevant betrachten, stellen daher in der antiken Umwelt tatsächlich etwas Neues dar. Vom Selbstverständnis der frühchristlichen Gemeinden her gesehen, wie es sich in der Selbstbezeichnung ἐκκλησία zu Wort meldet, markiert gemeinschaftsbildende Dynamik und soziale Integrationsfähigkeit das ureigenste Feld des Christusglaubens. Die Kirche, der wir in Haus- und Gemeindetafel begegnen, ist in dieser Hinsicht ihrer Sendung und damit sich selbst in beachtlicher Weise treu geblieben."[126]

Die Darstellung der beiden Ansätze von *Lührmann* und *Laub* hat die weitgehende Übereinstimmung ihrer Ansätze aufgewiesen. Beide sehen in der antiken Oikos-Ordnung und der Ankopplung der Gemeinde an diese die entscheidende sozialgeschichtliche Realität, die den Entstehungshintergrund für die Haus- und späteren Ständetafeln bildet. Durchaus verschieden geprägte literarische Zeugnisse erhalten damit einen einheitlichen Bezugspunkt. Indem die faktische Orientierung an einer - im übrigen sehr statisch gedachten - "Oikos-Ordnung" zum entscheidenden Merkmal wird,[127] können so verschiedene Texte wie Gal 3,28 und Tit 2,1-10 in eine Kontinuitätslinie gebracht werden. Die Entwicklung von Paulus bis zu den Apostolischen Vätern erhält damit eine starke Stringenz und Folgerichtigkeit; alternative Entwicklungsspielräume werden nicht mehr sichtbar.[128] Dem entspricht bei *Laub* die methodisch fragwürdige Tendenz, literarische Zeugnisse zum bloßen Reflex einer sehr widerspruchsfrei gedachten sozialen Realität abzuwerten. Dies hat für die Interpretation der Texte zwei Konsequenzen: Ihre Unterschiede und Akzentverschiebungen sind entweder für die Gesamtsicht der Entwicklung irrelevant (wie die Zunahme des autoritären Elements), oder Textaussagen werden unmittelbar als Beleg für historische Gegebenheiten und Entwicklungen herangezogen. Letzteres Vorgehen entspricht nun genau dem der von *Laub* kritisierten idealistischen Ansätze. Der Grund liegt darin, daß er für die Rekonstruktion der sozialgeschichtlichen Verhältnisse nur auf literarische Zeugnisse zurückgreift, dies aber nicht reflektiert. Damit reproduziert er in seiner Darstellung der "konkreten gesellschaftlichen und sozialgeschichtlichen Realität" die normativen Vorstellungen der antiken Autoren. Wenn er etwa formuliert, "Der Oikodespotes ist in dieser Sicht das Formgebende, ohne das es keinen Oikos gibt",[129] so ist damit ein zentrales Moment des antiken ökonomischen Denkens, nämlich die philosophische Hausvater-Ideologie, beschrieben. Diese bestimmt aber nun Laubs Sicht der "Realität", indem er Belege für die Leitung von Häusern durch Frauen als "Ausnahmen" wahrnimmt, die am "Normalbild" nichts ändern.[130]

Laub verfällt also selbst der von ihm kritisierten "idealistischen" Methode, die philosophische oder theologische Aussagen als unmittelbare Wiedergabe der gesellschaft

---

[126] *Laub*, Hintergrund, 271.

[127] Eine ähnliche Konzeption vertritt *Elliott*, Home, pass., der die Ständetafel des 1 Petr auf dem Hintergrund einer als konstitutiv angesehenen Orientierung der christlichen Bewegung am antiken οἶκος und seinen Strukturen interpretiert.

[128] Es liegt in der Tendenz der sozialgeschichtlichen Analysemodelle, die unter Rückgriff auf *Weber* und *Troeltsch* die Unterscheidung von Sekte und institutionalisierter Kirche als zentrale Analysekategorie verwenden, die autoritäre Hierarchisierung der Kirche als Vorbedingung für das Überleben des Christentums darzustellen; zur Kritik dieser Konzepte vgl. *Schüssler Fiorenza*, Gedächtnis, 109-125; *Schüssler Fiorenza*, Brot, 128f.

[129] *Laub*, Hintergrund, 267.

[130] Vgl. *Laub*, Hintergrund, 256 Anm. 39.

lichen Relität begreift. Demgegenüber hat die sozialgeschichtlich orientierte Exegese zur Geltung gebracht, daß gesellschaftliche Realität tendenziell widersprüchlicher - und in bezug auf die Stellung der Frau in der Antike oft offener - ist als deren literarisch faßbare "ideologische" Verarbeitung. Aus diesem Grund erscheint die sozialgeschichtliche Herangehensweise *Thraedes*[131] geeigneter, die Komplexität des Verhältnisses zwischen sozialer Realität und literarischer Verarbeitung aufzuhellen, da sie nach Widersprüchen und Brüchen fragt, die wiederum Handlungsspielräume sichtbar machen. Die Kategorie des "Konflikts" ist hier zentral, wie auch die Erkenntnis, daß literarische Texte selbst Partei sind, wobei erhaltene literarische Dokumente meist die Position der historischen Sieger wiedergeben. *Laubs* Verständnis des Verhältnisses von Oikos-Realität und Haustafeln gerät demgegenüber zu undifferenziert, da es ihm nicht gelingt, die Beziehung zwischen sozialer Realität und literarischer bzw. theologischer Verarbeitung methodisch so in den Blick zu nehmen, daß sowohl die Verbindung als auch die Differenz zwischen beiden Größen sichtbar werden.

Eine fundierte Kritik und Gegenposition zu *Laubs* Ansatz, in dem das οἶκος-Modell "zu einem grundlegenden Interpretament der gesamten frühen Kirchengeschichte avanciert",[132] hat *Schöllgen* in seinem 1988 erschienenen programmatischen Aufsatz "Hausgemeinden, OIKOΣ-Ekklesiologie und monarchischer Episkopat" vorgelegt. Die Attraktivität des von Laub wie von anderen[133] favorisierten Ansatzes sieht er genau in der fast zwangsläufigen inneren Logik, die er der frühchristlichen Gemeindeentwicklung gibt, indem hier mit der Orientierung am οἶκος eine Theorie gefunden wurde, die theologische und sozialgeschichtliche Erklärungsmuster verbindet.[134]

Gegen Laubs These von der "Oikos-Kirche" weist *Schöllgen* nach, daß die frühe Kirche keineswegs die antike Hausgemeinschaft "als prägendes Modell ihrer Ekklesiologie, ihres Gemeindeaufbaus und der sozialen Beziehungen der Gläubigen untereinander übernommen"[135] hat. Er bestreitet die These der entscheidenden Bedeutung von "Hausgemeinden" für die urchristliche Entwicklung, die als eigenständige Substrukturen neben der Organisation der Ortsgemeinden das Gemeindeleben stark mitbestimmt haben sollen.[136] Grundlage dieser These ist die in paulinischen Grußpassagen viermal auftauchende Formel ἡ κατ' οἶκον ἐκκλησία (1 Kor 16,19b; Phlm 2; Röm 16,3.5; Kol 4,15), die von der ἐκκλησία ὅλη (Röm 16,23; 1 Kor 14,23) zu unterscheiden sei.[137] *Schöllgen* stützt sich in seiner Gegenposition auf *Gielen*, die in einem 1986

---

[131] S.o. zu *Thraede*, S. 23-28.

[132] *Schöllgen*, Hausgemeinden, 76. Vgl. auch die Kritik von *Schüssler Fiorenza* (Brot, 121f) an *Elliott*, die in die gleiche Richtung zielt.

[133] Vgl. *Klauck*, Hausgemeinde, 21-81; *Dassmann*, Entstehung, 74ff; *Dassmann*, Hausgemeinde, 82ff; *Vogler*, Hausgemeinde, 785ff.

[134] Vgl. *Schöllgen*, Hausgemeinden, 76f.

[135] *Schöllgen*, Hausgemeinden, 76.

[136] Diese These war - nachdem schon 1939 *Filson* mit dem Aufsatz "The significance of the early house churches" einen Anstoß in diese Richtung gegeben hatte - insbesondere von *Klauck* in seiner Monographie "Hausgemeinde und Hauskirche im frühen Christentum" ausgearbeitet worden. Sie hat in der Forschung breite Akzeptanz gefunden (vgl. *Dassmann*, Hausgemeinde, 82ff; *Lampe*, Familie, 533ff; *Malherbe*, Social Aspects, 60ff; *Vogler*, Hausgemeinde, 785ff) und wird auch von *Lührmann* und *Laub* vorausgesetzt.

[137] Vgl. *Klauck*, Hausgemeinde, 12ff.

erschienenen Aufsatz[138] eine detaillierte Analyse dieser Formel vorgenommen hat. Dabei hat sie semantisch wie textpragmatisch überzeugend nachgewiesen, daß ἡ κατ' οἶκον ἐκκλησία nicht im Sinne von "die sich hausweise konstituierende Kirche"[139] zu interpretieren ist. Zu übersetzen ist vielmehr "die Kirche in ihrem/seinem Haus". Da die Wendung nie in einem Brief mehrfach erscheint und Paulus auch niemals der κατ' οἶκον ἐκκλησία die ἐκκλησία ὅλη direkt gegenüberstellt, spricht nichts dagegen, die Formel auf die Versammlung der gesamten Ortsgemeinde zu beziehen.[140] Damit entfällt schon eine wichtige Voraussetzung der Vorstellung von einer οἶκος-Kirche.[141]

Das Hauptgewicht der Argumentation *Schöllgens* ruht jedoch auf einer Überprüfung der οἶκος-Metaphorik im Zusammenhang ekklesiologischer Aussagen im Neuen Testament. Er kommt zu dem Ergebnis, daß Haus- und Familienmetaphern zwar sehr häufig sind, meist aber lediglich die Funktion haben, Einzelaspekte des Gottesverhältnisses oder der Beziehungen der Gemeindeglieder untereinander zu beschreiben, und nicht als ekklesiologische Leitmetaphern dienen: Bei Paulus ergibt die Analyse, "daß er die Kirche nicht ein einziges Mal ausdrücklich als οἶκος, οἶκος θεοῦ o.ä. bezeichnet, während konkurrierende ekklesiologische Metaphern wie etwa 'Leib Christi' wiederholt explizit vorgestellt werden."[142] Auch die Haustafeln belegen kein Selbstverständnis der Gemeinden als "Oikos-Kirchen", da sie Familienstrukturen, nicht aber die Ordnung einer Gemeinde im Blick haben. Entsprechend verwenden sie das οἶκος-Vokabular nicht metaphorisch. Damit fehlen für die ersten beiden christlichen Generationen Quellenbelege für die konzeptionelle Ausrichtung der Gemeindeorganisation am Hausmodell.[143] Der früheste Beleg für eine οἶκος-Ekklesiologie sind somit die Pastoralbriefe mit ihrer Leitmetapher vom οἶκος θεοῦ. Damit kommt *Schöllgen* nun aber zu einer völlig anderen Verhältnisbestimmung von sozialer Struktur und ekklesiologischer Konzeption als *Laub*: Für ihn legt sich die Vermutung nahe, "daß die οἶκος-Ekklesiologie nicht einfach eine Widerspiegelung der sozialen Realität der Hausgemeinden darstellt, sondern ganz im Gegenteil die Funktion hatte, der Auflösung der Intimität der kleindimensionierten Hausgemeinden durch die wachsenden Zahlen mit der Etablierung eines artifiziellen, theologisch begründeten Familienbewußtseins zu begegnen ...".[144]

Auch für die weitere Entwicklung stellt *Schöllgen* die zu einlinige Rekonstruktion *Laubs* in Frage: Bei Ignatius kann er eine οἶκος-Ekklesiologie gerade nicht finden;

---

[138] *Gielen*, Zur Interpretation der paulinischen Formel ἡ κατ' οἶκον ἐκκλησία.

[139] Die philologische Untersuchung zeigt, daß κατά hier nicht distributiv, sondern lokal zu verstehen ist; vgl. *Gielen*, Formel, 110f.

[140] Vgl. *Gielen*, Formel, 125; *Schöllgen*, Hausgemeinden, 78f.

[141] *Schöllgen* bestreitet nicht die faktische Bedeutung von οἶκοι für die Gemeindeentwicklung; er sieht wie *Lührmann*, daß die paulinischen Gemeinden "häufig ihren Ausgang von den Aktivitäten einer bekehrten Familie nahmen"; nicht zu belegen sei aber, daß "sich die wachsende Gemeinde dann als stete Erweiterung dieser Familie begriffen hat"; vgl. *Schöllgen*, Hausgemeinden, 80.

[142] *Schöllgen*, Hausgemeinden, 82.

[143] Vgl. *Schöllgen*, Hausgemeinden, 82. Vgl. auch *Nürnberg*, Lehrverbot, 64, die an dieser Stelle ebenfalls differenziert: Obwohl sie die Bedeutung des Hauses für die urchristliche Mission betont und auch von der Existenz von Hausgemeinden ausgeht, hält sie doch fest, daß eine Oikos-Ekklesiologie erst ab der 3./4. Generation das Selbstverständnis der Gemeinde prägt.

[144] *Schöllgen*, Hausgemeinden, 85.

nach den Pastoralbriefen stelle erst die Syrische Didaskalie wieder einen Beleg für diese Konzeption dar.[145]

Schöllgens Verdienst ist es, gegenüber *Laubs* einseitiger Ausrichtung an einem sozialgeschichtlichen Ansatz dessen Thesen genau auf der Ebene der ekklesiologischen Konzeption einer kritischen Überprüfung unterzogen zu haben. *Laubs* an Kontinuität orientierte Rekonstruktion frühchristlicher Entwicklung wird dadurch wesentlich in Frage gestellt. Leider kann *Schöllgen* kein alternatives Modell anbieten; die These der Parallelität christlicher Gemeindeorganisation zu antiken Vereinen lehnt er ab.[146]

Für die Interpretation der Pastoralbriefe ist *Schöllgens* Ergebnis wichtig, daß deren ekklesiologisches Konzept sich nicht zwangsläufig aus vorangegangenen Entwicklungen ableiten läßt, sondern einen eigenständigen Entwurf darstellt, nach dessen Intentionen gefragt werden muß. Diese Frage nach dem geschichtlichen Hintergrund und der Funktion des οἶκος θεοῦ-Modells wird im Zusammenhang der Ansätze von *Verner* und *Kidd* wieder aufzunehmen sein.

2.3 Die Interpretation der Pastoralbriefe auf der Grundlage des Ökonomik-Ansatzes

2.3.1 David C. Verner: "Household Management Topos" und "Station Code Schema" in den Pastoralbriefen

In seiner Monographie "The Household of God. The Social World of the Pastoral Epistles" (1983) hat *Verner* den Ökonomik-Ansatz für das Verständnis der Pastoralbriefe fruchtbar gemacht. Auch *Verners* Untersuchung ist methodisch von einer Kombination form- und sozialgeschichtlicher Fragestellung charakterisiert. Seine These lautet, daß in der Metapher vom οἶκος θεοῦ eine in sich kohärente ekklesiologische Konzeption des Verfassers der Pastoralbriefe vorliegt,[147] die zum einen die Einarbeitung des Haus- und Ständetafelmaterials organisiert und zum anderen Einblicke in soziale Struktur und soziale Konflikte der Adressatengemeinden eröffnet.[148] Mit dieser These wendet *Verner* sich gegen zwei Forschungspositionen, die im Anschluß an *Dibelius* für die Exegese der Pastoralbriefe bestimmend geworden sind: Zum einen wurde der Verfasser der Pastoralbriefe hauptsächlich als ein Redaktor und Sammler, weniger als ein originärer Theologe angesehen.[149] Zum anderen wurde paränetischem Material, wie es in diesen Briefen vorliegt, Allgemeinheit und fehlende Kohärenz zu-

---

[145] Vgl. *Schöllgen*, Hausgemeinden, 86-88. *Nürnberg*, Lehrverbot, 66ff gibt eine kurze Darstellung der Oikos-Ekklesiologie der Syrischen Didaskalie.

[146] Vgl. *Schöllgen*, Hausgemeinden, 74f.

[147] Zu einem ganz ähnlichen Ergebnis kommt *Lips*, der in seiner Studie "Glaube - Gemeinde - Amt" die in den Pastoralbriefen vorausgesetzte bzw. propagierte Gemeindestruktur von der Hausgemeinschaft her erklärt; vgl. bes. 106-149.

[148] Vgl. *Verner*, Household, 1f. *Verners* Untersuchung zeichnet sich durch eine sorgfältige Rezeption sozialgeschichtlicher Forschungsergebnisse sowie Problembewußtsein und methodologische Reflexion aus (3-12). So formuliert er - im Anschluß an *Theißen* - Kriterien zur Unterscheidung von Meinung des Autors und Situation in der Gemeinde (127).

[149] Diesen Ansatz vertreten insbesondere *Dibelius/Conzelmann*, Past, 4f; *Bartsch*, Rechtsbildungen, 160ff.

geschrieben; es reflektiere weder konkrete Gemeindesituationen oder Konflikte noch ein einheitliches theologisches Anliegen eines Verfassers.[150]

Dagegen nimmt *Verner* als Schlüssel für die kohärente Perspektive des Autors die intentionale Aussage in 1 Tim 3,14f: Ταῦτά σοι γράφω ... ἵνα εἰδῇς πῶς δεῖ ἐν οἴκῳ θεοῦ ἀναστρέφεσθαι. Dieses Verständnis von Kirche als "household of God" hat zwei Aspekte: Es enthält ein Konzept des Hauses "as the basic social unit in the church" und ein Konzept von Kirche "as a social structure modelled on the household".[151] Entsprechend geht *Verner* so vor, daß er die Vorstellungen zur Organisation des Hauses und diejenigen zur Organisation der Gemeinde je für sich erhebt, obwohl er zugibt, daß der Verfasser selbst ersteres nicht explizit thematisiert, die Aussagen hier also aus Hinweisen erschlossen werden müssen.[152]

Formgeschichtlich ist *Verners* Ansatzpunkt die Abkehr von einer einlinigen Gattungsbestimmung; er geht stattdessen von zwei grundlegenden Einflüssen aus, die im Wechselspiel die verschiedenen Ausprägungen der "Haustafeln"[153] im Neuen Testament und der patristischen Literatur hervorgebracht haben: dem "household management topos" aus der antiken Ökonomik und einem "station code schema". Die terminologische Unterscheidung zwischen dem *Topos* der Ökonomik und dem *Schema* der Ständeparänese trifft *Verner* bewußt:[154] Damit ordnet er den Einfluß der paganen Ökonomik auf die christlichen Texte primär der inhaltlichen Ebene zu,[155] während deren formale Struktur sich nicht außerchristlichen Vorbildern verdankt: Das "Ständetafelschema" ist nach *Verner* eine spezifisch urchristliche Prägung.

"In fact the individual exhortations of the various Christian *Haustafeln* appear to be structured according to a predictable schema which is not associated with the household management topos anywhere except in the *Haustafeln* themselves."[156]

---

[150] Mit dieser Position setzt *Verner* sich in einem längeren Exkurs kritisch auseinander. Indem er die Forschung zum paränetischen Diskurs bei Seneca, Isokrates und Paulus aufarbeitet, kann er ein differenzierteres Bild der Merkmale der Paränese zeichnen. Vgl. Household, 112-125. Neuere Forschungsergebnisse zur charakteristischen Struktur ethischer Argumentation geben *Verner* recht; vgl. *Donelson*, Pseudepigraphy, 67-113.

[151] *Verner*, Household, 1.

[152] Vgl. *Verner*, Household, 127.

[153] *Verner* übernimmt den deutschen Begriff "Haustafeln" unübersetzt in seinen englischen Text, und zwar in der weiten Verwendung von Dibelius und Weidinger, d.h. als Oberbegriff für die Gesamtheit der neutestamentlichen und patristischen Texte, die Paränesen an einzelne Stände oder Gruppen bieten. Diese terminologische Entscheidung hat inhaltliche Auswirkungen auf seinen Ansatz, wie zu zeigen sein wird.

[154] Vgl. *Verner*, Household, 22.84.

[155] "Topos" bezeichnet ein philosophisches Thema, das traditionell in einem selbständigen Kapitel abgehandelt wird, das durch die Überschrift Περὶ ... (οἰκονομίας, πολιτείας, γάμου, etc.) eingeleitet wird. Traditionell gehören dann zu einem Topos bestimmte Gegenstände, im Fall des Topos der Ökonomik eben die von *Balch* herausgestellten drei Herrschafts- und Unterordnungsrelationen, das Motiv der Geldwirtschaft sowie die Einordnung in den Kontext der πολιτεία. Vgl. *Verner*, Household, 84.

[156] *Verner*, Household, 86. Allerdings sieht er "partial parallels" in hellenistisch-jüdischen Texten (ibid., Anm. 6).

Eine feste Abfolge von vier Elementen charakterisiert die syntaktische Struktur jeder Einzelmahnung im Ständetafelschema:[157]

1. An address ... to a group of persons representing a certain social station,
2. an imperative,
3. an amplification,
4. a reason clause, providing motivation, theological justification.

Verner interpretiert das Verhältnis zwischen den verschiedenen neutestamentlichen und patristischen "Haustafeln" so, daß die frühen Texte (Kol, Eph) den paganen "household management topos" fast unverändert übernehmen, während die späteren von ihm abweichen und stärker durch eine Weiterentwicklung und Ausdifferenzierung des "station code schema" geprägt sind.[158] Damit zeigt *Verners* Ansatz Parallelen zu dem alten forschungsgeschichtlichen Modell "Übernahme paganen Schemas - schrittweise zunehmende Christianisierung", das *Dibelius* und *Weidinger* propagiert hatten; nur ist das adaptierte Vorbild jetzt nicht mehr in stoischen Pflichtenlehren, sondern in der ökonomischen Literatur zu finden.

Seiner Zuordnung widerspricht *Verner* allerdings selbst, wenn er in späteren "Haustafeln" originäre Elemente der Ökonomik identifiziert, die in den früheren christlichen Adaptationen nicht zu finden sind: So sieht er in der Forderung der Unterordnung unter den Staat, die erst in 1 Petr 2,13f und Tit 3,1 im Kontext der Ständetafeln erscheint, eine Analogie zur Einfügung der οἰκονομία in den Zusammenhang der πολιτεία im paganen Schrifttum,[159] und die Ermahnung der Reichen in 1 Tim 6,17ff beurteilt er als mögliche Analogie zum Motiv der Geldwirtschaft im Ökonomik-Topos.[160]

Verners Beschreibung der Weiterentwicklung und Ausdifferenzierung des "station code schema" entspricht teilweise der schon von *Schweizer* und *Thraede* gegebenen:[161]

---

[157] *Verner*, Household, 87. Diese Strukturelemente finden sich z.T. schon in den Haustafeln in Kol und Eph; vgl. *Thraede*, Hintergrund, 359; *Müller*, Haustafel, 280ff; siehe auch die folgenden Kapitel dieser Arbeit zu *Balchs* modifiziertem Ansatz sowie *Gielens* Konzeption.

[158] Vgl. *Verner*, Household, 86.

[159] Den in der griechischen politischen Philosophie gängigen Topos der Parallelisierung von οἶκος und πόλις (vgl. PlatGorg 520E; Leg VII 796D; Xen Mem 4,1,2) hat besonders Balch stark betont (s.o. S. 10ff.). Aristoteles lehnt zwar die unmittelbare Parallelisierung ab, stellt aber ebenfalls eine Verbindung her: Das Haus ist ursprünglicher und der πόλις vorgeordnet (EthNic 8,14.1162a18f: πρότερον καὶ ἀναγκότερον οἶκος πόλεως); vgl. *Kidd*, Wealth, 57f. Deshalb kann die Übernahme politischer Ämter an die Voraussetzung der Fähigkeit zur guten Haushaltung geknüpft werden. Vgl. *Lips*, Glaube, 162f.

[160] Dieses Element ist in der ökonomischen Literatur im Anschluß an die drei paarweisen reziproken Ermahnungen zu finden, vgl. Bryson, bei Thesleff 56,11ff; siehe auch Aristoteles Pol I1256aff. *Verners* Versuch, dieses Motiv des "guten Wirtschaftens" in den Ermahnungen zum Reichtum 1 Tim 6,6-10 wiederzufinden, ist nun aber doch etwas abwegig: Mehr als das Stichwort "Geld" haben diese Passagen nicht gemein. *Verner* gibt selbst zu, daß "the negative evaluation of wealth ... runs directly counter to what one would expect based on for example Aristotle's discussion of property and wealth" (Household, 92).

[161] Vgl. *Schweizer*, Weltlichkeit, 407-413; sowie die oben gegebenen Ausführungen zu *Thraede*, S. 23ff.

Der Prozeß führt zu einer Ausweitung des 3. und 4. Elements[162] und zu einer stärkeren Verzahnung der Einzelparänesen.[163] Daneben kommt es zu einer Ausweitung der angesprochenen Gruppen über die ursprünglichen Stände hinaus sowie zur Einführung eines "Mittlers", dem die Ermahnung aufgetragen wird.[164] Insgesamt ist der Entwicklungsprozeß nach *Verner* durch wachsende Freiheit im Umgang mit dem überlieferten Schema gekennzeichnet.[165]

Von Campenhausens Beobachtung, daß die Ausprägung des Ständetafelschemas in den Pastoralbriefen enge Parallelen in PolPhil und IgnPol hat, wird von *Verner* aufgenommen, aber im Kontext seiner traditionsgeschichtlichen These interpretiert. Nach *vCampenhausen*[166] ist für diese drei die Verbindung von Haustafelmaterial, Kirchenordnungsmaterial und Ketzerpolemik charakteristisch.[167] Auch *Dibelius/Conzelmann* und im Anschluß an sie *Karris* hatten in 1 Tim 2,1-6,1 und Tit 1,5ff; 2,1ff zwischen Haustafel- und Kirchenordnungsmaterial unterschieden, während *Bartsch* eine komplette Kirchenordnung als Quelle annahm.[168] Dagegen geht *Verner* davon aus, daß den beiden Briefen als vorgegebene Tradition nur das Ständetafelschema zugrundeliege, das vom Autor in sehr eigenständiger Weise verarbeitet werde:

"Therefore, even though 1 Tim 2:1ff (cf. Titus 1:5ff) deals with matters of church order in a fuller sense than other extant examples of the station code, it is unnecessary to hypothesize an extensive church order source behind the station code of the Pastorals. Similarly, it would seem somewhat beside the point to divide this material into a *Haustafel* and a *Gemeindeordnung* as do Dibelius/ Conzelmann and Karris. Rather, 1 Tim 2:1ff should be viewed as a development and adaptation of the station code schema in the attempt to regulate the behavior and relations of various groups, official and unofficial, in the Christian community."[169]

Alle Abweichungen vom traditionellen Ständetafelschema - wenn etwa die Ämterspiegel nicht Ermahnungen, sondern Amtsvoraussetzungen enthalten - gehen dann auf die bewußte schriftstellerische Gestaltung des Verfassers der Pastoralbriefe zurück. Auf der Grundlage dieser These kommt *Verner* zu dem Ergebnis, daß in 1 Tim die fortgeschrittenste Ausprägung des Ständetafelschemas vorliege.[170]

"There is a clear line of development from the codes of Colossians and Ephesians, which deal exclusively with the household relationships of the household management topos, to the codes of Ignatius to Polycarp and Polycarp to the Philippians, where exhortations to other groups, including church

---

[162] Die "amplifications" entwickeln eine antithetische Struktur bzw. erscheinen als Tugend- und Lasterkataloge (PolPhil 4,3ff). Die "reasons clauses" können sich zu ganzen Paragraphen ausweiten (Eph 5,22f; 1 Petr 2,18ff).

[163] Vgl. *Verner*, Household, 88f.

[164] Charakteristischerweise fehlt in *Verners* Beschreibung der Wegfall der Reziprozität, die ja auch eher dem household management topos als dem station code schema zuzurechnen wäre.

[165] Freiheit im Umgang mit dem Schema will *Verner* bei Ignatius und dann insbesondere in den Pastoralbriefen feststellen; vgl. Household, 89.99. Zur Kritik dieser Analyse, s.u. S. 42f.

[166] *vCampenhausen*, Polykarp, 33 schließt daraus auf Verfasserschaft des Polykarp. Zum ganzen vgl. *Verner*, Household, 24.

[167] Vgl. *Verner*, Household, 24, Anm. 89.

[168] Vgl. *Dibelius/Conzelmann*, Past, 5f; *Karris*, Function, 103f; *Bartsch*, Rechtsbildungen,2.

[169] *Verner*, Household, 107.

[170] *Verner* schließt sich hier wiederum *vCampenhausen* an, der 1 Tim 2,1-6,1 als Kulmination und volle Realisierung der "Haustafelform" angesehen hatte, gegen *Crouch*, der hier ihre Auflösung sah. Vgl. Household, 24, Anm. 89.

officers are included, then to the code of 1 Timothy, where the sections on church officers have become, in part, lists of qualifications for office."[171]

Allerdings vermischt *Verner* hier mit seiner These zwei Ebenen: Ihm geht es um ein revidiertes Urteil über die *literarische* und *theologische* Kohärenz und Eigenständigkeit der Pastoralbriefe - und dieses versucht er durch eine *traditionsgeschichtliche* These zu stützen. Auf der traditionsgeschichtlichen Ebene sind m.E. die von der Forschung seit *Dibelius* gesehenen Parallelen z.B. des Bischofs- wie des Diakonen- und Diakoninnenspiegels zu paganen Ämterspiegeln evident. Daneben muß *Verner* selbst zugestehen, daß Witwenregel und Presbyteranweisung in 1 Tim 5, 3-21 sich kaum in das Ständetafelschema einpassen lassen.[172] Es bleibt also dabei, daß in den paränetischen Passagen der Pastoralbriefe mit verschiedenem Traditionsmaterial zu rechnen ist. Das redaktionsgeschichtliche Urteil, nämlich daß der Verfasser dieses Material von einem durchgängigen Konzept, eben der Vorstellung der Kirche als οἶκος θεοῦ her bearbeitet, ist davon ja in keiner Weise berührt.

An dieser Stelle wird deutlich, daß *Verners* form- und traditionsgeschichtlicher Ansatz den Ökonomik-Topos zu wenig in seiner strukturellen Dimension betrachtet: Er sucht und findet in den Ständetafeln einzelne Anleihen bei der Ökonomik - das ist aber doch wohl zu unterscheiden von dem Vorliegen der (fast) kompletten aristotelischen Struktur in Kol und Eph. Auch nimmt er deren Bezug auf das Haus nicht genügend ernst. Zwar schreibt er:

"On the one hand, then, the *Haustafeln*, especially those of Colossians and Ephesians, have been shaped by the topos 'concerning household management'. This fact makes it likely that the original thrust of the *Haustafeln* was indeed towards relationships within the households of Christians".[173]

Indem *Verner* trotz der erkannten Unterschiede die Dibeliussche Klassifizierung der verschiedenen Texte unter dem Oberbegriff "Haustafeln" unhinterfragt übernimmt, setzt er Gemeinsamkeiten zwischen ihnen voraus, die erst im kritischen Durchgang zu erweisen wären. Es scheint, daß die übernommene gemeinsame Gattungsbezeichnung mit dafür verantwortlich ist, daß *Verners* Bild der traditionsgeschichtlichen Entwicklung zu einlinig ausfällt und die Verschiedenartigkeit des Materials nicht adäquat erfaßt.[174] Für die Pastoralbriefe ist schon auf einige Probleme hingewiesen worden. Ähnliches läßt sich am Beispiel des Ignatius zeigen: Als Beleg für den freien Umgang des Ignatius mit dem Ständetafelschema führt *Verner* dessen "Modifikation" der Witwenmahnung an:

---

[171] *Verner*, Household, 106f.

[172] Vgl. die Tabelle in Household, 97.

[173] *Verner*, Household, 90.

[174] Teilweise stellt *Verner* Differenzen fest, wertet sie aber nicht traditionsgeschichtlich aus: So weist er darauf hin, daß der Vergleich zwischen häuslicher und gemeindlicher Struktur in Eph und Past in genau umgekehrter Richtung gezogen wird (Household, 182 und 182, Anm. 184): "The author of the Pastorals, ... conceptualizes the church as a great household ... It is interesting that in the Ephesian *Haustafel* the reverse process has occurred, i.e., the household relationship of husband and wife has been conceptualized on the model of Christ and the church (Eph 5:22ff). By contrast, the author of the Pastorals never uses the structure of the church as a conceptual model for the structure of the household." Diese genau entgegengesetzte Strategie wäre auszuwerten.

"Finally, there is a tendency in Ignatius to take greater liberties with the basic structure of the schema. For example, he does not address exhortations to widows, but instead makes them the object of care."[175]

Nach *Verner* wäre also die ethische Ermahnung der Witwen als Gemeindestand in PolPhil traditionell, während die Darstellung der Witwen als Objekte der Fürsorge bei Ignatius eine Abkehr vom traditionellen Schema darstellte. In Wirklichkeit liegt bei Ignatius natürlich ein ganz traditioneller alttestamentlicher Topos vor - es handelt es eben nur um eine andere Tradition als die der Ständeparänese. Des weiteren ist zu betonen, daß die Erwähnung von Witwen keinen traditionellen Bezug zum Ökonomik-Topos hat. Wenn *Verner* gleichzeitig feststellt, daß die Witwenregel in 1 Tim 5,3-16 nicht dem Ständetafelschema folgt und daß bei Ignatius und Polykarp die Witwen nicht paränetisch angeredet werden, dann erscheint die gesamte traditionsgeschichtliche Einordnung doch äußerst fragwürdig.

Mit seinem Modell der zweifachen formgeschichtlichen Herleitung hat *Verner* einen forschungsgeschichtlich bedeutsamen Ansatzpunkt[176] zur differenzierteren Betrachtung der Haus- und Gemeindetafelparänese formuliert. Das Erkenntnispotential dieser These hat er aber selbst aufgrund der unreflektierten Übernahme der Gattungsabgrenzung von Dibelius beschnitten.

Sozialgeschichtlich kommt *Verner* zu dem Ergebnis, die Wahl des οἶκος-Modells für die Gemeinde in den Pastoralbriefen reflektiere eine soziale Struktur, in der eine (männliche) Oberschicht-Minderheit die offizielle Leitung innehat und den Zugang zu Leitungsfunktionen kontrolliert. Diese Führungsschicht propagiert ein Verständnis von Amt als Quelle sozialen Prestiges, das der Perspektive munizipaler Eliten in Provinzstädten des römischen Reiches entspricht.[177] Ebenso spiegeln die hier vertretenen Moralvorstellungen aristokratische Tugenden des gesellschaftlichen Umfeldes.[178] Die Polemik der Pastoralbriefe ist der Reflex von Interessenkonflikten zwischen diesen Amtsträgern und Frauen derselben sozialen Schicht; Auseinandersetzungen mit Armen bzw. Unfreien scheinen weniger virulent.[179] *Verner* siedelt also die Probleme der Past primär an der Linie der Geschlechterdifferenz an, wobei er besonders den Zusammenhang zwischen der in den Pastoralbriefen propagierten restriktiven Frauenrolle und dem Häresieproblem betont.[180]

---

[175] *Verner*, Household, 89.

[176] S.u. S. 47ff. die Ausführungen zu *Balch* und *Gielen*.

[177] *Verners* Urteil trifft sich an dieser Stelle mit der Interpretation *Thraedes*, das kirchliche Leitungsamt trete langsam "in die Reihe bürgerlicher Berufe ein" (Ärger, 126).

[178] Eine Untersuchung der gesellschaftlichen Herkunft der in den Pastoralbriefen propagierten Wertvorstellungen bietet *Kidd*, Wealth, 87ff.

[179] Vgl. *Verner*, Household, 147-186.

[180] Vgl. *Verner*, Household, 175-180.

2.3.2 Reggie M. Kidd: Der Integration der Reichen in die Gemeindestruktur der Pastoralbriefe mit Hilfe des "Household Topos"

In seinem Buch "Wealth and Beneficence in the Pastoral Epistles" (1989) setzt sich *Kidd* kritisch mit *Dibelius'* Diktum von deren "Bürgerlichkeit" auseinander.[181] Dabei nimmt er u.a. den Ansatz von *Verner* zur Grundlage, um die Bedeutung des Reichtums in den Pastoralbriefen zu klären. Ausgangspunkt ist die Beobachtung *Verners*, daß die Reichenparänese in 1 Tim 6,17-19 dem von ihm identifizierten vierteiligen station code schema folgt.[182]

"The function of such instructions would appear to be to place the rich qua rich structurally in the conceptualization of the church as family of God. ... the adaptation of the *Haustafeln* to cover a non-household relationship suggests that fitting the rich into this structure is being experienced as problematic."[183]

Kidd greift hier neben *Verner* auf eine These von William *Countryman* zurück, der aus 1 Tim 2,9 und 6,17ff geschlossen hatte, die Reichen bildeten in den Pastoralbriefen eine Gefahr für die Ordnung der Gemeinde,[184] da sie aufgrund ihres gesellschaftlichen Status auch im kirchlichen Bereich eine Einflußposition beanspruchten und die Autorität der apostolischen Delegaten Timotheus und Titus infragestellten. Dieser Konflikt sei auf dem Hintergrund zu verstehen, daß die christlichen Gemeinden in Analogie zu antiken Vereinen (κοινωνίαι) verstanden worden seien. In diesen hatten die reichen Mitglieder eine besondere Einflußstellung, da sie mit ihrem Vermögen für die Belange der Gemeinschaft einstanden, wofür ihnen wiederum als Gegenleistung bestimmte Ehrungen zuteil wurden.[185] Abfassungszweck der Pastoralbriefe sei die Unterstützung der apostolischen Delegaten gegen die Aspirationen der lokalen Eliten. Ihre Strategie, die sich in der Anwendung des Ständetafelschemas auf die Reichen niederschlägt, sei zweigeteilt: 1. Gegen die Ansprüche der Reichen machten sie deutlich, wem Ehre gebührt, nämlich den Amtsträgern (1 Tim 5,17). Das heißt, die Reichen würden zwar analog dem hellenistischen Ideal des wohltätigen reichen Bürgers zum Einsatz für das Gemeinwesen aufgefordert, gleichzeitig würden aber die damit üblicherweise verbundenen Erwartungen angemessener Gegenleistungen in Form von Ehrungen und einflußreicher Stellung abgebogen und mit Hilfe der futurischen Eschatologie (Gerichtsgedanke) auf die jenseitige Welt verlagert.[186] 2. Paradoxerweise versuchten die Pastoralbriefe aber auch, den lokalen Eliten aufzuzeigen, wie sie doch

---

[181] Vgl. *Kidd*, Wealth, 9ff.

[182] Vgl. *Verner*, Household, 102: "Finally the exhortation to the wealthy (6:17-19) follows the schema closely, even though it is not usually considered a part of the *Haustafel* of 1 Timothy. This judgment appears to have been made, not because of the form of the exhortation, but because this particular station is not mentioned in the other *Haustafeln* ..." (Hervorhebungen im Original).

[183] *Kidd*, Wealth, 93 (Hervorhebung im Original). *Kidd* übernimmt hier den Fehler von *Verner*, bei Vorliegen des Ständetafelschemas auch von Haustafel zu sprechen.

[184] Vgl. die Darstellung bei *Kidd*, Wealth, 75-77.

[185] *Kidd* zeichnet das Bild der Reichen als "benefactors" in seiner Bedeutung für das soziale Leben in Provinzstädten des römischen Kaiserreiches nach. Als Quelle dienen ihm Ehreninschriften sowie die Reden des Dio Chrysostomos; vgl. Wealth, 87ff. 118ff.

[186] Vgl. *Kidd*, Wealth, 134ff.

den erwünschten Einfluß erhalten könnten: Wenn sie dem Ideal des wohltätigen Bürgers der hellenistischen Polis entsprächen, könnten sie den Klerikern kooptiert werden.[187]

Im Gegensatz zu *Verner*, der den Hauptkonflikt der Pastoralbriefe an der Linie der Geschlechterverhältnisse angesiedelt hatte, sieht *Kidd* also das zentrale Problem in den Führungsansprüchen der Reichen. Da die in 1 Tim 2,9-15 aufscheinenden Auseinandersetzungen um die angemessene Rolle von Frauen offensichtlich reiche Frauen betreffen, seien diese Probleme unter dem Aspekt des Reichtums, nicht der Geschlechterverhältnisse zu behandeln.

Eine entscheidende Leistung von *Kidds* Ansatz ist, daß er die Ökonomikdiskussion noch einmal neu in den gesamtgesellschaftlichen Zusammenhang des römischen Reiches einordnet, indem er im Anschluß an *Judge* die Struktur der römischen Gesellschaft von den drei Institutionen der οἰκονομία, πολιτεία und κοινωνία her versteht.[188] Hatte *Balch* schon sein Augenmerk auf die Verbindung von Haus und Staat gerichtet, so kommt hier der Verein als mögliches Alternativmodell zum Haus für die Strukturierung der Gemeinde in den Blick.[189] Außerdem verdeutlicht dieser Ansatz die Bedeutung von Status- und Prestigekonzepten für die soziale Struktur antiker Gesellschaften und in diesem Zusammenhang die durchgängige Geltung asymmetrischer, doch als reziprok verstandener sozialer Beziehungen.[190]

Kidds These bedeutet nun aber eine Umkehrung der allgemeinen Forschungsansicht in bezug auf die Haus- und Ständetafeln: Während die Mehrheit der Forschenden in den Ständetafeln eine Perspektive vorfindet, die potentielle "troublemakers" bei den untergeordneten Gruppen lokalisiert, geht *Kidd* gerade davon aus, daß in den Pastoralbriefen die Gefahr bei den gesellschaftlich Hochstehenden gesehen wird.[191] Allerdings kann *Kidds* Rekonstruktion des Abfassungszweckes und der Aussage der Pastoralbriefe keinesfalls überzeugen:

---

[187] Vgl. *Kidd*, Wealth, 77.

[188] Vgl. *Kidd*, Wealth, 56-74.

[189] An dieser Stelle ist eine auffällige Trennung der wissenschaftlichen Diskussionszusammenhänge (in der deutschsprachigen Forschung?) zu beobachten: Einerseits ist in bezug auf die authentischen Paulinen die Bedeutung der Vereine als Modell für die christlichen Gemeinden intensiv diskutiert worden. Andererseits scheint die Diskussion über die deuteropaulinischen Haus- und Ständetafeln völlig abgekoppelt davon zu sein, so daß *Lührmann* und *Laub* die These vertreten können, es habe in der Antike schlechthin keine Alternative zum Oikonomia-Modell gegeben.

[190] Vgl. *Kidds* Diskussion der verschiedenen soziologischen Klassifikationsmodelle (Ordo, Klasse, Status) zur Erfassung der sozialen Struktur der römischen Gesellschaft; Wealth, 35-56.

[191] *Kidd* kritisiert z.B. *Verner*, der in den an die Sklavinnen und Sklaven gerichteten Paränesen der Pastoralbriefe eine deutliche Oberschichtperspektive und -parteilichkeit gefunden hatte (Household, 183): "Slaves are viewed with suspicion and contempt according to the popular stereotype (Titus 2:9-10). The author is so incapable of reasoning from the slave's point of view that he can urge slaves of Christian masters to obedience on the grounds that the latter are paragons of Christian beneficence." *Kidd* hält dieser Interpretation entgegen, die Position der Aristokratie werde ja nicht per se bestätigt, sondern die reichen Oberschichtmitglieder würden zum wohltätigen Dienst für die Gemeinschaft verpflichtet - wobei ihnen gleichzeitig die dafür üblicherweise zu erwartende Gegenleistung verweigert würde. Er geht sogar so weit, in der Ermahnung der Sklavinnen und Sklaven eine versteckte Intention zu deren Gunsten zu finden (Wealth, 156): "On the surface, 1 Timothy 6:2 does indeed call upon Christian slaves to remain gladly in their place rather than demand equal standing with masters who are

1. Wie will er seinen angenommenen Konflikt zwischen apostolischen Delegaten und lokalen Eliten historisch verorten? Einerseits versucht er, eine Stellungnahme zur Verfasserfrage der Pastoralbriefe zu vermeiden, andererseits behandelt er den 'Empfänger' Timotheus als reale Person und nicht als literarische Fiktion. *Kidds* These setzt so implizit Echtheit der Adressatenangabe, damit aber auch Authentizität der Briefe voraus.[192]

2. Die von *Kidd* im Anschluß an *Countryman* angenommene doppelte Strategie der Pastoralbriefe zur Eindämmung der Ansprüche und zur Einbindung der Reichen widerspricht dem Text: Der Bischofsspiegel sagt ja nicht, daß einige Reiche kooptiert werden können, sondern setzt einfach voraus, daß ein Bischof ein wohlhabender Hausvorstand ist.[193]

3. Insbesondere führt *Kidds* Ansatz zu Widersprüchen, wenn die Frage nach der Geschlechtszugehörigkeit der Reichen gestellt wird: Auf der einen Seite wird als Teil des "Reichenproblems" das "Frauenproblem" der Pastoralbriefe ausgemacht. Wenn dann aber als Lösung des Reichenproblems im Anschluß an *Countryman* die Integration in den Klerus angeführt wird, so sind die Frauen hier ja gerade ausgeschlossen.[194] *Kidd* würde an dieser Stelle auf das Witwenamt verweisen: Dieses interpretiert er als die Partizipationsmöglichkeit, die der reichen Matrone in der Gemeinde gegeben wird. Dabei übergeht er aber völlig, daß die Haltung der Pastoralbriefe zum Bischofsamt doch derjenigen zum Witwenamt diametral gegenübersteht. *Kidds* These, daß die Geschlechterfrage in den Past einfach ein Unterkapitel der Reichtumsfrage sei, läßt sich also nicht halten. Zwar hat er recht, daß die Frauenfrage die Frage der Ansprüche *reicher* Frauen ist, aber offensichtlich behandelt der Verfasser die Ansprüche reicher *Frauen* anders als die reicher *Männer*. *Kidds* Ansatz erfaßt in seiner sozialen Strukturanalyse der Gemeinden der Pastoralbriefe nicht die Wechselwirkung von sozialer Schicht und Geschlecht.

4. *Kidd* meint, mit seiner Rekonstruktion auch eine plausible Erklärung dafür bieten zu können, daß der Verfasser der Pastoralbriefe sich nicht in eine inhaltliche Auseinandersetzung mit seinen Gegnerinnen und Gegnern begibt: Der Grund liege einfach darin, daß überhaupt gar keine falsche *Lehre* vorliege:

Christian 'brothers'. On a more subtle level, however, a call is also being extended to Christian masters to merit their Christian slaves' hearty service by proving themselves to be among those who are not haughty, who do not trust in their riches, but who are generous and disposed to share, who, in a word, devote themselves to works of beneficence."

[192] Wollte man dagegen 'Timotheus' und 'Titus' nicht als die historischen Personen, sondern als Modelle für Inhaber übergemeindlicher Ämter deuten, so lassen sich solche für den Kontext der Pastoralbriefe historisch kaum wahrscheinlich machen.

[193] Vgl. *Verners* Analyse in Household, 128-134.

[194] Dieser Widerspruch findet sich schon bei *Countryman*, auf den *Kidd* hier zurückgreift: Für seine These, die Pastoralbriefe versuchten, einer Gefährdung der Ordnung der Gemeinde durch Reiche zu begegnen, verweist er u.a. auf die Frauen in 1 Tim 2,9. Im Zuge seiner weiteren Argumentation geraten ihm diese Frauen aber bezeichnenderweise aus dem Blick, so daß er in bezug auf die Einbindungsstrategie des Verfassers der Pastoralbriefe schreiben kann (Rich Christian, 167): "... the intent was clearly to co-opt such men into the clergy. The proper candidate for bishop is a *paterfamilias* ... When such men were ordained, the local elite and the clergy would become identical."

"... there is scant evidence of a theological system behind the opponents' teaching. ... More plausible than the thesis of the rise of a coherent and compelling form of heresy is that of the emergence of some people who have been invested with an authority that, at least in the estimation of our author, their spiritual maturity and theological discernment do not warrant."[195]

Die Hinweise auf theologische Differenzen[196] spielt *Kidd* herunter: Sie seien schon damals als bloße Spekulationen und oberflächliche "Ohrenbläsereien" verstanden worden.[197] *Kidd* schließt hier unzulässig direkt von der Polemik des Autors auf Merkmale der Gegnerinnen und Gegner. Außerdem geht eine solche Interpretation angesichts der Bedeutung, die in den Pastoralbriefen der "gesunden *Lehre*" beigemessen wird, an den Texten vorbei. Der Konflikt ist zwar sicher auch ein Machtkonflikt, hat aber deutlich eine theologisch-inhaltliche Dimension.

2.4 Weiterentwicklungen des Ökonomik-Ansatzes

2.4.1 Modifizierung des Ökonomik-Ansatzes bei David Balch

Der von *Verner* für die Pastoralbriefe entwickelte formgeschichtliche Ansatz wurde von *Balch* in seinem 1988 erschienenen Aufsatz "Household Codes" aufgegriffen. *Balch* übernimmt die Unterscheidung zwischen dem inhaltlich bestimmten Topos der Ökonomik und dem paränetischen Ständetafel"schema", bestreitet aber die spezifisch urchristliche Prägung des letzteren.

"There are at least two possible pre-Christian sources for the characteristic features of these individual exhortations: wisdom literature and the Hellenistic diatribe."[198]

Die engsten Parallelen zu dem von *Verner* für die Pastoralbriefe herausgearbeiteten vierteiligen Schema findet Balch in paränetischen Texten des hellenistischen Judentums (Tob; TestXIIPat; Philo) sowie bei römischen Stoikern (Epiktet, Hierokles).[199] Aus diesem Befund zieht er eine vorsichtige Schlußfolgerung, nun aber nicht für die Pastoralbriefe, sondern interessanterweise zunächst für die früheren neutestamentlichen Haustafeln:

"Given the examples of the 'schema' discussed and quoted above, I argue that it is *possible*, that the authors of 1 Peter and/or Colossians combined the (originally Aristotelian) topos and the paraenetic 'schema' (related to the style of the diatribe) independently of each other."[200]

Von diesem Ausgangspunkt versucht *Balch*, die Weiterentwicklung des Schemas bei den Pastoralbriefen sowie Ignatius und Polykarp zu erklären. Die wichtigsten Phänomene dieses Wandels, der auch schon 1977 von *Schweizer*[201] beschrieben worden

---

[195] *Kidd*, Wealth, 97f.

[196] Er nennt die realisierte Eschatologie (2 Tim 2,18), die Mythen, Genealogien und Antithesen (1 Tim 1,4; 4,7; 6,20; Tit 1,14), die Unabhängigkeit von der häuslichen Ordnung (1 Tim 4,3; 5,11-15; Tit 1,11) und die Nahrungsaskese (1 Tim 4,3f; 5,23).

[197] Vgl. *Kidd*, Wealth, 98.

[198] *Balch*, Household Codes, 37.

[199] Zu den Texten im einzelnen s. *Balch*, Household Codes, 37f.

[200] *Balch*, Household Codes, 39 (Hervorhebung im Original).

[201] *Schweizer*, Weltlichkeit, 407-412.

war, sind für *Balch*: 1. Die Aufgabe der Reziprozität durch Wegfall des paarweisen Aneinandergewiesenseins bzw. Verschwinden einiger Adressatengruppen; 2. der Wechsel von direkter zu indirekter Mahnung bzw. eine Verschiebung des Interesses weg vom Verhalten der untergeordneten Gruppen hin zum Verhalten des Gemeindeleiters ihnen gegenüber; 3. die Ausweitung der Begründung für das geforderte Verhalten.[202] Während bisher jedoch die Untersuchung dieser Entwicklung meist auf der deskriptiven Ebene stehengeblieben war, versucht *Balch*, die Veränderungen auch traditionsgeschichtlich einzuordnen. Er kommt zu dem Ergebnis, daß die distinkten Merkmale der frühen Adaptationen in Kol und 1Petr sich innerhalb der hellenistischen Tradition eher "ausnahmsweise" wiederfinden, während die spätere Entwicklung dem mainstream der hellenistischen philosophischen Debatte entspricht:

"In other words, the movement from Col and 1 Pet to the Pastorals is a movement toward what is more common in contemporary Hellenistic household ethics, losing what is most unusual. This development loses the reciprocity reflected a) in the pairing of social classes and b) their being exhorted to relate to each other, and it loses the direct address to slaves, anticipated by Philo, not by the Peripatetics."[203]

Leider versäumt es *Balch*, sein Ergebnis im Horizont des bisherigen Forschungsstandes zu interpretieren. Wenn Kol und 1 Petr eher eine Minderheitenposition aus der philosophischen Debatte adaptieren, die Pastoralbriefe, Ignatius und Polykarp aber eher die Mehrheitsposition, wo liegt dann der Unterschied zu *Thraedes* Konzept des sozialethischen Richtungsstreits, das *Balch* vehement abgelehnt hatte? Oder will er sich dem - etwa von *Schweizer* vertretenen - alten Interpretationsschema der "Paganisierung" wieder anschließen? Ein Hinweis darauf könnte seine positive Rezeption von *Laub* sein, der für die Sklavenparänese der Kol/Eph-Haustafeln die Tatsache, daß die Sklaven überhaupt direkt angesprochen werden, hervorgehoben hatte. An dieser Stelle wäre dann doch eine spezifisch "christliche" Humanisierungsleistung feststellbar, die aber in der weiteren Entwicklung durch schrittweise Anpassung an die pagane Mehrheit wieder verlorengegangen wäre.

Ähnliche Unklarheiten läßt *Balchs* Aufsatz in bezug auf die traditionsgeschichtliche Rolle der Stoa offen. *Balch* wendet sich den stoischen Parallelen wieder zu, ohne dies in seiner grundsätzlichen Bedeutung zu diskutieren. Der forschungsgeschichtliche Neuansatz bei der Ökonomik war ja von Anfang an mit einer - teilweise massiven - Ablehnung der Herleitung der Haustafeln aus stoischen Pflichtenlehren einhergegangen. Das Argument war gewesen, daß stoisches Denken grundsätzlich auf das unabhängige männliche Individuum rekurriere und nicht auf soziale Beziehungen. *Balch* konstatiert diese Differenz zu den neutestamentlichen Texten mehrmals[204] (woraus deutlich wird, daß er sich implizit mit dem Gegenargument auseinandersetzt), er vermeidet jedoch die grundsätzliche Diskussion der Problematik bzw. eine explizite neue Verhältnisbestimmung. Einen Hinweis auf seine Argumentationsrichtung gibt sein abschließender Rekurs auf Epiktet, Diss 2.14.8, wo einzelne und reziproke Beziehungen

---

[202] Vgl. *Balch*, Household Codes, 46.
[203] *Balch*, Household Codes, 47.
[204] Vgl. *Balch*, Household Codes, 39.47.

in einer Liste gemischt sind. Hier wäre ein guter Ansatz für eine revidierte traditionsgeschichtliche Verhältnisbestimmung gewesen, den *Balch* leider nicht nutzt.

Bei *Balch* läßt sich also, nachdem der Ansatz bei der Ökonomik sich allgemein
durchgesetzt hat, ansatzweise eine Revision zumindest seines Ausschließlichkeitsan-
spruches feststellen, die mit einer vorsichtigen Rückwendung zu älteren Forschungspositionen einhergeht[205], ohne daß die Implikationen einer solchen Revision in ihrer
Tragweite diskutiert würden.

2.4.2 Marlis Gielen: Der Traditionshintergrund der neutestamentlichen Haustafeln in Ökonomik und alttestamentlicher Apodiktik

Einen revidierten Ansatz bei der Ökonomik vertritt auch *Gielen* in ihrem 1990 erschienenen Buch "Tradition und Theologie neutestamentlicher Haustafelethik", in dem
sie eine ausführliche Exegese von Kol 3,18-4,1; Eph 5,21-6,9 und 1 Petr 2,11-3,7
vorlegt.[206] Ihre Untersuchung richtet sich schwerpunktmäßig auf den soziologischen
Hintergrund[207] und die "religionsgeschichtlichen"[208] Wurzeln der Haustafeltradition,
sowie auf die traditionsgeschichtliche Entwicklung zwischen den einzelnen neutestamentlichen Texten.

In bezug auf den geistesgeschichtlichen Hintergrund der Haustafeln kommt *Gielen*
zu einer doppelten Herleitung, ähnlich der von *Verner*: Für das "Schema"[209] der
Haustafeln, d.h. Dreierstruktur, Reziprozität und Orientierung am οἶκος, übernimmt
sie den Ansatz bei der Ökonomik, und zwar unter Anlehnung an *Thraedes* Konzept
des sozialethischen Richtungsstreits.[210] Da die Ökonomiktradition jedoch nicht den
paränetischen Charakter der neutestamentlichen Haustafeln erklären kann, wie *Laub*,

---

[205] Ein Indiz ist, daß er im Schlußteil bei der Behandlung der stoischen Parallelen auf *Schroeder*
zurückgreift; vgl. *Balch*, Household Codes, 47.

[206] *Gielen* begründet die Abgrenzung ihres Materials damit, daß 1 Petr zwar von der Gattung her
keine Haustafel sei, aber in den Bereich neutestamentlicher Haustafeltradition gehöre; vgl. Haustafelethik, 3-6.

[207] In Übereinstimmung mit der Mehrheit der Forschung weist *Gielen* auf den οἶκος als grundlegende Sozialeinheit antiker Gesellschaften und seine Bedeutung für die urchristliche Mission hin. An
einer Stelle unterzieht sie jedoch den kritischen Forschungskonsens einer Revision: Sie stellt die gän-
gige Sicht der urchristlichen Gemeindeorganisation als Nebeneinander von Hausgemeinden und Ortsgemeinde in Frage (Haustafelethik, 86-93; vgl. ihren schon früher erschienenen Aufsatz "Zur Interpretation der paulinischen Formel ἡ κατ' οἶκον ἐκκλησία"). Während sie selbst ihr Analyseergebnis leider
nicht für eine revidierte Sicht der urchristlichen Gemeindeentwicklung fruchtbar macht, stützt
Schöllgen seine Kritik der Ökonomik-Ansätze u.a. auf *Gielens* Untersuchung; s.o. S.36f.

[208] Vgl. *Gielen*, Haustafelethik, 2. *Gielen* verwendet den Begriff "religionsgeschichtlich" für ihre
Herleitung der Haustafeln aus der antiken Ökonomik. Die Begrifflichkeit erscheint unglücklich, da die
ökonomische Literatur nur in einem sehr mittelbaren Sinne in den Bereich der Religion fällt. Der Begriff "philosophie- oder geistesgeschichtliche Einordnung" wäre adäquater.

[209] Die unterschiedliche Terminologie sollte nicht zur Verwirrung führen: *Verner* bezeichnet mit
'Schema' die innere Struktur der Einzelmahnungen, die gerade nicht der Ökonomik zugeschrieben werden kann; *Gielen* rekurriert mit dem Begriff auf die Makrostruktur der Haustafeln, die dem ökonomischen Schrifttum entstammt. Jenseits der Terminologie ordnen beide die Elemente jedoch sehr analog
zu; insbesondere beziehen sie auf die Ökonomik die Herleitung "inhaltlicher" Merkmale, während die
"formalen" Elemente nicht aus dieser erklärt werden könnten.

[210] Vgl. *Gielen*, Haustafelethik, 55-62.

Verner und *Balch* dargelegt haben, greift sie für die Form der Mahnungen auf den Ansatz von *Schroeder* zurück, der deren Wurzel im alttestamentlichen apodiktischen Recht gesehen hatte.[211] Im Ergebnis sind die neutestamentlichen Haustafeln somit eine durch die Verbindung dieser beiden Traditionen hervorgebrachte urchristliche Schöpfung.[212] Die Kolosser-Haustafel stellt die erstmals literarisch fixierte Form dar; es muß jedoch eine dieser vorausgehende mündliche Tradition angenommen werden, da die mangelnde Einbindung in den Kontext und Spannungen mit der Theologie des Kolosserbriefes nahelegen, daß der Verfasser in Kol 3,18-4,1 ein geprägtes Traditionsstück verarbeitet hat.[213] So weit entspricht *Gielens* Ansatz dem allgemeinen Stand der Forschung; sie unternimmt jedoch eine noch genauere Rekonstruktion der Entstehungsverhältnisse der Haustafeln. Zeitlich setzt sie die Entstehung der mündlichen Haustafeltradition in die erste urchristliche Generation. Auf dem Hintergrund der Bedeutung von Hausbesitzern und Hausbesitzerinnen für die urchristliche Mission kommt sie "zu der begründeten Vermutung, daß sich in der Schicht der christlichen Hausherren[214] der Trägerkreis der Ökonomik findet".[215]

"Auf dem Fundament eines gewissen materiellen Wohlstandes und der daraus resultierenden Unabhängigkeit darf für die Gruppe der Hausherren eine Vertrautheit mit den Inhalten antiker Bildung vorausgesetzt werden, zu denen auch die Oikonomik als Bestandteil popularphilosophischer Ethik zu zählen ist. Ihre Kenntnis kann insbesondere für die Schicht der Hausherren berechtigterweise angenommen werden, da hier zugleich auch der reale, lebensmäßige Bezug zwischen Oikos und Oikonomik gegeben ist ... Diese Vermutung ist um so wahrscheinlicher, als die Oikonomik z.Zt. des Urchristentums als *eine unter mehreren Möglichkeiten* zur Gestaltung der zwischenmenschlichen Beziehungen im Oikos aktuell in der gesellschaftlichen Debatte stand."[216]

---

[211] S.o. S. 17. Die gleiche Ableitung bei *Weiser*, Evangelisierung, 79.

[212] Vgl. *Gielen*, Haustafelethik, 66f.

[213] Vgl. *Gielen*, Haustafelethik, 3f.105f. Dies ist communis opinio in der Forschung.

[214] *Gielen* spricht durchgängig von "Hausherren", obwohl sie in ihrem Kapitel "Die Bedeutung von Hausbesitzern und Häusern für den Aufbau urchristlicher Gemeinden" (84-103) die neutestamentlichen Belege für die Leitung von Häusern durch Frauen herangezogen hatte (Apg 12,12; 16,15; 18,2; Kol 4,15; 1 Kor 16,19; vgl. auch bei den Apostolischen Vätern IgnPol 8,2.3; IgnSmyrn 13,2; im außerchristlichen Bereich z.B. JosAs 18,2; 20,2), die aber in den Haustafeln keinen sprachlichen Niederschlag findet. *Gielen* interpretiert diesen Befund folgendermaßen: "Sofern Frauen Leiterinnen eines Oikos sind, ... gilt die in der HT[sc. Haustafel]-Ethik grundgelegte Ordnung des humanisierend aufeinander bezogenen Herrschens und Dienens analog unter der Voraussetzung der materna potestas, ... so z.B. im Fall der Witwenschaft ... oder im Fall der unverheirateten, selbständigen Frau. Es entfällt dann das in den HT thematisierte Verhältnis Mann - Frau bzw. im letzteren auch das Verhältnis Mutter - Kinder. Das HT-Schema berücksichtigt diese Fälle nicht, weil sie wohl insgesamt die Ausnahme darstellen und sich die Frauen, die einem Oikos vorstanden, ebensogut aufgrund des üblichen Sprachgebrauchs unter der Anrede κύριοι oder πατέρες mitangesprochen fühlen konnten." (Haustafelethik, 102 Anm. 194) Diese pauschale Auskunft verdeckt einige Fragen, die an dieser Stelle an ihren Ansatz zu stellen wären: Ist im Sinne ihrer These von der Entstehung der neutestamentlichen Haustafeltradition vorauszusetzen, daß Hausbesitzerinnen in gleicher Weise wie Hausbesitzer die sozialen Trägerinnen der Ökonomiktradition sind? In welchem Fall können sie sich mitangesprochen fühlen? Wenn, wie *Gielen* ausführt, die Haustafeln in ihrer Disposition als Ganzheit begriffen werden müssen, dann machen sie mit ihrer Dreierstruktur und durch die Personidentität in der jeweils übergeordneten Position des Hausherrn eine normative Aussage über den "vollständigen" Oikos. Das Fehlen der ehelichen Beziehung im Falle eines von einer Witwe konstituierten Hauses konstituiert so einen qualitativen Unterschied.

[215] *Gielen*, Haustafelethik, 100.

[216] *Gielen*, Haustafelethik, 101 (Hervorhebung im Original).

Aufgrund des Unterschieds, daß die pagane Ökonomiktradition Empfehlungen an den Hausherrn gibt, während dieser in den neutestamentlichen Haustafeln Adressat von apodiktischen Weisungen ist, schließt *Gielen* auf eine Partizipation der Gesamtgemeinde im Rezeptionsprozeß.[217] Diese innergemeindliche Diskussion habe dazu geführt, daß die Machtstellung der Hausbesitzer in gewisser Weise geschwächt wurde, insofern auch ihnen Weisungen erteilt werden. Andererseits hätten sie aufgrund ihrer Einflußposition viele ihrer Interessen durchsetzen können, so "daß die HT-Ethik ... den generellen Führungsanspruch des Hausherrn bestätigt"[218] und inhaltlich ganz auf der Linie des gemäßigten Herrschaftsdenkens der Ökonomik liegt.

Gielens hypothetische Rekonstruktion der Ökonomikrezeption im Urchristentum ist deutlich *Thraedes* Modell der gesellschaftlichen Auseinandersetzung um sozialethische Normen verpflichtet. Ihr Versuch, einen solchen Diskussionsprozeß in der innerkirchlichen Entwicklung konkret zu lokalisieren, kann jedoch aus mehreren Gründen nicht überzeugen:

1. Aus *Thraedes* Modell des Richtungsstreits läßt sich ein umfassender, alle Gruppen einschließender Diskussionsprozeß nicht ableiten: Er belegt seine These mit philosophischen Abhandlungen; da solche ausschließlich von freien, gebildeten und relativ wohlhabenden Männern geschrieben worden sind, ist also nur die Beteiligung einer recht schmalen Schicht belegt. Eine allgemeine partizipatorische Debatte wäre damit ein Spezifikum christlicher Gemeinden, für das erst einmal Argumente beizubringen wären.

2. Es ist fraglich, ob die in den Paulusbriefen aufscheinenden partizipatorischen Gemeindeverhältnisse hier zur Argumentation herangezogen werden dürfen. Die Unterscheidung zwischen erster und zweiter urchristlicher Generation bietet kein genügend feines Raster für eine solche Hypothese: Wenn die Haustafelethik im Kolosserbrief, also zu Beginn der zweiten Generation, erstmals literarisch faßbar wird und ihr eine mündliche Traditionsstufe vorausgeht, kann daraus noch nicht geschlossen werden, daß diese Stufe sich noch innerhalb von Verhältnissen vollzieht, wie sie in Gal 3,28 gespiegelt werden. Logischer ist es doch wohl, die Entstehung der Haustafelethik selbst als Symptom der Abkehr von diesen ursprünglichen Gemeindestrukturen zu begreifen.[219]

3. Wären die Modifikationen in der christlichen Rezeption der Ökonomik als Ergebnis einer Auseinandersetzung zwischen verschiedenen Gruppen in der Gemeinde

---

[217] Da sie die Entstehung der Haustafeln in die erste urchristliche Generation datiert hat, kann sie zur Untermauerung ihrer These der innergemeindlichen Debatte auf die in den echten Paulusbriefen aufscheinenden partizipatorischen Gemeindeverhältnisse hinweisen: "Damit wird eine Beteiligung aller Gruppen an der anstehenden Diskussion wahrscheinlich, da innerhalb der Gemeinde in der ersten Generation eine Gleichstellung aller Mitglieder, unabhängig von Status und Geschlecht (vgl. Gal 3,28) bei der Erfüllung spezifischer Gemeindeaufgaben praktiziert wurde." (Haustafelethik, 102)

[218] *Gielen*, Haustafelethik, 102.

[219] Im Abschlußkapitel urteilt *Gielen* allerdings, die Haustafel-Ethik erscheine "im Kontext urchristlicher Gemeindewirklichkeit eher als ein Schritt zurück gegenüber der faktisch erreichten Gleichberechtigung zwischen Männern und Frauen, Freien und Sklaven im Raum der Gemeinde während der 1. Generation" (Haustafelethik, 549). Auch sei diese Entwicklung nicht als zwangsläufig zu bezeichnen.

zu erklären, so wäre unverständlich, warum sich die Anliegen der Nichthausbesitzenden in formalen, aber nicht in inhaltlichen Verschiebungen niedergeschlagen haben sollten. *Gielen* hatte sich darin ausdrücklich *Thraede* angeschlossen, daß der inhaltliche Zuschnitt der Weisungen keine Veränderung gegenüber dem Ökonomikschrifttum beinhaltet.

4. Das m.E. stärkste Argument gegen *Gielens* These liegt jedoch darin, daß die von ihr angenommenen Anleihen bei alttestamentlichem apodiktischem Recht sich schwerlich als Ergebnis einer mehr oder weniger demokratischen Gemeindediskussion denken lassen. *Gielen* hatte selbst auf *Schroeders* Ergebnis hingewiesen, daß die Sprache apodiktischen Rechts im Alten Testament die Sprache des Propheten oder von Gott gesandten Führers ist.[220] Schon von der Sprachform her verlangt eine solche Gattung als literarisches oder soziales Subjekt eine Persönlichkeit, die aufgrund einer besonderen Autorität absolut bindende Vorschriften machen kann. *Schroeder* hatte entsprechend für die Entstehung der neutestamentlichen Haustafelethik den Sitz im Leben in der Lehre der Apostel, namentlich des Paulus, gesehen.[221] Die von *Gielen* im Anschluß an *Schroeder* zutreffend bestimmte charakteristische Form der Haustafelmahnung - Anrede im Plural mit bestimmtem Artikel und kategorischer Imperativ - läßt sich als Ausfluß einer allgemeinen Gemeindediskussion schlechterdings nicht herleiten. Die apodiktische Form erfordert vielmehr eine (reale oder fiktive) Kommunikationssituation, in der das Subjekt der Mahnungen den Angesprochenen gegenübersteht und über Autorität verfügt. Aus diesem Grund kann *Gielens* Rekonstruktion nicht überzeugen.

Neben der religionsgeschichtlichen Herleitung fragt *Gielen* nach der Verankerung der Haustafel-Weisungen in urchristlicher Theologie sowie nach dem Traditionsprozeß zwischen den drei zur Haustafeltradition gehörenden Texten Kol 3,18-4,1; Eph 5,21-6,9 und 1 Petr 2,13-3,7.

Bei Kol und Eph handelt es sich um Haustafeln im eigentlichen Sinne: Die Textpragmatik ist auf die rechte Führung eines christlichen οἶκος gerichtet.[222] Dagegen spricht *Gielen* bei 1 Petr 2,13-3,7 von einer "Loyalitätsparänese unter Verarbeitung von Haustafel-Tradition". Es handele sich nicht um eine Haustafel im strikten Sinne, da in der Ermahnung zur Unterordnung unter die staatlichen Autoritäten der Bereich des οἶκος überschritten und darüberhinaus die charakteristische Reziprozität aufgebrochen werde.[223] Die Unterschiede zu Kol/Eph interpretiert *Gielen* redaktionsgeschichtlich: Sie geht davon aus, daß 1 Petr 2,13-3,7 die in Kol und Eph literarisch faßbare urchristliche Haustafeltradition zugrundeliegt und die Abweichungen als Ergebnis redaktioneller Gestaltung zu fassen sind.[224] So habe der Verfasser des 1. Pe-

---

[220] Vgl. *Gielen*, Haustafelethik, 37.

[221] Vgl. *Schroeder*, Haustafeln, 26.94.

[222] Vgl. die umfangreichen Analysen *Gielens*, Haustafelethik, 104-315.

[223] Die von den meisten Exegetinnen und Exegeten gesehene Reziprozität in der Frauen- und Männerparänese wird von *Gielen* als scheinbare aufgewiesen; "vordergründig-syntaktisch" werde zwar Gegenseitigkeit angezeigt, die jedoch semantisch nicht wirklich gegeben ist. S.u. S. 53 zu 1 Petr 3,7.

[224] *Gielen* argumentiert hier gegen die von *Müller* im Anschluß an Balch vorgebrachte These, daß von den Haustafeln in Kol und Eph "kein direkter Weg überlieferungsgeschichtlicher Filiation zu 1 Petr

trusbriefes auch Charakteristika der traditionellen Haustafelparänesen auf die von ihm neu eingefügte Loyalitätsmahnung gegenüber staatlichen Autoritäten übertragen, wobei er gleichzeitig Anknüpfungspunkte in der urchristlichen Tradition zum Thema "Verhalten gegenüber staatlichen Autoritäten" genutzt habe.[225] *Gielens* traditionsgeschichtliche Einordnung kann m.E. nicht überzeugen. Wenn sie die Einarbeitung des Themas "Verhalten gegenüber staatlichen Autoritäten" in die Haustafeltradition der redaktionellen Arbeit des Verfassers des 1 Petr zuschreibt, geht dies an dem Befund vorbei, daß das Verhältnis zum Staat schon im paganen Schrifttum in enger Verbindung mit dem Topos περὶ οἰχονομίας steht. Ohne die Vertrautheit des Verfassers mit der spezifisch urchristlichen Haustafeltradition bestreiten zu wollen, legt es sich doch nahe, seine Verknüpfung von häuslicher und staatsbürgerlicher Mahnung überlieferungsgeschichtlich von der paganen Ökonomiktradition bzw. von deren jüdischer Adaptation herzuleiten. Gegenüber *Gielen*, die für 1 Petr mit rein christlicher Tradition rechnet, ist davon auszugehen, daß er für die Disposition seiner Loyalitätsparänese auf nichtchristliche Tradition zurückgreift.[226]

Inhaltlich ist für die Loyalitätsmahnung des 1 Petr nach *Gielen* charakteristisch, daß die jeweils Untergeordneten zur christlichen Gemeinde gehören, die Übergeordneten aber Heidinnen und Heiden sind. Bei dieser Interpretation fällt allerdings die Mahnung an die christlichen Ehemänner in 3,7 aus der Textkohärenz heraus, weshalb der Vers von *Gielen* auch als nachträgliche Interpolation angesehen wird.[227] Deren Herkunft vermutet sie im Umkreis der Pastoralbriefe - sie verweist auf die Anklänge an 1 Tim 2,8.9-15.[228] Gegen Gielens These ist jedoch ihre eigene Beobachtung anzuführen, daß Berührungspunkte zwischen 1 Petr 3,1ff und 1 Tim 2,8ff nicht nur in der Männer- sondern auch in der Frauenparänese feststellbar sind.[229] Auf das Verhältnis

---

2,13-3,7" führe (vgl. *Müller*, Haustafel, 270). Sie läßt allerdings offen, ob die Verbindung als literarische Abhängigkeit oder gemeinsame mündliche Tradition zu erklären ist; vgl. Haustafelethik, 375f.

[225] *Gielen* rekonstruiert diese "Anknüpfungspunkte" durch einen Vergleich von Röm 13,1-7; 1 Petr 2,13-17; 1 Tim 2,1-3 und Tit 3,1-3; vgl. Haustafelethik, 457-474.

[226] Diese Hypothese wird auch durch das Fehlen der Väter-Kinder-Mahnung in 1 Petr gestützt: Im paganen Ökonomikschrifttum findet sich auch teilweise ein Zweier- statt eines Dreierschemas.

[227] Vgl. *Gielen*, Haustafelethik, 533-542. Daß der Vers aus der semantischen Kohärenz des Gesamtabschnitts herausfällt, wird überzeugend dargestellt: Die Reziprozität von Frauen- und Männermahnung ist nur oberflächlich-syntaktisch gegeben, da in der Frauenmahnung heidnische Gatten vorausgesetzt werden, in 3,7 jedoch christliche Ehemänner angesprochen werden. Die Begründung des von den Männern geforderten Verhaltens weicht des weiteren deutlich von der sonstigen Ausrichtung des Gesamtabschnitts ab: Sie verweist nicht auf Loyalität gegenüber der heidnischen Umwelt, sondern rekurriert individuell auf das Gebetsleben der Männer.

[228] Vgl. *Gielen*, Haustafelethik, 540f. Eine entscheidende Implikation ihrer These hat *Gielen* nicht reflektiert: Die Pastoralbriefe stellen sich sehr dezidiert in paulinische Tradition; der Apostel Paulus gilt ihnen als *der* Ursprung ihrer verbindlichen Tradition und als maßgebliche Autorität. Eine Motivation für einen Texteingriff in den 1. Petrusbrief vonseiten des Verfassers der Pastoralbriefe (oder eines ihm nahestehenden Paulinisten) wäre deshalb dann anzunehmen, wenn ihm dieser als paulinisch gegolten hätte. Könnte diese Interpolation wahrscheinlich gemacht werden, so wäre dies also ein sehr starkes Argument für die These nicht nur inhaltlich deuteropaulinischer Herkunft, sondern auch ursprünglich deuteropaulinischer Verfasserangabe im Präskript des 1. Petrusbriefes, wie sie *Schenke/Fischer*, Einleitung, 200 aufgestellt haben.

[229] Vgl. *Gielen*, Haustafelethik, 540f. In ihrer Einzelexegese der Frauenparänese (512-528) übergeht *Gielen* allerdings die Parallelen zu 1 Tim 2,9-15.

zwischen 1 Petr und den Pastoralbriefen wird in unserer Untersuchung von 1 Tim 2,9-3,1a zurückzukommen sein.[230]

3. Klaus Berger: Haustafeln und Pflichtenspiegel als Entwicklungen aus der griechischen Gnomik

Ein Versuch, Elemente der Haus- und Ständetafeln auf dem Hintergrund weisheitlicher Traditionen zu verstehen, fand sich bereits in dem revidierten Ansatz *Balchs*.[231] Im Zusammenhang einer verstärkten Beschäftigung mit Weisheitsliteratur in den letzten Jahren[232] ist versucht worden, die Haustafeln in die Traditionsgeschichte weisheitlichen Schrifttums einzuordnen.[233] Während die Untersuchungen von *Küchler* und *Lips* ihren Ausgangspunkt bei alttestamentlicher Weisheit nehmen und deren Weiterentwicklung im Frühjudentum und im Neuen Testament verfolgen, legt *Berger* den Schwerpunkt auf die griechisch-hellenistische Gnomik.[234]

Berger hat keine Spezialuntersuchungen zu den Haustafeln, sondern zwei umfangreiche Veröffentlichungen zum Gesamtbereich der Formgeschichte des Neuen Testaments vorgelegt, seinen ANRW-Beitrag "Hellenistische Gattungen im Neuen Testament" (1984) sowie seine Monographie "Formgeschichte des Neuen Testaments" (1984).[235] Sein formgeschichtlicher Ansatz lehnt sich für die Gattungsbestimmung an die Einteilung der antiken Rhetorik[236] an, die zwischen drei Obergattungen unterschied, nämlich "Genos epideiktikon, symbuleutikon und dikanikon".[237] Ergänzend

---

[230] S.u. S. 78-89

[231] S.o. S. 47-49.

[232] Außer den hier besprochenen Publikationen vgl. die schon 1979 erschienene grundlegende Untersuchung von *Küchler*, Frühjüdische Weisheitstraditionen. Das gegenwärtige disziplinenübergreifende, breite wissenschaftliche Interesse an Weisheit spiegelt sich in dem 1991 von Aleida *Assmann* herausgegebenen Sammelband "Weisheit. Archäologie der literarischen Kommunikation III (München 1991)".

[233] Neben dem hier ausführlicher zu behandelnden Ansatz von *Berger* sind in diesem Zusammenhang insbesondere *Küchler*, Frühjüdische Weisheitstraditionen, 570, sowie *Lips*, Weisheitliche Traditionen, 356-378 zu nennen, die der neutestamentlichen Paränesen einschließlich der "Haustafeln" in den Traditionszusammenhang frühjüdischer Weisheit eingeordnet haben. *Küchler* führt in diesem Kontext die Haustafeln nur auf, analysiert sie aber im einzelnen nicht. Da *Lips*' Modell der Traditionsgeschichte der Haustafeln deutliche Analogien zu *Berger* aufweist, werden seine Überlegungen bei dessen Darstellung vergleichend herangezogen. Vgl. *Bergers* ANRW-Beitrag "Hellenistische Gattungen im Neuen Testament", insbes. 1049-1088, sowie *Berger*, Formgeschichte des Neuen Testaments, 117-157, insbes. 135-141;

[234] Allerdings wird in der Forschung allgemein der "internationale" Charakter der Weisheit betont; vgl. *Berger*, Gattungen, 1056; siehe auch *Küchler*, Weisheitstraditionen, bes. 207ff; *Lichtheim*, Wisdom Literature, pass.; *Theißen* hat mit seinem Aufsatz "Weisheit als Mittel sozialer Abgrenzung und Öffnung, einen interessanten Versuch vorgelegt, diesen Befund sozialgeschichtlich zu deuten.

[235] Obwohl beide Veröffentlichungen im selben Jahr erschienen sind, spiegelt der ANRW-Beitrag doch ein früheres Stadium von *Bergers* Ansatz wider; vgl. sein Vorwort in Formgeschichte, 8.

[236] Die von *Berger* übernommene Unterscheidung der rhetorischen Gattungen geht auf Aristoteles' Rhetorik 1358a36-b20 zurück. Zu dieser aristotelischen Einteilung vgl. auch *Donelson*, Pseudepigraphy, 76f

[237] *Berger* definiert in Formgeschichte, 18f: *Symbuleutische Texte* "zielen darauf, den Hörer zum Handeln oder Unterlassen zu bewegen. ... Die einfachste Form ist die Aufforderung, die komplizierte-

führt er in dem ANRW-Beitrag ein "Genos didaktikon" sowie "Vorliterarische Gattungen" ein.[238] Innerhalb des symbuleutischen Textttyps kommt in *Bergers* Ansatz der weisheitlichen Gnomik zentrale Bedeutung zu. Gnomen sind kurze, prägnant formulierte Sätze, die Verhaltensanweisungen für das tägliche Leben geben.[239] Sie werden zu Sammlungen[240] verbunden und in hellenistischer Zeit klassischen Dichtern oder anerkannten 'Weisen' in den Mund gelegt.[241] Die "einfache Form"[242] der Gnome bildet sozusagen das Reservoir für größere symbuleutische Formen,[243] etwa auch der Haustafeln:

"Die Bedeutung der populären Gnomik für die Entwicklung speziell der Gestalt der neutestamentlichen Haustafeln ist in der neueren Forschung unterschätzt worden. Noch immer werden fast durchgehend Quellen aus der 'höheren' Literatur herangezogen, obwohl diese doch nur ihrerseits häufig Systematisierungen des in der Gnomik Lebendigen darstellen."[244]

Das traditionsgeschichtliche Verhältnis der neutestamentlichen Texte zur Gnomik wird aber nun in Bergers beiden Publikationen unterschiedlich akzentuiert. "Haustafel und Pflichtenspiegel" werden jeweils als symbuleutische Gattungen gemeinsam in einem Kapitel behandelt, wobei *Berger* sich für die Abgrenzung der hier zu behandelnden Texte an *Dibelius* anlehnt.[245] Während er aber in seiner "Formgeschichte" eine einheitliche traditionsgeschichtliche Herleitung aller dieser Texte entwickelt, zeichnet er in seinem ANRW-Beitrag noch eine doppelte Traditionslinie: Diejenigen neutestamentlichen Texte, die das Verhältnis zum Staat thematisierten (Röm 13,1-7; 1 Petr 2,13-17; 1 Tim 2,1f; Tit 3,1f) bzw. in diesem Kontext die Pflichten verschiedener Stände aufführten (1 Petr 2f; 1 Tim 2, Tit 2,f), seien aus dem stoischen καθήκοντα-

---

ste die symbuleutische Argumentation." In *epideiktischen Texten* soll der Leser "zu Bewunderung oder Abscheu beeindruckt werden, sein Empfinden für Werte wird im vor-moralischen Bereich angesprochen. Epideiktisch sind Texte, die etwas schildern und darstellen (Sachen, Personen, Geschichten). Sie sind beschreibend und erzählend, zeichnen nach und lassen ein Bild von etwas entstehen." Ziel *dikanischer Texte* ist es, "den Leser die Entscheidung in einer strittigen Sache nachvollziehen zu lassen oder nahezulegen. ... Dikanisch ist ein Text, der zur Parteinahme und Entscheidung für oder gegen eine Sache hinführt, nicht aber dazu auffordert."

[238] In der "Formgeschichte" fehlen letztere; stattdessen faßt *Berger* unter "Sammelgattungen" solche zusammen, die Merkmale aus allen drei Gattungsgruppen der Rhetorik aufweisen; vgl. Formgeschichte, 25.

[239] Vgl. *Berger*, Gattungen, 1051.

[240] Zu den antiken "Gnomologien" vgl. *Chadwick*, Florilegium, 1131-1160, sowie *Küchler*, Weisheitstraditionen, 240-260.

[241] Vgl. *Berger*, Gattungen, 1055.

[242] Für die Bezeichnung als "einfache Form" beruft sich *Berger* auf H. Rahn, Morphologie der antiken Literatur, 1969; vgl. Gattungen, 1051.

[243] Innerhalb dieses Forschungsüberblicks kann nicht Bergers gesamter Ansatz einer Beurteilung unterzogen werden; hier soll uns nur seine Einordnung der Haus- und Ständetafeln interessieren. Auf seine Analyse gnomischer Formen wird allerdings im Rahmen der formalsprachlichen Analyse von 1 Tim 5, 3-16 zurückzukommen sein, da er es unternimmt, Zusammenhänge zwischen verschiedenen Sprachformen (Imperative, Prohibitive, Infinitive) und inhaltlichen Charakteristika zu erschließen; vgl. Gattungen, 1059-1074.

[244] *Berger*, Gattungen, 1085.

[245] Vgl. die Auflistung der Texte in *Berger*, Formgeschichte, 136: Kol 3,18-4,1; Eph 5,21-6,9; 1 Petr 2,(13-17)18-3,7;5,1-5; Tit 2,1-10 oder 2,9f; 1 Tim 2,8-15;6,1f; 1 Clem 21,7-9; Ignatius, Pol 4f.

Schema herzuleiten,[246] welches wiederum eine sehr enge Verbindung zur Gnomik hat. Für "die typischen Haustafeln Eph 5,22-6,9 und Kol 3,18-4,1" verweist er hingegen auf *Lührmanns* und *Thraedes* Herleitung aus der Ökonomik, betont jedoch, "daß die Gattung Oikonomikos allein auch nicht ausreicht, um den Gesamtbestand der einschlägigen frühchristlichen Texte zu erklären. Die Verbindung mit dem Verhalten gegenüber dem Staat und die Katalogform sind bleibendes Erbe aus den stoischen Katalogen."[247]

Hier schlägt sich der Mangel an Präzision in der Gattungsabgrenzung nieder: *Berger* sagt nicht, welche der angeblich einschlägigen[248] Texte unter seiner Überschrift denn nun als "Haustafeln", welche als "Pflichtenspiegel" einzuordnen seien. Im Fall von Kol und Eph spricht er von "typischen Haustafeln" und benennt deren formale Merkmale, hat aber die Tendenz, ohne Diskussion der Gattungsabgrenzung auch die anderen Texte als Haustafeln zu bezeichnen.[249]

Seine Schlußfolgerungen verdanken sich entsprechend teilweise dem Umstand, daß er nicht zureichend zwischen den einzelnen Texten unterscheidet: Die Verbindung mit dem Verhalten gegenüber dem Staat ist kein allgemeines Merkmal der "Haustafeln"; wie schon wiederholt festgestellt, fehlt sie in Kol und Eph.[250] Zu fragen wäre außerdem, ob eigentlich bei den Haustafeln von Katalogform die Rede sein kann. *Berger* definiert nie, was - außerhalb der Tugend- und Lasterkataloge - diese Form eigentlich auszeichnet. Der Begriff scheint von den weisheitlichen Aufreihungen von Sprüchen, andererseits von den stoischen Texten abgeleitet, und zwar von den Kurzfassungen der Pflichtenlehren,[251] wie z.B. in der oft zitierten Stelle Epiktet, Diss. 2.17.31: Hier wird eine Aufzählung derjenigen Instanzen gegeben, denen pflichtgemäß ein bestimmtes Verhalten entgegenzubringen ist. Eine solche Aufreihung gleich-

---

[246] Vgl. *Berger*, Gattungen, 1079.

[247] *Berger*, Gattungen, 1081.

[248] Angesichts der Kritik von *Thraede* und *Müller* ist es vom Forschungsstand her nicht mehr gerechtfertigt, von "einschlägigen" Texten zu sprechen. *Berger* übergeht diese Diskussion um die engere Gattungsabgrenzung. *Lips*, Weisheitliche Traditionen, 373, nimmt die Differenzierung aufgrund der formalen Merkmale dagegen auf, kommt aber nicht zu einer klaren begrifflichen Trennung: Er bezeichnet Kol 3,18-4,1 und Eph 5,21-6,9 als "Haustafel" und merkt an: "Die Dreiheit der Gruppen sowie die konsequent durchgeführte Entsprechung der Mahnungen fehlt den anderen neutestamentlichen Texten, die daher *nur eingeschränkt den Haustafeln zugerechnet werden*: 1Petr 2,13-3,7; Pastoralbriefe: 1 Tim 2,8-15; 6,1f; Tit 2,1-10." (Hervorhebung U.W.)

[249] In Gattungen, 1085, zieht er als Belege der Bedeutung der populären Gnomik für die *Haustafeln* Beispiele aus 1 Kor 14,34; 1 Tim 2,12; 3,4.5.12; 5,4 heran.

[250] *Berger* faßt die Gattung des οἰκονομικός enger als etwa *Balch*, der zum Ökonomikschrifttum sowohl eher theoretisch-philosophische Abhandlungen (in denen dann auch das Verhältnis zum Staat eine Rolle spielt) als auch praktisch orientierte Ratgeber zählt. Auch *Verner* faßt das Verhältnis zum Staat als Element der ökonomischen Tradition (s.o. S. 40).

[251] Die Kurzfassung hat die literarische Funktion eines einleitenden Überblicks (Epikt, diss 2.17.31) oder einer Zusammenfassung (Sen, ep. 94,1) der entsprechenden philosophischen Abhandlung. Auf den Gattungsunterschied zu paränetischen Texten weist richtig *Hartmann*, "Household-Code Form", 229 hin: "Thus the Stoic kathekon lists do not actually belong to the instructive text type but summarize or structure the contents of ethical treatises, which can best be referred to in the expository text type." *Hartmann* beruft sich hier auf die "Typologie der Texte" des Sprachwissenschaftlers Egon Werlich.

artiger Elemente wird aber in den Haustafeln durch die Reziprozität verhindert. Beide von *Berger* für die Herleitung aus dem stoischen Schema beigebrachten Argumente - die Katalogform und die Verbindung mit dem Verhalten gegenüber dem Staat - sind also für die Haustafeln nicht zu halten.

Die hier von *Berger* vertretene traditionsgeschichtliche Einordnung der "Haustafeln und Pflichtenspiegel" stellt im Grunde eine Kombination der beiden forschungsgeschichtlichen Grundpositionen, der Herleitung aus der stoischen Pflichtenlehre und aus der Ökonomik dar,[252] wobei *Berger* auf die Bedeutung der Gnomik hinweist,[253] die sich über die stoische Pflichtenlehre auf die "Haustafeln" auswirkt.

In seiner "Formgeschichte" legt *Berger* nun einen revidierten Ansatz vor, der das Schwergewicht auf die gnomische Tradition legt und die Bedeutung von Ökonomik[254] und stoischen Pflichtenlehren für die "Haustafeln" stark relativiert. Seine rekonstruierte hypothetische Entwicklung umfaßt folgende Momente:[255]

I. In der traditionellen Gnomik findet sich eine Reihe von paränetischen Mahnsprüchen, die den Bereich des Hauses betreffen; inhaltlich entsprechen sie den Themen der sogenannten Haustafeln.

II. Innerhalb der Gnomik kommt es zu "Nesterbildung", d.h. der Zusammenstellung von thematisch zusammengehörigen Gnomen.

III. Die "Nester" aus paränetischer Tradition beginnen, sich zu verselbständigen: "Aus der allgemeinen Paränese löst sich mithin der Themenkomplex "Haus" erst allmählich heraus, und das Neue Testament zeigt verschiedene Stadien dieser Entwicklung."[256] Die Annahme, die neutestamentlichen Texte spiegelten ein "Übergangsstadium" in diesem Prozeß der Verselbständigung wider, soll nun die Charakteristika des neutestamentlichen Befundes erklären:

"Der Zusammenhang innerhalb der Thematik wird stärker. In dieser Phase ist deshalb auch Reziprozität aktuell, gewissermaßen als Symptom dafür, daß die Mahnungen über das Haus zusammengesehen und zusammengearbeitet werden. In 1 Petr und Tit ist diese Abgrenzung der Stoffe noch am wenigsten weit vorangeschritten, in Kol und dann in Eph relativ am meisten."[257]

---

[252] Vgl. das Schaubild in *Berger*, Gattungen, 1080. Eine solche Kombination nimmt auch *Lips*, Weisheitliche Traditionen, 374f, an, wenn er "die Formelemente des Oikonomikos als neben dem Pflichtenschema ergänzende Einflußquelle ansehen" will (374 Anm. 50).

[253] So auch *Lips*, Weisheitliche Traditionen, 374.

[254] Vgl. *Berger*, Formgeschichte, 136: "Neuerdings haben D. Lührmann und K. Thraede auf die antike Gattung des Oikonomikos verwiesen; jedoch hilft auch dieser Hinweis nur wenig weiter". *Berger* verweist (wie schon *Laub*, s.o. S. 32) auf die Unterschiede im Umfang, sowie darauf, daß die Ökonomikschriften Traktate und keine Paränesen sind. Da nach *Berger* Aristoteles Pol I 1253b ebensowenig wie Seneca ep. 94,1 unter die Gattung Oikonomikos einzuordnen ist, fehlen ihm auch die Belege für das Dreierschema.

[255] Vgl. *Berger*, Formgeschichte, 136-141.

[256] *Berger*, Formgeschichte, 139.

[257] *Berger*, Formgeschichte, 139. Während *Berger* für Kol und Eph zugesteht, daß "das Material der Haustafeln relativ fremd gegenüber dem Kontext" sei (Formgeschichte, 138), will *Lips* (Weisheitliche Traditionen, 376) in Kol 3,4-4,6 ein traditionelles Schema finden, in dem die Haustafel schon in einen weiteren paränetischen Zusammenhang eingeordnet sei. Als Belege für eine solche Tradition verweist er auf Sir 7,18ff sowie Röm 12,3ff.

IV. Bei Philo ist ein früherer Entwicklungsstand gegeben als im Neuen Testament: Zwar hat er "alle Bereiche sozialer Verpflichtungen aus dem weiteren Bereich der Ethik überhaupt herausgelöst",[258] die Pflichten im Haus seien jedoch nur in einigen Texten schon deutlicher von den übrigen Sozialpflichten getrennt.[259]

V. Gründe für die Verselbständigung der Gattung speziell im Neuen Testament sind die wichtige Rolle des Hauses für die frühchristliche Mission und Gemeindeversammlung sowie die besondere Bedeutung des ὑποτάσσεσθαι im frühen Christentum.

VI. "Die aufgezeigte Verselbständigung der Gattung trifft sich vor allem in den Pastoralbriefen mit der Gattung der sog. *Standespflichten/Amtsspiegel.*"[260] Formales Merkmal dieser "Spiegel" ist, daß sie eher nominal aufgebaut sind: Sie zählen eine Reihe von Eigenschaften des (idealen) Amtsinhabers auf; Vorbild für diese ekphrastische Textform sind die hellenistischen Herrscher- und Feldherrenspiegel. Ihren Ursprung haben die Amtsspiegel deshalb nicht in der Paränese, sondern in der epideiktischen Gattung des Enkomions.[261] Aus der Kombination dieser beiden Formen entstehen die Kirchenordnungen (VIII.):

> "Durch die Zusammenstellung [sc. der "Haustafeln"] mit Pflichtenspiegeln über Episkopen, Älteste, Witwen und Diakone schon in den Pastoralbriefen werden die Paränesen für die einzelnen Gruppen im Haus allmählich Teil einer kirchlichen Ordnung, über die dann insgesamt der Episkopos die Aufsicht führen wird."[262]

Im paganen Bereich findet - ebenfalls ausgehend von der Nesterbildung in der Gnomik - eine andere Entwicklung statt, die (VII.) die "Traktatenliteratur" hervorbringt. *Berger* nennt im einzelnen a. sozialethisch ausgerichtete Teiltraktate der Gattung Oikonomikos, b. Traktate mit stoischen Pflichtenlehren, c. Traktate speziell an Frauen (Pythagoreerbriefe an Frauen). "Besonders in diesen Traktaten finden wir das in den neutestamentlichen Haustafeln kurz Angedeutete nun breit entfaltet."[263]

In diesem revidierten Ansatz *Bergers* werden also die neutestamentlichen Texte nun nicht mehr traditionsgeschichtlich von stoischen Pflichtenlehren und paganer Ökonomik hergeleitet, sondern diese werden als Parallelentwicklung zu den "Haustafeln und Pflichtenspiegeln" bei gemeinsamem Ursprung in der Gnomik aufgefaßt. Damit erübrigt sich zwar die oben angeführte Kritik an *Bergers* Herleitung aus der Stoa, aber das neue Modell führt ebenfalls in einige offensichtliche Probleme und Aporien:

---

[258] *Berger*, Formgeschichte, 139.

[259] "In De Decalogo 165-167 werden unter dem 4. Gebot des Dekalogs verschiedene strukturell ähnliche Sozialbeziehungen behandelt, ohne daß dem Haus schon eine besondere Rolle zufiele, ähnlich in De mut nom 39-40. In Immut 17.19 und in Post Caini 181 dagegen sind die Pflichten im Haus schon deutlicher getrennt von den übrigen Sozialpflichten und bilden eine Gruppe." (Formgeschichte, 139).

[260] *Berger*, Formgeschichte, 139.

[261] Vgl. *Berger*, Gattungen, 1173-1195 (Enkomion, Synkrisis, Basilikos Logos) und 1201-1204 (Ekphrasis).

[262] *Berger*, Formgeschichte, 140.

[263] *Berger*, Formgeschichte, 140.

1. Da *Berger* von einem Prozeß zunehmender Verselbständigung des auf das Haus bezogenen paränetischen Materials[264] ausgeht, muß er die Kolosser- und Epheser-Haustafel als ein späteres Entwicklungsstadium ansehen als 1 Petr und Tit. Dies widerspricht nicht nur der allgemein angenommenen Datierung,[265] sondern in bezug auf die Pastoralbriefe auch deren gegenüber Kol und Eph weiterentwickelter pseudepigrapher Brieffiktion[266].

2. Aufgrund seiner Herleitung der neutestamentlichen Texte aus Sammlungen von Einzelsprüchen hat *Berger* das Bestreben, die formalen Charakteristika der größeren Texteinheiten in ihrer Bedeutung abzuwerten: Wenn Sammlungen von Gnomen eine hinreichende formgeschichtliche (!) Erklärung für das Zustandekommen der verschiedenen von ihm als Haustafeln bezeichneten neutestamentlichen Texte bilden sollen, dürfen die formalen Spezifika der Gesamteinheit gegenüber den Einzelsprüchen nichts Relevantes hinzufügen. Anders gesagt: Das Ganze darf nicht mehr sein als die Summe seiner Teile. Gerade in dieser Frage des Verhältnisses von Einzelmahnung zu größerer Texteinheit wäre nun aber zwischen eher lockeren Aneinanderreihungen von Mahnungen und der geschlossenen Form der Haustafel[267] scharf zu trennen.

3. *Bergers* Unterbewertung der formalen Spezifika komplexerer Gattungen zeigt sich insbesondere an seiner Erklärung des für die Haustafelforschung so prominenten Phänomens der "Reziprozität": Für *Berger* ist dieses lediglich "ein Symptom dafür, daß die Mahnungen über das Haus zusammengesehen und zusammengearbeitet werden".[268] Daß die bloße thematische Zusammenstellung aber eben noch keine Reziprozität generiert, zeigt 1 Tim 2,8-15, wo Mahnungen an die Männer und Frauen aufeinander folgen, ohne daß Gegenseitigkeit ein Thema wäre. Die Reziprozität in der Kolosser- und Epheserbriefhaustafel ist als reine Nebenwirkung der thematischen Zusammenstellung von Einzelweisungen in ihrer Bedeutung nicht angemessen erfaßt. Sie ist vielmehr - mit der Mehrheit der Forschung - sowohl traditionsgeschichtlich als auch in ihrer Funktion für die Textaussage in Kol und Eph auszuwerten.

4. *Bergers* These, daß sich erst in neutestamentlicher Zeit zum Bereich des Hauses gehörende Weisungen verselbständigt hätten, widerspricht dem Befund, daß schon bei Plato und Aristoteles die Bedeutung des Hauses im Verhältnis zur Polis diskutiert wird. Zwar erlebt das Ökonomikschrifttum in der späten römischen Republik und der

---

[264] Insgesamt seien die Haustafeln im NT allerdings noch nicht vom übrigen paränetischen Material isoliert, weshalb es fragwürdig sei, eine eigenständige Gattung "Haustafel" abzutrennen. (Das führt aber nun nicht dazu, daß er die Gattungsbezeichnung "Haustafel" vermeidet, sondern im Gegenteil, daß er sie unreflektiert gebraucht!) "Lediglich in Eph 5,22-6,9 und in der 'Vorlage' Kol 3,18-4,1 ist das Material der Haustafeln relativ fremd gegenüber dem Kontext, wenngleich vor allem vorab allgemeineres Material gleichfalls paränetischer Herkunft plaziert ist." (*Berger*, Formgeschichte, 138). Das was *Berger* als charakteristisch für die "Haustafeln" bezeichnet, trifft also gerade für die beiden spezifischen Texte nicht zu! Dieser Befund hätte noch einmal die Notwendigkeit einer klareren Gattungsabgrenzung nahelegen müssen.

[265] So auch *Gielen*, Haustafelethik, 65.

[266] Vgl. zu den Einleitungsfragen der Past das Einführungskapitel dieser Arbeit, S. 1-14.

[267] Diese wird zu Recht insbesondere von den Vertreterinnen und Vertretern des ökonomischen Ansatzes betont; vgl. *Müller*, Haustafel, 267; *Gielen*, Haustafelethik, 3-6.105.

[268] *Berger*, Formgeschichte, 139.

frühen Kaiserzeit eine Blüte,[269] aber die Ursprünge der Gattung sind doch in klassischer griechischer Zeit anzusetzen.[270]

Hinter diesen Einzelkritiken wird das grundsätzliche Problem von *Bergers* Ansatz deutlich: Mit seinem Ausgangspunkt bei der Gnomik setzt er immer bei Einzelmotiven an. Selbst sein Prozeß der "Nesterbildung" liefert nur einen sehr lockeren Zusammenhang zwischen den eigentlich einzeln für sich stehenden Sprüchen. Wenn er also in größeren literarischen Einheiten gnomische Elemente findet, so berührt dies entweder einen motivgeschichtlichen Sachverhalt, oder es geht um die Inkorporation von einfachen Formen in komplexere literarische Gattungen. In diesem Zusammenhang sind seine Ergebnisse sehr fruchtbar, insofern nicht zu bestreiten ist, daß sowohl Motive als auch vollständige Sprüche aus der Gnomik in größere Gattungen aufgenommen werden.[271] Allerdings ist im Falle der Inkorporation von Gattungen in eine Rahmengattung - wie für die neutestamentlichen Texte schon angemerkt - nach dem Verhältnis zwischen beiden zu fragen,[272] wobei sich dieses jedoch nach der Rahmengattung bestimmt! Hat sie eher sammelnden Charakter, behalten die inkorporierten Gattungen mehr Eigenständigkeit; je deutlicher jedoch die Rahmengattung das von ihr verwendete Material im Interesse einer einheitlichen Aussageintention durchstrukturiert, umso mehr verliert dieses seine Eigenständigkeit.

Für eine originär gattungsgeschichtliche Fragestellung ist *Bergers* Einordnung der Haustafeln also aus zwei Gründen unbefriedigend: Zum einen wird der jeweilige Text tendenziell immer als Sammlung, nicht als Einheit begriffen werden können. Zum anderen unterbewertet *Berger* die gegenseitige Beeinflussung komplexerer literarischer Formen: Wenn ökonomische Traktate und neutestamentliche Haustafeln unabhängig voneinander aus der Gnomik entwickelt worden sein sollen, so scheinen die größeren Gattungen jeweils nur auf die einfachen Formen zurückgreifen zu können und nicht miteinander in Auseinandersetzung zu stehen.[273]

---

[269] Vgl. die Menge der Belege aus dieser Zeit bei *Balch*, Wives 1974/57-76. *Thraede*, Ärger, 68f wertet die Übersetzung Xenophons durch Cicero als Indiz für ein neuerwachtes Interesse an der Ökonomik. Vgl. auch *Gielen*, Haustafelethik, 55-62.

[270] S.o. S. 18ff. die Ausführungen zu *Balch*.

[271] S.u. S. 120-124 meine Analyse zur formalsprachlichen Gestalt und Inkorporation von Gattungen in der Witwenregel.

[272] Dies tut *Berger* in seinen formgeschichtlichen Studien an anderer Stelle in bemerkenswerter Differenzierung (vgl. etwa Gattungen, 1045ff), wobei er auch methodisch die ältere formgeschichtliche Forschung kritisiert (Gattungen, 1037): "Die Ganzheit der Schriften wurde zu wenig gesehen. Zu sehr hat man sich auf die Formgeschichte der 'kleinsten Einheiten' beschränkt. Eine unglückliche Definition beschrieb Formgeschichte als 'Erforschung der in die Gattungen aufgenommenen Formen', Gattungsforschung hingegen als Untersuchungen der Gattungen als ganzer." Auf dem Hintergrund dieses methodischen Problembewußtseins erstaunt sein pauschales Urteil bei den "Haustafeln" umso mehr.

[273] Aufschlußreich ist in diesem Zusammenhang *Bergers* schon oben zitierte Formulierung (Gattungen, 1085): "Noch immer werden fast durchgehend Quellen aus der 'höheren' Literatur herangezogen [sc. zur Rekonstruktion der Entwicklung der Haustafeln], obwohl diese doch nur ihrerseits häufig Systematisierungen des in der Gnomik Lebendigen darstellen." Der Begriff des Lebendigen scheint die Vorstellung einer fruchtbaren Potenz nahezulegen, die immer wieder größere Einheiten aus sich hervorbringt - welche sich dann aber nicht gegenseitig "befruchten" können! *Bergers* Anliegen, die Bedeutung der Gnomik als "populärer Gebrauchspoesie" zu betonen, scheint durchaus gerechtfertigt; ihm ist grundsätzlich zuzustimmen, wenn er geltend machen will, daß urchristliche theologische und

Ein einzelner Punkt aus *Bergers* Ansatz ist in unserem Zusammenhang noch spezifisch zu untersuchen: Seine Erklärung der Textgestalt der Pastoralbriefe in ihren paränetischen Teilen aus der Verbindung von "Haustafel" und Standespflichten.

Seine Herleitung der Pflichtenspiegel aus der Ekphrasis und damit aus dem γένος ἐπιδείχτιχον erscheint im Hinblick auf den nominalen Stil im Bischofs- und Diakonen-/Diakoninnenspiegel (1 Tim 3, 1-13) sowie in Teilen der Ständetafel Tit 2,1-10 plausibel. *Berger* ordnet hier jedoch auch die Witwenregel und die Anweisung über die Presbyter (1 Tim 5,3-16.17-22) ein. In 1 Tim 5,17ff kann nun von Nominalstil in keiner Weise die Rede sein, und in 5,3-16 könnte lediglich in vv9.10a mit ihrer Aufreihung von Partizipien von nominalem Stil gesprochen werden. *Berger* rechnet also Witwenregel und Presbyterweisung einer Gattung zu, deren formale Merkmale an anderen Texten erhoben wurden und auf diese Texte nicht zutreffen! Sowohl in der traditionsgeschichtlichen Herleitung wie in den formalen Merkmalen unterscheiden sich die Ämterspiegel/Standespflichten in den Pastoralbriefen erheblich voneinander. Darauf wird in der Exegese der Witwenregel im Detail einzugehen sein.

4. Ergebnis des forschungsgeschichtlichen Durchgangs und Ausblick auf offene Fragestellungen

Der Ertrag dieses Durchgangs durch die Forschungsgeschichte der Haus- und Gemeindeständetafeln soll nun in systematisierter Weise mit Hinblick auf die geistesgeschichtliche Herleitung und literarische Entwicklung der Gattung sowie deren sozialgeschichtlichen Hintergrund und ekklesiologische Implikationen zusammengefaßt werden. Auf diesem Hintergrund werden grundlegende Fragestellungen für unsere folgende Exegese von 1 Tim 2,9-3,1a und 5,3-16 formuliert.

4.1 Geistesgeschichtlicher Hintergrund und Überlieferungsgeschichte der frühchristlichen Haus- und Ständetafeln sowie Amtsspiegel

Formgeschichtlich hat die Entdeckung der Parallelen in der antiken Ökonomik für die Exegese der neutestamentlichen Haustafeln einen entscheidenden Forschungsfortschritt erbracht. Die grundsätzliche Bedeutung des ökonomischen Schrifttums für die Exegese der neutestamentlichen Haustafeln ist denn auch inzwischen in der Forschung weitestgehend anerkannt; allerdings wurden in den letzten Jahren zunehmend auch die Grenzen dieser These aufgezeigt. Die Parallele in der Ökonomik kann gut die Gesamtstruktur der Haustafeln (Dreierstruktur, Reziprozität) wie auch gewisse inhaltliche Motive (Unterordnung, Liebe und Furcht) erklären, nicht jedoch die Gestalt der Einzelmahnungen. An dieser Stelle ist nun ein Forschungskonsens nicht in Sicht. Die Form der Mahnungen wird teilweise aus apodiktischem Recht (*Schroeder, Gielen*), teilweise aus griechischer oder hellenistisch-jüdischer weisheitlicher Paränese (*Berger,*

---

ethische Aussagen viel stärker von Alltagsreligiosität und -weisheit geprägt werden, als die akademische Exegese meist annimmt. Dieses Anliegen führt ihn aber in seiner Interpretation der Entwicklung der "Haustafeln" zur Unterbewertung spezifischer literarischer Gattungsmerkmale.

Balch), teilweise aus stoischer Diatribe (*Balch*) hergeleitet, während *Verner* sie für eine spezifisch urchristliche Prägung hält.

Gegenüber der weitgefaßten Gattungsabgrenzung, wie sie von *Dibelius* vorgenommen worden war, hat der Ansatz bei der antiken Ökonomik mit überzeugenden textformalen Argumenten eine Beschränkung der Bezeichnung "Haustafel" auf Kol 3,18-4,1; Eph 5,22-6,9 begründet; schon 1 Petr 2,13-3,7 zeigt demgegenüber deutliche Abweichungen. Eine solche enge Gattungsabgrenzung nimmt die Gesamtheit der formalen und inhaltlichen Merkmale der Texte sowie den Bezug auf das Haus ernst. Da Eph von Kol abhängig ist, sollte bei dieser geringen Textbasis nicht mehr von einem "Haustafel-Schema" gesprochen werden. Die an bestimmte Gruppen gerichteten Paränesen in den Pastoralbriefen sind nicht als "Haustafeln", sondern als "Ständetafeln" zu bezeichnen, sie bilden zusammen mit den "Amtsspiegeln" und liturgischen Anweisungen die integralen Bestandteile der Gemeindeordnung der Pastoralbriefe.

Der engeren Gattungsbestimmung entspricht der traditionsgeschichtliche Befund: Die Formgeschichte der Haus- und Ständetafeln ist nicht als einlinige überlieferungsgeschichtliche Kontinuität von Kol/Eph über 1 Petr zu den späteren Ständetafeln zu fassen. Was die Ständeparänesen in den Pastoralbriefen mit den Haustafeln von Kol und Eph gemeinsam haben, ist neben inhaltlichen Einzelmotiven das von *Verner* herausgearbeitete vierteilige "Ständetafelschema". Dieses hat jedoch keinen konstitutiven Bezug zur Ökonomik. Es ist allerdings auch keine spezifisch urchristliche Prägung, wie *Verner* urteilt, noch aus alttestamentlichem apodiktischem Recht herzuleiten, wie *Gielen* im Anschluß an *Schroeder* meint. Es stellt vielmehr eine aus griechisch-weisheitlichen Traditionen herzuleitende Grundstruktur paränetischer Texte dar und ist sowohl im paganen wie im christlichen und hellenistisch-jüdischen Schrifttum verbreitet, wie *Balch* gezeigt hat. Deshalb erlaubt das bloße Vorliegen dieses Schemas in verschiedenen Texten noch nicht die These direkter überlieferungsgeschichtlicher Zusammenhänge.

Mit *Balch* und gegen *Gielen* ist also davon auszugehen, daß zwischen Kol/Eph und 1 Petr keine traditionsgeschichtliche Direktverbindung zu ziehen ist. Wohl aber gibt es eine Verwandtschaft zwischen 1 Petr und den Pastoralbriefen; *Balch* hat auf die Bezüge zwischen den Ständeparänesen in 1 Petr 2,13-3,7 und Tit 2,1-10 hingewiesen, während *Gielen*[274] die Parallelen zwischen 1 Petr 3,1-7 und 1 Tim 2,8-15 herausgestellt hat. Diese Zusammenhänge werden in unserer exegetischen Untersuchung zu analysieren sein.[275]

Der Befund, daß die verschiedenen frühchristlichen Texte nicht auf einer kontinuierlichen traditionsgeschichtliche Entwicklungslinie angesiedelt werden können, führt

---

[274] Ebenso *Dibelius/Conzelmann*, Past, 38; *Goppelt*, 1 Petr, 50. Vgl. auch *Walker*, der in seinem Aufsatz "The Theology of Women's Place and the Paulinist Tradition" alle paulinischen und deuteropaulinischen Stellen (incl. in 1 Petr) untersucht hat, die für Unterordnung von Frauen optieren: "Thus, the Pastoral letters represent one line of development, and the attitude toward women therein reflected is similar to that also found in 1 Cor 14,34f and 1 Pet 3,1-7 ... On the other hand, Colossians and Ephesians represent a different line of development, and the attitude toward women therein reflected is similar to that also found in 1 Cor 11:3-16." (Theology, 112)

[275] S.u. S. 78ff.

zu einer grundsätzlichen methodischen Kritik an den bisherigen Rekonstruktionen der Formgeschichte der Haus- und Ständetafeln, die häufig einer unreflektierten traditionsgeschichtlichen Hypothese folgen: Während sie für die frühesten Texte einen entscheidenden Impuls aus paganem Schrifttum annehmen, setzen sie für die weitere Entwicklung primär eine innerchristliche Traditionsgeschichte voraus. Diese Kritik trifft nicht nur die sehr stark kontinuitätsorientierten Sichtweisen von *Lührmann* und *Laub*, sondern auch die Ansätze von *Thraede* und *Gielen*. Durch diese traditionsgeschichtliche Vorannahme wird aber der Blick für die Möglichkeit außerchristlicher Traditionslinien verdunkelt. Hier hat *Balch* einen richtigen Ansatzpunkt gewonnen, der die Veränderungen in den neutestamentlichen und frühchristlichen Texten nicht ausschließlich als innerchristliche Entwicklung, sondern als Entwicklungsgeschichte der Rezeption paganer Literatur erfaßt. Solches ist umso wahrscheinlicher, wenn mit *Thraede* davon auszugehen ist, daß das Christentum an einem sozialethischen Richtungsstreit teilhat. Die Entwicklung ist dann in doppelter Hinsicht zu beschreiben: Traditionsgeschichtlich ist von einer Neu-Rezeption paganer Literatur auszugehen, wobei die eigenständige Adaptation auch Korrektur früherer christlicher Adaptationen sein kann. Hatten also Kol und Eph, wie *Thraede* ausführt, aus dem Spektrum damaliger sozialethischer Stellungnahmen eine gemäßigte Mittelposition übernommen, so rezipieren die Pastoralbriefe ebenso wie die Apostolischen Väter mehr die konservativeren Positionen der zeitgenössischen Debatte. Das Faktum der Adaptation paganer Ethik an sich ist also nicht das Unterscheidungsmerkmal der verschiedenen christlichen Stellungnahmen. Insofern immer schon Anleihen bei paganer Ethik gemacht wurden, ist der Entwicklungsprozeß als ganzer innerkirchlich zu deuten, also mit *Thraede* nicht als "Paganisierung", sondern als "Zunahme des autoritären Elements in der Kirche" zu verstehen.

Balch hat seine traditionsgeschichtliche Einordnung der Verschiebungen innerhalb der Haus- und Ständetafeltradition an der Frage der Sklaven- und Sklavinnenparänese entwickelt. Zu fragen wäre nun nach Möglichkeiten der Konkretisierung seiner These in bezug auf die Frauenparänesen.

Hier bieten die Ausführungen von *Berger* einige gute Anknüpfungspunkte. Er hat auf die pagane Entwicklung von Traktatenliteratur hingewiesen, die aus dem ökonomischen Schrifttum erwächst und inhaltliche Anliegen der Ökonomik übernimmt, aber das aristotelische Schema aufbricht. Neben den stoischen Pflichtenlehren ordnet er hier Teiltraktate der Ökonomik wie den Topos περὶ γάμου sowie die neopythagoreischen Frauenspiegel ein. Zwar hat er das Verhältnis zwischen dieser paganen Entwicklung sozial- und individualethischer Traktate und der christlichen Entwicklung der Integration von Ständetafeln und Amtsspiegeln zu Gemeindeordnungen lediglich als Parallelentwicklung bei gemeinsamer Wurzel in der Gnomik, nicht als Abhängigkeit gefaßt. Wir hatten in der Darstellung seines Ansatzes allerdings schon kritisiert, daß Berger das Gewicht komplexerer Gattungen gegenüber den einfacheren Formen unterbewertet. Ich werde die These zu belegen versuchen, daß die Pastoralbriefe sprachlich wie inhaltlich eine besonders enge traditionsgeschichtliche Beziehung zum neopythagoreischen Schrifttum, insbesondere zu den Frauenspiegeln und Briefen an Frauen, aufweisen.

Diese Frauenspiegel stellen insofern ein literarisch und philosophiegeschichtlich interessantes Phänomen dar, da sie formal und inhaltlich divergierende Tendenzen aufweisen: Sachlich sind sie eher autoritär orientiert und propagieren stark die Unterordnung der Frau, verbinden dies aber formal mit der - tendenziell emanzipatorischen - Adressierung der Frau als ethisches Subjekt. Diese Charakteristik der Frauenspiegel ließ schon *Thraede* gegenüber der Zuordnung von *Wilhelm* fragen, ob eigentlich Periktione und Phintys in der Gattung "Oeconomica" richtig eingeordnet sind, oder ob es sich hier nicht - im Gegensatz zur auf soziale Strukturen bezogenen Ökonomik - um Individualethik handelt. Thema dieser Spiegel sei ja die Tugend der einzelnen Frau.[276] Hier erscheint also ebenfalls die Kombination von Topoi der Ökonomik mit Traditionen der individualethischen Paränese, wie sie *Balch* in den christlichen Haustafeln, in weisheitlicher Literatur und in stoischen Texten findet. Es erscheint lohnend, die Textpragmatik der neopythagoreischen Frauenspiegel im Vergleich zu Intentionen der Pastoralbriefe zu untersuchen.[277]

4.2 Sozialgeschichte und Ekklesiologie

Der Ansatz, die urchristlichen Haustafeln auf der Grundlage der antiken Ökonomik zu interpretieren, ist mit dem Anliegen angetreten, den Bezug der Texte auf den οἶχος ernstzunehmen. Zu Recht wurde darauf verwiesen, daß die Herleitung der Haustafeln sich nicht auf die geistes- und literargeschichtliche Ebene beschränken dürfe, sondern sozialgeschichtliche Zusammenhänge einbeziehen müsse. Die Haustafeln basieren auf Strukturen vorindustrieller Gesellschaften, in denen das Haus die grundlegende Sozial- und Wirtschaftseinheit darstellt. Der soziologische Zugang darf aber nicht verabsolutiert werden, wie dies besonders bei Laub geschieht.

Hier sind insbesondere die kritischen Einsichten von *Schöllgen* maßgeblich. Trotz der großen Bedeutung des Hauses in antiken Gesellschaften ist die These, daß der οἶχος das Selbstverständnis und die Struktur christlicher Gemeinden geformt habe, in jeder historischen Phase an den Texten erst einmal nachzuweisen. Die echten Paulinen sowie die Haustafeln in Kol/Eph bieten in ihrer Ekklesiologie keine Stütze für diese These. Zwar bildet der οἶχος mit seinen Strukturen den entscheidenden Bezugspunkt für die sozialethischen Weisungen in Kol, Eph und 1 Petr. Aber es ist für jeden Text die je spezifische Konzeption des Verhältnisses zwischen Haus und umgebender größerer Sozialeinheit zu erheben. Hier ist auch auf *Verners* Beobachtung hinzuweisen, daß der Vergleich von "Haus" (bzw. Ehe) und "Kirche" im Epheserbrief genau in entgegengesetzter Richtung gezogen wird als in den Pastoralbriefen.[278]

Eine Οἶχος-Ekklesiologie, wie sie *Lührmann* und *Laub* schon für Paulus reklamieren, findet sich erst in den Pastoralbriefen. Damit ist auch die enge Verbindung von *patria potestas* und Entwicklung des Monepiskopats, wie sie nicht nur *Laub*, sondern auch *Thraede* gesehen hat, im Blick auf die Gesamtentwicklung in Frage gestellt. Bei-

---

[276] Vgl. *Thraede*, Ärger, 67.
[277] S.u. S. 89-92.
[278] S.o. S. 42 Anm. 174.

des ist offenbar ein Spezifikum der Pastoralbriefe. Damit gehen diese aber in ihrer ekklesiologischen Konzeption über 1 Petr, mit dem sie viele traditionsgeschichtliche Berührungspunkte haben, hinaus. Die Οἶκος-Ekklesiologie der Pastoralbriefe ist also keine folgerichtige Weiterentwicklung ausgehend von den Haustafeln (wie *Thraede* meint) oder sogar von Paulus selbst (wie *Lührmann* und *Laub* behaupten). Sie stellt vielmehr eine außergewöhnliche und eigenständige ekklesiologische Konzeption dar. Damit stellt sich die Frage, was die Ursachen oder Funktionen der Erhebung des οἶκος zur ekklesiologischen Leitmetapher und der damit verbundenen hierarchischen Strukturierung der Gemeinde sind.

Verner und *Kidd* haben dazu zwei verschiedene Thesen aufgestellt: *Verner* sieht im Hintergrund den Konflikt zwischen Amtsträgern und Frauen, wobei er gleichzeitig einen Zusammenhang von "Frauenproblem" und Häresie in den Pastoralbriefen annimmt. *Kidd* hingegen verortet das Hauptproblem eher im Verhältnis von Amtsträgern und lokalen Eliten, auf deren finanzielles Engagement die Kirche angewiesen war; den Konflikt mit den Frauen betrachtet er als Teil dieses "Reichenproblems", während er das Häresieproblem eher herunterspielt.

Doch kann *Kidds* Rekonstruktion nicht überzeugen: Der nicht unerhebliche Textumfang, den die auf Frauen bezogenen Anweisungen und Mahnungen in den Past einnehmen, die teilweise massive Polemik und die derogatorische Darstellung von Frauen weisen darauf hin, daß hier ein zentraler Konfliktpunkt liegen muß.

Ich formuliere deshalb an dieser Stelle die Hypothese,[279] daß die Οἶκος-Ekklesiologie der Pastoralbriefe auf dem Hintergrund eines Interessenkonflikts zwischen Männern und Frauen verstanden werden muß: Sie spiegelt eine Konkurrenz um kirchliche Führungspositionen wider, in der die Erhebung des οἶκος zur ekklesiologischen Leitmetapher eine Strategie männlicher Führungsschichten darstellt, Frauen aus solchen Leitungsfunktionen auszuschalten. In Übereinstimmung mit den Arbeiten von *Verner* und *Kidd* betont dieser Ansatz die Bedeutung gemeindeinterner Gründe für das ekklesiologische Konzept der Pastoralbriefe.

Meine These wird in der exegetischen Untersuchung der zentralen Textpassagen 1 Tim 2,9-15;3,1a und 1 Tim 5,3-16 zu verifizieren sein. Es wird also zu untersuchen sein, in welcher Weise die Orientierung am οἶκος die ethischen Ermahnungen, gemeindeordnenden Weisungen sowie ihre Begründungen bestimmt und strukturiert.

---

[279] Diese Hypothese wird an dieser Stelle *vor* den exegetischen Untersuchungen formuliert, um den Leserinnen und Lesern das Verfolgen der recht komplexen und mehrsträngigen exegetischen Analysen zu erleichtern, indem vorweg das Ziel der verschlungenen Wege angegeben wird. Im Erkenntnisprozeß entwickelte sich die Hypothese natürlich erst *durch* die Auseinandersetzungen mit den Texten.

Teil II:

Die Frau im Gottesdienst.
Exegetische Untersuchung von 1 Tim 2,9-3,1a

1. Einführung

Der Text 1 Tim 2,9-3,1a ist das älteste formale Lehrverbot für Frauen in der christlichen Gemeinde. Zusammen mit dem Schweigegebot in 1 Kor 14,33b-36 steht er am Anfang einer kirchlichen Konfliktgeschichte, in der immer wieder Frauen die Ausübung kirchlicher Funktionen verboten wurde.[1] Seine Wirkungsgeschichte beschränkt sich jedoch nicht auf seine Begründungsfunktion für den Ausschluß von Frauen vom Amt; durch seine schöpfungstheologischen und hamartiologischen Aussagen hat er zu der Entwicklung eines negativen Frauenbildes in weiten Teilen der christlichen Tradition beigetragen, das bis heute nachwirkt.[2]

Die frauenfeindliche Ausrichtung des Textes ist bei den Exegeten häufig auf eine unreflektierte Übereinstimmung gestoßen,[3] teilweise aber auch der theologischen Sachkritik unterzogen worden.[4] Aus der verstärkten Diskussion über Frauenunterdrückung in Gesellschaft und Kirche in den letzten fünfundzwanzig Jahren resultierte auch eine neue Hinwendung zur Exegese derjenigen neutestamentlichen Texte, die die Unterordnung von Frauen fordern und so in der Gegenwart zum Problem geworden waren. Fragen der Hermeneutik und Überlegungen zur Kanonizität spielen entsprechend in diesen Untersuchungen eine große Rolle. Die exegetischen Untersuchungen zeigen grundsätzlich zwei verschiedene Strategien, mit der Spannung zwischen gegenwärtigen Anfragen und den neutestamentlichen Texten umzugehen: Die früheren Arbeiten sind durchgängig von dem Bemühen gekennzeichnet, die neutestamentlichen Texte gegenüber dem Vorwurf der Frauenfeindlichkeit zu verteidigen, indem deren

---

[1] Zu 1 Tim 2,9ff im Zusammenhang mit dem altkirchlichen Lehrverbot für Frauen vgl. *Nürnberg*, Lehrverbot, pass.; *Ludolphy*, Frau, 436ff; *Thraede*, Frau, 236ff; *Thraede*, Ärger, 125ff.

[2] Vgl. die Darstellung der Wirkungsgeschichte bei *Roloff*, 1 Tim, 142-146. Daß gerade die in 1 Tim 2,13f massive Sexualisierung der Frauen, d.h. die primäre Definition als Geschlechtswesen, in der Praxis bis heute eine große Rolle spielen kann, belegt ein Prozeß, der vor dem Verwaltungsgericht Würzburg stattgefunden hat: Wie die Frankfurter Rundschau vom 14.1.1992 berichtet, wollte eine Mutter die Teilnahme ihrer achtjährigen Tochter am schulischen Schwimmunterricht untersagen, "da das Tragen von Badeanzügen und Bikinis vor Gott sündhaft sei". Sie berief sich dafür auf 1 Tim 2,9. "Sünde begehe nicht nur, wer eine Frau begehre, sondern auch diejenige Frau, die aufgrund ihrer Bekleidung ein Objekt der Begierde darstelle" (FR 14.1.92, S.1).

[3] Vgl. *Schlatter*, Tim, 143f; *Jeremias*, Tim, 20.

[4] Vgl. zu 1 Tim 2,15 *Michel*, Grundfragen, 93.

Aussagen abgemildert oder in ihrer Bedeutung eingeschränkt,[5] aufgrund der Notwendigkeit der Häresiebekämpfung für unausweichlich erklärt[6] oder als Zugeständnis an das konservativere gesellschaftliche Umfeld interpretiert werden.[7] Diese Positionen haben sich aber gerade aus exegetischen Gründen nicht halten lassen, so daß bei Anerkenntnis der Notwendigkeit theologischer Sachkritik[8] - gerade bei den Pastoralbriefen - eine von apologetischem Druck freiere exegetische Untersuchung der Texte möglich wurde.[9]

2. Übersetzung und Textkritik[10]

2,9 Ebenso (will ich), daß Frauen[11] sich (beim Gebet) unter Schamhaftigkeit und Zurückhaltung mit ehrbarer Haltung schmücken, nicht mit kunstvollen Frisuren und Gold oder Perlen oder kostbarer Kleidung,

---

[5] In bezug auf 1 Tim 2,9-3,1a vgl. *Kähler*, Frau, 70ff.141ff; *Hommes*, Women, pass. Diese Position erscheint teilweise auch bei Annahme paulinischer Verfasserschaft, um 1 Tim 2,9ff mit authentischen Paulusäußerungen zu harmonisieren; vgl. *Padgett*, Wealthy Women, pass.; *Towner*, Goal, 208-220.

[6] Vgl. *Dibelius/Conzelmann*, Past, 40. Das Häresieargument verbindet sich leicht mit eigenem Mißtrauen der Exegeten gegen Emanzipation von Frauen; vgl. *Jeremias*, Tim, 20.

[7] Dies bezieht sich insbesondere auf die Interpretation der Unterordnungsforderung (ὑποτάσσεσθαι/ὑποταγή) in den Haustafeln sowie 1 Kor 14,34 und 1 Tim 2,11; vgl. *Kähler*, Frau, pass.; *Kamlah*, Ὑποτάσσεσθαι, pass.; *Schrage*, Haustafeln, pass.; zur Kritik an diesen Untersuchungen s.o. Teil I, S. 32.

[8] Die theologische Sachkritik an 1 Tim 2,9-3,1a argumentiert meist auf der Basis eines Vergleichs mit authentisch paulinischen Aussagen, z.B. *Hanson*, Eve's Transgression, 76; *Roloff*, 1 Tim, 147. Dagegen gibt es evangelikale Exegeten, die die Aussagen von 1 Tim 2,9ff ohne Abstriche auch in der Gegenwart für normativ halten; vgl. die Auseinandersetzung zwischen *Moo* und *Payne* 1980 (*Moo*, Meaning; *Payne*, Women; *Moo*, Interpretation).

[9] Zu 1 Tim 2,9-3,1a: *Küchler*, Schweigen, 11-53; *Thraede*, Ärger, 109f; *Roloff*, 1 Tim, 125-147; *Schulz*, Ethik, 600f.

[10] Von den sieben bei Nestle-Aland[26] zu 1 Tim 2,9-3,1a verzeichneten Textvarianten sind zwei aufgrund ihrer Relevanz für den Inhalt hier zu behandeln.

[11] Am Anfang von v9 gibt es drei Lesarten. Die erste Lesart ὡσαύτως καὶ γυναῖκας (=Nestle-Aland[26]) wird bezeugt durch den zweiten Korrektor des Sinaiticus (א²), die ursprüngliche Fassung des Claromontanus (D), die Majuskeln F und G, die Minuskeln 6, 365 und 1739, sowie wenige weitere griechischen Handschriften, durch die altlateinische Handschrift b und die Vulgata sowie Ambrosiaster und Speculum/Ps.-Augustin. Die zweite Lesart ὡσαύτως καὶ τὰς γυναῖκας haben der zweite Korrektor des Claromontanus (D²), die ständigen Zeugen Ψ, K(018) und L(020) sowie die Minuskeln 104, 630 1241, 1881, 2495 und die Masse der Minuskeln. Die dritte Lesart ὡσαύτως γυναῖκας (=Nestle-Aland[25]) wird bezeugt von der ursprünglichen Fassung des Sinaiticus, dem Alexandrinus, den Majuskeln H und P, den wichtigen Minuskeln 33, 81 und 1175, wenigen weiteren griechischen Handschriften sowie je einer Handschrift der bohairischen und sahidischen Tradition. Die äußere Bezeugung spricht für die dritte Lesart ὡσαύτως γυναῖκας. Von dieser ausgehend lassen sich die anderen beiden Lesarten gut erklären: Die erste Lesart ist ein Versuch, durch Einfügung von καί die Parallele zum vorangegangenen Vers zu stärken, um das Problem der unklaren syntaktischen Struktur von v9f zu lösen (vgl. *Holtz*, Past, 65; *Roloff*, 1 Tim, 124). Die Einfügung des Artikels in der zweiten Lesart stellt eine Angleichung an die Gebetsanweisung für die Männer in v8 dar. Ich gehe also gegen Nestle-Aland[26] mit dem Text von Nestle-Aland[25].

10 sondern[12] - wie es sich geziemt für Frauen, die sich zur Gottesverehrung bekennen - durch gute Werke.[13]

11 Eine Frau lerne still in aller Unterordnung.

12 Zu lehren aber und über den Mann zu herrschen erlaube ich einer Frau nicht, sondern sie soll Ruhe halten.

13 Denn Adam wurde zuerst erschaffen, dann Eva.

14 Und Adam ließ sich nicht verführen, die Frau aber geriet, da sie sich völlig verführen ließ, in Sünde.

15 Sie wird aber gerettet werden durch das Kindergebären, wenn sie in Glauben und Liebe und Heiligung verbleiben mit Sittsamkeit.

3,1 Zuverlässig ist das Wort.

3. Literarische Analyse

3.1 Ortsbestimmung im Kontext

Die speziell Frauen betreffenden Anweisungen in 2,9-15 stehen im weiteren Kontext des ersten großen Gemeindeordnungs-Komplexes 2,1-3,16. Dieser Gesamtkomplex wiederum teilt sich in zwei große Abschnitte: Kapitel 2 besteht aus Anordnungen für den Gottesdienst, während Kapitel 3 Ämterspiegel mit den Qualifikationen für den Episkopat und Diakonat enthält.

Kapitel 2 beginnt mit einer betonten Aufforderung zum gottesdienstlichen Gebet in allen Formen (ποιεῖσθαι δεήσεις προσευχὰς ἐντεύξεις εὐχαριστίας, 2,1). Eigens genannt wird das Gebet für die Herrschenden, durch das der christlichen Gemeinde ein "ruhiges und stilles Leben" gesichert werden soll (v2). Grundsätzlich gilt die Fürbitte aber ausdrücklich allen Menschen (v2);[14] diese umfassende Ausrichtung des Gebets wird mit einer theologischen Begründung versehen (v3f), die in eine feierliche liturgische Formel ausläuft (v5f).[15] Im Anschluß an die Formel rekurriert v7 auf den Apostel Paulus als Garanten des Glaubensinhaltes.[16]

Die Anweisung für das gottesdienstliche Gebet der Männer in v8 knüpft durch die Partikel οὖν an vv 1-7 an und wird so als Schlußfolgerung aus der dort gegebenen

---

[12] In der Forschung wurde als alternatives Verständnis zu dem ἀλλ᾽ ὅ in v10 ἄλλο vorgeschlagen (vgl. *Wohlenberg*, Past, 117; siehe auch die Übersetzung bei *Thraede*, Ärger, 109), um durch den syntaktischen Neueinsatz das Ungleichgewicht der Konstruktion zu beseitigen, in der das letzte Element ἀλλ᾽ ... δι᾽ ἔργων ἀγαθῶν die Symmetrie des Satzes stört. Diese Frage wird in der formalen Textanalyse aufzunehmen sein; s.u. S. 72-74.

[13] Die hier gegebene Übersetzung bezieht das δι᾽ ἔργων ἀγαθῶν auf κοσμεῖν; sie setzt dabei hinter θεοσέβειαν ein Komma voraus, wie es auch im Text bei Nestle-Aland erscheint. In der Forschung wurde von *Mayer*, Pastoralbriefe, 31 ein anderes Verständnis vertreten: Er liest den Text ohne das Komma und bezieht δι᾽ ἔργων ἀγαθῶν auf ἐπαγγελλομέναις: "die sich durch gute Werke zur Gottesfurcht bekennen." Diese Interpretation wird in der formalsprachlichen Analyse zu überprüfen sein.

[14] Vgl. *Roloff*, 1 Tim, 108.

[15] Vgl. *Dibelius/Conzelmann*, Past, 34.

[16] Vgl. *Dibelius/Conzelmann*, Past, 35f.

Grundlegung qualifiziert. Auf die kurze Männerparänese folgt - erheblich umfangrei-
cher[17] - die Ermahnung für das gottesdienstliche Verhalten der Frauen (vv.9-15).

In Kapitel 3 schließen sich an die gottesdienstlichen Anordnungen ethische Voraussetzungen für Amtsträger in Form eines Bischofs- sowie eines Diakonen- und Diakoninnenspiegels (3,1-7.8-13) an. Der gesamte Komplex wird abschließend durch ein
Element der brieflichen Fiktion noch einmal ausdrücklich an den Apostel Paulus ange-
koppelt (vv14.15a). Die Einzelanweisungen sind damit qualifiziert als Belehrung darüber, πῶς δεῖ ἐν οἴκῳ θεοῦ ἀναστρέφεσθαι (v15). Das Verständnis der Gemeinde als οἶκος θεοῦ wird ergänzt durch die Bezeichnung ἐκκλησία θεοῦ ζῶντος und στῦλος καὶ
ἑδραίωμα τῆς ἀληθείας.[18] Diese ekklesiologischen Aussagen bilden somit gewissermaßen das Vorzeichen, unter dem die konkreten Anweisungen für Gottesdienst und Gemeindeorganisation verstanden werden wollen. Über die Ekklesiologie hinaus wird
der ganze Komplex über den Christushymnus v16b in der Christologie verankert.

3.2 Abgrenzung der Texteinheit

Die Abgrenzung der Frauenparänese ist nach vorne eindeutig: Die Ermahnung zum
gottesdienstlichen Verhalten der Frauen wird mit ὡσαύτως eingeleitet, wodurch eine
parallelisierende Anbindung an das Vorangehende geschaffen, gleichzeitig jedoch wie
in 1 Tim 3,8[19] thematisch der Übergang zu einem neuen Gegenstand markiert wird.

Hingegen ist die Abgrenzung der Texteinheit nach hinten schwierig und in der
Forschung umstritten. Es konnte bisher keine Einigkeit darüber erzielt werden, ob die
Formel πιστὸς ὁ λόγος in 3,1a auf den vorangehenden Vers 2,15 oder auf den folgen-
den 3,1b zu beziehen ist.

Πιστὸς ὁ λόγος ist als Zitations- und Bekräftigungsformel[20] ein Spezifikum der Pastoralbriefe und erscheint in ihnen insgesamt an fünf Stellen (1 Tim 1,15; 3,1a; 4,9; 2
Tim 2,11; Tit 3,8). Wie *Knight* überzeugend dargelegt hat, bezieht sich die Formel
jeweils auf einen klar abgegrenzten Text. Von der Stellung her kann sie der Aussage,
auf die sie bekräftigend verweist, sowohl vorangehen als auch nachfolgen.[21]

Für die Anbindung an 3,1b wurde in der Forschung geltend gemacht, die Formel
habe hier Überleitungscharakter[22] und ohne sie sei der Einsatz des Bischofsspiegels zu
abrupt. Dagegen spricht aber, daß die positive Qualifizierung des Episkopats καλὸν
ἔργον in 3,1b eine Entsprechung in der Lohnverheißung für den Diakonat in 3,13 hat.

---

[17] Den Unterschied im Umfang bezeichnet auch *Holtz*, Past, 65 als auffällig; ebenso *Küchler*,
Schweigen, 14.

[18] Zum Gehalt dieser ekklesiologischen Aussagen vgl. *Roloff*, Pfeiler, pass.; *Spicq*, Past, 32.
Bartsch, Rechtsbildungen, 160 will hier die Überschrift der den Past zugrundeliegenden
Gemeindeordnung finden; dagegen *Verner*, Household, 13ff. 107-111.

[19] 1 Tim 3,8 beginnt der Diakonen-/Diakoninnenspiegel; die Anweisungen werden durch die Formulierung διακόνους ὡσαύτως an den vorangegangenen Bischofsspiegel angeschlossen.

[20] Vgl. *Knight*, Faithful Sayings, 18.

[21] Vgl. *Knight*, Faithful Sayings, 138ff.

[22] Vgl. *Roloff*, 1 Tim, 152.

Diese beiden Aussagen bilden so die Rahmung des Amtsspiegel-Abschnittes; eine weitere vorgeschaltete Einleitung scheint nicht notwendig.

Das entscheidende Argument ist aber ein inhaltliches: Alle Texte, die mit der Formel πιστὸς ὁ λόγος bekräftigt werden, enthalten eine soteriologische Aussage:[23] 1 Tim 1,15 bezieht sich auf die Erlösung durch Jesus Christus, der ἦλθεν εἰς τὸν κόσμον ἁμαρτωλοὺς σῶσαι. In 1 Tim 4,9, 2 Tim 2,11-13 und Tit 3,4-7 liegen eschatologisch-soteriologische Bezüge auf das "künftige" bzw. "ewige Leben" vor. Da nun in 2,15 im Gegensatz zu 3,1b ebenfalls eine eschatologische Rettungsaussage gemacht wird, ist die Deutung auf den vorangehenden Vers vorzuziehen.[24] Damit gehört 3,1a zu der Frauenparänese in 2,9-15.

3.3 Formale Textanalyse

Die Gesamtstruktur des Abschnittes 2,9-3,1a zeigt eine Zweiteilung, die sich in unterschiedlichem sprachlichen Charakter niederschlägt: Die vv9-12 sind exhortativ-paränetisch geprägt; sie geben konkrete Bestimmungen für das Verhalten der Frauen. Dagegen weisen die vv13f indikativ-thetischen Charakter auf: sie enthalten exegetische Begründungen des vorangehenden Teils. v15 ist eine antithetische Weiterführung von v14b,[25] die durch die Formel in 3,1a noch einmal besonders bekräftigt wird.

Sowohl der exhortative wie der thetische Abschnitt sind wieder zweigeteilt: Zwei Paränesen (vv9f, vv11f) stehen zwei alttestamentliche Begründungen gegenüber. Die Frage der Zuordnung wird in der Forschung unterschiedlich beantwortet: Die erste Begründung ist noch problemlos der zweiten Paränese zuzuordnen: Die Frau soll nicht lehren und sich damit über den Mann erheben, weil sie als zweite erschaffen wurde (was als Beweis für ihre inferiore Stellung angesehen wird[26]). Die zweite exegetische Begründung wird in einem Teil der Literatur ebenfalls auf das Lehrverbot bezogen.[27] Aus formalen Gründen würde sich hier jedoch eher eine chiastische Struktur[28] nahelegen, die die zweite Begründung auf die erste Paränese bezöge. Der motivkritische Untersuchungsgang wird erwiesen, daß ein Chiasmus hier auch inhaltlich überzeugend begründet werden kann.[29]

---

[23] So auch *Lock*, Past, 33; *Schenk*, Pastoralbriefe, 3412. Gegen *Knight* (Faithful Sayings, 53.144), der einen konstitutiven Bezug der Formel auf die Soteriologie bestreitet. Er bezieht 3,1a auf 3,1b, muß dann aber selbst zugeben, daß nach seiner Deutung die Verwendung der Formel in 3,1 sich von den anderen Belegen abhebt.

[24] Mit *Dibelius/Conzelmann*, Past, 42; *Hanson*, Past, 64; *Schenk*, Pastoralbriefe, 3412; *Schlatter*, Tim, 94f; gegen *Brox*, Past, 139; *Holtz*, Past, 75; *Knoch*, Tim, 27; *Lock*, Past, 33; *Roloff*, 1 Tim, 148; *Spicq*, Past, 427f.

[25] Zur Struktur vgl. *Küchler*, Schweigen, 12f.

[26] S.u. die Analyse der exegetischen Tradition S. 104ff.

[27] So *Brox*, Past, 134; *Roloff*, 1 Tim, 138f. *Holtz*, Past, 70 bezieht die Begründung auf die psychologische "Anfälligkeit" der Frau zur Verführung, die deshalb keine Führungsrolle über den Mann beanspruchen könnte. Vgl. *Weidinger*, Haustafeln, 68.

[28] Zur weiten Verbreitung des Chiasmus in biblischen Schriften vgl. *Di Marco*, Chiasmus, pass.; allerdings hat er die Pastoralbriefe in seine Untersuchung nicht einbezogen.

[29] S.u. S. 106.

Die Struktur des gesamten Abschnittes kann also - in teilweisem Vorgriff auf Ergebnisse der motivkritischen Untersuchung - folgendermaßen bestimmt werden:[30]

A   Paränese I: Kein Schmuck (v9f)
B   Paränese II: Lehrverbot, Unterordnung (v11f)
B' These I: Schöpfungsmäßige Nachrangigkeit (v13)
A' These II: Verführung (v14)
    Antithese: Rettung durch Kindergebären

Betrachtet man nun nach der Gesamtstruktur des Textes die Syntax im einzelnen, so bereitet zunächst das Verständnis der grammatikalischen Struktur von v9f Schwierigkeiten. Dieser Satz parallelisiert - mit ὡσαύτως einsetzend - das nun zu den Frauen Gesagte den vorher gegebenen Anweisungen an die Männer (v8). Grammatisch ist die elliptische Konstruktion vom vorangehenden Vers abhängig, aus dem das Verb zu ergänzen ist. Einige Exegeten übernehmen aus v8 nur βούλομαι, dem der Infinitiv κοσμεῖν zuzuordnen sei, und schließen daraus, daß in v9 gar kein Bezug auf ein Beten der Frauen mehr vorliege.[31] Eine solche Deutung verbietet sich aber aufgrund des Kontextes: Da das Gebet schon seit 2,1 Thema ist, ist das βούλομαι οὖν προσεύχεσθαι in v8 als Schlußfolgerung aus der vorangegangenen theologischen Argumentation zu verstehen;[32] es stellt eine Konkretisierung der Anweisung παρακαλῶ οὖν πρῶτον πάντων ποιεῖσθαι δεήσεις aus v1 dar. Der inhaltliche Horizont des gesamten Abschnittes ist also das Gebet; entsprechend muß auch die mit Hilfe des parallelisierenden ὡσαύτως angeschlossene Frauenparänese auf das gottesdienstliche Gebet bezogen werden.

Entsprechend verstehen viele Exegeten v9 syntaktisch als von βούλομαι προσεύχεσθαι in v8 abhängig.[33] Wenn nun aus dem vorangegangenen Vers finitives Verb und Infinitiv übernommen werden, so kann allerdings nicht der ganze Satz v9f von προσεύχεσθαι abhängig sein, da sich dann die beiden Infinitive προσεύχεσθαι und κοσμεῖν stoßen würden. *Küchler* und *Thraede* setzen deshalb einen Einschnitt nach ἐν καταστολῇ κοσμίῳ.[34] Nach dieser Interpretation müßte jedoch μετὰ αἰδοῦς καὶ σωφροσύνης präpositionales Objekt zu κοσμεῖν sein, was sprachlich nicht möglich ist.[35] Vielmehr muß μετὰ αἰδοῦς καὶ σωφροσύνης neben ἐν καταστολῇ κοσμίῳ als adverbiale Bestimmung verstanden werden. Setzt man entsprechend den Einschnitt - wie *Dibelius/Conzelmann* und *Hasler*[36] - unmittelbar vor dem κοσμεῖν, von dem dann das Folgende abhängig ist,

---

[30] Vgl. *Küchler*, Schweigen, 13.

[31] So *Brox*, Past, 132; *Knoch*, Tim, 26; *Schulz*, Ethik, 600; *Walker*, Theology, 107.

[32] So auch *Padgett*, Women, 22.

[33] Abhängigkeit von βούλομαι προσεύχεσθαι nehmen an: *Holtz*, Past, 65; *Howard*, Women, 39; *Doughty*, Women, 14; *Dibelius/Conzelmann*, Past, 39; *Bartsch*, Rechtsbildungen, 60f; *Weiß*, Tim, 117.

[34] *Küchler*, Schweigen, 11; *Thraede*, Ärger, 109; vgl. auch *Kähler*, Frau, 149; *Heine*, Frauen, 147.

[35] Bei κοσμεῖν steht die zum Schmuck dienende Sache in der Regel im Dativ, entweder ohne Präposition oder mit ἐν; vgl. *Bauer/Aland*, 904. Die Übersetzungen von *Jeremias*, Tim, 20; *Schlatter*, Tim, 140; *Wohlenberg*, Past, 115 verstehen das μετὰ αἰδοῦς καὶ σωφροσύνης eindeutig als adverbiale Bestimmung des Umstandes (die sie dann zu κοσμεῖν ziehen); bei *Brox*, Past, 132 ist die Übersetzung nicht eindeutig.

[36] *Dibelius/Conzelmann*, Past, 36; *Hasler*, Tim, 23.

so kann die Entgegensetzung von äußerem Schmuck und guten Werken sprachlich gut wiedergegeben werden; gegen diese Interpretation spricht jedoch, daß sie die antithetische Verknüpfung der Elemente ἐν καταστολῇ ... μὴ ἐν πλέγμασιν auseinanderreißt.

Trotz des inhaltlich eindeutigen Bezuges auf das gottesdienstliche Gebet scheint grammatisch die beste Lösung zu sein, für v9f Abhängigkeit von βούλομαι κοσμεῖν anzunehmen. Diese These findet bei genauer Betrachtung durch den Vergleich mit dem Gebrauch von ὡσαύτως an anderen Stellen in den Past eine Stütze: Wo ὡσαύτως in den Amtsspiegeln und Ständeparänesen mit elliptischer Konstruktion erscheint, ist zwar jeweils aus dem vorangegangenen Vers das finite Verb plus Infinitiv zu ergänzen: In 1 Tim 3,8.11 δεῖ εἶναι aus 3,2, in Tit 2,3 λάλει ... εἶναι aus 2,1f. An diesen Stellen ruht die inhaltliche Aussage aber auf dem Prädikatsnomen, das gerade *nicht* aus dem vorangegangenen Vers übernommen wird.[37] Noch deutlicher ist dies in dem eschatologischen Warnspruch 1 Tim 5,25: Hier ist aus 5,24 εἰσιν zu ergänzen, während das Prädikatsnomen wiederholt wird, obwohl es sich um das gleiche Wort - wenn auch in verschiedenem Genus - handelt. Dieser Befund deutet darauf hin, daß syntaktisch derjenige Begriff bzw. die Aufzählung, auf der die inhaltliche Aussage ruht, in der elliptischen Konstruktion nicht weggelassen wird. Insofern ist der Infinitiv προσεύχεσθαι in 1 Tim 2,9 nicht mit der Kopula εἶναι aus den anderen Belegen gleichzusetzen. Die Bestimmungen in v9f sind damit syntaktisch als von βούλομαι κοσμεῖν abhängig zu sehen, wenn auch inhaltlich der Kontext des gottesdienstlichen Gebets beibehalten wird.

Diese Lösung wird von einer ganzen Reihe von Exegeten[38] vertreten; sie hat aber natürlich den Nachteil, daß ein gewisser Bruch, ein Auseinandertreten von Form und Inhalt in Kauf genommen werden muß. Gleichzeitig kann sie zwar die Parallelität der mit ἐν angeschlossenen Elemente ἐν καταστολῇ κοσμίῳ ... μὴ ἐν πλέγμασιν ... erfassen; dafür erscheint die folgende Entgegnung ἀλλ᾽ ... δι᾽ ἔργων ἀγαθῶν(v10) aber formal als störender Überhang.[39]

Einige ältere Exegeten haben versucht, dieses Ungleichgewicht zu beseitigen, indem sie δι᾽ ἔργων ἀγαθῶν nicht auf κοσμεῖν, sondern auf ἐπαγγέλλεσθαι beziehen;[40] die Wendung hat dann den Sinn "sich durch gute Werke zur Gottesverehrung bekennen".[41] Für diese Lösung spricht, daß ἐπαγγέλλειν im Medium die Bedeutung "sich

---

[37] Die Argumentation von *Lips*, Glaube, 141, der sich auf die Parallelstellen bezieht, ist also nicht unbedingt stichhaltig.

[38] *Kelly*, Past, 66; *Jeremias*, Tim, 20; *Moo*, Meaning, 63; *Roloff*, 1 Tim, 132; *Schlatter*, Tim, 140; *Verner*, Household, 168.

[39] Wegen dieser formalen Asymmetrie hat *Wohlenberg*, Past, 117 statt ἀλλ᾽ ὅ einen Neueinsatz mit ἄλλο angenommen, um so die Überladung durch Auflösung der Relativkonstruktion zu beseitigen.

[40] Vgl. *Holtzmann*, Past; *Mayer*, Past, 31; *Wohlenberg*, Past, 117. Dagegen *Spicq*, Past, 69; *Bertram*, θεοσεβής, 127.

[41] Gleichzeitig hat *Wohlenberg* für den Einsatz von v10 die Lesart ἄλλο statt ἀλλ᾽ ὁ vorgeschlagen, so daß hier ein neuer Satz begänne, der als ganzer nicht mehr von βούλομαι κοσμεῖν abhängig wäre. Er übersetzt (Past, 117): "Anderes geziemt Frauen, welche Gottseligkeit durch gute Werke versprechen." Nach dieser Interpretation bleibt der Satz aber merkwürdig unbestimmt, da formal gesehen nicht gesagt wird, was dieses "andere" ist und die guten Werke nicht mehr die Antithese zu dem vorher Verbotenen darstellen. Auch aufgrund der allgemeinen Vorliebe des Autors der Past für antithetische Konstruktionen mit ἀλλά (1 Tim 2,12; 5,13; vgl. *Fiore*, Function, 21) ist *Wohlenbergs* Vorschlag nicht wahrscheinlich.

durch sein Verhalten zu etwas bekennen" hat.[42] Außerdem würde sie das Problem beseitigen, daß die Wendung κοσμεῖν ἑαυτὰς …δι᾽ ἔργων ἀγαθῶν sehr schlechtes Griechisch darstellt, da κοσμεῖν eigentlich ἐν mit Dativ nach sich zieht. Trotzdem ist diese Lösung syntaktisch nicht möglich, und zwar aufgrund des Relativpronomens im Neutrum Singular: Dieses kann sich nur auf den Infinitiv κοσμεῖν beziehen, der entsprechend in dem elliptischen v10 auf jeden Fall zu ergänzen ist.[43] Die antithetische Konjunktion ἀλλά verlangt dann aber in v10 eine Entsprechung zu dem in v9 durch ἐν mit Dativ ausgedrückten Mittel des Schmückens. Dieses können nur die guten Werke sein. Die Wendung δι᾽ ἔργων ἀγαθῶν ist also von κοσμεῖν abhängig, und der Relativsatz ist als Parenthese zu verstehen.[44]

Der Durchgang macht insgesamt deutlich, daß eine eindeutige und alle syntaktischen Merkmale befriedigend integrierende Interpretation von v9f nicht zu finden ist. Die Konstruktion hängt in der Luft, der Satz ist überladen durch die Vielzahl von Bestimmungen und durch die doppelte Bewegung zwischen den Gegensätzen von wahrem und falschem Schmuck. Diese Unklarheit der Syntax dürfte mit der Einarbeitung von Traditionsmaterial zusammenhängen, so daß hier ein literarkritischer Anknüpfungspunkt gegeben ist.[45]

Die zweite Paränese, die in v11 recht unvermittelt einsetzt, weist eine zyklische Struktur auf, die durch eine doppelte Bewegung zwischen Gegensätzen zustandekommt: Die Argumentation setzt mit einem Gebot ein, stellt diesem antithetisch ein Verbot entgegen, um abschließend wieder zum Gebotenen zurückzukehren. Graphisch dargestellt sieht diese Struktur folgendermaßen aus:

---

[42] Belege bei *Spicq*, Past, 378f. Für den christlichen Bereich vgl. IgnEph 14,2: πίστιν ἐπαγγέλλειν.

[43] Die Lesart von *Holtzmann* und *Mayer* wäre also nur möglich, wenn der Relativsatz in v10 adverbiell, also mit ὡς (bzw. καθώς; vgl. Eph 5,3) πρέπει angeschlossen wäre.

[44] Dieser Sicht entspricht die in dieser Arbeit vorgeschlagene Übersetzung; vgl. auch die Wiedergabe bei *Roloff*, 1 Tim, 125.

[45] S.u. S. 99

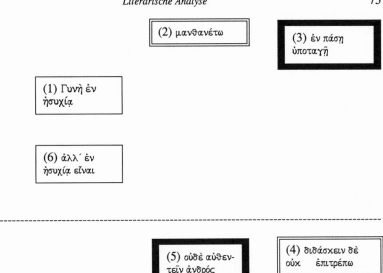

GEBOT

VERBOT

In dieser Darstellung werden die verschiedenen Bezüge und Entsprechungen im Text deutlich: Die gesamte Argumentation ist antithetisch strukturiert, so daß der den *Geboten* der Stille, der Unterordnung und des Lernens die *Verbote* des Lehrens und Herrschens gegenüberstehen. Im einzelnen sind die Elemente (2) und (4) sowie (3) und (5) einander direkt antithetisch zugeordnet. Die Entsprechung von (1) und (6) gibt die zyklische Rückkehr der Argumentation zum Ausgangspunkt wieder.

Insgesamt entsteht in vv11f der Eindruck eines im Verhältnis zum Inhalt recht hohen rhetorischen Aufwandes.[46] Sprachlich ungeschickt wirkt insbesondere die Doppelung der modalen Bestimmungen mit ἐν.[47]

Auffällig ist der Wechsel von dem unpersönlich formulierten Zugeständnis des Lernens (μανθανέτω) in v11 zu dem in der 1. Person (διδάσκειν οὐκ ἐπιτρέπω) ausgedrückten Lehrverbot in v12. Der Imperativ der 3. Person ist formales Charakteristikum von Gemeindeordnungen.[48] Hingegen ist die Formulierung in der 1. Person Element der Brieffiktion und verankert das Verbot direkt im Willen des 'Paulus'. Der Text zeigt also ein deutliches Bemühen um eine autoritative Absicherung des Verbots;[49] dies deutet darauf hin, daß auf dem Verbot des Lehrens, nicht auf dem Zugeständnis des Lernens der Akzent des Textes liegt. Dazu paßt, daß das διδάσκειν durch seine pointierte Stellung am Satzanfang als Gegenstand des Verbotes besonders betont wird. Das mit οὐδέ angeschlossene zweite Verbotselement führt nun nicht inhaltlich

---

[46] Vgl. *Dautzenberg*, Prophetie, 258; *Küchler*, Schweigen, 14.

[47] So auch *Dautzenberg*, Prophetie 258.

[48] Vgl. *Berger*, Gattungen, 1087. Die gleiche Konstruktion findet sich im Diakonen und Diakoninnenspiegel 1 Tim 3,10 sowie in der Witwenregel 5,9.

[49] Ganz ähnlich wird in der Witwenregel die Zulassung der älteren Frauen zum Witwenamt im Imperativ der 3. Person ausgedrückt, während die Ablehnung der jüngeren durch den Imperativ der 2. Person direkt an die Autorität des fiktiven Adressaten Timotheus gebunden wird. S.u. Teil III, S. 170f.

etwas Neues ein, sondern expliziert und konkretisiert das Vorhergehende: Das διδάσ-κειν wird als ein αὐθεντεῖν ἀνδρός interpretiert und als solches verboten.[50]

In v13 markiert die Konjunktion γάρ den Einsatz der exegetischen Begründungen für die vorangegangenen Paränesen, der sich auch in einem Wechsel des Tempus zum Aorist niederschlägt. Beide Begründungen gewinnen ihre Argumentationskraft aus einer Gegenüberstellung von Adam und Eva; dieser entspricht auf der formalen Ebene die Verwendung von zweigliedrigen Satzreihen. In v13 wird das Verhältnis zwischen Adam und Eva als (schöpfungsmäßige) Nachordnung bestimmt, wie die Kombination von prädikativem πρῶτος und εἶτα ausweist. Die Brachylogie des zweiten Gliedes der Satzreihe verstärkt dabei den Eindruck der zeitlichen Abfolge.

V14 schließt mit καί das zweite exegetische Argument an: Hier steht anstelle des zeitlichen Nacheinanders der direkte Gegensatz. Er wird sprachlich vermittelt durch die Partikel δέ am Beginn des zweiten Satzgliedes und durch die Gegenüberstellung von Simplex und Kompositum des gleichen Verbes: Dem οὐκ ἠπατήθη Adams ist das ἐξαπατηθεῖσα Evas direkt entgegengesetzt. Darüberhinaus wird von Eva ausgesagt ἐν παραβάσει γέγονεν, wobei das Perfekt den bleibenden Effekt der Übertretung ausdrückt. Mit dieser Aussage findet sich im zweiten Satzglied ein überschießendes Element, das keine formale Entsprechung im ersten hat. Da jedoch durch die Partizipial-konstruktion das ἐξαπατηθῆναι und das ἐν παραβάσει γένεσθαι zu ein und demselben Vorgang zusammengezogen werden, strahlt die negative Paralellisierung des ersten auch auf das zweite Element aus: Implizit ist damit von Adam ein οὐκ ἐν παραβάσει γέγονεν ausgesagt.[51]

V15 hat antithetischen Charakter zum Vorhergehenden, sprachlich markiert durch die Partikel δέ; den Tempuswechsel zum Futur und die sprachliche Korrelation von (eschatologischem) σωθήσεται zur (urzeitlichen) παραβάσις. Die Rettung der Frau soll geschehen διὰ τῆς τεκνογονίας, wobei διά in modaler wie instrumenteller Bedeutung verstanden werden kann.[52] Der abschließende Konditionalsatz benennt als Bedingung der Rettung das Bleiben ἐν πίστει καὶ ἀγάπῃ καὶ ἁγιασμῷ μετὰ σωφροσύνης. Der grammatische Wechsel des Numerus macht den Bezug dieser Bestimmung zweifelhaft: Es könnte an die Kinder gedacht sein, an deren Lebenswandel sich die Erziehungsarbeit der Frau bewähren muß; andererseits kann auch der generische Charakter von γυνή den Plural motivieren.[53] Gelöst werden kann dieses Problem nur im Rahmen der inhaltlichen Untersuchung.

---

[50] So *Lips*, Glaube, 136; gegen *Kähler*, Frau, 152f, die hier zwei voneinander unabhängige Bestimmungen sieht.

[51] Vgl. *Küchler*, Schweigen, 32ff; *Holtz*, Past, 70.

[52] Für dem modalen Gebrauch: *Holtz*, Past; 72: διά soll hier die Bedeutung "hindurch" oder "trotz" annehmen; vgl. *Oepke*, διά, 64ff, der selbst für instrumentellen Gebrauch optiert, wie auch *Lips*, Glaube, 144; *Schulz*, Ethik, 601; *Küchler*, Schweigen, 40; *Dibelius/Conzelmann*, Past, 39.

[53] Den Bezug auf die Kinder nehmen an *Delling*, Paulus, 132; *Falconer*, Notes, 377. Für den Bezug auf die Frauen: *Küchler*, Schweigen, 12; *Bartsch*, Rechtsbildungen, 73; *Lips*, Glaube, 144. *Dibelius/Conzelmann*, Past, 39 zählt nur die Möglichkeiten auf, trifft keine Entscheidung; ebenso *Hasler*, Tim, 25.

4. Traditions- und redaktionskritische Untersuchung

4.1 Zum Charakter des verarbeiteten Traditionsmaterials

Die Forschung nimmt durchgängig für die gemeindeordnenden Passagen in 1 Tim und Tit die Abhängigkeit von geprägtem Traditionsgut an. Die meisten Exegetinnen und Exegeten vertreten die These, daß es sich dabei um verschiedenartiges Material handelt,[54] das erst vom Verfasser der Pastoralbriefe in einen Zusammenhang gebracht wurde. Hingegen geht *Bartsch* von einer schon integrierten Gemeindeordnung als Grundlage von 1 Tim 2,1-6,2 aus, die er durch Vergleich mit späteren Kirchenordnungen (Syrische Didaskalie, Apostolische Konstitutionen und Kirchenordnungen des Hippolyt) zu rekonstruieren versucht.[55] Er zählt den gesamten Abschnitt 2,1-15 zu dem vorliegenden Regelgut, wobei er lediglich für die exegetische Begründung (v13f) und die Zusammenstellung von v15 die Möglichkeit selbständiger literarischer Arbeit des Verfassers offen läßt.[56] Nun hat *Bartsch* aber wohl im Zuge seiner Rekonstruktion der Quelle die Eigenleistung des Autors des Pastoralbriefe zu niedrig angesetzt: Insbesondere ist methodisch auch zu bedenken, daß Parallelen in den späteren Kirchenordnungen nicht nur auf eine gemeinsame Quelle, sondern auch auf direkte literarische Abhängigkeit von den Pastoralbriefen zurückgeführt werden können.[57] Der verschiedene Charakter der in 1 Tim und Tit zusammengestellten Anordnungen (Gottesdienstregeln, Ämterspiegel, Ständetafeln) weist eher auf Sammelgut denn auf eine geschlossene Gemeindeordnung.

Ausgangspunkt von quellenkritischen Überlegungen ist die Verschränkung von Gebet und Schmuck in 2,9f mit der Konkurrenz der beiden Infinitive προσεύχεσθαι und κοσμεῖν. Bartsch erklärt aufgrund seiner These das προσεύχεσθαι für ursprünglich zur Regel gehörig, während das κοσμεῖν eine sekundäre Ausweitung darstelle.[58] Er postuliert also eine ursprüngliche Situierung der Schmuckpolemik im Gottesdienst, von wo aus sie sekundär auf allgemeines Verhalten ausgedehnt worden sei.[59] Dies scheint exegetisch nicht haltbar, da der Schmucktopos ein traditionelles Element zeitgenössischer Frauenparänese ist, wie die motivkritische Analyse zeigen wird.[60] Deshalb ist mit *Dibelius/Conzelmann* von der umgekehrten Entwicklung auszugehen:[61] Eine ursprünglich auf das Verhältnis von Mann und Frau bezogene Ermahnung wurde sekundär auf den christlichen Gottesdienst übertragen. Diese These wird auch durch eine traditionsgeschichtliche Analyse der Männerparänese in v8 gestützt. *Roloff* hat darge-

---

[54] Vgl. *Dibelius/Conzelmann*, Past, 5; *Roloff*, 1 Tim, 41.

[55] *Bartsch*, Rechtsbildungen, bes. 160f. Ihm ist *Schenke* gefolgt; vgl. *Schenke/Fischer*, Einleitung, 222.

[56] *Bartsch*, Rechtsbildungen, 60-77, 160.

[57] *Bartsch* erwägt direkte literarische Abhängigkeit an einigen Stellen, lehnt sie jedoch durchgängig ab; vgl. z.B. Rechtsbildungen, 64. Zur Selbständigkeit der literarischen Arbeit des Verfassers der Past vgl. *Verner*, Household, 106f; *Donelson*, Pseudepigraphy, 66.

[58] *Bartsch*, Rechtsbildungen, 61.

[59] Vgl. seine Interpretation des exegetischen Befundes 165f, aber auch seine einschränkenden Bemerkungen, 67.

[60] S.u. S. 83ff.

legt, daß die dort gegebene Gebetsanweisung inhaltlich auf eine Tradition zurückgeht, die in Abhängigkeit von Mal 1,11 und dessen Auslegung im Frühjudentum das eucharistische Gebet der christlichen Gemeinde als "wahres Opfer" darstellt.[62] Damit hat diese Aufforderung zum Gebet aber traditionsgeschichtlich überhaupt keinen geschlechtsspezifischen Bezug. Es ist also wahrscheinlich der Autor der Pastoralbriefe gewesen, der die Ermahnungen an Männer und Frauen mit dem Thema "Gottesdienst" verknüpft hat;[63] in 2,9f dürfte er dabei auf eine traditionelle Frauenparänese zurückgegriffen haben.

4.2 Tradition und Redaktion der Schmuckparänese (1 Tim 2,9f)

4.2.1 Das Verhältnis von 1 Tim 2,9f und 1 Petr 3,1-6

In der Forschung wird für die 1 Tim 2,9f aufgenommene Tradition auf die sprachlichen und inhaltlichen Übereinstimmungen mit 1 Petr 3,1-6 verwiesen.[64] Beide Texte fordern die Unterordnung der Frau (ὑποτάσσεσθαι/ἐν ὑποταγῇ), in beiden erscheint die Entgegensetzung von wahrem und falschem Schmuck (κοσμεῖν σεαυτόν; χρυσίον; ἱμάτιον/ἱματισμός) und beide beziehen sich auf ein Ideal der Ruhe oder des Schweigens (ἡσύχιος/ἐν ἡσυχίᾳ). Allerdings können das Schweigemotiv sowie die Unterordnung auch aus 1 Kor 14,33b-36 entlehnt sein, wodurch sich die Parallele auf die Schmuckparänese mit der Entgegenstellung von wahrem und falschem Schmuck reduziert. Da dieser Schmucktopos in paganen paränetischen Texten weit verbreitet ist, wird zu überprüfen sein, ob 1 Petr und 1 Tim einfach gemeinsam in diesem breiteren geistesgeschichtlichen Zusammenhang stehen, oder ob zwischen ihnen eine engere Verbindung besteht, etwa in Form eines geprägten Schemas urchristlicher Frauenparänese.

4.2.2 Der Motivkomplex κόσμιος, αἰδώς, σωφροσύνη

Das Adjektiv κόσμιος kommt im Neuen Testament nur in den Pastoralbriefen vor; außer an unserer Stelle noch in 1 Tim 3,2 als Qualifikation des Bischofs. Es handelt sich um einen griechischen Tugendbegriff, der schon in der klassischen Literatur den wahrhaft gesitteten Menschen bezeichnet; die κοσμιότης ist Gegenbegriff zur ἀκολασία und wird häufig mit σωφροσύνη zusammengestellt.[65] "Stets haftet am Begriff der κοσμιότης die Idee der Beherrschung des Körpers, seiner Bewegungen und Triebe."[66] Auf dieser Grundlage wird κοσμιότης vorzugsweise zur Tugend der Frauen, erlangt in diesem Zusammenhang eine primär sexuelle Konnotation und bedeutet dann

---

[61] *Dibelius/Conzelmann*, Past, 37.

[62] Vgl. *Roloff*, 1 Tim, 126f.

[63] So auch *Roloff*, 1 Tim, 126.128.

[64] So *Goppelt* in seinem Kommentar zum 1. Petrusbrief: "Die Ausführungen über das Verhalten der Frau, insbesondere über ihren Schmuck in v. 3f verwenden bis in den Wortlaut hinein dieselbe Tradition wie die Gemeinderegel in 1 Tim 2,9-15." (213) Vgl. auch *Dibelius/Conzelmann*, Past, 38; *Gielen*, Haustafelethik, 540f; *Küchler*, Schweigen, 65f; *Walker*, Theology, 112.

[65] Plato, Gorg 507e/508a; Aristoteles, EthNic 1109a16.

[66] *Sasse*, κοσμέω, 896.

"Keuschheit".[67] Im Sinne von "sich selbst beherrschend, zuchtvoll, gesittet, ehrbar"[68] wird κόσμιος zum beliebten Epitheton für Frauen und findet sich (auch als Adverb) häufig in Inschriften.[69] Die Wendung ἐν καταστολῇ κοσμίῳ ist bei Epiktet und Dio Chrysostomos speziell in bezug auf Frauen mit der Bedeutung "in würdiger Haltung" belegt.[70]

Αἰδώς[71] ist in der archaischen Zeit die Achtung vor den religiösen, familiären und gesellschaftlichen Bindungen und Ordnungen, bzw. die scheue Furcht, diese zu verletzen;[72] im einzelnen sind zu nennen die Ehrfurcht des Mannes vor Gott, Priestern, den Eltern sowie der Respekt vor dem Gastrecht.[73] In Erörterungen über die Erziehung der Jungen spielt die αἰδώς als Erziehungsziel die erste Rolle. Bei Anwendung auf Frauen bezieht sich der Begriff besonders auf den sexuellen Bereich;[74] als "Schamgefühl" (vgl. lat. pudor),[75] das sich insbesondere in der Zurückhaltung gegenüber fremden Männern zeigt, sichert die αἰδώς die sexuelle Unberührtheit der Mädchen und die eheliche Treue der Frau.[76]

Nachdem die αἰδώς in der klassischen Zeit und im Hellenismus zunächst in den Hintergrund getreten ist,[77] wird sie in der späten Stoa wieder wichtig. Der Begriff erfährt eine Bedeutungserweiterung zu "Ehrgefühl" und wird synonym mit σωφροσύνη gebraucht. Bei Epiktet und Marcus Aurelius steht das Adjektiv αἰδημών neben σώφρων, εὐσχήμων, κόσμιος, πιστός und γένναιος zur Bezeichnung der würdigen sittlichen Haltung des Menschen.[78] Philo verwendet αἰδώς ganz gemäß dem spätstoischen Gebrauch. In der LXX kommt der Begriff nur zweimal und ohne hebräisches Aquivalent

---

[67] Vgl. Aristoteles, Pol 1277b23; Epiktet, Ench 40; Philo, SpecLeg I 102.

[68] *Sasse*, κοσμέω, 896.

[69] Belege bei *Dibelius/Conzelmann*, Past, 37f.

[70] Epiktet, Ench 40; Dio Chrys, Or 5,14. Κατασ τολή ist also an dieser Stelle nicht mit "Kleid" zu übersetzen (gegen *Kelly*, Past, 66; *Küchler*, Schweigen, 11; *Schlatter*, Tim, 140; *Verner*, Household, 168; *Wohlenberg*, Past, 115), sondern meint allgemeiner die gesamte Einstellung - die sich allerdings natürlich auch im Äußeren widerspiegelt (so auch *Dibelius/Conzelmann*, Past, 36; *Kähler*, Frau, 149; *Roloff*, 1 Tim, 125; *Thraede*, Ärger, 109). Eine Parallele zu der Forderung von 1 Tim 2,9 findet sich dann in der Ständetafel Tit 2,3: Titus soll lehren: πρεσβύτιδας ὡσαύτως ἐν καταστήματι ἱεροπρεπεῖς.

[71] Im vergangenen Jahr sind zwei detaillierte Studien zu dem Begriff erschienen: Douglas L. *Cairns*: Aidos. The Psychology and Ethics of Honour and Shame in Ancient Greek Literature, Oxford 1993; sowie: Claudia *Kemper*: Göttliche *Allmacht* und menschliche Verantwortung. Sittlicher Wert bei archaischen Dichtern der Griechen, Trier 1993. Beide Untersuchungen setzen bei der archaischen Dichtung Homers und Hesiods an und führen ihre Untersuchung bis in die klassische Zeit.

[72] Vgl. zu αἰδώς als "hemmendes Handlungsregulativ" *Kemper*, Allmacht, 13-26; 60f.

[73] Vgl. *Bultmann*, Αἰδώς, 168; *Kemper*, Allmacht, 13ff.

[74] Zur αἰδώς von Frauen bei Homer vgl. *Cairns*, Aidos, 120-125.

[75] Vgl. Herodot I 8.

[76] Vgl. dazu *Cairns*, Aidos, 120f: "Society sets different standards for women from those it sets for men, the main virtue required of women being faithfulness; men's honour is vulnerable through women, and men have an interest in ensuring that the women under their control remain faithful and sexually pure. ... It is in adhering to these standards and in being above any slight on her honour that a woman deserves the title *aidoie*; thus in maintaining her own honour and that of her male protector a woman merits honour, which is recognized by *aidos*, in return. A woman, then, receives *aidos* for her observance of her social role".

[77] Vgl. *Kemper*, Allmacht, 72-133.

[78] *Bultmann*, Αἰδώς, 169.

vor (3 Makk 1,19 und 4,5); das Verb αἰδεῖσθαι begegnet etwas häufiger. Im NT ist αἰδώς 1 Tim 2,9 Hapaxlegomenon; das Verb fehlt ganz. Diese Zurückhaltung wirkt auch noch bei den Apostolischen Vätern; erst die Apologeten benutzen das Wort häufiger.[79]

Σωφροσύνη ist in der philosophischen Literatur klassischer wie hellenistischer Zeit ein Zentralbegriff: Er bezeichnet ein Grundkonzept griechischer Ethik,[80] nämlich eine Haltung der Begrenzung und Bescheidung; seine Grundbedeutung ist am besten mit "Besonnenheit" oder "Mäßigung" zu übersetzen. Im Neuen Testament sind es nun die Pastoralbriefe, die diesen Zentralbegriff griechischer Ethik als erste umfassend rezipieren und in den Katalog christlicher Tugenden aufnehmen.[81] Die σωφροσύνη bezeichnet hier ein allgemein charakterisierendes Element des christlichen Seins in der Welt, in der die göttliche Gnade zum σωφρόνως καὶ δικαίως καὶ εὐσεβῆς ζῆν erzieht (Tit 2,12). Entsprechend werden die einzelnen Stände in der Gemeinde auch zur σωφροσύνη ermahnt; die alten Männer, die jungen Frauen, die jungen Männer (Tit 2,2.5.6).

Hintergrund dieser Rezeption des σωφροσύνη-Begriffs in den Pastoralbriefen ist seine zentrale Bedeutung in der Moralphilosophie der hellenistischen Zeit. Als eine der vier Kardinaltugenden, an denen die moralische Belehrung der "hellenistischen Moralisten" sich orientiert, hat sie in der Ethik zentralen Stellenwert, neben anderen werden κοσμιότης und αἰδημοσύνη als ihre Erscheinungsformen verstanden.[82] Auch Philo und Josephus rezipieren die Tradition der Kardinaltugenden, ordnen sie jedoch der εὐσέβεια unter.[83] Die σωφροσύνη findet sich in Regentenspiegeln als Herrschertugend[84] sowie als zentrale Forderung in den Berufspflichten[85]. Auch in den Pastoralbriefen erscheint σώφρων in den beiden Bischofsspiegeln (1 Tim 3,2; Tit 1,8); bezeichnet also hier als allgemeine Tugend zugleich die Amtstugend.[86]

---

[79] *Bultmann*, Αἰδώς, 170.

[80] Der Begriff kann hier nicht in seinem ganzen Bedeutungsumfang und seiner Geschichte dargestellt werden. Vgl. dazu die Monographie von Helen *North*, Sophrosyne. Self-knowledge and Self-restraint in Greek Literature.

[81] Schon quantitativ zeigt das neutestamentliche Vorkommen der Wortgruppe σωφροσύνη/σώφρων/σωφρονέω den eindeutigen Schwerpunkt bei den Past (8 von 14 Belegen). Wichtiger ist jedoch die inhaltliche Unterscheidung: Vor den Past fehlt das Substantiv σωφροσύνη in den Aufzählungen christlicher Tugenden völlig (vgl. 1 Thess 2,10; Kol 3,12f). Lediglich das Verb und das Adjektiv erscheinen vorher einige Male, jedoch in unbetontem Zusammenhang: 2 Kor 5,13, Mk 5,15 (par Lk 8,35) und Apg 26,25 begegnet σώφρων in der Bedeutung "vernünftig" oder "bei Sinnen". Paulus verwendet Röm 12,3 σωφρονέω im klassischen Sinn von "das rechte Maß halten". In 1 Petr 4,7 erscheint das Verb in einer Mahnung zum nüchternen und besonnenen Gebet angesichts des nahen Weltendes.

[82] Im Bemühen, die Einheit der Tugend auf ihre verschiedenen Erscheinungsformen hin zu konkretisieren, werden die Kardinaltugenden weiter unterteilt: Zur σωφροσύνη gehören dann εὐταξία, κοσμιότης, αἰδημοσύνη, ἐγκράτεια. *Luck*, σώφρων, 1096.

[83] Vgl. *Luck*, σώφρων, 1098.

[84] Musonius, Fr 8,33,7-39,13; Dio Chrys Or 3,7.10; vgl. auch Philo, VitMos I,152-154; dazu *Vögtle*, Tugend- und Lasterkataloge, 78-81.

[85] Vgl. Onosander, Strategicus, abgedruckt bei *Dibelius/Conzelmann*, Past, 117f.

[86] Das ist nicht auf das Element der σωφροσύνη beschränkt, vielmehr sind die Ämterspiegel in den Past ganz nach dem Vorbild antiker Berufspflichtenkataloge gestaltet. Vgl. *Dibelius/Conzelmann*, Past, 41.42-48.

Wie für die κοσμιότης und αἰδώς gilt nun für die σωφροσύνη, daß sie in der Anwendung auf Frauen sexualitätsbezogene Bedeutung hat.[87] Als spezifisch weibliche Tugend ist sie belegt in zahlreichen Grabinschriften.[88] Des weiteren hat sie große Bedeutung in der Literatur "περὶ γαμοῦ" und "περὶ οἰκονομίας": Im Zusammenhang einer verstärkten Diskussion über das Ideal der Ehe[89] und die rechte Führung des Haushalts erhält die σωφροσύνη etwa ihren Platz im häuslichen Zusammenleben von Mann und Frau.[90]

Auch die neopythagoreischen Ökonomikschriften betonen die σωφροσύνη: Kallikratidas[91] beschreibt sie als bevorzugte Tugend im Haus, in der Glück und Harmonie wurzeln. Als kluge Selbstbeherrschung ist sie vom Mann gefordert in der Ausübung seiner Herrschaft, die nicht despotisch sein darf; meist ist sie jedoch auf die Frau bezogen und verbindet sich dann mit Keuschheit und Heiligkeit. Am ausgeprägtesten ist die Zuschreibung der σωφροσύνη an die Frauen in den neopythagoreischen Schriften, die fiktiven Autorinnen zugeschrieben sind und speziell Frauenspiegel enthalten: Als Vorbild und Lehrerin weiblicher σωφροσύνη galt Theano, die Ehefrau oder Tochter des Pythagoras;[92] in deren Nachfolge stellt sich der Traktat der 'Phintys', wenn er für die Ermahnungen an Ehefrauen den Titel "Περὶ γυναικὸς σωφροσύνας" wählt.[93] Im ersten Teil wird die Zuordnung der Tugenden zu den Geschlechtern mit der Zuordnung von Tätigkeitsbereichen verbunden: Die Aufgabe des Mannes ist militärische und politische Führung sowie öffentliches Reden vor der Volksversammlung; die Aufgabe der Frau ist es, das Haus zu hüten, darin zu bleiben, den Mann zu empfangen und ihm zu dienen. Was die zentralen Tugenden anbelangt, so vertritt 'Phintys' zunächst die Gleichheit: κοινὰ δὲ φαμὶ ἀνδρείαν καὶ δικαιοσύναν καὶ φρόνασιν; dann aber korrigiert sie: ἀνδρότατα μὲν γὰρ καὶ φρόνασιν μᾶλλον ἀνδρὶ καὶ διὰ τὰν ἕξιν τοῦ σώματος καὶ διὰ τὰν δύναμιν τᾶς ψυχᾶς, σωφροσύναν δὲ γυναικί.[94] Die Zuordnung der σωφροσύνη zur Frau resultiert also hier aus ihrer körperlich und seelisch schwächeren Konstitution, die bei ihr "Mannhaftigkeit" und "Einsicht" nicht zur vollen Ausbildung kommen lassen. Gleichzeitig steht diese komplementäre Aufteilung der Tugend im Zusammenhang der geschlechtsspezifischen Aufteilung in "öffentliche" und "private" Räume. Mit der weiblichen "Mäßigung" als häuslicher Sittsamkeit verbindet 'Phintys' vor allem eheli-

---

[87] Bei dem Dichter Semonides von Amorgos aus dem 7. Jhdt. v. Chr findet sich der erste Beleg für das Verb σωφρονεῖν, es beschreibt die häusliche und keusche Einstellung von Frauen; vgl. *Kemper*, Allmacht, 107-112. Vgl. *Luck*, σώφρων, 1097.

[88] Z.B. CEG 2,525; 2,573; 2,686. Vgl. auch *Luck*, σώφρων, 1094 Anmerkung 4; 1097.

[89] Dieser verstärkten Diskussion liegen Veränderungen der gesellschaftlichen Situation, insbesondere erweiterte Spielräume und Emanzipationsbestrebungen von Frauen zugrunde. Vgl. *Thraede*, Ärger, 54-69.

[90] Vgl. Xenophon, Oikonomikos 7,14; Plutarch, Praec Coniug 9f. 17; weitere Belege bei *Wilhelm*, Oeconomica, 208.

[91] Vgl. *Wilhelm*, Oeconomica, 213-220; vgl. *Thraede*, Ärger, 65f.

[92] Vgl. *Wilhelm*, Oeconomica, 206. Plutarch stellt in Praec Coniug, Mor. 145EF den teuer zu erkaufenden Seidengewändern und Perlen den "Schmuck der Theano" entgegen, der kostenlos zu haben ist.

[93] In: *Thesleff*, Pythagorean Texts, 151, 17.

[94] *Thesleff*, Pythagorean Texts, 152, 15-18. Vgl. auch die Behandlung der 'Phintys' bei *Wilhelm*, Oeconomica, 206ff.

che Treue; ja die σωφροσύνα ist geradezu definiert als die Voraussetzung, die es der Frau ermöglicht, ausschließlich ihren eigenen Mann zu lieben: γυναικὸς δὲ μάλιστα ἀρετὰ σωφροσύνα διὰ γὰρ ταύτας τὸν ἴδιον ἄνδρα καὶ τιμὴν καὶ ἀγαπὴν δυνασεῖται.[95]

Genau die gleiche Zielsetzung soll nun nach der Ständeparänese in Tit 2 die Belehrung der jungen Frauen bestimmen: Sie sollen ermahnt werden, φιλάνδρους εἶναι φιλοτέκνους σώφρονας ἁγνὰς οἰκουργοὺς ἀγαθάς, ὑποτασσομένας τοῖς ἰδίοις ἀνδράσιν. Auch hier ist also σώφρων in Anwendung auf Frauen im Zusammenhang ihrer Rolle als Gattin, Hausfrau und Mutter gesehen. Wenn in 1 Tim 2,9 nun die σωφροσύνη in bezug auf das gottesdienstliche Gebet angemahnt wird, so wird damit diese, traditionell für Frauen mit "Häuslichkeit", sexueller Treue und Unterordnung zusammengebrachte Tugend auf das Verhalten in der Gemeinde übertragen.

Zusammenfassend kann festgestellt werden, daß der Verfasser der Pastoralbriefe mit καταστολὴ κόσμιος, αἰδώς und σωφροσύνη Begriffe und Vorstellungen aus der hellenistischen Ethik übernommen hat. Solche Apperzeption popularphilosophischer Tugendlehre stellt - von vereinzelten frühen Stellen abgesehen - innerhalb des Neuen Testaments ein Novum dar; die Pastoralbriefe stehen hierin den späteren altkirchlichen Schriften (Apostolische Väter, Apologeten) näher als Paulus. Vorbilder für eine solche Rezeption hellenistischer Tugendbegriffe für die Theologie finden sich aber im hellenistischen Judentum bei Philo und Josephus.

Die enge Verbindung zwischen den hier verwandten Begriffen ist aber nun ebenfalls schon traditionell; der Verfasser hat also nicht Einzelbegriffe aufgenommen und neu zusammengestellt, sondern sich eines schon geprägten Vorstellungskomplexes bedient.[96] Alle drei Begriffe bezeichnen eine Begrenzung, eine geordnete Mäßigung. Auch ist ihnen gemeinsam, daß sie in der Anwendung auf Frauen eine besondere Konnotation erhalten und primär die Bedeutung "sexuelle Zurückhaltung", "Keuschheit" annehmen. Die gleiche Zusammenstellung der drei Begriffe findet sich bei Philo, wenn er in SpecLeg III 51 schreibt: Die πόρνη weiß nichts von κοσμιότης, αἰδώς und σωφροσύνη.

Ursprünglich haben diese Begriffe keinen Bezug zum Gottesdienst, sie sind auf die Tugend des Individuums bezogen, bzw. in hellenistischer Literatur im Miteinander von Mann und Frau im Haus angesiedelt, wie ja auch σωφροσύνη in der Ständeparänese von Tit 2,2-10 eine zentrale Forderung ist. In 1 Tim 2,9 werden also weibliche Tugendbegriffe, die den untergeordneten Status der Frau betrafen, auf die gottesdienstliche Situation bezogen. Damit wird die angemessene Rolle und das rechte Verhalten der Frau im christlichen Gottesdienst in Analogie zu ihrer gesellschaftlichen Stellung bestimmt.[97]

---

[95] *Thesleff*, Pythagorean Texts, 152, 3-5.

[96] Vgl. *Bultmann*, Αἰδώς, 170.

[97] Diese Analogie hat ihren Grund im Verständnis der Gemeinde als οἶκος θεοῦ (1 Tim 3,15). Vgl. *Lips*, Glaube, bes. 121-149; *Roloff*, 1 Tim, 138.

4.2.3 Das Motiv des falschen und wahren Schmucks

Das in 1 Tim 2,9 verwandte Verb κοσμεῖν, das die Grundbedeutungen "ordnen" und "schmücken" hat, begegnet im Neuen Testament in bezug auf weiblichen Schmuck an drei Stellen: Apk 21,2 wird das himmlische Jerusalem als geschmückte Braut vorgestellt; hier hat der Schmuck - wie Ez 16,11 - keinerlei negative Konnotation.[98]

Dagegen findet sich 1 Petr 3,5 und 1 Tim 2,9[99] eine Polemik gegen aufwendige oder extravagante äußere Aufmachung. 1 Petr 3,2f wird die Aufforderung an die (christlichen) Frauen zur Unterordnung unter ihre (heidnischen) Ehemänner damit begründet, daß sie diese durch ihre ἀγνὴ ἀναστροφή eventuell für den christlichen Glauben gewinnen können. Dieser "züchtige Lebenswandel" der Frauen wird dann näher bestimmt als ein solcher, der nicht auf den "äußeren Schmuck durch geflochtene Frisuren und das Umhängen von Gewändern und das Anlegen von Goldschmuck" (ὁ ἔξωθεν ἐμπλοκῆς τριχῶν καὶ περιθέσεως χρυσίων ἢ ἐνδύσεως ἱματίων κόσμος) gerichtet ist, sondern auf "den verborgenen Menschen des Herzens in dem unvergänglichen Wesen des ruhigen und stillen Geistes" (ἀλλ᾽ ὁ κρυπτὸς τῆς καρδίας ἄνθρωπος ἐν τῷ ἀφθάρτῳ τοῦ πραέως καὶ ἡσυχίου πνεύματος). Als Vorbild werden die "heiligen Frauen", insbesondere Sara, genannt, die sich durch Unterordnung unter ihre Männer schmückten. In 1 Tim 2,9f findet sich ebenso die Entgegenstellung von abzulehnendem falschem und zu erstrebendem wahrem Schmuck. Dieser rechte Schmuck der Frau wird hier mit Hilfe der Tugendbegriffe κοσμιότης, αἰδώς, σωφροσύνη sowie durch gute Werke definiert.

Diese Figur des Entgegenstellens von äußerem Schmuck und wahrer Tugend gehört zu den traditionellen Topoi hellenistischer Frauenparänesen. So warnt Plutarch die Ehefrau vor "Koketterie und Putzsucht" und stellt dem die geistige Gemeinschaft mit dem Mann und den "Schmuck der Seele" gegenüber.[100] Einen festen Platz hat der Schmucktopos aber vor allem in den neopythagoreischen Frauenspiegeln. Im Brief der 'Melissa' an 'Kleareta',[101] der sein Thema mit περὶ γυναικὸς εὐκοσμίας angibt, heißt es: χρὴ ὦν τὰν σώφρονα καὶ ἐλευθέραν τῷ κατὰ νόμον ἀνδρὶ ποτῆμεν αἰσχύνᾳ κεκαλλωπισμέναν.[102] Deshalb soll sie ein einfaches weißes Kleid tragen, denn purpurne und goldbestickte Gewänder sind Zeichen der Hetäre. Zierde der freien Frau ist hingegen nicht die Kleidung, sondern ihr inneres Wesen: τᾶς δὲ ποθ᾽ ἕνα τὸν ἴδιον εὐαρεστούσας γυναικὸς κόσμος ὁ τρόπος πέλει καὶ οὐχ αἱ στολαί. Anstelle von Schminke soll sie im Gesicht "züchtiges Erröten als Zeichen der Schamhaftigkeit", sowie anstelle von Gold und Edelstein "sittliche Vollkommenheit, Ehrbarkeit und Sittsamkeit"[103] tragen. Statt um aufwendige Kleidung soll sie sich um die Führung des Haushalts kümmern:

---

[98] Auch in der LXX begegnet κοσμεῖν zur Bezeichnung weiblichen Schmucks durchaus in positivem Sinn (bes. Ez 16,11; ansonsten Jer 4,30; Ez 23,40; Jdt 12,15; 2 Chr 3,6; 2 Makk 9,16).

[99] Interessant ist, daß in Tit 2,10 κοσμεῖν in übertragenem Sinn gebraucht wird: Die Mahnung an die Sklaven wird ἵνα τὴν διδασκαλίαν... κοσμῶσιν begründet.

[100] Plutarch, PraecConiug 10ff, Mor 139ff.

[101] *Städele*, Briefe, 160-163.

[102] *Städele*, Briefe, 160, 1, 5f

[103] Übersetzung nach *Städele*, Briefe, 161.

Ἔχοις ἄν ἐπὶ τᾶς ὄψιος ἐρύθαμα μὲν σαμεῖον αἰδοῦς ἀντὶ φύ-κιος, καλοκαγαθίαν δὲ καὶ κοσμιότατα καὶ σωφροσύναν ἀντὶ χρυσῶ καὶ σμαράγδω. οὐ γὰρ ἐς τὰν τᾶς ἐσθᾶτος πολυτέλειαν πιλοκαλεῖν δεῖ τὰν γλιχομέναν τᾶς σωφροσύνας ἀλλ᾽ ἐς τὰν οἰκονομίαν τῶ οἴκω.

'Periktione' führt im ersten Teil des Traktats περὶ γυναικὸς ἁρμονίας aus, daß Frauen die Kardinaltugenden Einsicht, Gerechtigkeit, Tapferkeit und vor allem σωφροσύνη brauchen, um ein Leben in Harmonie zu führen. Des weiteren soll eine Frau αὐταρκείη καλλυνομένη und κενὴν δόξην μισέουσα sein; dies sind die Voraussetzungen für eine gute Erfüllung ihrer Aufgaben: ἐκ τούτων γὰρ ἔργματα καλὰ γίνεται γυναικὶ ἐς αὑτήν τε καὶ ἄνδρα καὶ τέκεα καὶ οἶκον.[104] In bezug auf Materielles vertritt Periktione das Ideal des einfachen Lebens: Nur das von der Natur her Nötige an Essen, Pflege und Kleidung soll dem Körper zukommen. Eine sittsame Frau soll keine purpurnen oder sonstwie gefärbten Kleider tragen, auch wird sie sich weder Gold noch Edelsteine umlegen, sich nicht das Haar kunstvoll flechten, sich mit duftenden Salben einreiben oder sich das Gesicht schminken. Denn alle, die mit dem Essen oder der Körperpflege Luxus treiben, sind zu aller Schlechtigkeit bereit, indem sie in bezug auf die eheliche Treue und auch sonst ungerecht handeln. Des weiteren soll die Frau nicht nach gehobenem sozialen Status streben; Herkunft aus einer angesehenen Familie, Reichtum und Freundschaft mit berühmten Männern sind keine Notwendigkeiten des Lebens: Sie schaden zwar nicht, wenn sie vorhanden sind, sollen aber nicht eigens erstrebt werden, wenn sie fehlen: Das führt nur zu Eifersucht und Neid.[105]

Im Frauenspiegel der 'Phintys' wird ebenfalls bescheidene äußere Aufmachung als Zeichen der angemahnten σωφροσύνη angesehen. Bunte oder aufwendige Kleidung, Kosmetik und χρυσὸν δὲ καὶ σμάραγδον sind zu meiden,[106] da solches Herausputzen Überheblichkeit gegenüber weniger reichen Frauen verrät und außerdem als Zeichen der Koketterie erster Schritt zur Untreue ist; insofern steht der äußere Schmuck der σωφροσύνη entgegen.[107] Stattdessen soll die freie Frau κοσμὲν δὲ μᾶλλον αὐτὰν αἰσχύνᾳ.[108]

An allen drei Texten wird die inhaltliche und sprachliche Übereinstimmung mit der Schmuckpolemik in 1 Tim 2,9f deutlich. Stereotyp wird die äußere Aufmachung nach den Kategorien Kleidung, Geschmeide, Haartracht und Schminke beschrieben; ihr werden die inneren Tugenden entgegengesetzt. Die begriffliche Übereinstimmung mit 1 Tim ist eindeutig; es erscheinen genau die vom Autor der Pastoralbriefe verwandten Tugendbegriffe σωφροσύνη und κοσμιότης; der αἰδώς entspricht die αἰσχύνα. Daneben finden sich καλοκαγαθία, εὐταξία, αὐταρκεία und andere. Neben den Tugendbegriffen kann dem Schmuck auch ein Verhalten entgegengestellt werden, so im Melissabrief das Führen des Haushalts. Bei 'Periktione' findet sich sogar der Rekurs auf die καλὰ ἔργα, allerdings werden hier im Gegensatz zu 1 Tim 2,10 die "guten

---

[104] *Thesleff*, Pythagorean Texts, 142, 22f.

[105] *Thesleff*, Pythagorean Texts, 142f. Zum stoischen Hintergrund des letzten Elements vgl. *Wilhelm*, Oeconomica, 194.

[106] *Thesleff*, Pythagorean Texts, 153, 21.

[107] *Thesleff*, Pythagorean Texts, 153f; vgl. auch *Wilhelm*, Oeconomica, 216-220.

[108] *Thesleff*, Pythagorean Texts, 153 Z.27f. Weiteres Material siehe *Weidinger*, Haustafeln, 65-67; vgl. auch *Delling*, Paulus, 131. Siehe auch die Kleiderordnung in der Mysterieninschrift von Andania, SIG³ II 736, 15ff.

Werke" nicht selbst als Schmuck bezeichnet, sondern sind Folge des Schmückens mit der Tugend. Interessant ist bei 'Phintys' und 'Periktione' der doppelte Bezug der Schmuckpolemik: Einmal wird mit der Treuepflicht gegenüber dem Ehemann und dem Haus, dann aber auch mit dem Verhältnis zu sozial Schlechtergestellten argumentiert. Die Abwehr des Schmucks ist zum einen auf die "Bedrohung" der Tugend durch weibliche Sexualität gerichtet, wie auch die Kontrastierung durch den "wahren Schmuck" zeigt. Zum anderen hat die Argumentation gegen den Schmuck eine soziale Komponente, die gegen die prätentiöse Selbstdarstellung von weiblichen Oberschichtangehörigen gerichtet ist. Offensichtlich wird die luxuriöse Aufmachung reicherer Frauen nicht nur als sexualethisches, sondern auch als soziales Problem verstanden.

Der Verfasser der Pastoralbriefe hat also mit der Polemik gegen den äußeren Schmuck Traditionen übernommen, die sich in der Literatur περὶ γάμου bzw. in den aus der Ökonomik entwickelten neopythagoreischen Frauenspiegeln finden. Enge Verwandtschaft zeigt sich insbesondere mit letzteren, die ebenfalls dem äußeren Schmuck den wahren Schmuck der weiblichen Tugend entgegenstellen; zentrale Bedeutung kommt dabei der σωφροσύνη zu, was der primär sexuellen Bestimmung der spezifisch weiblichen Tugend entspricht.

4.2.4 Θεοσέβεια

Im NT ist das Substantiv θεοσέβεια an dieser Stelle Hapaxlegomenon, das Adjektiv θεοσεβής erscheint einmal in Joh 9,31. Der Begriff θεοσέβεια bezeichnet im Griechischen die echte Frömmigkeit im Gegensatz etwa zum Aberglauben.[109] Der Begriff hat eine stark ethische Färbung, bezeichnet eine sittliche Haltung, die sich eben in der rechten Verehrung der Götter niederschlägt; insofern ist sein Bedeutungsgehalt dem von εὐσέβεια weitgehend kongruent. In der LXX wird θεοσέβεια teilweise analog gebraucht und erscheint mehrfach in Verbindung mit σοφία.[110] In der Literatur des hellenistischen Judentums wird der Begriff zur Bezeichnung der wahren Religion, etwa 4 Makk 7,6 als "reine" Gottesverehrung im Gegensatz zu "befleckten" heidnischen Kulten, oder bei Philo zugleich als höchste Tugend verwendet.[111] Das Attribut θεοσεβής kann auch als Selbstbezeichnung von griechischsprechenden Juden und Jüdinnen dienen.[112] So sagt etwa Judith gegenüber Holofernes von sich: ἡ δούλη σου θεοσεβής ἐστιν καὶ θεραπεύουσα νυκτὸς καὶ ἡμέρας τὸν θεὸν τοῦ οὐρανοῦ (Jdt 11,17). In seiner Bedeutung liegt es damit nahe bei φοβούμενος τὸν θεόν, bzw. ἐλπίζων ἐπὶ θεόν, die in der LXX ebenfalls als jüdische Selbstbezeichnungen erscheinen.[113] Insofern ist hier auch eine traditionsgeschichtliche Parallele zu der Formulierung von 1 Petr 3,5 gegeben, wo die "heiligen Frauen" als αἱ ἐλπίζουσαι εἰς θεόν bezeichnet werden.

---

[109] Vgl. *Bertram*, θεοσεβής, 124.
[110] Belege *Bertram*, θεοσεβής, 125.
[111] Philo, OpMund 154, Congr 130.
[112] Vgl. JosAs 8,5; 23,9.12; hier ist die Bezeichnung θεοσεβής durchgängig verbunden mit dem Verbot, Böses mit Bösem zu vergelten. Vgl. auch Inschrift im Theater von Milet in *Deissmann*, Licht, 391f. In PsArist 179 werden die Juden vom heidnischen König als θεοσεβεῖς ἄνδρες angesprochen.
[113] S.u. die motivkritische Untersuchung zu ἐλπίζειν ἐπὶ θεόν S. 132-134.

Die in 1 Tim 2,10 durch ϑεοσέβεια ausgedrückten Bedeutungsaspekte der "wahren" Religion und des sittlichen Lebens werden in den Pastoralbriefen sonst immer mit Hilfe des (engverwandten) Begriffs εὐσέβεια[114] ausgedrückt: Er bezeichnet die rechte christliche Lebensführung, der die gesunde Lehre entspricht (vgl. 1 Tim 6,3). Wenn anstelle dieses für den Autor der Pastoralbriefe zentralen Begriffs an unserer Stelle in analogem Kontext ϑεοσέβεια erscheint, deutet dies darauf hin, daß der Verfasser hier nicht selbst formuliert, sondern Traditionsgut verarbeitet hat. Damit ist aber deutlich, daß der Autor den Schmucktopos schon in einer jüdischen oder judenchristlichen Adaptation gekannt hat.

4.2.5 Die "guten Werke"

In 2,10 wird nun eine neue Bestimmung des anzustrebenden "wahren Schmucks" eingeführt: die guten Werke. Oben wurde auf die sprachlichen Probleme dieser Anfügung hingewiesen, die die Annahme nahelegen, daß der Bezug auf die ἔργα ἀγαϑά erst vom Autor der Pastoralbriefe etwas ungeschickt in den Wortlaut der von ihm übernommenen Paränese eingearbeitet wurde.[115] Dazu paßt, daß in den paganen Paralleltexten zwar gelegentlich die guten Werke im Kontext des Schmucktopos erscheinen;[116] sie werden dort jedoch nicht selbst metaphorisch als Schmuck bezeichnet.[117]

Hingegen paßt die Bestimmung des "wahren Schmucks" als ἔργα ἀγαϑά sehr gut in die Theologie und Ethik der Pastoralbriefe, in denen die καλά oder ἀγαϑά ἔργα Kennzeichen des wahren Christseins sind.[118] Zwar ist in der Tauftheologie die Rettung οὐκ ἐξ ἔργων τῶν ἐν δικαιοσύνῃ (Tit 3,5) festgehalten,[119] andererseits wird im zukünftigen Gericht nach den Werken geurteilt (1 Tim 5,24f; 6,18; 2 Tim 4,14.18). Der in der Taufe verliehenen Gnade kommt im gegenwärtigen Leben die Funktion zu, zum Tun guter Werke zu erziehen (Tit 2,11f). [120]

---

[114] *Brox*, Past, 132 spricht sogar von Wechselbegriff.

[115] So auch *Roloff*, 1 Tim, 128, der auf die Bedeutung der "guten Werke" in den Past hinweist. Allerdings ordnet den ganzen v10 der redaktionellen Überarbeitung des Verfassers der Past zu, was aufgrund des Vorkommens von ϑεοσέβεια nicht wahrscheinlich ist.

[116] S.o. S. 84f zu Periktione.

[117] Die guten Werke als "Schmuck" der Gläubigen sind in nachneutestamentlichen christlichen Texten zur festen Metapher geworden; vgl. 1 Clem 2,8; 33,7; 43,7; IgnEph 9,2, Diognet 12,1; Herm vis IV 2,1; sim IX 1,10; IX 28,1; MartPol 13,2.

[118] Vgl. 1 Tim 2,10; 5,10.24f; Tit 1,16; 2,7.14; 3,5.8.14.

[119] *Marshall*, Faith, 204ff will hier paulinische Rechtfertigungslehre wiederfinden. Daß sich trotz der Ablehnung der Werkgerechtigkeit hier deutliche Unterschiede zu Paulus zeigen, hat *Heiligenthal*, Werke, 69 aufgewiesen. Er sieht hier "in modifizierter Form die jüdische Konzeption einer Rechtfertigung mangels Werken aufgrund von Auserwähltheit", wobei "Geist und Taufe als Ursache für das göttliche Erbarmen an die Stelle der Auserwähltheit getreten" wären.

[120] Theologisch ist hier ein tiefgreifender Unterschied zu Paulus festzustellen; vgl. *Heiligenthal*, Werke, 71: "Eschatologie und Soteriologie treten auseinander ... Gegenüber den paulinischen Rechtfertigungsaussagen ist das Verständnis der Werke deutlich verschoben: Für Paulus ist der Bezug auf das Gesetz grundlegend; ... In den Pastoralbriefen tritt an die Stelle der Auseinandersetzung mit dem jüdischen 'Werk'-Verständnis die inhaltliche Bindung der Taten an die Lehre. Von daher sind die Werke ein wichtiges Element der Gemeindetheologie der Pastoralbriefe." Vgl. auch *Lohse*, Vermächtnis, 274f.

Die guten Werke erfüllen wichtige Funktionen: Innerhalb der Gemeinde sind sie Erkennungsmerkmal der Rechtgläubigkeit, denn die Anhänger und Anhängerinnen der Irrlehre sind "zu jedem guten Werk untüchtig" und "verleugnen Gott" mit ihren Werken (Tit 1,16).[121] Daneben werden die χαλὰ ἔργα damit begründet, daß sie eine positive Ausstrahlung auf die Umwelt ausüben.[122] Mehrmals rekurrieren die Past auf die Reaktion der Außenstehenden (1 Tim 3,7; 5,14; Tit 2,5), denen kein Anlaß zu einem negativen Urteil über die christliche Gemeinde gegeben werden soll.[123] Deshalb geht es darum, fromm und besonnen zu leben, d.h. sich nach den gesellschaftlich anerannen Werten auszurichten, sich auch den staatlichen Autoritäten unterzuordnen (Tit 3,1), um nach außen keinen Anstoß zu geben; dieses Ethos der Past hat Dibelius mit seinem berühmten Diktum als "Ideal christlicher Bürgerlichkeit"[124] qualifiziert.

Der Autor interpretiert also in 1 Tim 2,10 den traditionellen Schmucktopos neu, indem er die guten Werke metaphorisch als Schmuck bezeichnet. Mit dieser Neuakzentuierung der Metaphorik wird allerdings in gewisser Weise der vorausgesetzte Kontext des gottesdienstlichen Gebets gesprengt: Während die Anweisung, sich in würdiger Haltung mit Schamhaftigkeit und Selbstbeherrschung zu schmücken, im Zusammenhang des Gebets unmittelbar einleuchtet, ist nicht vorstellbar, wie die Frauen in dieser Situation gute Werke tun können. Der engere Horizont der gottesdienstlichen Situation wird also hier verlassen; stattdessen wird die Perspektive auf das Gemeindeleben überhaupt ausgedehnt.

Fragt man nun nach der inhaltlichen Füllung der Paränese in 1 Tim 2,10, so kann auf die Auflistung der ἔργα χαλά in der Witwenregel (1 Tim 5,10) verwiesen werden, in der Anforderungen an wohlhabende christliche (Ehe-)Frauen benannt werden. Neben den Reproduktionsverpflichtungen erscheinen dort Gastfreundschaft und soziale Wohltätigkeit, sowie mit der Fußwaschung eine Demutsgeste, die wahrscheinlich gegenüber (männlichen) Verkündigern des Evangeliums zu leisten ist.[125] An diesem Katalog wird deutlich, daß die Erwähnung der guten Werke neben der geschlechtsspezifischen eine schichtenspezifische Komponente hat: In 2,10 werden also die reichen Frauen auf ihre soziale Stellung angesprochen.[126] Ihren Reichtum sollen sie, statt ihn

---

[121] *Karris*, Function, 108f führt aus, daß aus den Angriffen keine inhaltlichen Aufschlüsse über die Häresie zu gewinnen seien: Die Topoi der Ketzerpolemik seien traditionell und übernähmen geläufige Figuren der antisophistischen Polemik. Deshalb seien konkrete Aussagen über die Irrlehre nicht gegeben.

[122] Vgl. *Heiligenthal*, Werke, 68ff. *Lippert*, Zeugnis, 17-60 betont den Aspekt der Ausstrahlung nach außen, die "werbende Lebensführung" sei ein zentrales Thema der Past.

[123] S.u. S. 212-218.

[124] Vgl. *Dibelius/Conzelmann*, 32f. Gegen diese Qualifizierung des Ethos der Past ist das Buch von *Schwarz*, "Bürgerliches Christentum im Neuen Testament?" gerichtet; eine differenziertere kritische Stellungnahme zu *Dibelius* bietet *Kidd*, Wealth, bes. 9-24; 124-139.

[125] Eine detaillierte Untersuchung dieser Liste wird im Zusammenhang des Teils III dieser Arbeit vorgenommen; s.u. S. 177-200.

[126] Den sozialen Aspekt betont auch *Towner*, Goal, 208: "since the items of adornment mentioned here ... belonged to that society's critical caricature of women of wealth, behind the instructions may well lie hurt feelings of the poor or socio-economic divisions within the community aggravated by the ostentation of well-to-do women. If so, the need to exhibit *aidos* and *sophrosyne* ... would be related to the need to restore social balance in the community rather than emotional balance in men." Diese Ent-

prätentiös zur Schau zu stellen, für soziale Wohltätigkeit benutzen. Die Entgegensetzung von äußerem Luxus und guten Werken stellt somit eine gewisse Entsprechung zu dem sozialen Motiv in den neopythagoreischen Frauenspiegeln dar. Dieses erscheint in 1 Tim 2,10 jedoch in einer weiterentwickelten Form, da das soziale Moment nicht mehr nur als Begründung für die Ablehnung der luxuriösen äußeren Aufmachung verwendet wird, sondern eine zweite inhaltliche Bestimmung des "wahren Schmucks" und somit eine positive Aufforderung darstellt. Damit besteht aber durch die Erwähnung der "guten Werke" eine Querverbindung von 2,10 nicht nur zu 5,10, sondern auch zur Reichenparänese in 6,17ff, wo die Reichen aufgefordert werden, ἀγαθοεργεῖν, πλουτεῖν ἐν ἔργοις καλοῖς, εὐμεταδότους εἶναι, κοινωνικούς.[127]

4.2.6 Zusammenfassung

Die Analyse der einzelnen Elemente der Schmuckparänese in 1 Tim 2,9f zeigt verschiedene traditionsgeschichtliche Bezüge. Die Parallele von θεοσέβεια in 1 Tim 2,10 und ἐλπίζειν εἰς θεόν in 1 Petr 3,5 deutet darauf hin, daß in beiden Paränesen eine ursprünglich jüdische Adaptation des hellenistischen Schmucktopos verarbeitet wurde. In der Bestimmung des "wahren" Schmucks zeigt 1 Tim 2,9 hingegen eine engere Übereinstimmung mit den neopythagoreischen Frauenspiegeln als mit 1 Petr 3,2: In der Frauenparänese des 1 Petr baut die Schmuckpolemik zwar wie in den paganen Spiegeln auf dem Gegensatz außen - innen auf; dieses innere Wesen wird aber theologisch bestimmt.

> "Zugleich liegt in der Wendung ἄνθρωπος τῆς καρδίας ...eine Metonymie vor, insofern καρδία für die Bindung des Menschen an Gott steht. Der Schmuck eines solchen Menschen des Herzens, d.h. des Menschen, der sich konzentriert auf die Mitte seines Lebens, Gott, besteht in einem von Gott bestimmten Geist, im πνεῦμα. Schließlich stehen die Attribute zu πνεῦμα, πραΰ καὶ ἡσύχιον metonymisch für die Äußerungen dieses von Gott bestimmten Geistes."[128]

Hingegen orientiert sich in 1 Tim 2,9 die Bestimmung des "wahren Schmucks" zunächst genau wie in den paganen Parallelen an den hellenistischen Tugendbegriffen. Erst in einem zweiten Schritt wird in einer nochmaligen Entgegenstellung ein theologisches Moment eingeführt. Aber auch dieses besteht nur in einer formalen Qualifizierung des Geforderten als der Gottesverehrung angemessen. In 1 Petr zeigt sich der pagane Schmucktopos also "theologisch ungleich differenzierter"[129] formuliert als in 1 Tim, wo die griechischen Tugendbegriffe einen größeren Stellenwert einnehmen. Zu betonen ist auch, daß die dem Schmucktopos eigene antithetische Struktur in beiden neutestamentlichen Texten inhaltlich sehr unterschiedlich akzentuiert wird: Während die Argumentation in 1 Petr 3,1-6 auf dem Gegensatz von innen - außen beruht, ist in

---

gegenstellung von schicht- und geschlechtsspezifischem Konflikt ist aber so nicht möglich. Da die Past die Perspektive männlicher Eliten einnehmen, muß das soziale Argument auf seine Funktion innerhalb ihrer Auseinandersetzung mit weiblichen Oberschichtangehörigen befragt werden.

[127] Zum Verhältnis von Frauenparänese und Reichenparänese s.u. S. 163-165.

[128] Vgl. *Gielen*, Haustafelethik, 520f. *Gielen* weist auch darauf hin, daß die Verbindung von πραΰς und ἡσύχιος in urchristlicher Paränese zur geprägten Formulierung wird, die ein Verhalten bezeichnet, das auf Widerstand gegenüber dem Bösen verzichtet.

[129] So *Roloff*, 1 Tim, 133.

1 Tim 2,9f durch die Einfügung der ἔργα ἀγαθά der Gegensatz von Selbstdarstellung versus Wohltätigkeit leitend.[130]

Die traditionsgeschichtliche Entwicklung des in 1 Tim 2,9f vorliegenden Schmucktopos ist angesichts der formalen Textmerkmale und des Vergleichs sowohl mit 1 Petr 3,1-6 als auch mit den paganen Frauenspiegeln folgendermaßen zu beschreiben: Eine schon jüdisch(-christlich) adaptierte Form der Schmuckpolemik wurde vom Verfasser der Past unter neuerlichem Rückgriff auf pagane Motive re-interpretiert:[131] Dazu trägt er die von ihm auch sonst rezipierten hellenistischen Tugendbegriffe sowie das soziale Motiv aus den neopythagoreischen Texten in die Schmuckpolemik ein. Nach dieser Rekonstruktion finden auch die formalen Textprobleme eine gute Erklärung: Die traditionelle Schmuckpolemik hätte demnach aus einer Entgegenstellung von falschem und wahrem Schmuck bestanden, sowie einer theologischen Begründung, die den wahren Schmuck als der Gottesverehrung angemessen qualifizierte. Diese kohärente Struktur hat der Verfasser aufgebrochen, indem er den ersten Teil ausbaute und die theologische Begründung neu auf das von ihm eingefügte Element der "guten Werke" bezog.

Exkurs 1: Pastoralbriefe und Neopythagoreische Frauenspiegel - Literarische Strategien zur Durchsetzung einer restriktiven Frauenmoral

Hatten wir am Ende des forschungsgeschichtlichen Durchgangs auf die neopythagoreischen Oeconomica und insbesondere auf die in diesem Schrifttum enthaltenen speziellen Frauenspiegel als mögliche Parallelen zu den Pastoralbriefen hingewiesen, so hat diese Hypothese durch die exegetische Untersuchung von 1 Tim 2,9f eine Bestätigung erfahren: Der Autor re-interpretiert den ihm vorliegenden Schmucktopos durch Rückgriff auf Motive dieser Frauenspiegel. Die zentrale Stellung der σωφροσύνη im Rahmen der Rezeption hellenistischer Tugendbegriffe in den Past, sowie insbesondere ihre sexuali-tätsbezogene Anwendung auf Frauen hatten Parallelen im Oikonomikos des 'Kallikratidas' wie der 'Periktione' und 'Phintys'. Vor allem aber zeigt die konkrete Ausgestaltung der Schmuckparänese deutliche sprachliche und inhaltliche Übereinstimmungen mit den Frauenspiegeln der 'Periktione' und 'Phintys' und dem - ebenfalls neopythagoreischen - Brief der 'Melissa' an 'Kleareta':[132] Der Polemik gegen den äußeren Schmuck wird der wahre Schmuck der Tugend entgegengestellt, der in ehelicher Treue der Frau und gewissenhafter Führung des Haushalts besteht. Gleichzeitig wird neben dem sexual-ethischen Argument ein soziales Argument gegen den Schmuck vorgebracht, indem die reichen Frauen ermahnt werden, sozial schlechtergestellte Frauen nicht zu beschämen. In diesem Zusammenhang war auch auf die Ständetafel in Tit 2,2-10 zu verweisen, wo - ebenfalls in Übereinstimmung mit den neopy-thagoreischen Traktaten - die σωφροσύνη der Frau mit der (alleinigen) Liebe zum eigenen Ehemann in Verbindung gebracht wird.[133]

Im Zusammenhang der traditions- und gattungsgeschichtlichen Forschung zur neutestamentlich-frühchristlichen Haus- und Ständetafeltradition ist an dieser Stelle aber weiterzufragen, ob sich die Ver-bindung zwischen den Pastoralbriefen und den neopythagoreischen Frauen-Traktaten auf die Übernah-me einzelner Motive beschränkt oder hier literarisch eine weitergehende Verwandtschaft aufzuweisen ist.

---

[130] 1 Tim 2,9f darf deshalb nicht von 1 Petr 3,1ff her in das Schema innen - außen gepreßt werden. Dies tut etwa *Brox*, Past, 132, der damit die neue Akzentsetzung der Past nicht erfaßt.

[131] Vgl. meine Ausführungen zur urchristlichen Traditionsgeschichte der Haus- und Ständetafeln als Rezeptionsgeschichte paganer Literatur S. 62f.

[132] S.o. S. 81-85.

[133] S.o. S. 82.

Das neopythagoreische Schrifttum hat in den letzten dreißig Jahren mehrere umfangreiche Untersuchungen erfahren. Da von vielen Schriften nur Fragmente erhalten sind und die Schriften selbst über ihren historischen Hintergrund kaum konkrete Aufschlüsse geben, sind verschiedene Interpretationen auf der Grundlage unterschiedlicher Datierungen vorgenommen worden. Hauptvertreter einer Frühdatierung ist *Thesleff*, der die Oeconomica Bryson, Kallikratidas, Periktione und Phintys sowie Hippodamus aufgrund sprachlicher Kriterien im 3. Jahrhundert v. Chr. in Süditalien ansiedelt.[134] Sie seien als ethische Unterweisung an eine dort existierende neopythagoreische Gemeinschaft gerichtet. In Auseinandersetzung mit *Thesleff* hat dagegen *Burkert* eine Spätdatierung vertreten: Die seien nicht vor dem 1. Jahrhundert v. Chr. entstanden.[135] Damit nimmt er im Grunde die Position *Wilhelms* auf, der die neopythagoreischen Oeconomica zwischen 100 v. Chr. und dem 2. Jahrhundert n. Chr. angesetzt hatte. Ihre Kombination platonischer, aristotelischer und stoischer Elemente setze die Auflösung der festen Schultraditionen voraus, was für die Spätdatierung spreche.[136] In seiner kommentierten Ausgabe der Pythagoreer-Briefe hat *Städele* (1980) ebenfalls eine Spätdatierung vertreten - die pythagoreischen Frauenbriefe datiert er größtenteils ins 2. Jahrhundert n.Chr.[137] -, wobei er die antiquierte Sprache als pseudepigraphes Stilmittel wertet, das nicht zur Begründung für eine Frühdatierung herangezogen werden könne.[138] Insgesamt darf *Thesleffs* Interpretation als von der Forschung überholt gelten; die Spätdatierung hat sich allgemein durchgesetzt.[139] Damit rücken die Neopythagorica in unmittelbare zeitliche Nähe zum Neuen Testament, was in der neutestamentlichen Forschung zu Versuchen einer traditionsgeschichtlichen Verhältnisbestimmung geführt hat.[140] Interessant ist hier der Ansatz von *Berger*, der die Entstehung von Traktatenliteratur, wie sie in den neopythagoreischen Schriften vorliegt, als Parallelentwicklung zur neutestamentlichen Herausbildung von Gemeindeordnungen verstanden hat,[141] wobei er die auf Frauen gerichteten ökonomischen Abhandlungen und 'Briefe' als eigene Klasse von Traktaten ausweist, die durch eine weibliche Autorinnen- und teilweise auch Adressatinnenfiktion gekennzeichnet sind. Diese Fiktion der Abfassung durch und Adressierung an Frauen ist insofern besonders auffällig, da bis dahin sowohl die individualethischen Traktate der Stoa wie die ökonomischen Schriften immer an den Mann - als Individuum oder als Hausherrn - gerichtet waren. Insofern ist *Bergers* Vorgehen, die Zuschreibung der Werke an Frauen als Kriterium für die formgeschichtliche Einordnung heranzuziehen, angemessen. Auch *Städele* hebt das Besondere der Autorinnen- und Adressatinnenfiktion der neopythagoreischen Frauenbriefe hervor:

"Von den über 1500 Briefen und Brieffragmenten, die Hercher in seiner Ausgabe der griechischen Epistolographen ... zusammengetragen hat, sind nur verschwindend wenige angeblich von Frauen geschrieben oder an Frauen gerichtet. Noch wesentlich seltener ist zugleich eine Frau Verfasserin, eine andere Empfängerin. In der Regel handelt es sich hierbei um fingierte Hetärenbriefe ... *Um so singulärer ist die Stellung der drei Pythagoreerinnen Melissa, Myia, Theano im Rahmen der griechischen Epistolographie.*"[142]

Einen Schlüssel für die Erklärung dieses Phänomens liefert einer der Briefe selbst, nämlich das Schreiben der 'Theano' an 'Kallisto': Dieser Brief legitimiert seine Anweisungen einleitend folgendermaßen:

---

[134] Vgl. *Thesleff*, Introduction, 30ff.

[135] Vgl. *Burkert*, Einordnung, 23-55. Zur Auseinandersetzung zwischen *Thesleff* und *Burkert* vgl. die Darstellung bei *Balch*, Wives/1974, 89-94.

[136] Vgl. *Wilhelm*, Oeconomica, 163.183.197.223.

[137] Eine Ausnahme ist der Brief der Theano an Nikostrate, der aber auch frühestens im 1. Jahrhundert v. Chr entstanden sein kann. Vgl. *Städele*, Briefe, 256.269.287.293.308.325.

[138] Vgl. *Städele*, Briefe, 282ff.

[139] *Thesleff* selbst hat infolge der Auseinandersetzung mit Burkert seinen Ansatz in Teilen revidiert; vgl. *Thesleff*, Problem, 57-87.

[140] Schon *Balch* hat 1974 die neopythagoreischen Oeconomica als Belege für den ideengeschichtlichen Hintergrund der neutestamentlichen Haustafeln untersucht; vgl. *Balch*, Wives/1974, 82-111.

[141] S.o. S. 58.

[142] *Städele*, Briefe, 251 (Hervorhebung U.W.).

Ταῖς νεωτέραις ὑμῖν ἡ μὲν ἐξουσία παρὰ νόμου δέδοται τῶν οἰκετῶν ἄρχειν ἅμα τῷ γήμασθαι, ἡ δὲ διδασκαλία παρὰ τῶν πρεσβυτέρων ἀπαντᾶν ὀφείλει περὶ τῆς οἰκονομίας ἀεὶ παραινούντων.[143]

Hier wird also den älteren Frauen die Rolle von Belehrerinnen der jüngeren zugewiesen: Die jungverheiratete Frau soll also nach dieser Vorstellung über die Anforderungen, die an sie als οἰκοδέσποινα gestellt werden, von älteren Frauen belehrt werden. Sie soll von diesen lernen, was sie noch nicht versteht, und den Rat der älteren Frauen für den geeignetsten halten.[144] Diese Argumentation ist deshalb besonders relevant, da im Ökonomikschrifttum ansonsten die Aufgabe der Belehrung der jungen Ehefrau dem - als älter und erfahrener vorausgesetzten - Ehemann zukommt.[145] Im Rahmen des Briefes der 'Theano' entwickelt dieses Motiv der Belehrung der jüngeren durch die ältere Frau seine Funktion aus seiner Beziehung zur spezifischen Ausgestaltung der Pseudonymität, nämlich der Zuschreibung der Schrift an eine Frau als fiktive Verfasserin. Der Rekurs auf die Lehrerinnenrolle der älteren Frau dient zusammen mit der Autorinnenfiktion dazu, den Briefinhalten eine Legitimation zu verleihen: Die Anweisungen an die Frauen können deshalb Autorität beanspruchen, weil sie - so die Fiktion - selbst von Frauen, und zwar von erfahrenen Frauen stammen.

Die Bedeutung dieses Stilmittels der Adressierung an Frauen erschließt sich, wenn man den von *Thraede* aufgezeigten 'sozialethischen Richtungsstreit' in Rechnung stellt. In der Auseinandersetzung um die Rolle der Frauen in der antiken Philosophie spielte die Frage, ob Frauen Philosophie betreiben sollten, eine wichtige Rolle. Wenn nun in den neopythagoreischen ethischen Traktaten Frauen als Autorinnen und Adressatinnen vorgestellt werden, so wird ihnen ja formal Kompetenz in praktischer Philosophie zugeschrieben. Diese scheinbar progressive Position wird aber in den neopythagoreischen Frauenspiegeln durch die Inhalte konterkariert: Wie *Thraede* aufgewiesen hat,[146] sind von allen Oeconomica 'Periktione' und 'Phintys' die restriktivsten, was die Vorschriften für weibliche Moral und Lebensführung anbelangt.[147] Das heißt: Das literarische Mittel weiblicher Autorinnen- und Adressatinnenfiktion in einigen neopythagoreischen Schriften hat die Funktion, große Frauenfiguren der Vergangenheit für eine restriktive Moral in der Abfassungszeit in Dienst zu nehmen.[148] Mit Hilfe des Zugeständnisses (fiktiver) weiblicher Urheberinnenschaft werden so Ansprüche von Frauen auf erweiterte Lebensmodelle zurückgewiesen, indem ihnen literarisch konservative Positionen von 'Frauen' entgegengehalten werden.[149]

Das pseudepigraphe Mittel der fiktiven Abfassung von und Adressierung an Frauen hat der Verfasser der Pastoralbriefe nicht übernommen: Er hat keinen speziellen Frauenbrief verfaßt, um seine Anweisungen für die weiblichen Gemeindeglieder durchzusetzen. Vielmehr hat er die Frauenparänesen in seine "Hirtenbriefe" eingebaut und das Problem der Autorität durch doppelte Absender- und Adressatenfiktion des Apostels und seiner Schüler gelöst. Trotzdem hat er aber das neopythagoreische Motiv der Belehrung der jüngeren Frauen durch die älteren aufgenommen: In der Ständeparänese Tit 2,2-10 werden Mahnungen für ältere Männer, ältere Frauen, jüngere Frauen und jüngere Männer gegeben,

---

[143] *Städele*, Briefe, 174, 1, 2-5.

[144] *Städele*, Briefe, 174f, 1, 5-7.

[145] Vgl. Ps-Aristoteles, Oikonomikos, 40,10f; Xenophon, Oikonomikos, 10,1-8.

[146] Vgl. *Thraede*, Ärger, 67f.

[147] Während diejenigen Schriften, die sich eher am stoischen Grundsatz der Gleichheit orientieren, sexuelle Erfahrungen für beide Geschlechter auf die Ehe beschränkt wissen wollen, legen die neopythagoreischen Frauenspiegel allen Nachdruck auf die Keuschheit der Frau und fordern von ihr ergebenes Dulden und Verzeihen der männlichen Promiskuität. Vgl. Theano an Nikostrate (*Städele*, Briefe, 174).

[148] Diese Funktion hat *Wilhelm* in seinem Aufsatz schon 1915 erkannt; vgl. seine Anmerkung zu Periktione: "Das Wohlgefallen des Lesers an diesem Frauenspiegel, wie an dem von Phintys, erhöht sich durch die Fiktion, dass es selbst Frauen sind, die hier der Weiblichkeit, d.h. der γυνὴ ἐλευθέρα ... Gesetze geben" (Oeconomica, 186f).

[149] Dies zeigt, daß die 'konservativen' Positionen in gewisser Weise in der Defensive sind: Ihre restriktiven Vorstellungen der Frauenrolle sind nicht mehr unhinterfragt gültig. Den Ansprüchen von Frauen auf erweiterte Partizipationsmöglichkeiten kann offensichtlich nicht mehr mit Rekurs auf männliche Weisungsbefugnis entgegengetreten werden; sondern die Abwehr freierer Rollenmodelle muß zumindest formal Anleihen bei diesen selbst machen.

wobei formal auffällig ist, daß die Ermahnung der jüngeren Frauen in eine Anweisung an die älteren Frauen eingekleidet wird Tit 2,3-5:

Πρεσβύτιδας ὡσαύτως ἐν καταστήματι ἱεροπρεπεῖς, μὴ διαβόλους μὴ οἴνῳ πολλῷ δεδουλωμένας, καλοδιδασκάλους, ἵνα σωφρονίζωσιν τὰς νέας φιλάνδρους εἶναι, φιλοτέκνους σώφρονας ἁγνὰς οἰκουργοὺς ἀγαθάς, ὑποτασσομένας τοῖς ἰδίοις ἀνδράσιν, ἵνα μὴ ὁ λόγος τοῦ θεοῦ βλασφημῆται.

Die inhaltliche Parallele zu der oben zitierten Stelle aus dem Brief der 'Theano' an 'Kallisto' ist deutlich: Der älteren Frau wird die Rolle zugeschrieben, die junge Ehefrau über ihre Pflichten zu belehren. Zu untersuchen ist nun, wie im Vergleich zur Textpragmatik der neopythagoreischen Frauenspiegel die Strategie des Autors der Pastoralbriefe aussieht, wenn er hier das neopythagoreische Motiv der Belehrung der jüngeren durch die älteren Frauen übernimmt. Da es dem Autor in 1 Tim 2,11f sehr wichtig ist, Frauen von der Lehre auszuschließen,[150] so ist um so auffälliger, daß er in Tit 2,3 durch die Bezeichnung καλοδιδάσκαλοι den älteren Frauen Lehrfunktionen zuschreibt. Offensichtlich erwartete der Autor, bei den älteren, vormals verheirateten Frauen am ehesten Unterstützung für seine Ethik zu finden. Deshalb wählt er den Weg über die älteren verheirateten Frauen, um die jüngeren zu der von ihm gewünschten Lebensführung zu veranlassen.[151] Damit zeigt sich auch in den Pastoralbriefen die Strategie, Frauen für die Legitimation restriktiver Anweisungen an andere Frauen in Anspruch zu nehmen. In den neopythagoreischen Frauenspiegeln wird dieser Ansatz für die gesamte literarische Gestaltung bestimmend und führt zur Ausbildung einer eigenen formgeschichtlichen Untergattung. Im Gegensatz dazu wird der Gedanke der Lehrerinnenrolle der älteren Frau in den Pastoralbriefen nicht formbestimmend, sondern wird als Einzelmotiv argumentativ in die Gattung der "indirekten Weisung", die durch die literarischen Figuren des Apostels und seiner Schüler konstituiert wird, eingebaut.

4.3 Das Lehrverbot (1 Tim 2, 11f) vor dem Hintergrund von 1 Kor 14,33b-36

Das Lehrverbot in 1 Tim 2,11f zeigt sprachlich wie inhaltlich so deutliche Anklänge an das Schweigegebot für Frauen in 1 Kor 14,33b-36, daß entweder ein direktes literarisches Abhängigkeitsverhältnis oder zumindest sehr enge überlieferungsgeschichtliche Verbindungen vorauszusetzen sind. Schon die ältere Forschung hatte verschiedentlich für 1 Tim 2,11f Abhängigkeit von 1 Kor 14,33b-36 angenommen.[152] Doch schien diese Hypothese überholt, als dieses Schweigegebot in der Forschung als nachpaulinische Interpolation[153] erwiesen werden konnte. *Dautzenberg* hat gezeigt, daß 1

---

[150] S.u. S. 101-103.

[151] Dies paßt gut zu der Strategie, die seine Bearbeitung der Witwenregel leitet: Wie zu zeigen sein wird, versucht er, das Witwenamt ausschließlich für alte Frauen zu reservieren, die vorher ihre Aufgaben im οἴκος erfüllt haben, während er gegen jüngere Frauen im Witwenamt mit massiver Polemik angeht; s.u. S. 171ff.

[152] Vgl. *Holtzmann*, Past, 110; *Leenhardt*, Frau, 45-49.

[153] Die Unechtheit wurde zunächst aus textkritischen Gründen behauptet (vgl. die Untersuchung *Fitzers* von 1963, "Das Weib schweige in der Gemeinde; vgl. auch *Ringeling*, Frau, 434; zur Unhaltbarkeit der textkritischen Argumentation vgl. *Wire*, Women Prophets, 148-152). Heute wird die Interpolationsthese stattdessen mit inhaltlichen Argumenten begründet; vgl. *Dautzenberg*, Prophetie, 263ff; *Lindemann*, Paulus, 137; *Conzelmann*, Kor, 299. Daneben wurde in der Forschung auch versucht, die Unterschiede zwischen 1 Kor 14,33b-36 und authentischen Paulusäußerungen zu harmonisieren, indem das Schweigegebot lediglich auf ein störendes Dazwischenfragen bezogen wurde (z.B: *Kähler*, Frau, 78 ff), oder indem das Schweigegebot nur auf verheiratete Frauen gedeutet wurde, während den unverheirateten in 1 Kor 11,2ff das prophetische Auftreten erlaubt werde (*Schüssler Fiorenza*, Gedächtnis, 287f). Solche Differenzierungen sind jedoch willkürlich und lassen sich aus dem Text nicht ableiten; vielmehr wendet sich 1 Kor 14,34f gegen vollmächtige spirituelle Rede von Prophetinnen (vgl. *Wire*, Women Prophets, 156, die den Abschnitt allerdings für paulinisch hält). Für Authentizität plädieren an-

Kor 14,33b-36 eine völlig andere Gottesdienstordnung voraussetzt als 1 Kor 14,26-33a;37-40 oder auch 1 Kor 11,2-16. Diese Ordnung "synagogalen Typs" entspricht aber derjenigen in 1 Tim 2,11f.[154] Die Interpolation stamme also aus der Zeit der Sammlung des Corpus Paulinum, in die auch die Abfassung der Past fällt.[155] 1 Kor 14,33b-36 wurde deshalb als direkt oder indirekt von 1 Tim 2,9-15 abhängig gesehen.[156] In jüngerer Zeit hat aber wiederum *Roloff* für literarische Abhängigkeit in umgekehrter Richtung plädiert: Er meint, die Interpolation in 1 Kor könnte "so früh erfolgt sein, daß dem Verfasser der Past der Text schon in der heutigen Gestalt vorgelegen hätte."[157] Er hält damit das Lehrverbot in 1 Tim 2,11ff mit seiner Begründung für "eine überarbeitete, präzisierte und situativ zugespitzte Neufassung von 1 Kor 14,33b-36".[158] *Roloffs* Argument beruht auf den weitgehenden sprachlichen Übereinstimmungen zwischen beiden Texten, sowie darauf, daß die Unterschiede sich ausnahmslos aus intentionaler Redaktionsarbeit des Verfassers der Past erklären lassen. Ein Merkmal von 1 Kor 14,33b-36 weist jedenfalls darauf hin, daß dieses Schweigegebot einem früheren überlieferungsgeschichtlichen Stadium zuzuordnen ist als 1 Tim 2,11f: In 14,33b werden die christlichen Gemeinden als ἐκκλησίαι τῶν ἀγίων bezeichnet. Dies entspricht paulinischer Begrifflichkeit, da Paulus wie auch die Deuteropaulinen Kol und Eph die Christinnen und Christen häufig als οἱ ἄγιοι ansprechen, während diese Bezeichnung in den Past nur noch 1 Tim 5,10 in einem anderen Sinn vorkommt.[159] Dies spricht auch dafür, daß eher Abhängigkeit des 1 Tim von dem Schweigegebot in 1 Kor anzunehmen ist als umgekehrt. Trotzdem kann der Autor der Past das Schweigegebot auch vor der Interpolation in 1 Kor - als selbständige Gemeinderegel - gekannt haben. Unsere Analyse wird überprüfen, inwiefern sich 1 Tim 2,11f als Umgestaltung auf der Basis von 1 Kor 14,33b-36 verstehen läßt.

---

sonsten evangelikal orientierte amerikanische Exegeten (vgl. *Moo*, Meaning, 62ff; *Payne*, Women, 169ff), desgleichen *Trummer*, Paulustradition, 144ff.

[154] Vgl. *Dautzenberg*, Prophetie 263-272. Die beiden Texte haben seiner Ansicht nach den gleichen historischen Hintergrund, der die Abfassung der Past wie auch die korrigierende Interpolation in 1 Kor motivierte, nämlich eine Paulusrezeption in ursprünglich nicht paulinisch geprägten Gemeinden.

[155] Vgl. *Dautzenberg*, Prophetie, 272.

[156] Die Abhängigkeit des eingefügten Textes von den Past betont insbesondere *Thraede*, Ärger, 112: "1 Tim 2,8/15 ist doch gar zu eng verwandt, als daß man nicht die Interpolation als ebenfalls pseudopaulinische Verankerung kirchenrechtlicher Zustände des frühen zweiten Jahrhunderts beurteilen müßte"; vgl. auch *Ringeling*, Frau, 434. *Bartsch*, Rechtsbildungen, 69f sieht beide Texte auf das gleiche gottesdienstliche Regelgut zurückgehen; *Dautzenberg*, Prophetie 269 lokalisiert dieses im hellenistischen Judentum bzw. Judenchristentum.

[157] *Roloff*, 1 Tim, 128.

[158] *Roloff*, 1 Tim, 128. Ähnlich argumentiert *Trummer* (Paulustradition, 145) für literarische Abhängigkeit, wobei er allerdings Authentizität von 1 Kor 14,33b-36 voraussetzt: "Die Ähnlichkeit der Texte bei P und in den Past spricht also durchaus für einen *literarischen* Zusammenhang. Die Unterschiede machen die Art der Abhängigkeit erkenntlich, wobei die Entwicklung der Argumentation von P zu den Past geht. Der Text von 1 Kor 14,34f ist der allgemeinere, unbestimmtere, dem gegenüber 1 Tim 2,11 zu interpretieren versucht."

[159] Vgl. dazu S. 188f.

4.3.1 Vergleich von 1 Kor 14,33b-36 und 1 Tim 2,11f

Den Kern des Schweigegebots in 1 Kor 14 bilden die Verse 14,34f; dieser erhält eine Rahmung[160] durch den einleitenden Vergleich mit "allen Kirchen der Heiligen" (v33b), durch den die Anweisung auf die besondere Situation in Korinth bezogen wird, sowie durch den Abschluß (v36), der ebenfalls der Einordnung in den Korintherbrief dient.[161] Die Rahmung dürfte also bei der Interpolation dem eigentlichen Schweigegebot zugewachsen sein.

Das Korpus des Schweigegebots beginnt in v34a mit der zentralen Anweisung αἱ γυναῖκες ἐν ταῖς ἐκκλησίαις σιγάτωσαν. V34b wird mit γάρ eingeleitet, was eine Begründung für die Anweisung erwarten läßt; stattdessen folgt jedoch in der Formulierung οὐ ... ἐπιτρέπεται αὐταῖς λαλεῖν lediglich eine Wiederholung der Bestimmung in negativer Form. Durch Anknüpfen mittels ἀλλά wird dem verbotenen Sprechen antithetisch die Aufforderung zur Unterordnung entgegengestellt, ohne daß aber gesagt würde, wem gegenüber die Frauen sich unterzuordnen haben. V35c begründet die Anweisung mit einem formalen Rekurs auf das "Gesetz", der inhaltlich nicht ausgeführt wird.[162] In v35a wird ein konkreter Fall verhandelt: εἰ δέ τι μαθεῖν θέλουσιν, ἐν οἴκῳ τοὺς ἰδίους ἄνδρας ἐπερωτάτωσαν. Darauf folgt in v35b eine nochmalige Begründung für das Schweigegebot, die jetzt mit allgemeinem Schicklichkeitsempfinden argumentiert: αἰσχρὸν γάρ ἐστιν γυναικὶ λαλεῖν ἐν ἐκκλησίᾳ. Daß v35b eine Begründung für v34a, nicht eine Begründung für v35a gibt, macht deutlich, daß das Gewicht der gesamten Anweisung auf dem σιγάτωσαν liegt. Demgegenüber hat das Zugeständnis des Lernens kein eigenes Gewicht: τι μαθεῖν θέλειν ist unbetont zu verstehen im Sinne von "etwas wissen wollen" oder "eine Frage haben". Somit hat v35a lediglich die Funktion, eine potentielle Ausnahme von dem gegebenen absoluten Schweigegebot auszuschließen:[163] Gegenüber dem (imaginativen) Argument, daß Frauen sich in der Kirche einfach deswegen zu Wort melden könnten, weil sie etwas nicht verstanden haben, wird auf die Möglichkeit zu häuslicher Nachfrage hingewiesen. Es geht also in v35a nicht darum, daß Frauen auch das Lernen[164] im Gottesdienst nicht zugestanden würde; der Vers zielt nur darauf, daß das Verstehenwollen keine Ausnahme von dem Schweigegebot rechtfertigt.

1 Kor 14,33b-36 stellt eine christliche Adaptation des in der Antike verbreiteten Schweigegebots für Frauen in der Öffentlichkeit dar.[165] Das Argument beruht auf dem Gegensatz zwischen Haus und öffentlichem Raum; da die Frau dem "Innen" des

---

160 Vgl. *Dautzenberg*, Prophetie, 257.

161 Vgl. *Thraede*, Ärger, 112.

162 *Thraede*, Ärger, 112, sieht hier einen Rekurs auf Gen 3,16.

163 So auch *Wire*, Women Prophets, 157.

164 Häufig wird hier ein systematisierender Vergleich mit dem zugestandenen Lernen in 1 Tim 2,11f vorgenommen. Das Ergebnis ist dann, daß 1 Kor 14,35 eine Verschärfung vorliege, da hier nicht einmal vorgesehen sei, daß die Frauen im Gottesdienst lernen, was in 1 Tim 2,11 ausdrücklich zugestanden wird (z.B. *Michel*, Grundfragen, 93; *Kähler*, Frau, 153). Ein solcher Vergleich ist aber unangemessen, da er die Gegenüberstellungen von 1 Tim 2,11f in 1 Kor 14,33b-36 einträgt; in 1 Kor ist gar nicht grundsätzlich vom "Lernen" im Gegensatz zum "Lehren" die Rede.

165 So auch *Dautzenberg*, Prophetie, 258.

Hauses zugeordnet ist, hat sie in dem "Außen" der Gemeindeöffentlichkeit zu schwei-gen.[166] Die Zuordnung der Frau zum Haus wird hier benutzt, um ihre aktive Partizi-pation im Gottesdienst zu verbieten. Wichtig ist in diesem Zusammenhang die Unter-ordnungsforderung: Sie ist wie in den Haustafeln medial formuliert (ὑποτασσέσϑωσαν), im Gegensatz zu diesen fehlt aber die Angabe dessen, auf den sich die Unterordnung der Frau bezieht. Aufgrund der Erwähnung des "eigenen Mannes" in v35a geht die Forschung meist davon aus, daß auch die Unterordnungsforderung auf die eheliche Beziehung bezogen sei. "Gestört wäre demnach also das familiäre Unterordnungsver-hältnis, die Ordnung des jeweiligen Hauses."[167] Diese Interpretation übersieht aber, daß das λαλεῖν als Gegensatz zu ὑποτάσσεσϑαι in v34b sich im Rahmen des Gottesdien-stes nicht auf Sprechen allgemein, sondern auf Verkündigung bezieht, also Predigt oder Lehre beinhaltet. Das gottesdienstliche Reden wird nicht nur deshalb abgelehnt, weil es den Ehemann der Frau beschämt - so daß es etwa unverheirateten Frauen zu-gestanden werden könnte - sondern der Text bedient sich für das Ziel der allgemeinen Unterordnung der Frauen in der Kirche des traditionellen Topos der Beschränkung der Frau auf das Haus. Die Argumentationsstrategie beruht nicht auf dem Verhältnis Ehemann - Ehefrau, sondern auf dem Gegenüber von privat - öffentlich. Obwohl hier noch die mediale Form ὑποτάσσεσϑαι erscheint, hat sich die Unterordnungsforderung von dem Bezug auf die Ehe gelöst und betrifft das Verhältnis zu den im Gottesdienst mit Autorität auftretenden Männern, d.h. Amtsträgern.

1 Tim 2,11f werden nun in dem Text bedeutende Verschiebungen vorgenom-men.[168] Vom Aufbau her wird der gesamte Text konsequenter strukturiert, "so daß ein Nebeneinander von zwei antithetischen Parallelaussagen entsteht":[169] Auf der Seite des Gebotenen bzw. Erlaubten steht das Lernen, das durch Schweigen und Unterord-nung genauer bestimmt wird; diesem wird das als Herrschaft über den Mann interpre-tierte Lehren als verboten gegenübergestellt. Der Autor präzisiert das Verbot, indem er λαλεῖν durch den für ihn zentralen Begriff διδάσκειν ersetzt.[170] Gleichzeitig erfährt das in 1 Kor 14 unbetonte Lernen eine Aufwertung: Durch die Präsensform und den absoluten Gebrauch erhält es grundsätzliches Gewicht, was sich auch in seiner Stel-lung als antithetischer Entsprechung zu διδάσκειν ausdrückt. Die Motive der Stille und Unterordnung werden in der nominalen Konstruktion mit ἐν, für die der Verfasser der Past eine Vorliebe hat,[171] dem μανϑάνειν zugeordnet. Begrifflich ersetzt er das in Schweigegeboten traditionelle σιγᾶν durch ἡσυχία, ein Begriff, der ihm auch sonst ge-läufig ist, wie 1 Tim 2,2 zeigt. Sowohl die Forderung der Stille bzw. des Schweigens, als auch die der Unterordnung werden durch eine Doppelung der semantischen Refe

---

[166] So auch *Roloff*, 1 Tim, 130.

[167] *Roloff*, 1 Tim, 130. Dagegen weist *Wire* (Women Prophets, 156) darauf hin, daß die häusliche Unterordnung sich nicht nur auf Ehefrauen, sondern auch auf Töchter, Witwen und Sklavinnen gegen-über dem Hausherrn bezieht.

[168] 1 Tim 2,11f zeigt keine Bezugnahme auf die Rahmung des Schweigegebots in 1 Kor 33b.36. Aus diesem Grund ist nicht zu entscheiden, ob der Autor das Schweigegebot direkt aus 1 Kor 14,33b-36 kannte oder unabhängig von der Interpolation die dieser zugrundeliegende Tradition verarbeitet hat.

[169] *Roloff*, 1 Tim 128f.

[170] S.u. S. 101-103.

[171] Vgl. 1 Tim 1,13.18; 2,2; 3,4; 4,12; 5,2; Tit 1,6; 2,3.

renten verstärkt: ἐν ἡσυχίᾳ wird am Ende wiederholt, und die geforderte Unterordnung wird in negativer Entsprechung durch das Verbot des Herrschens (οὐδὲ αὐθεντεῖν ἀνδρός) wieder aufgenommen. Indem der Gegensatz von Lehren - Lernen an die Stelle der Antithese von privat - öffentlich tritt, entfällt der Rekurs auf das eigene Haus bzw. den Ehemann.[172] Von den beiden Begründungen streicht der Autor den Hinweis auf die allgemeine Sitte und gestaltet stattdessen den formalen Rekurs auf das Gesetz zu einer inhaltlichen Bezugnahme auf die Schöpfungs- und Sündenfalltradition um.

4.3.2 Begriffskritische Analyse von 1 Tim 2,11f

4.3.2.1 μανθάνειν

Μανθάνειν wird in den Past außer 1 Tim 2,11 noch an vier Stellen gebraucht, davon zweimal mit einem direkten Objekt und zweimal absolut. Dieser unterschiedliche Gebrauch spiegelt zwei verschiedene Begriffe von "Lernen". Mit direktem Objekt erscheint μανθάνειν im Rahmen einer ethischen Ermahnung, formal ausgedrückt durch den Imperativ der 3. Person. So heißt es 1 Tim 5,4 von den Witwen: μανθανέτωσαν πρῶτον τὸν ἴδιον οἶκον εὐσεβεῖν; in Tit 3,14 ergeht die Aufforderung: μανθανέτωσαν δὲ καὶ οἱ ἡμέτεροι καλῶν ἔργων προΐστασθαι εἰς τὰς ἀναγκαίας χρείας, ἵνα μὴ ὦσιν ἄκαρποι. Die Verwendung von μανθάνειν in dem hortativen Kontext ist nicht zufällig, sondern erklärt sich aus der Gnadenlehre der Past: Nach Tit 2,11f erwirkt die erschienene Gnade Gottes das Heil als παιδεύουσα ἡμᾶς ἵνα ἀρνησάμενοι τὴν ἀσέβειαν καὶ τὰς κοσμικὰς ἐπιθυμίας σωφρόνως καὶ δικαίως καὶ εὐσεβῶς ζήσωμεν ἐν τῷ νῦν αἰῶνι. Wenn das Wirken der Gnade als Erziehungsprozeß beschrieben werden kann, der auf ein "gutes Leben" zielt, dann ist mit μανθάνειν die subjektive Seite dieses Prozesses wiedergegeben. "Lernen" im Sinne des Autors ist damit in einer bestimmten, praktisch ausgerichteten Weise festgelegt.

Von diesem Befund ausgehend lassen sich auch die Stellen einordnen, an denen μανθάνειν absolut gebraucht wird:[173] In 2 Tim 3,7 steht das Verb im Kontext antihäretischer Polemik. Den Irrlehrerinnen und Irrlehrern wird vorgeworfen, sich in die Häuser einzuschleichen und sich in subversiver Weise insbesondere an Frauen zu wenden. Diese Adressatinnen werden als γυναικάρια verspottet und nachfolgend in einer pejorativen Charakteristik beschrieben: σεσωρευμένα ἁμαρτίαις, ἀγόμενα ἐπιθυμίαις ποικίλαις (3,6) und πάντοτε μανθάνοντα καὶ μηδέποτε εἰς ἐπίγνωσιν ἀληθείας ἐλθεῖν δυνάμενα (3,7). Der erste Vorwurf mit seinem Rekurs auf Sündigkeit und mannigfache Begierden entstammt traditioneller Topik der Ketzerpolemik und sagt deshalb über das konkrete Verhalten der gemeinten Frauen wenig aus.[174] Interessanter ist der zweite Teil der Darstellung: Der Hintergrund ist darin zu sehen, daß die Häresie mit ihren Mythen und Spekulationen und ihrer Betonung von "Erkenntnis" eine starke in-

---

[172] Hinter dieser Veränderung könnte auch die konkrete Situation stehen, in die der Verfasser schreibt: In der Witwenregel 1 Tim 5,3-16 wird deutlich, daß viele Frauen unverheiratet leben; s.u. S. 230f.

[173] Das Vorkommen von μανθάνειν in 1 Tim 5,13 wird im Rahmen der Exegese der Witwenregel untersucht; s.u. S. 204-206.

[174] Vgl. *Karris*, Background, 549ff.

tellektuelle Anziehungskraft ausübt.[175] Mit dem absolut gebrauchten μανθάνειν greift der Autor die für die Gegenseite so positiv besetzte Erkenntnissuche auf, um sie ironisch zu disqualifizieren. Die Abwertung realisiert er durch die Gegenüberstellung von "immerdar lernen" und "niemals zur Erkenntnis der Wahrheit kommen". Für das Verständnis ist wichtig, daß ἐπίγνωσις ἀληθείας in den Past festgelegt ist als "Erkenntnis und Annahme der christlichen Glaubenswahrheit"[176] im Sinne der "Rechtgläubigkeit". Diese Wahrheit ist nicht paradox oder geheimnisvoll, sondern unmittelbar einsichtig. Entsprechend geht es bei ἐπίγνωσις nicht primär um intellektuelle Erkenntnis, sondern um eine Haltung der Annahme dieser Wahrheit.[177] Die ironische Polemik des Autors gegenüber den "immerdar lernenden Frauchen" beruht also darauf, daß er mit dem absolut gebrauchten μανθάνειν scheinbar deren Betonung des Lernens aufnimmt, aber als nutzlos desavouiert: Weil die Wahrheit des Evangeliums kein Geheimnis ist, kann die intellektuell-spekulative Erkenntnisbesessenheit zu nichts führen. Die Frauen machen sich deshalb lächerlich, wenn sie soviel Energie auf ihre Lernbegierde verwenden.

Diese Lernbegierde der Frauen nimmt der Autor in 1 Tim 2,11 formal auf, indem er vorschreibt: Γυνὴ ἐν ἡσυχίᾳ μανθανέτω ἐν πάσῃ ὑποταγῇ. Er gesteht damit formal das von den Frauen hochgeschätzte μανθάνειν ausdrücklich zu, verändert in der Sache das Gemeinte jedoch fundamental, indem er das Lernen in seinem Sinn als rein passives Empfangen der Lehre umdeutet, das in Stille und Unterordnung zu geschehen hat.[178]

4.3.2.2 Stille und Unterordnung versus Herrschaft: die Begriffe ἡσυχία, ὑποταγή und αὐθεντεῖν

Da der hier verwandte Begriff ἡσυχία sowohl mit "Ruhe" als auch mit "Schweigen" übersetzt werden kann,[179] hat sich die Forschung an dieser Stelle meist ausführlich der Frage gewidmet, wie das doppelte ἐν ἡσυχίᾳ in 1 Tim 2,11f zu verstehen ist: Wird hier eine Haltung der Ruhe und Leidenschaftslosigkeit angemahnt,[180] oder ein Schweigegebot ausgesprochen?[181] Die Konzentration auf diese Frage wird aber dem

---

[175] Es scheinen unbefriedigte Bedürfnisse nach intellektueller Betätigung und Ansprüche auf Bildung zu sein, die die Irrlehre für die Frauen attraktiv macht. Selbst die polemische Beschreibung der Häresie durch den Autor der Past macht ja noch deutlich, daß sie mit ihren Spekulationen und ihrer Betonung auf γνῶσις wahrscheinlich erkenntnishungrigen Menschen mehr intellektuelle Nahrung versprach als die orthodoxe, praktisch orientierte ὑγιαίνουσα διδασκαλία. Die vom Autor abgelehnten Diskussionen und Streitgespräche der Heterodoxie dürften gerade eine nicht unerhebliche Anziehungskraft ausgeübt haben.

[176] Vgl. *Lips*, Glaube, 37; siehe auch die Ausführungen S. 85ff.

[177] Den engen Zusammenhang zwischen πίστις, ἐπίγνωσις ἀληθείας und διδασκαλία in den Past hat *Lips*, Glaube, 32-40 überzeugend herausgearbeitet.

[178] Hier kommt die Auffassung der Past vom Verhältnis zwischen Amt und Gemeinde zum Tragen: Das leitende Amt ist an der Rolle des Hausvaters orientiert und damit pädagogisch ausgerichtet: Dem διδάσκειν des Amtsträgers steht das ἀκούειν und μανθάνειν der Gemeinde gegenüber (vgl. *Lips*, Glaube, 132ff).

[179] Vgl. *Bauer/Aland*, 707; *Peisker*, ἡσυχία, 310f.

[180] So *Holtz*, Past, 69; *Howard*, Women, 40; *Schlatter*, Kirche, 87; *Spicq*, Past, 389.

[181] So *Lips*, Glaube, 137; *Dautzenberg*, Prophetie, 258; *Dibelius/Conzelmann* 38, *Roloff*, 1 Tim, 135.

Aussagewillen von 1 Tim 2,11f nicht gerecht und verstellt eher den Zugang zu einem Verständnis. Wenn der Autor hier das eindeutig als "schweigen" festgelegte σιγᾶν durch das an diesem Punkt unbestimmtere ἡσυχία ersetzt, so ist danach zu fragen, welche Bedeutungskomponenten die Wortgruppe auf ἡσυχ- auszeichnen, auf die es dem Verfasser ankam. Es sollen also hier die spezifischen Konnotationen aufgezeigt werden, die sich mit ἡσυχία, ἡσύχιος bzw. ἡσυχάζειν verbinden.[182]

Im stoischen Denken bezeichnet ἡσυχία als Synonym zu ἀταραξία ein Ideal der inneren Ruhe und Leidenschaftslosigkeit.[183] Diesem entspricht nach außen ein ruhiges Verhalten, das auf Provokationen nicht antwortet: Nach Musonius erträgt der Weise jegliche Schmähungen ohne Widerrede, ἡσύχως καὶ πράως.[184] Diese Kombination wird im frühen Christentum als feste Wendung aufgenommen und bezeichnet dann die christliche "Sanftmut",[185] die dem Bösen nicht widersteht.[186] In diesem Zusammenhang steht auch das Vorkommen in 1 Petr 3,4, wo den Frauen angeraten wird, ihren Sinn auf das ἐν τῷ ἀφθάρτῳ τοῦ πραέως καὶ ἡσυχίου πνεῦμα zu richten.[187]

Der Autor der Past verwendet das Adjektiv ἡσύχιος in 1 Tim 2,2 in der Aufforderung zum Gebet für die staatlichen Autoritäten: Zweck des Gebets für die Obrigkeit ist es, daß die Christinnen und Christen ein ἤμερον καὶ ἡσύχιον βίον[188] führen können. Hier ist statt des individualethischen mehr ein politischer Zusammenhang gegeben; in der kaiserzeitlichen politischen Philosophie werden ähnliche Vorstellungen ebenfalls durch ἡσυχία ausgedrückt: Es geht um die friedliche Eintracht der Bürger,[189] wozu das Sich-Einfügen aller in die gegebene Ordnung gehört. Das Gegenteil wären Streitigkeiten, Fraktionsbildungen und Aufstände.[190] Zu diesem ruhigen Leben gehört, daß jede Person ihren Platz und ihre Aufgaben genau kennt und sich nicht in die Angelegenheiten anderer einmischt.[191] Diese Tradition scheint schon in 1 Thess 4,11 auf, wo Paulus schreibt: Παρακαλοῦμεν ... φιλοτιμεῖσθαι ἡσυχάζειν καὶ πράσσειν τὰ ἴδια καὶ ἐργάζεσθαι ταῖς ἰδίαις χερσὶν ὑμῶν. Der Autor des 2 Thess nimmt den Gedanken auf, wenn er in 3,12 solche, die bisher keiner geregelten Arbeit nachgingen, ermahnt, ἵνα μετὰ ἡσυχίας ἐργαζόμενοι τὸν ἑαυτῶν ἄρτον ἐσθίωσιν.[192]

Bei Plutarch wird nun ein Zusammenhang hergestellt zwischen den Führungsqualitäten der städtischen Eliten und der Ruhe und Einfügung der Bevölkerung. Plutarch

---

[182] Von den neutestamentlichen Belegen werden nur diejenigen näher untersucht, in denen ἡσύχιος/ἡσυχία/ἡσυχάζειν wie in 1 Tim 2,11f moralische Wertbegriffe sind. Daneben kommt die Wortgruppe bei Lukas auch einfach beschreibend im Sinne von "schweigen" (Lk 14,4; Apg 22,2), "ruhen" im Sinne der Sabbatruhe (Lk 23,56) und "sich beruhigen" (Apg 11,18; 21,14) vor.

[183] Vgl. Epiktet, Diss I,10,2: ἐν ἡσυχίᾳ καὶ ἀταραξίᾳ.

[184] Musonius, Or. 10 (*Lutz*, 78,10).

[185] Vgl. 1 Clem 13,4; Herm mand V 2,3; VI 2,3.

[186] S.u. die Überlegungen zu λοιδορία S. 210ff.

[187] Vgl. *Balch*, Wives, 1974/253-256; *Gielen*, Haustafelethik, 520f.

[188] Vgl. die ganz ähnliche Formulierung bei Josephus, Ant 13, 407: εἰρηνικὸν καὶ ἡσύχιον βίον διάξαι; ebenso erscheint ἡσυχία vom ruhigen Leben in Josephus, Ant 18,245.

[189] Vgl. Diogenes Laertius 9,21.

[190] Vgl. *Balch*, Wives, 1974/163.

[191] Vgl. auch die Ausführungen zu περίεργος S. 208-211.

[192] Die hier verwandte Formulierung μετὰ ἡσυχίας findet sich bei Diodor von Sizilien; Belege bei *Bauer/Aland*, 707.

schreibt, auf seiten der Führenden seien πραότης und ἐπιείκεια, also Nachsicht und Milde, die beste Möglichkeit, bei den unteren Schichten ἡσυχία καὶ πραότης zu erreichen.[193] Auch die Past vertreten diese Philosophie der "milden Führung": ἐπιεικής erscheint unter den notwendigen Qualifikationen des Bischofs (1 Tim 3,3) sowie πραϋπαθία in Ermahnungen an 'Timotheus' (1 Tim 6,11, 2 Tim 2,25).[194] Der Begriff ἡσυχία hat also hier seinen Platz in der Theorie der Führung, in der er aus der Perspektive von oben das angemessene Verhalten der Untergeordneten bezeichnet. Dieser Kontext steht dem Gebrauch in 1 Tim 2,11 am nächsten.[195]

Das Ideal der Ruhe, das durch ἡσυχία ausgedrückt wird, hat also gleichzeitig die Konnotation der pflichtgemäßen Erfüllung der eigenen Rolle und der akzeptierenden Einfügung in die gegebene Ordnung. Wenn das Gegenteil von ἡσυχία aber Streitigkeiten und Fraktionsbildungen sind, so verweist dies im Kontext der Past sofort auch auf die Darstellung der Häresie, deren "Mythen und Genealogien" ἐκζητήσεις παρέχουσιν (1 Tim 1,4), und deren Vertreterinnen und Vertreter als ἀντιλέγοντες und ἀνυπότακτοι bezeichnet werden (Tit 1,9f).[196]

Wenn also der Autor der Past in 1 Tim 2,11 anstelle von σιγᾶν die Formulierung ἐν ἡσυχίᾳ verwendet, so dürfte das darauf hinweisen, daß es ihm bei diesem Begriff auf die Einfügung der Frauen in die von ihm propagierte Ordnung ankam. Im Kontext von Lehre und Lernen heißt dies aber: Verzicht auf eigene Position und Einnehmen einer rein rezeptiven Haltung. Wenn also gesagt wird, daß die Frauen "in Ruhe lernen sollen", so geht es nicht primär um Schweigen. Ausgeschlossen wird vielmehr das selbständige Urteil und der Wille zur inhaltlichen Auseinandersetzung, da solches als Widerrede gegen die lehrenden Autoritäten und damit als Verletzung der gebotenen ἡσυχία angesehen wird.

Als zweite Qualifizierung des zugestandenen Lernens erscheint die Bestimmung ἐν πάσῃ ὑποταγῇ. Im Gegensatz zu dem medialen ὑποτάσσομαι, das in den Haustafeln durchgängig verwendet wird, erscheint das Substantiv ὑποταγή im Neuen Testament vor den Past nur zweimal bei Paulus.[197] Erst in den Past hat der Begriff die Bedeutung der grundsätzlichen Unterordnung unter eine fest vorgegebene Autorität, die auch bei den Apostolischen Vätern vorherrscht.[198] In diesem Sinn begegnet er auch in 1 Tim 3,4 als Anforderung an den Bischof τέκνα ἔχοντα ἐν ὑποταγῇ.

---

[193] Vgl. Plutarch, Mor 78B.144E.823F. Der Gedanke der Milde und Freundlichkeit ist fester Topos in der Führungsphilosophie der städtischen Oberschichten. Vgl. *Brown*, Body, 11: "the elites of the Greek world ... learned rapidly and well how to bring upon their peers and their inferiors the 'gentle violence' of a studiously self-controlled and benevolent style of rule: 'avoidance of discord', gentle but firm control of the populace were their principal political and social aims."

[194] Der wiederholte Aufruf zur Milde hindert den Autor aber nicht, andererseits mit schärfster und abqualifizierender Polemik gegen die Gegner und insbesondere die Gegnerinnen vorzugehen.

[195] Vgl. auch *Kidd*, Wealth, 90f.

[196] Auf diesen Zusammenhang weist auch *Lips*, Glaube, 137.

[197] 2 Kor 9,13 wo die Beteiligung an der Kollekte als Gehorsam gegenüber dem Evangelium Christi bewertet wird; außerdem Gal 2,5, wo Paulus von sich sagt, daß er sich seinen Gegnern nicht unterworfen habe.

[198] Vgl. IgnEph 2,2; 1 Clem 1,3. Daneben in 1 Clem 27, 5 von den Gliedern des Leibes.

Die Unterordnungsforderung an die Frau in 1 Kor 14, 34b und 1 Tim 2,11 ist auf dem Hintergrund der Haus- bzw. Ständetafeltradition zu sehen, hat sich aber jetzt von dem Bezug zu den Ehemännern gelöst und wird stattdessen auf das gebotene Verhalten im Gottesdienst bezogen. Eine ähnliche Entwicklung zeigt das Vorkommen in 1 Tim 3,4, wo die autoritäre Ausfüllung der Hausherrnrolle zur Voraussetzung des Bischofsamtes wird. Diese Übertragung der ὑποταγή aus dem Bereich des οἶκος in die Gemeindeorganisation ist von dem grundlegenden Verständnis von Gemeinde als οἶκος θεοῦ her zu erklären.

Als Gegenteil der von der Frau geforderten Unterordnung wird in 1 Tim 2,12 das Lehren als αὐθεντεῖν ἀνδρός bewertet. Das hier begegnende Verb αὐθεντεῖν ist Hapaxlegomenon im Neuen Testament.[199] Während das zugehörige Substantiv im klassischen Griechisch die Bedeutung "Mörder"[200] hatte, verliert es in hellenistischer Zeit den Bezug zu kriminellen Akten und kann allgemein den Urheber einer Handlung oder auch Menschen in Autoritätspositionen, also Herrschende, bezeichnen.[201] Bei den Kirchenvätern kommt es dann durchgängig in diesem Sinn von "Autorität ausüben" vor.[202]

Obwohl das Wort an sich also keinen pejorativen Unterton haben muß, ist die Bedeutung an dieser Stelle durch den Kontext negativ festgelegt. Die Herrschaft von Frauen über Männer ist in griechisch-römischer Literatur über die Zeiten als fester negativer Topos belegt, der als Symbol für die völlige Umkehrung der "natürlichen" Ordnung gilt.[203] Im klassischen Athen heißt es von Sparta, daß dort die Frauen über ihre Männer herrschen;[204] in der römischen Zeit wird dies immer wieder Ägypten zugeschrieben und dem Isis-Kult zugerechnet.[205]

Wenn also in 1 Tim 2,12 das Lehren von Frauen als ein Herrschen über die Männer interpretiert wird, so wird damit auf eine pauschal abqualifizierende Etikettierung zurückgegriffen, die ihre Wirkung aufgrund eines Appells an Emotionen entfaltet. Dementsprechend wird die Gleichsetzung von Lehren und Herrschen nicht begründet, sondern einfach behauptet.

---

[199] Während sich Analysen zur Bedeutung von αὐθεντεῖν/αὐθέντης/αὐθεντία lange Zeit auf eine relativ geringe Anzahl von Belegen stützten, ist durch die TLG-Datenbank eine breitere Basis für die Untersuchung der Wortgruppe geschaffen worden; diese hat *Wilshire* in seinem 1988 erschienenen Aufsatz "The TLG-Computer and Further Reference to ΑΥΘΕΝΤΕΩ in 1 Timothy 2,12" ausgewertet. Von den früheren Untersuchungen setzt sich *Wilshire* leider nur mit *Knight*, ΑΥΘΕΝΤΕΩ, auseinander, dessen Ergebnisse er zu einem Teil widerlegt. Leider übergeht er aber die früheren Beiträge von *Panning* und *Osburn*, die trotz geringerer Textbasis im wesentlichen zu den gleichen Schlußfolgerungen kamen wie Wilshire. Die Auswertung des umfangreichen TLG-Materials erbringt also keine grundsätzliche Revision des Forschungsstandes.

[200] Vgl. *Wilshire*, ΑΥΘΕΝΤΕΩ, 121-123. Der Versuch von *Kroeger* (Heresies, 14), eine völlig andere, nämlich erotische Bedeutung von αὐθεντεῖν im Sinne von "to engage in fertility practices" wahrscheinlich zu machen, läßt sich aus den vorhandenen Belegen nicht stützen. Detaillierter Widerspruch besonders durch die Aufsätze von *Panning*, ΑΥΘΕΝΤΕΩ, und *Osburn*, ΑΥΘΕΝΤΕΩ.

[201] *Knight*, ΑΥΘΕΝΤΕΩ, 144, verweist auf Philodemus, Rhetorica II p. 133,14.

[202] Vgl. *Wilshire*, ΑΥΘΕΝΤΕΩ, 125ff.

[203] Vgl. die detaillierte Darstellung bei *Balch*, Wives, 1974/31ff.125ff.

[204] Vgl. Aristoteles, Pol II 1269b12ff.

[205] Vgl. Diodorus Siculus I.27.1f (weitere Belege bei *Balch*, Wives, 1974/125ff).

4.3.2.3 Das Lehrverbot für Frauen auf dem Hintergrund der Konzeption der διδασκαλία

Die Lehre ist in den Past ein zentraler Gegenstand; der Begriff διδασκαλία begegnet insgesamt 14 mal. Die Tatsache, daß die Past anstelle des auch bei Paulus gebräuchlicheren Begriffes διδαχή die Bezeichnung διδασκαλία verwenden, führt *Lohfink* darauf zurück, daß dieser sich etymologisch von διδάσκαλος herleitet.[206] Das "Urbild" des Lehrers ist für die Past aber Paulus selbst, der 2 Tim 1,11 als κῆρυξ καὶ ἀπόστολος καὶ διδάσκαλος bezeichnet wird. Die so auf Paulus zurückgeführte Lehre wird als ὑγιαίνουσα bzw. καλὴ διδασκαλία (1 Tim 4,6; 2 Tim 4,3; Tit 1,9;2,1 u.a.) den Briefempfängern nahegelegt und eingeschärft. Wenn sie als ἡ κατ' εὐσέβειαν διδασκαλία (1 Tim 6,3) bezeichnet wird, macht der Verfasser deutlich, daß der Orthodoxie direkt eine Orthopraxie entspricht: "Die Fähigkeit, gute Werke zu tun, wird an den Besitz der rechten Lehre geknüpft."[207] Deshalb werden die moralischen Verfehlungen der Häretiker und Häretikerinnen herausgestellt (vgl. 1 Tim 6,3-6).

Inhaltlich ist die Lehre durch die πίστις bestimmt, die auch als ἐπίγνωσις τῆς ἀληθείας bezeichnet werden kann (1 Tim 2,4; 4,3). Als "Gläubigkeit" ist der Begriff geprägt durch ein Übergewicht des sachlich-inhaltlichen über den persönlichen Bezug. Πίστις meint so das Akzeptieren der (inhaltlich verstandenen) Glaubenswahrheit und kann auch Bezeichnung des Glaubensinhalts selbst sein. Die "fides quae creditur" ist gegenüber der "fides qua creditur" deutlich akzentuiert, der Glaubensbegriff erhält so ein stark rationales und auch statisches Element: Der Inhalt des Glaubens ist vorgegeben und steht ein für allemal fest.[208]

Unter dem Aspekt der Herleitung von Paulus entspricht der διδασκαλία der Begriff der παραθήκη (1 Tim 6,20; 2 Tim 1,12.14). Dieser aus dem antiken Depositalrecht stammende Begriff findet sich außer in den Past im frühchristlichen Schrifttum nur noch Hermas, mand III 2. Entscheidend ist im Depositalrecht die Unversehrtheit des hinterlegten Gutes; insofern hat der Begriff eine starke Konnotation der Normativität.[209] Die Übertragung dieses juridischen Begriffes auf den christlichen Glauben wird in der Forschung meist so gedeutet, daß παραθήκη das dem Paulus von Gott anvertraute Evangelium bezeichne.[210] *Wolter* hat aber schlüssig nachgewiesen, daß der Genitiv τὴν παραθήκην μοῦ in 2 Tim 1,12 als Genitivus auctoris anzusehen ist: Paulus wäre demnach Eigentümer und Deponent der παραθήκη, die er dem Timotheus übergeben hat.[211] Deren Inhalt ist dann auch nicht das "reine" paulinische Evangelium,

---

[206] Vgl. *Lohfink*, Normativität, 98.

[207] *Heiligenthal*, Werke, 65.

[208] Vgl. zum Glaubensbegriff der Past *Merk*, Glaube; *Lips*, Glaube, 25-93; *Wolter*, Pastoralbriefe, 70ff.

[209] Vgl. *Wolter*, Pastoralbriefe, 114ff; *Brox*, Past, 235f zum Begriff der παρα(κατα)θήκη.

[210] So *Lohfink*, Normativität 96; *Merk*, Glaube, 96.

[211] Vgl. *Wolter*, Pastoralbriefe, 114ff. Das Perfekt von πιστεύειν (2 Tim 1,12) ist terminus technicus für den Vorgang der Hinterlegung des Depositums. Im 2.Timotheusbrief, der testamentarischen Charakter hat, begegnet der Begriff im Sinne der "Hinterlassenschaft". Die Inanspruchnahme der Fürsorge Gottes für das anvertraute Gut hat ihre Parallele in der Kurialphrase griechischer Testamente.

sondern die Gesamtheit der παραγγελία, die Timotheus zu vermitteln hat.[212] Vom Gegenstand her besteht also zwischen παραθήκη und διδασκαλία kein Unterschied: Beide bezeichnen das Ganze der von 'Paulus' überkommenen Inhalte - unter Einschluß der ethischen und kirchenordnenden Weisungen. Παραθήκη akzentuiert dabei mehr den Aspekt der 'paulinischen' Herkunft und damit der Normativität; διδασκαλία hat mehr die Gegenwart der angesprochenen Gemeinde und die in ihr wirkende Funktion der Vermittlung im Auge. Beide Begriffe betonen jedoch den Aspekt der Bewahrung des Gegebenen.

Dieses Grundverständnis schlägt sich im Konzept der Gemeindeorganisation nieder: Verantwortlich für die Unversehrtheit des "anvertrauten Gutes" sind die Amtsträger, die zur Erfüllung dieser Aufgabe mit der Ordination die "Amtsgnade" erhalten.[213]

Die Lehre wird explizit dem Bischof und den Presbytern zugeordnet; außerdem erscheint sie als Funktion des apostolischen Delegaten (vgl. 2 Tim 2,24). Vom Bischof heißt es in dem Episkopenspiegel 1 Tim 3,1-7, daß er διδακτικός zu sein habe; Tit 1,9 zeichnet ihn als ἀντεχόμενον τοῦ κατὰ τὴν διδαχὴν πιστοῦ λόγου ἵνα δυνατὸς ᾖ καὶ παρακαλεῖν ἐν τῇ διδασκαλίᾳ τῇ ὑγιαινούσῃ καὶ τοὺς ἀντιλέγοντας ἐλέγχειν. Im Rahmen der Anweisungen für die Presbyter wird 1 Tim 5,17 von den οἱ κοπιῶντες ἐν λόγῳ καὶ διδασκαλίᾳ gesprochen.[214]

Die Lehre ist zentraler Aspekt der Gemeindeleitung. Die Terminologie, in der die Leitungsfunktionen beschrieben werden, zeichnet sich durch zwei Bedeutungsaspekte aus: 1. Die verwandten Begriffe haben einen stark autoritativen Bedeutungsgehalt.[215] 2. Sie entstammen zu einem großen Teil dem (häuslichen) Bereich von Lehre und Erziehung.[216]

"Die vorherrschende Verwendung solcher Terminologie in Past zur Bezeichnung der Amtstätigkeiten läßt also die Funktion des Amtsträgers in eben diesem Bereich erscheinen: Wie der Hausvater oder der Lehrer gegenüber den Kindern hat er gegenüber den Gemeindegliedern die Aufgabe der Belehrung und Erziehung."[217]

Entsprechend wird vom Bischof die Ausfüllung seiner hausväterlichen Autoritätsstellung auch im privaten Bereich verlangt, da er so genau die Qualifikationen nachweist, die sein Amt erfordert.

---

[212] Vgl. *Wolter*, Pastoralbriefe, 118f mit Hinweis auf 1 Tim 1,18 und 6,20

[213] Vgl. 1 Tim 4,14. Zum Charisma in Verbindung mit der Ordination vgl. *Lips*, Glaube, 183-222.

[214] In der Forschung besteht keine Einigkeit darüber, wie das Verhältnis von Bischof und Presbytern in den Past genau zu bestimmen ist. Die Spannung in der Zuordnung der Ämter in den Past selbst wird meist darauf zurückgeführt, daß der Verfasser zwei verschiedene Gemeindeordnungen zusammenführt; vgl. *Sand*, Koordinierung, pass. Diese Verknüpfung wird jedoch nicht 'neutral' vorgenommen, sondern in der Form, daß die Ältestenverfassung an die Episkopat und Diakonat beinhaltende Verfassung angeglichen wird; vgl. *Roloff*, 1 Tim, 170-176.

[215] Gebraucht werden die Begriffe προΐστασθαι (1 Tim 3,5;5,17), ἐπιμελεῖσθαι (1 Tim 3,5), παραγγέλλειν (1 Tim 1,3;4,11; 5,7;6,13.17), ἐπιταγή (Tit 2,15). Vgl. Lips, Glaube, 130ff.

[216] Hier geht es hauptsächlich um die Begriffe παιδεύειν und διδάσκειν. Vgl. 2 Tim 3,16; Tit 2,11ff zur χάρις παιδεύουσα.

[217] *Lips*, Glaube, 134.

Dem παιδεύειν und διδάσκειν des leitenden Amtsträgers entspricht ein ἀκούειν und μανθάνειν der Gemeinde, die geradezu durch ihren Status als "Hörende" definiert ist.[218] Dabei ist ein entscheidendes Ziel des Lernens das Tun der "guten Werke" (Tit 3,14; 2 Tim 3,16f).

Wenn also in 1 Tim 2,12 den Frauen das Lehren untersagt wird, so ist damit nicht ausgesprochen, daß den Männern insgesamt die lehrende Verkündigung zugestanden wäre.[219] Allerdings steht ihnen grundsätzlich der Zugang zum Amt offen. Umgekehrt schließt die Ausbildung des Amtes die Frauen als Gruppe prinzipiell und faktisch von den entsprechenden Funktionen aus. Das Verständnis der Gemeinde als οἶκος θεοῦ findet seinen Ausdruck in der Konzipierung der Gemeindeleitung von der Hausvaterrolle her;[220] nach dieser Logik wird Zugehörigkeit zum männlichen Geschlecht zur zentralen Qualifikation des Amtsträgers.

4.3.3 Zusammenfassung

Die Ähnlichkeit zwischen 1 Tim 2,11f und 1 Kor 14,33b-36 gab Veranlassung zu der Untersuchung des Verhältnisses zwischen diesen beiden Regeln zum gottesdienstlichen Verhalten von Frauen. In der Analyse erwies sich 1 Tim 2,11f als eine sehr eigenständige Bearbeitung der Gottesdienstregel mit einer spezifischen Stoßrichtung. Damit ist diese Fassung einem späteren Stadium zuzuordnen als 1 Kor 14,33bff, wo die Argumentation in stärkerem Maße durch traditionelle Topoi geprägt ist. Nicht mehr feststellbar ist allerdings, ob der Bearbeitung durch den Autor der Pastoralbriefe der erweiterte Text 1 Kor 14,33b-36 vorlag, oder ob er die Regel unabhängig von dieser Interpolation aus Gemeindetradition geschöpft hat.

Während in 1 Kor 14,33b-36 die Argumentation auf der Antithese von "öffentlich - privat" aufbaut, ist 1 Tim 2,11f formal wie inhaltlich von den analog gesetzten Gegensatzpaaren "Lehren - Lernen" sowie "Herrschaft - Unterordnung" bestimmt. Diese Verschiebung reflektiert das hervorstechende Interesse der Pastoralbriefe an der richtigen Lehre und ihrer Absicherung durch die (männlichen) Amtsträger. Selbst in dem den Frauen zugestandenen Lernen liegt noch eine polemische Spitze, indem ihrem Verständnis von Lernen als kreativ-spekulativer Erkenntnissuche das Lernen als widerspruchsloses Annehmen der autoritativ vermittelten Glaubenswahrheit entgegengesetzt wird. Der eigenständig lehrenden Frau setzt der Autor ein Leitbild der Unterordnung entgegen, wie auch in seiner Überarbeitung des traditionellen Schweigegebotes sichtbar wird: Er zeichnet ein Ideal der Ruhe, das das akzeptierende Erfüllen der eigenen (untergeordneten) Rolle und damit die gehorsame Einfügung in einen Herrschaftszusammenhang impliziert. Eigenständiges Auftreten und theologisches Denken werden damit als Übertreten der eigenen Rollengrenzen und damit als Widerstand ge-

---

[218] 1 Tim 4,16 und 2 Tim 2,14 begegnet die Bezeichnung οἱ ἀκούοντες für die Gemeinde.

[219] Gegen *Hegermann*, Ort, 60; *Verner*, Household, 184; vgl. auch *Schlosser*, Didascalie, 81ff, sowie *Coyle*, Teaching, 23ff.

[220] Vgl. *Klauck*, Hausgemeinde, 66-68; *Lips*, Glaube 106-150; *Verner*, Household, 27-82, 127-179. Insbesondere *Lips* und *Verner* weisen detailliert die Strukturanalogie von antikem οἶκος und der Gemeindestruktur in den Past nach.

gen die gute Ordnung desavouiert. Diese Intention wird darüberhinaus durch einen Appell an Emotionen gestützt: der Rekurs auf den Topos der "Herrschaft von Frauen über Männer" mobilisiert die gefühlsmäßige Abwehr gegen eine solche, als Umkehrung "natürlicher" Ordnung empfundene Anmaßung der Frauen.

4.4 Die Tradition der Genesis-Exegese (1 Tim 2,13f)

Die in 1 Tim 2,13f angeschlossenen exegetischen Begründungen beziehen ihr Argumentationsmaterial aus der jahwistischen Schöpfungs- und Sündenfallerzählung (Gen 2,4b - 3,24). Die wörtlichen Anlehnungen an den Text (der LXX) zeigen "ein bewußtes exegetisches Bemühen der Absicherung im heiligen Text".[221] Die hier gegebene Genesis-Exegese geht auf frühjüdische Traditionen der Interpretation der Schöpfungs- und Sündenfallerzählungen zurück, wie insbesondere *Küchler* nachgewiesen hat.[222] Der Verfasser setzt ganz offensichtlich bei seinen Lesern und Leserinnen die Kenntnis dieser Interpretationstraditionen voraus, da er sie andeutet, aber nicht entfaltet.[223]

4.4.1 Eva als Zweit-Erschaffene

V13 interpretiert Gen 2,7.21f, indem er die literarische Abfolge ganz selbstverständlich als zeitliches Nacheinander versteht[224] und (implizit) mit einem Werturteil belegt. Zugrunde liegt eine weisheitliche Regel: "Der Erste ist der Beste"[225] - ein in der Antike (und darüber hinaus) weit verbreitetes Denkschema. In rabbinischer Literatur ist diese Vorstellung auch in eine exegetische Regel umgesetzt worden: "Alles, was wertvoll(er) ist, geht dem andern (zeitlich) voran."[226]

Die Figur des ersten Menschen Adam ist in jüdischer Tradition Gegenstand ausgedehnter theologisch-anthropologischer Interpretation. Seine Herrlichkeit wird mit gottähnlichen Prädikaten herausgestellt; besonders wird seine Herrschermacht betont.[227] In BemR 4,8 zu Num 3,45 erhält Adam den Ehrentitel "Erstgeborener der Welt".[228] In einem Teil der rabbinischen Tradition hat die Verknüpfung der Gottebenbildlichkeit aus Gen 1 mit der Ersterschaffung Adams aus Gen 2 zu der These geführt, Eva sei

---

[221] *Küchler*, Schweigen, 16. Hier ist allerdings an *Küchler* die Frage zu richten, ob nicht besser von "heiliger Tradition" zu reden wäre (diesen Hinweis verdanke ich Prof. Dr. Martin *Rese*).

[222] *Küchler*, Schweigen, 17-53.

[223] Vgl. *Dibelius/Conzelmann*, Past, 39.

[224] Daß die Interpretation des Verfassers der Past an der Aussageintention des jahwistischen Schöpfungsberichtes völlig vorbeigeht, soll nur kurz angemerkt werden. Vgl. *Küchler*, Schweigen, 18-21.

[225] *Küchler*, Schweigen, 21ff.

[226] *Küchler*, Schweigen, 23-27. *Küchler* macht darüberhinaus deutlich, daß es eine rabbinische Kontroverse über die exegetische Regel "alles Erste in der Schrift sei Erstes in der Wirklichkeit" gegeben hat, die aus rein literarischen Abfolgen eine wertmäßige Abstufung konstruieren wollte (28-30). Diese Beobachtungen treffen aber hier nicht zu, da die zeitliche (und nicht nur literarische) Abfolge in der Erschaffung von Adam und Eva vom Verfasser der Past ganz selbstverständlich vorausgesetzt wird.

[227] Vgl. *Heister*, Frauen, 160ff.

[228] Vgl. *Küchler*, Schweigen, 23; *Smith*, Prayer, 40f.

nicht gottebenbildlich, sondern nach dem Bilde des Mannes erschaffen.[229] Es wird
eine Stufenfolge Gott - Adam (= Mann) - Eva (= Frau) konstruiert.[230]

4.4.2 Eva als Einzig-Verführte

Die Verwendung von (ἐξ)απατᾶν in 1 Tim 2,14 stellt einen direkten Anklang an
Gen 3,13b LXX dar, wo das hebräische הַנָּחָשׁ הִשִּׁיאַנִי mit ὁ ὄφις ἠπάτησέν με übersetzt
ist. Ἀπατᾶν hat die klassische Bedeutung "täuschen, betrügen"; dieser Sinn herrscht
auch in der LXX vor.[231] Schon in klassischer Zeit kann (ἐξ)απατᾶν auf die durch
Schmuck und Kosmetik hergestellte Illusion körperlicher Schönheit angewendet werden.[232] In hellenistischer Zeit vollzieht sich dann eine deutliche Bedeutungsverschiebung; ἀπάτη wird "im hellenistischen Populargriechisch gleichbedeutend mit ἡδονή,
τρυφή und τέρψις und bezeichnet jene Art sinnlichen Genusses (voluptas), die vor allem beim Betrachten (z.B. von Theatern) und Essen (z.B. von Patisserie) entsteht."[233]
Auf dieser Linie liegt es, wenn das Wort auch zunehmend in erotisierten Erzähl-
zusammenhängen auf Frauen bezogen wird.[234]

Diese sexuelle Bedeutungskomponente des ἀπατᾶν ist sprachliche Grundlage für
eine Erotisierung der Sündenfallerzählung: Während das hebräische נשׁא aus Gen 3,13
niemals in sexuellen Zusammenhängen steht, läßt die LXX-Übersetzung einen solchen
Ton mitschwingen. Im hellenistischen Judentum konnte so eine Traditionslinie
entstehen, die auf dem Hintergrund eines sexuellen Verständnisses der Verfehlung
Evas die Schuld an Sünde und Tod in der Welt der Frau zusprach.[235] Diese Tradition,
wonach die (männliche) Schlange Eva sexuell verführt und sie so ihrer Keuschheit be-
raubt hat, wird literarisch faßbar in 4 Makk 18,7-9a (8b: ἀπάτης ὄφις). Auch Philos
allegorische Deutung der Sündenfallerzählung als Erkenntnistheorie setzt eine erotische Interpretation voraus:

> "In der Sündenfallerzählung Gen 3, die ganz im Zeichen der Schlange als σύμβολον ἡδονῆς, als
> "Symbol der Wollust" und der ἀπάτη steht, findet die durch die Wollust verdrehte Wirklichkeit (= die
> Frucht des Paradiesbaumes) über die betrogene sinnliche Wahrnehmung (= Eva) den Weg (= "sie
> gab", "er nahm") zum Intellekt (= Adam) ... Die Art der Sünde, durch welche das Böse und der Tod
> in die Welt kamen, ist dadurch - wenn auch allegorisch überhöht - in der Sphäre der Sinnlichkeit, be-
> sonders der Sexualität gesehen."[236]

---

[229] Für den griechischsprachigen Bereich ist auch die Übersetzung der LXX traditionsbildend geworden, die Gen 2,18b mit ποιήσωμεν αὐτῷ βοηθὸν κατ' αὐτόν wiedergibt. Dies konnte als Erschaffung
der Frau 'nach dem Bilde des Mannes' gelesen werden. Vgl. *Heister*, Frauen, 160.

[230] Diese verwendet auch Paulus in seiner Argumentation für die Kopfbedeckung der Frau im Gottesdienst; vgl. 1 Kor 11,7f.

[231] Vgl. *Oepke*, Ἀπατάω, 383f.

[232] Vgl. Xenophon, Oikonomikos, 10,1-8.

[233] *Küchler*, Schweigen, 38.

[234] Vgl. Sir 14,16; Susanna 56. Zur Verwendung im Sinne der Verführung durch Frauen in Test
XIIPatr vgl. *Küchler*, Schweigen, 38.

[235] Für Herkunft aus dem griechischsprechenden Judentum auch *Hanson*, Eve's Transgression, 77.
Zur alleinigen Schuld der Frau vgl. auch Sir 25,24: ἀπὸ γυναικός ἀρχὴ ἁμαρτίας καὶ δι' αὐτὴν ἀπο-
θνήσκομεν πάντες.

[236] *Küchler*, Schweigen, 46.

Immer massiver wird diese Erotisierung der Sündenfallerzählung in jüdischen apokryphen Texten des 1. Jahrhunderts n.Chr. In der Apokalypse des Mose 19 infiziert die Schlange die Frucht mit der ἐπιθυμία, die die κεφαλή aller Sünde ist.[237] In der Apokalypse Abrahams wird das Sündenfallgeschehen zu einer Szene ausgestaltet, in der "mit großer bildlicher Intensität das Essen der Frucht und der geschlechtliche Genuß miteinander verbunden"[238] sind. Die Ursache, warum die Schlange Eva und nicht Adam ansprach, wird in der Schwachheit und "leichteren Verführbarkeit" der Frau gefunden.[239] Auch in rabbinischer Literatur findet sich die Vorstellung, daß die Schlange durch die sexuelle Begegnung die Lust in Eva "eingoß".[240] In der Folge wird die Verführte dann zur Verführerin; das sexuelle Begehren geht von Eva auf Adam über.[241]

Die hier skizzierte Tradition einer Verführung Evas durch die Schlange ist im Neuen Testament auch Paulus geläufig, wie 2. Kor 11,3 zeigt: ὡς ὁ ὄφις ἐξεπάτησεν Εὕαν. Im Unterschied zum Autor der Past verwendet Paulus diese Vorstellung aber metaphorisch zur Veranschaulichung seines Anliegens (Mahnung der Korinther, nicht von seinem Evangelium abzufallen) und nicht als Stütze theologischer Aussagen oder ethischer Anweisungen.[242]

Zusammenfassend ist zu sagen, daß die Beweisführung in 1 Tim 2,14 nur auf dem Hintergrund dieses erotischen Verständnisses der Sündenfallerzählung verständlich wird und überhaupt Argumentationskraft entwickelt.[243] Dabei nimmt der Verfasser nur punktuell auf Gen 3 Bezug, nämlich auf das ἀπατᾶν in v13b: Ihn interessiert vorrangig das Geschehen zwischen der Schlange und Eva. Diese exegetische Akzentsetzung verweist aber deutlich darauf, daß die Argumentation aus dem Sündenfall nicht das Lehrverbot, sondern die Schmuckpolemik untermauern soll. Eine Begründung des διδάσκειν οὐκ ἐπιτρέπω οὐδὲ αὐθεντεῖν ἀνδρός hätte ihren Schwerpunkt auf das Verhältnis zwischen Adam und Eva setzen müssen. Eine solche Auswertung der Sündenfallerzählung findet sich in rabbinischer Auslegung in dem Satz: "Wer dem Rat seiner Frau folgt, verfällt dem Gehinnom" (bBM 59a[244]). Die punktuelle Exegese in 1 Tim 2,14 konzentriert sich dagegen ganz auf den Aspekt der "Verführung" Evas durch die Schlange[245] und verweist so durch die stark sexuellen Untertöne auf die erste Paränese.

---

[237] *Tischendorf*, Apokalypses, 10f. Vgl. dazu *Hanson*, Eve's Transgression, 69.

[238] *Küchler*, Schweigen, 50.

[239] Vgl. Philo, Quaest Gen I 33; Vita Ad et Ev 10,1; vgl. *Hanson*, Eve's Transgression, 69.

[240] Vgl. bJeb 103b; bAZ 22.

[241] Vgl. R.Acha, BerR 20 zu Gen 3,20.

[242] Vgl. *Hanson*, Eve's Transgression, 71. Paulus' Interpretation von Gen 3 betont gerade die παραβάσις Adams, vgl. Röm 5,14.

[243] So auch *Dibelius/Conzelmann*, Past, 39; *Falconer*, Notes, 376; *Schulz*, Ethik, 601; *Hanson*, Eve's Transgression, 65-77.

[244] Vgl. *Dexinger*, Frau, 425.

[245] Das Ἀδάμ οὐκ ἠπατήθη bezieht sich auf das Nicht-Verführtsein durch die Schlange und sagt noch nichts darüber aus, ob Adam nun seinerseits von Eva verführt wurde. *Küchler*, Schweigen, 35.49. meint, dieser Aspekt der erotisierenden Tradition würde vom Verfasser der Past gerade nicht mitgemacht. Dem muß entgegengehalten werden, daß der ganze Argumentationszusammenhang ja davon

4.5 Die Rettungsaussage (1 Tim 2,15;3,1a)

4.5.1 Heil διὰ τῆς τεχνογονίας

Auf dem Hintergrund des bisher Erarbeiteten ist auch v15 zu interpretieren. Schon das Lehrverbot und die Anmahnung der "guten Werke" haben die Frauen auf ihre spezifische Rolle verwiesen, die auch hier wieder betont wird. Allerdings geht v15 in der Zuspitzung deutlich über das bisher Ausgesagte hinaus, insofern hier eine Heilsaussage getroffen wird.

Die Exegeten haben sich schon immer an diesem theologischen Satz gestoßen, der "in einer urchristlichen Schrift fast unerträglich" sei.[246] Schon in der lateinischen Alten Kirche wurde versucht, der Schwierigkeit Herr zu werden, indem man den Satz auf die Geburt Jesu durch Maria deutete.[247] Die neuere Exegese hat sich durch ein modales Verständnis des διά helfen wollen: Διὰ τῆς τεχνογονίας würde dann die Begleitumstände, nicht das Mittel der Rettung bezeichnen.[248] Eine solche Auslegung trägt aber eher den theologischen Schwierigkeiten der Exegeten als dem Text Rechnung. Daß der Autor der Past wirklich von der Erlangung des Heils durch das Kindergebären spricht, erhellt dadurch, daß er auch sonst die Rettung an die Erfüllung der den einzelnen aufgetragenen Pflichten bindet: In 1 Tim 4,16 wird der Adressat 'Timotheus' ermahnt, auf sich selbst und die Lehre zu achten, das Aufgetragene festzuhalten; begründet wird dies so: Τοῦτο γὰρ ποιῶν καὶ σεαυτὸν σώσεις καὶ τοὺς ἀκούοντάς σου.[249] Eine ähnliche Ausrichtung hat 1 Tim 5,8: Die für die Ihrigen nicht sorgt, τὴν πίστιν ἤρνηται καὶ ἔστιν ἀπίστου χείρων.[250] Die Past lehren das Gericht nach den Werken, die konkret in der gewissenhaften Erfüllung der jeweiligen Rolle, wie sie der Autor definiert, liegen.

Nicht so einfach zu beantworten ist die Frage, ob der abschließende Konditionalsatz auf die Frau oder auf die Kinder zu beziehen ist. Eine Deutung auf die Kinder ist im Horizont der Past zumindest nicht undenkbar: Sie zeigen insgesamt ein deutliches Interesse am Führen einer christlichen Familie.[251] Das Erziehen der Kinder zu gläubigen Christinnen und Christen wird im Episkopenspiegel Tit 1,6 als Amtsvoraussetzung genannt. So wie der Bischof für das Verhalten seiner Kinder verantwortlich gemacht wird, würde hier den Frauen die Verantwortung für die Früchte ihrer Erziehungsarbeit zugeschrieben.[252] Andererseits kann der Numeruswechsel auch als durch die Typologie motiviert erklärt werden: Der Gedankengang geht jetzt von Eva wieder zu den Frauen der Gegenwart des Verfassers. Da außerdem der ganze Ab-

---

ausgeht, daß die Frau als Verführte zur Verführerin wird. Die Vorstellung der aktiven Verführungsrolle der Frau schwingt mit; wenn auch das explizite Argument mehr auf ihrem Verführtwerden aufbaut.

[246] *Michel*, Grundfragen, 93.
[247] Vgl. *Falconer*, Notes, 376; *Bartsch*, Rechtsbildungen, 71.
[248] So *Holtz*, Past, 71; *Falconer*, Notes, 376; vgl. *Oepke*, διά.
[249] Auf diese Parallele zu 2,15 weist auch *Lips*, Glaube, 144, hin.
[250] Zum Verständnis dieses Verses s.u. S. 149-154.
[251] Vgl. *Gärtner*, Familienerziehung, 38ff.
[252] So *Delling*, Paulus, 132.

schnitt 1 Tim 2,9-3,1a sich mit seinen Anweisungen an Frauen richtet, denen er ein bestimmtes Verhalten vorschreiben will, ist auch für 2,15b eine Deutung auf die Frauen wahrscheinlicher.

Allerdings dürfen die Tugenden in v15b nun nicht dem Kindergebären entgegengestellt werden, als ob sie dessen Heilsbedeutung begrenzten oder in Frage stellten.[253] Vielmehr bezeichnen sie die tugendsame Haltung, in der die Frau ihre Aufgabe zu erfüllen hat. Nicht die τεκνογονία ist äußerer Begleitumstand der Rettung, sondern πίστις, ἀγάπη, ἁγιασμός und σωφροσύνη sind die geforderten Begleithaltungen der (rettenden) Kinderaufzucht.

Die hier an die sexualisierte Interpretation des Sündenfalls angeschlossene Rettungsaussage hat in den verarbeiteten Traditionen kein Vorbild. Eigentlich leitet sich von der Sündenfall-Erzählung die Strafbestimmung des Gebärens unter Schmerzen her (Gen 3,16), nicht aber eine Heilsaussage. Die Forschung hat den Zusammenhang meist so hergestellt, daß hier eine Bezugnahme auf die Strafbestimmung vorliege, die nach dem Motto "Quo quis peccat, eo salvatur"[254] interpretiert werden könne: Da Evas Vergehen eine sexuelle Verfehlung war, müsse auch die Rettung auf dieser Ebene liegen. Die Schmerzen der Geburt sind dann nicht mehr nur Strafe, "sondern die den Frauen angebotene Möglichkeit, ihr Heil zu wirken".[255] Hier wirken Vorstellungen von einer sündentilgenden Kraft des Leidens, die jedoch dem Text nicht entsprechen. Die Rettungsaussage ist gar nicht auf Eva, sondern lediglich auf die angesprochenen Frauen in der Gemeindesituation des 1 Tim zu beziehen;[256] ihre Eintragung an dieser Stelle durch den Autor der Past findet ihren ausreichenden Grund in den Konflikten seiner Gegenwart. Angesichts asketischer Tendenzen, die sich in dem gemeindlichen Witwenamt kristallisieren,[257] und der asketischen Orientierung der Häresie[258] versucht er, seine Leitvorstellung der weiblichen Rolle durchzusetzen, die primär an der Reproduktionsfunktion orientiert ist. Von der Ausrichtung her ist 1 Tim 2,15 somit eine Entsprechung zu 1 Tim 5,14 und Tit 2,3f. Allerdings ist diese Intention hier nicht in einen Imperativ, sondern in eine indikativische theologische Aussage gekleidet. Das Theologoumenon der Heilsbedeutung des Kindergebärens ist damit funktional für die Intention des Autors, wie sie sich in seinen Anweisungen vv9-12 niederschlägt. Es kann einmal direkt auf v10 bezogen werden: Die Erfüllung der Reproduktionsfunktion ist für den Autor der Past das erste der heilsnotwendigen guten

---

[253] Das tut etwa *Holtz*, Past, 71.

[254] Vgl. *Dibelius/Conzelmann*, Past, 39; *Bartsch*, Rechtsbildungen, 71; *Schulz*, Ethik, 601. Eine modifizierte Position vertritt *Küchler*, Schweigen, 39-41, der gegen die Annahme einer Talio-Entsprechung argumentiert, aber den Bezug zu Gen 3,16 auch annimmt.

[255] So paraphrasiert *Küchler*, Schweigen, 40. *Padgett*, Wealthy Women, 28ff, will die Aussage der Rettung durch Kindergebären sowohl auf Eva wie auf die Frauen in der Gegenwart des Autors beziehen. Er rekurriert nicht auf Gen 3,16, sondern auf Gen 3,15, dessen Aussage er so interpretiert, daß "the 'seed' of Eve brought (or will bring) her salvation. Woman is saved by bearing the seed that is at enmity with the snake." Er gewinnt so eine heilsgeschichtliche Perspektive, in der der in der Alten Kirche angenommene Bezug auf Maria wieder Platz hat. Dies ist aber m.E. eine Überinterpretation. V15 ist vielmehr ganz aus der gegenwärtigen Konfliktlage des Autors motiviert.

[256] So schon *Weiß*, Tim, 124.

[257] Der asketische Charakter des Witwenamts wird in der Analyse von 1 Tim 5,3-16 aufgewiesen werden; s.u. S. 165f.201ff.

Werke der Frauen. Als solches ist sie gleichzeitig die gebotene Alternative zu der in v12 verbotenen Übernahme selbständiger Lehrfunktion.

4.5.2 Die Trias ἐν πίστει καὶ ἀγάπη καὶ ἁγιασμῷ

Die Formel geht auf die urchristliche Trias πίστις, ἐλπίς, ἀγάπη (vgl. 1 Kor 13,13) zurück, die schon Paulus als geprägte Formel vorgefunden hat.[259] Sie beschreibt das christliche Daseinsverständnis "unter der Begegnung mit Jesus Christus, das als Glaube bezeichnet und durch die beiden anderen Begriffe interpretiert wird. Das Existenzverständnis des Glaubens bezeugt sich dem Nächsten in der Liebe und ist bestimmt durch das Offensein für die Zukunft, das sich als Hoffnung konkret ausspricht."[260] Daß der Begriff der Hoffnung hier fehlt, entspricht dem Befund der Past insgesamt, in denen häufiger πίστις und ἀγάπη, nie aber ἐλπίς in einer Reihe mit verschiedenen Tugendbegriffen aufgezählt werden.[261]

Der Begriff ἁγιασμός, der hier in die Formel eingedrungen ist, findet sich im Neuen Testament bis auf zwei Ausnahmen (Hebr 12,14; 1 Petr 1,2) nur im Corpus Paulinum. Seine Aufnahme an dieser Stelle scheint durch seinen besonderen Bezug zur Sexualität motiviert, den der Begriff der "Heiligung" schon bei Paulus hat (vgl. 1 Thess 4,3-7; 1 Kor 7,34).[262]

4.5.3 Die Bekräftigungsformel πιστὸς ὁ λόγος

Knight hat dargelegt, daß die Formel πιστὸς ὁ λόγος sich jeweils auf einen klar umgrenzten Wortlaut bezieht.[263] In der Forschung wird sie zugleich als Zitations- und Bekräftigungsformel verstanden, die ein geprägtes Traditionsstück - nach *Bartsch* ein Lehrstück oder Sprichwort - einleitet oder kommentiert.[264] Hier ergibt sich nun eine Schwierigkeit, insofern 2,15 nach unserer Analyse gerade keine Tradition vorliegt, sondern der Autor selbständig formuliert hat. Man könnte nun entweder πιστὸς ὁ λόγος auf die gesamte exegetische Begründung in vv13ff beziehen, oder annehmen, daß der Autor mit Hilfe der Formel einer neu geschaffenen Aussage die Dignität verbindlicher Tradition zu geben versucht. Letzteres erscheint plausibel, insbesondere im Kontext eines pseudepigraphischen Briefes.[265]

---

[258] Vgl. 1 Tim 4,3.

[259] Vgl. *Bartsch*, Rechtsbildungen, 75.

[260] *Bartsch*, Rechtsbildungen, 76.

[261] Mit δικαιοσύνη, εὐσέβεια, ὑπομονή, πραϋμαθία in 1 Tim 6,11; in 2 Tim 1,7 mit δύναμις und σωφρονισμός. Vgl. auch 2 Tim 3,10.

[262] Vgl. *Holtz*, Past, 71f.

[263] *Knight*, Faithful Sayings, 18.

[264] Vgl. *Bartsch*, Rechtsbildungen, 77. *Kelly*, Past,72 und *Scott*, Past, 29 nehmen die Definition allerdings zu eng, wenn sie die Formel als grundsätzlich nur auf ein weisheitliches Sprichwort bezogen sehen - und deshalb für Zugehörigkeit von v3,1a zu v3,1b ziehen. Wie *Knight*, Faithful Sayings, 80ff aufzeigt, bezieht sich die Formel z.B. in Tit 3,8 auf die recht komplexe soteriologische Aussage in Tit 3,4-7.

[265] *Donelson*, Pseudepigraphy, 23ff, hat nachgewiesen, daß in pseudepigraphischen Briefen die kunstvollsten und subtilsten Mittel angewandt werden, um die Fiktion glaubwürdig erscheinen zu las-

5. Auswertung der exegetischen Untersuchung:
1 Tim 2,9-3,1a als Restriktion der Partizipation von Frauen
in der Gemeinde

Nachdem wir Tradition und Redaktion in den einzelnen Teilen von 1 Tim 2,9-3,1a untersucht haben, sollen nun die exegetischen Einzelergebnisse im Hinblick auf die Textpragmatik ausgewertet werden.

Die schriftstellerische Tätigkeit des Verfassers zeigt sich nicht nur in der Umgestaltung der verarbeiteten Einzeltraditionen, sondern darüber hinaus in der Verbindung dieser Einzeltraditionen zu einer neuen Einheit. Der Autor übernimmt in seiner Schmuckparänese (2,9f) einen traditionellen Topos hellenistischer Frauenspiegel sowie in seinem Lehrverbot (2,11f) eine christliche Gottesdienstregel, die ebenfalls auf Frauen bezogen war. Der Zusammenhang zwischen diesen beiden Teilen, der zunächst nicht ersichtlich ist - v11 beginnt ja ohne Überleitung mit dem neuen Thema des Lehrens und Lernens - wird durch die beiden exegetischen Begründungen in vv13f hergestellt: Schon strukturell zeigen sie durch die chiastische Beziehung zu den vorangegangenen Anweisungen das Bemühen des Verfassers um literarische Integration. Inhaltlich eignet sich der Rekurs auf die Schöpfungs- und Sündenfallerzählung besonders gut dazu, die Bestimmungen der Schmuckpolemik und des Lehrverbots zu verbinden, denn die Figur der Eva bietet in der typologischen Exegese den Kristallisationspunkt für beide Anliegen. Die Aussage der beiden, chiastisch aufeinander bezogenen Argumentationen hat *Küchler* prägnant in zwei Sätzen ausgedrückt: "Die Zweit-Erschaffene soll sich nicht zur Ersten machen!" und "Die Einzig(-sexuell) Verführte soll nicht als sexuelle Verführerin auftreten!"[266] Der Aufbau und die innere Logik des Textes weisen damit für die Textpragmatik auf eine einheitliche redaktionelle Intention, die als restriktiv zu bezeichnen ist:

"Der Verf. versucht hier mit allen ihm zur Verfügung stehenden Argumenten, Präsenz und Aktivität der Frauen im Gottesdienst zurückzudrängen. Sein Anliegen ist es, daß der christliche Gottesdienst ausschließlich Ort der Aktivität der Männer sein soll."[267]

Der hohe rhetorische Aufwand und der abwehrende Ton mit dem nachdrücklichen οὐκ ἐπιτρέπω in 2,12 weisen einerseits darauf hin, daß in den vom Verfasser angesprochenen Gemeinden tatsächlich Frauen im Gottesdienst selbständig auftreten und die hier verbotene Lehrfunktion wahrnehmen.[268]

---

sen. Außerdem stützt der Autor an mindestens einer weiteren Stelle gerade diejenige Aussage durch äußere Kommentierung ab, die er selbst in den Traditionszusammenhang eingetragen hat: In 1 Tim 5,4 kommentiert er die von ihm eingefügte Bestimmung, daß verwitwete Frauen mit Kindern oder Enkeln zunächst für deren Versorgung zuständig seien, ehe sie das gemeindliche Witwenamt anstreben könnten, mit dem Kommentar τοῦτο γάρ ἐστιν ἀπόδεκτον ἐνώπιον τοῦ θεοῦ. Zur Literarkritik der Witwenregel und zum Verständnis von 1 Tim 5,4 s.u. S. 125-127.149-154.

266 *Küchler*, Schweigen, 51.

267 *Roloff*, 1 Tim, 147.

268 Davon wird in der Forschung allgemein ausgegangen; vgl. *Küchler*, Schweigen, 52; *Roloff*, 1 Tim, 147; *Ruether*, Abschirmung, 59; *Verner*, Household, 171. *Dibelius'* (Kol, 48) Sicht des Charakters neutestamentlicher Paränese, daß sie nämlich auf die Situation der jungen Kirche "im allgemeinen" bezogen sei und Rückschlüsse über konkrete Entwicklungsprozesse oder Konflikte aus ihnen nicht zu

Wenn andererseits die Polemik gegen äußere Aufmachung im Gottesdienst mit dem Lehrverbot aufs engste verknüpft ist, so deutet dies darauf hin, daß hier nicht zwei verschiedene Gruppen von Frauen angesprochen sind, sondern daß beide Paränesen auf dieselben Adressatinnen zielen. Der engen sprachlichen Verzahnung beider Anliegen entspricht also eine Verbindung in der Textpragmatik: Der Verfasser spricht hier nicht zwei unabhängige "Mißstände" an, sondern hat *einen* Problemkomplex im Auge: Es sind wohlhabende und wirtschaftlich unabhängige Frauen, die ihren Anspruch auf eine profilierte Stellung in der Gemeinde vertreten.[269]

Der Verfasser deutet die physische Präsenz dieser Frauen als Ausspielen weiblicher "Verführungskunst" und verweist deshalb warnend auf die unselige Rolle Evas beim Sündenfall. Hinter dieser Sexualisierung verbirgt sich jedoch eine soziale Statusfrage.

Ihr Reichtum bildet für diese Frauen die Grundlage für ihre Autorität und Einflußposition. Dieser Zusammenhang wird verständlich im Kontext des gesellschaftlichen Umfeldes der Pastoralbriefe, nämlich ihrer Lokalisierung im Bereich kleinasiatischer Städte des römischen Kaiserreichs.[270] Hier hat der Aspekt des privaten Vermögens zentrale Bedeutung für die Einnahme von Führungspositionen, da öffentliche Funktionsträgerinnen und -träger die Kosten für die übernommenen Aufgaben grundsätzlich aus den eigenen Mitteln bestreiten.[271] Es war schon darauf hingewiesen worden, daß die Terminologie der Pastoralbriefe genau aus diesem Milieu entstammt, indem sie sprachlich die Begrifflichkeit von Ehreninschriften widerspiegelt, in denen die Führungsschichten der Städte aufgrund dieses finanziellen Engagements Ehrungen als εὐεργέται erhalten.[272] In Analogie zu diesem gesellschaftlichen Kontext wird in den Past auch das Bischofsamt als wohltätige Unternehmung zugunsten der Gemeinschaft angesehen.[273]

---

ziehen seien, ist in der Forschung mit guten Gründen infragegestellt worden; vgl. *Verner*, Household, 112-126. *Verner* hat - im Anschluß an Überlegungen *Theißens* (Auswertung, 290f) - für die Past Kriterien für eine Unterscheidung zwischen "the author's own notions and attitudes" und "actual conditions in the church of the Pastorals" formuliert: Er unterscheidet vier Kategorien von Aussagen: (1) That which the author assumes to be true and accepts without question, (2) that which the author opposes vigorously, (3) that which the author advances as his own view without explanation or defense, (4) that which the author advances, explains and/or defends as his own view (*Verner*, Household, 127f). Das heißt: Sowohl das, was dem Autor problemlos und unhinterfragt als Realität gilt, als auch das, was er ausdrücklich und mit Emphase ablehnt, kann Hinweise auf den historischen Hintergrund des Textes geben.

Nach *Verner* können die ersten drei Kategorien Aufschlüsse über die aktuelle Situation geben, während die Kategorien zwei und vier den Standpunkt des Verfassers bestimmen lassen.

[269] Daß die gesellschaftliche Situation im 1. Jahrhundert für eine Minderheit von Frauen durchaus wirtschaftliche Selbständigkeit ermöglichte, weist *Thraede* in seinem Artikel "Frau" (RAC) nach.

[270] In kleinasiatischen Städten findet sich ein höherer Anteil von Frauen in religiösen und städtischen Führunspositionen als in anderen Gebieten des römischen Reiches; vgl. *MacMullen*, Women, 211ff; sowie für jüdische Gemeinden *Trebilco*, Jewish Communities, 104-126.

[271] Vgl. *Grassl*, Sozialökonomische Vorstellungen, bes. 77ff.

[272] Vgl. *Kidd*, Wealth, 87ff. Die Bedeutung der "Wohltäter"-Terminologie in neutestamentlichen Texten hat vor allem *Danker*, Benefactor, 317-392 im Vergleich mit außerchristlichen Ehreninschriften herausgearbeitet.

[273] Vgl. 1 Tim 3,1.

Die hier aufgewiesene fundamentale Bedeutung des Reichtums für die Einnahme von Leitungspositionen gilt zwar geschlechtsübergreifend; sie ist für Frauen jedoch noch in besonderer Weise gegeben, da Reichtum ihre ausgezeichnete Basis für öffentlichen Einfluß ist. Während innerhalb der konservativen philosophischen Theorie der Bereich öffentlicher bürgerlicher Betätigung allein dem Mann zusteht, können die Frauen sich in der Praxis jedoch den erheblichen Finanzbedarf der Gemeinwesen zunutze machen und aufgrund ihrer materiellen Leistungen öffentliche Ehren- und Autoritätspositionen einnehmen.[274] Die εὐεργέτης-Terminologie, die auf diesem materiellen Aspekt von Führungspositionen beruht, ist dementsprechend dadurch ausgezeichnet, daß sie keine grundsätzliche geschlechtsspezifische Festlegung trifft. D.h. das Denken in den Kategorien von Wohltäter/Wohltäterin und Nutznießenden ist unter den damaligen gesellschaftlichen Verhältnissen das grundsätzlich offenste und damit für Frauen günstigste Modell öffentlicher Wirksamkeit.

Wenn aber ihr Reichtum in dieser Weise für Frauen die ausgezeichnete Grundlage ihrer öffentlichen Aktivitäten und damit ihres Selbstbewußtseins ist, dann ist auch plausibel, daß sie Wert darauf legen, ihn nach außen zu dokumentieren.[275] Auf diesem Hintergrund gewinnt dann aber auch die Schmuckpolemik des Verfassers der Past im Zusammenhang mit dem Lehrverbot eine unmittelbare Plausibilität: Mit der Polemik gegen den Schmuck zielt der Autor auf das soziale Statusbewußtsein dieser Frauen - für das die äußere Aufmachung ein Zeichen ist - und versucht, sie in den engen Rahmen der häuslichen Frauenrolle zurückzudrängen. Hier ist noch einmal auf die Analogie der Schmuckpolemik der Past zu den neopythagoreischen Frauenspiegeln hinzuweisen: Auch diese reagieren auf das mit dem Schmuck präsentierte soziale Statusbewußtsein und versuchen, dieses durch Hinweis auf die sozial Schlechtergestellten oder durch stoische Einfachheitsgrundsätze zurückzudrängen.

Es gibt demgegenüber keinen Grund zu der Annahme, daß es sich bei den Angesprochenen um "sexuell freizügige" Frauen handelt. Vielmehr ist die sexualisierende Interpretation gerade das Instrument des Autors, um die Ansprüche auf Partizipation und profilierte gemeindliche Funktionen abzuwehren. Die Reduzierung der Frau auf ihre Geschlechtlichkeit im "positiven" (Mutterschaft) wie "negativen" (Verführung) Sinn dient ihrer Zurückdrängung aus dem öffentlichen Bereich, hier aus der aktiven Teilhabe an zentralen Funktionen der Kirche.[276]

Die Strategie des Verfassers beruht darauf, daß er seine Konfliktpartnerinnen, die selbst ihre Ansprüche auf ihren durch Reichtum konstituierten hohen sozialen Status gründen, primär unter dem Aspekt ihres Geschlechts wahrnimmt. Lediglich in einem

---

[274] Inschriftliche Belege für Frauen als "Wohltäterinnen" im frühen Kaiserreich: *Fant/Lefkowitz*, Women's Life, 156-159.260f. *MacMullen*, Women, 211ff, kommt auf einen Anteil von knapp 10% Frauen als Patroninnen von Vereinen. Der Anteil von Frauen in städtischen Ämtern in verschiedenen kleinasiatischen Städten liegt bei etwa 8%.

[275] Zur Sozialstruktur der Gemeinden der Past vgl. *Verner*, Household, 3-12.180-186.

[276] Dieser Mechanismus ist in den Past nicht singulär; sie bilden vielmehr das erste Dokument einer Entwicklungslinie, die zur ausgesprochenen Frauenfeindlichkeit einiger Kirchenväter hinführt. Vgl. auch die Untersuchung *Küchlers* zu parallelen Entwicklungen im Judentum (Schweigen, 127-480).

Nebenaspekt greift er auf ihre soziale Stellung zurück, um ihre materiellen Leistungen weiterhin für die Gemeinde nutzen zu können.[277]

Insgesamt kann gesagt werden, daß die restriktiven Anweisungen für die Frauen ihre Stoßkraft aus der Übertragung des Haus-Modells auf die Gemeinde beziehen. Damit wird in 1 Tim 2,9-3,1a deutlich, daß die Rede vom οἶκος θεοῦ an der zentralen Stelle 1 Tim 3,15 nicht nur eine ekklesiologische Metapher darstellt, sondern die Beziehungen in der Gemeinde faktisch strukturieren soll; das Konzept hat also präskriptiven Charakter.[278]

Der Vergleichspunkt für die Übertragung des οἶκος-Modells auf die Gemeinde ist die Figur des Amtsträgers. Dessen Funktionen gegenüber den Gemeindegliedern werden in Analogie zur Hausvaterrolle bestimmt: Seine Aufgabe ist primär die Belehrung und Erziehung der Gemeindeglieder, die als Hörende und Lernende beschrieben sind. In Entsprechung zur Konzeption der Ökonomik, die nur den Mann in der Funktion des οἰκοδεσπότης sieht,[279] wird so die Ausübung des kirchlichen Leitungsamtes auf Männer beschränkt. Komplementär kommt Frauen im Raum der Kirche grundsätzlich die Rolle der Untergeordneten zu: In diese Stellung sollen sie sich akzeptierend fügen und vor allem nicht eigene Positionen vertreten oder dem lehrenden Amtsträger widersprechen.

Gleichzeitig wirkt das οἶκος-Modell jedoch auch auf einer zweiten Ebene: Von der als οἶκος θεοῦ konzipierten Ekklesiologie aus werden rückwirkend die Strukturen der privaten οἶκοι gestützt, indem die Frauen mit zweifelhafter theologischer Begründung auf ihre Reproduktionsfunktion verwiesen werden.

Bezieht man die Aussagen des auf die Frauenparänese folgenden Bischofsspiegels (1 Tim 3,1-7) mit ein, so wird deutlich, daß die οἶκος-Ekklesiologie eine eigentümliche geschlechtsspezifische Differenzierung ermöglicht: Mit einem einzigen Modell kann das Verhältnis von häuslichen und öffentlichen Funktionen für Männer und Frauen genau umgekehrt bestimmt werden. Für die Männer ist die Beziehung analog, indem die Erfüllung ihrer Hausvaterrolle sie für das Amt qualifiziert; für Frauen hingegen ist die Beziehung exklusiv, indem die Erfüllung ihrer Mutterrolle sie von öffentlichen Funktionen ausschließt.

---

[277] S.o. S. 87-89.
[278] Vgl. *Lips*, Glaube, 142.
[279] S.o. S. 35.

Teil III:

Das Witwenamt.
Exegetische Untersuchung von 1 Tim 5,3-16

1. Einführung: Problemanzeige und Stand der Forschung

Die sogenannte Witwenregel des 1. Timotheusbriefes ist sowohl in der neutestamentlichen Exegese wie in der Kirchengeschichtsforschung Gegenstand wissenschaftlicher Untersuchungen: Innerhalb der exegetischen Forschung wird sie in den einschlägigen Kommentaren,[1] in Monographien zu den Pastoralbriefen[2] oder zur Stellung der Frau im NT[3] sowie einigen Einzeluntersuchungen zu 1 Tim 5,3-16[4] behandelt. Für die Kirchengeschichte hat sie - als einziger neutestamentlicher Text, der ausdrücklich das Amt der Witwe bezeugt - besondere Bedeutung für die Entstehungsgeschichte der altkirchlichen Frauenämter und -dienste.[5]

Der Text wirft eine ganze Reihe von exegetischen Problemen auf, die in der Forschung zu unterschiedlichen Lösungsansätzen geführt haben. Eine insgesamt befriedigende Auslegung unter Einbeziehung der mannigfaltigen Einzelaspekte liegt bisher nicht vor.

Die Exegese hat schon seit längerer Zeit den restriktiven Charakter der Bestimmungen in 1 Tim 5,3-16 gesehen: Intention des Verfassers ist es, den Kreis der Witwen einzuschränken.[6] Ging man davon aus, die Witwenregel treffe Bestimmungen für den Unterhalt bedürftiger Witwen der Gemeinde, so mußte die Erkenntnis dieser restriktiven Ausrichtung des Textes zu der Frage führen, ob es denkbar sei, daß in einer christlichen Gemeinde Bedürftige aufgrund äußerer oder moralischer Kriterien von Unterstützung ausgeschlossen wurden.[7] Dieses Problem ließ einen Teil der Forschung für Uneinheitlichkeit des Textes und einen doppelten Gebrauch des Begriffes χήρα op-

---

[1] *Brox*, Past, 184-198; *Dibelius/Conzelmann*, Past, 58-60; *Hasler*, Tim, 40ff; *Holtz*, Past, 114-123; *Jeremias*, Tim, 36-40; *Kelly*, Past, 111-121; *Knoch*, Tim, 37ff; *Lock*, Past, 57-61; *Roloff*, 1 Tim, 282-303; *Schlatter*, Tim, 172-178; *Scott*, Past, 56-63; *Spicq*, Past, 165-174; *Weiß*, Tim, 182-200; *Wohlenberg*, Past, 170-186; .

[2] *Bartsch*, Rechtsbildungen, 112-143; *Lips*, Glaube, 118ff; *Verner*, Household, 161ff; einzelne Bezüge und Hinweise finden sich daneben bei *Donelson*, Pseudepigraphy, 84-87.121.167.177f.180.190; *Fiore*, Function, 3.12-21.200.204f.220-222.229.

[3] *Kähler*, Frau, 161-163; *Schüssler Fiorenza*, Gedächtnis, 376-382; *Heine*, Frauen, 149f.

[4] *Bassler*, Widows; *Ernst*, Witwenregel; *Müller-Bardoff*, Exegese; *Sand*, Witwenstand.

[5] In diesem Zusammenhang vgl. *Bangerter*, Frauen, pass; *Gryson*, Ministère, 8ff.; *Osiek*, Widow, pass.; *Thurston*, Widows, 36ff; einzelne Bezüge bei *MacNamara*, Wives, 588;

[6] Vgl. *Dibelius/Conzelmann*, Past, 58; *Ernst*, 436; *Jeremias*, Tim, 37; *Müller-Bardoff*, Exegese, 116; *Lips*, Glaube, 119.

[7] Vgl. *Müller-Bardoff*, Exegese, 116f; *Lips*, Glaube, 119.

tieren: Vv 3-8.16 regelten die Versorgung der bedürftigen Witwen, während vv9-15 Bestimmungen für den ordo der Gemeindewitwen enthielten.[8]

Die Frage nach der Einheitlichkeit des Abschnitts ist eng mit dem Verständnis des dreifachen ὄντως χήρα in vv3.5.16 verknüpft, das für die Gesamtinterpretation des Textes bestimmend ist. Diejenigen Exegeten und Exegetinnen, die für Einheitlichkeit votieren, beziehen 5,3.5.16 auf dieselbe Gruppe wie 5,9f. Damit kennt der Text nur eine Gruppe offiziell *anerkannter* "Witwen", sowie zwei Gruppen *abgewiesener*, nämlich solche, die noch Familienangehörige haben, sowie die jüngeren Witwen.[9] Diejenigen, die für Uneinheitlichkeit des Textes plädieren, verstehen die ὄντως χῆραι von 5,3.5.16 als mittellose Witwen, die Unterstützung durch die Gemeinde erhalten.[10] Von diesen "true widows" wären die "enrolled widows" von 5,9f zu unterscheiden: Diese sind die amtlichen Witwen, die Gemeindefunktionen ausüben.[11]

Die These von der Uneinheitlichkeit wird in der englischsprachigen Literatur weitgehend vertreten;[12] hingegen ist sie in der deutschsprachigen Exegese seit der Untersuchung von *Müller-Bardoff* weitgehend zugunsten der literarischen und thematischen Einheitlichkeit des Textes aufgegeben worden.[13] Diejenigen, die die Einheitlichkeit des Textes vertreten, interpretieren 1 Tim 5, 3-16 meist als Amtsspiegel in Analogie zum Bischofs- und Diakonen-/Diakoninnenspiegel (1 Tim 3, 1-13); die χῆραι werden als eigener Stand mit offiziellen gemeindlichen Funktionen gesehen.[14] Als Motiv für die Restriktionsabsicht des Verfassers wird entweder befürchtete Überlastung der Gemeindefinanzen[15] oder ein vom Verfasser gesehener oder befürchteter Mißbrauch des Amtes[16] in den Vordergrund gestellt; die innere Beziehung zwischen diesen beiden Motivationen bleibt jedoch weitgehend unklar.[17]

---

[8] So schon *Weiß*, Tim, 191; vgl. *Müller-Bardoff*, Exegese, 113; ebenso *Dornier*, Past, 87f; *Fiore*, Function, 17; *Verner*, Household, 161f; *MacDonald*, Pauline Churches, 184-186. *Jeremias* (Tim, 36-40) unterteilt vv3-8 Versorgung, vv9-16 Auswahl der Gemeindewitwen, meint aber, daß beide Abschnitte von derselben Gruppe handeln.

[9] Vgl. *Bartsch*, Rechtsbildungen, 130; *Bassler*, Widows, 33f; *Dibelius/Conzelmann*, Past, 58; *Ernst*, Witwenregel, 436; *Hasler*, Tim, 40; *Lips*, Glaube, 119; *Müller-Bardoff*, Exegese, 133; *Roloff*, 1 Tim, 284; *Sand*, Witwenstand, 193; *Thurston*, Widows, 41; *Towner*, Goal, 174.182. Uneinigkeit besteht allerdings unter diesen Exegeten und Exegetinnen darüber, ob diese ὄντως χῆραι lediglich als unterstützte Gruppe anzusehen seien, wie *Hasler*, *Sand* und *Towner* meinen, oder ob es sich um Amtsträgerinnen handelt, wofür die übrigen optieren.

[10] Dies impliziert ein Verständnis von τιμᾶν als materielle Unterstützung; s.u. S. 144-149.

[11] Vgl. *Dornier*, Tim, 87f; *Fiore*, Function, 17; *Kidd*, Wealth, 105; *Osiek*, Widow, 160; *Verner*, Household, 161-166.

[12] S. vorige Anmerkung; anders *Bassler*, Widows, 33.

[13] Für Einheitlichkeit votieren: *Dibelius/Conzelmann*, Past, 58; *Ernst*, 479; *Hasler*, Tim, 40; *Lips*, Glaube, 119; *Müller-Bardoff*, Exegese, 114; *Roloff*, 1 Tim, 283.

[14] So *Bartsch*, Rechtsbildungen, 114; *Brox*, Past, 186; *Ernst*, 437; *Fiore*, Function, 17; *Knoch*, 37; *Lips*, Glaube, 120ff; *Schüssler Fiorenza*, Gedächtnis, 376; *Thurston*, Widows, 41; *Trummer*, Einehe, 218; *Verner*, Household, 166; dagegen wehrt sich *Sand*, Witwenstand, 197 vehement gegen jede gemeindliche Funktion der Witwen; nach ihm hat die Witwenregel keine rechtliche, sondern paränetische Funktion; die Witwen sind lediglich als unterstützter Stand der Gemeinde aufzufassen.

[15] Vgl. *Thurston*, Widows, 42.

[16] Vgl. *Bassler*, Widows, 38; *Dibelius/Conzelmann*, Past, 58; *Roloff*, 1 Tim, 284.

[17] *Schüssler Fiorenza*, Gedächtnis, 377, versucht, diesem Problem zu entgehen, indem sie annimmt, der Verfasser behandle hier sozusagen katalogartig verschiedene Probleme.

Problematisch ist auch die innere Widersprüchlichkeit der im Text aufgestellten Kriterien für die Anerkennung als "Witwe". So wird zum einen das Ideal der Einehe vertreten; auf der anderen Seite scheint jüngeren Witwen die Wiederheirat geboten zu werden - die sie bei erneuter Witwenschaft ja gerade von der Aufnahme in den Stand ausschließen würde.[18] Auch die festgelegte Altersgrenze scheint nicht praktikabel: Es wäre widersinnig, Frauen bis zum Alter von 60 Jahren das Kindergebären nahezulegen.

In der neuesten Forschung wurde der Vorschlag gemacht, diese Widersprüche im Text aus der Spannung zwischen der - asketisch orientierten - Tradition und der - auf Ehe und Familie ausgerichteten - Leitvorstellung des Verfassers der Pastoralbriefe herzuleiten.[19] Hier ist ein vielversprechender Ansatzpunkt zur Erschließung dieses vielschichtigen und spannungsreichen Textes gewonnen, der aber noch der Entfaltung und Anwendung auf die verschiedenen exegetischen Einzelprobleme der Witwenregel bedarf. Ziel meiner Untersuchung zu 1 Tim 5,3-16 ist es, diese These auf ihre Tragfähigkeit zu überprüfen, d.h. zu klären, inwieweit sie ein besseres Verständnis der Textprobleme im Kontext der Pastoralbriefe ermöglicht und einen Einblick in die dahinterstehende historische Situation mit ihren spezifischen Konflikten schafft. Des weiteren gilt es, viele Einzelmotive des Textes, die bisher noch nicht eingehend untersucht worden sind, zu analysieren.

2. Übersetzung und Textkritik[20]

3   Witwen honoriere - aber nur die wirklichen Witwen.

4   Hat aber eine Witwe Kinder oder Enkel, dann sollen sie zuerst einmal lernen[21], ihre religiöse Pflicht gegenüber dem eigenen Haus zu erfüllen und ihren Vorfahren die Dankesschuld zu vergelten. Denn dies ist angenehm vor Gott.

5   Nur die wirkliche Witwe - die völlig allein Dastehende - hat ihre Hoffnung auf Gott[22] gesetzt und verharrt im Gebet und Flehen Nacht und Tag.

---

[18] Vgl. *Verner*, Household, 131.

[19] Vgl. insbesondere *Bassler*, Widows, 33-39, sowie *Roloff*, 1 Tim, 294.

[20] Der hier gegebenen Übersetzung liegen in vier Fällen textkritische Entscheidungen zugrunde, die auch inhaltlich relevant sein könnten. Sie werden in Fußnoten zu den jeweiligen Versen behandelt.

[21] Einige griechische und altlateinische Handschriften sowie lateinische Kirchenväter des 4. und 5. Jahrhunderts haben den Singular μανθανέτω und nicht μανθανέτωσαν wie die Mehrheit der Handschriften. Da der Numeruswechsel vom Singular in v4a zum Plural in v4b die Möglichkeit eines Subjektwechsels impliziert und so zu der inhaltlichen Unklarheit führt, ob die Witwen oder die Kinder angesprochen werden sollen (s.u. S. 145ff.), ist die Singular-Lesart eine Korrektur zugunsten von sachlicher Eindeutigkeit. Der Plural μανθανέτωσαν ist also lectio difficilior und deshalb wahrscheinlich ursprünglich.

[22] Die ursprüngliche Version des Sinaiticus und Claromontanus, die Minuskel 81 und wenige weitere griechische Handschriften haben ἤλπικεν ἐπὶ [τὸν] κύριον und nicht ἐπὶ [τὸν] θεόν, das sich in der Masse der Handschriften findet: ἐπὶ τὸν θεόν lesen Alexandrinus, zweiter Korrektor von Sinaiticus und Claromontanus, als weitere ständige Zeugen die Majuskeln K, L, P und die Minuskeln 33, 104, 365, 630, 1175, 1241, 1739, 1881, 2495, sowie die Masse der Minuskeln, die lateinische, syrische und koptische Überlieferung; ἐπὶ θεόν haben die Majuskeln C, F, G, P, Ψ, 048. Die äußere Bezeugung spricht damit für die Lesart mit ἐπὶ τὸν θεόν. Ich gehe also bezüglich der Gottesbezeichnung mit

6 Die genießerisch im Luxus lebt, ist dagegen lebendig tot.

7 Auch dies schärfe ihnen ein, damit sie ohne Fehl und Tadel seien.

8 Wenn aber eine für die Ihrigen und besonders für ihre Familie in ihrem Haus nicht sorgt, hat sie den Glauben verleugnet und ist schlimmer als eine Ungläubige.

9 Als Witwe soll keine zugelassen werden, bevor sie das Alter von 60 Jahren erreicht hat, und nur, wenn sie eines Mannes Frau gewesen ist,

10 sowie das Zeugnis guter Werke hat, das heißt, wenn sie sich der Aufzucht ihrer Kinder gewidmet hat, wenn sie Gastfreundschaft geübt hat, wenn sie die Füße der Heiligen gewaschen hat, wenn sie den Notleidenden Unterstützung gewährt hat - kurz, wenn sie jedem guten Werke nachgegangen ist.

11 Junge Frauen jedoch sollst Du als Witwen ablehnen. Wenn sie (aber doch zugelassen werden und) getrieben durch ihre Sexualität gegen Christus aufbegehren, wollen sie heiraten,

12 wodurch sie dem Urteil verfallen, daß sie die erste Treue gebrochen haben.

13 Außerdem bringt ihr ständiges Lernen,[23] während sie in den Häusern umherlaufen, überhaupt keinen Gewinn, mehr noch, sie sind nicht nur nutzlos, sondern auch Schwätzerinnen und solche, die sich frech in ihnen nicht zustehende Bereiche einmischen, indem sie unziemliche Lehren verbreiten.

14 Deshalb bestimme ich, daß die jungen Frauen heiraten, Kinder gebären, dem Haushalt vorstehen und somit dem Widersacher keinerlei Angriffspunkt aufgrund von übler Nachrede bieten.

15 Schon sind nämlich gewisse Leute zum Gefolge des Satans abgefallen.

16 Wenn aber eine Gläubige[24] Witwen (bei sich) hat, soll sie ihnen Unterhalt gewähren und die Gemeinde soll nicht damit belastet werden, damit sie die wirklichen Witwen unterhalten kann.

Nestle-Aland[26], bezüglich des Artikels aber gegen ihn (und mit der im Wörterbuch *Bauer/Aland*, 510 vertretenen Lesart). Der Artikel kann jedoch in der Übersetzung nicht wiedergegeben werden.

[23] In 5,13 wurde, da der Vers keinen Sinn zu machen schien, von *Mangey* als Konjektur λανθάνουσιν anstelle von μανθάνουσιν vorgeschlagen; vgl. *Jeremias*, Tim, 39, der diesem Vorschlag folgt. Dieser Eingriff hat jedoch keinerlei Rückhalt an den Handschriften. Für das sprachliche Problem wird in der motivkritischen Analyse zur Stelle eine Lösung erarbeitet werden (s.u. S. 204f.), so daß die Notwendigkeit der Konjektur entfällt.

[24] Für das Subjekt von v16a gibt es zwei Lesarten: Die kürzere πιστή bezeugen Sinaiticus, Alexandrinus und Ephraemi Rescriptus, F, G, P, 048 sowie bei den Minuskeln die ständigen Zeugen 33, 81, 1175, 1739, 1881 und wenige weitere griechische Handschriften, die altlateinische Handschrift m, die Vulgata und die koptische Überlieferung. Die längere Lesart πιστός ἢ πιστή haben die Majuskeln D, Ψ, K, L, als weitere ständige Zeugen die Minuskeln 104, 365, 630, 1241, 2495 sowie die Masse der Minuskeln, einige altlateinische und Vulgata-Handschriften, die syrische Überlieferung und der Ambrosiaster. Die kürzere Lesart, die v16 nur auf christliche Frauen bezieht, ist aufgrund des Gewichts von Sinaiticus und Alexandrinus qualitativ besser bezeugt. Die Erweiterung erklärt sich als Anpassung an spätere Kirchenordnungen, in denen "πιστός ἢ πιστή ... als festgefügter terminus technicus erscheint, der die Abschreiber bestimmt hat". (*Bartsch*, Rechtsbildungen, 137).

3. Literarische Analyse

3.1 Einordnung in den Kontext

Die Witwenregel findet sich im zweiten Gemeindeordnungskomplex des 1 Tim. Dieser beginnt mit Anweisungen an den fiktiven Adressaten zunächst zu seinem Verhalten und seiner Stellung als vom Presbyterium beauftragter Gemeindeleiter (4,12-16), dann zum Umgang mit den Gemeindeständen der jungen und alten Männer und Frauen (5,1f). Es folgen die recht umfangreiche Witwenregel (5,3-16), Regeln für das Presbyteramt (5,17-22), Ermahnungen für die Sklavinnen und Sklaven (6,1f) sowie Anweisungen zum Umgang mit Reichtum (6,9f.17-19).

Das Verhältnis der drei Textabschnitte 5,1f, 5,3-16 und 5,17-22 zueinander ist davon abhängig, wie man die Begriffe πρεσβύτερος/πρεσβυτέρα und νεώτερος/νεωτέρα faßt. Die überwiegende Mehrheit der Forschenden geht davon aus, daß diese Begriffe in 1 Tim 5,1, ebenso wie πρεσβύτης/πρεσβῦτις und νεώτερος/νέα in Tit 2,2-6, eindeutig Altersgruppen und nicht Funktionsbezeichnungen meinen.[25] Dagegen seien in 5,17ff Presbyter im Sinne von Mitgliedern eines Ältestenrates gemeint. In Ablehnung dieser Mehrheitsposition hat aber *Brown* für einen einheitlichen Gebrauch der Begriffe plädiert:

> "In the Pastorals there are two offices set up for the pastoral care of the community, a higher office and a subordinate office. If we invoke wider NT evidence, it seems that the holder of each of these offices had two designations, respectively, the presbyter (elder) or bishop and the 'younger' or deacon. ... The fact that *neoteros*, 'younger' ist not simply an age bracket (any more than is *presbyteros*, 'elder') but another name for the subordinate office has frequently been missed ..."[26]

Diese These hat wichtige Konsequenzen für das Bild der Ämter in den Past, da sie impliziert, daß es neben Diakoninnen auch Presbyterinnen gibt.[27] Allerdings muß *Brown* zugeben, daß die Bezeichnungen in Tit 2 ebenso wie die Erwähnung von νεώτεραι in 1 Tim 5,11.14 Altersgruppen meinen; insofern scheint seine Interpretation nicht schlüssig. Außerdem hat *Dibelius* mehrere Parallelen anführen können, die die Anweisungen in 1 Tim 5,1f auf ein gebräuchliches Schema populärer Moralphilosophie zurückführen, das angemessenes Verhalten gegenüber Menschen verschiedenen Alters in Analogie zu den entsprechenden Familienbeziehungen definierte.[28] 5,1f stellt also einen in sich abgeschlossenen Abschnitt dar, in dem es nicht um gemeindliche Funktionen oder Ämter geht.

Dagegen stellen die Witwen- und Presbyterregel (5,3-16 und 5,17-22) jeweils eine Ordnung für eine offizielle Gemeindefunktion auf. Die Parallelität beider Abschnitte wird durch das jeweils am Anfang stehende Stichwort τιμή/τιμᾶν (5,3.17) markiert, das die rechtmäßigen Ansprüche der Witwen und Presbyter festlegt.[29] Deshalb ist das

---

[25] Vgl. z.B. *Dibelius/Conzelmann*, Past, 57; *Roloff*, 1 Tim 249f.
[26] *Brown*, Episkope, 332f. Er verweist neben den Past auf 1 Petr 5,1-5; Lk 22,26; PolPhil 5,3. In bezug auf die Past ist ihm gefolgt *Schüssler Fiorenza*, Gedächtnis, 349f.
[27] Vgl. *Brown*, Episkope, 335.
[28] Vgl. *Dibelius/Conzelmann*, Past, 57.
[29] S.u. die begriffsgeschichtliche Untersuchung zu τιμᾶν, S. 144-149.

literarische und traditionsgeschichtliche Verhältnis der Witwen- und Presbyterregel in unserer Analyse zu berücksichtigen.

3.2 Formalsprachliche Analyse

Die formalsprachliche Analyse untersucht die syntaktische Struktur und Kohärenz, die Verwendung von stilistischen Mitteln sowie die Inkorporation kleinerer Formen und Gattungen in den Text. Letzterer Schritt bildet gleichzeitig einen ersten Arbeitsgang der formgeschichtlichen Untersuchung; die Gattungskritik des Gesamtabschnittes wird jedoch erst nach der motivkritischen Analyse vorgenommen, da eine formgeschichtliche Einordnung des Textes nur auf der Basis seiner formalen wie inhaltlichen Elemente erfolgen kann.

Der Text hat insgesamt präskriptiv-juridischen Charakter, der sich in den Verbformen widerspiegelt: Anweisungen werden durch Imperative der 2. und 3. Person bzw. durch βούλομαι[30] ausgedrückt; Konditionalsätze mit εἰ benennen die Amtsvoraussetzungen (vv10f). Daneben finden sich indikativisch-deskriptive Passagen (vv5f.11b.13), deren Beziehung zu den imperativisch-präskriptiven Aussagen im einzelnen zu untersuchen ist.[31]

Der thematische Horizont des gesamten Abschnittes wird durch drei Imperative markiert: τίμα (v3); καταλεγέσθω und das diesem antithetisch zugeordnete παραιτοῦ (v9.11). Diese Verben strukturieren gleichzeitig den Text: die Parallelität von χήρας τίμα und χήρα καταλεγέσθω konstituieren einen gewissen Neuansatz bei v9 und damit eine Zweiteilung im Aufbau. Ob der Text thematisch als Einheit anzusehen ist, was auf den ersten Blick durch die Wiederholung des Leitwortes ὄντως χήρα (v3.5.16) nahegelegt scheint,[32] kann erst die inhaltliche Analyse zeigen.

Der Abschnitt setzt ein mit der schon genannten Aufforderung an den fiktiven Adressaten Timotheus im Imperativ der 2. Person: Χήρας τίμα τὰς ὄντως χήρας. Diese Anweisung hat eine doppelte Stoßrichtung:[33] sie enthält eine (explizite) Affirmation in der Aufforderung zum τιμᾶν und eine (implizite) Negation duch das Adverb ὄντως: Dieses trifft eine Unterscheidung und konstitutiert damit eine Gruppe, auf die der Imperativ nicht zu beziehen ist. Die folgenden Verse nehmen diese beiden Dimensionen wieder auf, allerdings in einer komplizierten, mehrschichtigen Weise. V4 führt formal und inhaltlich den impliziten negativen Aspekt weiter: auf der formalen Ebene, indem der Vers durch die Partikel δέ n ein antithetisches Verhältnis zur affirmativen Aussage von v3 gesetzt wird; auf der inhaltlichen Ebene, indem die Gruppe der Ausgeschlos-

---

[30] Βούλομαι ist gebräuchlicher Ausdruck bei gesetzgeberischen Maßnahmen; vgl. *Dibelius/Conzelmann*, Past, 60.

[31] Das Verhältnis von Imperativen und Indikativen stellt ein wichtiges Moment der literarischen Einordnung und Beurteilung der Past dar. *Donelson* hat diesen Aspekt zum Ausgangspunkt seiner Analyse der ethischen Argumentationsstruktur der Past gemacht; vgl. Pseudepigraphy, 69ff.

[32] Vgl. *Müller-Bardoff*, Exegese, 114.

[33] So auch *Verner*, Household, 162: "The dual thrust of this imperative is at once apparent. On the one hand it requires the support of widows. On the other hand it restricts support to those who are 'real widows'." Ähnlich *Towner*, Goal, 182.

senen definiert wird. Erst v5 bezieht sich inhaltlich auf die explizite, durch das Verb konstituierte Aussage von v3, indem er diejenigen qualifiziert, auf die der Imperativ zielte. Diese komplizierte Struktur führt zu Irritationen beim ersten Lesen, weil der angeschlossene v4 eine nachträgliche Gewichtsverschiebung (zugunsten des negativen Aspekts) in der Aussage von v3 bewirkt und außerdem zwei verschiedene Verwendungen des Begriffes χήρα vorliegen.

Die konditionale Konstruktion und der Imperativ der 3. Person weisen v4a als kasuistischen Rechtssatz aus, wie er als Bestandteil von Gemeindeordnungen im NT häufiger belegt ist.[34] Die Protasis formuliert die Ausschlußbedingung, die Apodosis mit unvermitteltem Wechsel zum Plural bildet die eigentliche Antithese zu v3. Es folgt, angeschlossen mit τοῦτο γάρ in v4b eine kommentierende, formelhafte Bekräftigung[35] für die Anweisung von v4a.

V5 nimmt das Stichwort ὄντως χήρα aus v3 wieder auf und qualifiziert die "wahre Witwe". Der indikativische Satz hat normativen Charakter, insofern hier ein Idealbild (παράδειγμα) gezeichnet wird. Das normative Moment wird unterstützt durch das Adverb ὄντως. Sprachlich unterscheidet sich v5 aufgrund seines solennen Charakters stark vom Vorangehenden. Das Perfekt im ersten Teil vermittelt den gegenwärtig andauernden Effekt des ihre Hoffnung auf Gott Setzens. Der zweite Teil beinhaltet eine Explikation des ersten im Hinblick auf die sichtbaren Folgen der Orientierung auf Gott; das καί kann als epexegeticum/explicativum oder consecutivum aufgefaßt werden. Die Zweigliedrigkeit sowohl des Dativus objektivus als auch der adverbiellen Bestimmung der Zeit drückt Vollständigkeit aus.

V6 steht in antithetischem Verhältnis zu v5 und zeichnet das Gegenbild zur ὄντως χήρα. Der kurze prägnante Satz sticht hervor durch seinen paradoxen Charakter aufgrund des Antagonismus von ζῶσα und τέθνηκεν sowie die Paromoiosis von σπαταλῶσα/ζῶσα.[36] Formgeschichtlich handelt es sich um eine paradoxe Gnome.[37] Die inhaltliche Aussage wird hier sehr gekonnt stilistisch umgesetzt: Der Entgegensetzung von ὄντως χήρα und σπαταλῶσα entspricht ein Wechsel des Stils: Während v5 von ausführlichen, feierlichen Wendungen geprägt ist, ist v6 ganz kurz und bestimmt. Insbesondere der auf mehrere Trochäen folgende Daktylus τέθνηκεν am Ende schafft einen prägnanten Abschluß, dem inhaltlich entspricht, daß "Totsein" das abschließende Ur-

---

34 Vgl. *Berger*, Formgeschichte, 214f.

35 Vgl. *Roloff*, 1 Tim, 289. *Berger*, Formgeschichte, 249 ordnet 5,4b wie auch 1 Tim 2,3 formgeschichtlich als "Kommentierung" ein. Diese Gattung ist dadurch gekennzeichnet, daß "der Autor eines Textes neben die erste und von Anfang an gebrauchte *Sprachebene* eine zweite stellt" (247). Es geht also um eine metakommunikative Aussage. Im konkreten Fall von 5,4b soll es sich um "Kommentierung durch *andere, kontextfremde Überlieferung*" handeln (249, Hervorhebungen im Original). In diesem Fall ist der Wechsel der Sprachebenen nicht eindeutig, da v4b auch einfach als Begründung auf derselben Ebene aufgefaßt werden könnte. Da aber metakommunikative Signale in den Past durchgängig verwendet werden (vgl. *Schenk*, Past, 3412), legt es sich nahe, auch den formelhaften v4b in diesem Zusammenhang zu verstehen.

36 Auf die häufige Verwendung von Klangfiguren in den Past weist *Fiore* (Function, 12) hin.

37 *Fiore* (Function, 18) nennt 5,6 als Beispiel für ein "paradoxical gnomic saying", dessen Funktion ist "(to) introduce verification from external authority", und stellt 5,6 in eine Reihe mit 1 Tim 4,7b-8; 6,5f. "This device functions like antithesis in presenting a totally other outlook than the one capsulized and opposed."

teil beinhaltet, über das hinaus eigentlich über einen Menschen nichts mehr ausgesagt werden kann.

V7 nimmt in der Form der indirekten Weisung[38] wieder den fiktiven Adressaten in den Blick, der die vorherigen Bestimmungen einschärfen soll.[39] Dieser dreipoligen Kommunikationsstruktur entspricht, daß die im Finalsatz gegebene Begründung für die Anweisung wieder auf die Witwen bezogen ist.

V8 ist formal wie inhaltlich eng auf v4 bezogen: Die Protasis des Konditionalsatzes wird wiederum durch εἰ eingeleitet, der zweigliedrige Hintersatz ist durch die Antithese der Leitwörter πίστις/ἄπιστος strukturiert und nach dem Prinzip der Steigerung konzipiert. V8 unterscheidet sich strukturell jedoch von v4a dadurch, daß die Apodosis jetzt keinen Imperativ, sondern einen Indikativ enthält. V8 stellt somit keine einfache Wiederholung von v4a dar, sondern führt den Gedankengang weiter: Der Vers nimmt in der Protasis die Apodosis von v4a wieder auf, um dann im Hintersatz eine neue Schlußfolgerung zu ziehen. Formal sieht das Verhältnis beider Sätze also folgendermaßen aus:

V4a: Wenn a der Fall ist, dann ist b gefordert.
V8:   Wenn b nicht erfüllt wird, dann gilt c.

Die Strukturanalyse macht deutlich, daß v4a und v8 zusammen einen kohärenten Gedankengang bilden. Auf dieses Ergebnis wird im literarkritischen Teil zurückzukommen sein.

V9 setzt mit einer neuen rechtlichen Bestimmung ein, die den Zugang zum Witwenamt regelt.[40] Die Einsetzung der offiziellen Witwen wird durch einen passivischen Imperativ der 3. Person ausgedrückt.[41] Von dem Imperativ καταλεγέσθω ist im folgenden zunächst eine nominale Auflistung mithilfe von Partizipien abhängig; hinter ἑνὸς ἀνδρὸς γυνή ist ein Partizip von εἶναι oder γίνομαι zu ergänzen.[42] Mitten im Satz

---

[38] Vgl. *Berger*, Formgeschichte, 210, der die indirekte Weisung als Merkmal der Gattung "Paideutikon" abhandelt: "Es geht daher um die 'Belehrung des Lehrers' und typisch ist eine Dreierkonstellation (...), die autoritär ausgerichtet ist."

[39] Das Demonstrativpronomen ταῦτα wird hier anaphorisch verstanden, was seinem häufigsten Gebrauch entspricht. Οὗτος kann zwar in gewissen Fällen auch kataphorisch verwendet werden, nämlich, wenn es unmittelbar durch ein Relativpronomen wieder aufgenommen wird (vgl. Lk 5,21; Hebr 2,15), oder wenn es als Neutrum einen Nebensatz mit ὅτι (vgl. Joh 8,47; 1 Kor 15,50; 1 Tim 1,9) oder ἐάν (1 Joh 2,3) bzw. einen Infinitiv vorbereitet (2 Kor 2,1). Vgl. *Blass/Debrunner/Rehkopf*, §290. Keiner dieser Fälle liegt jedoch hier vor, so daß der häufigere, rückwärtsweisende Gebrauch für diese Stelle zugrundezulegen ist.

[40] Bei der Bestimmung über Auswahl bzw. Einsetzung des Funktionsträgers oder der Funktionsträgerin handelt es sich um ein charakteristisches Merkmal der Gattung der antiken Amtsspiegel; vgl. den Feldherrenspiegel des Onosander, dessen 1. Kapitel überschrieben ist περὶ αἱρέσεως στρατηγοῦ (*Dibelius/Conzelmann*, Past, 117).

[41] Die passivische Formulierung, die das Subjekt des Einsetzens nicht nennt, ist in den Amtsspiegeln traditionell: Vgl. wiederum Onosander (a.a.O), wo ein passivischer Infinitiv erscheint: Φημὶ τοίνυν αἱρεῖσθαι τὸν στρατηγὸν οὐ κατὰ γένη κρίνοντας ...

[42] Diese Entscheidung ist abhängig von der Frage, ob die Bestimmung ἑνὸς ἀνδρὸς γυνή als gegenwärtiges oder vergangenes Merkmal der Witwe anzusehen ist. Im Fall der Vergangenheit würde γενομένη an die Stelle des fehlenden Aorists von εἶναι treten. In der Forschung wurde auch vorgeschla-

wechselt die Konstruktion jedoch zu Bedingungssätzen im Aorist (v10). Dem Wechsel der Konstruktion entspricht inhaltlich der Übergang von gegenwärtigen Merkmalen der Frauen zu vergangenen Aktivitäten. V11 ist antithetisch konstruiert zu v9: Im Imperativ der 2. Person fordert er die Abweisung derjenigen Kandidatinnen, die das Mindestalter nicht erreicht haben. Damit knüpft der Satz über die lange Reihe der Einzelbestimmungen beim erstgenannten Kriterium an. Auch formal entsprechen sich v9 und v11: καταλέγειν und das Deponens παραιτέομαι ziehen als Verben des Ernennens, Einsetzens bzw. Ablehnens einen doppelten Akkusativ (im Passiv einen doppelten Nominativ) nach sich, indem sie ein prädikatives Adjektiv oder Substantiv mit dem Akkusativobjekt (bzw. dem Subjekt) verbinden.[43] Χήρα bzw. χήρας ist also jeweils Prädikatsnomen,[44] das im passivisch konstruierten v9 dem durch die Reihe der Partizipien gebildeten Subjekt, im aktivischen v11 dem Akkusativobjekt νεωτέρας zugeordnet ist. Damit sind die beiden Verse chiastisch aufeinander bezogen:

v9:   Prädikatsnomen   -   Subjekt

v11:   Akkusativobjekt   -   Prädikatsnomen

Die Antithese in v11a wird im folgenden zu einer recht umfangreichen Argumentation[45](vv11b-15) ausgeweitet: Dem Imperativ werden zwei Begründungen, eine Schlußfolgerung und ein Negativbeispiel angeschlossen. Die geforderte Ablehnung jüngerer Frauen als Gemeindewitwen wird zunächst durch zwei Argumente gestützt (vv11b.12; v13). Die erste Begründung wird durch γάρ markiert, die zweite durch ἅμα an diese angeschlossen. Diese Parallelisierung durch ἅμα bildet eine Schwierigkeit, insofern die beiden Begründungen inhaltlich auf verschiedenen Ebenen liegen: vv11b.12 sprechen von einem Aufgeben des offiziellen Witwenstatus durch Heirat,

---

gen, das γεγονυῖα in v9 nicht auf die Alters-, sondern auf die Ehebestimmung zu beziehen (*Glasscock*, Husband, 255, im Anschluß an Calvin), wobei das Perfekt sich aber stark der präsentischen Bedeutung annähert. Vgl. die motivkritische Untersuchung, s.u. S. 171-177 .

[43] Vgl. *Kühner/Gerth*, §§ 355, 411.

[44] *Roloff*, 1 Tim, 293 weist bei seiner Exegese von vv9.11 ebenfalls auf diese syntaktische Struktur hin. Unsere sprachliche Analyse wird außerdem durch eine Parallele in einem profanen Berufspflichtenspiegel gestützt: Der neupythagoreische Brief der 'Myia' an 'Phyllis' enthält einen τιτθευτικός. Solche "Ammenspiegel" sind eine geläufige Unterform der Berufspflichtenlehren, die insbesondere in der medizinischen Literatur des 2. Jh. n.Chr. verbreitet war (Belege bei *Städele*, Briefe, 267, Z.2f). Die Liste der geforderten Qualifikationen einer guten Amme wird im Myiabrief von der fiktiven Autorin folgendermaßen eingeleitet (*Städele*, Briefe, 162, 1, 2f): παραινέω· τίτθαν μὲν ἐκλέξασθαι τὰν (ἐπιταδειοτάταν καὶ καθάριον ...). Auch hier erscheint also die Bezeichnung der Funktion als Prädikatsnomen, während die geforderten Eigenschaften im Akkusativ des AcI stehen. Zu datieren ist dieser Brief aufgrund des nicht nur an dieser Stelle vorfindlichen Bezuges zur medizinischen Literatur des Rufus, Galen und Soran in die zweite Hälfte des 2. Jh. n.Chr.; vgl. *Städele*, Briefe, 269.

[45] Es handelt sich um eine symbuleutische Argumentation nach den Kriterien von *Berger*, Formgeschichte, 93-98. Er selbst nennt 1 Tim 5,11-15 allerdings nicht explizit unter dieser Gattungsbestimmung.

während v13 ein - vom Verfasser verurteiltes - Fehlverhalten der Witwen gerade *in*
diesem Stand im Auge hat. Beide Begründungen können also weder von derselben
Personengruppe, noch von derselben Zeit reden, wie es aber der Anschluß mit ἅμα
nahelegt.

Schwierigkeiten bereitet auch die syntaktische Struktur des v13a: Da μανθάνειν
nicht mit Partizip steht, περιερχόμεναι also nicht von μανθάνουσιν abhängig sein kann,
scheint ein direktes Objekt zu fehlen; auf dieses Problem wird in der inhaltlichen
Analyse zurückzukommen sein.[46] Der zweite Teil des Satzes nimmt das ἀργαί[47] als
zentrales Stichwort des ersten Teils auf und ergänzt es.

V14 ist durch die charakteristische Partikel οὖν[48] als verbindliche Schlußfolgerung
aus diesen beschriebenen Zuständen ausgewiesen;[49] diese wird durch βούλομαι direkt
als autoritative Willenskundgebung des 'Paulus' qualifiziert. Der Vers formuliert antithetisch das Gebotene (v14a) und das zu Verhindernde (v14b). Eindringlichkeit erhält
er durch das Homoioteleuton in der Reihe γαμεῖν, τεχνογονεῖν, οἰχοδεσποτεῖν.[50] V15
wird durch einleitendes γάρ als eine weitere Begründung qualifiziert: Als Motivation
für das Gebot dient dem Autor der Abfall "gewisser Leute". Das hier betont am Satzanfang stehende ἤδη[51] bringt ein Element der Dringlichkeit ein.

V16, wieder eine strukturelle Parallele zu vv4.8, formuliert noch einmal eine konkrete Anweisung (Apodosis) für bestimmte Bedingungen (Protasis). Da v16 mit den
vorangegangenen Bestimmungen in keinem direkten inhaltlichen Zusammenhang
steht, wirkt er etwas unmotiviert und nachklappend.

3.3 Literarkritische Überlegungen

3.3.1 Zur Methodik

Literarkritische Überlegungen müssen zunächst von formalen Textmerkmalen aus-
gehen, insbesondere von Spannungen, Brüchen, Doppelungen. Gleichzeitig ist zu fragen, ob eine literarische Abhängigkeit unseres Textes von anderen bekannten Texten
vorliegen könnte, bzw. ob eine gemeinsame Abhängigkeit von einer unbekannten, zu
rekonstruierenden Quelle wahrscheinlich gemacht werden kann. Als verwandte Texte

---

[46] Neben der schon erwähnten textkritischen Lösung (Konjektur λανθάνουσιν) hat die Forschung
vorgeschlagen, den Satz elliptisch zu verstehen und sinngemäß εἶναι zu ἀργαί zu ergänzen; vgl.
Blass/Debrunner/Rehkopf, §416, Anm. 2. Die Lösungsmöglichkeiten werden in der motivkritischen
Analyse zur Stelle diskutiert werden, s.u. S. 204f.

[47] Zu Wiederholungen als Stilmittel des Verfassers vgl. *Fiore*, Function, 13.

[48] Innerhalb der ethischen Argumentation markiert οὖν regelmäßig den Übergang von der Begründung zur Schlußfolgerung. Beispiele: TestRub IV 1 schließt es nach der biographischen Schilderung der
lasterhaften Taten des Ruben die Ermahnung an. Besonders beliebt ist die Partikel in 1 Clem (19,2;
28,1; 34,3.4.7; 40,1; 57,1; 58,1), wo nach einer langen Reihe von Beispielen regelmäßig die ethische
Schlußfolgerung durch οὖν eingeleitet wird.

[49] Nach *Berger*, Formgeschichte, 98 ist Einleitung durch οὖν regelmäßig Indiz für das Vorliegen
der Gattung "symbuleutische Argumentation".

[50] Es fällt wiederum der Einsatz von Klangfiguren als Stilmittel auf. Vgl. *Fiore*, Function, 12.

[51] Zu ἤδη vgl. *Berger*, Gattungen, 1346 sowie s.u. S. 218.

wären zu untersuchen die Witwenpassage in PolPhil 4,3 sowie die Witwenregeln in den altkirchlichen Kirchenordnungen. Die zu diesem Thema grundlegende Studie von *Bartsch*[52] ist in ihrem methodischen Ansatz von der These bestimmt, die Past und die überlieferten Kirchenordnungen seien von einer gemeinsamen Quelle abhängig, einer fest formulierten Kirchenordnung. Deshalb geht er so vor, daß er im Vergleich der verschiedenen Ämterspiegel und Ständetafeln versucht, die Entwicklung der jeweiligen Regeln nachzuzeichnen. Dieser methodische Ansatz von *Bartsch* ist insofern problematisch,[53] als er chronologisch spätere Texte zur Rekonstruktion einer den Past zugrundeliegenden Quelle heranzieht. Fragwürdig ist dieses Verfahren insbesondere deshalb, da bei den Kirchenordnungen mit direkter Abhängigkeit von den - seit dem Ende des 2. Jahrhunderts als Bestandteil des Corpus Paulinum kanonisierten - Pastoralbriefen gerechnet werden muß.[54] Aus diesen methodischen Gründen können die Kirchenordnungen zur Rekonstruktion der Tradition in den Past nicht herangezogen werden.

Weniger eindeutig stellt sich die Situation im Fall von PolPhil, schon aufgrund der großen zeitlichen Nähe zu den Past, dar. Ob Polykarp die Past kannte, ist nicht sicher zu bestimmen. Deshalb ist umstritten, ob die auffällige Übereinstimmung von PolPhil mit den Past in der Ausrichtung auf Paränese und Gemeindeordnung sowie in vielen inhaltlichen Einzelzügen gerade bei den Anweisungen für die Witwen auf literarische Abhängigkeit oder traditionsgeschichtliche Bezüge deutet.[55] Aufgrund dieser Schwierigkeiten erscheint es geraten, auch Polykarps Philipperbrief zur Rekonstruktion der Tradition der Witwenregel der Past nicht heranzuziehen. Wir werden deshalb unsere literarkritische Hypothese rein immanent aus der formalen Analyse von 1 Tim 5,3-16 entwickeln.

3.3.2 Literarkritische Hypothese

Die Ergebnisse unserer formalen Textanalyse erlauben es, an dieser Stelle eine literarkritische Hypothese zu formulieren. Diese bedarf allerdings im weiteren der Verifizierung durch die inhaltliche (begriffs- und motivkritische) Untersuchung. Nur wenn der formale und inhaltliche Befund in die gleiche Richtung weisen, kann eine Unterscheidung von Tradition und Redaktion einige Wahrscheinlichkeit für sich beanspruchen. Zu beachten ist ferner, daß mit der Identifizierung von Tradition noch nicht ihre Einheitlichkeit gegeben ist; es ist also zu untersuchen, ob der Verfasser einzelne Regeln übernimmt oder aus einer schon integrierten Witwenregel zitiert.

Kein Indiz für literarische Uneinheitlichkeit ist der abwechselnde Gebrauch des Singulars und Plurals von χήρα im Text, da unvermittelte Numeruswechsel auch sonst

---

[52] *Bartsch*, Rechtsbildungen, vgl. bes. 9ff.

[53] Vgl. die Kritik von *Sand*, Witwenstand, 186f.

[54] Für die syrische Didaskalie gehen die Herausgeber jedenfalls davon aus, daß diese die Past als kanonische Schriften betrachtet und häufig zitiert; vgl. *Achelis/Flemming*, 322f.

[55] *Fischer* geht davon aus, daß die Past für Polykarp schon zum Corpus Paulinum gehörten und er an einzelnen Stellen zu ihnen zitiert; vgl. Apostolische Väter, 239. Nach *Lindemann*, Paulus, 223f sowie *Roloff*, 1 Tim, 330 zitiert PolPhil 4,1 aus 1 Tim 6,10. Dagegen sieht *Paulsen*, HNT 18, 117.118 keine literarische Abhängigkeit, sondern traditionsgeschichtliche Bezüge.

in den Past zu finden sind.[56] Zu fragen ist aber, ob der Wechsel von vermittelter zu direkter Anordnung (markiert durch Imperative der 3. Person statt der 2. Person) einen Ansatzpunkt für literarkritische Überlegungen bieten kann.[57] Dies kann nicht pauschal bejaht werden, sondern ist im Einzelfall unter Berücksichtigung aller formalen und inhaltlichen Indizien zu prüfen, da damit zu rechnen ist, daß der Autor auch übernommene Stücke sprachlich überarbeitet.

Unsere formale Textanalyse hat im ersten Teil des Textes (vv3-8) zwei Ansatzpunkte für literarkritische Operationen aufgewiesen: Die durch das Verb konstituierte Hauptaussage von v3 wird nicht in v4, sondern erst in v5 weitergeführt, insofern dieser die zu "ehrenden" Witwen qualifiziert. Dagegen hängt der Bezug von v4 auf v3 gänzlich an dem impliziten - erst durch den Zusatz τὰς ὄντως χήρας eingeführten - negativen Aussageaspekt. Zum anderen ist die strukturelle Parallelität und der enge Zusammenhang der Verse 4a und 8 deutlich geworden: V4a stellt eine Forderung auf, auf die v8 mittels einer negativen Qualifizierung ihrer Nichterfüllung noch einmal Nachdruck legt. V4a und v8 sind also thematisch direkt aufeinander bezogen. Ihnen zugeordnet ist v4b, der die Forderung der Verwandtenversorgung formal als gottgewollt qualifiziert und damit legitimiert.

V6 ist antithetisch auf v5 bezogen, wie die formale Analyse herausgearbeitet hat, wobei beide sich in Stil und Struktur aber stark unterscheiden. Einerseits könnte die Antithese der Tradition zugeordnet werden, andererseits wirkt v5 in seiner Reihung von Doppelelementen vollständig und geschlossen und nicht auf eine antithetische Ergänzung hin angelegt. Die traditionsgeschichtliche Untersuchung wird eine Zuordnung zum Autor der Past wahrscheinlich machen. V7 scheint als Überleitungsstück nachträglich hinzugefügt.

Die literarkritische Hypothese lautet also für den ersten Teil unseres Abschnittes: In v3 und v5 liegt Traditionsmaterial vor, während vv4.6.7.8 aus der Hand des Autors der Past stammen. Unklar ist allerdings noch, welcher Ebene das Stichwort ὄντως χήρα in vv3b.5 zuzurechnen ist. Entweder hat diesen Zusatz ebenfalls der Autor der Past in seine Tradition eingefügt, um daran seinen v4 anschließen zu können: In diesem Falle würde die Umkehrung von der affirmativen Aussagerichtung von v3a zur negierenden Aussagerichtung von v4a ganz auf seine Redaktion zurückgehen. Es wäre allerdings auch möglich, daß er v3b schon in seiner Tradition vorfand; dann hätte auch diese schon die Doppelung von affirmativer und negierender Aussage aufgewiesen und damit restriktiven Charakter gehabt, den der Verfasser der Past durch seine Redaktion lediglich verstärkt bzw. neu gefüllt hätte. Eine Entscheidung kann an dieser Stelle erst aufgrund der inhaltlichen Einzelanalyse erfolgen.

---

[56] Vgl. 1 Tim 2,15; 5,17.19f.

[57] *Roloff*, 1 Tim, kann sich in dieser Frage nicht entscheiden. Einerseits schreibt er: "Auffällig ist allerdings auch, daß diese vermittelten Anordnungen immer wieder ganz unvermittelt in direkte Anordnungen übergehen (5,7.11.20.21f; 6,1-2), *was zum Teil mit der Einarbeitung älteren Traditionsmaterials zusammenhängen mag.*" (250) Dagegen schreibt er auf Seite 283 zum Wechsel von direkter und indirekter Weisung: "Man wird aus dieser stilistischen Inkonsequenz weder sachliche Uneinheitlichkeit folgern *noch gar quellenkritische Schlüsse ziehen dürfen. Sie ist literarisches Mittel*" (Hervorhebungen U.W.).

Im zweiten Teil des Abschnittes (vv9-16) hat die formale Analyse zwei Ansatzpunkte für literarkritische Überlegungen herausgearbeitet: Zum einen schließt v11 direkt an v9 an; zusammen bilden sie einen Chiasmus, der jedoch durch die lange Aufzählung in v10 verwischt wird. Zum anderen besteht ein logischer Widerspruch zwischen v12 und v13, insofern die sprachlich ausgedrückte "Gleichzeitigkeit" keine inhaltliche Entsprechung hat. Dieser Befund führt zu der literarkritischen Hypothese, daß vv9.11f zur Tradition gehören, während vv10.13 dem Verfasser der Past zuzurechnen sind. Allerdings folgt die Scheidung nicht genau der Verszählung zwischen v9 und v10: Aus stilistischen Gründen müßte der Schnitt entweder nach μὴ ἔλαττων ἐτῶν ἑξήκοντα γεγονυῖα oder nach ἐν ἔργοις καλοῖς μαρτυρουμένη liegen, da eine eingliedrige wie eine dreigliedrige Angabe vollständig wirken, nicht aber eine zweigliedrige, wie sie anzunehmen wäre, wollte man nach ἑνὸς ἀνδρὸς γυνή teilen. Die Entscheidung kann an dieser Stelle erst aufgrund der Ergebnisse der inhaltlichen Untersuchung getroffen werden. Ebenso kann im Fall von vv14f. nur aufgrund von inhaltlichen Kriterien Klarheit gewonnen werden; die begriffs- und motivkritische Analyse wird aufweisen, daß sie dem Autor der Past zuzuordnen sind. Dem abschließenden v16 wird eine gesonderte Untersuchung zu widmen sein.

4. Begriffs- und motivkritische Analyse von 1 Tim 5, 3-8

4.1 Der Traditionshintergrund des Bildes der "Witwe"

4.1.1 Χήρα - ein sozialer und theologischer Typos

Der griechische Begriff χήρα wird von der indogermanischen Wurzel ghe-, "verlassen, leer lassen" abgeleitet und bezeichnet die ohne Mann lebende Frau und speziell die Witwe.[58] Entsprechend kann χηρεύω allgemein "ohne Mann leben"[59] sowie

---

[58] Vgl. die Belege bei *Stählin*, χήρα, 429f. Gelegentlich kann χήρα selbst im Sinne unseres umgangssprachlichen "Strohwitwe" verwendet werden: In Herodas, Mime 1 (3. Jh. v. Chr) wird der Besuch einer "Kupplerin" bei einer verheirateten Frau geschildert, deren Ehemann sich seit zehn Monaten auf einer Auslandsreise befindet. Die von ihrem Gatten Zurückgelassene wird als χήρα bezeichnet, wobei mit dieser Charakterisierung die Konnotation sexuellen Unbefriedigtseins verbunden wird.

[59] Dieses "ohne Mann Sein" ist zunächst und grundsätzlich ein unfreiwilliges Alleinsein: Eine Frau kann entweder durch Tod des Ehegatten oder durch Verlassenwerden in den Status der χήρα kommen. Allerdings scheinen die Veränderungen im sozialen Status der Frau in der frühen römischen Kaiserzeit sich auch an dieser Stelle niedergeschlagen zu haben: Die rechtliche Möglichkeit auch für Frauen, eine Scheidung zu bewirken (vgl. *Pomeroy*, Frauenleben, 181ff, insbes. 195f.241-243; *Hesberg-Tonn*, Coniunx, 22-60), machen jetzt ein selbstgewähltes Alleinleben zu Lebzeiten des ehemaligen Gatten denkbar: Eine solche Option wird im neupythagoreischen pseudonymen Brief der Theano an Nikostrate (wahrscheinlich 2. Jh. n. Chr, vgl. *Städele*, Briefe, 174.308f) als χηρεία bezeichnet und von der 'Autorin' bekämpft. Der vorausgesetzte Kontext ist die Auseinandersetzung damit, wie eine Ehefrau auf fortgesetzte Untreue ihres Gatten reagieren sollte. 'Theano' diskutiert die Möglichkeit für die Frau, sich von ihrem Mann zu trennen und lehnt sie mit folgender Argumentation ab: εἰ γὰρ καὶ ἀφεμένη πορεύσῃ, ἑτέρου ἄρα πειραθήσῃ ἀνδρὸς τοῦ προτέρου ἀπαλλαγεῖσα, κἂν ἐκεῖνος τὰ ὅμοια, πάλιν ἄλλου (οὐ φορητὴ γὰρ νέαις χηρεία), ἢ μόνη μενεῖς ἀπ' ἀνδρὸς οἷόν περ' ἄζυξ (ibid. 174, 6, 52-55). Die Argumentation ist widersprüchlich: Zum einen wird behauptet, junge Frauen seien nicht in der Lage,

im engeren Sinne "als Witwe leben" bedeuten; das Adjektiv χῆρος heißt "entblößt, verlassen, verwitwet". In der LXX tritt χήρα bzw. χήρα γυνή als Übersetzung für hebr. אַלְמָנָה ein.

Innerhalb des Alten Testaments kommt אַלְמָנָה/χήρα typischerweise in zwei Kontexten vor, in einem sozialen und einem auf diesem aufbauenden theologisch-symbolischen Sinn. In dem sozialen Zusammenhang erscheint die Witwe mit Waise und Fremdling als typische Vertreterin der sozial Schwachen. In der patriarchal strukturierten Gesellschaft ist ihre Lage elend, von materieller Not, rechtlicher Hilflosigkeit und sozialem Verachtetsein gekennzeichnet.[60] Das deuteronomistische Gesetz trifft einige Regelungen für einen Mindestunterhalt: Die Witwe soll Anteil am Zehnten haben (Dt 14,29; 26,12f), ihr Witwengewand ist unpfändbar (Dt 24,17), sie hat das Recht der Nachlese (Dt 24,19-21; vgl. Rt 2,2f) und soll zu Festessen anläßlich der Erntefeiern eingeladen werden (Dt 16,11.14; 14,29; 26,12).[61] Intervention zugunsten von Witwen gehört zur sozialkritischen Tätigkeit der Propheten (vgl. Jes 1,17; Jer 7,6; 22,3; 49,11; Mal 3,5). Dieses prophetische Engagement liegt letztlich darin begründet, daß Gott selbst Beschützer und Retter von Witwen wie von Waisen und Fremden ist.[62]

Diese alttestamentliche Tradition der besonderen Verantwortung gegenüber den ohne männlichen Schutz Dastehenden führt in hellenistischer Zeit dazu, daß Witwen und Waisen ihr Vermögen im Tempel aufbewahren lassen können, um es so vor Übergriffen zu schützen (vgl. 2 Makk 3,12.22). Diese Information wirft gleichzeitig ein Licht auf die sozialen Verhältnisse in hellenistischer Zeit, da sie eigenständigen Besitz von verwitweten Frauen und ihren Kindern voraussetzt.[63]

Aufbauend auf dem sozialen gibt es im AT einen theologisch-allegorischen Kontext, in dem die Witwe als Symbol dient: Im prophetischen Schrifttum, in dem das Verhältnis zwischen Jahwe und seinem Volk häufig in Bildern von Ehe und Ehebruch beschrieben wird (vgl. Ez 16, Hos 1-3), erscheint die Figur der χήρα als Symbol für das von Gott zur Strafe für seine Treulosigkeit verlassene Volk (Thr 1,1f; Jes 49,21; Jer 51,5; vgl. auch Bar 4,12; sowie Apk 17,16; 18,17). Die "Witwenschaft" ist hier

---

ein Leben ohne Mann (χηρεία) zu ertragen. Deshalb werde 'Nikostrates' Entscheidung, den ersten Mann zu verlassen, ihre Situation nicht verbessern, da sie mit dem nächsten wahrscheinlich keine besseren Erfahrungen machen werde. Andererseits wird im letzten Teil des Satzes ein - dann unfreiwilliges - Leben ohne Mann (μόνη) als negative Folge ihres Handelns in Aussicht gestellt. Die Aussageintention dieses Abschnittes ist es also, eine Entscheidung der Frau über ihre Lebensumstände für unmöglich zu erklären: Ihrer Selbstbestimmung stehen a) ihre eigene "Natur", b) die alleinige Handlungskompetenz und Definitionsmacht der Männer (die sich von ihr abwenden und sie damit zu einer "Übriggebliebenen" abstempeln können) entgegen.

[60] Vgl. *Thurston*, Widows, 12ff; *Schottroff*, Armut, 62-87.

[61] Vgl. *Thurston*, Widows, 14.

[62] Vgl. auch Ps 68,5; Prov 15,23. - Die Rolle einer Gottheit als Beschützerin von Witwen und Waisen ist religionsgeschichtlich sehr weit verbreitet und häufig mit der besonderen Verantwortung des Königs für diese Gruppe verbunden; vgl. *Weiler*, Witwen, 21f, der Beispiele aus Sumer, Ägypten, China sowie von den Azteken und Inkas anführt.

[63] Allerdings dürfte nur eine kleine Minderheit von Witwen und Waisen solch beträchtliche Vermögenswerte besessen haben; vgl. *Schottroff*, Armut, 67f.

konstitutiv durch das Verlassensein gekennzeichnet;[64] das Bild enthält nicht den Gedanken eines Todes Gottes, vielmehr wird eine Schicksalswende durch Wiederannahme der Verstoßenen durch den "Bräutigam" (Jes 54,1-12; 62,2-12) ins Auge gefaßt.[65] Die Symbolik fußt also auf der Bedeutung "die (unfreiwillig) ohne Mann Lebende" für χήρα.[66]

Die in den prophetischen Texten vorfindliche Gedankenfigur der Personifikation von Volk bzw. Stadt als Frau wird im Buch Judith wieder aufgenommen, während gleichzeitig inhaltlich deutliche Veränderungen des Witwenbildes sichtbar werden. Auf der Erzähllebene wird die Witwe Judith in bedrängter politisch-militärischer Lage zur Retterin des Gottesvolkes; auf symbolischer Ebene repräsentiert sie gleichzeitig die Stadt Jerusalem.

"Als Witwe ist Judit Typos des exilischen/nachexilischen Jerusalem/Zion, die in einer eigenartigen Ambivalenz lebt: vom Blickpunkt Israels und der Völker aus ist Jerusalem die vereinsamte und verlassene Witwe ... vom Blickpunkt Jahwes aus gilt ihr die große eschatologische Wende."[67]

Wichtig ist hier, daß Judith zwar Witwe ist; nach dem Tod ihres ersten Mannes lebt sie allein (Jdt 8,4). Im Gebet beruft sie sich auch ausdrücklich auf ihren Witwenstatus, um Gott zum Eingreifen zu bewegen (Jdt 9,4). Gleichzeitig wird im Text jedoch betont, daß die im hebräischen Alten Testament mit Witwenschaft konnotierte Notsituation, die durch Armut, Rechtlosigkeit und Verachtetsein gekennzeichnet ist, auf Judith nicht zutrifft. Ausdrücklich wird ihr Reichtum festgehalten, sie steht einem eigenen Haus vor und gebietet über Knechte und Mägde (Jdt 8,7). Außerdem ist sie in der Gemeinschaft hoch geachtet (Jdt 8,8). Wenn Judith also in ihrer Bitte um Gebetserhörung ihre Witwenschaft anführt, so ist es nicht mehr das soziale Elend, das Gott zur Hilfe motivieren soll. An dessen Stelle treten religiöse Merkmale: Judiths Frömmigkeit und Gottesfurcht, ihr Fasten und Gebet (Jdt 8,6.8.31; 11,17.19; 13,19), die ihr zu prophetischer Sehergabe verhelfen. Diese besondere religöse Qualität ist an ihr Verbleiben im Witwenstand gebunden; sowohl vor als auch nach ihrer Rettungstat wird betont, daß sie allein bleibt und keinen anderen Mann nimmt (Jdt 8,4; 16,22).

Die Figur der Judith steht für eine Tradition im hellenistischen Judentum, die Witwenschaft nicht mehr primär sozial, sondern religiös definiert: Ausgangspunkt ist auch hier das "ohne Mann Sein" der Frau, das jedoch nicht Ursache sozialen Elends, sondern - als bewußte Entscheidung zum Alleinbleiben[68] - Voraussetzung für besondere religiös-spirituelle Begabung ist. Geblieben ist die besondere Zuwendung Gottes

---

[64] Zum Motiv des Verlassenseins s.u. S. 135-143.

[65] Zum Bild der Witwe innerhalb des antiken Phänomens der Personifikation von Städten als Frauen vgl. *Stählin*, Bild, bes. S. 8ff.

[66] Diese Bedeutung des Begriffs wird bei Philo zur Voraussetzung für seine allegorische Verwendung: χήρα θεοῦ ist die Menschenseele, "die den Logos nicht als Gatten hat"; vgl. *Stählin*, χήρα, 436.

[67] *Zenger*, Judit, 486; vgl. auch *Groß*, Judit, 60.

[68] Zumindest für die im Buch Judith sichtbar werdende Tradition ist es somit gerechtfertigt, wenn *Thurston*, Widows, 10, den Begriff "widow" grundsätzlich definiert als "a woman who has not remarried after the death of her husband".

zur Witwe, die jedoch jetzt nicht mehr in ihrer Schwachheit, sondern ihrer prophetischen Existenz gründet.

Im Neuen Testament werden die verschiedenen Traditionen des Witwenbildes, die im Alten Testament und frühjüdischen Schrifttum[69] angelegt sind, weitergeführt. In den synoptischen Evangelien ist das Witwendasein wiederum zunächst sozial bestimmt: In Anknüpfung an die prophetische sozialkritische Tradition wird Jesus als der Verteidiger der Rechte der Witwen dargestellt. So begründet er in Mk 12,40 seine Gerichtsankündigung über die Schriftgelehrten mit deren Unterdrückung der Witwen, die sie durch zur Schau getragene Frömmigkeit zu kaschieren suchen. Als Situation massiver sozialer Diskriminierung und Rechtlosigkeit motiviert das Schicksal der Witwe, deren einziger Sohn gestorben ist (Lk 7,11-15), Jesus zu rettendem Eingreifen in Analogie zum Propheten Elia.[70] Jesu Reden und Handeln zugunsten der Witwe, Inbegriff der Bedrückten und Schwachen, erweist ihn als den in Wahrheit von Gott Gesandten. Diese Tradition findet ihre Entsprechung in der Briefliteratur in Jak 1,27, wo der wahre Gottesdienst als ἐπισκέπτεσθαι ὀρφανούς καὶ χήρας ἐν τῇ θλίψει αὐτῶν definiert wird.

Gleichzeitig wird die Witwe in mehreren Gleichnissen als Typos der gläubigen Gemeinde dargestellt: Der Vergleichspunkt ist ihr besonderes Gottvertrauen, das sich als Freigebigkeit konkretisiert (Mk 12,41-44; par. Lk 21,1-4).[71] In Lk 18, 1-8 symbolisiert das beharrliche und unbeirrbare Schreien der Witwe nach Gerechtigkeit[72] das Gebet der Gemeinde zu Gott.[73] Der symbolische Gebrauch von χήρα als Typos der christlichen Gemeinde ist hier also durchgängig positiv akzentuiert. Die negative typologische Charakterisierung, die der χήρα in der prophetischen Geschichtsdeutung des AT zukommt, wird dagegen in Gal 4,27 sowie in der Apokalypse des Johannes aufgenommen: Paulus zitiert Jes 54,1[74] im Zusammenhang seiner theologischen Auseinandersetzung mit dem Gesetz, die auf einer typologischen Interpretation alttestamentlicher Figuren aufbaut (Gal 4,21-31). Allerdings beruht seine Argumentation eher auf dem Gegensatz von Sklavin und Freier, der in den Figuren der Hagar und Sarah personifiziert wird und den Gegensatz zwischen irdischem (unter dem Gesetz stehenden) und himmlischem (gesetzesfreien) Jerusalem symbolisiert.[75] Die Typologie von verlassener Frau und wiederangenommener Braut wird in diesen Zusammenhang ergän-

---

[69] Vgl. auch *Wegner*, Chattel, 97-113.138-140 zur Sicht von Witwen in der Misnah.

[70] Die Auferweckung des Sohnes der Witwe in Lk 7, 11-15 zeigt deutliche Analogien zur Auferweckung des Witwensohnes durch Elia in 1 Kö 17,17-24. Auf die Hilfe für die Witwe in Sarepta rekurriert auch Lk 4, 26; vgl. *Thurston*, Widows, 26.

[71] Vgl. *Thurston*, Widows, 21f.

[72] Auf den sozialen Hintergrund dieses Gleichnisses weist *Schottroff*, Armut, 77f.88f hin: Aufgrund der 'Rechtlosigkeit' der Witwe, d.h. der Schwierigkeit, ihre Bedürfnisse als Rechtsanspruch anerkannt zu bekommen, bleibt ihr nur die Rolle der 'Bittstellerin'. Sie muß deshalb durch rhetorische Strategien - die dann männlicherseits als typisch weiblicher Redeschwall wahrgenommen werden - versuchen, ihrem Anliegen zum Durchbruch zu verhelfen.

[73] Vgl. *Stählin*, Bild, insbes. 5-8.19f.

[74] In Jes 54,1LXX kommt allerdings nicht der Begriff χήρα vor, sondern ἔρημος, die Verlassene.

[75] Wie schon in der alttestamentlichen Prophetie hat auch bei Paulus die Typologie einen Bezug zur Bundestheologie: Dem irdischen Jerusalem, das in Knechtschaft ist, entspricht der Bund am Sinai; dem "oberen" Jerusalem entspricht der Bund in Jesus Christus.

zend eingebaut. Dagegen ist in Apk 17-19 die Metaphorik von Hure - Witwe - Braut mit der dazugehörigen Bewegung von Demütigung und Erhöhung die tragende Gedankenfigur, mittels der die theologische Auseinandersetzung mit dem römischen Staat und seinen kultischen Ansprüchen geführt wird.[76]

Verschiedene Züge des im Buch Judith gegebenen Bildes der Witwe werden in der lukanischen Gestalt der Hanna (Lk 2,36-39) wieder aufgenommen.[77]

Außer dem Jesajazitat in Gal 4,27 rekurriert Paulus nicht theologisch auf den Typos Witwe. Er erwähnt Witwen im Zusammenhang seiner Antwort auf die Fragen der korinthischen Gemeinde zu Ehe, Sexualität und Askese in 1 Kor 7. Eherechtlich vertritt er die Position, daß die Bindung mit dem Tod des Partners endet, so daß die Witwe frei ist, wieder zu heiraten (1 Kor 7,39; vgl. Röm 7,3). Er macht deutlich, daß er die Ehelosigkeit für den besseren und glücklicheren Stand hält (1 Kor 7,8.40). Allerdings ist sexuelle Askese eine Gnadengabe, und wer diese nicht besitzt, soll zur Vermeidung von "Unzucht" lieber heiraten.[78] Da Paulus aber offensichtlich die Existenz verwitweter, asketisch lebender Frauen (wie auch zu bleibender Jungfräulichkeit bestimmter Mädchen) in Korinth voraussetzt, hat die Forschung teilweise hier schon die Ursprünge des kirchlichen "ordo viduarum" gesehen.[79]

Als abgrenzbare, geschlossene Gruppe werden Witwen innerhalb der christlichen Gemeinde in der Apostelgeschichte dargestellt (Apg 9,36-43): In der Schilderung der Auferweckung der Tabitha durch Petrus wird eine Gruppe von ihr unterhaltener Witwen in ihrem Haus in Joppe vorausgesetzt.[80] Ansonsten beschreibt die Apostelgeschichte Witwen als Objekt organisierter gemeindlicher Fürsorge (Apg 6, 1-7).[81]

Der hier vorgenommene erste Durchgang durch das alttestamentliche, frühjüdische und neutestamentliche Schrifttum hat aufgezeigt, daß dem Bild der Witwe in verschiedenen Traditionssträngen unterschiedliche Motive zugeordnet sind. Diese Motive werden - soweit sie sich in 1 Tim 5,3ff wiederfinden - im Verlauf unserer Exegese noch detaillierter untersucht werden. An dieser Stelle ist vorläufig folgender Befund festzuhalten: In den untersuchten Schriften ist die χήρα zunächst Paradigma für Elend und Hilflosigkeit, dann aber auch für Beharrlichkeit und Unbeirrbarkeit in ihrer Suche nach Gerechtigkeit. In ihrem Angewiesensein auf Hilfe hat sie eine besondere Nähe zum Gebet und damit zu Gott. So kann sie zum Symbol des gläubigen Ausharrens der Christinnen und Christen werden. Diese positiv akzentuierte Typologie überwiegt im Neuen Testament; das Negativbild der χήρα als der von Gott Gedemütigten wird (abgesehen von Gal 4,27) nur in der Apokalypse aufgenommen.

---

[76] Vgl. *Fekkes*, Bride, 269ff; *Stählin*, Bild, 14f.

[77] S.u. S. 132-135 die Ausführungen zum Gebet der Witwe.

[78] Vgl. *Brown*, Body, 53-57; *Kähler*, Frau, 13ff; *Niederwimmer*, Askese, 120f.

[79] Vgl. *Niederwimmer*, Askese, 120f.

[80] Bemerkenswert ist insbesondere 9,41: Nach der geschehenen Auferweckung ruft Petrus die Gemeinde herein: φωνήσας δὲ τοὺς ἁγίους καὶ τὰς χήρας παρέστησεν αὐτὴν ζῶσαν. Die besondere Erwähnung der Witwen neben den "Heiligen" ist bemerkenswert, da nichts darauf hindeutet, daß sie keine Christinnen sind. Offensichtlich werden sie als abgehobene Gruppe innerhalb der Gemeinde vorausgesetzt. Vgl. *Stählin*, χήρα, 440; *Thurston*, Widows, 32f.

[81] Vgl. *Thurston*, Widows, 32.

Die religiöse Qualifizierung der Witwe kann sich im hellenistischen Judentum und dann auch im Christentum vom ursprünglich maßgeblichen Merkmal des sozialen Status lösen (Judith, Hanna). Hiermit ist ein Wechsel in der Rolle der weiblichen Figur von Passivität zu einer gewissen Aktivität gegeben: Während das "Witwesein" im Alten Testament von der Frau passiv erlitten wird (als Schicksalsschlag oder durch den Mann/Gott verhängte Strafe), entspringt das Leben als χήρα im Falle der Judith und Hanna einem aktiven Entschluß der Frau selbst. Allerdings ist ein solcher erst *nach* einer Ehe, die durch den Tod des Mannes endete, nicht als ursprüngliche Entscheidung denkbar. Das Merkmal tatsächlichen Verwitwetseins bleibt also in dieser Traditionslinie trotz einer gewissen Spiritualisierung konstitutiv. Dadurch scheint eine wachsende Hochschätzung und religiöse Qualifizierung des asketischen Lebens mit der ursprünglich positiven Haltung zur Ehe vermittelt und durch diese begrenzt.

Dagegen ist in der Alten Kirche das Amt der Gemeindewitwe, wie es auch in den Pastoralbriefen vorzufinden ist, nicht mehr unbedingt an vorherige Ehe und Verlust des Ehegatten durch Tod geknüpft. IgnSm 13,1 belegt für das erste Drittel des 2. Jahrhunderts, daß der χήρα als Amtsinhaberin nicht der entsprechende Familienstand korrespondieren muß: Ignatius hat Jungfrauen im Stand der χήραι vor Augen.[82] Angesichts dieses Belegs kann für die Witwenregel der Pastoralbriefe nicht a priori davon ausgegangen werden, daß die χήραι wirklich verwitwet sind.[83] Hier ist neben den religiösen Traditionen auch ein Einfluß von gesellschaftlichen Wandlungsprozessen anzunehmen: Im Zuge größerer rechtlicher und wirtschaftlicher Selbständigkeit von Frauen kann χηρεία im zweiten Jahrhundert auch das selbstgewählte Alleinleben von Frauen bezeichnen.[84] Deshalb muß am Text selbst überprüft werden, ob den "Witwen" der Pastoralbriefe ein bestimmter familiärer Status zugeschrieben werden kann. Ebenso darf für sie die alttestamentliche Konnotation von materieller Not und sozialer Diskriminierung nicht unbesehen vorausgesetzt werden.

4.1.2 Gottvertrauen und ständiges Gebet als Charakteristika der χήρα

Die (wahre) Witwe ist nach 1 Tim 5,5 dadurch gekennzeichnet, daß sie auf Gott vertraut und Tag und Nacht im Gebet verharrt. Das erste Motiv, das ἐλπίζειν ἐπὶ θεόν, entstammt dem Sprachgebrauch der LXX, in der es sehr häufig vorkommt. In der hier vorliegenden Perfektform ist die Wendung jedoch erst im NT belegt (2 Kor 1,10; 1 Tim 4,10; 6,17; vgl. auch Joh 5,45). Um traditionsgeschichtliche Entwicklungen in-

---

[82] IgnSm 13,1: Ἀσπάζομαι …τὰς παρθένους τὰς λεγομένας χήρας (vgl. auch Tertullian, Virg Vel 9,2f). Hintergrund dieses Phänomens ist der starke asketische Zug des frühen Christentums, der es in einigen Strömungen ermöglichte, Ehelosigkeit als grundsätzliche Option auch für Frauen zu verankern (vgl. dazu insbesondere die Monographien *Niederwimmer*, Askese, sowie *Brown*, Body). In enkratitischen christlichen Gruppen des zweiten Jahrhunderts wurde die Bindung an Gott als geistliche Ehe aufgefaßt, was das Eingehen einer weltlichen Ehe bzw. sexueller Beziehungen überhaupt grundsätzlich ausschloß (vgl. den Enkratismus der apokryphen Apostelakten, insbesondere Acta Pauli et Theclae; des weiteren den syrischen Enkratismus bei Tatian. Siehe die Darstellung bei *Chadwick*, Enkrateia, 243-365, *Brown*, Body, 83-102, bes. 92).

[83] Die Mehrheit der Forschenden geht von wirklich verwitweten Frauen aus; anders *Bassler*, Widows, 35; *MacDonald*, Virgins, 178f; *Osiek*, Widow, 160.

[84] S.o. S. 127 Anm. 59.

nerhalb dieses Motivs zu erhellen, wird zunächst der Gebrauch in der LXX und jü-disch-hellenistischer Literatur untersucht, ehe ich die neutestamentlichen Belegstellen heranziehe.

Daß die im Griechischen allgemein ungebräuchliche Konstruktion ἐλπίς/ἐλπίζειν ἐπί mit Dativ oder Akkusativ (bzw. εἰς mit Akkusativ oder ἐν mit Dativ) in der LXX so weit verbreitet ist, hat inhaltlich seinen Grund darin, daß die alttestamentlichen Aussagen nicht primär auf die materiale Seite der Hoffnung, sondern auf ihren Grund rekurrieren.[85] Sprachlich ergibt sich eine gewisse Bedeutungsverschiebung zwischen dem Gebrauch des Verbs und dem des Substantivs, insofern ἐλπίς auch absolut stehen kann, d.h. ohne Angabe dessen, worauf die Hoffnung gerichtet ist,[86] während ἐλπίζειν immer ein präpositionales Objekt bei sich hat, auf dem auch inhaltlich der Akzent der Aussage liegt. Das bedeutet, daß das Substantiv vom Sachgehalt her gefüllter ist, schwerer wiegt als das Verb, das erst durch das Objekt Aussagekraft entfaltet.

Ἐλπίζειν ist am besten mit "vertrauen" zu übersetzen; in gleicher Bedeutung wird häufig πεποιθέναι verwendet.[87] Ἐλπίζειν ἐπὶ θεόν hat stark den Aspekt des Sich-Verlassens auf Gottes Schutz und Rettung. Diese "Hoffnung" ist zunächst nicht eschatolo-gisch ausgerichtet, sondern erwartet die konkrete Hilfe Gottes in der Gegenwart.[88] Die besondere Zusage seines Beistandes ergeht von Gott an die Schwachen und Rechtlosen: So heißt es Jer 30,5LXX:[89] ὑπολείπεσθαι ὀρφανόν σου ἵνα ζήσεται. καὶ ἐγὼ ζήσομαι, καὶ χῆραι ἐπ' ἐμὲ πεποίθασιν. Vertrauen auf Gott ist somit ein Kennzeichen von Witwen und Waisen; damit stehen sie im Gegensatz zu den Mächtigen, die häufig versuchen, ihr Leben selbst zu sichern.

Entsprechend wird dem Hoffen auf Gott - bzw. auf seine Gnade (Ψ32,18; 51,10), seine Rettung (Ψ77,22), seinen Namen (Ψ32,21, Jes 26,8; 42,4) oder seinen Arm (Jes 51,5) - das Vertrauen auf Götzen (Ψ113,12-16, Weish 3,2-4; 13-15) oder eigene Macht, Waffengewalt (Jdt 9,7), politische Verträge, Reichtum (Ψ51,9) entgegenge-stellt. Das nicht auf Gott gerichtete ἐλπίζειν kann als Vertrauen auf Trug gekenn-zeichnet werden (Jer 13,25). Der Antithese zwischen Hoffen auf Gott und Hoffen auf andere Mächte entspricht häufig die Antithese von Leben oder Tod. Insbesondere im weisheitlich geprägten Schrifttum wird Gottvertrauen mit Leben, Hoffnung auf die von Menschenhand gemachten Götzen dagegen mit Tod gleichgesetzt (Vgl. Prov 3,2.4; 13,10.18; 14,29; 15,6-17; Sir 34,14ff).[90]

---

[85] Vgl. *Bultmann*, ἐλπίς, 519.

[86] Im hebräischen Original steht an den entsprechenden Stellen תִּקְוָה (Hiob 4,6; 5,16; 8,13; 11,18; 11,20; 17,15; 19,10; 27,8; 30,15). Absoluter Gebrauch von ἐλπίς liegt auch 2 Chr 35,26; Jdt 13,19 vor.

[87] Beide griechischen Begriffe fungieren als Übersetzung von hebr. בטח, Substantive entsprechend.

[88] Vgl. *Bultmann*, ἐλπίς, 520. Eine eschatologische Ausrichtung entwickelt sich teilweise in der Prophetie. In den Makkabäerbüchern findet sich dann ἐλπίς als die Hoffnung auf die künftige Aufer-stehung (2 Makk 7,14).

[89] Entspricht Jer 49,11 der hebräischen Bibel.

[90] Vgl. auch Jes 38,18: Nur die Lebenden hoffen auf Gott, nicht die Toten.

Insofern das ἐλπίζειν ἐπὶ θεόν das grundsätzliche Ausgerichtetsein auf Gott meint, kann das Partizip zur Bezeichnung der Gläubigen werden;[91] auch hier ist das Gegenbild immer antithetisch präsent: den Glaubenden, Gerechten werden die feindlichen Sünder und Sünderinnen entgegengestellt (Ψ5,12; 31,10). Als Bezeichnung für die gläubigen Jüdinnen und Juden wird ἐλπίζοντες ἐπὶ κύριον analog zu φοβουμένοι τὸν κύριον gebraucht.[92]

Das Gottvertrauen ist eng mit dem Gebet verknüpft, in dem es seinen sichtbaren Ausdruck findet (vgl. 1 Chr. 5,20); dies wird besonders deutlich in den Psalmen, wo die Beteuerung der Hoffnung auf Gott Teil des Gebets selbst ist.[93] Als Merkmale einer Witwe erscheinen beide Motive, Gottvertrauen und Gebet, im Buch Judith. Judiths Vertrauen auf Gott, das sie zum entschlossenen Handeln und damit zur rettenden Tat brachte, wird als ἡ ἐλπίς σου bezeichnet (Jdt 13,19). Die Wendung ἐλπίζειν ἐπὶ θεόν findet sich zwar nicht; in analoger Funktion erscheinen aber stattdessen: ἐφοβεῖτο τὸν θεὸν σφόδρα (Jdt 8,8), γυνὴ εὐσεβὴς εἶ (Jdt 8,31) sowie ἡ δούλη σου θεοσεβής ἐστιν καὶ θεραπεύουσα νυκτὸς καὶ ἡμέρας τὸν θεὸν τοῦ οὐρανοῦ (Jdt 11,17). Gerade die letztere zweigliedrige Formulierung zeigt eine deutliche strukturelle Parallele zu 1 Tim 5,5: Das erste Element bezeichnet das gläubige Ausgerichtetsein auf Gott, das zweite dessen sichtbare Konsequenzen. Als Inhalte des "Dienstes" sind Judiths erwähnte Aktivitäten zu denken: Beten und Fasten, daneben strenges Halten des Gesetzes sowie vielleicht auch Prophetie.

Der gleiche Motivkomplex kennzeichnet die Gestalt der Hanna (Lk 2,36-39). Auch hier wird betont, daß sie nach ihrer ersten - kurzen - Ehe lange Jahre als Witwe weiterlebte, sie ist Prophetin, lebt im Tempel νηστείαις καὶ δεήσεσιν λατρεύουσα νύκτα καὶ ἡμέραν (2,37).

Diese Parallelen zwischen 1 Tim 5,5 und der Beschreibung der Witwen Judith und Hanna weisen darauf hin, daß an unserer Stelle ebendiese Tradition mit ihrem Ideal der in sexueller Askese lebenden, geistbegabten Frau zugrundeliegt.[94] Der entscheidende Unterschied liegt allerdings darin, daß Judith und Hanna literarische Personen und Einzelfiguren sind, während die Witwen der Pastoralbriefe eine reale historische Größe in der Gemeinde darstellten und als Gruppe vorkommen.

Wenn als Merkmal einer solchen χήρα in 1 Tim 5,5 allein das Gebet genannt wird, liegt darin noch keine restriktive Ausrichtung. Wie *Berger* betont, ist im NT wie im

---

[91] Das Partizip steht meist im Plural, oft wird durch Zusatz von πάντες die Gesamtheit der Gläubigen angesprochen; vgl. Ψ 5,12; 17,30; 30,25. Wo der Singular erscheint, hat er kollektiven Sinn; vgl. Ψ 31,10, 83,13.

[92] Vgl. Ψ32,18. Nachdem die Forschung den Begriff einige Zeit vorrangig auf die mit dem Judentum sympathisierenden "Gottesfürchtigen" bezogen hat, hat *Feldman* (Jew, 342-356) jüngst wieder zugunsten der Deutung auf Jüdinnen und Juden argumentiert.

[93] Dabei kann die/der Betende ihr/sein Vertrauen in direkter Ansprache Gottes beteuern und damit die Bitte um Gebetserhörung und Hilfe Gottes unterstützen (z.B. ἐπὶ σοὶ ἤλπισα Ψ 7,2; 15,1; 30,1 u.v.m), oder es kann auf Gott in der 3. Person Bezug genommen werden (ἐλπίζειν ἐπὶ κύριον bzw. ἐπὶ τῷ κυρίῳ z.B. 20,8; 21,9; 25,1; 30,7; ἐπὶ τὸν θεόν bzw. ἐπὶ τῷ θεῷ 41,6.12; 55,5.12 u.v.m.). Dahinter steht immer die Überzeugung, daß Gott diejenigen, die auf ihn hoffen, nicht allein läßt.

[94] In einigen der altkirchlichen Kirchenordnungen wird Hanna (SyrDid XIV, 75; Const Ap III 2,1) als Vorbild für das Witwenamt explizit genannt.

Judentum "ständiges Beten ein Zeichen der Kräftigkeit des Geistes".[95] Paulus sagt von sich, daß er Tag und Nacht (1 Thess 3,10) bzw. allezeit (1 Thess 1,2; Röm 1,10) Fürbitte übe; nach Lukas schärft Jesus das unaufhörliche Gebet ein (Lk 18,1.7) und verharrt die Urgemeinde in dauerndem gemeinsamen Gebet (Apg 10,2.30; 12,5; 26,7).[96] Gebet ist also in besonderer Weise sprachlicher Ausdruck für eine pneumatische Existenz im ganzen; "Tag und Nacht" zu beten schließt damit auch keinesfalls andere Aktivitäten aus. Das bedeutet, daß die singuläre Betonung des Gebetes in 1 Tim 5,5 zunächst nicht im Zusammenhang der restriktiven Intention des Verfassers der Pastoralbriefe zu interpretieren ist; sie stellt vielmehr eine positive religiös-spirituelle Qualifikation der Witwe dar.

Das Beten der Witwe wird in 5,5 wiedergegeben als προσμένειν ταῖς δεήσεσιν καὶ ταῖς προσευχαῖς. Diese Verknüpfung der beiden Begriffe für Gebet ist in der LXX häufig belegt und kann als formelhaft geprägte Wendung angesehen werden. In der überwiegenden Zahl der alttestamentlichen Belege dient προσευχή als Übersetzung für das hebräische תְּפִלָּה, δέησις für תְּחִנָּה [97] Wo προσευχή und δέησις zusammen vorkommen, ist entweder eine einfache Aufzählung (1 Kö 8,38.45.49.54; 9,3 und Parallelstellen 2 Chr 6,19.29.35.39; Jer 11,14; Dan 9,3.17Θ) oder ein Parallelismus membrorum (Ψ 6,10; 16,1; 38,13; 54,2; 60,2; 101,2; 140,1; 142,1) des hebräischen Urtextes wiedergegeben. In den ursprünglich griechischen Schriften findet sich ebenfalls die Aufzählung der beiden Elemente (Bar 2,14; 1 Makk 7,37), die dann auch im NT vorkommt (Apg 1,14 v.l.; 2,42; Phil 4,6; Eph 6,18). Die formelhafte Zusammenstellung dieser beiden Begriffe für Gebet ist als Hendiadyoin anzusehen; die beiden Wörter umfassen also nicht unterschiedliche Aspekte des Gebets, sondern bezeichnen zusammen "die ganze Fülle des Betens".[98]

4.1.3 Μεμονωμένη: *Zum Motiv der verlassenen bzw. alleinstehenden Frau*

V5 verknüpft in der Formulierung ὄντως χήρα καὶ μεμονωμένη das Merkmal des Allein- bzw. Verlassenseins mit der Existenz der "Witwe".[99] Es gilt, den traditionsgeschichtlichen Hintergrund dieser Verbindung zu analysieren, um den genauen Bedeutungsgehalt in 1 Tim 5,5 zu erfassen.

---

[95] *Berger*, Gebet, 48.

[96] Weitere Belegstellen bei *Berger*, Gebet, 55.

[97] Vgl. *Hatch/Redpath* I,285f; II, 1214f.

[98] *Roloff*, 1 Tim, 291.

[99] Das Verb μονοῦν ist neutestamentlich Hapaxlegomenon. Seine Grundbedeutung ist verlassen, allein lassen; geläufig ist im Griechischen vor allem im Passiv mit der Bedeutung allein(gelassen), einsam sein; vgl. *Liddell/Scott*, 1146, wo das Passiv mit "to be left alone, forsaken" angegeben wird. Belegt ist das Verb meist als Partizip Passiv, wie an unserer Stelle. Von der Bedeutung her kann es zum einen ein vorübergehendes, eher zufälliges Alleinsein bedeuten; vgl. Carmina Anacreontea, 37,13 (Alleinsein nach dem Verschwinden von Traumbildern); Thukydides, II, 81, 5 (Isolierung eines Heeres von seinen Verbündeten); Nicolaus Damascenus 90, *Jacoby*, Fragmente, 130,30 (alleinige Anwesenheit des Kaisers); Josephus, Ant 5,280 (vorübergehende Abwesenheit des Ehemannes von seiner Frau). Zum anderen bezeichnet es auch ein grundsätzliches, dauerndes Verlassensein; vgl. Aischylos, Supp. 749: γυνὴ μονωθεῖσ' οὐδέν (gemeint ist hier die von ihrem Vater schutzlos zurückgelassene Frau).

*4.1.3.1 Die χήρα als ἔρημος in der alttestamentlichen Prophetie
und die Weiterentwicklung des Motivs im hellenistischen Judentum*

In unserem ersten Durchgang zum Begriff χήρα wurde schon darauf hingewiesen, daß das Motiv des Alleinseins fester Bestandteil des Bildes der "Witwe" in der alttestamentlich-prophetischen Tradition ist; das gleiche Motiv findet sich modifiziert in jüdisch-hellenistischer Literatur wieder. Der am häufigsten verwandte Begriff dafür ist ἔρημος[100] (vgl. Jes 54,1LXX; Philo, Deus Imm 138; Mut Nom 149); daneben werden gebraucht passive Partizipien von καταλείπειν ([ἐγ]καταλελειμμένη Jes 62,4.12LXX; καταλειφθείσῃ Bar 4,12) und das Adjektiv μόνη (Jes 49,21LXX; Thr 1,1LXX; 4 Makk 16,10).

In der prophetischen Tradition des AT wird die χήρα zum Symbol des von Nebukadnezar eingenommenen Jerusalems. Dieses Symbol beruht auf einer der Antike sehr geläufigen Form der Personifikation, nämlich der Darstellung von Städten als Frauen,[101] und verbindet diese mit dem Motivkomplex von Hochzeit und Ehe: Das Verhältnis zwischen Jahwe und seinem Volk wird als Ehe verstanden, wobei immer wiederkehrendes Grundmotiv der Treuebruch des Volkes, die als "Hurerei" qualifizierte Anbetung anderer Götter,[102] ist. In diesem Bild kann die politische Entwicklung, der Verlust der politischen Selbständigkeit und insbesondere die Eroberung Jerusalems, theologisch als Verlassenwerden der "untreuen Frau" gedeutet werden,[103] die damit zur χήρα (אַלְמָנָה) und ἔρημος (שׁוֹמֵמָה) wird. Die Symbolik fußt auf der Doppelbedeutung von שׁוֹמֵמָה bzw. עֲזוּבָה im Hebräischen sowie ἔρημος im Griechischen, das sowohl "verlassene Frau" wie auch "Wüste" bedeutet.[104] Wie mit dem Bild der "Wüste" die Konnotation von Unfruchtbarkeit verbunden ist, so verdammt die Verweigerung des Mannes die Frau zur Kinderlosigkeit und damit zur Verfehlung ihres Lebenssinnes (Jes 49,21 LXX).[105] Hinzu kommt der Aspekt materieller Existenzsicherung: Die untreue Frau, die ihre Mittel zum Leben von ihren Liebhabern statt von ihrem Mann erwartet, symbolisiert das Volk, das - obwohl es seine Existenzgrundlage allein Jahwe verdankt - glaubt, sie durch Anbetung heidnischer Gottheiten zu sichern (Hos 2,7.14). Wie das Verlassen der Frau materielles Elend zur Folge hat, so muß das Volk als Konsequenz seines Götzendienstes Hunger und Not gewärtigen, da Jahwe der Herr aller Gaben ist. Die Demütigung der "untreuen Frau" wird

---

[100] Im Sprachgebrauch der Septuaginta wie des Neuen Testaments ist ἔρημος Adjektiv zweier Endungen; davon ausgehend existiert als substantivierte Bildung ἡ ἔρημος. Dagegen verwendet Philo ἔρημος mit drei Endungen; er kennt also eine spezielle feminine Form ἐρήμη.

[101] Vgl. *Stählin*, Bild, bes. 8ff.

[102] Vgl. auch Hos 1,2; 3,5.

[103] Vgl. *Schottroff*, Armut, 73f.

[104] Das Partizip Qal der Wurzel שׁמם kann in bezug auf eine Gegend "verwüstet", in bezug auf eine Frau "verlassen", "verschmachtet" bedeuten (Jes 54,1). In Jes 62,12 findet sich das Partizip Nifal. Das Partizip Qal passiv von עזב bezeichnet bei der Auflösung der Ehe durch den Mann die entlassene/verstoßene Ehefrau (Jes 54,6; 60,15; 62,4); kann aber auch verlassene, verödete Gegenden (Jes 6,12; 17,9; Jer 4,29) meinen.

[105] Entsprechend enthält die Verheißung der Schicksalswende das Versprechen neuen Kinderreichtums; vgl. Jes 54,1LXX: Εὐφράνθητι, ... ὅτι πολλὰ τὰ τέκνα τῆς ἐρήμου, μᾶλλον ἢ τῆς ἐχούσης τὸν ἄνδρα, εἶπεν γὰρ κύριος.

dadurch vollständig gemacht, daß sie in ihrem Elend auch von ihren früheren Liebhabern verlassen wird bzw. diese sogar als Vollstrecker des von Jahwe gefällten Urteils über sie auftreten (Jer 30,16; Ez 16,39f). Gegenbild zur Witwe ist die prunkende Fürstin, als die Babylon dargestellt wird (Jes 47,1-8). Allerdings folgt auf den Zorn Gottes und die Demütigung seines Volkes auch wieder seine Rettung: Die allzu selbstsichere Fürstin Babylon wird von ihrem Thron gestoßen, erfährt Sklavinnenschicksal, Witwenschaft und Kinderlosigkeit.[106] Gleichzeitig wird die Wiederannahme der Verstoßenen durch den Bräutigam Jahwe prophezeit (Jes 54,1 und 62,4.12): Das neue Jerusalem wird metaphorisch als geschmückte Braut vor Augen gestellt (Jes 61,10; 62,4f).[107]

Entscheidend für unseren Zusammenhang ist, daß ἔρημος geradezu zum Synonym für χήρα wird (besonders deutlich Jes 54,1LXX) - das Verlassensein ist nichts anderes als das zentrale Merkmal des Witwendaseins.[108] Diese Synonymität findet sich in hellenistisch-jüdischer Literatur wieder: Bar 4,12 klagt die "Witwe" Jerusalem über ihr Schicksal: μηδεὶς ἐπιχαιρέτω μοι τῇ χήρᾳ καὶ καταλειφθείσῃ ὑπὸ πολλῶν. Eine ähnliche Selbstbeschreibung liegt 4 Makk 16,10 vor; nach dem Märtyrertod ihrer sieben Söhne klagt die Mutter: ὣ ἡ πολύπαις καὶ καλλίπαις ἐγὼ γυνὴ χήρα καὶ μόνη πολύθρηνος.[109] Bei Philo finden sich die Begriffe in übertragener Bedeutung; er spricht von dem Geist, der im Begriff ist, sich von den Leidenschaften zu befreien, als πᾶσα διάνοια χήρα καὶ ἐρήμη κακῶν μέλλουσα γίνεσθαι (Deus Imm 138). Die beiden Begriffe sind hier als Hendiadyoin zusammengestellt; die Doppelung dient der Ausdrucksverstärkung, ἐρήμη fügt auch hier inhaltlich nichts Neues zu dem hinzu, was schon im Begriff χήρα gesagt ist.

In unserem Zusammenhang ist nun aber die strukturelle Parallele von Philo, Deus Imm 138, 4 Makk 16,10 und Bar 4,12 zu 1 Tim 5,5 von Bedeutung: Jeweils wird das die Einsamkeit beinhaltende Partizip bzw. Adjektiv mittels καί an den Begriff χήρα angeschlossen. 1 Tim scheint hier eine Formulierung aufgenommen zu haben, die im hellenistischen Judentum geläufig war, und zwar sowohl im Zusammenhang des konkreten als auch des figurativen Gebrauchs des Begriffes χήρα. Syntaktisch wird in allen Fällen die Aussageintention der Sätze nicht durch das Verhältnis zwischen χήρα

---

[106] Interessanterweise gibt die LXX das hebräische שְׁכֹול (Kinderlosigkeit) aus Jes 47,8.9 in v8 mit ὀρφανεία (Waisenschaft), in v9 dagegen mit ἀτεκνία (Kinderlosigkeit) wieder. Nun sind alle diese Zustände paradigmatisch für "Alleinsein"; allerdings paßt die Waisenschaft an dieser Stelle eigentlich nicht ins Bild: Die erwachsene, verheiratete Frau, die zur χήρα werden kann, kann nicht zur ὀρφανή werden. Die Einfügung der Waisenschaft durch die griechische Übersetzung könnte als Hinweis darauf verstanden werden, daß im hellenistischen Judentum das Symbol der "Waise" gegenüber dem der "Witwe" an Bedeutung gewinnt (s.u. die Überlegungen zur Waisenschaft in JosAs, S. 139).

[107] Im NT erscheint das entsprechende Motiv Gal 4,27 im direkten Jesajazitat sowie Apk 17,16; 18,17.19.

[108] Vgl. *Stählin*, Bild, 10.

[109] Interessant ist an diesem Beleg die Gegenüberstellung von πολύπαις/καλλίπαις und γυνὴ χήρα καὶ μόνη: Es ist nicht der Tod eines Ehemannes, sondern der Tod der Söhne, der die Mutter zur χήρα macht. Damit ist der in den prophetischen Belegen implizite Aspekt der "Kinderlosigkeit" hier zur primären Bedeutungsdimension geworden. Die γυνὴ χήρα ist an dieser Stelle also eine Frau ohne Familie. In gleicher Bedeutung und ähnlichem Kontext findet sich der Begriff χήρα in Acta Pauli et Theclae 30:

und ἐρήμη (bzw. μόνη bzw. χαταλειφθείση) verwirklicht, da diese zusammen einen Satzteil bilden,[110] sondern durch den gemeinsamen Bezug auf das Prädikat.[111] Aufgrund dieser Analogie würde in 1 Tim 5,5 χήρα nicht durch das μεμονωμένη, sondern durch das ἐλπίζειν und προσμένειν expliziert.[112] Die Begriffe χήρα und μεμονωμένη würden wie in der zitierten Parallelstelle bei Philo ein Hendiadyoin bilden. Genau diese enge Verknüpfung der beiden Begriffe wird aber im jetzigen Wortlaut von v5 durch das attributive ὄντως vor χήρα gestört. Dies führt zu der Hypothese, daß das ὄντως eine sekundäre Einfügung in den Satz darstellt.[113]

4.1.3.2 Die allein dastehende Frau in Esther und JosAs

Wir hatten oben bereits darauf hingewiesen, daß Judith in ihrem Gebet um Rettung Israels vor Holofernes auf ihren Status als χήρα hinweist, um Gott zum Eingreifen zu motivieren. In analoger Funktion findet sich eine Berufung auf das Alleinsein im Gebet der Esther in den griechischen Zusätzen zum Estherbuch.[114] Die Jüdin Esther, die als Frau des Königs am persischen Hof lebt, wird von ihrem Vetter und Pflegevater Mardochai von einem geplanten Genozid am jüdischen Volk unterrichtet und aufgefordert, ihre Stellung zu nutzen und beim König zugunsten ihres Volkes zu intervenieren. Dies ist für Esther jedoch mit Lebensgefahr verbunden, da niemand sich ungerufen dem König nähern darf. An diesem Wendepunkt der Handlung, bevor Esther zum König geht, schaltet die griechische Rezension des Estherbuches zwei Gebete von Mardochai und Esther ein. Esther legt ein Trauergewand an und bestreut ihr Haupt mit Asche. Anschließend wendet sie sich im Gebet an Gott und bittet für sich um Stärkung, für alle um Rettung. Dabei verweist sie zweimal auf ihr Alleinsein: Die Aufforderung βοήθησόν μοι τῇ μόνῃ καὶ μὴ ἐχούσῃ εἰ μὴ σέ erscheint an herausgehobener Stelle am Anfang und am Ende[115] und rahmt somit das gesamte Bittgebet. Im parallelen Gebet Mardochais findet sich das Motiv des Alleinseins nicht.

In dem hellenistisch-jüdischen Roman "Joseph und Asenath" findet sich an mehreren Stellen ebenfalls das Motiv der allein dastehenden Frau (JosAs 11,3.16; 12,5.13f) - einmal exakt in der gleichen Form μεμονωμένη (JosAs 13,2) wie in 1 Tim 5,5. Auch der Kontext weist Ähnlichkeiten mit unserer Stelle auf. Diese Parallele ist auch des-

---

Hier klagt die Königin Tryphäna, daß sie eine Witwe sei, weil sie weder ein Kind noch einen sonstigen Verwandten habe; vgl. *Schneemelcher*, Apokryphen, 221. Zu diesem Text s.u. S. 169.

[110] In Bar 4,12 eine Apposition zum Dativobjekt; in Philo Deus Imm 138 ein von γίνεσθαι abhängiges Prädikatsnomen.

[111] 4 Makk 16,10 fehlt das Prädikat, da es sich um einen Ausruf handelt. Sinngemäß wäre ein Partizip von εἶναι zu ergänzen.

[112] Viele Auslegungen finden in dem Alleinsein das Kriterium und Unterscheidungsmerkmal der "wahren Witwe" im Gegensatz zu den anderen Witwen (vgl. *Stählin*, χήρα, 444f; *Spicq*, Past, 167). Eine solche Deutung wird durch den traditionsgeschichtlichen Befund infragegestellt, wird aber in den redaktionsgeschichtlichen Überlegungen wieder aufzunehmen sein, s.u. S. 163.

[113] Es wird zu überprüfen sein, auf welcher Ebene dieser Einschub vorgenommen wurde, auf der Ebene der Tradition oder durch den Verfasser der Pastoralbriefe.

[114] Diese werden zeitlich zwischen 167-161 v.Chr. und 87/77 v. Chr angesetzt (vgl. *Bardtke*, Zusätze, 26).

[115] C14.25 nach der Zählung von *Bardtke*, Zusätze; 4,17l.t nach *Rahlfs*.

halb von besonderer Bedeutung, weil JosAs zeitlich recht nahe am NT anzusiedeln ist.[116]

Der Roman erzählt die Bekehrung der ägyptischen Priestertochter Aseneth zum Judentum und ihre anschließende Heirat mit Joseph. Die handelnden Figuren haben im Roman gleichzeitig die Funktion religiöser Typen: Joseph ist das Modell des frommen Juden, Aseneth der Prototyp der Proselytin.[117] In diesem typologischen Zusammenhang bedient sich der Roman der aus der alttestamentlichen Prophetie stammenden personifizierenden Symbolik Stadt - Frau, die er allerdings in modifizierter Form aufnimmt: In einer Angelophanie nach ihrer Bekehrung wird Aseneth offenbart, daß sie einen neuen Namen tragen soll: καὶ τὸ ὄνομά σου οὐκέτι κληθήσεται Ασενὲθ ἀλλ' ἔσται τὸ ὄνομα σου πόλις καταφυγῆς (JosAs 15,7; vgl. 17,5; 19,5.8).[118] Als Urbild der Proselyten und Proselytinnen ist sie gleichzeitig die Zufluchtsstadt aller, die sich zum Judentum bekehren.[119]

In unserem Zusammenhang ist aber zunächst der Bekehrungsprozeß selbst zu betrachten: Die Abwendung Aseneths von ihren Göttern setzt ein nach ihrer ersten Begegnung mit Joseph. Sie kleidet sich in Sack und Asche,[120] wirft ihre Götzenbilder aus dem Fenster und verbringt sieben Tage und Nächte mit Fasten. Anschließend wendet sie sich an den Gott Josephs im Gebet. Dabei verweist sie immer wieder auf ihre eigene Situation:

ἐγὼ ἡ παρθένος καὶ ὀρφανὴ καὶ ἔρημος καὶ ἐγκαταλελειμμένη ὑπὸ πάντων καὶ μεμισημένη (JosAs 11,3).

ταλαίπωρος ἐγὼ καὶ ὀρφανὴ καὶ ἔρημος (JosAs 11,16).

νυνί δε ὑπάρχω ὀρφανὴ καὶ ἔρημος καὶ ἐγκαταλελειμμένη (JosAs 12,5).

καὶ εἰμὶ νῦν ὀρφανὴ καὶ ἔρημος (JosAs 12,13).

ἐλέησόν με κύριε καὶ φυλάξον με τὴν παρθένον ἁγνὴν τὴν ἐγκαταλελειμμένην καὶ ὀρφανὴν (JosAs 12,14).

ἰδοῦ πάντα τὰ ἀγαθὰ τῆς γῆς κατέλιπον καὶ πρός σε κατέφυγον κύριε ἐν τῷ σάκκῳ τούτῳ καὶ τῷ σποδῷ γυμνὴ καὶ ὀρφανὴ καὶ μεμονωμένη (JosAs 13,2)

Von besonderem Interesse ist an diesen Stellen der Zusammenhang von Verlassensein und Waisenschaft. Hier liegt eine sehr starke Analogie zu 1 Tim 5,5 vor, insofern Witwen und Waisen im selben Sinne μεμονωμέναι sind, nämlich als ihres Schutzes und Rechtsbeistandes Beraubte. Als solche werden sie regelmäßig - fast schon stereotyp - nebeneinander genannt. Wichtig ist nun aber, daß ὀρφανία hier nicht im ursprünglichen Sinn gebraucht wird, da Aseneths Eltern noch leben, sondern eine übertragene Bedeutung annimmt: Aseneth klagt, daß sie zur Waise geworden sei, weil ihre

---

[116] Die Forschung datiert heute einheitlich etwa zwischen 100 v. Chr. und 100 n. Chr.; vgl. *Burchard*, JosAs/JSHRZ, 614; *Burchard*, JosAs/TRE 247; *Sänger*, Erwägungen, 104; *Kee*, Socio-Cultural Setting, 411.

[117] Vgl. *Sänger*, Erwägungen, 105.

[118] In Aufnahme der Verheißung von Sach 2,15LXX wird das Zusammenströmen der Völker in dieser Stadt vorausgesagt, die dort zu Jahwe kommen werden. *Delling*, Einwirkungen, 42, verweist auch auf Jes 54,15.

[119] Vgl. *Burchard*, Importance, 115f.

[120] Vgl. die Parallele zum Verhalten Esthers.

Eltern sie aufgrund ihrer Konversion verstoßen hätten (12,12). Aber auch diese Darstellung entspricht nicht dem weiteren Gang der Erzählung, da ihre Eltern die auf ihre
Konversion folgende Heirat mit Joseph freudig begrüßen.[121] Für diese Diskrepanz
sind zwei komplementäre Erklärungen möglich, eine sozialgeschichtliche und eine
textimmanente: 1. Die Selbstbezeichnung als Waise spiegelt die soziale Situation von
zum Judentum Übergetretenen, die damit die Verbindungen zu ihrer Familie verlie-
ren. 2. Die Selbstbezeichnung als Waise hat die Funktion, Gott als einzigen wahren
Vater darzustellen, "was in JosAs durch die bewußt kindlich stilisierte Anrede Gottes
als πατὴρ γλυκύς in 12,15 ... und durch die Eigenbezeichnung als παιδίον νήπιον, 12,8
unterstrichen ist."[122] Der Begriff ὀρφανή erfährt damit eine Spiritualisierung und religiöse Konnotierung ähnlich wie χήρα im Buch Judith.

Die zweite interessante Parallele liegt in der Situierung im Gebet: Aseneths Alleinsein ist sowohl Motivation wie Folge ihrer Hinwendung zu Gott.[123] Gegenübergestellt
werden Vertrauen zu Reichtum und sozialem Status auf der einen und Vertrauen auf
Gott auf der anderen Seite.[124] Aseneths Konversion zum jüdischen Glauben setzt ihre
Abwendung von den heidnischen irdischen Gütern voraus.

Vergleicht man die Funktion des ἔρημος/μεμονωμένη-Motivs in JosAs mit derjenigen in der alttestamentlich-prophetischen Tradition, so ist eine entscheidende Verschiebung festzustellen: Im AT ist das Verlassensein eindeutig negativ bestimmt als
Folge des Zorns Gottes; die χήρα als Negativbild reflektiert die positive soziale Einstellung gegenüber Ehe und Prokreation. In JosAs dagegen ist die Einsamkeit zwar
schmerzhafte, aber doch nötige Begleiterscheinung der Hinwendung zu Gott. Im Gebet begründet die Berufung auf das Alleinsein die Hoffnung auf das Eingreifen Gottes. Insofern die Einsamkeit auch noch eigenständig von Aseneth herbeigeführt wird,
ist sie Zeichen ihres Bekehrungsprozesses und hat somit auch einen positiven Wert.
Die alttestamentliche Prophetie sagte theologisch, daß Jahwe Gott der Schwachen und
Rechtlosen, der Witwen, Waisen und Fremden ist - was aber die negative soziale
Konnotation dieser Zustände nicht aufhob. Die oben entfaltete theologische Symbolik
beruht gerade auf dieser negativen Wertung. Wie im Buch Judith für die Witwenschaft ist in JosAs für die Waisenschaft eine Entwicklung sichtbar, die den eigentlich
negativ besetzten sozialen Status spiritualisiert und in dieser vergeistigten Form ansatzweise positiv konnotiert.

An den Figuren der Aseneth und Judith wird damit deutlich, wie alttestamentliche
Motive in verändertem gesellschaftlichem und geistesgeschichtlichem Kontext modifi-
ziert werden. Insofern sind Entwicklungen im hellenistisch-jüdischen Schrifttum als
Zwischenglied zwischen AT und NT von entscheidender Bedeutung.

---

[121] Auf diese Diskrepanz haben verschiedene Forscher hingewiesen: Vgl. *Sänger*, Bekehrung, 31;
Kee, Socio-Religious Setting, 188f.

[122] *Sänger*, Bekehrung, 31f. Vgl. auch *Strotmann*, Vater, 267-271.

[123] Vgl. *Sänger*, Bekehrung, 25ff.

[124] Dieser Gegensatz ist ein zentrales Motiv sowohl in alttestamentlicher Prophetie wie in den
Psalmen; s.o. S. 132-135 die Ausführungen zum "Gottvertrauen". Zu Analogien zwischen JosAs und
den Psalmen vgl. *Sänger*, Bekehrung, 22f.

4.1.3.3 Zwischenergebnis: Das Motiv des Alleinseins als Topos des Frauengebets

Unsere Untersuchung hat ergeben, daß das Motiv des Allein- oder Verlassenseins in den untersuchten hellenistisch-jüdischen Texten durchgängig in Gebeten von Frauen vorkommt: im Falle von 4 Makk 16,10 und Bar 4,12 in der Klage, die das eigene Elend herausschreit; in Esther und JosAs im Bittgebet, in dem Gott um Stärkung und Rettung angegangen wird. Hierher gehört auch der Hinweis der Judith auf ihren Witwenstatus. Die Berufung auf die Notsituation als allein dastehende Frau soll Gottes Eingreifen motivieren.

Die Berufung auf die eigene Schwäche und Hilflosigkeit als alleinstehende Frau scheint zu einem festen Topos des weiblichen Bittgebetes geworden zu sein. Dieser hat eine Parallele in profanen Bittschreiben von Frauen: In Petitionen an Herrscher und Herrscherinnen oder den staatlichen Verwaltungsapparat[125] führen Frauen ebenfalls häufig ihre schwächere Position, insbesondere als schutzlose Alleinstehende an, um so ihr Angewiesensein auf ein Eingreifen zu ihren Gunsten zu unterstreichen.[126] In unserem Zusammenhang besonders interessant ist die Petition einer Witwe aus Ägypten an den Präfekten, bei der es um die Sicherung ihres Eigentums geht.[127] Gleich nach dem Briefeingang verweist sie auf die besondere Fürsorge des Präfekten gegenüber Frauen und speziell Witwen, die sie motiviert hat, sich an ihn zu wenden: τὸ μετριοφιλές σου αἰσθομένη ... καὶ περὶ πάντας κηδεμονίαν [μάλιστα περὶ γυ]ναῖκας καὶ χήρας (Z.3-5). Im weiteren betont sie noch mehrfach ihren Witwenstatus: Der Tod ihres Mannes hat sie und ihre unmündigen Kinder ohne Beistand zurückgelassen (λιφθίσης μου ἄνευ βοηθοῦ, Z.34f), weshalb sie um Sendung eines Helfers bittet, ὅ[πως τά τε τῶν νη]πίων μου τέκνων καὶ τὰ ἐμου τῆς χήρας ἀπο[λάβω ...] (Z.27f), da ihr Gegner sonst nicht aufhören wird, [ἐμὲ τὴν χήρα]ν μετὰ νηπίων τέκνων ἀεὶ ἀποστερεῖν (Z.32).

In den Petitionen wird im Appell an die Fürsorge des Herrschers oder obersten Beamten eine profane Parallele zum theologischen Topos der besonderen Verantwortlichkeit Gottes für die sozial Schwachen sichtbar. Gleichzeitig wird deutlich, daß hier ein Wechselverhältnis zwischen einem geprägten literarischen Erzählmotiv und einer sozialen Realität vorliegt: Ein gesellschaftlich vorherrschendes Bild der Frau als der Schwachen schlägt sich einerseits in der Gestaltung literarischer Figuren, andererseits im Handeln der historischen Frauen nieder. Beides, die literarische Topik und das faktische Agieren, stützen dabei tendenziell das vorherrschende Bild.

Allerdings ist dieser Befund für unsere Tradition etwas zu differenzieren: Der Rekurs auf die Schwäche der Frau/Witwe hat ambivalenten Charakter: Wo Frauen sich selbst auf ihn berufen,[128] erhöht er im Einzelfall die Chance, Hilfe zu erhalten, bestätigt damit aber gleichzeitig den inferioren Status. Auf der literarischen Ebene spiegelt

---

[125] *Pomeroy*, Frauenleben, 192 weist für das hellenistische Ägypten darauf hin, daß solche Petitionen zu den wenigen öffentlichen Angelegenheiten gehören, die Frauen ohne eine Beteiligung von männlichen Verwandten oder ihrem Vormund eigenständig regeln konnten.

[126] Einige Belege bei *Pomeroy*, Frauenleben, 192.

[127] Aus dem 3. Jh. n. Chr. (P.Ryl. 114); abgedruckt und übersetzt in *White*, Petition, 182f.

[128] *Schottroff* (Armut, 88f) findet drei Handlungsstrategien von Witwen, mit denen diese aktiv ihre Situation zu bewältigen suchen: ihre insistierende Beharrlichkeit, die "Waffe der List" und "Witwensolidarität". Diesen wäre als vierte eben der Rekurs auf die eigene Hilflosigkeit hinzuzufügen.

sich diese Ambivalenz z.B. darin wider, daß in der prophetisch-sozialkritischen Tradition das Wohlergehen der Witwe zwar so ernst genommen wird, daß das Verhalten ihr gegenüber zum Kriterium für die religiöse Beurteilung der Mächtigen, Reichen oder Gebildeten wird. Sie selbst wird damit jedoch nicht unbedingt aus ihrem Status der Handlungsunfähigkeit befreit: Sie bleibt Objekt des Handelns anderer, auch wenn dieses ein fürsorgliches statt eines unterdrückerischen oder vernachlässigenden ist.[129]

Allerdings wird gerade an den Gestalten der Judith und Esther deutlich, wie diese Ambivalenz sich zugunsten der Handlungsfähigkeit der Frau verschiebt: Das Bittgebet mit dem Rekurs auf die eigene Schwäche ersetzt dort nicht das eigene Handeln, sondern bildet dessen Auftakt. Zwar dient in beiden Erzählungen die Rettung durch die 'schwache' Frau der Herausstellung der Stärke und Souveränität Gottes;[130] jedoch ist diese 'Schwäche' eine aufgrund der Zugehörigkeit zum weiblichen Geschlecht gesellschaftlich zugeschriebene, die im faktischen Verhalten der Frau keine Entsprechung findet, vielmehr durch ihr mutiges Handeln widerlegt wird. Indem Gott sich in seinem geschichtlichen Handeln auf die "Schwachen" stützt,[131] macht er die Schwachen stark.

Die bei den weiblichen Figuren der hellenistisch-jüdischen Romane sichtbare Verschiebung zugunsten der Handlungsfähigkeit der Frau steht nun in einem konstitutiven Zusammenhang mit der Spiritualisierung des Witwen- (bzw. Waisen-)begriffs: Wurde auch schon vorher in den Selbstbezeichnungen der klagenden und bittenden Frauenfiguren das Verlassen- bzw. Witwesein formal als Situationsdeutung der Frau selbst dargestellt,[132] so war damit doch kein Entscheidungsspielraum gegeben, da die Notsituation sich unmittelbar aufdrängte. Dagegen ermöglicht die Spiritualisierung Judith und Aseneth, selbst die Definitionsmacht über ihre Lebensumstände auszuüben: Am deutlichsten wird dieser Freiraum bei Aseneth: Sie selbst ist es, die ihre Situation als "Alleinsein" und "Waisenschaft" deutet und ihr daraus folgendes Gottesverhältnis bestimmt. Auch Judith bringt ihre Deutung ihrer Existenz als "Witwe" in ihre Gottesbeziehung ein. Durch die Spiritualisierung kehrt sich das Verhältnis zwischen eigenem Status und Nähe zu Gott um: Nicht mehr der vorgegebene soziale Status führt zur Zu-

---

[129] Diese Tatsache wird z.B. gut an Mk 12,38-40 deutlich: In dem markinischen Streitgespräch sind die Witwen Objekt der Auseinandersetzung zwischen Jesus und den Schriftgelehrten. Diese Ausrichtung wiederholt sich wiederum in der (männlichen) Forschung, die ebenfalls die Witwe lange Zeit primär als Objekt von Fürsorge und nicht als Handelnde gesehen hat. Hingegen wird in neueren Arbeiten von Frauen das selbständige Handeln der Witwen in den Blick genommen: So behandelt *Wegner* (Chattel, 138-143) die Witwe unter dem Titel "The Autonomous Woman". Allerdings ist dieser Perspektivenwechsel in der männlichen Forschung noch nicht durchgängig aufgenommen worden; als einer der ersten berücksichtigt *Schottroff* (Armut, 57) in seiner Untersuchung "das Selbstverständnis der Witwen und die in ihm enthaltenen Ansätze zu einer von ihnen selbst unternommenen Bewältigung ihrer in jeder Hinsicht schwierigen Situation."

[130] Zu diesem Zusammenhang vgl. *Mayer*, Funktion, pass.

[131] Im abschließenden Lobpsalm Judiths werden Gefährdung und Rettung in einer Weise gedeutet, die auf der Gegenüberstellung von männlich und weiblich beruht: Der männlichen Gewalt des Krieges (Jdt 16,3f) wird ausdrücklich die Rettung "durch die Hand einer Frau" (Jdt 16,5), nicht durch "junge Männer" und "Söhne von Titanen" (Jdt 16,6), entgegengesetzt.

[132] Wenn hier von "Selbstaussage" der Frauen die Rede ist, so ist allerdings zu beachten, daß es sich um literarische Figuren handelt. Die Selbstaussage ist also eine der Frau von dem Autor oder der Autorin in den Mund gelegte.

wendung Gottes, sondern die angestrebte bzw. reklamierte Gottesbeziehung bestimmt die Art der Darstellung des eigenen Status. Etwas überspitzt gesagt: Die Spiritualisierung ermöglicht es, die religiösen Privilegien der traditionellen Typen von Witwe und Waise zu beanspruchen, ohne die sozialen Nachteile dieses Status zu erleiden.

Gerade die besondere Nähe zu Gott ist es jedoch, die allen diesen Frauenfiguren - der Märtyrermutter in 4 Makk ebenso wie Judith, Esther und Aseneth - in den Augen des jeweiligen Autors (bzw. der Autorin?[133]) den Anspruch auf Ehrung und den Status eines nachzuahmenden Beispieles sichert. D.h. die Sicht der Autoren (Autorin) dieser Erzählungen geht mit der Situationsdeutung und dem Anspruch, der sich in den Selbstaussagen ihrer Figuren dokumentiert, konform. Dies wird besonders deutlich im Buch Judith, deren Frömmigkeit dreimal festgestellt wird: einmal als Selbstaussage (Jdt 11,17) und zweimal als Fremdaussage, nämlich in der Anrede Judiths durch den Stadtoberen Usija (Jdt 8,31) und als direkte Feststellung durch den Erzähler (Jdt 8,8). Judiths eigener Anspruch wird damit sowohl durch ihre Umgebung im Rahmen der Erzählung, als auch von außen durch den Erzähler ausdrücklich gestützt und bestätigt.

Die Elemente "Selbstprädikation" und "Fremdprädikation" konstituieren also im Buch Judith von der Struktur her einen Dialog zwischen dem Autor und der Hauptfigur; inhaltlich nimmt diese Kommunikation die Form der Zustimmung bzw. Bestätigung an. Zu fragen ist, ob diese Analyse für die Interpretation von 1 Tim 5,5 fruchtbar gemacht werden kann.

Oben wurde schon auf die strukturelle Parallele von Jdt 11,17 zu 1 Tim 5,5 hingewiesen. Der Unterschied zwischen beiden Texten liegt nun in zwei Aspekten: Zum einen ist 1 Tim 5,5 keine Selbstprädikation, sondern eine Fremdprädikation: Die Charakterisierung als μεμονωμένη stellt eine Außenbeurteilung dar. Zum zweiten betrifft die Aussage von v5, wenn sie im Kontext der Gattung Witwenregel erscheint, nicht eine literarische Figur, sondern eine historisch existente Gruppe von Frauen der Gemeinde. Dann könnte v5 kommunikationstheoretisch im Rahmen eines Dialogs des Autors mit diesen Witwen verstanden werden. Das hypothetisch zu rekonstruierende Gegenstück dieser Kommunikation wäre eine Selbstprädikation der Witwen, die ihre pneumatische Existenz und ihre daraus resultierenden Statusansprüche explizierte. V5 ist dann nicht einfach eine Behauptung, sondern (im Zusammenhang mit v3a) eine Stellungnahme zu diesen Ansprüchen. Die inhaltliche Ausrichtung dieser Stellungnahme verändert sich, je nachdem, ob die Regel ohne v4 (in der Tradition) oder inclusive v4 (im Rahmen der Pastoralbriefe) gelesen wird: Auf der Ebene der Tradition begründet v5 die Aufforderung zur Ehrung in v3 und hat deshalb bestätigenden Charakter: Witwen sind als Inhaberinnen einer besonderen Position in der Gemeinde zu "ehren", weil sie als μεμονωμέναι eine besondere Gottesbeziehung haben. Dagegen hat v5 im Zusammenhang mit v4 eine eher restriktive Funktion.[134]

---

[133] Für Joseph und Aseneth wird die Möglichkeit weiblicher Verfasserinnenschaft ins Auge gefaßt; vgl. *Kraemer*, Maenads, 408f, *Kraemer*, Share 110-112; *Kraemer*, Women's Authorship, 221ff.
[134] S.u. S. 165-169 zu Tradition und Redaktion.

4.2 Die Aufforderung zur Witwenehrung: τιμᾶν (1 Tim 5,3)

Das Substantiv τιμή bezeichnet in seiner Grundbedeutung den Wert, den man einer Person oder einer Sache zubilligt; daraus folgen in der Koine die beiden Bedeutungsdimensionen "Ehre"[135] auf der einen und "(Kauf-)Preis" auf der anderen Seite. Entsprechend hat das Verb τιμᾶν die Bedeutungsvarianten von "ehren, belohnen, besolden" bis "taxieren, den Preis bestimmen".[136]

In den Past findet sich erstmals in einer christlichen Schrift die Anwendung des Begriffs auf kirchliche Ämter (außer den Witwen auf Presbyter, 1 Tim 5,17), die dann bei den apostolischen Vätern und in den altkirchlichen Kirchenordnungen häufiger vorkommt (Did 4,1: Lehrer; 1 Clem 21,6: Presbyter; IgnSm 9,1: Bischof; Const Ap II 28: Witwe, Diakon, Vorsteher, Presbyter; Apost KO §2,2o: Bischof). Dabei wird in Const Ap und Apost KO unter τιμή eindeutig eine Bezahlung verstanden.[137] Ebenso ist in 1 Tim 5,17 von einer Besoldung der Amtsträger die Rede, wie die Quantifizierung διπλῆ τιμή sowie das anschließende Schriftzitat beweisen.[138] *Bartsch* hat in seiner Studie darum den Zusammenhang von 5,3 und 5,17 so gedeutet, daß hier ein abgestuftes Besoldungssystem sichtbar werde, in dem der den Witwen zugestandene Anteil an den Gemeindegaben zur Maßeinheit für die Bezahlung der Amtsträger geworden sei.[139] Ein Teil der Forschung ist dieser Interpretation gefolgt und hat 5,3 als Besoldungsforderung der amtlichen Witwen verstanden.[140] Gegen diese Deutung wurden zwei Gegenpositionen geltend gemacht: Einige haben eine materielle Dimension des τιμᾶν überhaupt bestritten und dafür auf 1 Tim 6,1 verwiesen, wo von den Sklaven und Sklavinnen gefordert wird, τοὺς ἰδίους δεσπότας πάσης τιμῆς ἀξίους

---

[135] In der LXX wie im weiteren jüdisch-hellenistischen Schrifttum werden sowohl das Substantiv wie auch das Verb häufig in appellativer Funktion gebraucht: Die geforderte Ehrerweisung richtet sich zum einen auf Gott (Ps 28,1; 95,7; auch häufig bei Philo), auf das Heiligtum (2 Makk 3,2.12; 13,23; 3 Makk 3,16) und den Sabbat. Unter Menschen ist durch das Dekaloggebot die Elternehrung gefordert (Ex 20,12; Dt 5,16; vgl. Sir 3,3.5.8). Außerdem sind zu ehren der König (Prov 14,17; Josephus, Ant 6,80; 9,153), die Alten (Lev 19,32) aber auch Niedrigstehende wie Arme (Prov 14,31) und Sklavinnen/ Sklaven (Prov 27,18). Vgl. *Schneider*, τιμή, 172ff.

[136] Vgl. *Schneider*, τιμή, 170f. Im hellenistischen Judentum hat der Begriff ebenfalls einen weiten Bedeutungsumfang; τιμή fungiert in der LXX als Übersetzung für zwölf verschiedene hebräische Wörter, deren Bedeutungsumfang den Komplex "Ehre, Ehrerbietung" ebenso umschließt wie "Geldzahlung", "Kostbarkeit", "Steuer"; vgl. ibid. 173f.

[137] Vgl. *Bartsch*, Rechtsbildungen, 117f.

[138] Das Zitat aus Dt 25,4, daß dem dreschenden Ochsen das Maul nicht verbunden werden solle, wird auch von Paulus in 1 Kor 9,9 angeführt, wo er sein grundsätzliches Recht auf Unterhalt durch die Gemeinde betont.

[139] Vgl. *Bartsch*, Rechtsbildungen, 118. Dieses System zeigt sich in entwickelterer Form in der Syrischen Didaskalie, wo der Witwe ein einfacher, dem Diakon ein doppelter und dem Vorsteher ein zweifach doppelter Anteil zugesprochen wird (vgl. ebd. 93f).

[140] *Lips*, Glaube, 110f stimmt der Interpretation von *Bartsch* in allem zu; er führt aus: "Gemeinsames Thema in I (sc. 1 Tim) 5,3-20 ist also die Bezahlung von Gemeindeämtern: der Witwen ... und der Presbyter." *Müller-Bardoff*, Exegese, 114; *Ernst*, Witwenregel, 439; *Thurston*, Widows, 45; *MacDonald*, Legend, 75f; *Roloff*, 1 Tim, 282 sehen in 5,3 ebenfalls eine Besoldung der offiziellen Witwen angesprochen.

ἡγείσθωσαν, was nicht als materielle Leistung verstanden werden könne.[141] Andere haben zwar einen materiellen Aspekt bejaht, der jedoch im Fall von 5,3 nicht im Sinne von Bezahlung eines Amtes, sondern von Unterstützung Hilfsbedürftiger zu verstehen sei.[142]

Um diese Frage entscheiden zu können, muß der soziale Hintergrund des Ehrbegriffes und seine Bedeutung im Kontext der Pastoralbriefe genauer untersucht werden. Der Begriff τιμή gehört in den Zusammenhang hierarchischer sozialer Beziehungen, die in der griechisch-römischen Antike von entscheidender gesellschaftlicher Bedeutung waren. Solche Verhältnisse - wie insbesondere das römische Klientelverhältnis[143] - sind von ihrem Wesen her asymmetrisch, werden aber als reziprok und symbiotisch[144] angesehen.

Für griechische Städte im römischen Kaiserreich ist in diesem Kontext das Verhältnis der städtischen Honoratioren[145] zu ihren Gemeinwesen von vorrangiger Bedeutung: Öffentliche Funktionen werden von Mitgliedern der lokalen Oberschicht bekleidet, die für die Finanzierung ihrer jeweiligen Amtsaufgaben auf ihre eigenen Mitteln zurückgreifen.[146] Das Motiv der Eliten, in dieser Weise als "Wohltäter/Wohltäterinnen" zu agieren, ist φιλοτιμία, der Wunsch nach Prestige. Diesem Anspruch kommt die Gegenseite durch öffentliche Ehrungen (τιμαί) - etwa Errichtung von Statuen, Einrichten von Festtagen, Bekränzung, Gewährung öffentlicher Begräbnisse, etc. - nach.[147] "Ehre" meint also in diesem Zusammenhang eine Gegenleistung, die gesellschaftlich Hochgestellten zum Dank für ihre Wohltaten (εὐεργεσίαι) zugesprochen wird.[148] Das Verständnis von Ehre im Zusammenhang dieses "Euergetismus"[149] ist also dadurch bestimmt, daß die zu Ehrenden Materielles *geben*, nicht empfangen. Diese Tatsache macht zu einem guten Teil ihr Prestige und Selbstwertgefühl aus.

---

[141] Vgl. *Sand*, Witwenstand, 194; In den Kommentaren von *Dibelius/Conzelmann*, Past, 58 sowie *Brox*, Past, 187 wird die Bedeutung "Besoldung" zwar für 5,17, nicht aber für 5,3 angenommen.

[142] So *Schneider*, τιμή, 178.180; *Bassler*, Widows, 33; *Verner*, Household, 161; *Kidd*, Wealth, 103; *MacDonald*, Pauline Churches, 184; *Towner*, Goal, 182f. *Jeremias*, Tim, 37, vermutet einen direkten Bezug zum Gebot der Elternehrung.

[143] Für einen Überblick über die Thematik vgl. *Strasburger*, Gesellschaftsideal, 102ff.

[144] Vgl. den Aufsatz von *Mott*, "The Power of Giving and Receiving: Reciprocity in Hellenistic Benevolence". Die reziproke Verpflichtung, die solche Beziehungen ausmacht, ist "an important factor binding Greco-Roman society together, expecially vertically between units possessing different degrees of power" (*Mott*, 67).

[145] Vgl. *Quaß*, Honoratiorenschicht, 19-39.

[146] Vgl. *Grassl*, Sozialökonomische Vorstellungen, bes. 77ff; *Veyne*, Brot, 163-311.

[147] Vgl. die Darstellung bei *Kidd*, Wealth, 50-56.

[148] Vgl. *Veyne*, Brot, 250ff. Auch die Kaiserehrung ist in diesem Kontext zu begreifen: Sie ist Loyalitätsbekundung, die im positiven Fall gleichzeitig in einem Wechselverhältnis zu vom Kaiser gewährten Privilegien steht. Diesen Zusammenhang stellt *Gielen*, Haustafelethik, 408ff als Hintergrund von 1 Petr 2,17 wie auch Röm 13,7 dar. Bei Paulus kann τιμή wie auch in hellenistisch-jüdischer Tradition das rechte Verhalten gegenüber der Staatsgewalt kennzeichnen (Röm 13,7; vgl. 1 Petr 2,17).

[149] Zum Begriff vgl. *Veyne*, Brot, 22ff.

Allerdings gibt es eine Ausnahme,[150] in der die materielle Leistung den zu Ehrenden zugute kommt: das Eltern-Kinder-Verhältnis. Diese Beziehung kann im hellenistischen Denken in eben der Kategorie der εὐεργεσία gedacht werden, die für außerfami-
liäre soziale Beziehungen zur Verfügung stand, wie an zwei Beispielen zu belegen ist:
Dio Chrysostomos etwa benennt drei Beziehungen, die durch eine Verpflichtung zur
Dankbarkeit gegenüber den εὐεργέται gekennzeichnet seien: γονεῦσι παρὰ παίδων, τοῖς
ἰδίᾳ εὐεργέταις παρὰ τῶν εὖ παθόντων und τοῖς κοινῇ φιλοτιμουμένοις παρὰ τῆς πόλεως.[151]
Das zweite Beispiel ist Philos Decal 165-167 - ein in der Haustafeldiskussion viel be-
achteter Text.[152] Philo interpretiert hier das Dekaloggebot der Elternehrung verallge-
meinernd auf diese durchgängige Struktur der Über- und Unterordnung hin:

Τὸ δὲ πέμπτον, τὸ περὶ γονέων τιμῆς, πολλοὺς καὶ ἀναγκαίους νόμους ὑπαινίττεται, τοὺς
ἐπὶ πρεσβύταις καὶ νέοις ἀναγραφέντας, τοὺς ἐπ᾽ ἄρχουσι καὶ ὑπηκόοις, τοὺς ἐπ᾽ εὐεργέταις
καὶ εὖ πεπονθόσι, τοὺς ἐπὶ δούλοις καὶ δεσπόταις. γονεῖς μὲν γὰρ ἐν τῇ κρείττονι τῶν εἰρη-
μένων εἰσὶ τάξει, ἐν ᾗ πρεσβύτεροι, ἡγεμόνες, εὐεργέται, δεσπόται, παῖδες δὲ ἐν τῇ
καταδεεστέρᾳ, ἐν ᾗ νεώτεροι, ὑπήκοοι, εὖ πεπονθότες, δοῦλοι.[153]

Nun ist mit dem Gebot der Elternehrung sowohl im jüdischen wie im griechischen
Kontext die Verpflichtung zum Unterhalt gegeben.[154] Die Umkehrung der Bewegungsrichtung des Materiellen weist darauf hin, daß im Fall des Eltern-Kinder-Ver-
hältnisses im Unterschied zu den übrigen asymmetrischen Beziehungen der Ehrenstellung keine faktische Machtstellung entsprechen muß: Die geforderte Ehrung kann
deshalb im Ernstfall (der Unterhaltsforderung für greise Eltern) nur noch moralisch
begründet werden. Dennoch ist festzuhalten, daß Eltern als solche angesehen werden,
denen in gleicher Weise τιμή gebührt wie Herrschenden, reichen Wohltäterin-
nen/Wohltätern und Sklavenbesitzern/-besitzerinnen.

In politisch-ethischen Schriften wird verschiedentlich die Reziprozität der hier
skizzierten hierarchischen Verhältnisse besonders herausgestellt: Die εὐεργέται betonen, daß ihre Leistungen eine Dankesschuld bei den Nutznießenden konstituieren. Das
politische Denken etwa eines Dio Chrysostomos, der sich in seiner Heimatstadt Prusa
in entsprechender Weise als öffentlicher Funktionsträger betätigt hat, ist zu einem

---

[150] Faktisch gibt es weitere Verhältnisse, in denen Ehrung und Bezahlung kongruent sind - s.u. die
Diskussion zum Beruf des Arztes S. 148f - diese werden jedoch charakteristischerweise in dem hier
angeführten sozialphilosophischen Diskurs *nicht* thematisiert.

[151] Dio Chrysostomos, Or 75,7.

[152] S. o. Teil I zur Forschungsgeschichte der Haus- und Ständetafeln, S. 18.58.

[153] Die deutsche Übersetzung in der Werkausgabe von *Cohn/Wendland* (Bd.I, 406f) lautet: "Das
fünfte Gebot, das von der Ehrfurcht gegen Eltern, deutet zugleich auf viele wichtige Gesetze hin, wie
die über Greise und Jünglinge, über Herrschende und Untergebene, über Wohltäter und Empfänger von
Wohltaten, über Sklaven und Herren. Eltern nämlich gehören zu der höheren Klasse der eben Genannten, in der die Aelteren, die Herrschenden, die Wohltäter, die Herren sich befinden, Kinder dagegen zu
der niedrigeren Klasse, zu der die Jüngeren, die Untergebenen, die Empfänger von Wohltaten, die
Sklaven gehören."

[154] Vgl. Aristoteles, Eth Nic 1158b12ff; Philo, Decal 120.167. Im NT spielt besonders bei den
Synoptikern das Dekaloggebot der Elternehrung eine herausragende Rolle (Mk 7,10; par. Mt 15,4; Mk
10,19; par. Mt 19,19; Lk 18,20; aber auch Eph 6,2). Ausdrücklich wird Mk 7,11f und Mt 15,5f betont, daß die Ehrung finanzielle Unterstützung einschließt.

guten Teil von dem Interesse bestimmt, sicherzustellen, daß den "Wohltätern" ihre Leistungen angemessen "vergolten" werden.[155]

Verner hat das Amtsverständnis der Pastoralbriefe im Kontext dieses Selbstverständnisses hellenistischer Eliten interpretiert - wobei allerdings die wichtige Einschränkung zu machen ist, daß seine Belege aus 1 Tim sich nur auf das Bischofs- und Diakonen-/Diakoninnenamt beziehen.[156] *Kidd*, der *Verner*s These folgt, deutet die Verwendung von τιμή/τιμᾶν im 1 Tim von diesem Hintergrund her:

> "By its triple use of the τιμ-root to refer to rewards for superiors or for those who have rendered a service (1 Timothy 5:3,17; 6:1), as well as by its reference to the nobility of aspiration to office and the promise of high standing that follows praiseworthy service (1 Timothy 3:1,13), at least one of the Pastoral epistles promises to yield fruit to the one who asks about the role of status considerations in the shaping of social structure."[157]

Diese Interpretation führt aber in bezug auf 5,3 und 5,17 zu einem schwerwiegenden Problem, dessen *Kidd* selbst sich auch durchaus bewußt ist: Sind die Amtsträger und -trägerinnen der Pastoralbriefe reiche Hausvorstände, so ist Bezahlung für sie weder nötig noch motivierend.[158] *Kidd* will trotzdem 5,17 im Sinne von Besoldung eines Amtsträgers verstehen und diskutiert die sich daraus ergebende Frage der Verhältnisbestimmung zwischen Bischofs- und Presbyteramt.[159] Für 5,3 lehnt er diese Deutung hingegen ab: τιμᾶν habe hier zwar einen materiellen Aspekt, dieser sei aber als wohltätige Unterstützung, nicht als offizielle Besoldung zu verstehen. Diese Interpretation stützt er dadurch, daß er die Aufforderung zur Witwenehrung ganz im Kontext der Elternehrung begreift:[160] Danach wären die Witwen zu ehren wegen ihrer vorangegangenen Sorge und Erziehung der Kinder, d.h. weil sie ihre häuslichen Aufgaben erfüllt haben:

---

[155] Vgl. Dio Chrysostomos, Or 75,6: ὁ νόμος πᾶσιν ὧν ἂν εὐεργετήσωσιν ἑτέρους ἐκτίνει τὰς χάριτας. Zu dem ganzen Zusammenhang von Ehrungen als "Dank" für "Wohltaten" vgl. *Kidd*, Wealth, 50-56; *Mott*, Reciprocity, 60ff.

[156] Vgl. *Verner*, Household, 147ff. Textgrundlage für seine Deutung sind insbesondere 1 Tim 3,1 (Εἴ τις ἐπισκοπῆς ὀρέγεται καλοῦ ἔργου ἐπιθυμεῖ) und 3,13 (οἱ γὰρ καλῶς διακονήσαντες βαθμόν ἑαυτοῖς καλὸν περιποιοῦνται).

[157] *Kidd*, Wealth, 55.

[158] *Kidd* schreibt dazu (Wealth, 107): "The images of a muzzled ox and of a laborer and his wages would not be attractive to a wealthy person, who would see wage labor as little more than slavery." Gegen die Analyse von *Verner* und *Kidd* setzen eine Besoldung des Bischofs in den Pastoralbriefen voraus *Schenk*, Past, 3425; *Roloff*, 1 Tim 309.

[159] *Kidd* (Wealth, 107f) erwägt drei Alternativen: 1. Es handelt sich bei Bischof und Presbyter um dasselbe Amt, und 1 Tim 5,17f ist ironisch zu verstehen. 2. Es handelt sich um dasselbe Amt, aber nicht alle Amtsträger sind reich, d.h. das gewonnene Bild des Amtsverständnisses in den Pastoralbriefen müßte korrigiert werden. 3. Es handelt sich um zwei verschiedene Ämter: Die Ämterstruktur der Pastoralbriefe würde damit die soziale Struktur der Gemeinden reflektieren, indem verschiedene Funktionen für Mitglieder verschiedener sozialer Schichten angeboten würden: "an overseer would be a wealthy patron, while an elder would be (or could be) a paid functionary." (108) Auch in diesem Fall wäre die Führungsschicht der Gemeinden weniger homogen als zunächst angenommen.

[160] In diese Richtung war auch schon *Jeremias* in seinem Kommentar gegangen, indem er hier einen Bezug auf das Gebot der Elternehrung gesehen hatte. *Jeremias* hatte seine Interpretation jedoch im Gegensatz zu *Kidd* nicht aus dem Kontext des Verses begründet. Vgl. auch *Ernst*, Witwenregel, 439.

"At issue in the honoring of widows is the religious valuing of domesticity, but beyond that, of the entire economy of natural life."[161]

*Kidd*s Interpretation der Ehrerweisung in 5,3 rekurriert im Kontext auf 5,16 und 5,4: Das τίμα fordere Unterhalt für mittellose Witwen, der - so weit vorhanden - durch Kinder und Enkel zu leisten sei, danach durch einzelne reiche Christinnen und letztlich, wenn diese beiden Möglichkeiten ausfielen, durch die Gemeinde.[162]

Diese Interpretation wird aber der Parallelität von 5,3 und 5,17 nicht gerecht. Des weiteren setzt sie voraus, daß in vv4.8 die Kinder/Enkelkinder Subjekt sind, was nach meiner Analyse nicht wahrscheinlich ist.[163] Es spricht aber noch ein weiteres Argument gegen *Kidd*s Deutung: In v5 wird eine Begründung für die Aufforderung zur Witwenehrung gegeben - sie besteht in deren religiös ausgerichtetem Leben.[164] Der Text sagt also, daß die Ehrung der Witwe in ihrer Existenz als Gott in besonderer Weise Zugewandte begründet liegt, nicht in ihrer vorherigen Leistung als Mutter. Daraus ist zu schließen, daß 5,3 nicht vom Gebot der Elternehrung her gedeutet werden darf, sondern in Analogie zu 5,17 als Amtsehre/-besoldung zu interpretieren ist. Dann bleibt jedoch für beide Stellen das Problem, daß in dem von *Verner* und *Kidd* plausibel gemachten sozialen Kontext der Pastoralbriefe die hier vorausgesetzte Bezahlung der Ämter schlecht erklärt werden kann.

Nun ist auffällig, daß *Kidd* das Gebot des τιμᾶν in 5,3 unter Berufung auf 5,4 und 5,16 interpretiert. Unter den Voraussetzungen unserer literarkritischen Hypothese, nach der 5,3 im Gegensatz zu 5,4 und 5,16 zu der dem Verfasser vorliegenden Tradition gehört, ist dieses Vorgehen jedoch nicht möglich. Unterscheidet man aber die literarischen Schichten, so lassen sich die Probleme der *Kidd*schen Deutung lösen: Der in 5,3 vorliegende Ehrbegriff darf dann nicht ohne weiteres vom gesellschaftlich-ethischen Denken der Pastoralbriefe her interpretiert werden, sondern kann durchaus zu diesem in Spannung stehen.

Allerdings gibt es eine sprachliche und strukturelle Parallele zu unserer Stelle:[165] In Sir 38,1 wird Anerkennung des Arztes mit den Worten τίμα ἰατρὸν πρὸς τὰς χρείας αὐτοῦ τιμαῖς αὐτοῦ gefordert.[166] In struktureller Analogie zu 1 Tim 5,3 und 5,17 leitet auch hier die Aufforderung zum τιμᾶν einen ganzen Abschnitt ein, der sich in diesem Fall mit den Verdiensten der Ärzte und der Grundlage ihrer Heilkunst befaßt. Der Plural sowie die Ausrichtung der τιμαί an der Leistung machen deutlich, daß bei der Ehrung des Arztes eine Bezahlung impliziert ist,[167] wie in der Antike die ärztliche

---

161 *Kidd*, Wealth, 138.

162 Vgl. *Kidd*, Wealth, 103f.138; *Towner*, Goal, 183.

163 S.u. S. 149ff.

164 S.o. S. 135ff zu 1 Tim 5,5 und s.u. S. 165ff zu Tradition und Redaktion.

165 *Bartsch* (Rechtsbildungen, 119) hat schon auf diesen Beleg hingewiesen; er nutzt ihn jedoch nur als Beweis dafür, daß in neutestamentlicher Zeit τιμᾶν schon die Bedeutung "bezahlen" haben kann; die strukturelle Parallele zu unserer Stelle wertet er nicht aus.

166 *Kudlien*, Heilkunde, 239f diskutiert ausführlich das Verhältnis von hebräischen und hellenistischen Einflüssen in diesem Text.

167 Vgl. *Thurston*, Widows, 45.

Tätigkeit häufig als zu bezahlende Leistung angesehen wurde.[168] Hinzu kommt, daß in hellenistischer Zeit zunehmend "öffentliche Ärzte" belegt sind, die von den Städten zur Gesundheitsversorgung der Bevölkerung angeworben wurden.[169]

Diese Parallele legt es nahe, auf der Ebene der vor-pastoralen Tradition die geforderte τιμή für Witwen und Presbyter[170] nicht im Kontext der Ehrung wohltätiger munizipaler Eliten, sondern eher im Kontext der Anerkennung/Bezahlung von Menschen in bestimmten Funktionen zu interpretieren. Daß in dieser Tradition Bezahlung der Amtsinhaber und -inhaberinnen vorausgesetzt wird, steht im Kontext urchristlichen Unterhalts der Verkündigenden. Das 1 Tim 5,18a angeführte Zitat aus Dt 25,4 findet sich auch in 1 Kor 9,9, wo Paulus es zur Begründung seines Unterhaltsanspruches heranzieht.[171] Das Jesuslogion in 5,18b steht auch in Lk 10,7; im Unterschied dazu wird an der Parallelstelle Mt 10,10 nicht vom Lohn, sondern von der Nahrung gesprochen, die den Arbeitenden zukommt. Wenn bei Matthäus wie auch in Did 13,2 der Unterhalt der Wanderprediger somit auf Naturalien beschränkt wird, so ist damit ein Machtkonzept ausgesprochen, "in dem Einfluß in der Gemeinschaft und materieller Aufstieg radikal voneinander getrennt werden."[172] Entsprechend verwenden diese Texte niemals τιμή in diesem Zusammenhang, wie es die Pastoralbriefe und die späteren Kirchenordnungen tun.

4.3 Das Motiv der Sorge für das eigene Haus (1 Tim 5,4.8)

4.3.1 Adressierung der Fürsorgeforderung

In den beiden formal sehr ähnlichen Versen 4 und 8 wird zweimal das gleiche Motiv verhandelt: Die Forderung nach der Sorge für das eigene Haus bzw. die Angehörigen. Die Exegese ist gespalten in der Frage, wer hier angesprochen wird, die Witwen oder

---

[168] Die Forschung ist lange Zeit davon ausgegangen, die Tätigkeit von Ärzten habe in griechischem Kontext grundsätzlich als - wenn auch gehobenes - "Handwerk" gegolten (τέχνη ἰατρική); vgl. *Diller*, Medizin, 968. *Krug*, Heilkunst, 193 führt aus: "Arzt sein hieß, einen Brotberuf ausüben. Ungeachtet der hohen Einschätzung - und Selbsteinschätzung - dieses Berufs verlangte jeder Arzt ... für seine Arbeit einen Lohn, μισθός oder *merces*. Davon lebte er und unterhielt seine Praxis, denn die Medizin gehörte nicht zu den *artes liberales*, jenen Künsten und Wissenschaften, deren Ausübung frei war von Erwerbsgedanken, obwohl die Einschätzung wechselte" (Hervorhebung im Original). Diese Sicht muß jedoch nach neueren Erkenntnissen relativiert werden, da Menschen sehr unterschiedlichen sozialen Standes den Arztberuf ausüben konnten; vgl. *Kudlien*, Stellung, 154-181.

[169] Vgl. *Krug*, Heilkunst, 201ff.

[170] Der Umfang der Tradition in der Presbyterregel 5,17ff wird in der Forschung nicht einheitlich bestimmt: *Bartsch*, Rechtsbildungen, 106, hält vv17.19a.20.22 für traditionell; *Roloff*, 1 Tim, 305, kann traditionelle Elemente nur in vv17f finden. Für v18 wird allgemein literarische Abhängigkeit von 1 Kor 9,9 angenommen; vgl. *Schenk*, Past, 3418f.

[171] Die Verwendung der Tierschutzbestimmung zur Begründung eines Unterhaltsanspruchs ist nicht traditionell, sondern auf Paulus selbst zurückzuführen (*Trummer*, Paulustradition, 151f, sowie *Roloff*, 1 Tim, 305f). Sowohl *Trummer* als auch *Roloff* sind der Ansicht, daß der Rekurs auf 1 Kor nicht Tradition paulinischer Gemeinden ist, sondern auf den Autor der Pastoralbriefe zurückgeht; sie können dafür aber keine zureichende Begründung geben.

[172] *Leutzsch*, Bewährung, 63.

die vorausgesetzten Kinder und Enkel.[173] Die Entscheidung in dieser Frage hat Konsequenzen für das Verständnis der verhandelten Problematik im ganzen: Deutet man die beiden Verse auf die Kinder und Enkel, so ist primär eine Unterhaltsfrage thematisiert: Witwen, die von Familienangehörigen versorgt werden können, sollen nicht von der Gemeinde unterhalten werden. In diesem Fall würde jedenfalls davon ausgegangen, daß die Witwen selbst mittellos sind. Deutet man die Anweisungen jedoch auf die Witwen, so ergibt sich ein ganz anderes Bild: Wenn von ihnen die Versorgung ihrer Nachkommen erwartet wird, so ist wohl vorausgesetzt, daß sie dazu durchaus auch materiell in der Lage sind. Damit stellt sich die gesamte Problematik des Zulaufs zum Witwenamt anders dar: Es geht nicht primär um Unterstützung mittelloser Witwen, sondern Frauen, die durchaus über materielle Mittel verfügen, streben dieses Amt an.

Aufgrund der strukturellen Parallelität beider Verse ist exegetisch einer einheitlichen Interpretation der Vorzug zu geben[174]. Auf der formalen Ebene spricht nun die Analogie von vv4.8 für eine Deutung des Verses 4 auf die Witwen: In v8 ist es eindeutig, daß zwischen Protasis und Apodosis kein Subjektwechsel stattfindet. Analog wäre auch in v4 für Neben- und Hauptsatz das gleiche Subjekt anzunehmen, nämlich die Witwe(n). Schwerer als dieses formale Argument wiegen jedoch die inhaltlichen: Eindeutig weist die Formulierung πρῶτον τόν ἴδιον οἶκον εὐσεβεῖν auf die Witwen: Der Begriff ἴδιος - Komplementärbegriff zu χοινός - bezeichnet den Privatbereich im Gegenüber zum Gemeinwesen, zum öffentlichen, "politischen" Bereich.[175] Im Neuen Testament ist die Verbindung ἴδιος οἶχος Spezifikum der Pastoralbriefe. Sie begegnet dreimal im 1 Tim, und zwar immer in einem Amtsspiegel: In bezug auf den Bischof in 3,4f, auf den Diakon 3,12 und an unserer Stelle. Der Verfasser der Pastoralbriefe setzt im Bischofs- und Diakonenspiegel entsprechend seiner οἶχος-θεοῦ-Ekklesiologie häusliche Aufgaben und Amtsfunktionen zueinander in Beziehung: Eine ordnungsgemäße Führung des eigenen Haushalts ist Eignungskriterium für eine Amtsübernahme. Die Argumentation in der Witwenregel entspricht strukturell derjenigen der vorherigen Ämterspiegel; die formale Parallele führt jedoch zu einer material entgegengesetzten Bestimmung.[176] Da es nunmehr um Frauen geht, ist die Relation zwischen häuslicher und amtlicher Funktion nicht mehr analog sondern exklusiv verstanden: Famili-

---

[173] Für eine Deutung auf die Witwen votieren *Lips*, Glaube, 119f; *Roloff*, 1 Tim, 288f; *Stählin*, Χήρα, 442; für den Bezug auf die Kinder und Enkelkinder *Bassler*, Widows, 33; *Brox*, Past, 188; *Dibelius/Conzelmann*, Past, 33.58; *Hanson*, Past, 96; *Jeremias*, Tim, 37; *Kidd*, Wealth, 103; *Knoch*, Tim, 37; *MacDonald*, Legend, 75; *Müller-Bardoff*, Exegese, 113; *Sand*, Witwenstand, 193; *Schlatter*, Tim, 173; *Schüssler Fiorenza*, Gedächtnis, 377. *Spicq*, Past, 167 will v4 auf die Kinder beziehen, während v8 jedoch auf die Witwen ziele. *Bartsch*, Rechtsbildungen, 125f nimmt bei v4 eine Bedeutungsverschiebung an: im ursprünglichen Zusammenhang sei die Regel auf die Witwen bezogen gewesen, vom Vf. der Pastoralbriefe dann auf die Angehörigen übertragen worden; v8 bezieht er eindeutig auf die Witwen.

[174] Anders *Bartsch*, Rechtsbildungen und *Spicq*, vgl. vorige Anmerkung.

[175] Vgl. Thesaurus Graecae Linguae, Bd. 5, 513: "In qua significatione to idios saepe opponitur aut koinos, aut dämosios [aliaque hujusmodi vocabula]: ut Lat. Proprius et Communis, item Privatus et Publicus sibi adversantur." Vgl. auch *Liddell/Scott*, 818; *Bauer/Aland*, 751.

[176] Vgl. *Roloff*, 1 Tim, 289, der sowohl Parallelität wie Unterschied zur Bestimmung im Episkopenspiegel betont.

enpflichten gehen vor, schließen Aufnahme in ein öffentliches Amt aus. Nur in dieser Deutung ergibt auch das betonte πρῶτον einen Sinn:[177] Es bezeichnet im Rahmen des Amtsspiegels dasjenige, was zeitlich wie sachlich der Amtseinsetzung vorauszugehen hat; insofern stellt die Bestimmung der Witwenregel μανθανέτωσαν πρῶτον τὸν ἴδιον οἶκον εὐσεβεῖν eine direkte Analogie zur Forderung καὶ οὗτοι δοκιμαζέσθωσαν πρῶτον des Diakonen-/Diakoninnenspiegels (1 Tim 3,10) dar.

Gegen eine Deutung auf die Witwen wird in der Forschung die Formulierung ἀμοιβὰς ἀποδιδόναι in v4 geltend gemacht, da der Begriff ἀμοιβή, der Rückzahlung, Gegenleistung, Vergeltung (im positiven wie negativen Sinne) bedeutet,[178] bzw. das entsprechende Verb ἀμείβειν bei Philo und Josephus im Kontext geforderter Fürsorge von Kindern für ihre greisen Eltern belegt sind.[179] Es wird dabei davon ausgegangen, daß eine Dankesschuld der Kinder gegenüber ihren Eltern[180] besteht, die niemals vollständig abgetragen werden kann, gerade deshalb jedoch Anstrengungen von seiten der Kinder erfordert, den Eltern ihre Fürsorge zu vergelten. Dem ist jedoch entgegenzuhalten, daß der Begriff ἀμοιβή keinen exklusiven oder ausgezeichneten Bezug zum Eltern-Kinder-Verhältnis hat; ἀμοιβή/ἀμείβεσθαι kann ebenso in politischen Zusammenhängen auftreten und bezeichnet Dank und Ehrung für politischen, militärischen oder sozialen Einsatz.[181] Der Begriff gehört somit in den größeren gesellschaftlichen Kontext reziproker Beziehungen, wie er oben für τιμή dargestellt wurde. Mit der Anwendung auf das Eltern-Kinder-Verhältnis wird dieses nach dem Muster des hellenistischen Modells der Wohltäter-Empfänger-Beziehung gedeutet.[182] Die grundlegende Bedeutungsdimension des Begriffes ἀμοιβή ist somit die Verpflichtung, die durch eine empfangene Leistung oder Gabe konstituiert wird; infolgedessen kann der Begriff im griechisch-römischen Denken grundsätzlich auf alle sozialen Verhältnisse angewandt werden.

Hinzu kommt, daß eine Interpretation unseres Verses im Sinne der Unterhaltspflicht der Kinder das Problem implizierte, daß πρόγονοι dann auf die verwitwete

---

[177] So auch *Lips*, Glaube, 119f.

[178] Vgl. *Liddell/Scott*, 84.

[179] Vgl. Philos Interpretation der gebotenen Elternehrung in Decal 106-120: Philo hält zunächst die Unmöglichkeit für die Kinder, den Eltern ihre Fürsorge zu vergelten, fest: Die Leistungen der Eltern bezeichnet er als δωρεὰς ...ὧν ἔνιαι δι᾽ ὑπερβολὴν οὐδ᾽ ἀμοιβὰς ἐνδέχονται. Dennoch scheint er von einer gewissen, zeitverschobenen Gegenseitigkeit im Eltern-Kind-Verhältnis auszugehen: Zu gegebener Zeit, wenn eine Seite sich nicht selbst unterhalten kann - die Kinder am Anfang, die Eltern am Ende ihres Lebens - muß sie von der anderen unterstützt werden. Erwachsene Kinder, die für ihre Eltern sorgen, bezeichnet Philo als οὐ διδόντας μᾶλλον ἢ ἀποδιδόντας. Deutlich ist die Parallele in der Begrifflichkeit: ἀμοιβή meint die geforderte Gegenleistung, ἀποδιδόναι den Akt der Erstattung. Vgl. auch Josephus, Ap II 206, der den sich entziehenden Sohn als τὸν οὐκ ἀμειβόμενον τὰς παρ᾽ αὐτῶν χάριτας bezeichnet.

[180] Zur unlöschbaren Dankesschuld der Kinder vgl. Aristoteles, NicEth 1158b12ff; Sir 7,27f; Ps.-Arist 228.238.

[181] Vgl. *Liddell/Scott*, 84.

[182] Philo bezieht ἀμοιβή neben dem Eltern-Kind-Verhältnis auch auf die εὐεργεσία im politischen Bereich: In Leg Gai 59-60 benutzt er die Begrifflichkeit, um die Verletzung politischer Loyalitätsverpflichtungen durch Gaius zu kritisieren.

Mutter bzw. Großmutter bezogen werden müßte.[183] Πρόγονοι bezeichnet jedoch im allgemeinen Sprachgebrauch durchgängig die verstorbenen Vorfahren.[184] Aufgrund dieser weiteren Schwierigkeit ist eine Deutung der Regel auf die Witwe vorzuziehen, die auch einen guten Sinn ergibt: Die angemahnte εὐσέβεια ist als ein Sich-orientieren an dem von den Vorfahren Überkommenen zu verstehen.[185] Die Forderung der Rückerstattung empfangener Fürsorge ist damit sozusagen mit der Vorstellung eines Generationenvertrages verknüpft: Die Gegenleistung für empfangene Fürsorge ist dann nicht der Unterhalt der Eltern, sondern wiederum das eigene Aufziehen von Kindern. Die bestehende Dankesschuld wird durch Erfüllung der Pflicht an der nächsten Generation innerhalb des Familienverbundes abgetragen.[186] Diese "genealogische" Dimension wird schon durch den Begriff οἶκος angedeutet, der nicht nur die gegenwärtige Hausgemeinschaft im Blick hat, sondern auch das Geschlecht im Sinne der Abstammung bedeuten kann;[187] eindeutig faßbar wird sie in der Polarität der Begriffe πρόγονοι und ἔκγονοι,[188] die als Markierungspunkte einer genealogischen Linie dienen.

---

[183] Die oben herangezogenen Belege Philo, Decal 106-120 und Josephus, Ap II 206 beziehen sich auf γονεῖς, nicht auf πρόγονοι.

[184] Darauf verweist schon *Holtzmann*, Past, 345; *Lips*, Glaube, 120 führt außerdem an, daß auch 2 Tim 1,3 von verstorbenen Vorfahren die Rede ist; vgl. auch *Roloff*, 1 Tim, 288.

[185] Diese Deutung vertritt auch *Lips*, Glaube, 120, der für den Bezug von εὐσέβεια auf die Vorfahren auf Isokrates VII, 30 verweist.

[186] Ein Beleg für die Verwendung von ἀμοιβή im Zusammenhang eines generationenübergreifenden Verpflichtungsverhältnisses findet sich in den Kynikerbriefen in Ep 6 des 'Sokrates' (*Malherbe*, Cynic Epistles, 232-239): Thema ist u.a. die Vorsorge für das Leben der eigenen Kinder. 'Sokrates' argumentiert, daß er seinen Kindern bei seinem Tod zwar keinen Reichtum, aber etwas Besseres zurücklasse, nämlich gute Freunde (236, 8, 20). Der Grund für seine Erwartung, daß diese für seine Kinder sorgen werden, ist, daß sie von ihm über einen langen Zeitraum Wohltaten empfangen haben und ihm deshalb verpflichtet sind. In diesem Zusammenhang verwendet er ἀμοιβή: "Τῆς μὲν οὖν ὀλιγοχρονίου χάριτος εἰκὸς καὶ τὰς ἀμοιβὰς εἶναι βραχείας, αἱ πολυχρόνιοι δὲ τῶν εὐεργεσιῶν ἴσην τῇ ὠφελείᾳ τίκτουσι τὴν ἀμοιβήν" (236, 9, 30-33). Diese erwarteten Gegenleistungen gehen aber nun eben nicht an ihn zurück, sondern an seine Kinder. Auch hier wird also die Vergeltung an der nächsten Generation geleistet.

[187] Vgl. die Belegstellen bei *Bauer/Aland* 1137; *Michel*, Οἶκος, 123.132.

[188] Ἔκγονος/ν ist Hapaxlegomenon im NT. In seiner Grundbedeutung wäre es als "Sprößling" zu übersetzen und kann verschiedene Verwandtschaftsverhältnisse meinen, wobei die Betonung auf der *leiblichen* Herkunft liegt (Sohn, Tochter, Enkel, Enkelin). Der Plural ἔκγονοι oder ἔκγονα kann allgemein Abkömmlinge (vgl. engl. "offspring") oder speziell Enkelkinder bezeichnen (Belege bei *Bauer/Aland*, 481; *Liddell/Scott*, 503). In paganen hellenistischem Texten werden die ἔκγονοι häufig im Zusammenhang mit den τέκνα/παῖδες genannt: Sie sind diejenigen, die *nach* der unmittelbar folgenden Generation der Kinder kommen (vgl. Dio Chrysostomos, Or 38,21); ihre Erwähnung markiert somit eine gewisse Öffnung auf Zukunft hin, sie weisen auf die potentiell unendliche zukünftige Generationenfolge. Insofern ist mit ihnen eine gewisse Hoffnung auf "Unsterblichkeit" verknüpft (vgl. Athenagoras, De resurrectione 12,2). Von daher erklärt sich auch die Einbeziehung der Kinder und Enkel in Stiftungsinschriften (vgl. OGIS 740,4f; SIG 900): Die beiden Vermittler von Unsterblichkeit im griechischen Denken, Ehre und Nachkommen, werden zusammengebracht, um sich in der Verknüpfung gegenseitig zu stärken. - In der LXX wird durchgängig das Neutrum verwendet, das entweder die unmittelbaren leiblichen Abkömmlinge oder die Nachkommen allgemein bzw. das Geschlecht (II Reg 21,16; 1 Es 4,53; Sir 40,15;44,11) bezeichnet. Sehr häufig steht ἔκγονα im Kontext von Verheißung (Jes 48,19; 61,9) bzw. Segen oder Fluch (Dt 7,13; 28,4.11.18.51.53; 30,9): Der Segen besteht im Deuteronomium in einer gesicherten Zukunft, die bildlich durch Fruchtbarkeit im ganzen Land, durch reiche Fortpflanzung bei Pflanzen, Tieren und Menschen, dargestellt wird. Die menschlichen

In v8 wird die geforderte Fürsorge für die Familie durch das Verb προνοεῖν bezeichnet. Die Fürsorge, Verantwortung für die Familie gehört eigentlich neben dem Herrschen als zweite Funktion zur Hausvaterrolle.[189] Die Anwendung auf die Witwen ist ein Hinweis darauf, daß der Frau nach dem Tode des Mannes eine besondere materna potestas und die Funktion des Hausoberhauptes zukommt.[190]

Ein weiteres, negatives Argument stützt unsere Interpretation der vv4.8: V8 spricht vom Sorgen τῶν ἰδίων bzw. τῶν οἰκείων. Wäre hier die Altersversorgung eines Elternteils angesprochen, wäre zu erwarten, daß diese auch direkt gefordert würde, da die Elternehrung im gesamten antiken Denken die hervorragendste Stelle unter den zwischenmenschlichen Beziehungen einnimmt. Der Verpflichtungsgrad dieser Bindung ist erheblich höher als der gegenüber den Mitbewohnern oder der weiteren Verwandtschaft.[191] Auch in den Past hat die Elternehrung besondere Dignität (vgl. 2 Tim 3,2), so daß die Pflicht zur Sorge für Eltern keinesfalls unter die Sorge für Hausgenossen oder Verwandte subsumiert werden kann.

Die Gesamtheit der hier vorgetragenen Überlegungen führt zu der Schlußfolgerung, daß vv4.8 an die Adresse von Witwen gerichtet sind, die Kinder oder Enkel[192]

Nachkommen werden dabei regelmäßig als ἔκγονα τῆς κοιλίας bezeichnet (Dt 7,13; 28,4.11; vgl. Jes 49,15). Fluch konkretisiert sich hingegen darin, daß fremde Völker die 'Frucht' des Landes und die Israeliten in der Folge aus Not die eigenen Nachkommen 'verzehren' (Dt 28,51.53). - Deutlich wird, daß die Erwähnung der ἔκγονοι/α in paganen wie jüdischen und christlichen Schriften einen konstitutiven Bezug zur Zukunftsausgerichtetheit bzw. Zukunftshoffnung menschlicher Existenz hat, wenn sich diese auch in den verschiedenen Kulturen unterschiedlich akzentuiert.

[189] Vgl. *Wlosok*, Vater, 25ff; *Lips*, Glaube, 126f: Termini für diese Fürsorgefunktion des Hausoberhauptes sind ἐπιμελεῖσθαι und προνοεῖν.

[190] Vgl. *Thraede*, Frau, 198.

[191] Aufschlußreich sind in diesem Zusammenhang die stoischen Pflichtenlisten. So stehen in der Pflichtenhierarchie, die Musonius aufstellt, zuoberst die Pflichten gegenüber den Göttern, dann folgen Vaterland, Vater, Mutter, Hausgenossen, Verwandte (vgl. *Berger*, Gattungen, 1085) Ähnlich ordnet Hierokles Pflichten gegenüber θεοί, πατρίς, γονεῖς, ἀδελφός, γυνή, τέκνα und συγγενεῖς hintereinander. Cicero zieht in De off. I 17,58 die Linie patria, parentes, liberi, domus, propinqui (diese und weitere Reihen bei *Schroeder*, Haustafeln, Anhang II). Da die Verpflichtung gegenüber den Eltern in der Hierarchie erheblich höher rangiert als die gegenüber den Hausgenossen oder Verwandten, kann sie keinesfalls unter diese subsumiert werden.

[192] Die Parallelisierung von Kindern und Enkeln an dieser Stelle ist alles andere als selbstverständlich. Während die Verpflichtungen zwischen Eltern und Kindern im philosophisch-ethischen Diskurs breiten Raum einnehmen, ist das Verhältnis von Großeltern und Enkeln kein eigener Gegenstand. Ähnliches gilt für das Inschriftenmaterial: So ergibt der Befund bei den Grabinschriften, daß bis zu 99% der Belege die Beziehung eines Ehepaars, sowie die zwischen Eltern und Kindern oder unter Geschwistern spiegeln; Großeltern spielen kaum eine Rolle (vgl. *Dassmann/Schöllgen*, Haus, 805-807). Dieses Untersuchungsergebnis des literarischen wie des inschriftlichen Materials deutet darauf hin, daß die entscheidende soziale Struktur zumindest des städtischen Privatlebens in der römischen Kaiserzeit die Kleinfamilie ist: Zum Haushalt gehören Eltern und Kinder sowie gegebenenfalls Hausklavinnen/-sklaven, in der Regel jedoch nicht die Großeltern; vgl. *Dassmann/Schöllgen*, Haus, 806f; *Rawson*, Family, 14; *Rawson*, Children, 170. Zur Erklärung wäre aber auf 2 Tim 1,5 und 3,14 zu verweisen: Hier wird der Gedanke entwickelt, der rechte Glaube sei durch die Unterweisung von Mutter und Großmutter auf Timotheus gekommen. Hier wird also der Gedanke christlicher Traditionsweitergabe durch häusliche Erziehung über drei Generationen entfaltet (vgl. *Dibelius/Conzelmann*, Past, 89; *Wolter*, Pastoralbriefe, 239). Damit ist wiederum der Gedanke der Orientierung an dem von den Vorfahren Überkommenen verbunden (vgl. *Lips*, Glaube, 120). Dies dürfte auch der Hintergrund der Erwähnung der Enkel in 1 Tim 5,4 sein.

zu versorgen haben. Ihnen wird der Vorrang der Familienpflichten vor einer gemeindeamtlichen Tätigkeit eingeschärft; damit werden sie vom Amt der Gemeindewitwe
ausgeschlossen.

4.3.2 Familienbindung und Gemeindebindung

Οἰκεῖοι bezeichnet hier "die im gleichen Hause lebenden Glieder der Familie",[193] konkret geht es um die in v4 genannten Kinder und Enkel. Der Begriff begegnet sonst im
NT nur in übertragener Bedeutung als οἰκεῖοι τῆς πίστεως (Gal 6,10) und οἰκεῖοι τοῦ
θεοῦ (Eph 2,19). In Gal 6,10 steht der Begriff wie in 1 Tim 5,8 in einem ethisch-ap-
pellativen Kontext. Frappierend sind die strukturellen Parallelen zwischen beiden
Stellen: In beiden Fällen geht es um eine ethische Verpflichtung, einmal zur Fürsorge, einmal zum Tun des Guten im allgemeinen. In beiden Fällen wird zwischen zwei
Graden der Verpflichtung unterschieden, wobei μάλιστα jeweils die besondere Bindung einleitet. Jedoch wird in Gal die besondere ethische Verpflichtung, die normalerweise gegenüber Familienangehörigen besteht, auf die Gemeinde übertragen: Die
ausgezeichnete Position nimmt nicht mehr die Verwandtschafts- sondern die Glau-
bensbindung ein.[194] Dagegen bekräftigt die πίστις in 1 Tim 5,8 gerade die familiären
Verpflichtungen:[195] Diejenige, die ihnen nicht nachkommt, verleugnet damit den
Glauben. Das hier verwandte Verb ἀρνέομαι wird vom Verfasser mehrfach zur Kennzeichnung der Abweichung vom wahren Christentum gebraucht (2 Tim 2,12f; Tit
1,16), bezeichnet einmal jedoch auch die umgekehrte Bewegung des Abwendens von
Gottlosigkeit und Laster (Tit 2,12). Ἀρνέομαι gibt damit der pastoralen Konzeption
Ausdruck, die die Orthodoxie an die Orthopraxie bindet. Entsprechend heißt es in Tit
1,16 von den Vertreterinnen und Vertretern der Irrlehre: θεὸν ὁμολογοῦσιν εἰδέναι, τοῖς
δὲ ἔργοις ἀρνοῦνται.

Indem 1 Tim 5,8 die Vernachlässigung der Familienpflichten als Abfall vom
Glauben deutet, wird noch einmal deutlich, daß die Konzeption der Gemeinde als οἶκος θεοῦ nicht so zu verstehen ist, daß die ἐκκλησία an die Stelle des οἶκος tritt. Vielmehr werden innerhalb der christlichen Gemeinschaft die gesellschaftlich vorgegebenen Verpflichtungen der οἰκονομία bestätigt und mit einer theologischen Sanktionie-
rung versehen.

---

[193] Vgl. *Roloff*, 1 Tim, 292. Ursprünglich bezeichnet οἰκεῖος den "zu den Hausgenossen Gehöri-
gen", οἰκεῖοι können somit Haussklaven/-sklavinnen (vgl. *Michel*, οἶκος, 136) als auch die angeheira-
teten Verwandten (vgl. *Strobel*, Begriff, 94) sein. Aus der sekundären Bedeutung "zum Haus gehörig"
entwickeln sich die Bedeutungen verwandt, vertraut, befreundet, privat, persönlich. Substantiviert steht
der Plural dann allgemein für Verwandte. In der LXX bezeichnet der Begriff regelmäßig die nächsten
Blutsverwandten (Lev 18,6.12f; Jes 58,7).

[194] Vgl. *Michel*, οἶκος, 137.

[195] Zu fragen wäre, ob diese Stelle eine bewußte Anspielung (und Korrektur) von Gal 6,10 sein
könnte. Die Parallele dürfte sich aber einfacher so erklären, daß der Verfasser der Past hier den profanen ethischen Grundsatz wiedergibt (und verchristlicht), der Paulus als Folie für seine übertragene Bedeutung dient. Bemerkenswert ist immerhin, daß der Autor die - wie Eph zeigt - im Paulinismus aufgenommene übertragene Verwendung nicht übernimmt, obwohl er doch den Begriff des οἶκος so pointiert
für die Ekklesiologie einsetzt; dazu s.u. S. 232.241.

4.4 Der Tod im Luxusleben (1 Tim 5,6)

Das negative Gegenbild zur ὄντως χήρα wird hier mit dem Partizip Präsens von σπαταλᾶν umschrieben; die Kommentatoren übersetzen mit "ein 'ausschweifendes'[196] bzw. 'üppiges'[197] Leben führen"; englischsprachige Exegeten sprechen von "wanton life"[198] oder "worldly widows"[199]. *Spicq* gibt σπαταλάω mit "vivre dans les délices, sensuellement" wieder.[200] Einig ist sich die Forschung darin, daß hier eine "Existenzverfehlung" angeprangert werde.[201] Da im Text nicht näher ausgeführt wird, wie die Lebenseinstellung einer σπαταλῶσα im einzelnen gekennzeichnet ist, ist in der Forschung die Art der hier angesprochenen Verfehlung verschieden interpretiert worden:[202] Teilweise wird σπαταλᾶν auf sexuelle Betätigung gedeutet;[203] teilweise wird eher ein materieller Bezug angenommen.[204] Eine detailliertere begriffsgeschichtliche Analyse, die mehr Klarheit bringen könnte, fehlt bisher, so daß hier die Belegstellen für σπαταλᾶν in ihrer Gesamtheit untersucht werden sollen.

4.4.1 Begriffsgeschichtliche Analyse von σπαταλᾶν

Das Verb σπαταλάω ist vor dem zweiten Jahrhundert v.Chr. nicht nachgewiesen. Von den insgesamt elf Belegen bis zum 2. Jahrhundert n.Chr. stehen sieben in jüdisch-christlichem Kontext, hinzu kommen zwei Stellen bei Kirchenvätern des 4./5. Jahrhunderts;[205] in der Forschung wurde der Begriff teilweise überhaupt für eine christliche Prägung gehalten,[206] was aber durch die Verwendung bei Polybios widerlegt ist.

In Buch 36,17,7 seiner römischen Geschichte diskutiert Polybios die Ursachen des Bevölkerungsrückgangs in seiner Zeit. Er klagt, aufgrund von ἀλαζονεία, φιλοχρη-

---

[196] *Dibelius/Conzelmann*, Past, 58.

[197] *Roloff*, 1 Tim, 282.

[198] *Towner*, Instruction, 187.

[199] *Verner*, Household, 162.

[200] *Spicq*, Past, 168. Er sieht hier "veuves qui vivent dans la frivolité et la mollesse … il s'agit de ces femmes qui prennent leur parti de leur veuvage et se consolent en prenant de la vie tout ce qu'elle peut leur offrir de bon." (Ebd.)

[201] *Müller-Bardoff* (Exegese, 124 Anm. 35) formuliert: "Nüchtern zeigt er V. 6 die unheimliche Möglichkeit einer Existenzverfehlung auch für Greisinnen."

[202] Einige interpretieren das σπαταλῶσα jedoch nicht weiter, so *Dibelius/Conzelmann*, Past, 58; *Verner*, Household, 162.

[203] So etwa *Stählin*, χήρα, 443, der von "Hingabe an die sinnliche Begier" spricht; vgl. auch *Thurston*, Widows, 46. Am weitesten geht in dieser Interpretation *Easton*, Past, 152, der die Hypothese aufgestellt hat, das Negativbild meine junge Witwen, die als Prostituierte arbeiten.

[204] Den materiellen Aspekt betonen - wenn auch in sehr unterschiedlicher Akzentuierung - sowohl *Roloff* als auch *Schüssler Fiorenza*. *Roloff* (1 Tim, 291) sieht in 5,6 eine Mahnung vor der Versuchung, den Witwenstand aus materiellen Gründen anzustreben: "Wer hier nur die Möglichkeit der sicheren Versorgung sucht, ohne die Bereitschaft zu der in V5 geschilderten Lebensform aufzubringen, der (sic!) zielt ab auf eine schmarotzerische Existenz." Dagegen sieht *Schüssler Fiorenza* (Gedächtnis, 377) den Verfasser der Pastoralbriefe hier gerade auf eigene materielle Mittel der Witwen anspielen; er "attackiert … jene Witwen, die wohlhabend sind und sich ein bequemes Leben leisten können."

[205] Der eine Beleg findet sich bei Chrysostomos, Hom 13,4 in 1 Tim (MPG 11.624D), der andere bei Cyrillus, Os 163 (MPG 3.193B).

[206] Auf diese Position verweist kritisch *Städele*, Briefe, 298.

μοσύνη und ῥαθυμία wollten die Menschen nicht mehr heiraten, bzw. wenn sie verheiratet seien, die geborenen Kinder nicht aufziehen. Höchstens behielten sie eins oder zwei von ihnen, χάριν τοῦ πλουσίους τούτους καταλιπεῖν καὶ σπαταλῶντας θρέψαι. *Paton* übersetzt "so as to leave these in affluence and bring them up to waste their substance".[207] Der Gedanke des Wohlstandes und der materiellen Sorglosigkeit hat hier den Beiklang des Ausweichens vor Mühe und Arbeit, des Verprassens von anderen geschaffener Werte. Eine ähnliche Konnotation hat der ebenfalls auf Kinder bezogene Beleg von σπαταλῶν im neupythagoreischen Brief der 'Theano' an 'Eubule', der wahrscheinlich ins 1./2. Jahrhundert nach Christus zu datieren ist.[208] Hier geht es um Ratschläge zur Kindererziehung, wobei die Warnung vor Verwöhnung der Kinder/ Söhne zentral ist. Die Mutter soll sie nicht mit Annehmlichkeiten bedenken, sondern sie früh an Mühen gewöhnen und Unannehmlichkeiten aussetzen, denn τὰ σπαταλῶντα τῶν παιδίων, ὅταν ἀκμάσῃ πρὸς ἄνδρας, ἀνδράποδα γίνεται (4,32f).[209] Gemeint ist eine Verwöhnung und Verweichlichung (θρύπτειν, 3,25) der Söhne, die als spezifisch für wohlhabende Familien angesehen wird (2,21-23). Sie bezieht sich auf die verschiedensten Bereiche: Auf hohe Ansprüche an Essen und Trinken, Empfindlichkeit in bezug auf Hitze und Kälte, Unbeherrschtheit im Zorn sowie Unfähigkeit, Kritik und Tadel anzunehmen. Die Verweichlichung hat also eine physische und eine psychische Komponente; die Charakterisierung der Söhne als σπαταλῶντα bezieht sich zunächst auf gehobene Genußbedürfnisse, daneben aber auch auf mangelnde psychische Belastbarkeit und das Ausweichen vor unangenehmen Anforderungen.

Im 28. Brief des 'Diogenes'[210] ist σπαταλῶν auf physische Genüsse, nämlich übermäßiges Essen und Trinken, bezogen, wie die Erwähnung der Ärzte in diesem Zusammenhang zeigt. Im weiteren Kontext ist allerdings auch von sexuellen "Ausschweifungen" die Rede,[211] so daß hier ein sexueller Aspekt bei σπαταλᾶν eventuell mitschwingen kann.

Die vierte pagane Belegstelle ist eine nicht datierbare Grabinschrift aus Rom (IG XIV 2002,6), in der angesichts der Sterblichkeit des Menschen zum Lebensgenuß aufgefordert wird: ὡς οὖν καιρὸν ἔχεις, λοῦσαι, μύρισαι, σπατάλησον καὶ χάρισαι, δαπάνησον ἅπερ δύνασαι· τίνι τηρεῖς;[212] Die Imperative σπατάλησον καὶ χάρισαι bilden hier ein Hendiadyoin, inhaltlich bezeichnen sie die Ablehnung des moralischen Postulats der Mä-

---

[207] In der LCL-Ausgabe, Vol.VI, 385. Daß das σπαταλῶντας θρέψαι hier pejorativen Gehalt hat, geht im Zusammenhang aus den vorangestellten Lasterbegriffen hervor. Es ist polemisches Stilmittel des Polybios, daß er seine Bewertung des Verhaltens den beschriebenen Eltern als Zielsetzung unterstellt. Diese Bedeutungsdimension wird in der Übersetzung von *Drexler* "damit sie im Luxus aufwachsen und ungeteilt den Reichtum ihrer Eltern erben (Polybios II,1302)" nicht erfaßt.

[208] Vgl. *Städele*, Briefe, 290ff. Textedition 166/168.

[209] *Städele*, Briefe, 168 (Numeruswechsel in der Quelle).

[210] Ediert und übersetzt in *Malherbe*, Cynic Epistles, 120-125. Die Datierung ist unsicher; zwischen 1. und 4. Jahrhundert n. Chr.

[211] 'Diogenes' wirft den "sogenannten Griechen" Ausschweifungen im Rahmen des Hermeskults und während der Panathenäischen Spiele vor: ἔν τε τοῖς γυμνασίοις ... καὶ ἐν μέσῃ τῇ ἀγορᾷ ἐσθίετε καὶ πίνετε, μεθύετε, περαίνετε, γυναικοπαθεῖτε (122, 1, 10-13).

[212] Etwas freier übersetzt: Da Dir eine Zeit gesetzt ist, bade Dich und salbe Dich, verwöhne Dich und befriedige Deine körperlichen Bedürfnisse, gönne Dir etwas von Deinem Vermögen, wo Du kannst - für wen willst Du es bewahren?

ßigung. Konkret dürfte dabei neben der vorher erwähnten Körperpflege an Essen und Trinken gedacht sein.

Von den Belegen für σπαταλᾶν in jüdisch-christlichem Schrifttum finden sich zwei in der LXX, zwei im NT sowie drei in der Patristik. In Sir 21,15 erscheint das Partizip ὁ σπαταλῶν in der substantivierten Form mit Artikel. Hier werden der Weise und der Tor als zwei Grundtypen des Menschen/Mannes[213] gegenübergestellt; in 21,15 ist ὁ σπαταλῶν das Gegenbild zu ὁ ἐπιστήμων. Er ist dadurch gekennzeichnet, daß er keinen Sinn für Weisheit hat und der Wahrheit ausweicht (vgl. auch Sir 27,13). Diese Stelle fällt insofern aus dem sonstigen begriffsgeschichtlichen Befund heraus, als dieser Beleg als einziger keinen materiellen Bezug zu haben scheint. Es ist weniger die Konnotation von Luxus als die von Leichtfertigkeit und Unernsthaftigkeit gegeben. Allerdings hat *Theißen* auf "den Oberschichtcharakter der Weisheit"[214] des Jesus Sirach hingewiesen, so daß wahrscheinlich auch in der Zeichnung des Weisen und des Toren ein gehobener sozialer Hintergrund vermutet werden darf. Letztlich ist Sicherheit für den Bedeutungsumfang von ὁ σπαταλῶν an dieser Stelle aber nicht zu gewinnen, da die Verwendung des Begriffes für den Typos des Toren hier singulär ist und der Kontext kaum Aufschluß geben kann, da es sich um eine Sammlung von Einzelsprüchen handelt.

Zwei Belege des Verbs zeigen enge formale und inhaltliche Parallelen, nämlich Ez 16,49 und Jak 5,5: An beiden Stellen erscheint σπαταλᾶν in finiter Form im Aorist; inhaltlich steht das Verb im prophetisch-eschatologischen Kontext einer Gerichtsankündigung: Angeprangert wird jeweils ein Leben im Überfluß, das Ungerechtigkeit und Unterdrückung der Armen einschließt. In Ez 16,46ff werden im Rahmen der Gerichtsdrohung an Israel die Sünden der als Frauen personifizierten Völker bzw. Städte beschrieben. Die Sünde Sodoms wird in der LXX-Übersetzung als ὑπερηφανία bestimmt und erläutert: ἐν πλησμονῇ ἄρτων καὶ ἐν εὐθηνίᾳ οἴνου ἐσπατάλων αὐτὴ καὶ αἱ θυγατέρες αὐτῆς τοῦτο · ὑπῆρχεν αὐτῇ καὶ ταῖς θυγατράσιν αὐτῆς, καὶ χεῖρα πτωχοῦ καὶ πένητος οὐκ ἀντελαμβάνοντο (16,49). Ebenso liegt in Jak 5,1-6 eine Gerichtsdrohung gegen die Reichen vor:[215] ἰδοὺ ὁ μισθὸς τῶν ἐργατῶν τῶν ἀμησάντων τὰς χώρας ὑμῶν ὁ ἀπεστερημένος ἀφ᾽ ὑμῶν κράζει, καὶ αἱ βοαὶ τῶν θερισάντων εἰς τὰ ὦτα κυρίου σαβαὼθ εἰσελήλυθασιν. ἐτρυφήσατε ἐπὶ τῆς γῆς καὶ ἐσπαταλήσατε, ἐθρέψατε τὰς καρδίας ὑμῶν ἐν ἡμέρα σφαγῆς (5,4f).[216] In diesen beiden Texten gehört die Anklage des σπαταλᾶν also in den Zusammenhang Armut - Reichtum, der sich im Essen und Trinken exemplarisch versinnbildlicht. Der prophetische Vorwurf wegen des Schmausens und Schwelgens wird sozial, mit der Not der Armen, begründet.[217]

---

[213] Der Text beansprucht, für Menschen allgemein zu reden. Die inhaltliche Ausgestaltung macht deutlich, daß faktisch männliche Personen im Blick sind.

[214] *Theißen*, Weisheit, 197f.

[215] Vgl. zur Stelle die Kommentare von *Burdick*, 200; *Cantinat*, 227; *Dibelius/Greeven*, 285f; *Hoppe*, 104f; *Reicke*, 50; *Ropes*, 290; *Ruckstuhl*, 28; *Windisch*, 29.

[216] Τρυφᾶν und σπαταλᾶν sind Synonyme (vgl. *Burdick*, James, 200), allerdings ist τρυφᾶν in der Literatur erheblich geläufiger (vgl. *Ropes*, James, 290). Ihre Verbindung als Hendiadyoin findet sich außer Jak 5,5 auch in Herm sim VI, 1,6.

[217] Den prophetischen Charakter von Jak 5, 1-6 betonen *Dibelius/Greeven*, Jak, 286 im Gegensatz zur sonst weisheitlichen Prägung des Briefes.

Bei den Apostolischen Vätern findet sich σπαταλᾶν zweimal in einer allegorisch geprägten Anwendung auf Tiere. In Barn 10,3 wird innerhalb einer allegorischen Deutung der alttestamentlichen Speisegebote das Verbot des Verzehrs von Schweinefleisch so interpretiert, Mose habe damit sagen wollen, man solle sich nicht solchen Menschen anschließen, die Schweinen gleichen. Das Charakteristikum des Schweins, das als Vergleichspunkt dienen soll, wird dann ausgeführt: τουτέστιν ὅταν σπαταλῶσιν, ἐπιλανθάνονται τοῦ κυρίου, ὅταν δε ὑστεροῦνται, ἐπιγινώσκουσιν τὸν κύριον. Auf der Bildebene bezieht sich σπαταλᾶν eindeutig auf die Fülle an Nahrung und scheint nicht pejorativ gebraucht zu sein.[218] Das tertium comparationis im Vergleich von Menschen mit Schweinen ist hier nicht das Leben im Überfluß an sich, sondern das jeweilige Verhältnis zum Herrn. Auf der Sachebene beruht also ebenfalls die negative Wertung nicht auf dem σπαταλᾶν sondern auf dem ἐπιλανθάνεσθαι τὸν κύριον.

In Similitudo VI des Hirten des Hermas wird σπαταλᾶν auf Schafe angewandt. Im Rahmen des Gesamtthemas des Hermas, der Möglichkeit der Buße für Getaufte, enthält sim VI "eine Vision von dem Zustand der Christenheit".[219] Hermas sieht einen Hirten, der eine große Schafherde auf saftiger Wiese weidet. Das Bild ist zunächst sehr positiv gezeichnet; der Hirte ist fröhlich καὶ τὰ πρόβατα ταῦτα ὡσεὶ τρυφῶντα ἦν καὶ λίαν σπαταλῶντα (sim VI,1,6).[220] Dem kontrastiert jedoch die negative Deutung des Hirten als ἄγγελος τρυφῆς καὶ ἀπάτης, der die Christinnen und Christen ταῖς ἐπιθυμίαις ταῖς πονηραῖς betrügt und ins Verderben führt (sim VI, 2,1f).[221] In dieser Deutung wird nun aus dem vorher beschriebenen Bild nur das τρυφᾶν, nicht das σπαταλᾶν wieder aufgenommen; stattdessen wird τρυφή mit ἀπάτη kombiniert.[222] Obwohl durch

---

[218] *Windisch*, Barn, 358, übersetzt wertneutral "solange sie Überfluß haben".

[219] *Dibelius*, Herm, 577.

[220] In unserem Zusammenhang irrelevant ist, daß Hermas zwischen zwei Gruppen von Schafen unterscheidet, da das τρυφᾶν und σπαταλᾶν von beiden ausgesagt wird. Die Differenzierung zwischen umherlaufenden und an einer Stelle bleibenden Schafen wird auf zwei Gruppen von Menschen gedeutet: Solche, die zusätzlich zu ihrer Schwelgerei Gott gelästert haben, und solche, die dies nicht getan haben (VI,2,3f). Auf erstere wartet der Tod; für letztere wird die Möglichkeit der Buße eingeräumt.

[221] *Dibelius*, Herm, 578f, erklärt die Spannung durch Übernahme von Traditionsgut: "An der Schilderung des Hirten und seiner Schafe 5 6 fällt der Mangel jeder ungünstigen Charakteristik auf ... Man hat den Eindruck, daß hier eine fremde Schilderung übernommen ist, die entweder gar keine moralische Bedeutung hatte, oder bei der die trotz ihres lockenden Aeußeren verwerfliche Gestalt sich erst allmählich enthüllt". Letzterer Gedanke könnte allerdings auch auf die Aussageintention des Hermas bezogen werden, wodurch sich die Annahme fremden Traditionsgutes erübrigte: Im Rahmen seiner reichtumskritischen Grundposition hätte Hermas dann die Spannung zwischen der positiven Schilderung und der negativen moralischen Wertung bewußt gestaltet, da ihr eine Spannung in der Sache zugrundeliegt, nämlich diejenige zwischen einer allgemeinen positiven Sicht von Reichtum in seinem Umfeld und seiner eigenen negativen Einschätzung. Er hätte damit - modern gesprochen - seine Leserinnen und Leser bei ihrem Vorverständnis abgeholt und dieses korrigiert. In diesem Zusammenhang sei verwiesen auf die Beobachtung von *Leutzsch*, Wahrnehmung, 13f.169ff, daß die Korrektur von Aussagen und Wertungen ein für Herm typisches Phänomen darstelle. Zur Problematik des Reichtums im Hirten des Hermas vgl. ebenfalls *Leutzsch*, Wahrnehmung, insbes. 113-137.

[222] Im Gegensatz zum Hendiadyoin von τρυφᾶν und σπαταλᾶν, das auch Jak 5,5 vorkommt, scheint die Kombination von τρυφή und ἀπάτη ungewöhnlich. *Dibelius* (Herm, 579) weist darauf hin, daß es sich bei dieser Zusammenstellung um die Verbindung von "zwei keineswegs parallelen Abstrakten" handelt; "offenbar ist ἀπάτη hinzugefügt, um die eigentlich christliche Bewertung besser zur Geltung zu bringen".

die Deutung das vorherige positive Bild also korrigiert wird, ist der Begriff σπαταλᾶν in diesen Umkehrprozeß nicht einbezogen. Das Verb ist in Herm wie schon in Barn kein moralisch gefüllter Begriff.

Der letzte hier zu untersuchende Beleg für das Partizip σπαταλῶσα findet sich im dritten Buch der Stromateis des Clemens von Alexandrien, das über die ἐγκράτεια handelt (3,59,1). In 58,1 benennt er - einleitend für den folgenden Abschnitt - die Bereiche, in denen "Enthaltsamkeit" zu üben ist: περί τε γάμου περί τε τροφῆς καὶ τῶν ἄλλων. Diese Themen werden dann im folgenden ausgeführt: Clemens behandelt zunächst in 58,2 die eheliche Enthaltsamkeit, betont dann aber noch einmal in 59,1: ἀλλὰ γὰρ οὐ μόνον περί τι ἓν εἶδος τὴν ἐγκράτειαν συνορᾶν προσήκει, τουτέστι τὰ ἀφροδίσια, ἀλλὰ γὰρ καὶ περὶ τὰ ἄλλα ὅσα σπαταλῶσα ἐπιθυμεῖ ἡ ψυχὴ ἡμῶν, οὐκ ἀρκουμένη τοῖς ἀναγκαίοις, περιεργαζομένη δὲ τὴν χλιδήν.[223] Unser Partizip bezeichnet also hier ein bestimmtes Merkmal der Seele, nämlich, mehr haben und genießen zu wollen als das zum Leben Notwendige; entsprechendes Verhalten hat Clemens vorher als κατ' ἐπιθυμίαν ποιεῖν gekennzeichnet (58,1). In 59,2 zählt er auf, welche möglichen Gegenstände der Begierde also der Forderung nach ἐγκράτεια zu unterstellen sind: materielle Güter wie Geld, Luxus, Besitz, des weiteren optische Reize und kulinarische Genüsse und sogar Rede und Denken. Im Gegensatz zum Gebrauch in Barn und Herm ist also bei Clemens σπαταλῶν ein Moralbegriff: Er bezeichnet als Laster das Gegenteil von ἐγκράτεια vorzugsweise im materiellen, dann aber auch im geistigen Bereich.

Zusammenfassend kann folgendes Ergebnis zum Bedeutungsgehalt und Gebrauch von σπαταλᾶν festgehalten werden: Inhaltlich zeigt das Verb durchgängig - eventuell mit der Ausnahme von Sir 21,15 - die Konnotation des Genießens materieller Güter. Insbesondere evoziert das Verb Bilder von Fülle und Überfluß bei Essen und Trinken (Ez 16,49; Jak 5,5; Barn 10,3; Herm sim VI 1,6; VI 2,6; auch Diog, Ep 28). Hier

---

[223] *Stählin* übersetzt: "Aber freilich darf man die Enthaltsamkeit nicht nur auf einem einzigen Gebiet beobachten, nämlich auf dem Gebiet des Liebesgenusses, sondern auch hinsichtlich alles dessen, wonach unsere Seele mit ihrer Freude an schwelgerischem Genuß begehrt, weil sie sich nicht mit dem Nötigsten begnügen will, sondern nach Üppigkeit verlangt." (292) Nach dieser Übersetzung bezieht sich das σπαταλῶσα-Sein der Seele nur auf das Folgende, nicht auf die vorher verhandelte sexuelle Begierde. Allerdings übergeht *Stählins* Wiedergabe das τὰ ἄλλα. Zu fragen wäre, wie der Relativsatz auf τὰ ἄλλα (zu ergänzen: εἴδη) zu beziehen ist: Man könnte übersetzen "hinsichtlich der vielen übrigen Objekte, wonach unsere Seele (außerdem) mit ihrer Freude an schwelgerischem Genuß begehrt." Dann würde das σπαταλῶσα-Sein der Seele sich auch auf die sexuelle Begierde beziehen. Naheliegender ist es aber, den Relativsatz als Erläuterung von τὰ ἄλλα auffassen. Dann wäre zu übersetzen "hinsichtlich der vielen übrigen Objekte, nämlich derer, wonach unsere Seele mit ihrer Freude am schwelgerischen Genuß begehrt". Letztere Interpretation, die auch der Tendenz der Übersetzung *Stählins* entspricht, erfaßt auch den inneren Zusammenhang zwischen ὅσα und σπαταλῶσα: Gerade die Mannigfaltigkeit der Gegenstände der Begierde ist Ausdruck des σπαταλᾶν. Man wird diesen Befund nicht dahingehend pressen dürfen, daß σπαταλῶσα sich definitiv *nicht* auf Sexuelles bezieht; als Erläuterungsbegriff zu seinem zentralen und umfassenden Begriff der ἐπιθυμία gebraucht Clemens es aber eben im Kontext der übrigen Begierden und nicht der sexuellen Lust. Daß er dabei insbesondere kulinarischen Genuß im Auge hat, zeigt die eigene Erwähnung der τροφή in 58,1. Dies entspricht unserem Befund zum sonstigen Gebrauch von σπαταλᾶν, der immer wieder den Bezug zum Essen und Trinken aufwies.

scheint die Grundbedeutung zu liegen;[224] sie steht der Ausweitung leicht offen, da Nahrungsmittelluxus paradigmatisch für Reichtum überhaupt stehen kann. In einigen späteren Texten beinhaltet das Verb auch die psychischen Konsequenzen von Luxus (Theano: Verweichlichung) bzw. wird auf sinnliche Bedürfnisbefriedigung überhaupt ausgeweitet, wobei der Bezug zur Grundbedeutung jedoch erhalten bleibt (Clemens). Das Verb ist nicht auf Sexualität bezogen; nur vereinzelt kann im Kontext eine sexuelle Konnotation mitschwingen[225]. Von diesem Befund her ist eine pointierte sexualitätsbezogene Interpretation von 1 Tim 5,6 nicht zu halten.

Das Verb kann in einem vor-moralischen Sinne einfach zur Beschreibung von Fülle und Überfluß verwandt werden (Barn 10,3; Herm Sim VI, 1,6.2,6). Wo es aber über die bloße Schilderung hinausgeht und moralische Valenz gewinnt, lassen sich zwei unterschiedliche Traditionen mit verschieden akzentuierten Argumentationen feststellen, denen sprachliche Charakteristika entsprechen: Im prophetisch-eschatologischem Kontext von Ez 16,49 und Jak 5,5 formuliert die 2. Person Plural des Aorists die Anklage des rücksichtslosen Schwelgens. Der Vorwurf des σπαταλᾶν erklärt sich im Zusammenhang des Verhältnisses von Armut - Reichtum: Die moralische Wertung des σπαταλᾶν ist sozialkritisch motiviert, die Konsequenzen für die anderen, die Armen, bilden das Kriterium der Verurteilung. Dagegen setzt das Partizip, das in moralphilosophisch-weisheitlichem Kontext in nominaler Verwendung begegnet, einen individualethischen Akzent: σπαταλῶν/σπαταλῶσα zu sein hat hier die Qualität eines Lasters, dessen individuelle Konsequenzen aufgezeigt werden (Diog, ep 28, Theano[226]). In diesem Zusammenhang ist die Argumentation häufig antithetisch strukturiert: Es werden Paradigmata guten und schlechten Verhaltens (besonders deutlich in Sir 21,15; Diog, ep 28, Theano) oder abstrakt Laster und Tugend (Clemens Alexandrinus) einander entgegenstellt. Dabei nimmt Sir 21,15 insofern eine Sonderstellung ein, als hier das Partizip in substantivierter Form erscheint. Diesem formalen Merkmal entspricht inhaltlich der typologische Gebrauch: ὁ σπαταλῶν wird als menschlicher Grundtypus vorgestellt.

Das Partizip σπαταλῶσα in 1 Tim 5,6 ist nun eindeutig in diesem moralphilosophischen Kontext zu situieren: Seine individualethische Orientierung erhellt daraus,

---

[224] Dem entspricht, daß laut Belegen bei *Liddell/Scott*, 1624f das Substantiv ἡ σπατάλη neben der allgeinen Bedeutung von Luxus und Schwelgerei speziell auch Festschmaus ("dainty feast") bedeuten kann; ebenso kann σπατάλημα für Delikatessen ("delicacies eaten") verwendet werden.

[225] Die Tatsache, daß in patriarchalem Kontext die sexuelle Färbung von Tugend- und Lasterbegriffen bei der Anwendung auf Frauen häufig stärker in den Vordergrund tritt als bei Männern (s.o. S. 78-82 die Untersuchungen zu αἰδώς und σωφροσύνη)- könnte nahelegen, daß an unserer Stelle ebenfalls der sexuelle Aspekt gravierender ist als in den Parallelen, die alle auf Männer bezogen sind. Andererseits spricht gerade die Tatsache, daß σπαταλᾶν für Frauen sonst nicht belegt ist, gegen die Annahme einer speziellen Tradition des Frauenlasters. In den ins 5. Jahrhundert zu datierenden Apostolischen Konstitutionen findet sich sogar einmal das Substantiv τὸ σπατάλιον in einer Schmuckpolemik für Männer. Dort heißt es: οὐκ ἔξεστιν ... τρέφειν τὰς τρίχας ... καὶ ποιεῖν σισόην, ὅ ἐστιν σπατάλιον (Const Ap I 3,10).

[226] Interessant ist, daß auch 'Theano' das σπαταλᾶν in eine Beziehung zum Komplex Armut-Reichtum bringt, jedoch eben nicht in sozialkritischer, sondern in individualethischer Ausrichtung: Die Lebensumstände der Kinder von Armen werden gerade als Vorbild angeführt, um die positiven Auswirkungen einer strengen Erziehung zu belegen.

daß der Satz ἡ δὲ σπαταλῶσα ζῶσα τέθνηκεν die Konsequenzen des "Schwelgens" auf die Witwe selbst bezieht. Ebenso wird antithetisch argumentiert, wenn ὄντως χήρα und σπαταλῶσα als Typen einander entgegengestellt werden. Aus diesem Grund kann 1 Tim 5,6 nicht unter Rekurs auf Jak 5,5 interpretiert werden, dessen sozialkritische Motivation hier nicht vorhanden ist. Die meisten Kommentatoren verweisen jedoch an dieser Stelle auf die Parallele zu Jak 5,5. Insbesondere ist *Roloff* zu widersprechen, der sich in seiner Interpretation, 1 Tim 5,6 warne Witwen vor dem Anstreben einer "schmarotzerischen Existenz", darauf bezieht, daß σπαταλᾶν in Jak 5,5 den "spezifischen Beiklang des Lebens auf Kosten anderer" habe.[227]

Strukturell hat das σπαταλῶσα in 1 Tim 5,6 seine nächste Parallele in Sir 21,15, dem einzigen Beleg, in dem der ansonsten durchgängige materielle Bezug nicht eindeutig ist. Aufgrund der oben aufgezeigten nicht zu gewinnenden Sicherheit in bezug auf die Bedeutung der Stelle erscheint es trotz der formalen Parallele geraten, für die Deutung des σπαταλῶσα in 1 Tim 5,6 auf das Zeugnis der sonstigen moralphilosophischen Belege zurückzugreifen, die einmütig den materiellen Bezug aufweisen.

Gemeinsam ist den verschiedenen moraltheoretischen Traditionen, daß σπαταλᾶν immer wieder explizit als ein Phänomen von Reichen behandelt wird. Insofern ist hier nach v4 ein zweiter Hinweis darauf gegeben, daß die vom Verfasser der Pastoralbriefe kritisierten Witwen wohlhabend sind. Die Kennzeichnung als σπαταλῶσα in Antithese zur betenden und auf Gott hoffenden ὄντως χήρα könnte ihre Spitze darin haben, daß diese Frau, statt ihr Ergehen in Gottes Hände zu legen, es mit Hilfe ihres Reichtums selbst in die Hand nimmt. Um hier Klarheit zu gewinnen, muß die Bedeutung ihrer Beurteilung als eine, die "lebendig tot ist", näher untersucht werden.

4.4.2 Die Paradoxie des "lebendig Totseins"

Wenn von der σπαταλῶσα ausgesagt wird ζῶσα τέθνηκεν, so wird sie damit als Gegenbild der gottvertrauenden Witwe von 5,5 dargestellt. Wie oben schon erwähnt, wird im weisheitlichen Schrifttum Vertrauen auf Gott mit Leben, Abwendung von ihm mit Tod gleichgesetzt.[228] Die Metaphorik von Leben und Tod spielt - neben der von Licht und Finsternis -im hellenistischen Judentum eine entscheidende Rolle im Zusammenhang der Bekehrungsterminologie:[229] Gott wird als der bezeichnet, der lebendig macht durch Erneuerung bzw. Neuschaffung des Geistes.[230] So wird in JosAs die Konversion Aseneths als Übergang zum Leben gedeutet.[231] Der paradoxe Satz in 1 Tim 5,6 hat eine enge Parallele bei Philo, der formulieren kann, die Gott verehren, lebten allezeit, die Gottlosen seien tot (SpecLeg I 345).[232] Eine solche Paradoxie baut auf einen doppelten Lebensbegriff auf, der das wahre "geistliche" Leben dem als schein-

---

227 *Roloff*, 1 Tim, 291 insbes. Anm. 341.

228 S.o. S. 133.

229 Vgl. *Berger*, Missionsliteratur, bes. 245ff.

230 Vgl. Philo, Migr Abr 122f.

231 JosAs 8,9; 15,6; vgl. auch die Bezeichnung ihrer früheren heidnischen Gottheiten als "Götzen, tot und stumm".

232 *Dibelius/Conzelmann*, Past, 48, verweisen auch auf die Parallele Philo, fug 55: ζῶντες ἔνιοι τεθνήκασι καὶ τεθνηκότες ζῶσιν.

bar apostrophierten biologischen oder "sinnlichen" Leben gegenüberstellt. Dahinter steht die in der Weisheit sichtbar werdende Verarbeitung des Todes der Frommen und des anscheinend fröhlichen Lebens der Gottlosen.[233]

Die Terminologie von Leben und Tod hat zwei Bedeutungsaspekte: Auf der religiösen Ebene markiert der Übergang vom Tod zum Leben die Bekehrung von der Götzenverehrung zur Anbetung des wahren Gottes. Damit verbunden ist eine ethische Dimension; es geht zugleich um eine Umkehr im Wandel, um den Übergang zum Leben der Gerechten. Zu dieser Tradition gehört die Bitte der/des Bekehrten um Sündenvergebung, die charakteristischerweise mit der vormaligen Unwissenheit begründet wird.[234] Ethisch "spielt in der gesamten vergleichbaren Literatur die Regel, Böses nicht mit Bösem zu vergelten, eine zentrale Rolle."[235]

Berger hat aufgrund der hier aufgezeigten sowie weiterer typischer Motive einen breiten traditionsgeschichtlichen Zusammenhang zwischen jüdisch-hellenistischer Missionsliteratur und frühchristlichen Schriften, insbesondere den apokryphen Apostelakten, begründet.[236] Die Pastoralbriefe zeigen Anlehnungen an diese Tradition: Hinzuweisen ist auf die Darstellung des Paulus als "bekehrten Sünders", die mit dem Motiv der Sünde aus Unwissenheit arbeitet (1 Tim 1,13b). In der Theologie ist die Prävalenz der Gotteslehre gegenüber der Christologie sowie "lebendig/lebendigmachend" als Gottesprädikate (1 Tim 4,10; 6,13.16) zu beachten.

Die an unserer Stelle in der paradoxen Formulierung ζῶσα τέθνηκεν implizierte Unterscheidung von scheinbarem und wahrem Leben wird an einer anderen Stelle innerhalb des 1 Tim explizit ausgesprochen, nämlich in der Reichenparänese 6,17-19: Die Reichen werden ermahnt, μὴ ὑψηλοφρονεῖν μηδὲ ἠλπικέναι ἐπὶ πλούτου ἀδηλότητι ἀλλ' ἐπὶ θεῷ. Sie sollen ihren Reichtum als von Gott geschenkt begreifen und ihn deshalb zu guten Werken einsetzen, d.h. anderen damit helfen. Für solche Freigebigkeit winkt ein himmlischer Lohn: ἀποθησαυρίζοντας ἑαυτοῖς θεμέλιον καλὸν εἰς τὸ μέλλον, ἵνα ἐπιλάβωνται τῆς ὄντως ζωῆς. Den Reichen wird also eingeschärft, daß Gottvertrauen und das entsprechende moralische Handeln zu wahrem Leben führen. Die inhaltliche Analogie zu unserer Stelle ist deutlich: 1 Tim 5,6 liest sich wie die negative Version

---

[233] Vgl. die Verarbeitung des Todes der Frommen in Prov 3.

[234] Vgl. *Berger*, Missionsliteratur, 240f.

[235] *Berger*, Missionsliteratur, 239. Dieser Grundsatz, den auch Paulus Röm 12,16-21 entfaltet, ist zentrales Thema des zweiten Teils von JosAs; weitere Belege bei *Berger*.

[236] Schon *Bousset* und *Dibelius* hatten in bezug auf liturgische Traditionen auf die Traditionskontinuität hingewiesen. *Berger* geht darüber hinaus, wenn er resümiert (Missionsliteratur, 239): "Die Übereinstimmungen zwischen jüdisch-hellenistischer Missionsliteratur und apokryphen Apostelakten sind nach allem nicht auf eher fixierte liturgische (Gebets-)Traditionen zu beschränken, ... sondern sind auf sehr viel breiterer Basis zu erörtern. Vielmehr wird man eine Art halb-technischer Schulsprache annehmen müssen, in der es zur Ausbildung bestimmter Begriffsfelder und relativ fixierter Formeln, aber dann auch zu einem stärker fixierten Gebetsstil gekommen ist. Diese Schulsprache bildet eine beachtliche Kontinuität zwischen jüdischer und christlicher Mission, die keineswegs durch das Neue Testament vermittelt ist, sondern wie vieles andere ... gewissermaßen außerhalb des Kanons vermittelt worden ist."

von 6,17-19: Die σπαταλῶσα kann das wahre Leben nicht erreichen, da sie auf ihren Reichtum vertraut.[237]

Hatten wir oben schon inhaltliche Parallelen zwischen der Reichenparänese und der Frauenparänese in 1 Tim 2,9-3,1a aufgewiesen,[238] die die Deutung stützten, daß sich der Autor im zweiten Kapitel mit wohlhabenden Frauen und ihren Ansprüchen auseinandersetzt, so läßt sich für 1 Tim 5,6 die gleiche Stoßrichtung feststellen: Die Polemik richtet sich gegen Frauen, die aufgrund ihres Vermögens und ihrer wirtschaftlichen Unabhängigkeit in den Augen des Autors zu selbstbewußt auftreten, statt demütig alles von Gott zu erhoffen.

Exkurs 2: Der Zusammenhang von Frauenparänese und Reichenparänese

Die festgestellten sprachlichen und inhaltlichen Berührungspunkte zwischen den Ermahnungen für Frauen bzw. Witwen und den Reichenparänesen im 1 Tim lassen auf dem Hintergrund der Forschungsgeschichte (der die reichen Frauen im exegetischen Prozeß häufiger abhanden gekommen sind[239]), danach fragen, wie der innere Zusammenhang zwischen den ethischen Ermahnungen für diese Gruppen zu verstehen ist.

Unsere Untersuchung hatte ergeben, daß sowohl in 1 Tim 5,5f wie in 1 Tim 6,17-19 einem Leben aus dem eigenen Reichtum heraus das Vertrauen auf Gott entgegengestellt wird, das zu wahrem Leben führt.[240] Dieses wahre Leben wird in 1 Tim 6,19 als zukünftiges bestimmt, für das die Reichen jedoch im irdischen Leben durch Almosengeben den Grundstock legen sollen.[241] Allerdings wird in den Past keine grundsätzliche Entgegenstellung von jetzigem und zukünftigem Leben vertreten, wie 1 Tim 4,8 zeigt, wo die εὐσέβεια als ἐπαγγελίαν ἔχουσα ζωῆς τῆς νῦν καὶ τῆς μελλούσης vorgestellt wird. Ein Leben in "Frömmigkeit" steht schon gegenwärtig unter der Verheißung; die eschatologische Zukunft wird durchaus in Kontinuität mit dem irdischen Leben gesehen, wenn dieses im Sinne der Ethik der Pastoralbriefe gelebt wurde.

Während so die Paränese in 6,17ff einen recht moderaten Ton anschlägt und den Reichen bei gutem Lebenswandel himmlischen Lohn ansagt, prangert 6,6-10 in harten Worten Reichtum als Versuchung an und stellt drohenden Heilsverlust in Aussicht. Das Verhältnis zwischen diesen beiden Passagen ist der Exegese deshalb als spannungsvoll erschienen; auch hat die Forschung lange innerhalb des gesamten sechsten Kapitels keinerlei kohärente Struktur finden können und es deshalb als Aneinanderreihung unverbundener Einzelmahnungen interpretiert.[242] Einen Lösungsvorschlag hat *Verner* vorgelegt, der 6,6-10 und 6,17-19 auf zwei verschiedene Gruppen beziehen will: Er interpretiert οἱ δὲ βουλόμενοι πλουτεῖν in 6,9 als "die aber reich werden wollen" und sieht entsprechend in den harten Aussagen des

---

[237] Die Analogie in der Terminologie zwischen 1 Tim 5,6 und 6,17ff ist so offensichtlich, daß es überraschen muß, daß sie bisher nicht erkannt wurde. Der Grund für dieses Versäumnis scheint darin zu liegen, daß eine androzentrische Auslegung dazu tendiert, die "Frauenfrage" abgespalten zu behandeln. Es wird implizit davon ausgegangen, daß nur diejenigen Texte sich mit Frauen befassen, die dies ausdrücklich angeben; alle anderen Texte - wie etwa die Reichenparänese - werden dann automatisch auf Männer eingeschränkt.

[238] S.o. S. 88. Hinzu kommt als Berührungspunkt die Erwähnung der guten Werke in 1 Tim 5,10; s.u. S. 177ff.

[239] S.o. S. 46 die Kritik an *Countryman* und *Kidd*.

[240] S.o. S. 161-163.

[241] Die futurische Perspektive in 1 Tim 6,17-19 ist die Grundlage für *Kidd*s Interpretation, in den Past werde den reichen Gemeindegliedern zwar die gesellschaftlich vorgeprägte Rolle von "Wohltätern" angetragen, jedoch ohne dafür die sonst üblichen Gegenleistungen erwarten zu können; vgl. *Kidd*, Wealth, 126ff.138ff.

[242] Vgl. *Brox*, Past, 212; *Dibelius/Conzelmann*, Past, 69; dagegen *Kidd*, Wealth, 93-100; *Roloff*, 1 Tim, 326ff.

ersten Abschnittes eine Zurückweisung sozialer Aufsteiger, die in den Kreis der gemeindlichen Führungsschicht eindringen wollen. Dagegen seien in 6,17-19 die schon etablierten Reichen der Gemeinde im Blick, die zwar zur Wohltätigkeit ermahnt werden, ansonsten aber eine Bestätigung ihrer Position erhalten.[243] Dieser Interpretation von *Verner* hat *Kidd* mit guten sprachlichen Gründen widersprochen, da er zeigen konnte, daß οἱ βουλόμενοι πλουτεῖν (6,9) "reads more naturally 'those who are determined to maintain their wealth' than as 'those who are determined to become wealthy'."[244]

*Verner*s Lösungsansatz erübrigt sich auch, wenn man den inneren Zusammenhang der zum Reichtum eingenommenen Haltung in den beiden Passagen erkennt: Die Pastoralbriefe nehmen im Kontext frühchristlicher Positionen zu Güterbesitz und -verzicht eine grundsätzlich reichtumsfreundliche Haltung ein, da sie irdische Güter nicht als grundsätzlich unvereinbar mit dem Heil ansehen.[245] Aufgrund der starken Präsenz von radikaler Reichtumskritik und "Armenfrömmigkeit" in der christlichen Tradition war eine solche positivere Haltung gegenüber dem Reichtum im frühen Christentum aber begründungsbedürftig.[246] Die Antwort der Pastoralbriefe auf die Frage, wie christliche Existenz und der Besitz irdischer Güter zu vereinbaren sei, ähnelt zum einen der lukanischen Position,[247] hat aber auch deutliche Parallelen zum Hirten des Hermas oder der Argumentation, die später von Clemens von Alexandrien formuliert wird: Reichtum ist nicht grundsätzlich unvereinbar mit der Erlösung, stellt aber auf jeden Fall eine Gefahr für die Christinnen und Christen dar, der Sünde zu verfallen.[248] Entscheidend ist damit nicht der Besitz als solcher, sondern die innere Haltung ihm gegenüber: Grundlage und Orientierung des Lebens darf eben nicht der Besitz sein, sondern die Hoffnung auf Gott (1 Tim 6,17). Diese innere Haltung dokumentiert sich nun in zwei Merkmalen der Lebenspraxis: Einfachheit des Lebensstils und Wohltätigkeit. Diese beiden Elemente bestimmen die beiden Reichtumspassagen in 1 Tim 6: 6,7-10 formuliert das Ideal des einfachen Lebens, das sich an dem Lebensnotwendigen - Nahrung und Kleidung - genügen läßt, und entfaltet auf diesem Hintergrund die Gefahren der inneren Gebundenheit an den Reichtum. 6,17-19 ermahnt zur Wohltätigkeit und Freigebigkeit als äußerem Ausdruck der richtigen inneren Haltung, die als Hoffnung auf Gott charakterisiert wird. Daß erstere Passage aufgrund ihrer Gerichtsdrohung im Ton sehr viel härter und unversöhnlicher erscheint, während letztere positiv auf den "Lohn" des angemahnten Lebens rekurriert,[249] muß nicht verwundern: In genau der gleichen Weise greifen Hermas[250] und dann Clemens von Alexandrien[251] auf erheblich reichtumskritischere Positionen zurück, um ihre eigenen, demgegenüber moderaten Paränesen umso nachdrücklicher einzuschärfen.[252]

Diese beiden Momente finden sich in den Frauenpassagen wieder: Gegen die Präsentation eigenen Wohlstands werden in 1 Tim 2,9f (und 5,10[253]) wie in 1 Tim 6,17ff die "guten Werke" ins Feld ge-

---

[243] Vgl. *Verner*, Household, 174f.

[244] *Kidd*, Wealth, 96.

[245] Vgl. *Dibelius/Conzelmann*, Past, 69.

[246] Vgl. *Countryman*, Rich Christian, 69-91.

[247] Vgl. *Roloff*, 1 Tim, 366f.

[248] Vgl. *Countryman*, Rich Christian, 47-63.

[249] *Roloff* (1 Tim, 366) erklärt den Unterschied zwischen beiden Passagen damit, daß erstere nur auf die Amtsträger bezogen sei und im Kontext der antihäretischen Polemik stehe, während letztere ganz allgemein die reichen Gemeindeglieder anspreche.

[250] Vgl. für die Haltung zum Reichtum bei Hermas *Leutzsch*, Wahrnehmung, 113-137. *Leutzsch* bescheinigt dem Hermas "beträchtliche[] soziale[] Phantasie" (137), wertet aber gleichzeitig "die ambivalente Wertung des Reichtums bei Hermas - Hindernis auf dem Weg zum Heil (wenn Verhaltensweisen Reicher kritisiert werden sollen) *und* gute Gabe Gottes (wenn eben diese Reichen zur Wohltätigkeit veranlaßt werden sollen)" - als "Zeugnis einer nicht befriedigenden theologischen Reflexion *und* Ausdruck der weiter bestehenden sozialen Spannungen"(137; Hervorhebung im Original). Allerdings ist im Hirten des Hermas im Gegensatz zu den Pastoralbriefen deutlich die "überlieferte religiöse Vorzugsstellung des Armen" (*Dibelius*, Hermas, 555) im Bewußtsein.

[251] In seiner Predigt "Quis dives salvetur?" (Τίς ὁ σῳζόμενος πλούσιος) hat Clemens eine zusammenhängende Darstellung zur christlichen Bewertung des Reichtums gegeben; vgl. dazu *Countryman*, Rich Christian, 47ff.

[252] Vgl. *Countryman*, Rich Christian, 61.

[253] S.u. S. 177ff.

führt, während 1 Tim 5,5f analog zu 1 Tim 6,7ff ein Leben in Luxus mit Heilsverlust bedroht.[254] Allerdings sind hier zwei entscheidende Verschiebungen gegenüber den Reichenparänesen feststellbar, die in einem inneren Zusammenhang stehen: Die reichen Frauen werden vom Autor primär unter dem Geschlechtsaspekt betrachtet und erst in zweiter Linie unter dem Aspekt ihres sozialen Status: Ihre aufwendige Kleidung und ihr Schmuck werden hauptsächlich als Mittel der Verführung angesehen, wie die Einfügung der sexualisierten Sündenfalltradition zeigt; sie sind also aus sexualethischen Gründen abzulehnen. Zu dieser Strategie paßt die unterschiedliche Heilsaussage: Den Frauen in 1 Tim 2,9-15 sowie den Witwen in 1 Tim 5,3-16 wird eben nicht ein Lohn im Himmel für den wohltätigen Einsatz ihrer finanziellen Mittel versprochen; Rettung kommt ihnen allein durch die Erfüllung ihrer Geschlechtsrolle zu (1 Tim 2,15).

Diese Unterschiede bestätigen noch einmal, daß - wie im forschungsgeschichtlichen Teil schon angemerkt - das "Frauenproblem" der Pastoralbriefe nicht einfach als Teilaspekt des Reichenproblems verhandelt werden kann, wie *Kidd* dies versucht hat.[255] Dafür stellt sich nun aber eine andere Frage: Sind in den Reichtumspassagen 1 Tim 6,6-10.17-19 Frauen eigentlich mitgemeint, oder hat der Autor hier nur reiche Männer im Blick? Es geht bei dieser Frage nicht darum, ob es reiche Frauen in den Gemeinden der Pastoralbriefe gab - dies dürfte durch die vorangegangenen Analysen hinreichend nachgewiesen sein. Die Frage stellt sich aber, ob die Verheißung zukünftigen Lebens für die Reichen aufgrund ihrer Wohltätigkeit (1 Tim 6,19) auf Männer *und* Frauen zu beziehen ist, (was bedeuten würde, daß für reiche Frauen beide Heilsaussagen in 1 Tim 2,15 und 6,19 nebeneinanderstehen,) oder ob in der Reichenparänese nur die Männer angesprochen sind, so daß es zwei geschlechtsspezifisch unterschiedliche Heilsankündigungen gibt. Nun ist es für androzentrische Sprache, die das Allgemeine jeweils in männlichen Formen ausdrückt (generisches Maskulinum), charakteristisch, mit derselben sprachlichen Form Frauen sowohl ein- wie auch ausschließen zu können.[256] Dieser Sachverhalt führt dazu, daß unsere Frage aufgrund des sprachlichen Befundes nicht eindeutig zu beantworten ist. Es kann nicht gesagt werden, daß die Verheißung des "Schatzes im Himmel" aufgrund von Wohltätigkeit und Almosengeben explizit für reiche *Frauen* nicht gilt. Zumindest aber ist festzuhalten, daß sie für die Frauen nicht den gleichen Stellenwert haben kann wie für reiche Männer, da jene eben vom Autor - wie dargelegt - primär als Geschlechtswesen wahrgenommen werden, denen eben die Erfüllung ihrer spezifischen Rolle als originärer Weg zum Heil nahegelegt wird.

5. Tradition und Redaktion in 1 Tim 5,3-8

Unsere motivkritische Analyse hat ergeben, daß in v5 eine alte Tradition zum Typos der Witwe zugrundeliegt, die in ihren Ursprüngen auf alttestamentliche Motive zurückgeht, aber im hellenistischen Judentum entscheidende inhaltliche Modifikationen erfuhr. V5 gehört ursprünglich nicht zu einer Gemeinderegel, sondern stellt eine lobende Beschreibung des Typos der asketisch lebenden χήρα dar, der aufgrund ihrer Abwendung von der Sexualität eine besondere spirituelle Begabung zu eigen ist. Sie ist charakterisiert durch eine außergewöhnlich intensive Gottesbeziehung, die sich im ständigen Gebet manifestiert.

V5 ist allerdings schon auf der Ebene der Tradition in eine gemeindeordnende Regel einbezogen gewesen. Der Verfasser der Pastoralbriefe hat also nicht einfach eine selbständig existierende Qualifizierung der "Gotteswitwe" in seine Witwenregel aufgenommen, sondern den Vers schon in einer Witwenregel vorgefunden. Dies erhellt daraus, daß der Begriff τιμᾶν in 5,3 zum Ehrbegriff der Pastoralbriefe, wie er sich in 6,1 darstellt, in Spannung steht: Die in der Aufforderung zum "Honorieren" impli-

---

[254] S.u. S. 155-163.

[255] S.o. S. 44-47.

[256] Vgl. *Pusch*, Männersprache, 46ff.

zierte Besoldung paßt nicht zum ideengeschichtlichen Kontext der Pastoralbriefe und ihrem Amtsverständnis, wie es in Bischofs- und Diakonen-/Diakoninnenspiegel erscheint. Die Parallele von 5,3 zu 5,17 deutet nun darauf hin, daß die vorliegende Tradition schon eine Zusammenstellung von Witwen- und Presbyterregel umfaßte.

Fragt man nach der sprachlichen Gestalt dieser Witwen- und Presbyterregel, so ist vor allem wichtig zu klären, ob sie schon die Zufügung ὄντως in v3.5 enthielt. Unsere motivkritische Analyse hatte zwar ergeben, daß der Einschub des normativen ὄντως gegenüber dem Wortlaut von v5 sekundär ist; ungeklärt ist damit aber noch, ob die Einfügung gleichzeitig mit der Integration von v5 in die traditionelle Regel erfolgte, oder ob sie erst vom Verfasser der Pastoralbriefe vorgenommen wurde.

Durch die Einführung des normativ besetzten ὄντως kommt es in der Aussage zu einer substantiellen Verschiebung: Vorher beschreibt sie zustimmend die religiöse Qualität des Typos Witwe an sich; mit eingefügtem ὄντως dient sie der normativen Unterscheidung verschiedener Gruppen von Witwen, denen dann nur zum Teil die offizielle τιμή gebührt.

Die Annahme, daß schon auf der Ebene der Tradition diese normative Unterscheidung getroffen worden wäre, könnte damit begründet werden, daß die Tradition auch im zweiten Teil der Regel[257] eine restriktive Ausrichtung hat, indem sie eine Altersgrenze aufstellt. Dem kann aber entgegengehalten werden, daß die traditionelle Regel zweigeteilt ist: Der erste Teil (v3a.5) regelt nicht die Auswahl, sondern die Besoldung der schon zugelassenen Witwen, während der zweite Teil (v9*.11f) Bestimmungen über die Zulassung selbst aufstellt. Damit ist ohne weiteres zu erklären, daß der zweite Teil einen restriktiven Charakter haben kann, der dem ersten Teil fehlt.

Einen entscheidenden Hinweis gibt aber nun die Struktur der parallelen Presbyterregel. Diese beginnt mit der einleitenden Bestimmung 5,17: Οἱ καλῶς προεστῶτες πρεσβύτεροι διπλῆς τιμῆς ἀξιούσθωσαν, μάλιστα οἱ κοπιῶντες ἐν λόγῳ καὶ διδασκαλίᾳ. Der zweite Teil der Anweisung wird in der Forschung mehrheitlich dem Autor der Pastoralbriefe zugeschrieben, der den Rechtssatz "mit seiner Konzeption des gemeindeleitenden Amtes als eines Lehramtes in Einklang zu bringen versucht."[258] Ist somit die durch μάλιστα eingeführte Präzisierung redaktionell, so wird die Bestimmung des "guten Vorstehens" der Tradition zugeschrieben. Die Anweisung zur Ehrung der Presbyter enthält also schon in der Tradition eine Präzisierung hinsichtlich ihres Objektes.

Damit wird der Umfang der Parallelität von 5,3 und 5,17 deutlich:

a) Beide Anweisungen fordern zur Ehrung/Bezahlung von Funktionsträgern und -trägerinnen in der Gemeinde auf.

b) Beide Gruppen tragen eine Titulatur, die doppeldeutig ist, da sowohl χήρα wie πρεσβύτερος neben der gemeindeoffiziellen Bedeutung auch einfach eine durch Alter bzw. Familienstand definierte Gruppe bezeichnen kann.

c) Beide geben eine Präzisierung hinsichtlich des Objekts der geforderten Ehrerweisung.

---

[257] S.u. S. 171f.
[258] *Roloff*, 1 Tim, 305.

Die Präzisierung in 5,17 könnte inhaltlich diejenigen, die ihre Leitungsfunktion gut ausüben, entweder von denen unterscheiden, die sie schlecht ausüben, oder von denjenigen, die gar keine Leitungsaufgaben wahrnehmen. Letztere Interpretation würde einfach die Mitglieder des gemeindeleitenden Presbyteriums - von denen grundsätzlich angenommen würde, daß sie ihre Aufgabe gut ausfüllen[259] - von der Gesamtgruppe der älteren Männer der Gemeinde unterscheiden. Diese Deutung ist m.E. vorzuziehen, da angesichts der doppeldeutigen Titulatur eine Präzisierung durchaus nicht überflüssig ist; dies besonders deshalb, weil es auch das traditionelle Gebot der Ehrung der älteren Menschen allgemein gibt.[260] Zudem hat diese Interpretation den Vorteil, daß sie die Annahme eines komplizierten Systems von Rangunterschieden innerhalb des Presbyteriums unnötig macht.

Die Formulierung οἱ καλῶς προεστῶτες πρεσβύτεροι hat im Kontext der Anweisung aber nicht nur präzisierenden, sondern gleichzeitig auch begründenden Sinn: Die gute Erfüllung der Amtsaufgaben begründet den Anspruch auf Anerkennung und Bezahlung.

Entsprechend läßt sich nun auch das präzisierende ὄντως in der Anweisung zur Witwenehrung verstehen. Die offizielle Honorierung gilt nicht allen verwitweten Frauen, sondern den "wahren" Witwen.[261] Fielen nun in dem καλῶς προεστῶτες von 5,17 präzisierende und begründende Funktion zusammen, wird die Begründung in der Witwenregel erst durch v5 realisiert: Durch Aufnahme des geprägten Satzes von der besonderen religiösen Qualifikation der χήρα καὶ μεμονωμένη wird definiert, wer die "wahren Witwen" sind, und ihr Anspruch auf Ehrerweisung wird mit ihrem besonderen Gottesverhältnis begründet.

Das präzise Verständnis des v5 steht aber nun vor einer Schwierigkeit: Unklar ist, welche Bedeutung innerhalb der Satzaussage nun dem Element μεμονωμένη zukommt. Wenn, wie oben dargestellt, in der ursprünglichen Beschreibung der gottvertrauenden Witwe χήρα καὶ μεμονωμένη als Hendiadyoin zu verstehen sind, so ist zu fragen, was mit dieser Stilfigur durch die Einfügung des ὄντως geschieht. Dabei sind zwei verschiedene Interpretationen denkbar:

1. Variante: Die Stilfigur bleibt erhalten, indem ὄντως attributiv zum ganzen Hendiadyoin hinzutritt, sozusagen wie das Vorzeichen vor der Klammer: Die wahrhafte "Witwe und Alleingelassene" vertraut auf Gott und verbleibt bei Bitten und Flehen Nacht und Tag. Die durch den normativen Charakter des ὄντως geweckte Unterscheidungserwartung wird in dieser Deutung nicht durch das μεμονωμένη, sondern erst durch das ἤλπικεν ἐπὶ θεὸν καὶ προσμένει ταῖς δεήσεσιν καὶ ταῖς προσευχαῖς νυκτὸς καὶ ἡμέρας eingelöst. Die Aussageintention des Satzes richtet sich auf die Betonung des Gottvertrauens und Gebets.

2. Variante: Das attributive ὄντως vor χήρα löst das Hendiadyoin auf und unterzieht damit das μεμονωμένη einer entscheidenden Bedeutungsverschiebung: Indem der das μεμονωμένη interpretierende Partnerbegriff nicht mehr χήρα sondern ὄντως χήρα ist,

---

[259] Vgl. *Verner*, Household, 150; *Lips*, Glaube, 110f.
[260] Vgl. *Schneider*, τιμή, 174.
[261] V3 könnte in der traditionellen Form gelautet haben: Αἱ ὄντως χῆραι τιμάσθωσαν.

wird μεμονωμένη in die normative Differenzierung einbezogen. Damit erhält der Satz
eine doppelte Zuspitzung: Ruhte seine Aussage ohne ὄντως auf dem Merkmal Gottver-
trauen/Gebet, so rückt die Betonung des Alleinstehens diesem nunmehr an die Seite.
Die durch ὄντως geweckte normative Unterscheidungserwartung wird doppelt eingelöst: Zum einen durch das ἤλπικεν ἐπὶ θεὸν καὶ προσμένει ταῖς δεήσεσιν καὶ ταῖς
προσευχαῖς νυκτὸς καὶ ἡμέρας, zum anderen aber auch schon durch den Hinweis auf
das μεμονωμένη-Sein, das dadurch einen Bedeutungszuwachs erhält. Diese Zuspitzung
des Satzes wäre in folgender Übersetzung erfaßt: "Nur die wirkliche Witwe - das ist
die völlig Alleinstehende - hofft auf Gott und verharrt bei Bitten und Flehen Nacht
und Tag."

Wie die Akzentuierung der Aussage von v5 nun zu verstehen ist, ist nur vom
Kontext her zu entscheiden. Auf der Ebene der Tradition ist m.E. eher die erste Interpretation anzunehmen: Wenn v5 direkt auf v3a folgt, hat er die Funktion, positiv die
Anweisung zur Witwenehrung zu begründen und zielt deshalb auf die religiöse Haltung der Witwe.

Ganz anders in der Textversion der Pastoralbriefe: Indem v5 auf den eingeschobe-
nen v4 folgt, der den Ausschluß von Witwen mit Familie zum Gegenstand hat, erhält
das Merkmal des Alleinseins in v5 eine stärkere Gewichtung - wie es der hier vorgeschlagenen zweiten Interpretationsvariante entspricht. Die traditionelle Aussage in 5,5
wird so zur Stützung der von dem Autor der Pastoralbriefe eingefügten Anordnung
des Ausschlusses von Witwen mit Angehörigen. Anders gesagt: Im Zusammenhang
mit v4 liegt sein primäres Interesse an v5 nicht in der Aussage, daß die Witwe auf
Gott vertraut und ununterbrochen betet, sondern darin, daß sie als eine Alleinstehende
beschrieben wird.[262] Damit stellt v5 in der jetzigen Fassung im Grunde einen Kommentar des Autors zum religiösen Anspruch der Witwen dar, wie er in der traditionellen Regel im Wesentlichen bestätigt worden war. Der Verfasser nimmt zu dem
Anspruch einer besonderen Gottesbeziehung der χῆραι so Stellung, daß er behauptet,
nur die wirklich Alleinstehenden würden diesem Anspruch gerecht: Die besondere religiöse Qualifikation sei in der Realität an ein soziales Kriterium gebunden. Damit
wird in den Pastoralbriefen genau die entgegengesetzte Bewegungsrichtung zu der
oben aufgezeigten Spiritualisierung des Witwenbegriffs eingeschlagen: Die mit dem
Begriff verknüpfte religiöse Qualität wird wieder an soziale Merkmale zurückgebun-
den.[263]

---

[262] Diese Tendenz des v5 hat schon *Müller-Bardoff*, Exegese, 124 gesehen. Er interpretiert v5 als
Definition der ὄντως χῆρα: "Damit soll das Wesen einer rechten Witwe als das einer großen Beterin
charakterisiert werden. ... Dagegen finden wir selbst in diesem Definitionssatz die soziale Indikation.
Es handelt sich um eine wahrhaft μεμονωμένη. *Bedenken wir die erarbeitete Tendenz unseres Abschnittes, so werden wir in letzterem das besondere Anliegen unseres Verfassers erblicken*" (Hervorhebung
U.W.).
[263] Vgl. *MacDonald*, Legend, 76, der mit Rekurs auf die Betonung des Allein- bzw. Verlassenseins in v5 argumentiert, der Unterscheidung zwischen den ὄντως χῆραι und den anderen liege ein soziales Kriterium zugrunde. Allerdings deutet er v5 in engem Zusammenhang mit der Polemik gegen die
Aufnahme von unverheirateten jungen Frauen in den Witwenstand in vv11.14 und versteht so die wahren Witwen als solche, die wirklich vorher verheiratet waren und ihren Ehemann verloren haben. Ob-

Wenn das soziale Merkmal "Alleinsein" hier nicht nur auf das Fehlen eines Ehemannes, sondern auf ein gänzlich ohne Familie Dastehen bezogen wird, so ist dies keine grundsätzliche Neudefinition des Begriffs; der Autor kann hier auf eine seiner vielfältigen Bedeutungsfacetten zurückgreifen, die unter χήρα eine "Frau ohne jede Familie" fassen kann.[264] Dieses völlige Alleinsein ist nun aber nicht im Sinne von sozialem Abstieg bzw. materieller Notsituation zu verstehen: Das Gegenbild zur μεμονωμένη ist ja nicht die Witwe, die von ihren Kindern versorgt wird, sondern die, die eigenständig ihren Haushalt führt. Wenn also der Zugang zum Witwenamt an dieser Stelle auf die völlig Alleinstehenden begrenzt wird, so ist damit kein Bedürftigkeitskriterium aufgestellt.[265]

Auch die Antithese von v5 und v6 deutet nicht auf ein Verständnis von μεμονωμένη als "unterstützungsbedürftig" im materiellen Sinne. Da σπαταλῶσα in v6 nicht in einem sozialkritischen Kontext ähnlich Jak 5,5 zu verstehen ist, zielt die Bezeichnung nicht auf eine Entgegenstellung von armer und reicher Witwe, sondern unterscheidet zwei verschiedene Arten des Umgangs mit Reichtum. Das Gegenteil von σπαταλᾶν ist nicht Armut, sondern christlich verantworteter Reichtum, der sich nach der Reichenparänese 1 Tim 6,17-19 in Wohltätigkeit ausdrückt.

Nach der Analyse von 5,3-8 ist also festzuhalten, daß das Witwenamt in diesem ersten Teil der Witwenregel nicht im Sinne einer sozialen Unterstützungsinstitution verstanden wird. Sowohl die vv4.8 mit ihrer Polemik gegen Frauen, die Familienpflichten verletzen, als auch v5f mit seinem Angriff gegen luxuriöses Leben setzen voraus, daß wohlhabende Frauen im Amt der Witwe stehen oder es anstreben. Es wird zu untersuchen sein, wie sich die folgenden Abschnitte 5,9-15 und 5,16 dazu verhalten.

---

wohl *MacDonald*s Interpretation von vv11.14 zuzustimmen ist (s.u. S. 200ff), liegt es doch näher, v5 im unmittelbaren Kontext von v4 zu interpretieren.

[264] S.o. S. 137f die Interpretation von 4 Makk 16,10.

[265] Hier ist auf eine interessante Parallele in den apokryphen Paulus- und Thekla-Akten hinzuweisen: Die "Königin" Tryphäna, die die zum Tierkampf verurteilte Thekla an Stelle ihrer verstorbenen Tochter Falconilla bei sich aufgenommen hatte, klagt, als Thekla abgeführt werden soll: Φαλκονίλλης μου δεύτερον πένθος ἐπὶ τὴν οἰκίαν γίνεται, καὶ οὐδεὶς ὁ βοηθῶν· οὔτε τέκνον, ἀπέθανεν γάρ, οὔτε συγγενής, χήρα γάρ εἰμι. (Übersetzung nach *Schneemelcher*, Apokryphen, 221: "Die Trauer um meine Falconilla kommt zum zweiten Mal über mein Haus, und keiner ist, der hilft; weder ein Kind, denn es ist tot, noch ein Verwandter, denn ich bin eine Witwe.") Dieser Beleg zeigt für das kleinasiatische Umfeld des zweiten Jahrhunderts, daß die Verwendung von χήρα im Sinne von "Frau ohne jede Familie" gebräuchlich war und in einem Oberschicht-Kontext nicht mit der Vorstellung materieller Not, wohl aber mit der eines gewissen Machtverlusts aufgrund mangelnder Durchsetzungsfähigkeit in der Öffentlichkeit verbunden war.

6. Begriffs- und motivkritische Analyse von 1 Tim 5,9-15

6.1 Aufnahme und Ablehnung als "Witwe" (1 Tim 5,9.11a)

In der formalsprachlichen Analyse wurde auf das antithetische Verhältnis zwischen v9 und v11a hingewiesen:[1] Die beiden Anweisungen χήρα καταλεγέσθω und χήρας παραιτοῦ betreffen die offizielle Entscheidung über die Aufnahme oder Ablehnung als Gemeindewitwe. Die positive Bestimmung in v9 gehört formal wie inhaltlich in die Gattung der Amtsspiegel:[2] Die Anweisung zur Auswahl eines Funktionsträgers oder einer Funktionsträgerin ist durch die Kombination von zwei charakteristischen Elementen gekennzeichnet:

a) ein Verbum des Ernennens oder Auswählens in passivischer Konstruktion,
b) davon abhängig eine nominale Auflistung der geforderten Qualifikationen, in der Regel in Form von substantivierten Adjektiven oder Partizipien.[3]

Die unpersönliche Fassung des Rechtssatzes, die in v9 das Subjekt des Einsetzens nicht nennt, ist also für die Gattung der Amtsspiegel charakteristisch, wie auch die prädikative Konstruktion von vv9.11a in profanen Berufsspiegeln nicht ohne Parallele ist.[4]

Inhaltlich bezeichnet καταλέγειν das Eintragen in ein Register.[5] Der Begriff kommt ursprünglich aus dem militärischen Bereich und ist terminus technicus für die Musterung der Soldaten; in allgemeinerer Verwendung bezeichnet er die Einschreibung in eine Mitgliedschaft.[6] In 1 Tim 5,9 ist damit durch καταλέγειν ein rechtsverbindlicher Akt der Zulassung zum Amt der Gemeindewitwe bezeichnet.[7] Trotz der unpersönlichen Formulierung im passivischen Imperativ der 3. Person ist im Rahmen der Pastoralbriefe der fiktive Adressat 'Timotheus' der verantwortliche Entscheidungsträger,[8] was in v11a durch den Wechsel zum Imperativ der 2. Person auch formal realisiert wird. Aus diesem Unterschied in der Konstruktion kann nun aber nicht auf Einzelheiten des Einsetzungsverfahrens in der Praxis der angeschriebenen Gemeinden geschlossen werden.[9] Vielmehr ist der Wechsel auf die bewußte Gestaltung

---

[1] S.o. S.122f.
[2] Es ist genau dieses Element der Auswahl bzw. Einsetzung, das die Amtsspiegel von den Standesspiegeln unterscheidet. Diese Differenz wird von *Berger* nicht adäquat berücksichtigt, wenn er beide Gattungen gemeinsam behandelt und auch unter dem Oberbegriff "Pflichtenspiegel" zusammenfassen kann (vgl. Gattungen, 1078-1086, sowie Formgeschichte, 135-140).
[3] Vgl. *Berger*, Formgeschichte, 140.
[4] S.o. S. 123.
[5] Vgl. *Brox*, Past, 190.
[6] Vgl. *Dibelius/Conzelmann*, Past, 59; *Roloff*, 1 Tim, 293; *Spicq*, Past, 169.
[7] Gegen *Sand*, Witwenstand, 195.
[8] *Roloff*, der in dem fiktiven Adressaten die Institution des Bischofs repräsentiert sieht, betont, daß hier "der Gemeindeleiter als verantwortliche Person" angesprochen werde (1 Tim, 292f).
[9] Gegen *Stählin*, χήρα, 445, der von dem Wechsel des Imperativs von der 3. zur 2. Person auf Einzelheiten des Verfahrens bei der Bestellung der Witwen schließen will: "v11 zeigt, daß diese negative Entscheidung Sache des Gemeindeleiters war, der eine Vorauswahl unter den zur Verfügung Stehenden traf, während das Passiv καταλέγομαι (v9) wohl eine Wahl durch die Gemeinde andeutet."

des Autors zurückzuführen, der in v11a auf die Brieffiktion zurückgreift: Wie auch beim Lehrverbot in 1 Tim 2,11f[10] nimmt er für die negative Anweisung die Autorität des 'Paulus' bzw. 'Timotheus' in Anspruch. Daß er so gerade der negativen Bestimmung eine autoritative Absicherung gibt, deutet darauf hin, daß diese im Zentrum seines Interesses steht: Einschränkungen der Zulassung sind das Ziel, das er durchzusetzen bestrebt ist.

Ist also auf der Ebene der Pastoralbriefe 'Timotheus' als verantwortlicher Entscheidungsträger angesprochen, so ist hingegen das Subjekt der Zulassung in der Tradition aus dem Text nicht mehr zu erschließen. Insofern ist nicht zu klären, ob die ursprüngliche Witwenregel von einer Wahl durch die Gemeinde, von Kooptierung durch die schon "amtierenden" Witwen oder von einer Bestellung durch andere Amtsträger, nämlich die Presbyter, ausgegangen ist.[11]

6.2 Das Mindestalter (1 Tim 5,9)

Die Zulassungsbestimmung in v9 fordert für die amtliche Witwe ein Mindestalter von 60 Jahren. Der Text selbst gibt für die Regel in der positiven Form keine Begründung,[12] dafür aber zwei Argumente für die Abweisung der Jüngeren als Witwen. Die Forschung hat deshalb verschiedene Hypothesen aufgestellt, die diese Altersgrenze plausibel machen könnten. Einige Exegeten greifen auf die Begründung zurück, die die Syrische Didaskalie bietet: Hier wird das Mindestalter - das allerdings auf 50 Jahre festgelegt wird - damit motiviert, daß ältere Frauen eher gegen den Gedanken einer Zweitheirat gefeit sind.[13] Für 1 Tim 5,9 wird dann die gleiche Motivation vorausgesetzt, was durch die negative Aussage über die Jüngeren in v11 auch gestützt werden kann.[14] Des weiteren wurde darauf hingewiesen, daß in der Antike im sechzigsten Jahr der Beginn des Greisenalters gesehen worden sei.[15] *Bartsch* und *Spicq* fügen hinzu, daß 60 Jahre im Judentum als kanonisches Alter galten, in dem man sich von Geschäften zurückzog, um ein kontemplatives Leben zu führen.[16] Diese Überlegungen sind aber aus der männlichen Biographie entlehnt und deshalb nicht unmittelbar auf Frauen zu übertragen. *Spicq* verweist zusätzlich auf Plato, der in seinem Staatsentwurf 60 Jahre als Mindestalter der Priester und Priesterinnen angesetzt hatte. *Thurston* wiederum sieht die Altersbestimmung darin begründet, daß in Griechenland

---

[10] S.o. S. 75.

[11] Auf dieser Ebene kann es sich nicht um die Bestellung durch einen einzelnen gehandelt haben, da die Tradition nur kollektive Ämter kennt.

[12] Eine solche könnte ursprünglich in der Regel gestanden haben und weggefallen sein; s.u. S. 196f.

[13] Vgl. Syr Did XIV, *Achelis/Flemming*, 74.

[14] Die Verhinderung der Zweitheirat sehen als Grund für die Altersgrenze *Brox*, Past, 190f; *Bartsch*, Rechtsbildungen, 129; *Lips*, Glaube, 120.

[15] Vgl. *Brox*, Past, 190f; *Jeremias*, Tim, 38; *Knoch*, Tim, 38; *Roloff*, 1 Tim, 293; *Spicq*, Past, 169. Demgegenüber ist wichtig festzuhalten, daß es in der Antike durchaus konkurrierende Einteilungen der Lebensalter gegeben hat; vgl. *Boll*, Lebensalter, 89ff; *Eyben*, Einteilung, 150ff.

[16] Vgl. *Bartsch*, Rechtsbildungen, 128; *Spicq*, Past, 169. *Strack/Billerbeck* III, 653 geben z.St. als Beleg Avot Jehuda b. Tema 5,21 an.

60 Jahre als Eintrittsalter für Frauen belegt sind, die professionell die Totenklage wahrnehmen.[17] *Lips* meint hingegen, die Altersgrenze könnte darauf zurückzuführen sein, daß Frauen ausgewählt wurden, die "nicht mehr voll den Anforderungen der Hausarbeit gewachsen sind, aber doch noch manche Funktion in der Gemeinde übernehmen können."[18] Diese Argumentation ist zumindest im Zusammenhang des 1 Tim nicht schlüssig, weil ja nach 5,4 sowieso nur solche Frauen zugelassen werden sollen, die keine häuslichen Verpflichtungen mehr haben. *MacNamara* und *Schüssler Fiorenza* schließlich sehen hier ein Problem der Legalität angesprochen, "da nach römischer Gesetzgebung Witwen, die unverheiratet blieben, 50 oder 60 Jahre alt sein, also das gebärfähige Alter überschritten haben mußten."[19] Die Orientierung an der Legalität könnte, zumindest im Kontext der Pastoralbriefe, eine wichtige Motivation der Altersbestimmung sein, da diese eine positive Haltung gegenüber dem römischen Staat einnehmen und - wie schon öfter betont - sich an Normen und Wertvorstellungen der nichtchristlichen Umwelt orientieren.[20] Allerdings ist in der Ehegesetzgebung des Augustus die Altersgrenze für Frauen eindeutig auf 50 Jahre festgelegt,[21] so daß dem Legalitätsproblem mit diesem niedrigeren Mindestalter Genüge getan wäre.

Ich gehe mit der Mehrheit der Forschung davon aus, daß die Bestimmung eines Mindestalters schon in der dem Verfasser vorliegenden Tradition enthalten war.[22] Dies ergibt sich daraus, daß in v11 eine Begründung für die Ablehnung der Jüngeren gegeben wird, die traditionell sein muß, da sie nicht zur ehefreundlichen Grundausrichtung der Pastoralbriefe paßt.[23] Die traditionelle Altersgrenze dürfte aber eher 50 Jahre betragen haben, wie es auch in der Syrischen Didaskalie belegt ist.[24] Die Erhöhung auf 60 Jahre ist dann auf die Restriktionsabsicht des Autors der Pastoralbriefe zurückzuführen.[25]

6.3 Das Ideal der "Einehe" (1 Tim 5,9)

Als zweite Voraussetzung für die Zulassung zur Gemeindewitwe wird in v9 ἑνὸς ἀνδρὸς γυνή genannt. Dieses Auswahlkriterium findet seine genaue Entsprechung in den übrigen Amtsspiegeln: Sowohl vom Bischof wie vom Diakon und von den Presbytern wird verlangt, daß sie μιᾶς γυναικὸς ἄνδρες zu sein haben (1 Tim 3,2.12; Tit

---

[17] Vgl. *Thurston*, Widows, 11.

[18] Vgl. *Lips*, Glaube, 120.

[19] *Schüsller Fiorenza*, Gedächtnis, 378. *MacNamara*, Wives, 588, geht davon aus, daß die unterschiedlichen Altersbestimmungen in den verschiedenen Kirchenordnungen auf Veränderungen der römischen Gesetzgebung reagieren.

[20] Vgl. *Fiore*, Function, 15.

[21] Für die von *MacNamara* angenommenen Verschiebungen der Altersgrenze für Frauen im römischen Recht gibt es keine Quellenbelege; vielmehr ist für Frauen durchgängig die Altersgrenze von 50 Jahren bezeugt, für Männer von 60 Jahren. Vgl. *Treggiari*, Roman Marriage, 77f; *Raditsa*, Augustus' Legislation, pass.

[22] Gegen *Schüssler Fiorenza*, Gedächtnis, 378.

[23] S.u. S. 201-204.

[24] Vgl. *Bartsch*, Rechtsbildungen, 128; *Knoch*, Tim, 38.

[25] So *Bartsch*, Rechtsbildungen, 129; *Brox*, Past, 190f.

1,6). Die Forschung hat sich bisher intensiv mit der Frage auseinandergesetzt, wie der inhaltliche Bedeutungsumfang dieser Bestimmung zu fassen ist. Teilweise wurde für die Bischofs-, Presbyter- und Diakonenregel eine antizölibatäre Stoßrichtung angenommen: Die Voraussetzung, μιᾶς γυναικὸς ἄνδρες zu sein, formuliere eine Eheverpflichtung für die Amtsträger.[26] Die Mehrheit der Exegese interpretiert die Stellen dagegen so, daß das Eingehen von mehr als einer sexuellen Beziehung abgelehnt wird; die zentrale Streitfrage ist dann, ob diese Mehrfachbeziehungen simultan oder sukzessiv zu verstehen sind. Als simultan verstanden bezieht sich die Forderung entweder auf Verbot der Polygamie[27] oder auf Ablehnung von Ehebruch.[28] Wird dagegen die Bestimmung sukzessiv interpretiert,[29] so ist an diesen Stellen eine Ablehnung von Zweitehen ausgesprochen, d.h. ausgeschlossen wird die Wiederheirat entweder nach Scheidung[30] oder auch nach dem Tod des Partners.[31]

Weitgehende Einigkeit über das Verständnis der "Einehe"-Bestimmung besteht heute in zwei Punkten: Aufgrund des allgemeinen Charakters der im Bischofs-, Diakonen-/Diakoninnen- und Presbyterspiegels aufgeführten Tugenden ist eine Zwei-Stufen-Ethik mit besonderen Anforderungen an die Amtsträger auszuschließen.[32] Die Betonung der Einzigkeit der Beziehung dürfte also in der Auffassung des Autors der Pastoralbriefe das allgemeine Eheideal wiedergeben, das für alle Gläubigen gelten

---

[26] Vg. *Dibelius/Conzelmann*, Past, 42f.

[27] Vgl. *Schulze*, Bischof, 298ff; *MacNamara*, Wives, 50.

[28] *Müller-Bardoff*, Exegese, 121; *Glasscock*, Husband, 244ff; *Trummer*, Einehe, 471ff, sehen allgemein gute Eheführung und damit Verbot des Ehebruchs angesprochen.

[29] In der Auslegung als sukzessiver Mehrfachbeziehungen hat die Forderung der Pastoralbriefe nach "Einehe" eine immense kirchliche Wirkungsgeschichte gehabt (vgl. *Kötting*, Digamus, 1020ff; *Kötting*, Bewertung, pass.): Seit der Alten Kirche begründete sie den Ausschluß aller in zweiter Ehe lebenden Personen von geistlichen Ämtern. Diesen kirchenrechtlichen Standpunkt formuliert etwa Origenes (Contr Cels III 8,5): Neque enim episcopus, nec presbyter, nec diaconus nec vidua possunt esse digami. Gegen diese Interpretation wandten sich die antiochenischen Exegeten, die lediglich Polygamie und Unzucht ausgeschlossen sahen. In der Reformation spielte diese Streitfrage wiederum eine große kirchengeschichtliche Rolle: Sowohl Luther als auch Calvin interpretierten die Stellen im simultanen Sinn und wetterten gegen den Ausschluß der sog. "Digamisten" von geistlichen Ämtern. (Eine gute Darstellung der Geschichte der kirchenrechtlichen Auseinandersetzungen gibt *Schulze*, Bischof, 287-293.) Der Einfluß der kirchenrechtlichen Auseinandersetzung auf die Exegese dieser Bestimmung in den Pastoralbriefen ist teilweise noch in der Gegenwart feststellbar. So ist der Beitrag von *Trummer*, "Einehe nach den Pastoralbriefen" stark von dem Bemühen bestimmt, exegetische Argumente gegen die traditionelle kirchenrechtliche Position zu formulieren. Ein ähnliches Phänomen zeitigt offenbar der US-amerikanische Evangelikalismus, wie der Aufsatz von *Glasscock*, "The 'Husband of One Wife' Requirement in 1 Timothy 3:2" beweist, der versucht, mit Hilfe der Exegese gegen Tendenzen anzuschreiben, Wiederverheiratete von Gemeindefunktionen auszuschließen.

[30] Diese Position vertreten *Bartsch*, Rechtsbildungen, 130; *Brox*, Past, 192; *Delling*, Paulus, 137f; *Kötting*, Univira, 353; *Roloff*, 1 Tim, 294; *Spicq*, Past, 169; *Dibelius/Conzelmann*, Past, 43 führen diese Deutung mit Bezug auf die Grabinschriften als eine mögliche an, ohne sich letztlich zu entscheiden.

[31] Das absolute Verbot der 2. Ehe für alle Amtsträger und Amtsträgerinnen sehen angesprochen: *Verner*, Household, 131; *MacDonald*, Pauline Churches, 211. Andere beziehen es nur auf die Witwen: *Delling*, Paulus, 136-138; *Kötting*, Univira, 353; *Stählin*, χήρα, 446; *Roloff*, 1 Tim, 294.

[32] Gegen *Leipoldt*, Frau, 148f, der von einer "Standesethik für Geistliche beiderlei Geschlechts" spricht, sowie gegen *MacDonald*, Pauline Churches, 211, die meint "that the exhortation is intended specifically for office-holders and not for the congregation as a whole".

soll. Da die analoge Formulierung für Männer und Frauen prinzipiell den gleichen sexualethischen Standard aufstellt,[33] ist des weiteren auszuschließen, daß die Bestimmung auf Polygamie zielt:[34] In der Antike war Polygynie zwar bekannt und im Judentum erlaubt,[35] nirgendwo wurde aber Polyandrie gesellschaftlich toleriert; in diesem
Kontext wäre die Forderung, die Witwe dürfe nicht mehrere Ehemänner zur gleichen
Zeit gehabt haben, unsinnig und irrelevant.[36]

Da bis heute über diese beiden Punkte hinaus keine Einigkeit über die Interpretation der "Einehe"-Bestimmung erzielt werden konnte, erscheint es geraten, sich noch
einmal dem traditionsgeschichtlichen Hintergrund des Motivs sowie seiner Einbettung
in den Kontext der Pastoralbriefe zuzuwenden.

Betrachtet man nämlich alle vier Stellen im Zusammenhang und versucht, eine
einheitliche Deutung zu finden, so werden zwei Aporien der bisherigen Exegese deutlich: 1. Es besteht keine Klarheit darüber, ob diese Forderung der "Einehe"
traditionsgeschichtlich in einen asketischen oder einen ehefreundlichen Zusammenhang einzuordnen ist. Zuweilen wird für die Witwenregel der erstere, für die Bi-
schofsregel hingegen der letztere Hintergrund angenommen.[37] 2. Die Bestimmung
wird durchgängig im Falle der männlichen Amtsträger auf die Gegenwart, im Falle
der Witwe hingegen auf die Vergangenheit gedeutet: μιᾶς γυναῖκος ἀνήρ beziehe sich
auf eine zur Zeit der Amtseinsetzung andauernde Ehe des Bischofs, Presbyters oder
Diakons, während ἑνὸς ἀνδρὸς γυνή die vergangene Ehe der Witwe mit ihrem jetzt
verstorbenen Mann im Blick habe.[38] Diese Differenz wird aber kaum je reflektiert.[39]
Um zu einer stringenten Interpretation der "Einehe"-Forderung der Pastoralbriefe zu
gelangen, müssen diese beiden Probleme der traditionsgeschichtlichen Einordnung
und des Zeitbezuges im jetzigen Kontext eine Lösung finden.

In der Frage der traditionsgeschichtlichen Einordnung des Motivs wird in der Forschung meist auf das römische Ideal der *univira* verwiesen.[40] An dieser Stelle muß
aber ein Ergebnis der neueren historischen Forschung berücksichtigt werden: Die römische *univira* ist keine Witwe. Wie *Lightman* und *Zeisel*[41] nachgewiesen haben, be-

---

[33] Mit *Trummer*, Einehe, 476; *Verner*, Household, 131; gegen *Strack/Billerbeck*, III, 674ff, und
Brox, Past, 191, der meint, eine einheitliche Deutung der Bestimmungen sei nicht notwendig, da im
Judentum unterschiedliches Eherecht für Männer und Frauen gegolten habe. Dieses Argument hat aber
den Text gegen sich, der durch die analoge Formulierung offensichtlich den gleichen Standard für alle
vorschreiben wollte.

[34] Diejenigen, die die Bestimmung gegen die Polygamie gerichtet sehen, beziehen sich meist nur
auf 1 Tim 3,2 und Tit 1,6; z.B. *Schulze*, Bischof, 293-298; *MacNamara*, Wives, 50. Bei *Schulze* steht
dahinter ein recht klischeehaftes Bild jüdischer "Vielweiberei", das als Folie für die "neue" christliche
Ehemoral dienen muß.

[35] Polygynie war zwar im Judentum ausdrücklich zugestanden, dennoch war die übliche und verbreitete Form der Ehe im 1./2. Jh. n. Chr. die Monogamie; vgl. *Oepke*, Ehe, 656; *Kötting*, Univira,
350f.

[36] So auch *Müller-Bardoff*, Exegese, 121; *Frey*, Signification, 49.

[37] So bei *Roloff*, 1 Tim, 155f.294.

[38] Z.B. *Dibelius/Conzelmann*, Past, 42.48.58; *Roloff*, 1 Tim, 148ff.282ff;

[39] Eine Ausnahme ist *Glasscock*, Husband, 255, der auch darauf hinweist, daß Calvin diese Differenz schon gesehen hat.

[40] So *Bartsch*, Rechtsbildungen, 129f; *Roloff*, 1 Tim 293f; *Verner*, Household, 130f.

[41] Vgl. *Lightman/Zeisel*, Univira: An Example of Continuity and Change in Roman Society.

zeichnet das ursprüngliche Ideal eine in erster Ehe lebende *matrona*, ein verheiratetes weibliches Mitglied der römischen Oberschicht, das als Paradigma von "feminine propriety and good fortune"[42] galt und deshalb bestimmte rituelle Funktionen hatte.[43] Dieses Ideal erfährt in der Kaiserzeit eine Ausweitung auf alle sozialen Schichten bei gleichzeitig stärkerer Betonung des moralischen Aspekts: In Grabinschriften lobt häufig der überlebende Ehemann seine gestorbene Frau dafür, daß sie ihm ihr Leben lang treu war.[44] Das Ideal richtet sich also gegen Ehebruch sowie die Option der Scheidung.[45] In diesem Sinn wird das ursprünglich römische Ideal auch in griechischem Kontext rezipiert, wie einige inschriftliche Belege für den Begriff der μονανδρός zeigen. Univira/μονανδρός bezeichnet also auch in diesem Zusammenhang keine Witwe; die gelobte Treue ist außerdem die Treue zum lebenden, nicht zum toten Ehegatten, so daß die Wiederverheiratung nach dem Tod des Partners hier nicht im Blick ist.[46] Erst in christlichen Zusammenhängen wird der Begriff *univira* konstitutiv mit Witwenschaft zusammengedacht:[47] Er bezeichnet jetzt die Frau, die sich nach dem Tod ihres ersten Ehemannes einem asketischen Leben zuwendet.[48] Dieser Hintergrund findet sich insbesondere bei Tertullian, der die - von Paulus in 1 Kor 7,9 erlaubte - Wiederheirat nach Tod des Ehegatten strikt ablehnt.[49] Das kirchlich propagierte Ideal der *vidua univira* findet seinen Niederschlag auch in christlichen Grabinschriften.[50]

Viele Exegeten tragen nun bei der Interpretation des ἑνὸς ἀνδρὸς γυνή das altkirchliche Univira-Ideal an dieser Stelle ein und deuten die Forderung als Bestandteil einer asketischen Witwentradition.[51] Im Gesamtzusammenhang der Amtsspiegel der

---

[42] *Lightman/Zeisel*, Univira, 20. Vgl. auch *Gardner*, Women, 50-56; *Treggiari*, Roman Marriage, 233-236.

[43] Zur Bedeutung von *univirae* in verschiedenen römischen Kulten vgl. auch *Pomeroy*, Frauenleben, 322f.

[44] Vgl. *Rawson*, Family, 32; *Raditsa*, Augustus' Legislation, 309; *Treggiari*, Roman Marriage, 234f.

[45] Vgl. *Brown*, Body, 149; *Frey*, Signification, 55ff. In diesem Sinn kommt der Begriff auch in jüdischen Inschriften Italiens vor.

[46] So urteilen auch *Bartsch*, Rechtsbildungen, 129; *Verner*, Household, 131.

[47] Die Aussage von *Roloff* (1 Tim, 294), "Das Ideal der *vidua univira* war in Rom schon lange gültig und gewann auch im Osten des Reiches an Boden" (Hervorhebung im Original), ist also falsch. Allerdings hat die christliche Tradition im Nachhinein das eigene Ideal in die Vergangenheit projiziert; vgl. *Treggiari*, Roman Marriage, 216.

[48] *Frey* (Signification, 57) schreibt dazu: "Sur les douze épitaphes paiennes où se rencontre le mot *univira*, neuf sont posées par les maris survivants, et dans les trois autres rien n'indique que l'épithète est décernée à une veuve qui n'a pas voulu se remarier. ... Chez les chrétiens, au contraire, il y a une tendance très nette à associer les termes que nous étudions á l'idée de veuvage et à leur donner une signification presque religieuse."

[49] Tertullian legt seinen Standpunkt in den Schriften "Ad uxorem" und "De monogamia" dar und stützt ihn mit einer Exegese der Pastoralbriefe; vgl. *Lightman/Zeisel*, Univira, 26f; *Schulze*, Bischof, 289f. Diese Position führt Tertullian zum Montanismus. Die Großkirche hat diesen ethischen Rigorismus dann allerdings als Häresie verurteilt und die Zweitehe für die Gläubigen insgesamt zugestanden und nur für Kleriker verboten; vgl. *Trummer*, Einehe, 482.

[50] Vgl. das Beispiel bei *Lightman/Zeisel*, 27.

[51] So ordnet *Roloff*, 1 Tim, 294 die Bestimmung ἑνὸς ἀνδρὸς γυνή der asketisch orientierten Tradition zu, die eine zweite Ehe nicht nur nach Scheidung, sondern auch nach dem Tod des Gatten aus-

Pastoralbriefe müßte dann aber gefolgert werden, daß auch Bischof, Presbyter und Diakon als asketisch lebende Witwer anzusehen wären.[52] Diese Konsequenz ist angesichts des in den Pastoralbriefen vorherrschenden anti-asketischen Zuges aber in keiner Weise wahrscheinlich zu machen. Erheblich besser paßt dagegen die Herleitung aus dem ehefreundlichen Kontext: Der Hintergrund, auf dem die Bestimmung μιᾶς γυναῖκος ἀνήρ/ἑνὸς ἀνδρὸς γυνή der Pastoralbriefe gelesen werden muß, ist eine Ethik der Hochschätzung ehelicher Verbindung und Treue, wie sie in populärphilosophischen Abhandlungen zur Sexualethik[53] sowie im inschriftlichen Lob der *univira* für Frauen faßbar wird.[54] Mit der in ihr ausgesprochenen Ablehnung von Scheidung und außerehelichen sexuellen Beziehungen liegt sie auf der Linie urchristlicher Sexualethik, wie sie bei Paulus und in der synoptischen Tradition,[55] sowie außer-neutestamentlich insbesondere im Hirten des Hermas vertreten wird.[56]

Dieses Ergebnis bedeutet für die Witwenregel, daß die Bestimmung ἑνὸς ἀνδρὸς γυνή vom Autor der Pastoralbriefe in die Witwentradition eingetragen wurde. Er greift umgestaltend in diese asketische Tradition ein, indem er ein Kriterium für die Zulassung zum Witwenamt einführt, das aus dem Lob der ehelichen Gemeinschaft stammt.[57] Der Autor korrigiert also die Witwenregel von seiner sozialethischen

---

schließe. Diese Tradition werde vom Verfasser der Past durch das Gebot der Wiederverheiratung in v14 korrigiert.

[52] Dieses Problem wird von *Verner* (Household, 131) diskutiert, der eine Deutung der Stellen im Sinne eines absoluten Verbots der zweiten Ehe favorisiert. "If this conclusion is correct, then the author of the Pastorals may be seen to be influenced to some extent by the same ascetic tendencies which characterize his opponents." Diese Hypothese *Verner*s von den männlichen Amtsträgern der Pastoralbriefe als Witwern entspricht dem Bild, das *Brown* (Body, 149f) von den christlichen Ämtern im 2. und 3. Jahrhundert zeichnet: "It was from this austere reservoir of postmarital celibates, widowed men and women, ... that the Christian churches tended to draw their leaders." *Brown* betont auch, daß ein solches Verständnis von Leitung tendenziell Gleichberechtigung zwischen Männern und Frauen fördert: "As a result, men and women found themselves on the same footing as to the nature of the continence that they had embraced. The normal continent woman ... frequently controlled property. Her wealth enabled her to impinge on the local church as benefactress, in a manner that was normal in pagan and Jewish circles."

[53] Auch hier sei auf eine Parallele zum neupythagoreischen Schrifttum verwiesen, an das die Pastoralbriefe ja häufiger Anklänge zeigen. Im Brief der 'Melissa' an 'Kleareta' wird in der sexualethischen Belehrung für Frauen ebenfalls die "Einzigkeit" der ehelichen Beziehung betont: Im Rahmen des traditionellen Topos der "Schmuckpolemik" erscheint folgende Argumentation: ταῖς ἑταίραις γὰρ τάδε (sc. Schmuck und aufwendige Gewänder) χρήσιμα ποττὰν τῶν πλεόνων θήραν, τᾶς δὲ ποθ' ἕνα τὸν ἴδιον εὐαρεστούσας γυναικὸς κόσμος ὁ τρόπος πέλει καὶ οὐχ αἱ στολαί (*Städele*, Briefe, 160, 1, 10-12).

[54] Daß hier ein einheitlicher sexualethischer Standard zur Norm erhoben, das Ideal der Einehe also auch für Männer verbindlich gemacht wird, paßt zu anderen Zeugnissen frühchristlicher Sexualethik (vgl. Mt 15,18-20; 1 Kor 6,12-20), hat aber durchaus pagane Vorläufer und Parallelen, wie auch *Verner*, Household, 131 betont. Die Ablehnung von "Doppelmoral" kann also nicht als Spezifikum des Christentums angesehen werden. So wurde das unbedingte Ideal der Einehe schon Pythagoras zugeschrieben (vgl. Iamblichus' Biographie des Pythagoras, *Thesleff*, Pythagorean Texts, 180) und stoische Philosophen haben ebenfalls die sexuelle Treue des Ehemannes gefordert; vgl. *Thraede*, Ärger, 57.

[55] Vgl. *Delling*, Art. "Ehebruch" und "Ehescheidung"; *Niederwimmer*, Askese, bes. 13ff.67ff; *Lövestam*, Divorce, 47ff.

[56] Zum Ideal der Einehe und Verbot der Zweitheirat nach Scheidung im Hirten des Hermas vgl. *Leutzsch*, Wahrnehmung, 185-190.

[57] Ähnlich *Bassler*, Widows, 38.

Grundauffassung her, wie sie sich sowohl in den anderen Amtsspiegeln als auch in den Ständetafeln spiegelt.[58]

Diese These bietet auch eine gute Erklärung für die zweite Aporie, den unterschiedlichen Zeitbezug der Einehe-Forderung: Dieser kommt eben durch die Übertragung einer Qualifikation von Ämtern, die von Ehemännern und Hausvorstehern eingenommen werden, auf das in seiner ursprünglichen Ausrichtung asketische Witwenamt zustande.

Gegen die hier vertretene These könnte eingewendet werden, daß, wenn der Autor ein auf die Vergangenheit bezogenes Kriterium in die Witwenregel einfügen wollte, er dies sinnvoller im Zusammenhang von v10 hätte tun können. Dort führt er ja eine ganze Reihe von Voraussetzungen an, die sich auf die frühere Ehe der Witwe beziehen und die dies durch die konditionale Konstruktion mit dem Aorist auch formal verdeutlichen. Kann also ein plausibler Grund angegeben werden, weshalb die Bestimmung ἑνός ἀνδρός γυνή auf die Altersangabe μὴ ἔλαττον ἐτῶν ἑξήκοντα γεγονυῖα folgt? Meine Hypothese ist, daß in der traditionellen Witwenregel an dieser Stelle schon ein Bezug auf die Ehe vorgelegen hat, der aber so ausgestaltet war, daß er zu der asketischen Ausrichtung der Tradition paßte. Diese Hypothese hat den Vorteil, daß die Annahme einer positiven Begründung für die Mindestalterbestimmung zu einer völlig symmetrischen und ausgewogenen Struktur führt, in der der positiven wie negativen Anweisung je ein begründendes Argument zugeordnet ist.

6.4 Das Zeugnis guter Werke (1 Tim 5,10)

V10 enthält eine Auflistung von Tätigkeiten, die die Witwe während ihres vorangegangenen Ehelebens ausgeübt haben muß. Am Anfang wie am Ende dieses Katalogs findet sich ein Hinweis auf "gute Werke"; diese Rahmung macht deutlich, daß die dazwischen genannten konkreten Aktivitäten als exemplarische Verwirklichung der Forderung nach καλὰ bzw. ἀγαθὰ ἔργα anzusehen sind.

Auf die Bedeutung der guten Werke in den Past wurde schon oben im Zusammenhang der Untersuchung von 1 Tim 2,9-3,1a eingegangen.[59] Im Zusammenhang des Witwenamtes ist aber nun besonders zu beachten, daß in 1 Tim 3,1 καλὸν ἔργον im Singular erscheint: Der Episkopat selbst wird dort als "gutes Werk" bezeichnet. *Verner* hat darauf hingewiesen, daß hier ein Verständnis des kirchlichen Amtes aufscheint, "in which office is viewed as community service undertaken by the well-to-do, whose prestige is thereby enhanced."[60] In Analogie zum Selbstverständnis munizipaler Eliten wird hier der Inhaber eines Amtes als Wohltäter gegenüber der Gemeinschaft angesehen. In diesem Sinne bekommt der Episkopat durch die Qualifizierung

---

[58] Im Ständespiegel Tit 2,1-10 werden die jungen Frauen zu einem tadellosen Eheleben ermahnt. Die Ermahnung der jungen Männer bezieht sich dagegen nicht auf diesen Bereich. Obwohl der Autor also in den Amtsspiegeln einen gleichen Standard für Männer und Frauen vorsieht, ist für ihn in sexuellen Fragen die Ermahnung der Frauen vordringlich, ihre Moral muß sich in diesem Bereich bewähren. Dem entspricht, daß er Frauen grundsätzlich der Sphäre der privaten Reproduktion zuordnet.

[59] S.o. S. 86-88.

[60] *Verner*, Household, 156.

als καλὸν ἔργον eine sehr grundsätzliche Würdigung; die Amtsträger selbst erhalten eine starke positive Verstärkung. Auf diesem Hintergrund ist die Funktion der ἔργα ἀγαθά in der Witwenregel vergleichend zu interpretieren: Im Gegensatz zum Episkopat wird hier nicht das Amt selbst als "gutes Werk" qualifiziert; "gute Werke" erscheinen stattdessen im Plural und werden in das Vorfeld des Witwenamtes verlegt. Dem Amt wird damit auf subtile Weise die Fähigkeit abgesprochen, Prestige und einen geachteten Status in der Gemeinde zu vermitteln.

Der Bezug auf das 'Zeugnis' in der Formulierung ἐν ἔργοις καλοῖς μαρτυρουμένη verweist auf den Kontext der Auswahl und Einsetzung von Funktionsträgern oder Funktionsträgerinnen:[61] Apg 6,3 steht μαρτυρεῖσθαι im Zusammenhang der Einsetzung des Siebenerkreises, während im Episkopenspiegel der Pastoralbriefe vom Bischof gefordert wird δεῖ δὲ καὶ μαρτυρίαν καλὴν ἔχειν ἀπὸ τῶν ἔξωθεν (1 Tim 3,7). Der gesellschaftliche Hintergrund dieser Bestimmungen liegt in der griechisch-römischen Institution der μαρτυρία: "ein öffentlich lobendes und ehrendes Zeugnis, das einer Einzelperson für ihre Verdienste ausgestellt wird, sei es durch ein Kollektiv oder durch eine Einzelperson, sei es in mündlicher oder in schriftlicher Form."[62] Die μαρτυρία in diesem Sinne ist "ein Element des hellenistischen und kaiserzeitlichen Euergetismus"[63]. Für sie ist Öffentlichkeit konstitutiv, das Zeugnis ergeht entweder schriftlich oder mündlich in einer Versammlung. Deshalb könnte μαρτυρεῖσθαι an unserer Stelle einen formellen Zeugnisakt von Gemeindemitgliedern als Bestandteil des Auswahl- und Einsetzungsprozesses der Witwe beinhalten.[64] Es könnte aber auch an vorherige Bezeugung des guten Lebenswandels der Kandidatin gedacht sein.[65] Die Grundlagen eines solchen Zeugnisses werden vom Autor im folgenden aufgeführt.

6.4.1 Kinderaufzucht

Die erste Vorbedingung in der Reihe der geforderten Tätigkeiten als Ehefrau lautet εἰ ἐτεκνοτρόφησεν. Viele Exegeten haben die Ansicht vertreten, hier sei neben dem Aufziehen eigener Kinder die Fürsorge für Waisen angesprochen, die von Christinnen verlangt werde.[66] Diese Interpretation ist darauf zurückzuführen, daß entweder eine Verbindung hergestellt wurde zwischen angenommenen Aufgaben der eingeschriebenen Witwen und ihren früheren Tätigkeiten,[67] oder daß die Sorge für die eigenen Kinder allein die Qualifizierung als "gutes Werk" noch nicht zu rechtfertigen schien, so

---

[61] Vgl. *Leutzsch*, Bewährung, 46.

[62] *Leutzsch*, Bewährung, 32. Vgl. auch 3 Joh 3.6.12, wo von dem guten Zeugnis die Rede ist, das dem Gaius wie dem Demetrios ausgestellt worden ist.

[63] *Leutzsch*, Bewährung, 43.

[64] Anders *Roloff*, 1 Tim, 294.

[65] Interessant wäre es, der Frage nachzugehen, wie im Falle des Bischofs die μαρτυρία der Außenstehenden konkret vorzustellen ist, da die sonstigen neutestamentlichen Belege von innerchristlichen Zeugnissen sprechen.

[66] So *Kelly*, Past, 117; *Scott*, Past, 61; *Lock*, Past, 60; *Dibelius/Conzelmann*, Past, 59; *Jeremias*, Tim, 40; *Brox*, Past, 192; *Roloff*, 1 Tim, 295.

[67] Vgl. etwa *Scott*, Past, 61: "Her duties as a Church 'widow' would be largely concerned with children, and it was important that she should have a real aptitude for dealing with them."

daß nach "verdienstlicheren" Werken Ausschau gehalten werden mußte.[68] Der Text jedenfalls deutet in keiner Weise darauf hin, daß es hier um das Aufziehen fremder Kinder geht.

Dennoch ist die Frage nach dem Gewicht dieser Vorbedingung zu stellen: Geht es bei der Forderung des τεκνοτροφεῖν um eine als quasi-automatisch angesehene Folge des Verheiratetseins oder hat dieses Kriterium darüberhinausgehend noch eine spezielle Bedeutung?

Für die unbetonte Interpretation könnte die Parallele zu v14 sprechen, in dem die Begriffe γαμεῖν, τεκνογονεῖν, οἰκοδεσποτεῖν als Trias gemeinsam eine bestimmte Lebensform bezeichnen, die als ganze dem Leben der als "Witwen" lebenden νεώτεραι entgegengesetzt wird. Allerdings steht ja nun in v10 nicht τεκνογονεῖν, sondern τεκνοτροφεῖν, und im griechischen Denken wurde zwischen Gebären und Aufziehen von Kindern deutlich unterschieden.[69]

Die Verben τρέφειν bzw. τροφεῖν und ihre Ableitungen werden regelmäßig im Kontext der Aufzucht von Kindern verwendet, und zwar zunächst unter dem Aspekt ihrer Ernährung. Neben der Simplexform werden in diesem Zusammenhang verschiedene zusammengesetzte Verben (sowie von ihnen abgeleitete Substantive) gebraucht; dabei sind zwei Arten zu unterscheiden, nämlich Komposita, die durch Kombination von τρέφειν mit einer Präposition gebildet werden, wie ἐκτρέφειν,[70] und ἀνατρέφειν, sowie Komposita, die das Objekt des Aufziehens in das Verb bzw. Substantiv integrieren, nämlich παιδοτροφεῖν/παιδοτροφία und unser Verb τεκνοτροφεῖν mit dem zugehörigen Substantiv τεκνοτροφία. Von diesen beiden Parallelbildungen ist παιδοτροφεῖν erheblich häufiger belegt als τεκνοτροφεῖν.[71]

---

[68] So schreibt *Lock*, Past, 60 unter Hinweis auf die ἔργα καλά in v10: "The context suggests something that goes beyond the duties of her own home." Eben weil das τεκνοτροφεῖν als erstes Beispiel "guter Werke" angeführt ist, tendieren viele Exegeten dazu, inhaltliche Füllungen der "christlichen Liebestätigkeit" aus anderen frühchristlichen Schriften einzutragen. So weisen *Dibelius/Conzelmann*, Past, 59 und *Roloff*, 1 Tim, 295 auf Herm vis II 4,3 und Lucianus, De morte Peregrini, 12f hin, wo Waisenaufzucht als hervorgehobener Zweig gemeindlicher Fürsorge dargestellt wird. *Jeremias*, Tim, 40, sowie *Bangerter*, Veuve, 37, führen Mk 9,37 an; ebenfalls an Waisen denkt *Brox*, Past, 192.

[69] Einigen Exegeten entgeht die Differenz zwischen beiden Begriffen. So schreibt *Müller-Bardoff*, Exegese, 127 Anm. 41: "Man beachte die Erwähnung des Geboren-habens in der Tugendliste 1 Tim 5,9bf."

[70] Vgl. Dio Chrysostomos, Fr. 6.

[71] Die TLG-Datenbank weist für παιδοτροφεῖν und παιδοτροφία mehr als einhundert Belege aus. Für τεκνοτροφεῖν/τεκνοτροφία führt sie in paganer Literatur acht Belege auf; zusätzlich nennen *Liddell/Scott*, 1768 ein Epikur-Fragment (das aber aus Epiktet erschlossen ist, also keinen eigenständigen Beleg darstellt) und eine Inschrift aus dem 2./3. Jh. In jüdischem Schrifttum kommt das Wort nicht vor und im NT ist es 1 Tim 5,10 Hapaxlegomenon. Etwas häufiger ist es bei den Kirchenvätern ab dem 4. Jahrhundert; der Thesaurus weist vier Belege bei Basilius, je einen bei Amphilochius und Athanasius, 18 Vorkommen bei Johannes Chrysostomos, sowie noch einen Beleg bei Photius im 9. Jahrhundert aus. Allerdings erweist sich der größte Teil dieser Belege als direkte Zitate aus 1 Tim 5,10 (Amphilochius, In occursum Domini, 113; Athanasius, De virginitate 10.19; Basilius, Regulae morales, MPG 31.853.45, sowie 16 von 18 Vorkommen bei Chrysostomos). Wo die Kirchenväter eigenständig formulieren, verwenden sie eher ἀνατρέφειν oder παιδοτροφεῖν (z.B. Joh.Chrys., In ep I ad Tim, MPG 62.572.41).

Das durch τρέφειν bzw. seine Ableitungen bezeichnete Aufziehen der Kinder wird von zwei anderen Akten unterschieden: Zum einen wird es als mehr auf das leibliche Wohl bezogene Sorge der geistigen Bildung und moralischen Erziehung gegenübergestellt, wobei letztere mit παιδεύειν bzw. παίδων ἀγωγή bezeichnet wird.[72] Die beiden Aufgaben werden geschlechtsspezifisch verteilt: Die παίδων τροφή ist primär Sache der Mutter, während insbesondere bei den Söhnen die geistige Erziehung den Vätern zugeordnet ist.[73] Zum anderen kann das τρέφειν jedoch auch das Aufziehen der Kinder im Unterschied zum Zeugen und Gebären meinen; so schreibt etwa Dio Chrysostomos: Τὸ μὲν γὰρ τίκτειν ἀνάγκης ἐστὶν ἔργον, τὸ δὲ ἐκτρέφειν φιλοστοργίας.[74] Hinter dieser Unterscheidung steht die antike Praxis der Kindesaussetzung,[75] so daß die Aufzucht eines geborenen Kindes von einer positiven Entscheidung des Vaters bzw. der Eltern abhängig ist.[76]

Die Komposita τεχνοτροφεῖν und τεχνοτροφία erscheinen nun durchgängig im Zusammenhang der letzteren Unterscheidung; sie bezeichnen also das Aufziehen als vom Gebären zu unterscheidenden Akt.

Aristoteles etwa verwendet Verb und Substantiv in seiner "Historia Animalium" für die Jungenaufzucht von Tieren. In 562b beschreibt er das Brutverhalten der Tauben in bezug auf die Arbeitsteilung zwischen Männchen und Weibchen. Er führt aus, daß beide abwechselnd brüten, daß aber das Weibchen nach dem Schlüpfen der Jungen die Hauptlast der Ernährung trägt: χαλεπωτέρα δὲ ἡ θήλειά ἐστι περὶ τὴν τεχνοτροφίαν τοῦ ἄρρενος (562b.23). Da vorher schon von den Eiern und dem Schlüpfen der jungen Tauben die Rede war, ist das in dem Kompositum enthaltene Objekt des Aufziehens nicht mehr unbestimmt, sondern eindeutig bestimmt; zu übersetzen ist: "Belasteter aber ist das Weibchen bezüglich der Ernährung *der* Jungen als das Männchen." Nicht ganz so eindeutig ist der Gebrauch in Hist An 625b, wo es um die Aufgabenverteilung in einem Bienenvolk geht. Aristoteles beschreibt die verschiedenen Tätigkeiten von Arbeitsbienen, von denen eine die Beschaffung von Wasser ist. Er erklärt: φέρει δ'ὕδωρ, ὅταν τεχνοτροφῇ. Obwohl in diesem Fall von den Bienenjungen

---

[72] Siehe etwa Plato, Leg 788A. Vgl. *Strecker*, Haustafeln, 362.

[73] Vgl. *Gielen*, Haustafelethik, 148f.

[74] Es handelt sich um ein bei Stobaios überliefertes Fragment aus dem Oikonomikos des Dio Chrys; LCL, Fragment IX, S. 351. Diese Gedankenfigur wird im übrigen im christlichen Kontext aufgenommen und weitergeführt: Johannes Chrysostomos entwickelt aus ihr einen pointiert sozialen Begriff von Mutterschaft: Er argumentiert, erst das Aufziehen von Kindern mache eine Frau zur "Mutter"; das Gebären sei dagegen "nur Natur" (De Maccabeis, MPG 50.621.32f; De Anna, MPG 54.637.48f).

[75] Zur Kindesaussetzung vgl. *Grassl*, Sozialökonomische Vorstellungen, 56ff; *Rawson*, Children, 172ff; sowie die Aufsätze von *Harris*, The Theoretical Possibility of Extensive Infanticide in the Graeco-Roman World; *Pomeroy*, Infanticide in Hellenistic Greece, sowie *Patterson*, "Not Worth the Rearing": The Causes of Infant Exposure in Ancient Greece. Nach den Ergebnissen der Forschung wurden weibliche Säuglinge werden erheblich häufiger ausgesetzt als männliche; vgl. dazu auch: *Golden*, Demography and the Exposure of Girls at Athens.

[76] Aristoteles, Pol VII 1335b20 werden die Alternativen nebeneinandergestellt, wenn er seine Vorschläge zur staatlichen Kontrolle der Fortpflanzung mit der Themenangabe einleitet: περὶ δὲ ἀποθέσεως καὶ τροφῆς τῶν γιγνομένων ... Aus der Geburt folgt nicht eo ipso die Aufzucht der Kinder; daneben steht die alternative Option der Aussetzung.

vorher nicht die Rede war, dürfte auch hier ein bestimmtes Objekt vorausgesetzt sein, da nicht zwischen Zeiten mit Jungenaufzucht und solchen ohne unterschieden wird, sondern zwischen Arbeitsbienen, die den Nachwuchs aufziehen, und solchen, die etwa die Waben bauen (αἱ δὲ λεαίνουσι καὶ κατορθοῦσι τὰ κηρία) oder die Nahrung beschaffen. Die Existenz von Bienenjungen im Stock wird also vorausgesetzt.

Der bisherige Befund, daß das beim Kompositum in das Verb bzw. Substantiv integrierte Objekt als ein bestimmtes zu verstehen ist, wird durch die späteren literarischen Belege gestützt, die sich durchgängig in dem spezifischen inhaltlichen Kontext der Frage der Kindesaussetzung oder -tötung finden.[77] Diodorus Sicilus sagt innerhalb seiner Beschreibung des Judentums über den Gesetzgeber Mose: τεχνοτροφεῖν τε ἠνάγκαζε τοὺς ἐπὶ τῆς χώρας (40.3.8).[78] Den gleichen Sachverhalt betont Josephus in seiner Darstellung der Gesetzgebung durch Mose in Ap 2,202: τέκνα τρέφειν ἅπαντα προσέταξεν.[79]

Das Verbot der Kindesaussetzung wird bei römischen und griechischen Schriftstellern häufiger thematisiert: Sie schreiben - im Gegensatz zur geläufigen Praxis im eigenen Land - fremden Völkern das Verbot der Kindesaussetzung zu. Der Topos findet sich noch ein zweites Mal bei Diodor sowie neben einigen anderen[80] bei Strabo und Athenaios:

Diodor 1,80 (über Ägypten):
καὶ τὰ γεννώμενα πάντα τρέφουσιν ἐξ ἀνάγκης ἕνεκα τῆς πολυανθρωπίας.

Strabo, Geogr, 17,2,5 (über die Bevölkerung von Ägypten):
τοῦτο δὲ τῶν μάλιστα ζηλουμένων παρ᾽ αὐτοῖς τὸ πάντα τρέφειν τὰ γεννώμενα παιδία.

Athenaios, Deipn 12,517e (über die Etrusker):
τρέφειν δὲ τοὺς Τυρρηνοὺς πάντα γενόμενα παιδία οὐκ εἰδότας ὅτου πατρός ἐστιν ἕκαστον.

Diese drei Belege, die - ebenso wie Josephus - mit Hilfe des Simplex τρέφειν formulieren, zeigen eine weitgehende Übereinstimmung in der sprachlichen Form: Gegenüber der Möglichkeit des Aussetzens von Neugeborenen bezeichnet die Formulierung πάντα γι(γ)νομένα/γεννώμενα παιδία bzw. τέκνα das ausnahmslose Aufziehen aller geborenen Kinder. Das dem Verb τρέφειν zugeordnete direkte Objekt wird durch das attributive πάντα bestimmt. Vergleicht man damit die Parallele in Diodor 40.3.8, die das Kompositum τεχνοτροφεῖν verwendet, so wird deutlich, daß diesem das πάντα γινόμενα τέκνα τρέφειν inhaltlich genau entspricht.[81] Offensichtlich ist bei der Formu-

---

[77] Diesen Zusammenhang hat auch *Verner*, Household, 136 gesehen, hat jedoch keine Überlegungen darüber angestellt, ob diese Bedeutung auf 1 Tim 5,10 zu beziehen sei: "τεχνοτροφεῖν normally implies the activity of nurturing in a broad sense, although it sometimes means no more than making the decision not to expose one's children."

[78] Sowohl die erste wie das vierzigste Buch Diodors sind abhängig von Hekataios von Abdera; vgl. *Stern*, Authors, 20f; *Balch*, Wives/1974, 136; *Küchler*, Weisheitstraditionen, 231.

[79] Vgl. auch Philo, Spec leg III 110ff. Sowohl Philo wie Josephus, betonen gleichzeitig das Verbot der Abtreibung.

[80] Lateinische Belege bei *Grassl*, Sozialökonomische Vorstellungen, 61.

[81] Vgl. auch die sehr ähnlichen Formulierungen bei Polybios, 36,17,7: καὶ μὴ βουλομένων μήτε γαμεῖν μήτ᾽, ἐὰν γήμωσι, τὰ γινόμενα τέκνα τρέφειν (diese Stelle wurde schon in der begriffsge-

lierung mit dem Kompositum keine weitere sprachliche Präzisierung nötig, um die Verpflichtung zum Aufziehen aller Kinder auszusagen. Τεχνοτροφεῖν hat an sich schon die Bedeutung "die (=alle) geborenen Kinder aufziehen".

Diese Deutung wird durch mehrere Belege bei Plutarch und Epiktet gestützt. Der literarische Topos der verbotenen Kindesaussetzung bei Fremdvölkern ist in der Philosophie des ersten Jahrhunderts eingebettet in eine kontroverse Diskussion über die Aussetzungspraxis: Während Arius Didymus im Anschluß an Aristoteles die Tötung der behinderten Kinder verlangt,[82] setzt sich in der Moralphilosophie unter stoischem Einfluß die Ansicht durch, daß alle geborenen Kinder aufzuziehen seien.[83] Im Zusammenhang ihrer Aufwertung der Ehe[84] und Fortpflanzung wenden sich stoische Denker gleichzeitig gegen eine alte philosophische Tradition, die die Kindererziehung in einem sehr negativen Licht sieht: Diese wird faßbar z.B. in dem Demokrit-Fragment 275 τεχνοτροφίη σφαλερόν[85] und der Haltung Epikurs, wie sie in Abgrenzung bei Plutarch und Epiktet wiedergegeben wird.

Plutarch argumentiert in seiner Abhandlung Περὶ τῆς εἰς τὰ ἔγγονα φιλοστοργίας (Mor 493A-496C), daß die Liebe zum eigenen Nachwuchs eine Naturanlage sei, und polemisiert scharf gegen den Verfall seiner Zeit, den er darin sieht, daß Menschen derartig ihren eigenen Naturbezug verloren haben, daß sie im Geschlechtsverhalten von Tieren nach Richtlinien suchen, πῶς γαμῶμεν αὐτοὶ καὶ γεννῶμεν καὶ τεχνοτροφῶμεν (Mor 493C). Für unsere Begriffsanalyse ist wichtig, daß hier wiederum das durch τεχνοτροφεῖν bezeichnete Aufziehen der Kinder von ihrem Erzeugen unterschieden wird; zu übersetzen ist deshalb: Wir suchen, "in welcher Weise wir selbst heiraten, Kinder zeugen und die so Geborenen aufziehen sollen." In Mor 495C findet sich ein weiterer Beleg des Substantivs τεχνοτροφία in entsprechender Unterscheidung; hier geht es um die Mühe der Ernährung von Tierjungen neben den Schmerzen ihrer Geburt.

Plutarch führt aus, daß die φιλοστοργία zu den eigenen Kindern ein natürliches Gefühl insbesondere der Mütter sein müsse, weil die Neugeborenen keine Qualitäten haben, die die Zuneigung zu ihnen motivieren könnten. Zur Stützung seines Arguments zieht er hypothetisch die Situation in einer vergangenen primitiven Gesellschaft heran, die kein Gesetz zur Kinderaufzucht kennt und in der die Eltern auch keine Gegenleistung für ihre Mühen erwarten können.

---

schichtlichen Untersuchung zu σπαταλᾶν herangezogen; s.o. S. 155f); sowie Plato, Theaet, 160E: σκοπουμένους μή λάθη ἡμᾶς ἄξιον ὂν τροφῆς τὸ γιγνόμενον. ἢ σὺ οἴει πάντως δεῖν τό γε σὸν τρέφειν καὶ μὴ ἀποτιθέναι. Plato redet hier über einen philosophischen Gedanken, der metaphorisch als Neugeborenes bezeichnet wird, über dessen Überlebensrecht zu entscheiden ist. Zur Interpretation der Stelle vgl. *Patterson*, Infant Exposure, 112.

[82] Vgl. Aristoteles, Pol VII 1335b20: Περὶ δὲ ἀποθέσεως καὶ τροφῆς τῶν γιγνομένων ἔστω νόμος μηδὲν πεπηρωμένον τρέφειν; Arius Didymus, (Stob II, 152): καὶ τὸ νομοθετεῖν δὲ μηθὲν ἐκτρέφειν πεπηρωμένον μηθ᾽ ἐκτιθέναι τέλειον μηθ᾽ ἐξαμβλοῦν συμφορωτάτον δήπου (Übersetzung und Interpretation bei *Balch*, Household Codes, 44f).

[83] So schreibt Musonius Rufus eine Abhandlung über die Kindesaussetzung, deren Titel bei Stob IV, 605 mit εἰ πάντα τὰ γινόμενα τέκνα θρέπτεον angegeben wird; er beantwortet die selbstgestellte Frage uneingeschränkt positiv.

[84] Vgl. *Thraede*, Ärger, 54-62; *KLassen*, Musonius Rufus, 185ff.

[85] *Diels*, Vorsokratiker, 275.

Ἐπὶ τοὺς παλαιοὺς ἀνάγαγε τὸν λόγον, ὧν ταῖς μὲν τεχεῖν πρώταις, τοῖς δ' ἰδεῖν συνέβη τιχτόμενον βρέφος. οὔτε νόμος ἦν ἐχείνοις τεχνοτροφεῖν προστάττων οὔτε προσδοχία χάριτος ἢ τροφείων ἐπὶ νέοις δανειζομένων[86]

Wenn sich diese Eltern trotzdem zur Aufzucht der geborenen Kinder entscheiden, so kann dies nach Plutarch nur an einer natürlichen Anlage des Menschen liegen.

Der Stoiker Epiktet argumentiert ebenfalls mit der naturgegebenen Kinderliebe, wenn er sich in Πρὸς Ἐπίχουρον (I,23,1ff) mit dessen Diktum auseinandersetzt, daß Kinderaufzucht für den Weisen unangemessen sei: πῶς οὖν ἔτι χοινωνιχοί ἐσμεν, οἷς μὴ φυσιχὴ ἔστι πρὸς τὰ ἔγγονα φιλοστοργία; διὰ τί ἀποσυμβουλεύεις τῷ σοφῷ τεχνοτροφεῖν; Der Kontext (I,23,8-10) macht deutlich, daß nicht die Vermeidung der Geburt von Kindern (also Enthaltsamkeit oder Verhütung) gemeint ist, sondern das Aussetzen bzw. Töten. Auch hier bezieht sich τεχνοτροφεῖν also auf konkrete, schon geborene Kinder.

In diesen Belegen bezeichnet τεχνοτροφεῖν - angesichts der als Alternative möglichen Aussetzung bzw. Tötung - den Gegenstand einer Verpflichtung bzw. Entscheidung, nämlich die zur Aufzucht der geborenen Kinder. Der Begriff hat damit bei den paganen Schriftstellern eine ethische Valenz. Das in dem zusammengesetzten Verb enthaltene direkte Objekt ist entsprechend nicht als unbestimmtes, sondern als bestimmtes anzusehen: Auch bei den Autoren des ersten und beginnenden zweiten Jahrhunderts bedeutet τεχνοτροφεῖν nicht allgemein "Kinder aufziehen" sondern "die geborenen Kinder aufziehen".

Nach unserer begriffsgeschichtlichen Untersuchung ist demnach in 1 Tim 5,10 die Bedingung εἰ ἐτεχνοτρόφησεν ebenfalls mit bestimmtem Objekt zu übersetzen: "wenn sie ihre Kinder bzw. die ihr geborenen Kinder aufgezogen hat". In der Perspektive des Textes ist die als Zulassungskriterium formulierte Kinderaufzucht also nicht selbstverständliche Folge des Verheiratetseins der Frau, sondern eine moralische Forderung angesichts von alternativen Optionen. Fragt man nun danach, welche Alternative ausgeschlossen wird, so wäre es möglich, auch hier ein Verbot von Kindesaussetzung ausgesprochen zu sehen.[87] 1 Tim 5,10 würde dann in Übereinstimmung mit Positionen sowohl jüdischer Autoren wie Philo und Josephus als auch "hellenistischer Moralisten"[88] wie Musonius, Epiktet oder Plutarch die Verpflichtung zum Aufziehen aller geborenen Kinder formulieren. 1 Tim 5,10 würde damit in den Kontext einer verstärkten Auseinandersetzung über die Kindesaussetzung in der frühen Kaiserzeit gehören.[89] Zwei Übereinstimmungen zwischen unserer Stelle und den paganen Texten stützen diese These: Wie der Autor der Pastoralbriefe in 1 Tim 5,9f wohlhabende

---

[86] Plutarch, Mor 496C.

[87] Diese mögliche Interpretation wird in den deutschsprachigen Kommentaren nicht reflektiert; sie wird erwähnt von *Lock* (Past, 60).

[88] "Hellenistic Moralists" ist der in der englischsprachigen Literatur gebräuchliche Begriff für die primär mit Ethik beschäftigte, auf Erziehung der Bevölkerung ausgerichtete, in bezug auf Schulzugehörigkeit synkretistische Philosophie der hellenistischen und frühen Kaiserzeit; obwohl sich der Begriff in der deutschsprachigen Forschung bisher nicht durchgesetzt hat, ziehe ich ihn dem älteren Etikett "Popularphilosophie" vor.

[89] *Grassl* kommt in seiner Untersuchung zu dem Ergebnis, daß die Kritik der öffentlichen Meinung an der Tötung der Kinder in der Kaiserzeit stark zugenommen hat (Sozialökonomische Vorstellungen, 60).

Frauen im Auge hat, so ist auch in deren Sicht die Kindesaussetzung mehr ein Problem der reicheren Schichten.[90] Zum zweiten sprechen sie ebenso Frauen wie Männer an, obwohl in rechtlicher Sicht die Entscheidung über die Aufzucht eines Kindes in die Vollmacht der patria potestas gehört.[91] In der Praxis der frühen Kaiserzeit dürften also Frauen hier mitentschieden oder ganz eigenständig entschieden haben.

Nun wäre 1 Tim 5,10 die einzige neutestamentliche Belegstelle, die zu diesem Problem Stellung bezieht. Das sonstige Schweigen des Neuen Testaments zu dieser Frage hat in der Forschung die Ansicht nahegelegt, daß das Verbot sowohl von Abtreibung wie von Kindesaussetzung oder -tötung im Christentum so selbstverständlich war, daß es keiner besonderen moralischen Forderung mehr bedurfte.[92] Dies scheint aber eine zu idealistische Vorstellung zu sein; vielmehr mußte die christliche (wie auch die stoische) strenge Haltung an diesem Punkt erst einmal durchgesetzt werden. Andererseits kann der Vorwurf der Kindesaussetzung zum polemischen Topos werden, ohne daß noch mit Sicherheit zu entscheiden wäre, ob ihm eine tatsächlich geübte Praxis zugrundeliegt. Bei Clemens von Alexandrien findet sich ein Beleg, der Aussetzung von Kindern mit dem luxuriösen Lebensstil reicher Frauen in Verbindung bringt.[93]

Legt der Befund, daß der Begriff τεχνοτροφεῖν in der früh-kaiserzeitlichen moralphilosophischen Debatte durchgängig im Zusammenhang des Verbots von Kindesaussetzung vorkommt, es nahe, auch 1 Tim 5,10 in diesem Sinn zu interpretieren, so ist jetzt noch ein inschriftlicher Beleg zu analysieren, der eine etwas andere Deutung möglich macht.

In einer griechischen Inschrift, die ans Ende des zweiten oder an den Beginn des dritten Jahrhunderts zu datieren ist (IG XII 5.655.8), ehrt ὁ δῆμος ὁ Συρίων eine verstorbene Berenike, Tochter des Nikomachos und Ehefrau des Aristokleos Isidoros, durch einen goldenen Kranz und ein öffentliches Begräbnis.[94] Begründet wird die Eh-

---

[90] Vgl. *Grassl*, Sozialökonomische Vorstellungen, 59; sowie *Patterson*, Infant Exposure, 117f.

[91] Vgl. auch Arius Didymus (Stob II 152,20-24), der zwischen dem Subjekt der Abtreibung, das die Frau sein muß, und dem Subjekt der Aussetzung nicht unterscheidet.

[92] Das Christentum hat an diesem Punkt das Erbe des Judentums angetreten und sich pointiert als Gemeinschaft dargestellt, in der keine Kinder ausgesetzt werden; vgl. Athenagoras, Leg 35,6. Außerdem scheint das spätere rechtliche Verbot der Kindesaussetzung im römischen Kaiserreich auf christlichen Einfluß zurückzuführen zu sein; vgl. *Grassl*, Sozialökonomische Vorstellungen, 62f.

[93] Paedagogus 3,30,.2. Der Lebensstil der reichen Frauen wird von Clemens polemisch mit traditionellen Forderungen der Wohltätigkeit auf eine Weise konfrontiert, daß ihre Wertentscheidungen unmittelbar als moralisch inferior dastehen: Statt um sittsame Witwen kümmern sie sich um Hündchen, statt mit einem ehrbaren alten Mann haben sie Umgang mit gekauften "Mißgeburten", kein Waisenkind lassen sie an sich herankommen, halten sich aber Papageien im Haus - ja sie setzen sogar die im Haus geborenen Kinder aus, während sie junge Vögel aufnehmen. Die Stelle steht im Zusammenhang des Themas "angemessener Umgang mit Reichtum", dem Clemens umfangreiche Überlegungen widmet; vgl. *Countryman*, Rich Christian, 47-68, bes. 59f.

[94] Übersetzung der gesamten Inschrift: "Der Rat und das Volk haben auf Vorschlag der Vorsteher folgenden Beschluß gefaßt: Da Berenike, Tochter des Nikomachos, Ehefrau des Aristokleos Isidoros in allem einen guten und anständigen Lebenswandel geführt hat, und da sie, als sie Archeine geworden war, aus ihrem eigenen Vermögen freigebig sowohl den Göttern als auch den Menschen opferte zum Besten des Vaterlandes, und da sie, zur Priesterin der hochehrwürdigen himmlischen Göttinnen Demeter und Kore eingesetzt, ihren Dienst züchtig und den Göttinnen wie der Stadt würdig versah, und da

rung zunächst mit ihrem insgesamt tadellosen Lebenswandel; dann werden ihre öffentlichen Funktionen aufgeführt: Im Amt der ἀρχείνη hat sie freigebig ihr Vermögen für religiöse und sozial-kulturelle Zwecke eingesetzt und damit zum Besten ihrer Vaterstadt gehandelt. Außerdem wurde sie zur Priesterin der Demeter und Kore eingesetzt und versah ihren Dienst "züchtig und den Göttinnen wie der Stadt würdig". Schließlich wird vermeldet, daß sie starb (μετήλλαξεν τὸν βίον). Danach wird als letztes Element der Begründung noch angehängt ἡ καὶ τεκνοτροφήσασα. Es folgt der eigentliche Beschluß zur Bekränzung.

Diese Inschrift ist in unserem Zusammenhang äußerst interessant, da hier die Kinderaufzucht ebenfalls als "gutes Werk" in einem Kontext erscheint, in dem im übrigen Verdienste um das Gemeinwesen geehrt werden. Obwohl also im Zentrum der Inschrift die öffentlichen Funktionen der Berenike stehen, wird die Ehrung auch auf ihre spezielle Frauenrolle rückbezogen. Wenn man nun aufgrund unserer bisherigen Analyse davon ausgeht, daß die Bezeichnung ἡ καὶ τεκνοτροφήσασα nicht lediglich meint, daß die Frau Kinder hatte, so ist zu fragen, was die Aussage konkret beinhaltet. Unwahrscheinlich ist, daß hier ausgesagt werden sollte, daß sie keine Kinder ausgesetzt oder getötet hat.[95] Passender wäre im Kontext der Inschrift, wenn betont würde, daß sie trotz ihres Reichtums und ihrer öffentlichen Wirksamkeit ihre Frauenrolle nicht vernachlässigt hat und sich persönlich um die Aufzucht ihrer Kinder gekümmert hat. Diese Interpretation wird dadurch gestützt, daß in der philosophischen und insbesondere medizinischen Literatur des 1. und 2. Jahrhunderts eine intensive Debatte über die richtige Rolle der Mutter bei der Aufzucht der Kinder feststellbar ist:[96] So lobt schon Plutarch in Ad uxorem 2,608C seine Frau, weil sie sich persönlich der Pflege ihrer Kinder gewidmet hat. Im ps-plutarchischen Werk "De liberis educandis" sowie in der medizinischen Fachliteratur des 2. Jahrhunderts wird gefordert, daß (gesellschaftlich hochgestellte) Frauen ihre Säuglinge selbst stillen und sie nicht an Ammen geben, da dies dem Gedeihen der Kinder abträglich sei.[97]

Das erste und zweite nachchristliche Jahrhundert bezeugen also ein verstärktes Interesse an Fragen der Kinderpflege und -erziehung, wobei die Rolle der leiblichen Mutter betont wird. In der Ehreninschrift für Berenike wird deutlich, wie sich diese Diskussion auch in ganz anderen Bereichen auswirkt: Die Ehrung einer zur lokalen Oberschicht gehörenden Frau wird nicht nur an ihr Agieren in öffentlichen Funktio-

---

sie starb, sie, die auch Erzieherin ihrer Kinder war: Deshalb eben beschließt der Rat und das Volk das vorher gelebte Leben der Frau zu loben und sie mit dem goldenen Kranz zu bekränzen, mit dem wir nach althergebrachter Sitte die guten unter den Frauen bekränzen. Die Inschrift soll uns beim Begräbnis verkünden: Das Volk der Syrer bekränzt die Berenike, Tochter des Nikomachos, in Ansehung ihrer Tugend und als Ausdruck der dankbaren Gesinnung gegen sie mit dem goldenen Kranz."

[95] Dies wäre ja wahrscheinlich nicht öffentlich bekannt gewesen.

[96] Vgl. *Städele*, Briefe, 267ff.

[97] Vgl. Ps-Plutarch, lib educ 5, Mor 3C; Galen, san tuenda 1,7,19. Neben dieser Forderung, die als grundsätzlich beste Lösung propagiert wird, formulieren die Mediziner als Kompromiß Kriterien für die Auswahl von Ammen. Sie scheinen in eine soziale Realität hineinzuschreiben, in der in den oberen Schichten die Übergabe der Kinder an Ammen weitverbreitet ist; vgl. *Fildes*, Wet Nursing, 1-25; *Bradley*, Wet-Nursing, 201ff. Wie *Bradley* darstellt, wurden zwar auch Sklavinnenkinder von Ammen aufgezogen; dieser Fall kann aber nicht Gegenstand moralischer Ermahnung an die Mütter sein, da diese als Sklavinnen hier der Entscheidung ihres Herrn oder ihrer Herrin unterworfen waren.

nen, sondern zusätzlich an die Erfüllung ihrer Mutterrolle gebunden. Dies entspricht genau der für die Pastoralbriefe festgestellten Strategie, die moralische Bewährung von Frauen primär in diesem "privaten" Bereich anzusiedeln. Das Kriterium εἰ ἐτεκνοτρόφησεν in 1 Tim 5,10 ließe sich gut genauso interpretieren: Gefordert wird von der Frau, die als Witwe in der Gemeinde anerkannt werden will, daß sie sich um die Pflege und Aufzucht ihrer Kinder persönlich gekümmert hat.

Betrachten wir die beiden hier als möglich erwiesenen Interpretationen der Forderung der Kinderaufzucht, so ist zu sagen, daß sie sich nicht grundsätzlich ausschließen müssen. Sie passen beide in eine moralistische Strategie, die ein Idealbild der Oberschichtfrau von einer Negativfolie absetzt. Die Kindesaussetzung gehört ebenso wie das Übergeben der Pflege an fremde Personen zu einem Lebensstil, der mit seiner Suche nach Luxus und Vergnügen den philosophischen Idealen der Mäßigung[98] und "Naturgemäßheit" entgegensteht. Dann kann umgekehrt für Frauen die persönliche Sorge um die Aufzucht der Kinder zum "guten Werk" werden, das auch Gegenstand öffentlicher Belobigung ist. Die Mutterrolle wird damit präskriptiv auch für reiche Frauen, die eigentlich aufgrund ihres Status häusliche Verpflichtungen abgeben konnten.

6.4.2 Gastfreundschaft

Als nächstes Kriterium wird verlangt, daß die Kandidatin für das Witwenamt Gastfreundschaft geübt haben soll: εἰ ἐξενοδόχησεν. Die Forschung hat die große Bedeutung der Gastfreundschaft in der Antike allgemein und in christlichen Gemeinden im besonderen herausgearbeitet.[99] In den Paulinen wie in der Apostelgeschichte wird deutlich, daß Paulus auf seinen Reisen die Gastfreundschaft von Privathaushalten in Anspruch nimmt[100] und sich so Stützpunkte für seine Missionsarbeit verschafft. Die Mahnung, Gastfreundschaft zu üben, findet sich im NT mehrfach,[101] in 1 Clem 35,5 erscheint das Gegenteil, Ungastlichkeit, in einem Lasterkatalog. In den Pastoralbriefen wird neben der Forderung an die zukünftige "Witwe" vom Bischof verlangt, daß er ein gastfreundlicher Mensch (φιλόξενος, 1 Tim 3,2) sein soll. Kontrovers ist in der Forschung die Einschätzung der sozialgeschichtlichen Aussagekraft dieses Elements. Auf der einen Seite hat *Theißen* die Tatsache, daß eine Person sich auf Reisen befindet, als Indikator für einen gewissen Reichtum gedeutet,[102] insbesondere, da die Angabe von Reisen häufig in Kombination mit anderen Merkmalen erscheint, die gehobenen sozialen Status voraussetzen, etwa den Hinweis auf einen eigenen οἶκος. Ebenso geht *Gielen* davon aus, daß "sowohl auf seiten der Gastgeber als auch der Gäste, die von Berufs wegen Gastfreundschaft in Anspruch nahmen, ein gewisser materieller Wohlstand vorausgesetzt werden darf".[103] Dagegen hat *Schöllgen* gerade mit Berufung

---

[98] Σωφροσύνη ist bevorzugter Tugendbegriff der Pastoralbriefe; s.o. S. 80-82.
[99] Vgl. *Gielen*, Haustafelethik, 94ff.
[100] Vgl. *Judge*, Scholastische Gemeinschaft, 148ff.
[101] Röm 12,13;16,2; Hebr 13,2; 3 Joh 8.
[102] Vgl. *Theißen*, Schichtung, 253ff.
[103] *Gielen*, Haustafelethik, 95 Anm. 157.

auf 1 Tim 5,10 die Aussagekraft dieses Merkmals in bezug auf sozialen Status infragegestellt. Zur Gastfreundschaft als Kriterium der Aufnahme in den Witwenstand meint er:

> "Da es wenig wahrscheinlich ist, daß die bedürftigen Witwen sämtlich aus ehemals reichen οἶκοι stammen, wird der Schluß von der Beherbergung von Fremden auf den Reichtum des Hauses sehr fragwürdig."[104]

Zu dieser Schlußfolgerung kann *Schöllgen* allerdings nur kommen, weil er unter Nichtberücksichtigung der neueren exegetischen Forschung davon ausgeht, der Witwenstand in den Pastoralbriefen diene lediglich "der Versorgung der Bedürftigen".[105] Insofern ist sein Einwand nicht überzeugend. Gerade wenn andere Indikatoren in dieselbe Richtung weisen, dürfte die Erwähnung von Gastfreundschaft auf einen gewissen materiellen Wohlstand schließen lassen.

6.4.3 Fußwaschung an den Heiligen

Das nächste Kriterium, εἰ ἁγίων πόδας ἔνιψεν, wird in den Kommentaren durchgängig im Zusammenhang mit der geforderten Gastlichkeit interpretiert, gleichzeitig aber auf die zeichenhafte Handlung Jesu an seinen Jüngern in Joh 13 bezogen. So schreibt etwa *Roloff*:

> "Als Gastfreundschaft konkret veranschaulichendes Zeichen ist die Fußwaschung zu verstehen; von Haus aus niedriger Dienst des Sklaven, der dem ins Haus eintretenden Gast den Staub und Schmutz der Landstraße von den Füßen wäscht, ist sie wohl von christlichen Gastgebern als sinnfälliger Ausdruck der von Jesus den Seinen gebotenen und vorgelebten dienenden Liebe geübt worden."[106]

Die scheinbar so problemlose Nebeneinanderstellung dieser beiden Elemente[107] verdeckt entscheidende exegetische Probleme. Wenn die Fußwaschung in 1 Tim 5,10 Gastfreundschaft und christliche Demut symbolisieren soll, dann muß verwundern, daß dieses Kriterium nur in der Witwenregel erscheint, da doch gleichzeitig vom Bischof in beiden Amtsspiegeln die Qualität der Gastlichkeit gefordert wird. Auffällig ist auch, daß weder Gastfreundschaft allgemein noch speziell die Fußwaschung in der Reichenparänese 1 Tim 6,17ff erwähnt werden. Die etwa von *Roloff* angenommene allgemeine Praxis der Fußwaschung durch "christliche Gastgeber" ist also im Text der Pastoralbriefe selbst nicht zu belegen.

Zu klären wäre also, in welchem Traditionskontext die geforderte Fußwaschung verständlich gemacht werden kann und ob es sich überhaupt um die Kombination von Nachahmung Jesu und Akt der Gastfreundschaft handelt. Dabei ist gleichzeitig nach

---

[104] *Schöllgen*, Sozialstruktur, 81 Anm 25.

[105] *Schöllgen*, Sozialstruktur, 81.

[106] *Roloff*, 1 Tim, 295. Ähnlich *Dibelius/Conzelmann*, Past, 59: "Beispiel der christlichen Demut und Gastfreundschaft"; *Jeremias*, Tim, 38: "nicht nur Gastlichkeit ... sondern zugleich die Bereitschaft zum selbstverleugnenden, demütigen Dienen". Vgl. auch *Brox*, Past, 193; *Bartsch*, Rechtsbildungen, 130.138 rekurriert nur auf die Demut.

[107] Eine gewisse Irritation und damit Problemanzeige formuliert *Schüssler Fiorenza* (Gedächtnis, 378): "Ungewöhnlich ist die Bedingung, daß sie 'den Heiligen die Füße gewaschen' haben muß - eine Aufgabe, die gewöhnlich von SklavInnen oder DienerInnen erfüllt wird." Leider läßt sie die damit gestellt Frage jedoch unbearbeitet.

Hinweisen auf eine Entwicklung zu einer geschlechtsspezifischen Festlegung der Fußwaschung, d.h. zu einem Frauendienst, zu fragen.

6.4.3.1 Οἱ ἅγιοι

Zunächst fällt an der Formulierung in 1 Tim 5,10 auf, daß es ἅγιοι sind, denen die
Frau die Füße gewaschen haben soll. Οἱ ἅγιοι wird als Bezeichnung für die Christinnen
und Christen bevorzugt von Paulus,[108] den Deuteropaulinen Kol und Eph,[109] der Apostelgeschichte[110] sowie der Apokalypse[111] verwandt; einzelne Belege finden sich außerdem im Matthäus-Evangelium, dem Hebräerbrief und dem Judasbrief.[112] Der Autor der Pastoralbriefe hingegen vermeidet die Bezeichnung der Christen und Christinnen als οἱ ἅγιοι; er verwendet οἱ πιστοί[113] oder umschreibt mit einer anderen Formulierung.[114] Dieser Befund läßt zunächst darauf schließen, daß der Autor an unserer Stelle
nicht selbständig formuliert, sondern eine geprägte Wendung aufnimmt. Nun erscheinen im Sprachgebrauch des Paulus "die Heiligen" häufig als die Empfangenden einer
διακονία: Dies betrifft hauptsächlich die "Heiligen in Jerusalem", denen die Kollekte
der paulinischen Gemeinden zukommen soll,[115] kann aber auch allgemein vom Dienst
an Mitgläubigen gesagt werden.[116] Wie in Phlm 5 wird in den Deuteropaulinen sum-
marisch von der "Liebe gegen die Heiligen" (Kol 1,4, Eph 1,15) gesprochen; Eph
6,18 ist die Rede von der "Fürbitte für alle Heiligen". Man könnte deshalb annehmen, daß innerhalb der paulinischen Traditionslinie des frühen Christentums die
Gläubigen auch unter dem Aspekt des Empfangs eines "Dienstes" wie der Fußwaschung als ἅγιοι[117] bezeichnet worden seien. Dagegen spricht aber, daß in paulinischer

---

[108] Paulus verwendet den Begriff als Bezeichnung für die Christinnen und Christen in verschiedenen sprachlichen und inhaltlichen Zusammenhängen: 1. in der Adressierung bzw. den Schlußgrüßen
seiner Briefe (Röm 1,7; 16,15; 1 Kor 1,2; 2 Kor 1,1. Kol 1,2 und Eph 1,1 nehmen diese Tradition auf); 2. im Zusammenhang eines Dienstes, insbesondere der Kollekte für Jerusalem, wobei die
Empfangenden als "Heilige" bezeichnet werden (Röm 12,13; 15,25.31; 1 Kor 16,15; 2 Kor 8,4;
9,1.12; Phlm 7); 3. in verschiedenen Zusammenhängen (Röm 8,27; 1 Kor 6,1f).

[109] Kol 1,2.4.12.26; 3,12; Eph 1,1.15.19; 2,19; 3,8.18; 4,12; 5,3; 6,18.

[110] Apg 9,13.32.41.

[111] Thematisch geht es in der Apokalypse häufiger um das Martyrium, wie die Formulierung "αἷμα
ἁγίων" anzeigt (15,3; 16,6; 17,6; 18,24). Zum zweiten ist charakteristisch, daß die "Heiligen" in der
Zusammenstellung mit προφῆται und ἀπόστολοι bzw. μάρτυρες erscheinen (16,6; 17,6; 18,20.24); die
Aufzählung als ganze bezeichnet dann die christliche Gemeinde. Vgl. außerdem Apk 14,20; 15,3 v.l.;
19,8; 20,9; 22,21.

[112] Mt 27,52; Hb 6,10; 13,24; Jud 3.

[113] Vgl. 1 Tim 4,3.12; 5,16; 6,2a.b; Tit 1,6.

[114] Interessant ist der Fall, wo der Autor der Past einen ähnlichen Gedanken ausdrückt wie Paulus,
ihn sprachlich aber anders faßt: Wo Paulus eine dem christlichen Glauben entsprechende Praxis an-
mahnt, kann er eine Forderung mit der Wendung ἀξίως τῶν ἁγίων ("wie es den Heiligen angemessen
ist") begründen (Röm 16,2). Ähnlich wird in Eph 5,3 formuliert: καθὼς πρέπει ἁγίοις. Dagegen verwendet der Autor der Pastoralbriefe in 1 Tim 2,10 die Wendung ὃ πρέπει γυναιξὶν ἐπαγγελομέναις
θεοσέβειαν.

[115] Röm 15,25.26.31; 2 Kor 8,4;9,1.12.

[116] Vgl. Röm 12,13; 1 Kor 16,15; Phlm 5.7.

[117] Zum doppelten Fehlen des Artikels bei Nomina mit Genitiv vgl. Blass/Debrunner/Rehkopf,
§259.

Verwendung der Ausdruck "die Heiligen" alle Mitglieder einer Gemeinde oder alle Gläubigen überhaupt meint. Dies kann aber in 1 Tim 5,10 nicht der Sinn sein, da nicht angenommen werden kann, die Frau solle der gesamten Gemeinde die Füße gewaschen haben.[118] Hier ist also ein emphatischer Begriff von οἱ ἅγιοι vorauszusetzen, der nicht alle Christinnen und Christen, sondern eine herausgehobene Gruppe meint.[119] Da die Fußwaschung selbst auch keinen Anhalt in paulinischer Tradition hat, muß mit anderen Einflüssen gerechnet werden. Um diese vielleicht genauer bestimmen zu können, ist zunächst die Fußwaschung in ihrem Bedeutungsspektrum als antiker Brauch zu umreißen, um dann die neutestamentlichen Bezugnahmen etwas ausführlicher zu betrachten. Es sind dies die Erzählung von der Sünderin in Lk 7,36-50 sowie die von der Fußwaschung Jesu an seinen Jüngern in Joh 13,1-20.

6.4.3.2 Kulturgeschichtlicher Hintergrund: Fußwaschung in der Antike

Die an einer anderen Person vorgenommene Fußwaschung[120] ist in der Antike eine weitverbreitete Handlung, die in unterschiedlichen Beziehungsverhältnissen je verschiedene symbolische Bedeutungen haben kann. In griechisch-römischem Kontext ist die Fußwaschung grundsätzlich Pflicht der Sklavinnen und Sklaven: Der Herr hat bei der Heimkehr oder abends Anspruch auf diesen Dienst.[121] Teilweise wird sie auch als Aufgabe der Tochter oder Gattin angesehen; in der rabbinischen Literatur hat die Ehefrau die Pflicht, ihrem Mann die Füße zu waschen; diesen Dienst darf sie, auch wenn sie reich ist, nicht an eine Dienerin übertragen.[122] Die Rabbinen kennen teilweise auch die Fußwaschung von Schülern an ihrem Lehrer.[123] Hingegen darf sie von jüdischen Sklaven nicht verlangt werden. Im Kontext häuslichen Lebens ist die Fußwaschung also grundsätzlich Dienst der Untergeordneten, entweder der Sklavinnen und Sklaven oder der abhängigen Familienmitglieder.

---

[118] Das Problem hat schon B. *Weiß* gesehen; er will es allerdings genau nach der anderen Seite auflösen: "Da unmöglich die solenne Bezeichnung der Christen ... nur die Fremdlinge bezeichnen kann, so kann auch das Fusswaschen nicht eigentlich genommen werden. ... Es kann nur symbolischer Ausdruck für die Erweisung der niedrigsten Liebesdienste sein, wie Joh 13,14" (Tim, 193). In der jüngeren Forschung haben sich *Brox* (Past, 193) und *Lips* (Glaube, 120) dieser Lösung angeschlossen. Sie ist aber nicht überzeugend, da alle anderen Forderungen in der Liste von 5,10 konkret und nicht symbolisch zu verstehen sind.

[119] *Wohlenberg* (Past, 178) denkt an beherbergte Wanderprediger. Ἅγιος kann allerdings in der alten Kirche auf verschiedene herausgehobene Personengruppen bezogen werden: auf Presbyter, Bischöfe, Märtyrer und Märtyrerinnen, Asketinnen und Asketen; Belege bei *Lampe*, 18f.

[120] Nicht berücksichtigt werden hier die Fußwaschung als reine Hygienemaßnahme sowie als rituelle Waschung, die jemand an sich selbst vollzieht. In unserem Kontext geht es nur um die Waschung einer Person durch eine andere.

[121] Die Waschung ist häufiger Sache der Sklavinnen als der Sklaven, wobei ihre gleichzeitige sexuelle Verfügbarkeit eine Rolle zu spielen scheint. Aufgrund dieser sexuellen Implikationen wird die Fußwaschung durch Frauen von jüdischen und christlichen Autoren zuweilen eingeschränkt oder verboten (vgl. *Kötting*, Fußwaschung, 747ff).

[122] Vgl. bKet. 61a. Neben der Fußwaschung muß sie persönlich das Bett machen und dem Mann den Becher zum Trinken reichen.

[123] Vgl. *Kötting*, Fußwaschung, 757f.

Im Rahmen der Gastfreundschaft ist es in der Antike überall Sitte, ankommenden Gästen Wasser zur Fußwaschung bereitzustellen. Die Verantwortung für dieses Symbol gastfreundlicher Aufnahme liegt beim Hausherrn oder der Hausherrin; vollzogen wird die Fußwaschung aber von Sklavinnen bzw. Sklaven - wenn der Gast es nicht sowieso selbst tut, was im Alten Testament vorausgesetzt wird.[124] Eine allgemein übliche Praxis der Fußwaschung durch den Gastgeber oder die Gastgeberin kann deshalb im griechischen wie im jüdischen Kontext nicht angenommen werden.

Um einen Sonderfall handelt es sich allerdings, wenn der Gast ein Herrscher oder hoher Abgesandter eines Herrschers ist; in diesem Fall gehört die Fußwaschung in die Symbolik politischer Machtverhältnisse. Wenn also in JosAs 7,1 vorausgesetzt wird, daß der Priester Pentephres und seine Familie dem ankommenden Joseph die Füße waschen, so ist dies nicht üblicher Gastfreundschaftsritus, sondern zusammen mit der Proskynese (5,7) und der Plazierung Josephs auf dem Thron (7,1) die dem höchsten Beamten und Abgesandten des Pharao zukommende Ehrung.[125] Die eigenhändige Fußwaschung des Pentephres symbolisiert also seine Loyalität gegenüber der staatlichen Macht.

Entsprechend können die politisch oder militärisch Siegreichen die Niederlage des gegnerischen Volkes in einer erzwungenen Fußwaschung symbolisieren.[126] Umgekehrt kann sich die politische Loyalitätsbezeugung im Falle eines gestürzten Machthabers mit dem Motiv des "letzten Getreuen" verbinden: So berichtet Plutarch, dem geschlagenen und verlassenen Pompeius habe sein Freund Favonius Sklavendienst bis hin zum Waschen der Füße geleistet.[127] Ebenso erzählt ein rabbinischer Midrasch zu Prov 15,17,[128] wie ein armer Mann den gestürzten König Salomo einlädt, ihm zur Begrüßung Hände und Füße wäscht und ihm versichert, daß er die Herrschaft wiedererlangen werde.[129] In diesem Zusammenhang ist die Ergebenheitsbezeugung eine freiwillige Tat der Liebe und Verehrung, weil der geschlagene Herrscher den ihm vorher zustehenden Loyalitätserweis nicht mehr erzwingen kann.

Das Motiv der Fußwaschung aus Liebe verbindet sich im Fall von Frauen häufiger mit einer besonderen Betonung der Demut oder Unterwürfigkeit. Dieses Moment kann seinen Ausdruck darin finden, daß die Füße Dritter gewaschen werden: In 1 Sam 25,41 drückt Abigail ihre positive Antwort auf den Heiratsantrag Davids aus, in-

---

[124] Vgl. Gen 18,3-5; 19,1; 24,32; 43,24; Ri 19,21. Im Unterschied zur alttestamentlichen Vorlage wird im Testament Abrahams erzählt, daß Abraham als Gastgeber seinem (himmlischen) Gast die Füße persönlich wäscht; vgl. TestAbr 3,6-9; 9,13. Hier dürfte allerdings christlicher Einfluß vorliegen; vgl. *Hofius*, Fußwaschung, 174.

[125] So auch *Hofius*, Fußwaschung, 173 Anm. 13.

[126] *Kötting*, Fußwaschung, 749 nennt als Beispiele die Erzählung von Theseus und Skiron sowie den Bericht des Herodot, nach dem die Frauen des besiegten Milet den Persern die Füße waschen mußten. Nach Sueton demütigte Caligula Senatoren, indem er sie mit dem zur Fußwaschung dienenden "linteum" umgürtet zu seinen Füßen stehen ließ (ibid., 753).

[127] Plutarch, Pomp 73.

[128] MMish, ed. *Buber*, 78f.

[129] Vgl. *Hofius*, Fußwaschung, 175: "Die Erzählung hebt besonders hervor, daß der Arme ... seinem Gast die Hände und Füße wäscht. ... Der Arme behandelt den vom Thron gestürzten Salomo ehrerbietig als König, wie er denn ja auch in seinen den Gast 'tröstenden' Worten der Gewißheit Ausdruck gibt, daß Salomo die Königsherrschaft zurückerlangen wird."

dem sie sich als Sklavin bezeichnet, die Davids Knechten die Füße waschen will. Ganz ähnlich antwortet in ARN 16[130] die Pflegetochter des Rabbi Eliezer, als er sie auffordert, sich einen Ehemann zu suchen, sie sei doch seine Magd und wolle die Füße seiner Schüler waschen. In beiden Erzählungen wird die eigentlich bestehende Verpflichtung zur Fußwaschung an Ehemann bzw. Pflegevater überboten, indem sie auf dessen Untergebene bezogen wird. Die Frau ordnet sich also jeweils - in Widerspruch zu ihrem formellen Status - auf der untersten Stufe der Hierarchie ein. Eine ähnliche Selbstverleugnung rühmt Clemens Alexandrinus an der Tochter des Kleobulos, eines der Sieben Weisen: Sie habe sich nicht für zu gut gehalten, den Gästen ihres Vaters die Füße zu waschen.[131]

In JosAs besteht Aseneth nach ihrer Bekehrung darauf, die Fußwaschung an Joseph selbst zu vollziehen, die dieser von ihren Dienerinnen erwartet. Dies hatte Aseneth sich vorher in Selbstdemütigung gewünscht; im Vollzug wird es jedoch weniger als Demütigung und mehr als Zeichen ihrer Liebesverbindung dargestellt.[132]

Dieser kurze Durchgang hat deutlich gemacht, daß die Fußwaschung entweder formale Abhängigkeitsverhältnisse symbolisiert oder eine intensive persönliche Beziehung - der Verehrung, Liebe oder Freundschaft - in Abhängigkeitssymbolik ausdrückt. Es wird deutlich, daß neben den anderen Über- und Unterordnungsverhältnissen das Geschlechterverhältnis in diesem Kontext eine eigenständige Rolle spielt. Empfangende dieses Dienstes sind grundsätzlich Männer, was mit der geschlechtsspezifischen Zuordnung von Wirkungsbereichen zusammenhängen dürfte: Da Frauen ihren Platz im Haus haben, können sie nicht in den Genuß einer Fußwaschung kommen, die mit Heimkehr/Ankunft im Haus assoziiert ist. Hinzu kommt der mitschwingende sexuelle Unterton bei dieser körperlichen Dienstleistung. Ausführende der Fußwaschung können sowohl Männer wie Frauen sein, Männer jedoch nur, wenn sie in einem besonderen Abhängigkeitsverhältnis (Sklave, Schüler) stehen, oder die Fußwaschung ein Akt politischer Loyalität ist. Selbst die Fußwaschung als Zeichen der Liebe, die ja nicht unbedingt einen Statusunterschied festschreiben müßte, ist nie als Dienst eines Mannes an einer Frau belegt. Solches war undenkbar, da es die Geschlechterhierarchie auf den Kopf gestellt hätte.

6.4.3.3 Die Fußwaschung Jesu durch die Sünderin (Lk 7,36-50)

Lukas gilt als "Evangelist der Frauen",[133] da er die Eigenart hat, Erzählungen und Notizen über Männer mit solchen über Frauen zu parallelisieren.[134] Der Grund für

---

[130] Vgl. *Strack/Billerbeck* III, 653.

[131] Clemens Alexandrinus, Strom. 4,123.

[132] In JosAs 6,8 wünscht sich Aseneth beim Anblick Josephs, ihm zur Sklavin gegeben zu werden; in 13,15 wiederholt sie diesen Wunsch, und konkretisiert, sie werde ihm sein Bett zurechtmachen und seine Füße waschen, d.h. ihm die Dienste einer ergebenen Ehefrau leisten. In 20,1-5 tritt dann neben das Moment des unterwürfigen Dienens der Gedanke der Einheit der Liebenden: "Denn deine Füße sind meine Füße und deine Hände sind meine Hände, und deine Seele ist meine Seele". Zur Fußwaschung in JosAs vgl. auch *Hofius*, Fußwaschung, 174.

[133] *Schmithals*, Lukas, 101.

[134] Vgl. *Schweizer*, Lukas, 93; *D'Angelo*, Women, 443ff.

diese Technik liegt in der kirchlichen Situation im Umfeld des Lukas: Die Erzählungen mit weiblichen handelnden Personen haben katechetische Funktion in der Unterweisung und Erbauung weiblicher Gemeindeglieder,[135] während die Erzählung über die Konkurrenz zwischen Maria und Martha (Lk 10,38-42) einen Konflikt über die angemessene Partizipation von Frauen in der Kirche spiegelt.[136] Der Sammelbericht von der Nachfolge der Frauen in Lk 8,1-3 hat eine doppelte Funktion: Zum einen reflektiert er die lukanische Konzeption, daß die Zeuginnen der Auferstehung Jesus von den Anfängen in Galiläa an gefolgt sein müssen.[137] Gleichzeitig vermittelt er die lukanische Vorstellung vom kirchlichen Dienst der Frauen, der primär im materiellen Bereich angesiedelt ist und die Frauen auf die Diakonie beschränkt.[138] In diesem Zusammenhang hat *Bovon*, der die Liste der Frauen mit den Jüngerkatalogen in Lk 6,12-16; Apg 1,13 vergleicht, eine scharfsinnige Beobachtung gemacht:

"Die Diakonie der Frauen wurzelt in Wunderheilungen, während die Predigt der Männer ihre Legitimation in einer Berufung findet."[139]

Hier ist m.E. ein entscheidender Zusammenhang angesprochen: Die geschlechtsspezifische Zuordnung kirchlichen Dienstes wird in der Art der jeweiligen Begegnung mit Jesus grundgelegt. Die "Initiation" der Frauen in die Jesus-Gemeinschaft erfolgt über eine Körpererfahrung, die der männlichen Jünger über das Wort. Die Konzeption des Lukas ist demnach von einer dualistischen Anthropologie bestimmt, die Frauen in besonderer Weise dem Bereich des Körpers zuordnet. Da die weibliche Existenz insgesamt stark von Körperlichkeit bestimmt ist, ist auch die heilschaffende Begegnung mit Jesus auf dieser Ebene angesiedelt. In diesem Zusammenhang ist auch die lukanische Erzählung von der Fußwaschung und -salbung durch die Sünderin zu interpretieren.

Alle vier Evangelien kennen eine Erzählung, in der eine Frau Jesus salbt und/oder seine Füße wäscht: In Mk 14,3-9 und Mt 26,6-13 ist es eine namenlose Frau in Bethanien, die Jesu Kopf salbt, in Joh 12,1-8 salbt Maria, die Schwester der Martha und des Lazarus, Jesu Füße. In Lk 7,36-50 ist es eine als "Sünderin" bezeichnete Frau, die seine Füße mit ihren Tränen wäscht und anschließend salbt. Dem Problem des komplizierten traditionsgeschichtlichen Verhältnisses zwischen den vier Texten

---

[135] Vgl. *D'Angelo*, Women, 447. Sie lehnt sich hier an *Parvey*, Theology, 139 an: "Other than as a pedagogical device for a repetition, there is no apparent reason for stating the same message twice, except to choose examples that would make the message clearly understandable to different groups - the female and male listeners."

[136] Diese Erzählung wurde lange so gelesen, als ob hier die Beschäftigung mit dem Evangelium der alltäglichen Hausarbeit vorgezogen werden sollte. Einige neuere Auslegungen gehen aber davon aus, daß beide Figuren im Kontext von Rollen innerhalb der Gemeinde verstanden werden sollten. *Schüssler Fiorenza*, Gedächtnis, 211f sieht in Lk 10,38-42 analog zu Apg 6 die Intention des Lukas reflektiert, der den Tischdienst dem Wortdienst unterordnen will. *D'Angelo*, Women, 455 betont einen anderen Punkt: "But it is even more important that Mary does not engage in ministry at all ..., but rather acts as the faithful but silent disciple."

[137] Vgl. *Bovon*, Lukas, 398.

[138] Vgl. *Bovon*, Lukas, 398, zu 8,1-3: "Die Urkirche fand darin ihr doppeltes Wirken in der Gesellschaft bestätigt. Durch die Männer verbreitete sie die Botschaft nach außen, durch das 'Dienen' der Frauen wurde die Gemeinde nach innen gefestigt."

[139] *Bovon*, Lukas, 398.

kann an dieser Stelle nicht nachgegangen werden,[140] es ist für unsere Fragestellung nicht entscheidend. Entweder hat Lukas die markinische Salbungserzählung stark redaktionell bearbeitet, oder er hat in seinem Sondergut eine vom Handlungsablauf her ähnliche Geschichte von der Sünderin vorgefunden; in diesem Fall wird sein redaktionelles Konzept daran deutlich, daß er seine Sonderguttradition vorgezogen und die markinische Geschichte gestrichen hat.[141] Dies bedeutet aber, daß Lukas seine Erzählung von der Sünderin nicht einfach als eine *andere* Tradition versteht, sondern als *Ersatz* der markinischen Salbungsgeschichte. Damit dürfen die inhaltlichen Verschiebungen zwischen den beiden äußerlich ähnlichen Erzählungen *redaktionsgeschichtlich* ausgewertet werden. Die Präferenz des Lukas für die Sünderinnen-Szene mit Fußwaschung und -salbung gegenüber der Kopfsalbung ist im Rahmen seiner redaktionellen Gesamtkonzeption zu interpretieren.[142]

Die Erzählung von der Salbung in Bethanien steht bei Mk wie auch bei Mt im Rahmen der Passionsgeschichte. Diese Einordnung entspricht ihrer christologischen Pointe: Sie ist messianische Salbung des Hauptes (Mk 14,3) und gleichzeitige Vorwegnahme des Todesritus (Mk 14,8).[143] Aufgrund dieses doppelten Bezuges ist die Salbung geeignet, das markinische Messiasverständnis zu verdeutlichen, das Leiden und Sterben Jesu einschließt. Indem sie Jesus als Messias proklamiert und auf seinen Tod vorausweist, handelt die Frau prophetisch. Gegen die sich auf soziale Argumente berufende Kritik der Jünger (v4f) bestätigt der Jesus der Erzählung ihre Tat positiv (vv6-8) und reiht sie in die im Rahmen der Evangeliumsverkündigung zu erzählenden Geschichten ein (14,9). Bemerkenswert ist damit, daß im Mittelpunkt des besonders gewichtigen letzten Verses der Erzählung nicht Jesus, sondern die Frau steht! Dies wird noch verstärkt durch die Wortwahl, die der Formulierung der Abendmahlstradition entspricht. Trotz der christologischen Ausrichtung der Erzählung verschwindet die Frau also nicht neben Jesus, sondern wird in ihrer aktiven prophetischen Rolle bestätigt.

Demgegenüber hat die lukanische Erzählung in Lk 7,36-50 eine ganz andere Ausrichtung. Anders als bei Markus (wie auch Matthäus und Johannes) hat die Geschichte hier keinen Bezug zur Passion. Des weiteren fehlt bei Lukas die Betonung des Luxus der äußerst wertvollen Salbe: Aufgrund seiner 'armenfreundlichen' Position kann er den Zug, daß Jesus die Frau gegen den sozial motivierten Einwand der Jünger in

---

[140] Vgl. die detaillierte Untersuchung von *Delobel*, L'onction par la pécheresse; dort ist auch die Forschungsgeschichte bis 1965 aufgearbeitet. Des weiteren: *Bultmann*, Geschichte, 19f; *Bovon*, Lukas, 387f; *Blank*, Frauen, 42f.

[141] Auch wenn die Erzählung von der Sünderin auf lk Sondergut zurückgehen sollte, nimmt sie Teile der markinischen Geschichte von der Salbung in Bethanien auf; *Delobel*, L'Onction, 464ff hält dies für Redaktionsarbeit des Lukas, *Sschüssler Fiorenza*, Gedächtnis, 174f, geht hingegen davon aus, daß die Elemente aus der Kopfsalbungsgeschichte schon im vorlukanischen Überlieferungsstadium in die Erzählung gelangt seien.

[142] Einen bemerkenswerten Ansatz einer solchen Analyse hat M.R. *D'Angelo* 1990 in dem Beitrag "Women in Luke-Acts: A Redactional View" vorgelegt. Meine folgende Darstellung greift z.T. auf die dort gewonnenen Einsichten zurück.

[143] Vgl. *Bovon*, Lukas, 388; *Fander*, Frau, 129-132; *Schüssler Fiorenza*, Gedächtnis, 203. *Gnilka*, Markus, 224 sieht den prophetischen Charakter, bestreitet aber den Bezug zur Königssalbung. *Blank*, Frauen, 22 sieht eine Vorausweisung auf den Ostermorgen.

Schutz nimmt, nicht übernehmen. Diejenigen Verschiebungen, die die Rolle der Frau, ihr Verhältnis zu Jesus und das Motiv der Fußwaschung betreffen, hat *D'Angelo* treffend zusammengefaßt:

> "In Mark, the woman, who anoints Jesus acts as a prophet, proclaiming both Jesus messiahship and his death. In Luke, the similar gesture is a deed not of prophecy but of repentance, gratitude and love. It is Jesus who emerges as prophet in this story."[144]

Den prophetischen Akzent aus Mk 14 kann Lukas wegen seiner Christologie nicht übernehmen, da für ihn während der Zeit des Wirkens Jesu der Geist allein auf diesem ruht. Entsprechend wird hier Jesus selbst als Prophet dargestellt,[145] wobei diese christologische Zuspitzung aber im Gegensatz zu Markus nicht in der Tat der Frau intendiert ist; das Handeln der Frau bietet Jesus lediglich die Gelegenheit, sich - gegenüber dem Phärisäer - als Prophet zu erweisen. Dieser stellt Jesu Prophetentum infrage, da Jesus scheinbar die Sündigkeit und damit Unreinheit der ihn berührenden Frau nicht erkennt.[146] Deshalb erzählt Jesus das Gleichnis (7, 40-43), wodurch er sich wiederum gerade als Prophet erweist, da er ja die inneren Gedanken des Simon erkannte. Gleichzeitig kehrt er die Hierarchie zwischen dem Pharisäer und der Sünderin um, indem er ihr Handeln als Erweis überschwenglicher Liebe interpretiert, dem das Fehlen der Liebe bei dem Pharisäer gegenübersteht.

Das Motiv der Fußwaschung ist vom Motiv der Sünderin abhängig: Erst die Tränen der Reue ermöglichen das "Waschen" der Füße. Das Handeln der Frau wird in vv44ff von Jesus im Kontrast zum Handeln des Pharisäers als überschwengliche und demütige[147] Liebe gedeutet, die gleichzeitig Indiz und Grund ihrer Vergebung ist (7,47).[148] Der Sinn der Fußwaschung durch die Frau wäre also nicht damit erfaßt, daß sie stellvertretend die von Simon verletzten Gastgeberpflichten eingelöst hat.[149] Sie hat nicht rechtmäßige Ansprüche des Gastes erfüllt, sondern eine Liebe erwiesen, die freiwillig gibt, was nicht gefordert worden ist. Damit greift die lukanische Erzählung von der Sünderin auf die antike Tradition der Fußwaschung als Liebes- und Ergebenheitsbezeugung zurück.[150] Im Gegensatz zu Joh 13 ist deshalb bei Lukas mit der Fußwaschung keine Umwertung der Werte oder ein Aufbrechen von Hierarchie verbunden.

Es muß jedoch noch das Besondere der hier erzählten Fußwaschung und -salbung in Rechnung gestellt werden: Dieses liegt in dem sehr stark akzentuierten Körperbezug: "Sie kommt zu ihm und will ihm anhängen. Das wird durch die Geste deutlich veranschaulicht, in der der Körper Ausdrucksmittel nicht nur des Glaubens (V50),

---

[144] *D'Angelo*, Women, 447.

[145] So auch *Bovon*, Lukas, 386.

[146] Vgl. *Delobel*, L'onction, 462.

[147] Das Küssen der Füße gehört zur Proskynese, ist also Demutsgeste.

[148] 7,47a und 47b sind widersprüchlich in bezug auf das Verhältnis von Vergebung und Liebe; dies hat in der Auslegungsgeschichte Anlaß zu verschärften dogmatischen Auseinandersetzungen gegeben (vgl. *Bovon*, Lukas, 385.394f). Diese Frage ist aber in unserem Zusammenhang nicht relevant.

[149] *Bovon*, Lukas, 387 paraphrasiert zutreffend: "Das Ergebnis dieses Vergleichs ist nicht: Sie hat getan, was du nicht getan hast, sondern: Sie hat *mehr* getan als das, was du *nicht* getan hast".

[150] Vgl. *Hofius*, Fußwaschung, 176.

sondern auch der Liebe (V47a) ist."[151] So wie die Sünde der Frau im körperlichen Bereich liegt, ist auch die Vergebung sehr körperlich akzentuiert, indem sie sich in der recht intimen Liebeshandlung der Fußwaschung konkretisiert. Im Gegensatz etwa zur Fußwaschung der Aseneth wird ja hier die Funktion der normalerweise benutzten äußeren Hilfsmittel Wasser und Leintuch durch den Körper, nämlich Tränen und Haare, ersetzt. Die ganze Szene hat für antikes Verständnis eine starke erotische Komponente.[152]

Diese starke Akzentuierung des Körpers verweist auf die oben für den Sammelbericht in 8,1-3 festgestellte Tendenz des Lukas, Frauen dieser Sphäre des Körperlichen und Materiellen zuzuordnen. Dann liegt aber doch die Annahme nahe, daß Lukas auch die Fußwaschung als ein Symbol für den liebenden Dienst der christlichen Frau in der Gemeinde verstanden wissen will. Geht man außerdem davon aus, daß er diese Geschichte anstelle der markinischen Salbungsgeschichte erzählt, wird deutlich, daß er mit ihr eine bestimmte Option der Frauenrolle in der Gemeinde favorisiert: Ein Verkündigungsauftrag der Frauen wird abgelehnt, und an dessen Stelle tritt der Dienst an den männlichen Verkündigern.[153]

Die Reduktion der kirchlichen Rollen von Frauen findet ihre Motivation in der apologetischen Intention des Lukas, die Vereinbarkeit des Evangeliums mit griechisch-römischer Kultur und Gesellschaftsordnung darzustellen. Er antwortet damit auf das verbreitete römische Mißtrauen gegen orientalische Kulte, denen Bedrohung der gesellschaftlichen Ordnung und insbesondere Vertauschung der Geschlechterhierarchie vorgeworfen wurde.[154] Damit ist für die Behandlung des "Frauenthemas" bei Lukas ein ähnlich apologetischer Hintergrund vorauszusetzen, wie ihn *Balch* für den 1. Petrusbrief rekonstruiert hat.[155]

---

[151] *Bovon*, Lukas, 396.

[152] Die Füße haben sowohl in jüdischer wie in griechischer Tradition erotische Bedeutung; vgl. *Kötting*, Fuß, 724.738. *Bovon*, Lukas, 391 meint, daß die Fußsalbung im Urteil der damaligen Zeit eine intime, wenn nicht sogar perverse Handlung darstellt. Hinzu kommen die aufgelösten Haare.

[153] Beachtenswert ist, daß nach Lk 8,3 (im Gegensatz zu Mk 15,41, Mt 27,55) die Frauen im Gefolge Jesu nicht nur ihm, sondern auch den Zwölfen dienen (διηχόνουν αὐτοῖς), womit Lukas die Übertragbarkeit auf seine kirchliche Gegenwart garantiert. Interessant ist, daß es an dieser Stelle schon früh (2. Jh.) eine Textvariante mit dem Singular διηχόνουν αὐτῷ gibt, die *Metzger* (Textual Commentary, 144) Marcion zuschreibt. Könnte sich hier eine Kontroverse um die angemessene Rolle der Frauen in der Kirche spiegeln?

[154] Diesem apologetischen Ziel dient nach *D'Angelo* die lukanische Darstellung der Wirksamkeit Jesu mit folgenden wichtigen Merkmalen: 1. Öffentlichkeit der Geschehnisse, 2. die lukanische Christologie, die Jesus als Propheten und Helden darstellt, 3. Zähmung der Prophetie. Insbesondere wird in der Apostelgeschichte die Prophetie von Frauen in den Hintergrund gedrängt: Zwar wird in Apg 2,15ff im Anschluß an Joel die Ausgießung des Geistes auf alles Fleisch proklamiert - die Darstellung der Apostelgeschichte orientiert sich dann aber an den männlichen Helden Petrus und Paulus und ihren geisterfüllten Taten; während etwa die vier Töchter des Philippus als Prophetinnen nur in der kurzen Notiz Apg 21,9 genannt werden. Die Missionstätigkeit des Paulus wird von Lukas sorgfältig von "jüdischen Aktivitäten" und von Zauberei abgesetzt (vgl. *D'Angelo*, Women, 448ff). Zum letzten Punkt s.u. S. 208-211 die Untersuchung zu περίεργος.

[155] Wie *Balch* für den 1. Petrusbrief weist *D'Angelo* für das lukanische Doppelwerk als Hintergrund auf die apologetischen Schriften des Josephus und Philo hin, vgl. Women, 460.

Wenn die Fußwaschung bei Lukas in diesen apologetischen Kontext einzuordnen ist, bleibt immer noch die Frage offen, ob sie auf der literarischen Ebene das Symbol für den demütigen Liebesdienst der Frauen in der Kirche darstellt, oder ob ihr schon eine in Gemeinden zur Zeit des Lukas geübte symbolische Praxis entspricht. Diese Frage ist nicht zu beantworten. Auf jeden Fall erscheint es aufgrund der Übereinstimmungen zwischen Lukas und den Pastoralbriefen in bezug auf die Beschränkung der kirchlichen Partizipation von Frauen plausibel, daß die Erzählung von der Sünderin wirkungsgeschichtlich die gemeindliche Praxis einer als Liebesdienst interpretierten Fußwaschung durch Frauen motiviert hat.

6.4.3.4 Die Fußwaschung Jesu an seinen Jüngern (Joh 13,1-20)

Nachdem in der lukanischen Erzählung von der Sünderin ein möglicher Hintergrund für die Erwähnung der Fußwaschung im 1. Timotheusbrief plausibel gemacht werden konnte, soll jetzt auch noch die Fußwaschung in Joh 13 auf mögliche Verbindungen mit 1 Tim 5,10 untersucht werden.

Erzählt wird in Joh 13,1-20 von einer Fußwaschung Jesu an seinen Jüngern, die unmittelbar vor dem Passahfest geschieht. Der Text ist literarisch mehrschichtig: Es werden zwei ganz verschiedene Interpretationen der Fußwaschung gegeben, einmal als soteriologische Zeichenhandlung (vv6-10), einmal als nachzuahmendes Beispiel (vv12-15). Des weiteren ist die Erzählung mit der Tradition über die Benennung des Verräters verschränkt. In der Forschung ist in keiner Weise ein Konsens zur Literarkritik und Redaktionsgeschichte dieses Textes in Sicht, die äußerst komplizierten Rekonstruktionen können an dieser Stelle auch nicht aufgearbeitet werden.[156]

In unserem Zusammenhang ist nur die zweite Deutung der Fußwaschung mit ihrer ethischen Dimension wichtig. Die Handlung Jesu wird vv13ff so interpretiert, daß er als "Herr und Meister" diesen Dienst leistet. Damit hebt er die üblichen Verhältnisse von Herrschaft und Unterordnung auf[157] und fordert seine Jünger auf, ihm in solchem Dienen nachzufolgen (v15): Da Abgesandte nicht größer sein können als der, der sie gesandt hat, müssen sie als seine Jünger zum gleichen Dienst bereit sein wie er (v16), und sie werden seliggepriesen, wenn sie dies tun (v17).

Hier ist jedoch wichtig zu erkennen, welcher soziale Kontext das Modell für die Umkehrung der Hierarchie bietet: Jesus wird als κύριος und διδάσκαλος bezeichnet, was auf den Brauch der Fußwaschung des Schülers an seinem Lehrer[158] verweist, wie er in rabbinischer Tradition belegt ist. Das bedeutet aber, daß die hier propagierte Umkehrung der Hierarchie nur innerhalb einer rein männlichen Gruppe gedacht ist! Über eine Fußwaschung als symbolische Umkehrung der Geschlechterhierarchie sagt der Text damit zunächst nichts aus.

---

[156] Vgl. die Analysen und Deutungen bei *Richter*, Fußwaschung, 285-320 (die Seiten 1-284 sind der Auslegungsgeschichte gewidmet); *Thyen*, Johannes 13, 343ff; *Becker*, Johannes II, 419-430.

[157] Insofern entsprechen der Fußwaschungserzählung im Johannesevangelium Traditionen wie Mk 9,33ff par; Mk 10,43-45; Lk 22,26f.

[158] Διδάσκαλος ist die griechische Entsprechung zum Titel des pharisäischen Lehrers; vgl. Zimmermann, Lehrer, 114ff.

Ist die von Jesus vollzogene Fußwaschung in v15 mit der Aufforderung an die Jünger zur Nachahmung verknüpft, so erhält die Geschichte in dem Zusatz v20[159] dann aber eine andere Wendung: ἀμὴν ἀμὴν λέγω ὑμῖν, ὁ λαμβάνων ἄν τινα πέμψω ἐμὲ λαμβάνει, ὁ δὲ ἐμὲ λαμβάνων λαμβάνει τὸν πέμψαντά με. In diesem Vers ist also im Gegensatz zum Vorangegangenen nicht mehr vom Verhalten der Jünger, sondern vom Verhalten ihnen gegenüber die Rede. Dieselbe Aussage erscheint in Mt 10,40 mit anderen Worten als eine von drei parallelen Formulierungen über die Aufnahme der von Jesus Ausgesandten. Das Logion, das ursprünglich auf eine Entscheidung für oder gegen das Evangelium überhaupt bezogen war, wird im Kontext existierender christlicher Gemeinden zu einer Aussage über die gastfreundliche Aufnahme der umherziehenden Wanderapostel.

Die Anfügung des Verses in Joh 13,20 scheint durch Stichwortverbindung an v16 (ἀπόστολος/πέμψας) ermöglicht. Aus welchem Grund wird aber hier ein Satz über die gastfreundliche Aufnahme der Apostel in den Kontext der Fußwaschungserzählung eingebaut? *Richter* denkt an einen konkreten Anlaß, den er in den im 3 Joh dokumentierten Problemen mit der Aufnahme umherziehender Prediger findet. Er deutet auch einen möglichen Bezug zu den Pastoralbriefen an, da das Verständnis von v20 "auf der gleichen Ebene zu liegen (scheint) wie das des dritten Johannesbriefes (VV5ff.) und wie möglicherweise auch das von 1 Tim 5,10".[160] Im Kontext billigt damit v20 im Gegensatz zu vv12-15 den Jüngern als "Ausgesandten" den Anspruch auf eine Fußwaschung zu.

Gleichzeitig ist in der Alten Kirche schon früh die Fußwaschung in Joh 13 als besondere Ausrüstung der Jünger zur Evangeliumsverkündigung verstanden worden.[161] Die ganze Erzählung wird damit unter Bezug auf die Tradition der Aussendung von v20 gedeutet.[162]

Sobald mit zunehmender Patriarchalisierung in der Kirche nun davon ausgegangen wird, daß Jesus nur Männer zur Verkündigung des Evangeliums ausgesandt hat, kann mit Hilfe des Verses 13,20 den christlichen Frauen die komplementäre Rolle nahegelegt werden: Ihre Aufgabe ist es, die Ausgesandten aufzunehmen und ihre besondere

---

[159] Ich gehe mit *Richter*, Fußwaschung, 319f, davon aus, daß v20 die letzte redaktionelle Zufügung zu der Fußwaschungserzählung darstellt, da er zu keiner der beiden vorangegangenen Deutungen der Fußwaschung paßt und außerdem den Zusammenhang zwischen vv18f und vv21ff zerstört.

[160] *Richter*, Fußwaschung, 319.

[161] Vgl. Clemens Alexandrinus, Paed 2,63,2; Origenes, in Joh, 32,4,7ff. Weitere Belege bei *Kötting*, Fußwaschung, 764.

[162] Die Exegese hat teilweise explizit ein wörtliches Verständnis der Nachahmungsforderung Jesu in Joh 13,15 abgelehnt, wobei mit kirchlicher Praxis argumentiert wurde: Origenes schreibt in seinem Johanneskommentar, auf die Nachahmung komme es nicht an, denn die Pflicht zur Fußwaschung bestehe nur für die Witwen. Wenn die Aufforderung bei Joh wörtlich gemeint wäre, dann müßten auch die Bischöfe und Presbyter die Fußwaschung üben, und das geschehe nirgendwo! (Origenes, in Joh, 32,12)

Beauftragung durch die Fußwaschung anzuerkennen.[163] Beide komplementären Rollen können mit Rekurs auf diese Erzählung als Nachfolge Jesu interpretiert werden.

6.4.3.5 Zusammenfassung:

Unsere Untersuchung hat zunächst mit der lukanischen Erzählung von der Fußwaschung durch die Sünderin einen möglichen Hintergrund für die Erwähnung der Fußwaschung in der Witwenregel der Pastoralbriefe aufzeigen können. Die sprachliche wie teilweise inhaltliche Nähe der Pastoralbriefe zum lukanischen Doppelwerk ist in der Forschung unbestritten, so daß hier eine Beeinflussung nicht unwahrscheinlich ist. Über diesen allgemeinen Bezug hinaus sind aber gerade Parallelen in der Position des Lukas und des Autors der Pastoralbriefe zur Frage der Partizipation von Frauen in der Gemeinde festzustellen. In diesen Kontext gehört die Fußwaschung, die in beiden Werken die dienende Rolle der Frauen in der Gemeinde symbolisiert.

Geht man davon aus, daß die Fußwaschung innerhalb des johanneischen Zweiges des frühen Christentums die Umkehrung bestehender Hierarchien im christlichen Ethos des Dienens symbolisieren soll, so müßte man zunächst annehmen, daß diese Tradition zur Stützung eines Patriarchalisierungsprozesses in der Kirche nicht brauchbar war. Die Auslegungsgeschichte zeigt aber, daß die in Joh 13,1ff geforderte Nachahmung Jesu durchaus geschlechtsspezifisch verstanden werden konnte. Zumindest hat das in der Fußwaschung symbolisierte Ethos des gegenseitigen Dienens in bezug auf das Verhältnis der Geschlechter sichtbar keine kritische Kraft in der frühen Kirche entwickeln können.

Es ist nicht nachzuweisen, ob für die Fußwaschung der Pastoralbriefe eine Beeinflussung durch johanneische Tradition vorliegt. Aufgrund der gemeinsamen Lokalisierung in Kleinasien und des Bezugs zu Ephesus ist eine solche zumindest möglich.

Im Fall der lukanischen Erzählung ist es eindeutig, und im Fall der johanneischen Geschichte hat diese Interpretation sich zumindest später durchgesetzt, daß die Fußwaschung komplementäre Tätigkeit zur Evangeliumsverkündigung ist, die den grundsätzlich männlichen Verkündiger in seiner Rolle und Berufung bestätigt. Die Zuordnung der Fußwaschung zum Bereich weiblicher Aufgaben ist damit eine Folge der Zuordnung der Verkündigung zum Mann. Gleichzeitig dürften aber auch kulturelle

---

[163] Ab dem vierten Jahrhundert ist dieser wirkungsgeschichtliche Zusammenhang eindeutig; die Fußwaschung kann so zu einer Huldigung an den "heiligen Mann" werden, wie einige altkirchliche Texte zeigen. Vgl. die Argumentation des Athanasius in seinem λόγος σωτηρίας πρὸς τὴν παρθένον, Kap. 22, der der christlichen Jungfrau rät: ἐὰν ἅγιος ἔλθῃ εἰς τὴν οἰκίαν σου, οὕτως αὐτὸν πρόσδεξαι ὡς τὸν υἱὸν τοῦ Θεοῦ · λέγει γὰρ ὁ κύριος ἡμῶν Ἰησοῦς Χριστός · "ὁ δεχόμενος ὑμᾶς ἐμὲ δέχεται." ἐὰν εἰσέλθῃ ἀνὴρ δίκαιος εἰς τὸν οἶκόν σου, μετὰ φόβου καὶ τρόμου ἀπαντήσεις αὐτῷ, καὶ προσκυνήσεις ἐνώπιον τῶν ποδῶν αὐτοῦ ἐπὶ τὴν γῆν · οὐ γὰρ αὐτὸν προσκυνήσεις, ἀλλὰ τὸν Θεὸν τὸν ἀποστείλοντα αὐτόν. λήψῃ δὲ ὕδωρ καὶ νίψεις τοὺς πόδας αὐτοῦ καὶ μετὰ πάσης εὐλαβείας ἀκούσεις τῶν λόγων αὐτοῦ (zitiert nach der Ausgabe von *v.d. Goltz*, 57). Hier erscheinen alle Elemente in der charakteristischen Zuordnung: Der von Gott Ausgesandte ist ein Mann, die ihn Aufnehmende eine Frau. Proskynese und Fußwaschung zollen ihm Respekt und Verehrung; diese werden durch ihn hindurch Gott dargebracht, wobei diese Verknüpfung mit dem Zitat aus Mt 10,40 begründet wird. Die Fußwaschung gebührt dem "heiligen Mann", weil er einer ist, der das Evangelium verkündigt; deshalb folgt auf die Waschung unmittelbar das Hören auf sein Wort.

Einflüsse eine Rolle spielen, da - wie oben dargestellt - das Motiv der Fußwaschung als Erweis demütiger Liebe seitens einer Frau in der Antike Tradition hatte.

6.4.4 Hilfe für die Notleidenden

Des weiteren wird von der Kandidatin für das Witwenamt verlangt: εἰ θλιβομένοις ἐπήρκεσεν. Das Verb θλίβειν bedeutet "bedrücken, einengen", das zugehörige Substantiv θλῦψις meint "Not, Unterdrückung, Bedrängnis". Im Neuen Testament findet sich der Begriff in apokalyptischen Texten und bezeichnet dann die Schrecken der Endzeit. Im allgemeineren Sinn kann das Wort jegliche soziale Notlage bezeichnen: Paulus verwendet es in 2 Kor 8,13, wo er betont, daß er mit seiner Kollekte für Jerusalem die angesprochenen Gemeinden nicht in materielles Elend stürzen will, daß es vielmehr um einen gerechten Ausgleich geht.[164] In Apg 7,10 wird der Begriff auf die Situation des verkauften Joseph angewandt, den Gott ἐκ πασῶν τῶν θλίψεων, d.h. aus Sklaverei und Gefangenschaft, rettete. Jak 1,27 beschreibt die Existenz von Witwen und Waisen als θλῖψις, womit Elend in dem umfassenden Sinn des Alten Testaments, mit seiner materiellen, sozialen und rechtlichen Dimension gemeint ist. Das in 1 Tim 5,10 erscheinende Partizip θλιβόμενος ist aus weisheitlicher Tradition herzuleiten. Die nächste Parallele ist Sir 4,4.: ἱκέτην θλιβόμενον μὴ ἀπαναίνου καὶ μὴ ἀποστρέψῃς τὸ πρόσωπόν σου ἀπὸ πτωχοῦ. Dieser Vers steht in einer ganzen Reihe von Ermahnungen, die das Verhalten des Adressaten gegenüber den Armen und Rechtlosen zum Inhalt haben. Diese Unterdrückten werden in immer neuen Begriffen beschrieben,[165] wovon θλιβόμενος einer ist; auch hier geht es um die traditionelle Kombination von materieller Not, sozialem Verachtetsein und Rechtlosigkeit. Die Ermahnung zur Hilfeleistung für Elende und Bedürftige ist also ein traditionelles Motiv weisheitlicher Paränese an diejenigen, die von ihren materiellen Möglichkeiten und sozialem Status her besser dastehen.[166] In 1 Tim 5,10 liegt nun der Schwerpunkt auf der materiellen Unterstützung, wie die Verwendung des Verbes ἐπαρκέω ausweist, das "Unterhalt gewähren" bedeutet.[167] Gefordert wird also von der Frau, daß sie Notleidenden das zum Lebensunterhalt Nötige gegeben habe. Wenn in diesem Sinne θλιβομένοις ἐπαρκεῖν als Beispiel guter Werke aufgeführt wird, so liegt darin eine direkte Parallele zur Reichenparänese in 1 Tim 6,18, wo ἀγαθοεργεῖν, πλουτεῖν ἐν ἔργοις καλοῖς, εὐμεταδότους εἶναι, κοινωνικούς gefordert werden. Der Autor der Pastoralbriefe hat also offenkundig bei den Bewerberinnen um das Witwenamt wohlhabende Frauen im Auge, die als *matronae* und Herrinnen von reichen Häusern Verfügungsgewalt über nicht unerhebliche materielle Ressourcen hatten. Von ihnen verlangt er, daß sie ihren Reichtum zu wohltätigen Zwecken verwandt haben sollen.

---

[164] 2 Kor 8,13: οὐ γὰρ ἵνα ἄλλοις ἄνεσις, ὑμῖν θλῖψις, ἀλλ᾽ ἐξ ἰσότητος.
[165] πτωχός (4,1.4.8); ἐπιδεής (4,1); ψυχὴ πεινῶσα, ἀνήρ ἐν ἀπορίᾳ (4,2); (προσ)δεόμενος (4,3.5); ἀδικούμενος (4,9).
[166] Auf den Oberschichtcharakter der Weisheit von Jesus Sirach wurde schon hingewiesen; vgl. *Theißen*, Weisheit, 197f.
[167] Das Verb erscheint auch in 5,16; dazu s.u. S. 223ff.

6.4.5 Zusammenfassung

Im Gegensatz zum Episkopat wird das Witwenamt selbst nicht als καλὸν ἔργον bezeichnet; der Autor vermeidet es somit, dem Amt Prestige zuzuschreiben, ja er spricht
ihm die Fähigkeit ab, einen geachteten Status in der Gemeinde zu vermitteln. Stattdessen erscheinen καλὰ ἔργα im Plural als Voraussetzung der Zulassung zum Amt;
damit betont der Autor die Notwendigkeit für Frauen, sich *vorher* einen guten Ruf
durch die gewissenhafte Erfüllung ihrer Rolle im Haus zu erwerben.

Die Liste der "guten Werke" zeigt inhaltlich die Ausrichtung an den Lebensum-
ständen wohlhabender Hausherrinnen. Nur die Fußwaschung und die Hilfe für Notlei-
dende haben einen spezifisch christlichen Hintergrund, ansonsten entsprechen die
geforderten Leistungen verbreiteten Tugenden der paganen Oberschicht.

Neben der Rolle als sozialer Wohltäterin ist hier die Erfüllung von Reproduktionsverpflichtungen als gutes Werk besonders betont. Dies entspricht der Sicht des Autors
der Pastoralbriefe, der die Rolle von Frauen stark auf den häuslichen Bereich bezieht.
Die Kombination ist gleichzeitig auf dem Hintergrund einer im 1. und 2. Jahrhundert
n.Chr. feststellbaren gesellschaftlichen Tendenz zu verstehen, auch wohlhabende
Frauen auf die Erfüllung nicht nur der biologischen, sondern auch der sozialen Mutterrolle festzulegen.

Wie schon mit der Bestimmung der Einehe trägt der Autor hier seine am οἶκος und
seinen Funktionen orientierte Leitvorstellung der angemessenen Rolle von Frauen in
die ganz anders ausgerichtete Witwenregel ein.

"... criteria were introduced for enrollment into that circle that affirmed the very behavior from
which the widows themselves were exempt - domesticity, marital fidelity, childbearing, etc."[168]

Das Kriterium der Fußwaschung als spezifisch christliche Voraussetzung des Katalogs verweist am deutlichsten auf einen Konflikt zwischen reichen Frauen und männlichen Amtsträgern in den Pastoralbriefen. Die Fußwaschung dient innerhalb dieser
Auseinandersetzung als Symbol dafür, daß die Rolle der Gastgeberin keine Grundlage
für eine Machtstellung innerhalb der Gemeinde sein kann: Indem die reiche Hausherrin den "Heiligen" - die wahrscheinlich als umherziehende Evangelisten zu denken
sind - die Füße wäscht, soll sie ihre demütige Unterordnung aufweisen.

6.5 Die Ablehnung der Jüngeren (1 Tim 5,11-13)

6.5.1 Zur Bedeutung von νεώτεραι

Die formalsprachliche Analyse hatte ergeben, daß χήρας in 1 Tim 5,11 prädikativ zu
verstehen ist;[169] νεωτέρας also nicht Adjektivattribut ist, sondern selbständiges
Substantiv. Die komparativische Form scheint es zunächst nahezulegen, den Begriff in
Abhängigkeit von der Altersangabe in v9 zu interpretieren; νεώτεραι wären demnach
solche, die jünger als sechzig Jahre sind. Dieser Interpretation steht jedoch entgegen,

---

[168] *Bassler*, Widows, 38.
[169] S.o. S. 123.

daß die Aufforderung in v14, die "Jüngeren" sollten heiraten und Kinder gebären, in bezug auf Frauen im Alter von über fünfzig Jahren unrealistisch ist. Es ist deshalb davon auszugehen, daß νεωτέρα an dieser Stelle trotz der komparativischen Form kein Vergleichsbegriff ist, der seine Füllung erst von einer zusätzlichen absoluten Altersangabe her erhält, sondern daß er sich als feste Bezeichnung für eine Altersgruppe etabliert hat. Die Gemeinde der Pastoralbriefe ist in Ständegruppen eingeteilt, die sich aufgrund von Geschlecht und Alter bestimmen. In 1 Tim 5,1f sowie Tit 2,1ff werden die so konstituierten vier Gruppen aufgeführt, wobei die Bezeichnung für die jungen Männer an beiden Stellen νεώτεροι, die Bezeichnung für die jungen Frauen in 1 Tim 5,2 νεώτεραι, in Tit 2,4 νέαι ist. Beide Begriffe sind synonym und bezeichnen die Gruppe der Frauen im gebärfähigen Alter. 1 Tim 5,14 verlangt also keine biologische Unmöglichkeit, sondern fordert von den jungen Frauen die Erfüllung der Aufgaben, die diesem Stand in der Sozialethik der Pastoralbriefe zukommen.

6.5.2 Die erste Begründung der Ablehnung

6.5.2.1 Sexuelles Begehren

Die erste Begründung für die Ablehnung der νεώτεραι als χῆραι wird mit ihrer Sexualität begründet: Es wird davon ausgegangen, daß eine junge Frau aufgrund ihres sexuellen Begehrens die asketische Witwenexistenz nicht aushalten könne und sich deshalb doch zur Heirat entscheide. Das hier gebrauchte Kompositum καταστρηνιᾶν ist eine eigenwillige Sonderbildung, die außer an einer von 1 Tim 5,11 abhängigen Stelle (Ps-Ign, Antioch 11) im Griechischen nicht mehr vorkommt. Es handelt sich um eine Zusammensetzung aus στρηνιᾶν und der Präposition κατά mit Genitiv im Sinne von "gegen". Das Verb ist von dem Substantiv στρῆνος abgeleitet, das in seiner Grundbedeutung etwa mit "volle, überschießende Kraft" wiederzugeben wäre. Diese Kraft kann zu einer Verletzung gegebener Ordnung führen, so daß der Begriff "Übermut" oder "Frechheit" (LXX IV Reg 19,28) meinen kann. Die Apokalypse verwendet sowohl das Substantiv als auch das Verb στρηνιᾶν in der Schilderung Babylons: Apk 18,3 bezeichnet das Substantiv den überfließenden Luxus; entsprechend in Apk 18,7.9 das Verb das genießerische Leben in diesem Überfluß. Ansonsten ist das Verb bei griechischen Dramatikern des vierten und dritten Jahrhunderts v. Chr. belegt, wo es mutwilliges über-die-Stränge-Schlagen beschreibt, teilweise im sexuellen Sinn.[170] Die sexuelle Konnotation erklärt sich aus der Grundbedeutung, wenn man berücksichtigt, daß in der Antike Sexualität im Bild zirkulierender heißer Körpersäfte erfaßt wurde: Sexuelles Begehren entsteht dann aus der Überfülle der Säfte im Körper.[171]

An unserer Stelle dürfte eine Kombination des Bedeutungsgehalts "Überschreitung von Ordnungsgrenzen" mit der sexuellen Konnotation vorliegen:[172] Das sexuelle Be-

---

[170] Belege bei *Liddell/Scott*, 1654.

[171] Vgl. *Brown*, Body, 10-25.

[172] *Dibelius/Conzelmann*, Past, 58 übersetzen "wenn sie die Sinnlichkeit Christus abwendig macht"; ähnlich *Roloff*, 1 Tim, 282: "Wenn sie ihre sinnliche Triebhaftigkeit von Christus abwendig macht". *Thurston*, Widows, 40 gibt die Wendung mit "when they grow wanton against Christ" wieder.

gehren wird damit als "ein sich feindselig gegen Christus richtendes triebhaftes Handeln"[173] interpretiert. Die Kompositumbildung mit κατά deutet auf ein freches Überschreiten der mit der Bindung an Christus gesetzten Grenzen. Diese Grenzverletzung als eine sexuelle anzusehen, wird im Kontext durch das Subjekt νεώτεραι nahegelegt: Hier wird auf griechisch-römischen "common sense" zurückgegriffen, der davon ausgeht, daß die Sexualität sich bei jungen Menschen aufgrund der "Hitze" ihres Körpers mit Macht zur Geltung bringt.[174] Die im Text ohne weitere Erklärung eingeführte Situationsbeschreibung ὅταν γὰρ καταστρηνιάσωσιν τοῦ Χριστοῦ rechnet in diesem Zusammenhang mit unmittelbarem Einverständnis der Leserinnen und Leser, die die Macht der Sexualität als eine Erfahrungstatsache ansehen.

Interessant ist in unserem Zusammenhang die Haltung gegenüber der Ehe, die vv11f einnehmen. Die Entscheidung zur Eheschließung wird als Folge der sexuellen Begierde und gleichzeitig als Grund für das Schuldurteil in v12 dargestellt. Damit wird deutlich, daß στρηνιᾶν und γαμεῖν grundsätzlich auf derselben Ebene angesiedelt werden. Die hier artikulierte negative Beurteilung des Heiratens wird deutlich, wenn man sie mit den Aussagen des Paulus in 1 Kor 7 vergleicht. Auch dieser hat ja im Vergleich zur Haltung des Autors der Pastoralbriefe eine eher distanzierte Haltung zur Ehe; wo er jedoch die Ehe in Verbindung mit dem Thema sexuellen Begehrens behandelt, hat sie eine positive Funktion, nämlich die Vermeidung von πορνεία (1 Kor 7,2.9). Paulus teilt also die antike Anschauung von der Macht der Sexualität; wenn diese auch in Einzelfällen durch ein persönliches Charisma außer Kraft gesetzt ist. Die Ehe dient deshalb der Kanalisierung der sexuellen Lust in moralisch akzeptable Bahnen. Dagegen ist in der Argumentation von 1 Tim 5,11b zwischen dem Begehren und dem Heiraten kein Unterschied gemacht; die Eheschließung ist nicht Vorsichtsmaßnahme gegen sexuelle Verfehlungen, sondern selbst eine Verfehlung, die ein Strafurteil nach sich zieht. In diesem Zusammenhang gibt es keine Unterscheidung zwischen "erlaubter" und "verbotener" Sexualität, sondern sexuelle Lust und Aktivität stellen grundsätzlich einen Abfall von Christus dar. Hier wird gleichzeitig ein asketisches Ideal aufgestellt und eine starke Skepsis formuliert, die mit der Macht des sexuellen Begehrens rechnet. Diese Kombination resultiert aus dem Mißtrauen gegen junge Frauen, den Anforderungen solchen asketischen Lebens gerecht zu werden.

6.5.2.2 Das Urteil des Verrats der "ersten Treue"

Da die Sexualität als gegen Christus gerichtet verstanden wird, ist das darauf folgende κρίμα ein göttlicher Schuldspruch.[175] Dieser lautet, ὅτι τὴν πρώτην πίστιν ἠθέτησαν. Wie κρίμα hat auch diese Wendung juristischen Charakter: ἀθετεῖν bezeichnet die Aufkündigung vertraglicher Bindungen;[176] die Formulierung πίστιν ἀθετεῖν

---

[173] *Roloff*, 1 Tim, 296.

[174] Vgl. *Brown*, Body, 8.14.

[175] So auch *Roloff*, 1 Tim, 297, der aber von 'göttlichem Strafurteil' spricht. Dies ist nicht ganz präzise, da der nachfolgend gegebene Inhalt des Urteils eine Schuld feststellt, nicht eine Strafe ausspricht.

[176] Vgl. *Roloff*, 1 Tim, 297.

entspricht dem lateinischen *fidem fallere*, "eine Treueverpflichtung brechen".[177] Nun ist die für Frauen spezifische fides die Treue zum Verlobten oder Ehegatten;[178] wenn eine solche Verpflichtung hier gegenüber Christus vorausgesetzt wird, so ist damit die Christusbindung in Analogie zu einer Ehe verstanden. Der vorausgesetzte juridische Charakter verlangt dann aber einen formellen Verpflichtungsakt, ein Gelöbnis, im Witwenstand zu verbleiben, das als Treueversprechen gegenüber Christus angesehen wurde.[179]

Hier stellt sich allerdings die Frage, ob die Ehe-Analogie eigentlich vom Wesen her zu einem Witweninstitut paßt. Was gesagt werden kann, ist, daß das asketische Leben der Witwe nach ihrer Ehe im Fall der Judith und Hanna als besonders gottgeweihte Existenz begriffen wird; die Verbindung zu einem Verlöbnis wird aber nicht gezogen.

Nun liegt es m.E. in der Logik dieser religiösen Metaphorik, daß die Vorstellung einer ehelichen Verbindung mit Gott oder Christus deren biographischen Absolutheitscharakter notwendig einschließt; es wäre Blasphemie, Gott sozusagen in Konkurrenz mit einem ehemaligen Ehepartner treten zu lassen. Eine "Braut-Christi"-Vorstellung ist insofern fundamental an Jungfräulichkeit gebunden.[180] Hinzu kommt, daß das Treueverhältnis zu Christus in 1 Tim 5,12 als πρώτη πίστις bezeichnet wird. Die Bezeichnung als "*erste*" Treue ist erst recht unmöglich, wenn es bei den νεώτεραι um junge Frauen gehen sollte, die schon eine eheliche Verbindung hinter sich haben.[181] Πρώτη πίστις muß deshalb der Sache nach ein Jungfräulichkeitsgelübde sein.

Nun hat sich der Gedanke, eine asketische Lebensweise als eheliche Bindung an Gott oder Christus zu begreifen, in enkratitischen Traditionen, wie wir sie im palästinischen und syrischen, sowie in Teilen des kleinasiatischen Christentums vorfinden, recht früh entwickelt.[182] Diese Strömungen verstehen ἐγκράτεια in einer Weise, die jede weltliche Ehe und überhaupt jede sexuelle Betätigung ausschließt. Daß schon bei Ignatius und später bei Tertullian Belege vorhanden sind, daß Jungfrauen in den Stand

---

[177] Vgl. *Weiß*, Tim, 195. Zum römischen Konzept der *fides* als Strukturierungsmodell sozialer Beziehungen vgl. *Strasburger*, Gesellschaftsideal, 106ff.

[178] Vgl. *Pomeroy*, Frauenleben, 283.

[179] So etwa *Bassler*, Widows, 35; *Brox*, Past, 194; *Ernst*, Witwenregel, 444; *Knoch*, Tim, 38; *MacDonald*, Legend, 75; *Müller-Bardoff*, Exegese, 120; *Roloff*, 1 Tim 296f; *Thurston*, Widows, 44; *Trummer*, Paulustradition, 219; *Verner*, Household, 164. Anders *Sand*, Witwenstand, 196, sowie *Towner*, Goal, 184.

[180] Dies sieht auch *Hasler*, Tim, 41; seine Schlußfolgerung ist allerdings, daß πίστις dann an dieser Stelle nicht auf ein Treueversprechen bezogen werden könne. Seiner Ansicht nach rekurriert der Begriff auf den früheren Glauben der "Witwe", den sie bei ihrer Wiederheirat verleugnet (42): "Die sich bietende Gelegenheit einer neuen Ehe trieb die Frau aus der Gemeinde hinaus in das Haus eines Ungläubigen." Auch *Towner*, Goal, 184 deutet die Formulierung auf eine neue Ehe mit einem Nichtchristen. Diese Lösung ist aber sehr spekulativ und aus dem Text nicht abzuleiten.

[181] Man könnte zwar einwenden, in der Argumentation von 5,11 sei eben nur das Gegenüber von Christusbindung und der sie auflösenden zweiten Ehe im Blick. Im Vergleich zu dieser sei aber die versprochene Treue zu Christus vorgängig und in diesem Sinne als πρώτη πίστις bezeichnet. Dies erscheint mir aber aufgrund der notwendigen Absolutheitsansprüche einer Braut-Christi-Vorstellung unmöglich.

[182] Vgl. *Brown*, Body, 83ff; *Chadwick*, Enkrateia, 349-365; *Niederwimmer*, Askese, 42ff.

der χῆραι aufgenommen wurden,[183] sind zusätzliche Indizien dafür, daß das Witwenamt inhaltlich unter den Einfluß solcher enkratitischer Vorstellungen geriet.[184]

Gegen unsere These, daß in 5,12 mit πρώτη πίστις enkratitische Jungfräulichkeits-
tradition vorliegt, könnte eingewandt werden, daß schon die vom Autor der Past vor-
gefundene Witwenregel, die ja mit ihrer Altersgrenze diesen enkratitischen Bestrebungen entgegenwirkt, solche Begrifflichkeit nicht übernommen hätte. Dieses Gegenargument ist aber nicht stichhaltig, wenn man davon ausgeht, daß in jedem Fall ein ge-
gebenes Gelübde als wirksam vorausgesetzt wurde. Die in 5,12 verarbeitete Tradition
geht von der Faktizität solcher "ersten Treueversprechen" aus und hält ein einmal ge-
gebenes Gelübde für gültig. Ihre Gegenstrategie ist also nicht, eine solche πίστις für
hinfällig zu erklären, sondern im Gegenteil ihre Gefährlichkeit gerade aufgrund ihrer
Wirksamkeit zu betonen. Vv11b.12 konstruieren eine gefährliche Möglichkeit, die
durch v11a ausgeschlossen wird; sie sind damit als elliptischer Konditionalsatz anzusehen, wobei in logischer Fortführung von v11a die Bedingung "wenn sie aber doch
zugelassen werden" sinngemäß einzufügen wäre.

Damit wird aber auch die inhaltliche Bedeutung der Verse klar. Es geht nicht um
graduelle Unterscheidungen, so daß Witwen, die vielleicht die Altersgrenze noch
nicht ganz erreicht haben, von der Zulassung ausgeschlossen werden sollten. Die Ausrichtung der ersten Begründung in v11f ist, daß aus dem Witwenstand kein Jungfrau-
enstand gemacht werden soll.[185]

6.5.3 Die zweite Begründung der Ablehnung

6.5.3.1 Der Vorwurf ἀργαὶ μανθάνουσιν περιερχόμεναι τὰς οἰκίας

In der formalsprachlichen Analyse wurde schon auf die sprachliche Schwierigkeit in 1
Tim 5,13a hingewiesen, in dem ein direktes Objekt zu μανθάνουσιν zu fehlen
scheint.[186] Die vorgeschlagene Konjektur λανθάνουσιν wird noch von *Jeremias* vertreten,[187] hat aber sonst in der neueren Forschung keine Unterstützung gefunden, da
sie keinen Rückhalt in der Textüberlieferung hat. Die Mehrheit der Kommentatoren
folgt der grammatischen Erklärung bei *Blass/Debrunner/Rehkopf*: Demnach läge in
5,13a eine Ellipse vor; sinngemäß wäre zu ἀργαί ein von μανθάνουσιν abhängiges εἶναι
zu ergänzen; das Partizip περιερχόμεναι bezeichnete die Begleitumstände des
"Lernens".[188] Nach diesem Verständnis des Verses ist μανθάνειν hier unbetont gebraucht und meint "lernen" im Sinn von "sich etwas angewöhnen".[189]

---

[183] IgnSm 13,1; Tertullian, Virg vel 9,2f.

[184] Vgl. *MacDonald*, Legend, 76.

[185] So auch *MacDonald*, Legend, 75f.

[186] S.o. S. 124.

[187] Vgl. *Jeremias*, Tim, 39.

[188] Vgl. *Blass/Debrunner/Rehkopf*, §416,2. Auf ihn berufen sich explizit *Dibelius/Conzelmann*,
Past, 60.

[189] Diese Interpretation wird vertreten von *Wohlenberg*, Past, 183; *Dibelius/Conzelmann*, Past, 60;
Lips, Glaube, 121; *Roloff*, 1 Tim, 297; außerdem von *Brox*, Past, 195; *Knoch*, Tim, 39; *Hasler*, Tim,
40, die mit "sich gewöhnen an" übersetzen; entsprechend *Earle*, Tim, 260: "They get into the habit of
being idle".

Diese Interpretation ist sprachlich möglich; bei Berücksichtigung unserer oben durchgeführten Analyse des Gebrauchs von μανθάνειν in den Pastoralbriefen[190] ist jedoch eine andere Lösung vorzuziehen: Wir hatten dort aufgezeigt, daß der Autor in der antihäretischen Polemik 2 Tim 3,7 mit absolut gebrauchtem μανθάνειν auf die Lernbegierde von Frauen Bezug nimmt, die er polemisch disqualifiziert. Versteht man nun das "Lernen" in 1 Tim 5,13 auf diesem Hintergrund, so erschließt sich eine formal wie inhaltlich stringente Deutung: Syntaktisch erübrigt sich die Einfügung von εἶναι, da μανθάνειν wie in 2 Tim 3,7 (und 1 Tim 2,11) absolut, ohne direktes Objekt, steht.[191] Ἀργαί ist prädikativisch auf das im Verb enthaltene Subjekt der 3. Person bezogen. Sachlich bezieht sich der Autor auf die Suche der Frauen nach intellektueller Betätigung und Erkenntnisgewinn, die er wie in 2 Tim 3,7 polemisch diskreditiert.[192]

Das genaue Verständnis der Argumentation ist davon abhängig, welche Bedeutung ἀργαί an dieser Stelle hat und wie seine Zuordnung zu μανθάνουσιν inhaltlich zu fassen ist. Die beiden Kommentare, die in Übereinstimmung mit unserer These absoluten Gebrauch von μανθάνειν voraussetzen, ordnen das ἀργαί kausal zu: *Schlatter* übersetzt: "Zugleich auch, weil sie müßig sind, lernen sie und gehen dazu in den Häusern herum"; ähnlich *Holtz*: "Und zugleich wollen sie, die ja müßig sind, dazulernen und laufen durch die Häuser"[193]. Diese Interpretation trägt jedoch nicht der Syntax des Gesamtverses Rechnung: Durch die Wiederaufnahme in 5,13b wird ja deutlich, daß in 5,13a das Hauptgewicht des Vorwurfs auf dem ἀργαί liegt.[194] In der Deutung von *Schlatter* und *Holtz* ist aber ἀργαί gar kein Vorwurf, sondern nur eine Beschreibung der Situation der Witwen, die aufgrund der Versorgung durch die Gemeinde von Arbeit zum Lebensunterhalt befreit sind und deshalb die Gelegenheit zum Lernen haben.

Bisher hat meines Wissens niemand die Übersetzung von ἀργαί in 1 Tim 5,13 als "faul" oder "müßig" infragegestellt. Nun kann das Wort, das ja aus ἀ-εργός[195] kontrahiert ist, aber auch "nutzlos" oder "ertraglos" bedeuten;[196] In diesem Sinn ist es in der Regel auf Dinge oder Sachverhalte bezogen,[197] wie etwa ein ungenutztes Haus oder ein nicht eingesäter Acker,[198] im Neuen Testament in Mt 12,36 auf ein unnützes Wort

---

[190] S.o. S. 96ff.

[191] Absoluten Gebrauch von μανθάνειν nehmen auch die Kommentare von *Weiß*, Tim, 197; *Schlatter*, Tim, 176 und *Holtz*, Past, 114 an. Dabei kommt die Auslegung von *Schlatter* und *Holtz* der hier vertretenen Interpretation nahe, während *Weiß* eine ganz andere Deutung vorschlägt: Danach hat μανθάνουσιν zwar formal kein Objekt, ist aber inhaltlich polemisch auf einen Gegenstand des Lernens bezogen: Die Witwen lernen, was man beim Herumlaufen in den Häusern eben "lernen", d.h. erfahren kann: den neuesten Familienklatsch nämlich.

[192] Auch *Roloff*, 1 Tim, 297, findet in der Erwähnung des "Lernens" eine sarkastische Spitze: Das Lernen der jungen "Witwen" werde als Gegenteil des Ideals von 1 Tim 2,11 dargestellt, weil sein Ergebnis nur "Faulheit" sei. Obwohl *Roloff* sich in der syntaktischen Analyse von der hier vertretenen Interpretation von 5,13 unterscheidet, kommt er inhaltlich zu einem ähnlichen Ergebnis.

[193] *Schlatter*, Tim, 176; *Holtz*, Past, 114

[194] So auch *Dibelius/Conzelmann*, Past, 60; *Roloff*, 1 Tim, 297 Anm. 380.

[195] Vgl. *Blass/Debrunner/Rehkopf*, §51

[196] Vgl. *Bauer/Aland*, 210.

[197] Vgl. *Spicq*, ἀργός, 142: "Forme contracte de ἀεργός, l'adjectif ἀργός ... signifie: «inactif, oisif, paresseux, qui ne travaille pas» quand il s'agit des personnes ..., «qui n'aboutit à rien, impuissant à faire quelque chose, stérile, inopérant, inefficace, infructueux» en parlant des choses."

[198] Belege bei *Spicq*, ἀργός, 143.

(ῥῆμα ἀργόν), in Jak 2,20 auf die πίστις, die χωρὶς τῶν ἔργων ἀργή ἐστιν. Der Begriff erscheint also bei Jakobus im Kontext der Diskussion der Werke als "Ertrag" oder "Frucht" des Glaubens. Genau in diesem Zusammenhang von Glaube und Ethik wird ἀργός aber nun im 2. Petrusbrief auch auf Menschen angewandt: In Antwort auf die von Christus geschenkten τίμια καὶ μέγιστα ἐπαγγέλματα (1,3) sollen die Christinnen und Christen πίστις, ἀρετή, γνῶσις, ἐγκράτεια, ὑπομονή, εὐσέβεια, φιλαδελφία und ἀγάπη (1,5-7) zeigen, wobei jeweils eine Tugend aus der vorangegangenen hervorgeht. Auf diese Filiationsreihe der Tugenden[199] folgt abschließend in 1,8 die Begründung: ταῦτα γὰρ ὑμῖν ὑπάρχοντα καὶ πλεονάζοντα οὐκ ἀργοὺς οὐδὲ ἀκάρπους καθίστησιν εἰς τὴν τοῦ κυρίου ἡμῶν Ἰησοῦ Χριστοῦ ἐπίγνωσιν. Der Besitz und die Mehrung der genannten Tugenden stellen also sicher, daß die Gläubigen nicht "ertraglos" oder "unfruchtbar" in bezug auf die Erkenntnis Jesu Christi sind. Ἀργός und ἄκαρπος bilden hier ein Hendiadyoin[200] und bezeichnen Menschen, bei denen das Evangelium keine Frucht trägt, d.h. nicht in ein entsprechendes Leben mündet.

Nun ist in Tit 3,14 genau dieser Gedanke des Fruchtbringens - hier ausgedrückt durch μὴ ἄκαρπος - mit dem μανθάνειν im Sinne des Erziehungsprozesses durch die Gnade verknüpft. Ich schlage deshalb vor, analog in 1 Tim 5,13 ἀργαί als "ertraglos" zu verstehen: Die Lernbemühungen der jungen Witwen bringen keinen Gewinn im Sinne des in den Pastoralbriefen propagierten christlichen Lebens: Sie führen nicht zu "guten Werken", wie der Autor sie verlangt. Gemeint ist also: Obwohl sie (angeblich) lernen, während sie durch die Häuser laufen, bringen sie keine Frucht.[201]

Die Aussage von 5,13a weist damit einen zweifachen Bezug zu 2 Tim 3,7 auf: Zum einen wird an beiden Stellen das Lernen von Frauen diskreditiert,[202] zum anderen bildet die Kritik am Verhalten der jungen Witwen, in den Häusern umherzugehen, eine sprachliche und inhaltliche Parallele zum Vorwurf gegen die Irlehrerinnen und Irrlehrer in 2 Tim 3,6.[203]

6.5.3.2 Die Steigerung der Vorwürfe: φλύαροι καὶ περίεργοι, λαλοῦσαι τὰ μὴ δέοντα

Der zweite Teil des Satzes nimmt mit ἀργαί das zentrale Moment des ersten auf und führt darüber hinaus. Worin diese Steigerung besteht, zeigt am deutlichsten das letzte Element: λαλοῦσαι τὰ μὴ δέοντα.

Das Verb λαλεῖν findet sich in den Pastoralbriefen außer an unserer Stelle nur noch in Tit 2,1.15, wo es sich auf die offizielle Lehrfunktion des fiktiven apostoli-

---

[199] Zum formgeschichtlichen Hintergrund solcher Filiationsreihen vgl. *Berger*, Gattungen, 1089.

[200] Meist wird an dieser Stelle unter Nichtbeachtung des Hendiadyoins ἀργός mit "müßig" übersetzt. Dagegen ordnen *Bauer/Aland*, 210 den Beleg 2 Petr 1,8 richtig unter die Bedeutung "ertraglos, nutzlos, unbrauchbar" ein.

[201] Das Bild der "Unfruchtbarkeit" erinnert an die metaphorische Verknüpfung von 'Wüste' und 'alleinstehender Frau/Witwe' im Begriff der ἔρημος (s.o. S. 136f). Falls diese Assoziation auch hier mitschwingt, so wäre 'keine Frucht bringen' auch noch einmal als Kritik am Unverheiratetsein und an der Nichterfüllung der weiblichen Geschlechtsrolle zu lesen.

[202] S.o. S. 96f.

[203] Es wird zu untersuchen sein, wie sich Häresiebekämpfung und Haltung gegenüber dem Witwenamt in 1 Tim zueinander verhalten; s.u. S. 219-221.

schen Delegaten bezieht: Nach der Ketzerpolemik in 1,10-16 heißt es als Übergang und Einleitung zur Ständetafel in 2,1-10: Σὺ δὲ λάλει ἃ πρέπει τῇ ὑγιαινούσῃ διδασκαλίᾳ. Am Ende des Abschnittes wird dann bekräftigend noch einmal eingeschärft: Ταῦτα λάλει καὶ παρακάλει καὶ ἔλεγχε μετὰ πάσης ἐπιταγῆς (2,15). Λαλεῖν bedeutet also in den Pastoralbriefen[204] nicht einfach "reden", sondern bezieht sich auf Verkündigung bzw. Lehre und ist synonym mit διδάσκειν.[205] Διδάσκειν ist als Begriff in sich neutral und kann sowohl von den Beauftragten des 'Paulus' wie von den Irrlehrerinnen/-lehrern gebraucht werden: In Tit 1,11 heißt es von Letzteren: διδάσκοντες ἃ μὴ δεῖ. Wie schon in v13a wird somit auch an dieser Stelle sprachlich eine Verbindung zur Häresiepolemik hergestellt.

Die Steigerung im Vorwurf zwischen 5,13a und 5,13b liegt also darin, daß den Witwen jetzt nicht mehr nur ein Mangel, nämlich die Ertraglosigkeit ihres Lernens, vorgehalten wird, sondern eine aktive Verfehlung, nämlich falsche Lehre.[206]

Der Zusammenhang mit Tit 1f gibt nun aber auch wichtige Hinweise darauf, was denn das "Unziemliche" an dieser Lehre ist. Durch die Rahmung in Tit 2,1.15 wird die dazwischenliegende Ständetafel als "gesunde Lehre" qualifiziert; im Gegensatz dazu stehen die ungehörigen Lehren der Gegner und Gegnerinnen, mit denen sie ὅλους οἴκους ἀνατρέπουσιν (1,11). Der Vorwurf bezieht sich also auf eine falsche Ethik, die die vom Autor eingeschärfte hierarchische Ordnung der Stände im Haus und in der Gemeinde umstößt. Es sind also die praktischen Konsequenzen der vom Autor angeprangerten Falschlehre, nicht etwa dogmatische Spekulationen, die hier durch die Qualifizierung als ἃ μὴ δεῖ, d.h. mit Hilfe des Rekurses auf die herrschende Moral und Sitte, abgewehrt werden.

Auffällig ist, daß der Autor genau an dieser Stelle Tit 1,10 die Gegenseite als Juden und Jüdinnen darstellt. Dies ist kein Zufall; vielmehr rekurriert er hier auf das bei römischen und griechischen Schriftstellern verbreitete Vorurteil, das Judentum stelle die Werte der römischen Gesellschaftsordnung auf den Kopf.[207] Der gleiche Zusammenhang findet sich Apg 16,20f: Nach dem Exorzismus an der wahrsagenden Sklavin werden Paulus und Silas von deren Herren vor den staatlichen Autoritäten mit folgender Begründung verklagt:

οὗτοι οἱ ἄνθρωποι ἐκταράσσουσιν ἡμῶν τὴν πόλιν Ἰουδαῖοι ὑπάρχοντες καὶ καταγγέλλουσιν ἔθη ἃ οὐκ ἔξεστιν ἡμῖν παραδέχεσθαι οὐδὲ ποιεῖν Ῥωμαίοις οὖσιν.

---

[204] Den gleichen Gebrauch von λαλεῖν haben Lukas sowie der Autor des 1. Petrusbriefes; vgl. Lk 2,38; 1 Petr 4,11.

[205] Vgl. *Lips*, Glaube, 46.

[206] So auch *Roloff*, 1 Tim, 298. Allerdings dürfen nicht die an anderen Stellen der Past genannten häretischen Inhalte aufgrund dieser Parallele pauschal auf die Witwen übertragen werden. Ein solches Vorgehen würde die unbegründete Vorentscheidung beinhalten, die Gegnerinnen und Gegner des Autors der Past als geschlossene Gruppe zu verstehen, so daß alle antihäretischen Aussagen systematisierend miteinander verbunden werden dürften. Es wird hingegen erst genauer zu untersuchen sein, worin die Gemeinsamkeit zwischen den verschiedenen polemischen Vorwürfen in den Past besteht; s.u. S. 219-221.

[207] Die Vorurteile und die apologetische Gegenstrategie jüdischer Autoren hat ausführlich analysiert: *Balch*, Wives/1974, 134-180; s.o. S. 20f.

Paulus und Silas werden also hier der Propagierung "unrömischer" Sitten und Gebräuche beschuldigt, wobei der Hinweis auf ihre Zugehörigkeit zum Judentum offensichtlich die Plausibilität dieses Anwurfs stützen soll. Inhaltlich soll der Vorwurf sich wegen des vorangegangenen Exorzismus auf magische Praktiken beziehen.[208]

Die Parallele zu Apg 16,20f hat einige Exegeten dazu bewogen, hinter der Formulierung λαλοῦσαι τὰ μὴ δέοντα in 1 Tim 5,14 ebenfalls Zauberei zu vermuten.[209] Nun handelt es sich bei den zugrundeliegenden Vorurteilen um einen ganzen Komplex von Vorstellungen, die miteinander verknüpft sind, wobei die Schwerpunkte unterschiedlich gesetzt sind. In den Pastoralbriefen geht es vor allem um die Zerstörung der "guten Ordnung", indem insbesondere die Unterordnung der Frauen nicht mehr gewährleistet scheint. Ansonsten scheint das vom Autor bekämpfte geistige Klima sich mehr in Mythen und Spekulationen auszudrücken denn in magischen Beschwörungen.

Es bleibt noch zu untersuchen, wie die beiden anderen Attribute φλύαροι und περίεργοι zu der hier vorgetragenen Deutung passen.

Φλύαρος bedeutet "geschwätzig". Das Adjektiv kommt im Neuen Testament nur an dieser Stelle vor; das entsprechende Verb wird in 3 Joh 10 dem Gegner Diotrephes beigelegt. Die in φλύαρος liegende Abqualifizierung ist doppelt: Es wird zuviel geredet und es wird inhaltlich nichts gesagt. In diesem Zusammenhang ist Geschwätzigkeit in der griechisch-römischen Antike ein beliebtes pejoratives Attribut für Frauen: Der Vorwurf entspringt als dessen Kehrseite dem Schweige-Ideal;[210] wenn eine gute Frau in der Öffentlichkeit am besten gar nicht reden soll, hat sie sehr schnell zu viel gesagt. Die Idee, daß sie sowieso nichts Substantielles beizutragen hat, unterstützt die patriarchale Ideologie des Schweigegebots.

In den Pastoralbriefen ist aber außer dieser frauenfeindlichen Tradition auch noch der Bezug auf die Häresie gegeben; in der Polemik Tit 1,10ff werden die Gegner und Gegnerinnen als ματαιολόγοι beschimpft, in 1 Tim 1,6 heißt es, daß einige ἐξετράπησαν εἰς ματαιολογίαν. Der Vorwurf der Geschwätzigkeit ist also ein Element der antihäretischen Strategie des Autors der Pastoralbriefe, die auf Verunglimpfung anstelle inhaltlicher Auseinandersetzung abstellt.

Sehr interessant ist das noch ausstehende Attribut περίεργαι. Der Begriff wird außer in 1 Tim 5,13 im Neuen Testament noch Apg 19,19 gebraucht; περίεργα πράσσειν bedeutet hier "Zauberei betreiben";[211] als Attribut einer Person erscheint das Adjektiv Herm vis IV 3,1 im Sinne von "neugierig".[212] Das verwandte Verb περιεργάζεσθαι bedeutet "etwas Unnützes tun, überflüssige Betriebsamkeit entwickeln". Der Autor des 2. Thessalonicherbriefes verwendet es in einem Wortspiel in Entgegensetzung zu

---

[208] Anliegen der Darstellung des Lukas ist es, die christliche Mission genau von solch "jüdischer Magie" abzusetzen. Deshalb stellt er den Vorwurf der Gegner als Heuchelei dar und betont das römische Bürgerrecht des Paulus. Siehe auch Apg 19,19, wo die christliche Predigt zur Abwendung von der Zauberei führt. Vgl. *D'Angelo*, Women, 458.

[209] Vgl. *Kelly*, Past, 118; *Jeremias*, Tim, 39. Die Frage wird bei der Analyse von περίεργος noch einmal aufzunehmen sein.

[210] Formulierungen des Schweige-Ideals finden sich z.B. bei Demokrit, Fragment 110 (*Diels*, Vorsokratiker II, 164); Aristoteles, Pol II260a30. Zum Schweigegebot s.o. S. 92-99.

[211] Zu περίεργος im Kontext von Zauberei vgl. *Paràssoglou*, Circular, 268f.

[212] Herm vis IV 3,1: περίεργος εἰ περὶ τοιούτων πραγμάτων: Du bist neugierig auf solche Dinge.

ἐργάζεσθαι: die Warnung vor unnützem Treiben verstärkt die Ermahnung, durch ordentliche Arbeit den eigenen Lebensunterhalt zu verdienen.[213]

Der Gedanke unangebrachter Aktivität an der falschen Stelle ist ein traditioneller Topos der griechischen Philosophie. Der dafür am häufigsten gebrauchte Begriff ist πολυπραγμονεῖν bzw. πολυπραγμοσύνη; mit diesem kann περιεργάζεσθαι/περιεργία synonym gebraucht werden. Der Topos hat seinen Platz ursprünglich im Kontext der klassischen politischen Philosophie, die eine strikte arbeitsteilige Ordnung des Gemeinwesens entwirft. So betont Plato in Pol IV 433A-D, wichtig sei im Staat, daß jeder Mensch die ihm je zugeordneten Aufgaben erfüllt und sich nicht geschäftig in die Angelegenheiten der anderen einmischt (οὐκ ἐπολυπραγμόνει). Diese Stelle aus Platos Politeia wird bei Stob IV, 43f zitiert, was für die starke Wirkungsgeschichte dieser Vorstellung spricht.

Das Grundmodell der Arbeitsteilung in der Ordnung der Gesellschaft ist diejenige zwischen den Geschlechtern, wobei dem Mann die politische Sphäre, der Frau die οἰκονομία zugeordnet wird. Aufgrund dieser Ordnung kann der Vorwurf der Einmischung oder des unangebrachten Übereifers in bezug auf Frauen jede öffentliche, d.h. politische Betätigung meinen, die dann als Übergriff in die männliche Sphäre verurteilt wird.[214]

Ein weiteres populäres Thema der hellenistischen Moralisten, in dem sich der Vorwurf der πολυπραγμοσύνη bzw. περιεργία auf beide Geschlechter bezieht, ist die neugierige Beschäftigung mit den inneren Angelegenheiten fremder Familien. Plutarch hat diesem Thema eine eigene Abhandlung gewidmet, in der er diese Neugier als eine Obsession beschreibt, die mit einer Haltung der Mißgunst und Verleumdung einhergeht.[215]

In diesem Zusammenhang erscheinen περίεργος/περιεργάζεσθαι auch in TestXII-Patr; TestIs III,3 heißt es in einer Selbstaussage des Isaschar: καὶ οὐκ ἤμην περίεργος ἐν ταῖς πράξεσί μου οὐδὲ πονηρὸς καὶ βάσκανος τῷ πλησίῳ.[216] Die Bösartigkeit gegenüber den

---

[213] 2 Thess 3,11: ᾿Ακούομεν γάρ τινας περιπατοῦντας ἐν ὑμῖν ἀτάκτως μηδὲν ἐργαζομένους ἀλλὰ περιεργαζομένους.

[214] Vgl. z.B. Philo, Spec leg III 169ff: Weil die Verwaltung der Polis dem Mann, diejenige des Hauses jedoch der Frau obliegt, soll eine Frau sich nicht mit "Übereifer" in Angelegenheiten außerhalb ihres Hauses einmischen (μὴ πολυπραγμονείτω). Der moralisch gefüllte Begriff der unnützen Betriebsamkeit dient der Disziplinierung von Frauen, insbesondere, nachdem sie seit dem ersten Jahrhundert größere Selbständigkeit erlangt hatten. Dies wird besonders deutlich daran, daß das Ideal der Beschränkung auf den ureigensten weiblichen Bereich selbst mit solchen Traditionen verbunden wird, die von der Rettung des Staates durch eine Frau handeln. So erzählt Plutarch in Mul virt, Mor 257DE von Aretaphila, die einen Tyrannen tötete, das darauf an sie ergehende Angebot der Regierungsgewalt jedoch ausschlug, da sie jede Einmischung in für Frauen nicht geziemende Bereiche vermeiden wollte. Sie zog sich stattdessen in die Frauengemächer zurück und verbrachte den Rest ihres Lebens still mit Freunden und Familie. - Auch die Laudationes für Frauen folgen der Tendenz, außergewöhnliches Eingreifen von Frauen in einer Notlage grundsätzlich in den Dienst der Wahrung oder Wiederherstellung des *mos maiorum* zu stellen; vgl. dazu die Analyse bei *Hesberg-Tonn*, Coniunx, 218ff.

[215] Vgl. Plutarch, De Curiositate (περὶ πολυπραγμοσύνης), Mor. 515-523. In dem Traktat verwendet er zweimal περιεργία (516A; 519C) und einmal περίεργον (517E).

[216] *Hollander/De Jonge*, Test, 239 übersetzen: I was not a busy-body in my affairs nor wicked and malicious against my neighbour; hier wird der mitschwingende magische Hintergrund deutlich: die

Nachbarn ist hier nicht nur eine negative Einstellung, sondern der Gebrauch von Magie und dem "bösen Blick",[217] um dem Nachbarn zu schaden.

Solche magischen Praktiken werden in den Testamenten bevorzugt Frauen zugeschrieben. In TestJos VI,2 wird erzählt, daß die Frau des Potiphar, die Joseph verführen will, ihm ein Gericht schickt, das mit einem als Aphrodisiakum wirkenden Zaubermittel präpariert ist. Joseph durchschaut die Sache: καὶ συνῆκα ὅτι ἡ περιεργία αὐτῆς εἰς ἀποπλάνησιν ψυχῆς ἐστιν.[218] In TestRub wird eine Verbindung zwischen solchen Praktiken und weiblichem Schmuck hergestellt: Von dort aufgezählten sieben gegen die Menschen gerichteten Geistern bezieht sich einer besonders auf Frauen:[219] τέταρτον πνεῦμα ἀρεσκείας καὶ μαγγανείας ἵνα διὰ περιεργίας ὡραῖος ὀφθῇ (III,4). *Becker*[220] übersetzt περιεργία an dieser Stelle mit "Nutzlosigkeit", was aber den Aspekt der Macht nicht erfaßt, der hier impliziert ist: Es geht darum, daß Frauen, die im direkten Gegenüber zu Männern die Schwächeren sind, durch Manipulation Macht ausüben (TestRub V).[221] Entsprechend wird in TestRub III,10 gewarnt: μηδὲ περιεργάζεσθε πρᾶξιν γυναικῶν. Dies meint nicht einfach "Gebt euch nicht ab mit Frauenangelegenheiten", wie *Becker*[222] übersetzt, sondern: "Beteiligt euch nicht an den (magischen und trickreichen) Praktiken der Frauen."

Nach der vorliegenden Analyse stellt sich die Frage, wie περίεργοι in 1 Tim 5,13 zu deuten ist: Ist hier wie in den TestXIIPatr und Apg 19,19 an Zauberei gedacht, oder meint es lediglich das neugierige Interesse an den Angelegenheiten fremder Familien, oder geht es um den Übergriff in Männern vorbehaltene Bereiche? Für alle drei Interpretationen gibt es Anknüpfungspunkte im Kontext: Das vorher genannte περιέρχεσθαι τὰς οἰκίας und das Attribut φλύαρος könnten für den Bezug auf Neugier und Klatsch sprechen.[223] Wenn man περίεργοι mit dem folgenden Element zusammenstellt, legt sich die Konnotation des Übergriffs nahe: Während der Häresie insgesamt angelastet wird, daß sie inhaltlich Falsches lehrt, würde den Frauen damit in Anknüpfung an 1 Tim 2,12 zusätzlich vorgeworfen, daß sie sich die männliche Rolle des Lehrers anmaßen. Wer das περίεργος auf magische Praktiken deuten will, kann unter Rückgriff auf Apg 16,21 in der Formulierung λαλεῖν τὰ μὴ δέοντα eine Bestätigung finden. Hinzu kommt, daß eine traditionsgeschichtliche Verbindung zu den TestXII-

---

Bösartigkeit gegenüber den Nachbarn kann sich in negativen Zaubern ausdrücken. Demgegenüber ist *Becker*s Übersetzung "Und ich bin nicht vorwitzig in meinen Taten, noch neidisch und mißgünstig gegen meinen Nächsten" zu oberflächlich. Vgl. auch TestIs V,1; TestGad VI,5.

[217] Der griechische Begriff βάσκανος bezeichnet jemanden, der den bösen Blick hat; vgl. dazu die Publikationen: *Hauschild*, Der böse Blick; *Schlesier*, Der böse Blick.

[218] In der Übersetzung von *Becker*, Test, 122: Und ich merkte, daß die Ränke zur Verführung (gedacht) waren.

[219] Vgl. die Erläuterungen bei *Hollander/De Jonge*, Test, 95.

[220] *Becker*, Test, 34.

[221] Vgl. zu TestRub 5 auch *Küchler*, Schweigen, 442f. Die Verbindung von Magie und Sexualität bzw. Verführung und ihre Zuordnung zu Frauen ist ein weitverbreiteter Topos. *D'Angelo*, Women, 458, verweist auf Plutarch, Praec Coniug 5.19.48 (Mor 139ff) sowie Juvenal, Sat 6,511ff, u.a. Sie resümiert: "... magic seems to be seen as the power of the weaker party in sexual politics."

[222] *Becker*, Test, 35.

[223] Diese Deutung favorisiert auch *Müller-Bardoff*, Exegese, 123.

Patr nicht unmöglich ist, da der Autor der Pastoralbriefe ja in 1 Tim 2,13f ähnliche Traditionen einer frauenfeindlichen Exegese des Alten Testaments verarbeitet. Mir scheint die Vorstellung des Übergriffs bzw. der neugierigen Einmischung an dieser Stelle näher zu liegen als die der Zauberei; letztlich ist hier aber keine Klarheit zu gewinnen, was im Wesen der vom Autor verfolgten Strategie begründet ist: Er verwendet Begriffe, deren Gehalt hauptsächlich in ihrer moralischen Diskreditierungskraft besteht, ohne daß sie die erhobenen Vorwürfe inhaltlich präzisierten.

6.5.3.3 Zusammenfassung

Die Analyse von 1 Tim 5,13 hat ergeben, daß dieser Vers verschiedene Anliegen des Autors der Pastoralbriefe aufnimmt: Er polemisiert wie 2 Tim 3,7 gegen die intellektuellen Ansprüche von Frauen, die er innerhalb seines Denksystems als "nutzlos" abqualifiziert, da sie nicht zu der von ihm gewünschten, der "gesunden Lehre" entsprechenden Praxis führen. Darüberhinaus wirft er den jungen Frauen eine Grenzüberschreitung entweder ihrer Frauenrolle oder der gebotenen Zurückhaltung gegenüber fremden Angelegenheiten vor und behauptet, daß sie das "Geschwätz" falscher Lehren verbreiten.

Deutlich wird, daß die zweite Begründung inhaltlich eine völlig andere Ausrichtung hat als die erste: Ging es dort um das Brechen des Treuegelübdes der "Witwe", also um das Verlassen des Witwenstandes durch Heirat, so sind jetzt Aktivitäten der Witwen in ihrer Funktion im Blick, die vom Autor in den Kontext der Auseinandersetzung von gesunder und falscher Lehre eingeordnet werden. Sie haben somit für den Verfasser einen hochaktuellen Bezug.

6.6 Heirat der jungen Frauen als Gegenstrategie (1 Tim 5,14)

6.6.1 Βούλομαι οὖν νεωτέρας γαμεῖν, τεκνογονεῖν, οἰκοδεσποτεῖν

1 Tim 5,14 formuliert die Schlußfolgerung aus der vorangegangenen Darstellung der Verfehlungen, wie die Partikel οὖν anzeigt. Die Formulierung in der 1. Person mit βούλομαι rekurriert wie in 1 Tim 2,8 direkt auf die Autorität des 'Paulus', was besonders bemerkenswert ist, da die Anordnung inhaltlich der Position des Paulus in 1 Kor 7,8.40 konträr entgegensteht.[224] Die Trias γαμεῖν, τεκνογονεῖν, οἰκοδεσποτεῖν bezeichnet in ihrer Gesamtheit ein festes Rollenmodell: Als Gattin eines wohlhabenden Hausherrn ist die Frau nicht nur die Mutter der ehelichen Kinder, sondern auch die Herrin über seinen οἶκος. Wie in der Ökonomikliteratur wird mit οἰκοδεσποτεῖν[225] ihre Funktion als Überwacherin der Sklavinnen und Sklaven angesprochen. Auch hier ist also wieder ein wohlhabender sozialer Hintergrund vorausgesetzt.[226] *Verner* betont den Aspekt der Respektabilität an dieser Rolle der Hausherrin, die zwar dem Ehemann untergeordnet ist, aber ansonsten eine geehrte Stellung innehat:

---

[224] So auch *Roloff*, 1 Tim, 299.
[225] Das Verb ist im Neuen Testament Hapaxlegomenon.
[226] Vgl. *Verner*, Household, 136.

"It is the possibility of attaining such a traditionally respected and secure position that the author apparently wants to suggest to young widows."[227]

Aber diese Interpretation *Verner*s entspricht nicht der Ausrichtung von 5,14: Strategie des Autors ist es nicht, den jungen Frauen die Heirat "nahezulegen", indem er bei der potentiellen Attraktivität der οἰκοδέσποινα-Rolle ansetzt: Er versucht gar nicht, zu überzeugen, sondern er schreibt vor.[228]

6.6.2 Vermeidung von übler Nachrede

Das letzte von βούλομαι abhängige Element in 5,14 lautet: μηδεμίαν ἀφορμὴν διδόναι τῷ ἀντικειμένῳ λοιδορίας χάριν. Λοιδορία bedeutet "Schmähung, Lästerung, Verleumdung". Für Paulus ist es ein Laster (1 Kor 5,11; 6,10: λοίδορος im Lasterkatalog),[229] das Christinnen und Christen unbedingt vermeiden müssen;[230] sie antworten auf Schmähworte mit Segen (1 Kor 4,21; ebenso 1 Petr 3,9), wofür Jesus das Vorbild ist (1 Petr 2,23).

An unserer Stelle geht es aber nicht darum, wie die Christinnen und Christen auf λοιδορίαι reagieren sollen, sondern, daß sie solche durch ihr Verhalten vorbeugend verhindern sollen. Inhaltlich entspricht die Anweisung in 1 Tim 5,14b den Ermahnungen in 1 Tim 6,1 und Tit 2,5.8:[231] 1 Tim 6,1 werden die Sklavinnen und Sklaven angewiesen, ihre Herren und Herrinnen aller Ehre wert zu halten, ἵνα μὴ τὸ ὄνομα τοῦ θεοῦ καὶ ἡ διδασκαλία βλασφημῆται. Tit 2,5 wird die Mahnung an die älteren und jungen Frauen begründet ἵνα μὴ ὁ λόγος τοῦ θεοῦ βλασφημῆται. Schließlich wird in Tit 2,8 der fiktive Adressat an seine Vorbildfunktion gegenüber den jungen Männern[232] erinnert, die zu einem ordentlichen Leben gebracht werden müssen, ἵνα ὁ ἐξ ἐναντίας ἐντραπῇ μηδὲν ἔχων λέγειν περὶ ἡμῶν φαῦλον. Es ist also an allen Stellen das Verhalten von Untergeordneten, das als potentieller Auslöser der λοιδορία seitens der Umwelt angesehen wird.

Außerhalb der Pastoralbriefe findet sich eine Analogie in der apologetischen Strategie des 1. Petrusbriefs: 1 Petr 2,12 werden die Adressaten und Adressatinnen ermahnt, einen guten Lebenswandel unter den Heiden zu führen, damit deren Verleum-

---

[227] *Verner*, Household, 136.

[228] Βούλομαι ist gebräuchlicher Ausdruck bei gesetzgeberischen Maßnahmen; vgl. *Dibelius/ Conzelmann*, Past, 60.

[229] Die moralische Ächtung der λοιδορία ist aber kein christliches Spezifikum: Nach Iamblichus' Biographie des Pythagoras schärfte schon dieser den Knaben ein, andere nicht zu schmähen (vgl. *Thesleff*, Pythagorean Texts, 181). In jüdischem Schrifttum vgl. Prov 10,18; Sir 22,24 (Beschimpfen ist Vorstufe des Tötens); Philo, Som II 168 (Lasterkatalog). Nach TestBen V,4 hat der Fromme Mitleid mit dem Schmähenden und schweigt. Vgl. auch *Hanse*, λοιδορέω κτλ.

[230] In Tit 3,2 soll 'Titus' die Christinnen und Christen ermahnen, μηδένα βλασφημεῖν.

[231] Zu diesen Stellen vgl. *Lippert*, Zeugnis, 45-47.50-54.

[232] Junge Männer sind nach einem traditionellen Topos der hellenistischen Moralisten leicht geneigt, über die Stränge zu schlagen, statt ein ordentliches Leben zu führen. Dieser Topos findet sich auch im Episkopenspiegel Tit 1,6: Der dort für "heillosen Lebenswandel" der Kinder des Bischofs gebrauchte Begriff ἀσωτία bezeichnet ein traditionelles Laster junger Männer, nicht unmündiger Kinder; es erscheint auch Lk 15,13 in dem Gleichnis vom verlorenen Sohn. Vgl. *Verner*, Household, 134.

dungen aufhören und sich schließlich in Lobpreis Gottes verwandeln.[233] Wie *Gielen* gezeigt hat, sind in der Loyalitätsparänese 1 Petr 2,13-3,6 die Christen und Christinnen insgesamt in untergeordneten Positionen gegenüber heidnischen Autoritätspersonen gedacht.[234] Entsprechend hat λοιδορία in 1 Petr und Past die gleiche Grundbedeutung: Es geht nicht um eine persönliche Beschimpfung einzelner, sondern um die Abqualifizierung des Christentums als zweifelhafte und "anarchistische"[235] Religion, die in den Augen der heidnischen Führungsschichten nicht gesellschaftsfähig ist. Dieses negative Urteil droht, wenn diejenigen, denen aufgrund ihres Lebensalters, ihres unfreien Status oder ihres Geschlechts eine untergeordnete Position zukommt, aus ihrer zugedachten Rolle ausbrechen.[236]

Fragt man also danach, auf welches Fehlverhalten von jungen "Witwen" denn die befürchtete negative Reaktion der Umwelt bezogen ist, so ist an die Vorwürfe von 5,13, nicht an den Bruch des Enthaltsamkeitsgelübdes von 5,11b.12 zu denken. Woran die herrschende Moral Anstoß nehmen könnte, ist die Praxis junger, heiratsfähiger Frauen, die nicht unter der Kontrolle eines patriarchalen Haushalts stehen und gegen Ehe und Familie Position beziehen.[237]

Schwierigkeiten bereitet in der Gesamtstruktur von 1 Tim 5,14b die Konstruktion mit χάριν. Meist wird übersetzt "und dem Widersacher keinerlei Anlaß zur Verleumdung geben", was formal voraussetzt, daß λοιδορίας Attribut zu ἀφορμή ist. In diesem Fall müßte aber ohne Präposition, einfach mit Genitiv formuliert werden, so wie 2 Kor 5,12: ἀφορμὴν διδόντες ... καυχήματος. Durch die Präposition ist es an unserer Stelle formal unmöglich, λοιδορίας als Genitivattribut zu ἀφορμή zu verstehen.[238]

Χάριν kann das Ziel oder den Grund von etwas angeben, wird also meist entweder mit "um ... willen" oder mit "wegen" übersetzt. Nun kann ἀφορμή auch absolut, d.h. ohne bestimmendes Attribut verwandt werden, wie der paulinische Gebrauch in Röm 7,8.11 und 2 Kor 11,12 zeigt. Demnach wäre λοιδορίας χάριν nicht Attribut zu ἀφορμή, sondern adverbielle Bestimmung zu ἀφορμὴν διδόναι.[239] Inhaltlich wird dann ausgesagt: "Wegen der Beschimpfung"[240] oder "um der Beschimpfung willen" soll der Lebenswandel der Frauen den Bestrebungen des "Widersachers" keinen Ansatzpunkt bieten. Zu fragen ist, ob die Präferenz dieser komplizierteren Konstruktion vor derjenigen mit Genitivattribut inhaltliche Gründe hat, oder ob der Verfasser einfach etwas hochgestochener formulieren wollte. Nun schafft die Formulierung mit χάριν inhaltlich eine wichtige Differenzierung, indem sie ermöglicht, zwischen dem

---

[233] Vgl. *Balch*, Wives/1974, 227ff; *Gielen*, Haustafelethik, 322ff.

[234] Vgl. *Gielen*, Haustafelethik, 542ff.

[235] Dieses Attribut verwendet *Lippert*, Zeugnis, 46 bezüglich der Sklavenparänese in 1 Tim 6,1: "wenn sich die Sklaven aus ihrem christlichen Selbstbewußtsein heraus zu Ungehorsam verleiten lassen, wird der Eindruck entstehen, das Christentum sei eine anarchistische Religion."

[236] Vgl. *Verner*, Household, 182.

[237] 5,14b beziehen ebenfalls auf 5,13 *Lippert*, Zeugnis, 44; *Roloff*, 1 Tim, 300; *Bassler*, Widows, 37; *D'Angelo*, Women, 450; *Pagels*, Adam, 24.

[238] So auch *Weiß*, Tim, 198; *Wohlenberg*, Past, 184.

[239] Zum gleichen Ergebnis kommen *Weiß*, Tim, 198, und *Wohlenberg*, Past, 184; als Übersetzung für χάριν schlagen sie "zugunsten von" vor.

[240] Diese Möglichkeit wird bei *Bauer/Aland*, 972 erwogen.

ἀντικείμενος und dem Subjekt der λοιδορία zu unterscheiden. Sieht man hierin die
Funktion der präpositionalen Wendung begründet, so ist damit für die bisher
ungelöste exegetische Frage, ob der "Widersacher" der Teufel oder ein übelwollender
Mensch ist,[241] ein starkes Argument gewonnen: Es müßte sich um den Teufel
handeln,[242] dessen Aktivität in unserem Vers von dem menschlichen λοιδορεῖν
unterschieden würde.[243]

Diese Interpretation wird durch die Parallele im Bischofsspiegel 1 Tim 3,7 gestützt, wo vom Bischof ein guter Ruf bei den Außenstehenden verlangt wird: δεῖ δὲ
καὶ μαρτυρίαν καλὴν ἔχειν ἀπὸ τῶν ἔξωθεν, ἵνα μὴ εἰς ὀνειδισμὸν ἐμπέσῃ καὶ παγίδα τοῦ
διαβόλου. In gleicher Weise wie in 5,14b werden hier die Schmähung durch Nicht-Ge-
meindeglieder und die Nachstellungen des Teufels[244] aufs engste in Verbindung gesetzt. Aus sprachlichen Gründen müßte die enge Parallelisierung - beide Geschehnisse werden ja mit einem Verb ausgedrückt - entweder als Gleichsetzung verstanden
werden oder als unmittelbares Ursache-Folge-Verhältnis: Indem der Bischof Objekt
von Beschimpfungen oder Vorwürfen wird, fällt er den Nachstellungen des Teufels
anheim.[245] Dieser Zusammenhang macht der Exegese einige Schwierigkeiten: Meist
wird versucht, dieser engen Verknüpfung mit Hilfe rationaler Erklärungen auszuwei-
chen, indem als Zwischenglied eine konkrete Verfehlung des Bischofs, die vielleicht
durch die Verleumdungen angestoßen wurde, angenommen wird.[246] Eine solche Lösung weicht aber dem Problem des Textes aus; die enge Verbindung, die der Autor
zieht, muß so verstanden werden, daß der Bischof an dieser Stelle für die Lästerungen
der Außenstehenden verantwortlich gemacht wird: Wenn seine Person der Anlaß einer
Schmähung des Evangeliums ist, so ist er schuldig und sein Heil damit in Gefahr.
Dies bedeutet entsprechend für 5,14b: Der "Angriffspunkt" für den Widersacher ent-

---

[241] Belege für ἀντικείμενος als menschlicher Feind: Ex 23,22; 2 Makk 10,26; 1 Kor 16,9; für
Antichrist bzw. Satan: 2 Thess 2,4; 1 Clem 51,1; MartPol 17,1. Wie schon häufiger stehen die
Pastoralbriefe damit dem Sprachgebrauch spätneutestamentlicher Schriften bzw. der Apostolischen
Väter näher als dem des Paulus.

[242] Mit *Hasler*, Tim, 41; *Holtz*, Past, 121; *Knoch*, Tim 39; *Spicq*, Past, 538; gegen *Bassler*, Widows, 37; *Dibelius/Conzelmann*, Past, 60; *Fiore*, Function, 15; *Jeremias*, Tim, 39; *Müller-Bardoff*,
Exegese, 132; *Schlatter*, Tim, 177; *Weiß*, Tim, 198; *Wohlenberg*, Past, 184;. Keine Entscheidung in
dieser Frage treffen *Kelly*, Past, 119; *Lock*, Past, 61.

[243] Damit wird das Argument *Roloff*s (1 Tim, 299 Anm. 392) hinfällig, der geltend gemacht hatte,
daß λοιδορεῖν ein typisch menschliches Verhalten ist, das dem Satan nicht zugeschrieben wird, und deshalb die Deutung des ἀντικείμενος auf den Teufel für unmöglich hielt.

[244] Der begriffliche Unterschied, daß hier διάβολος verwendet wird, in 5,14b aber ἀντικείμενος,
ist kein Gegenargument. Der Autor verwendet ja sogar in 5,15 den dritten Begriff σατανᾶς; offensichtlich variiert er einfach die Termini für den Teufel.

[245] Vgl. dazu *Lippert*, Zeugnis, 29-33.

[246] Vgl. etwa die Argumentation bei *Roloff*, 1 Tim, 162: "Der erbauliche biblische Sprache ...
imitierende Ausdruck 'Schlinge des Satans' will besagen: Es geht um Versuchungen zur Sünde, durch
die der Satan den Menschen fängt, um so Grund zur Anklage gegen ihn zu haben. Konkret könnte gemeint sein: Der durch Verleumdungen angeschlagene Bischof hat bei seiner Amtsführung den Rücken
nicht mehr frei; er muß lavieren, vertuschen und falsche Rücksichten nehmen. Darunter aber leidet sein
Dienst, und er wird schuldig." Dagegen richtig *Lippert*, Zeugnis, 32: "Nicht anzunehmen ist, dieses
Fallen in die Schlinge sei im Sinne eines Gerichtes über mögliche Verfehlungen des Bischofs gemeint:
denn dieses Fallen in die Schlinge wird ja ... als Folge eines Fehlens des guten Rufes bezeichnet.

steht aufgrund der üblen Nachrede der Umgebung, für die die jungen Frauen verantwortlich sind, da sie durch ihren Lebensstil die Vorwürfe ausgelöst haben. Die "Gelegenheit" des Teufels ist seine damit gegebene Möglichkeit, die Frauen ins Verderben zu stürzen.

Exkurs 3: Das Motiv der Rücksichtnahme auf die Reaktion der nichtchristlichen Umwelt im 1. Petrusbrief und in den Pastoralbriefen

Die Pastoralbriefe zeichnen ein Bild kirchlicher Organisation und christlicher Lebensführung, das mit dominierenden Wertvorstellungen der griechisch-römischen Tradition im Einklang steht. Sie definieren damit christliche Existenz nicht im Gegensatz zur umgebenden Welt, sondern zielen auf eine Integration christlicher Gemeinden in das gesellschaftliche Umfeld.[247] Trotzdem wird sprachlich deutlich zwischen der Gemeinde und der nichtchristlichen Umwelt unterschieden:[248] Auf Nichtchristen/-christinnen wird als die "Draußenstehenden" (1 Tim 3,7) Bezug genommen, wobei dieses "Außen" in Erscheinung tritt "als Instanz, vor der die Gemeinde in gutem Ruf stehen soll."[249] Dieses Motiv der Orientierung an der Reaktion der nichtchristlichen Umwelt[250] kehrt in den Paränesen an die untergeordneten Gruppen immer wieder: Wo jüngere Frauen zur Erfüllung ihrer Rollenverpflichtungen (1 Tim 5,14; Tit 2,5) und die jüngeren Männer zu einem würdigen Lebenswandel (Tit 2,8) angehalten werden sollen, wo Sklavinnen und Sklaven zur Ehererbietung gegenüber ihren Herren oder Herrinnen ermahnt werden (1 Tim 6,1), wird mit der notwendigen Verhinderung von Verleumdungen der Gemeinde und Schmähungen gegen das Wort Gottes argumentiert. Außerdem wird im Episkopenspiegel als Kriterium für die Bestellung eines Bischofs genannt, daß er von "denen Draußen" ein gutes Zeugnis haben soll (1 Tim 3,7).[251] Dieses Motiv der Orientierung an der Reaktion der nichtchristlichen Umwelt soll jetzt noch einmal grundsätzlich in seiner Bedeutung für die Interpretation der Pastoralbriefe insgesamt untersucht werden.

Wie schon dargestellt, spielt die Orientierung an der Reaktion der heidnischen Umwelt auch in 1 Petr eine gewichtige Rolle.[252] Damit stellt sich die Frage, ob das Motiv der Rücksichtnahme auf die Umwelt in 1 Petr und den Past die gleiche Funktion hat, oder inwiefern sich hier eine Verschiebung feststellen läßt. Nachdem unser Durchgang durch die Forschungsgeschichte der Haus- und Ständetafeln schon traditionsgeschichtliche Bezüge zwischen 1 Petr und den Past aufgewiesen hatte,[253] die sich in unserer Analyse von 1 Tim 2,9f bestätigt hatten,[254] ist anhand dieses wichtigen Motivs noch einmal das Verhältnis zwischen den Briefen in den Blick zu nehmen.[255]

Nicht, weil er sündigt, würde der Bischof in die Schlinge geraten, sondern, wenn ihm der gute Ruf verloren ginge."

[247] Vgl. *Wolter*, Pastoralbriefe,

[248] Vgl. *Lips*, Glaube, 157.

[249] *Lips*, Glaube, 158.

[250] Vgl. zu diesem Thema *van Unnik*, Rücksicht, 307-322.

[251] Neben diesen Belegen, die explizit von den Außenstehenden sprechen, bezieht *Lippert* (Zeugnis, 57f) noch weitere Stellen auf die Reaktion der nichtchristlichen Umwelt, nämlich solche, die von Christen und Christinnen "Untadeligkeit" fordern, (ἀνέγκλητος, 1 Tim 3,10; Tit 1,6; ἀνεπίλημπτος, 1 Tim 5,7; vgl. auch *Towner*, Goal, 187). Hier muß aber m.E. deutlich unterschieden werden zwischen dem Motiv der Rücksicht auf die Umwelt und der Rezeption paganer Tugendbegriffe in den Pastoralbriefen: Für die Tugenden wird ja innergemeindlich Geltung beansprucht, so daß die Außenstehenden als Instanz gar nicht mehr im Blick sein müssen. Vom Motiv der "Rücksicht auf die Umwelt" sollte deshalb nur bei den Stellen gesprochen werden, die explizit die Reaktion Außenstehenden als Begründung für Ermahnungen anführen.

[252] S.o. S. 212f.

[253] S.o. S. 62.

[254] S.o. S. 88f.

[255] Neben den schon im forschungsgeschichtlichen Teil ausführlich behandelten Arbeiten von *Balch* und *Gielen* muß hier insbesondere die Auseinandersetzung mit *Lippert*s Studie "Leben als

Balch hat in seiner Untersuchung zum 1 Petr die apologetische Ausrichtung der Ständeparänesen aufgezeigt: In einer Situation der Gefahr akuter Verfolgung werden die Christinnen und Christen zu einem "guten Lebenswandel unter den Heiden" aufgefordert, um Lästerungen und Verdächtigungen zu widerlegen (1 Petr 2,12.15; 3,16). Die Paränese bleibt aber nicht bei defensiver Apologetik stehen, sondern verknüpft mit dem Gutestun der Gemeindeglieder[256] auch ein missionarisches Motiv: Durch ihr gutes Leben können die Heiden und Heidinnen überzeugt werden, so daß sie sich zum Christentum bekehren und am Ende Gott preisen (1 Petr 2,12).[257] Insbesondere wird den christlichen Frauen, die in einer Ehe mit einem heidnischen Ehegatten leben, die Perspektive eröffnet, daß der Mann διὰ τῆς τῶν γυναικῶν ἀναστροφῆς ἄνευ λόγου (1 Petr 3,1) für den christlichen Glauben gewonnen werden könnte. Dem Lebenswandel wird Zeugnischarakter beigemessen, *Lippert* spricht vom Motiv der "werbenden Lebensführung".[258] Allerdings erfährt die geforderte Rücksichtnahme auf die heidnische Umwelt in 1 Petr eine Beschränkung, indem die christlichen Untergebenen zur Furchtlosigkeit und Unerschrockenheit gegenüber den heidnischen Herren aufgefordert werden (1 Petr 3,6.14). Die Unterordnung unter die weltlichen Herren findet ihre Grenze an der Frage der Religion, insofern die Angeredeten aufgefordert werden, an ihrem Glauben an Christus festzuhalten (1 Petr 3,14f). Die Ehemänner und weltlichen Autoritäten haben keine Verfügungsmacht hinsichtlich des Heils ihrer Untergebenen; im Gegenteil: die um Christi willen erduldete Schmähung und Verfolgung gereicht den Gläubigen gerade zum Heil (1 Petr 4,12-14).

In den Pastoralbriefen ist - im Gegensatz zu 1 Petr - keine akute Verfolgungssituation gegeben,[259] wenn auch grundsätzlich mit der Möglichkeit des Leidens um des christlichen Glaubens willen gerechnet wird. Da also der Druck seitens der Umwelt weniger ausgeprägt ist als im 1 Petr, ist es auffällig, daß trotzdem das Motiv der Orientierung an der Umwelt "defensiver" ausfällt, wie *Lippert* feststellt: Als Ziel des anständigen Lebenswandels wird nicht die Gewinnung der vorherigen Gegner und Gegnerinnen für den christlichen Glauben ins Auge gefaßt,[260] sondern lediglich die Vermeidung von Schmähungen gegen das Wort Gottes.[261] Das Motiv sei hier nicht eigentlich missionarisch, sondern eher "werk-apologetisch" ausgerichtet.[262] Auf der anderen Seite steht dieser Defensivität aber eine massive Verschärfung gegenüber: Wie oben in der Analyse zu 1 Tim 5,14 und 1 Tim 3,7 aufgewiesen, ma-

---

Zeugnis" geführt werden, in der die Orientierung an der Umwelt in 1 Petr und den Past vergleichend analysiert wird. Diese Studie von *Lippert* ist - neben der Untersuchung von *van Unnik* - so etwas wie das Standardwerk zu diesem Thema, das in der Forschung bis heute immer wieder zitiert wird.

[256] Wie *Gielen* (Haustafelethik, 322-375) deutlich gemacht hat, steht in der Loyalitätsparänese des 1 Petr der christliche Teil jeweils auf der untergeordneten Seite der Paarungen Männer - Frauen und Herren/Herrinnen - Sklaven/Sklavinnen.

[257] Aufgrund der eindeutig eschatologischen Ausrichtung von 1 Petr 2,12 hat ein Teil der Forschung bestritten, daß hier eine Bekehrung der Heiden ins Auge gefaßt sei: Ihr Lobpreis Gottes beziehe sich nicht auf eine Bekehrung im Leben, sondern meine die Doxologie am Tag des Gerichts, dem die Heiden trotzdem verfallen; vgl. *Balch*, Wives/1974, 228f. Dagegen hat aber *Gielen* (Haustafelethik, 389-393) schlüssig nachgewiesen, daß in 1 Petr 2,12 sowohl auf eine relative (Bekehrung der Heiden) wie auf eine absolute (Gerichtstag) Zukunft vorausgeblickt wird.

[258] Vgl. *Lippert*, Zeugnis, 11.

[259] Vgl. *Köster*, Einführung, 744.

[260] In der Forschung wird dies leider häufig übersehen und ein missionarisches Motiv unterstellt; so etwa von *Trummer*, Paulustradition, 240; *Padgett*, Women, 22.

[261] Vgl. *Lippert*, Zeugnis, 29.47.60.

[262] Vgl. *Lippert*, Zeugnis, 29. Allerdings hat *Lippert* selbst seiner eigenen Beobachtung etwas an Klarheit genommen, da er wohl den Past eine missionarische Orientierung nicht absprechen mochte. Er kommt zu dem Ergebnis: "Aber dabei muß doch beachtet werden, daß die 'defensive' Sorge darum, das Evangelium möchte um der Christen willen nicht gelästert werden, gar nicht von einer 'offensiven' Missionsmentalität getrennt werden kann; das psychologische Klima mag anders sein. Aber auch den Pastoralbriefen liegt viel daran, daß es um das Evangelium bei den Heiden gut bestellt sei ." Hier wird harmonisiert, statt die gesehenen Unterschiede einer präzisen Analyse zu unterziehen. Vgl. auch die Kritik von *Lips* (Glaube, 158), der darauf hinweist, daß *Lippert*, "wo er die urchristliche 'Werkapologetik' durch Verweis auf die missionarische Intention gegen Egoismus abgrenzt, dazu keine Stelle aus Past nennen" kann.

chen die Pastoralbriefe den Bischof ebenso wie die jüngeren Frauen, die als Witwen leben wollen, für das eventuelle Lästern der Außenstehenden in der Weise verantwortlich, daß sie ihres eigenen Heils verlustig gehen, wenn sie der Anlaß für Schmähungen des Evangeliums werden.[263] War also im 1 Petr der Bereich der Soteriologie ausdrücklich der Verfügung der Nichtchristen entzogen worden, so liefert der Autor der Pastoralbriefe Christinnen dem Urteil der Außenstehenden buchstäblich bis ins 'Letzte' hinein aus. Die Reaktion von Nichtchristinnen und Nichtchristen wird zum Kriterium für das Heil von Christinnen und Christen. Dies ist nur möglich, weil der Autor sich mit den Vorstellungen von guter Ordnung und anständigem Leben, die dem angenommenen Urteil der Umwelt zugrundeliegen, in tiefer Übereinstimmung sieht. Dies wird insbesondere in 1 Tim 5,14 deutlich: Wenn der Autor gegen die Praxis polemisiert, daß junge Frauen unkontrolliert in den Häusern unkonventionelle Lehren vertreten, in denen sie auch gegen Ehe und Familie Position beziehen, so artikuliert er damit die vorherrschende gesellschaftliche Meinung.[264] Und seine Anweisung, daß diese Frauen stattdessen heiraten, Kinder ge-bären und den Haushalt führen sollen, entspricht genau der (konservativen) gesellschaftlichen Leitvor-stellung, wie sie etwa in den neopythagoreischen Briefen artikuliert wird.

Hier ist nun eine bedeutsame Verschiebung zu 1 Petr festzustellen: Zwar geht auch 1 Petr davon aus, daß es zwischen heidnischen und christlichen Menschen eine gewisse Übereinstimmung in der Be-urteilung dessen gibt, was als καλὴ ἀναστροφή anzusehen ist. Der Versuch, die Übelwollenden durch die eigene Lebensführung zu überzeugen, kann ja nur auf der Grundlage einer solchen Gemeinsamkeit erfolgreich sein.[265] Andererseits gibt 1 Petr aber auch einem deutlichen Distanzempfinden zur heid-nischen Umwelt Ausdruck, indem er ausführt, die Christinnen und Christen würden gerade *wegen* ihres moralischen Lebenswandels gelästert, da sie nicht mitlaufen zu dem heillosen Treiben der Heiden (1 Petr 4,4). Hier wird auf das Gericht Gottes verwiesen (1 Petr 4,5). Im Vergleich läßt sich also zuge-spitzt sagen: Nach dem 1 Petr haben die Außenstehenden Unrecht, wenn sie lästern; nach den Past lä-stern sie zu Recht! Die Beobachtung von *Lippert*, das Motiv der Orientierung an der Umwelt sei in den Past sehr defensiv formuliert, muß demnach präzisiert werden: Defensiv ist es nach außen, insofern mit ihm keine missionarischen Perspektiven verbunden werden. Gleichzeitig wird es aber offensiv nach in-nen gewendet, um die christlichen Gegnerinnen und Gegner zu bekämpfen bzw. die Vorstellungen des Autors vom Amt und von der Ordnung der Gemeinde durchzusetzen. Der Autor ruft sozusagen die Au-ßenstehenden, mit deren Normvorstellungen er sich eng verbunden weiß, zu Hilfe gegen seine christli-chen Gegner und Gegnerinnen. Der Rekurs auf die Außenstehenden wird funktionalisiert für die Aus-einandersetzung im Inneren. Das bedeutet nicht, daß die apologetische Funktion des Motivs völlig ver-schwunden wäre,[266] aber gegenüber der Ausprägung in 1 Petr liegt doch deutlich eine Weiterentwick-lung vor. Der Autor nimmt zwar die ursprüngliche Argumentationsrichtung, die von innen nach außen verläuft, auf, gibt ihr dann aber eine neuerliche Wendung nach innen. Während im 1 Petr die Paränese im Dienste der apologetischen (und missionarischen) Intention steht, ist umgekehrt in den Past die Apologetik eher eine Funktion der innergemeindlichen Polemik.

Das Motiv der "Rücksichtnahme auf die Umweltreaktion" scheint somit in den Past schon eine christliche Traditionsgeschichte zu haben;[267] ursprünglich aus Gründen des Schutzes der Gemeinde vor Verfolgung eingeführt, zieht es hier eine neue Funktion auf sich, eben die der Polemik nach innen.

Im Gegensatz zur hier vertretenen Interpretation hat die Forschung bisher den inneren Zusammen-hang der ethischen und kirchenordnenden Anweisungen der Past mit dem Motiv der Umweltorientie-rung genau umgekehrt gesehen: Der Autor rekurriert nicht auf Normen der Umwelt, weil er eine be

---

[263] S.o. S. 214ff.

[264] Vgl. *Brown*, Body, 5ff.

[265] Zur Frage der Übereinstimmung zwischen christlichen und heidnischen Menschen in ethischen Fragen vgl. *Gielen*, Haustafelethik, 388ff.

[266] Die hier vorgelegte Interpretation stützt sich ja auf 1 Tim 3,7 und 5,14, wo soteriologische Spitzenaussagen vorliegen. Demgegenüber ist das Motiv der Orientierung an der Umwelt insbesondere in der Ständetafel Tit 2,2-10 noch eher in der traditionell-apologetischen Weise formuliert.

[267] Diese traditionsgeschichtliche Sicht wird gestützt durch den Befund *Lippert*s (Zeugnis, 13), daß das Motiv der Orientierung an der Umwelt bei den Apostolischen Vätern die gleiche, (nach außen) de-fensive Ausprägung erfährt wie in den Past; wodurch einmal mehr die Übereinstimmungen zwischen beiden dokumentiert sind.

stimmte hierarchische Ekklesiologie und restriktive Ethik durchsetzen will, sondern der Druck der Umwelt führt - nolens volens - zu Hierarchisierung und konservativen Rollenmustern.[268] Diese Sicht führt im Kontext heutiger Kontroversen über die Pastoralbriefe zu einer eher apologetischen Haltung: Gegenüber vorgetragener Sachkritik am Ansatz der Pastoralbriefe kann deren restriktive Ekklesiologie und Ethik mit dem Hinweis auf den Druck von außen entschuldigt werden. Eine solche Apologetik kommt heute insbesondere in den Auseinandersetzungen über die Frauenrolle in den Past (und anderen frühchristlichen Schriften) zum Tragen, so daß die Zurückdrängung von Frauen aus gemeindlichen Funktionen, wie wir sie in unserer Exegese aufgewiesen haben, nicht als Entscheidung männlicher Autoritäten, sondern als (tendenziell unausweichliche) Reaktion auf äußeren Zwang erscheint.[269]

6.6.3 Abfall vom Glauben (1 Tim 5,15)

V5,15 bringt noch einmal eine Begründung für die Anweisung in 5,14. Die Formulierung ἤδη γάρ ... ist ein typisches Stilmittel der Schelte in hellenistischen Briefen:[270] Mit Hilfe der Einleitung "soweit ist es schon gekommen" wird häufig die ultimative Konsequenz eines Lasters oder Fehlverhaltens vor Augen gestellt.[271]

Die Aussage τινες ἐξετράπησαν enthält eine doppelte Anspielung auf falsche Lehre: Der Autor der Pastoralbriefe gebraucht τινες in pejorativem Sinn durchgängig für Gegnerinnen und Gegner seiner 'gesunden Lehre',[272] und das Verb ἐκτρέπεσθαι wird ausschließlich im Kontext von Häresie verwandt.[273] *Brox* meint zwar, an dieser Stelle 1 Tim 5,15 sei ἐξετράπησαν nicht als terminus technicus für den Abfall zur Ketzerei zu verstehen, da die "wiederverheiratete Witwe absolut in keinen Bezug zur ehefeindlichen Häresie gebracht werden"[274] kann. Diese Schlußfolgerung übersieht allerdings, daß 5,15 sich ebenso wie 5,14b nicht auf den Bruch des Gelübdes und die Heirat in 5,11b, sondern auf die Aktivitäten der jungen "Witwen" in 5,13 bezieht.[275] Behält man im Auge, daß für den Verfasser der Past Glaube inhaltlich bestimmt ist im Sinne der ὑγιαίνουση διδασκαλία, die ethisch die Anerkennung der vorgegebenen patriarchalen Ordnungen verlangt, so wird verständlich, daß er in der asketischen Lebensform einer χήρα im Falle der jüngeren Frauen die Gefahr des Abfalls vom Glauben sieht.

---

[268] Der von mir vertretenen Interpretation des Motivs der Umweltorientierung kommt in der bisherigen Forschung am nächsten *Wolter* (Pastoralbriefe, 255), der von einem "Nebeneinander von Konformitätsstreben in bezug auf die Umwelt und Abgrenzungsforderung in bezug auf die Irrlehrer" spricht und sich damit von der sonst vertretenen Kausalität löst.

[269] An dieser Stelle ist noch einmal auf die Kritik von *Thraede* an der traditionellen Exegese zu verweisen, die versuche, die Haus- und Ständetafeln "vom Vorwurf des 'Paternalismus' reinzuwaschen" (Hintergrund 362). Der starke apologetische Zug großer Teile der Exegese muß ideologiekritisch vor dem heutigen gesellschaftlichen Hintergrund gesehen werden und macht die Standort- und Interessengebundenheit der Forschung deutlich.

[270] Vgl. *Berger*, Gattungen, 1346.

[271] Eine sprachlich sehr enge Parallele findet sich im neupythagoreischen Brief des Lysis an Hipparchos (*Städele*, Briefe, 156, 5, 43-45): Dargestellt wird die ἀκρασία, die die Wurzel für mancherlei Laster ist; ihre letzte Konsequenz ist Inzest: ἤδη γάρ τινας ἀνάγκαξαν ἐπιθυμίαι μήτε ματέρων μήτε θυγατέρων ἀποσχέσθαι. Für weitere Belege vgl. *Berger*, Gattungen, 1346.

[272] Vgl. 1 Tim 1,19f; 4,1; 6,10.21. Zu einer detaillierten Analyse des Gebrauchs von τις/τινες in den Pastoralbriefen vgl. *Fiore*, Function, 18f.

[273] 1 Tim 1,6; 2 Tim 4,4. Darauf verweist auch *Bartsch*, Rechtsbildungen, 134.

[274] *Brox*, Past, 197.

Exkurs 4: Zum Zusammenhang von "Frauenfrage" und Häresiebekämpfung in den Pastoralbriefen

Der soeben untersuchte Vers 1 Tim 5,15 stellt nicht die erste Stelle dar, in der der Autor die von ihm bekämpften Frauen bzw. Witwen in einen Zusammenhang mit Irrlehre bringt: In unserer Untersuchung von 1 Tim 2,9-3,1a hatten wir im ironischen Zugeständnis des "Lernens" an die Frauen einen Bezug zur antihäretischen Polemik in 2 Tim 3,7 festgestellt.[276] Des weiteren hat der Verfasser in 1 Tim 5,13 den jüngeren "Witwen" neben der Nutzlosigkeit ihres Erkenntnisstrebens falsche Lehre als aktive Verfehlung vorgeworfen.[277] Damit stellt sich die Frage, wie das Verhältnis zwischen der Häresiebekämpfung und der Zurückdrängung der Frauenaktivitäten in den Past zu bestimmen ist.

In der Forschung ist die restriktive Haltung der Pastoralbriefe gegenüber den Frauen und insbesondere ihr deutlicher Versuch, die Frauen vom Amt und damit von der Lehre auszuschließen, lange Zeit als Konsequenz der Bekämpfung der Irrlehre verstanden worden. Unter der Voraussetzung, es handele sich bei der in den Pastoralbriefen zurückgewiesenen christlichen Richtung um eine Frühform von Gnosis, wurde ein Zusammenhang zwischen Spiritualisierung der Auferstehung, Ablehnung der Sexualität und Aufhebung des Geschlechtergegensatzes angenommen, wie er in späteren gnostischen Texten belegt ist: Die 'schon geschehene Auferstehung' führt zu einem Bewußtsein eigener Vollkommenheit, das die Verflochtenheit in die materielle Welt und die Teilhabe an ihrer Reproduktion ausschlließt. Damit ist die Geschlechterdifferenz hinfällig; ihre Überwindung kann geradezu zum zentralen Merkmal der Erlösung werden. Auch die Häresie der Pastoralbriefe habe aus diesem theologischen Zusammenhang eine Tendenz zur Frauenemanzipation entwickelt, so daß sie gerade für Frauen eine besondere Anziehungskraft entwickelt hätte.[278]

Diese anzunehmenden "Emanzipationstendenzen" bei den Gegnerinnen und Gegnern haben in der Forschung die Anschauungen der Pastoralbriefe als Reaktion auf die "extremen" Positionen der gnostischen Häresie verstehen lassen. Die Abkehr von einer emanzipatorischen Theologie und Praxis schien dann durch die Notwendigkeiten der Ketzerbekämpfung hinreichend motiviert. Selbst theologisch als problematisch empfundene Spitzenaussagen wie 1 Tim 2,15 konnten durch Rekurs auf gnostische Gegenpositionen erklärbar gemacht und damit entweder entschärft oder als unausweichlich dargestellt werden.[279] Die Herausdrängung der Frauen aus Lehre und Gemeindeleitung erschien damit als mehr oder weniger unausweichliche Konsequenz der - selbst nicht problematisierten - Häresiebekämpfung. Das "Frauenproblem" der Pastoralbriefe wurde zu einem Aspekt des Häresieproblems.

Diese Konstruktion ist aus verschiedenen Gründen nicht haltbar. Zunächst einmal stellt sich die Frage, ob die vom Autor der Past angegriffenen lehrenden Frauen und Witwen tatsächlich gnostisch sind. Nun ist ja deutlich, daß die Einwände des Autors gegenüber seinen Gegnerinnen und Gegnern insgesamt hauptsächlich auf dem Gebiet der Ethik liegen. Wenn er davon spricht, daß diese "unziemliche Lehren" (Tit 1,11) verbreiten, so ist damit eine Ethik gemeint, die die vom Autor vertretene hierarchische Ordnung der Stände im Haus und in der Gemeinde umstößt.[280] Ebenso richtet sich seine Polemik gegen das selbständige Lehren von Frauen im Gottesdienst darauf, daß sie in dieser Rolle über Männer herrschen und damit die ihnen zugewiesene untergeordnete Position verlassen. Auch gegen die Existenz und Aktivitäten der jüngeren Witwen polemisiert er deshalb, weil hier junge Frauen nicht unter der Kontrolle eines patriarchalen Haushalts stehen und familienfeindliche Grundpositionen einnehmen, die vom Autor ebenfalls als "unziemlich" abgelehnt werden.[281] Wir fanden Hinweise darauf, daß die Frauen eigenständige theologische und ethische Positionen vertreten;[282] aufgrund der

---

[275] *Bartsch*, Rechtsbildungen, 134, sowie *Towner*, Goal, 189 beziehen das Urteil des Abfalls vom Glauben auf beide Vorwürfe.

[276] S.o. S. 96f.

[277] S.o. S. 206-208.

[278] Vgl. *Haufe*, Irrlehre, 328.

[279] Vgl. *Bartsch*, Rechtsbildungen, 71f; *Brox*, Past, 136; *Dibelius/Conzelmann*, Past, 40.; *Gärtner*, Familienerziehung, 26f.

[280] S.o. S. 207.

[281] S.o. S. 213

[282] S.o. S. 207.

Strategie des Autors, der sich statt der Widerlegung von theologischen Positionen meist auf moralische Diffamierung verlegt, können die Inhalte dieser Theologie jedoch nicht rekonstruiert werden. Dabei dürfen die wenigen auf dogmatische Positionen bezogenen Aussagen, die sich in den anderen polemischen Passagen der Pastoralbriefe finden, nicht ohne weiteres auf die Frauen übertragen werden.[283]

Hinzu kommt, daß auch ohne die Annahme gnostischer Positionen die Ansprüche und Aktivitäten von Frauen, wie sie in den Past bekämpft werden, erklärt werden können: Als eine Grundlage für selbstbewußtes Auftreten in der Gemeinde konnte in unserer Untersuchung der Reichtum von Frauen identifiziert werden, da in der kleinasiatischen Gesellschaft der Kaiserzeit wohlhabende Frauen einfluß-reiche Positionen als "Wohltäterinnen" einnehmen konnten. Des weiteren konnte als speziell religiöse Grundlage für Führungsansprüche von Frauen das asketische Witwenamt angeführt werden. Dieses wurde, wie unsere exegetische Untersuchung gezeigt hat,[284] offensichtlich durch enkratitische Jung-fräulichkeitstraditionen beeinflußt, die in Kleinasien sehr verbreitet waren. Die Rekonstruktion *Mac-Donalds*, nach der die Pastoralbriefe eine asketische und mit Predigttätigkeit von Frauen verknüpfte Praxis sowie ein in diesem Zusammenhang von Frauen tradiertes Paulusbild bekämpfen,[285] wird somit durch unsere Untersuchungsergebnisse bestätigt.

Hinzu kommt aber eine noch grundlegendere Überlegung, die die Konstruktion der Differenz von Orthodoxie und Häresie selbst hinterfragt: Die Unterscheidung von wahrer und falscher Lehre ist ja eine Sichtweise, die sich im Verlauf der frühchristlichen Geschichte erst herausgebildet hat.

"Es gab keine ursprüngliche Reinheit, von der die Häretiker abgefallen wären. Wir finden im Ge-genteil eine Vielfalt von Anschauungen, die sich erst Schritt für Schritt zu gegensätzlichen Sichtweisen verhärtete. Erst als deutlich wurde, daß die Implikationen bestimmter Ansichten nicht mit einer entste-henden Orthodoxie vereinbar waren, wurden solche Anschauungen als häretisch gebrandmarkt."[286]

Nach diesem Ansatz ist eine einseitige Bestimmung des Verhältnisses von "orthodoxen" und "häretischen" Positionen unmöglich. Die in den Pastoralbriefen vertretene Ethik und hierarchische Ge-meindeordnung nach dem Modell des Hauses kann nicht einfach als Reaktion auf die gegnerischen Leh-ren angesehen werden. Vielmehr muß gefragt werden, warum bestimmte Positionen als häretisch wahrgenommen werden. Die Antwort lautet für die Pastoralbriefe, daß häretisch ist, was der "Frömmigkeit" und der "gesunden Lehre" widerspricht, so wie der Autor sie konzipiert hat. Es konnte gezeigt werden, daß das Verständnis von Frömmigkeit mit dem Sich-Einfügen in die hierarchische Ord-nung einhergeht. Häretisch ist demnach, wer eine Theologie vertritt, die zu einer anderen als der von den Pastoralbriefen propagierten οἶκος-Ordnung führt. Damit ist aber deutlich, daß die Frage nach der Rolle und Position von Frauen ein entscheidendes Kriterium für die Klassifikation von theologisch-ethi-schen Positionen als 'orthodox' oder 'häretisch' darstellt: Was der in der οἶκος-Ekklesiologie und - Ethik propagierten Unterordnung von Frauen widerspricht, ist damit unvereinbar mit der guten Lehre. Nach diesem Interpretationsmodell kann die Zurückdrängung von Frauen aus kirchlichen Autoritäts-funktionen nicht mehr als "Nebenprodukt" der Häresiebekämpfung verstanden werden. Wenn danach gefragt wird, warum bestimmte Positionen als häretisch wahrgenommen werden, dann scheint vielmehr die gleichberechtigte Position und kirchliche Partizipation von Frauen gerade ein wichtiges Kriterium für die Ausgrenzung bestimmter christlicher Traditionen gewesen zu sein. Dieser Ansatz, der im Ge-gensatz zu der traditionellen, einlinigen Interpretation die Konstruktion von 'Orthodoxie' und 'Häresie' selbst und damit auch das Anliegen der 'Häresiebekämpfung' kritisch hinterfragt, ist notwendig, um nicht nachträglich die faktische historische Entwicklung zur allein möglichen zu erklären. Die Pastoral-briefe spiegeln in dieser Perspektive den Prozeß der Herausbildung einer patriarchal geprägten kirchli-

---

[283] Wie oben (s. S. 8) dargelegt, kann nicht davon ausgegangen werden, daß die bekämpften Geg-nerinnen und Gegner in den Pastoralbriefen eine geschlossene Gruppe bilden.

[284] S.o. S. 203f.

[285] S.o. S. 8f.

[286] *Wilson*, Gnosis, 541; vgl. auch *Berger*, Gnosis, 520. Aus diesem Grund muß nach *Berger* (Gegner 389) eine Erklärung des Auftretens von "Häresien" stets ihre Entstehungsbedingungen auch innerhalb der Geschichte der apostolischen Tradition selbst suchen. "Die gegnerische Position wird häufiger als Mißverständnis, Überspitzung oder Zerfallsprodukt der Lehren der Erstmissionare begreif-lich."

chen Orthodoxie, die mit ihrer Lehre nicht zu vereinbarende Theologien und Praxen als häretisch qualifiziert und ausschließt. Das Verhältnis von 'Orthodoxie' und 'Häresie" ist damit als Interdependenz zu
beschreiben. Aus einem ursprünglichen Nebeneinander verschiedener Ansätze christlicher Theologie
und Ethik wird immer mehr ein Gegeneinander, das zu einer Polarisierung der Positionen und zu
gegenseitiger Abstoßung führt.[287]

7. Tradition und Redaktion in 1 Tim 5,9-15

Die motivkritische Einzelanalyse hat unsere literarkritische Hypothese bestätigt: Die
ursprüngliche Altersgrenze und die erste Begründung für die Ablehnung der Jüngeren
als "Witwen" gehörten zur Tradition der Witwenregel; wahrscheinlich folgte in dieser
auch auf die positive Anweisung eine Begründung, die den Vorteil älterer Frauen im
Witwenamt bezeichnete. Damit würde sich für diese Witwenregel eine symmetrische
Struktur ergeben:

A1: Positive Anweisung: Zulassung der Älteren

B1: Begründung: Keine Sexualität

A2: Negative Anweisung: Ablehnung der Jüngeren

B2: Begründung: Sexuelles Begehren

Diese Rekonstruktion trägt der Tatsache Rechnung, daß die Begründung für die
Ablehnung der νεώτεραι, die in v11b.12 gegeben wird, nicht dem Autor der Pastoralbriefe zugerechnet werden kann, da sie aus asketischen Vorstellungszusammenhängen
stammt. Allerdings wird deutlich, daß hier eine noch kompliziertere Entwicklung angenommen werden muß, da in vv11f zwei verschiedene Askese-Konzeptionen vorliegen: Die Vorstellung einer πρώτη πίστις verweist auf ein Jungfräulichkeitsideal.
Hiermit scheint der Gedanke verknüpft zu sein, daß durch die Bindung an Christus die
Macht des sexuellen Begehrens aufgehoben sei, so daß auch jüngere Frauen ihre sexuelle Natur hinter sich lassen können. Dagegen rechnet die den Past zugrundeliegende
traditionelle Witwenregel in Übereinstimmung mit antikem "common sense" mit der
Macht der Sexualität bei jungen Frauen. Deshalb beschränkt sie den Zugang zum
Witwenamt auf solche, die nach allgemeiner Ansicht ihre sexuell aktive Lebensphase
hinter sich haben. Im Vergleich mit der Ausrichtung der Pastoralbriefe bedeutet dies:
Die traditionelle Regel geht wie der Autor der Pastoralbriefe von der Macht der Sexualität aus; im Gegensatz zu ihm hält sie jedoch stärker an dem asketischen Ideal des

---

[287] Von diesem Modell der Polarisierung und Abstoßung her interpretiert *Bassler* (Widows, 39)
das hinter der Polemik des Verfassers in der Witwenregel liegende Problem: "The church thus seems to
have been caught in a desastrous feedback loop. The heresy problem combined with social pressure
caused the church to move from a communitas structur challenging society's norms to a patriarchal
structure embracing them. Increased patriarchalization of the church seems to have led to an increase in
the size of the widows' circle, where a degree of freedom from that structure was preserved through the
celibate lifestyle. This increase in numbers with its attendant problems was met by a stronger ecclesia-
stical response reducing the size of the circle and reaffirming through various injunctions the patriarchal
norms of society. This in turn exacerbated the heresy problem, returning the church to the starting
point of the loop."

Witwenstandes fest. Die Altersgrenze hat in diesem Kontext die Funktion, den asketischen Charakter des Amtes reinzuerhalten.

Der Autor der Pastoralbriefe übernimmt die traditionelle, asketisch orientierte Begründung für die Ablehnung der jungen Frauen, ohne jedoch besondere Betonung auf
sie zu legen. Dies wird daran deutlich, daß er sich in der umfangreichen Argumentation von vv13-15 auf diesen Punkt nicht mehr bezieht. Stattdessen fügt er in v13 eine
neue Begründung an, die sich nicht auf das Ausbrechen aus der Witwenexistenz, sondern auf das Verhalten junger Frauen als "Witwen" bezieht. Seine Vorwürfe gegen
diese lauten, daß sie zum einen selbst nicht die richtige Praxis haben: Trotz ihres
Lerneifers kommen sie nicht zur "Erkenntnis der Wahrheit", d.h. zu einer der
εὐσέβεια und ὑγιαίνουσῃ διδασκαλία entsprechenden Lebensführung. Zum anderen verbreiten sie eine falsche Theorie der Praxis, indem sie sozialethische Auffassungen vertreten, die der gesellschaftlichen Ordnung widersprechen, da sie ehe- und familien-
feindlich sind.

Der Autor interpretiert diese Praxis als Konfliktursache: Vom Standpunkt der patriarchalen Ordnung aus erscheint das Leben dieser Frauen als umstürzlerisch und ge-
sellschaftsfeindlich. Deshalb macht er geltend, daß aufgrund der Existenz und der Aktivitäten dieser unverheirateten Frauen, die nicht unter männlicher Kontrolle stehen,
die Kirche in den Verdacht gerät, die gesellschaftliche Ordnung zu untergraben. Er
betont also die Gefahr, daß das Christentum seine Akzeptanz und Respektabilität bei
den relevanten Kreisen der nichtchristlichen Bevölkerung verliert (v14a). Diese Gefahr rechnet er den Frauen als persönliche Verantwortung zu, so daß ihnen Heilsverlust droht. Diesen Zusammenhang verknüpft er über die Figur des Teufels zusätzlich
aufs engste mit dem Häresievorwurf (v14b).

Im Gegensatz zur Anerkennung, die er dem Episkopat und Diakonat zukommen
läßt, vermeidet der Autor eine positive Qualifizierung des Witwenamtes. Vielmehr
scheint er mit allen Kräften bemüht, das Prestige des Amtes zu bekämpfen, indem er
es als Gefahr für das Heil der Frauen etikettiert.

Neben der Polemik zeigt sich die konkrete Gegenstrategie des Autors in zwei Ansätzen: Quantitativ versucht er, den Kreis der Witwen zu beschränken, indem er die
Altersgrenze sehr hoch ansetzt und den jungen Frauen die Heirat gebietet. Qualitativ
ist sein Bestreben darauf gerichtet, den Charakter des Amtes zu verändern, indem er
häusliche Werte zu Kriterien für die Zulassung zum Witwenamt macht.[288]

Diese Kriterien sind deutlich auf die Lebensumstände reicher Frauen zugeschnitten, die als Hausherrinnen und Gastgeberinnen auftreten und als soziale Wohltäterinnen fungieren. Der schon für 5,3-8 festgestellte Befund, daß der Autor bei den Inhaberinnen und Kandidatinnen für das Witwenamt wohlhabende Frauen im Auge hat,
bestätigt sich also in 5,9-15. Der soziale Hintergrund ist aber an sich nicht Gegenstand der Anweisungen; er wird einfach vorausgesetzt.[289] Der Dissens zwischen ihm

---

[288] So auch *Bassler*, Widows, 38: "Rather, the goal here seems to have been the reduction of the
offense of this group by accepting only those who, at least in their earlier years, exemplified the domestic virtues expected by contemporary society."

[289] Dieser Befund bestätigt das Ergebnis *Verner*s (Household, 152) für den Episkopat und Diakonat: "Relatively high social standing is thus not the author's qualification for office, but his assumption

und seinen Gegnerinnen liegt also nicht im Reichtum an sich; vielmehr scheint der Konflikt als ganzer innerhalb der oberen Schichten angesiedelt zu sein. Dies entspricht unserer Analyse des Konflikts in 1 Tim 2,9-3,1a, was darauf hindeutet, daß schon bei der dortigen Polemik gegen die im Gottesdienst lehrenden Frauen die χῆραι mit im Blick waren.[290]

8. Analyse von 1 Tim 5,16: Witwen im Haus einer Gläubigen

Nachdem, wie oben aufgewiesen, die vv9-15 einen zusammenhängenden Argumentationsgang bilden, folgt in 5,16 eine Bestimmung, die wie ein Nachtrag wirkt: εἴ τις πιστὴ ἔχει χήρας, ἐπαρκείτω αὐταῖς καὶ μὴ βαρείσθω ἡ ἐκκλησία ἵνα ταῖς ὄντως χήραις ἐπαρκέσῃ.

Formal zeigt der Vers die gleiche Struktur wie vv4.8.[291] Es handelt sich um einen Konditionalsatz, in dem die Protasis durch εἴ τις eingeleitet wird, während die Apodosis eine Anweisung im Imperativ der 3. Person beinhaltet. Diese wird durch einen mit ἵνα angeschlossenen Finalsatz fundiert. In der Protasis wird die gleiche Wendung mit ἔχειν verwandt wie in v4, nur ist χήρα jetzt Objekt statt Subjekt: Wurde oben der Fall vorausgesetzt, daß eine Witwe Kinder bzw. Enkel hat, so geht es jetzt darum, daß eine Gläubige Witwen "hat". Der Vers soll inhaltlich zunächst für sich untersucht werden, ehe sein Verhältnis zum Vorangehenden bestimmt wird.

Das Subjekt lautet πιστή. Der Begriff wird im Sinne von "gläubig" schon in 2 Kor 6,15 und Apg 16,1 gebraucht und erscheint in dieser Bedeutung in den Pastoralbriefen wie auch bei den Apostolischen Vätern und späteren Schriften häufig (1 Tim 4,10; 6,2a.b; Tit 1,6; 1 Clem 48,5; 62,3; 63,3; Herm mand IX 9; sim VIII 7,4;9,1;10,1; IX 22,1), auch substantiviert mit Artikel zur Bezeichnung der Christinnen und Christen insgesamt (1 Tim 4,3.12; IgnEph 21,2; IgnMag 5,2; MartPol 12,3;13,2; ActPl 7,7).

Wenn vorausgesetzt wird, daß diese Christin Witwen "hat", so können damit Verwandte gemeint sein. Die Parallele zu Apg 9,32ff, wo Tabitha als Unterstützerin mittelloser Witwen erscheint, deutet jedoch eher auf eine soziale Einrichtung: Eine reiche Frau fungiert als Wohltäterin von armen Witwen, indem sie diese in ihr Haus aufnimmt. Darauf deutet ebenfalls die Verwendung des Verbs ἐπαρκεῖν, das auch in 5,10 im Kontext solcher sozialer Wohltätigkeit vorkommt.

In v16 ergeht nun im Gegensatz zum Vorangehenden keine direkte oder mittelbare Anweisung an die Witwen, sondern an deren Wohltäterin. Sie soll die Witwen in ihrem Haus unterhalten, damit die Gemeinde nicht belastet wird. Das hier im Sinne von

---

about office holders. Thus one concludes that office holders in the church of the Pastorals must routinely have come from this level of society."

[290] S.o. S. 110-113.

[291] Da 5,16 gleichzeitig so nachklappend wirkt, haben einige Kommentatoren angenommen, daß v16 im jetzigen Text falsch plaziert sei und ursprünglich hinter v4 oder v8 gestanden haben müsse; vgl. *Scott*, Past, 63.

"belasten" gebrauchte Verb βαρεῖσϑαι[292] erscheint in derselben Bedeutung nur noch IgnPhld 6,3; allerdings findet sich in 1 Thess 2,9 und 2 Thess 3,8 das Kompositum ἐπιβαρεῖν[293] in ebendiesem Sinne. Das Argument zielt eindeutig auf die ökonomische Situation der Gemeinde; deren finanzielle Ressourcen sollen geschont werden, damit sie die "wahren Witwen" unterhalten kann.

Da das Thema der Gemeindefinanzen bisher in der Witwenregel keine Rolle gespielt hat,[294] ist auffällig, daß es hier im letzten Vers plötzlich erscheint.[295] Der Gebrauch von ὄντως χῆραι scheint zunächst mit vv3-5 darin übereinzustimmen, daß er solche Witwen bezeichnet, die völlig alleinstehend sind. Doch ist bei näherer Betrachtung hier ein deutlicher Unterschied festzustellen: Das Gegenteil einer ὄντως χῆρα ist nach v4 eine, die Sorgeverpflichtungen für Nachkommen hat, nach v16 dagegen eine, die von einer anderen Christin unterhalten wird. Entsprechend versteht v16 die offiziell anerkannten Witwen als von der Gemeinde unterstützten Stand, während sie im ganzen vorangegangenen Text als Amtsinhaberinnen angesprochen wurden.

Zu diesem Problem, daß das von den ὄντως χῆραι gezeichnete Bild in v16 von dem in vv3-15 völlig abweicht, kommt ein zweites: der Wechsel in der Adressierung. Bezogen sich bisher durchgängig alle Anweisungen direkt oder indirekt (über 'Timotheus') auf die Witwen, so ist in v16 ohne Überleitung eine andere Personengruppe angesprochen. Einige Kommentatoren haben versucht, diesen abrupten Wechsel zu mildern, indem sie annahmen, die πιστή von v16 gehöre in eine der vorher genannten Kategorien von Witwen: *Dibelius/Conzelmann* schlagen die Deutung vor, hier gehe es um eine Witwe, die eigentlich zum Gemeindedienst geeignet wäre, aber selbst Witwen in ihrer Verwandtschaft zu versorgen hat; sie soll sich dann lieber diesen widmen.[296] *Scott* hingegen will in der Person der πιστή die jungen Witwen von v14 wiederfinden, denen hier eine Möglichkeit zu sinnvoller Betätigung gegeben werde.[297] Diese Interpretationen haben gemeinsam, daß sie um einen inhaltlichen Zusammenhang zwischen v16 und dem Vorangehenden bemüht sind; überzeugen können die vorgeschlagenen Lösungen jedoch nicht, da im Text keine Verbindung zu einer

---

[292] Paulus verwendet das Verb im Sinne von "bedrückt sein" (2 Kor 1,8; 5,4), ähnlich Lk 12,34 von der Belastung des Herzens durch Trunksucht und Sorgen; in den synoptischen Evangelien erscheint es zur Bezeichnung der vom Schlaf überwältigten Augen der Jünger (Mt 26,43, par Mk 14,40v.l., Lk 9,32).

[293] Das Kompositum wird aktivisch gebraucht, während das Simplex nur im Passiv erscheint; vgl. *Blass/Debrunner/Rehkopf*, §101,12.

[294] Darauf weist auch *MacDonald*, Legend, 75 hin.

[295] So auch *Roloff*, 1 Tim, 301: "Die letzte Weisung wendet sich einer Problematik zu, die bisher bei der Behandlung des Witwenthemas auffallenderweise keine Rolle gespielt hat, nämlich der ökonomischen. Das läßt sie fast als Anhang erscheinen." Anders natürlich diejenigen Exegeten und Exegetinnen, die vv4.8 als Unterhaltsanweisungen an die Verwandten der Witwen interpretiert haben; diese sehen entsprechend in v16 dieselbe Grundsatzfrage verhandelt: Witwen, die andere Unterhaltsmöglichkeiten haben, sollen nicht von der Gemeinde finanziert werden. Vgl. *Brox*, Past, 197; *Jeremias*, Tim, 39; *Lock*, Past, 61; *Schlatter*, Tim, 178; *Stählin*, χῆρα, 447; *Wohlenberg*, Past, 185.

[296] *Dibelius/Conzelmann*, Past, 60.

[297] *Scott*, Past, 63.

der vorher genannten Gruppen von Frauen hergestellt wird, ja der Begriff πιστή höchst allgemein jede beliebige Christin bezeichnen kann.[298]

Einen erwägenswerten Vorschlag hat indes *Müller-Bardoff* gemacht: Er sieht v16 aufgrund der Wiederholung des Stichwortes ὄντως χήρα auf die Honorierungsanweisung in v3 bezogen. Hinter der Verschiebung von τιμᾶν auf ἐπαρχεῖν vermutet er redaktionelle Absicht:

"Es war schon davon zu sprechen, daß wahrscheinlich mit einer gewissen Absicht der technische Begriff τιμᾶν V.16 durch den sozialen des ἐπαρχεῖν ersetzt wird. ... Damit ist, und offenbar nicht ohne Absicht, die Frage der materiellen Zuwendungen an die ὄντως χήρας unter den Gesichtspunkt sozialer Unterhaltspflicht gestellt."[299]

Müller-Bardoff hat - in Entsprechung zu unserer Interpretation - auch in v4f die Einführung eines sozialen Kriteriums in die eigentlich religiös bestimmte Definition der Witwe als Beterin gesehen.[300] Allerdings hatten wir oben dargestellt, daß dieses Kriterium des "Alleinseins" mehr psycho-sozial im Sinne von Einsamkeit und mangelnder Durchsetzungsfähigkeit, und weniger im materiellen Sinn zu verstehen ist.[301] Nun könnte man allerdings annehmen, v16 knüpfe bei der durch v4f begonnenen Umdeutung des Witwenamtes im sozialen Sinne an und führe diese weiter, indem er die Besoldung der Amtsträgerin in eine Unterstützung umdefiniere. Strategie des Autors wäre es dann, das Witwenamt seines Prestiges zu berauben, indem er es in eine soziale Unterstützungsinstitution re-interpetiert. Diese Lösung steht aber wiederum in Spannung zu v9f, wo der Autor Kriterien für die Zulassung zum Witwenamt formuliert, die auf die Lebensumstände reicher Frauen zugeschnitten sind. Die Tatsache, daß reiche Frauen das Witwenamt anstreben, wird also von ihm nicht problematisiert, sondern durch seine Liste der geforderten Qualifikationen eher unterstützt.

Außerdem stellt sich die Frage, ob v16 eigentlich im Licht des Problems, das der Autor ausweislich vv11-15 mit den Witwen hat, eine sinnvolle Strategie darstellt. Das asketische Witwenamt steht ja seiner Leitvorstellung von Gemeinde völlig entgegen und führt zu einer Praxis, die seiner Darstellung nach die Reputation der Gemeinde untergräbt und letztlich zur Häresie führt. Er hat also ganz andere und eher noch bedrohlichere Probleme im Blick als die Schonung der Gemeindefinanzen. In dieser Situation wäre die Lösung, eine Witwengruppe im Haus einer Christin sich selbst zu überlassen, eher kontraproduktiv: Diese Witwen wären doch viel besser unter Kontrolle zu bringen, wenn sie finanziell von der Gemeinde, und damit von den Amtsträgern, abhängig wären. Bestenfalls wäre anzunehmen, daß die in v16 gebrauchte Bezeichnung πιστή betont im Sinne von "rechtgläubig" zu verstehen sei: Der Autor hätte also hier in seinem Sinne "zuverlässige" Frauen im Auge, die darauf achten würden, daß die unter ihrer Sorge stehenden Witwen einen angemessenen Lebenswandel füh-

---

[298] Wieder einen anderen Zusammenhang stellt *Hasler*, Tim, 42 her: Er findet in den χῆραι von v16 zum zweiten Mal verwitwete Frauen; da diese aufgrund der Einehe-Bestimmung in v9 von der Aufnahme in den gemeindlichen Witwenstand ausgeschlossen seien, werde ihnen hier die Versorgung im Haus einer reichen Christin erlaubt.

[299] *Müller-Bardoff*, Exegese, 117.

[300] S.o. S. 168.

[301] S.o. S. 169.

ren. Diese Lösung vernachlässigt aber, daß das Problem, für das v16 eine Lösung bieten will, eindeutig als ein ökonomisches gesehen ist. Außerdem bleibt auch in diesem Fall die schon oben angesprochene Schwierigkeit bestehen, daß v16 von etwas anderem redet als vv3-15 und somit die durch das Stichwort ὄντως χήρα geschaffene Verbindung zu vv3-5 als nachträgliche Umdeutung des dort Gesagten verstanden werden müßte.

Diese Überlegungen zeigen, daß v16 in einer deutlichen Spannung zum Vorangegangenen steht und sehr viele spekulative Voraussetzungen in den Text eingetragen werden müssen, um die beiden Teile notdürftig miteinander zu harmonisieren. Deshalb ist zu überlegen, ob v16 sich nicht doch besser als eine nachträgliche Zufügung zum Text erklären läßt. Nun ist mit Interpolationshypothesen immer sehr vorsichtig umzugehen; andererseits läßt sich v16 aber als Glosse sehr plausibel erklären:

Der Text selbst bietet einen Anknüpfungspunkt für eine Einfügung aufgrund des Numeruswechsels mit der sachlichen Unklarheit in v4.[302] Die Witwenregel konnte aufgrunddessen gut so interpretiert werden, als ob sie schon in vv4.8 Regelungen für den Unterhalt von verwitweten Frauen träfe, die noch Verwandtschaft haben. Des weiteren ist auf Apg 9,39 und Herm vis 2,4,3[303] zu verweisen, die die Tradition von Witwenkommunitäten unter der Leitung einer Christin, wie sie v16 vorauszusetzen scheint, bezeugen.

Hinzu kommt, daß ja das Bild der Witwe zunächst und ursprünglich als Typos sozialer Bedürftigkeit charakterisiert ist. Dies ist die Basis, von der die spiritualisierende Entwicklung zu einem asketisch orientierten Witwenamt ihren Ausgangspunkt nahm. Die ursprüngliche Konnotation von Armut blieb grundsätzlich präsent, da das Problem unterstützungsbedürftiger Witwen ja weiterhin vorhanden war und gerade in der christlichen Kirche auch eine große Rolle gespielt hat. Von daher ist eine Eintragung dieser Thematik in die eigentlich anders ausgerichtete Witwenregel der Pastoralbriefe durchaus plausibel.[304]

Beide Traditionen, die der Amtsinhaberin und der Unterstützungsempfängerin, bestehen im zweiten Jahrhundert und danach fort. Die Witwenparänese in PolPhil 4,3 zeigt zwar das Merkmal der späteren Ständetafeln, daß freie, erwachsene Männer als die eigentlichen Adressaten von Paränesen erscheinen, die wiederum die anderen Stände zu ermahnen haben. Unabhängig davon werden die Witwen in PolPhil 4,3 jedoch eindeutig als religiös definierte Gruppe angesprochen, deren ausgezeichnete Aufgabe das Gebet ist, und die deshalb in besonderer Weise auf ihre Reinheit zu ach-

---

[302] S.o. S. 149-154.

[303] Die hier erwähnte Grapte, der Hermas eine Abschrift des geoffenbarten Schreibens geben soll, ist als Vorsteherin der Witwen und Waisen gezeichnet. Die Zusammenstellung von Witwen und Waisen deutet darauf hin, daß es hier um soziale Unterstützung geht.

[304] Das Motiv, "der Kirche nicht zur Last zu fallen" wird später zu einem mehr oder minder festen Topos. So heißt es auf einem römischen Grabstein für eine Witwe Regina: RIGINE MATRI VIDUAE QUE SEDIT VIDUA ANNOS LX ET ECLESA NUMQUA GRAVAVIT (abgedruckt bei *Lightman/Zeisel*, Univira, 27). Der lateinische Wortlaut zeigt noch die Analogie zum griechischen βαρεῖσθαι.

ten haben.[305] Hingegen erscheinen die Witwen bei IgnPol 4,1 als Objekt kirchlicher Fürsorge.[306] In der Syrischen Didaskalie, die dem Witwenamt sehr mißtrauisch begegnet und eine stark restriktive Ausrichtung hat, werden beide Aspekte kombiniert.[307] Auch in anderen altkirchlichen Texten läßt sich aufzeigen, wie das religiös begründete Amt mit dem Gedanken der Unterstützung von bedürftigen Witwen verbunden wird.[308]

Es wäre demnach gut möglich, daß in 1 Tim 5,16 ebenfalls eine solche Tradition der sozialen Unterstützung von Witwen in die anders ausgerichtete Witwenregel der Past Eingang gefunden hat. Diese These scheint mir angesichts der Spannungen gegenüber 5,3-15 die plausibelste Erklärung für 5,16 zu sein.

9. Ergebnisse der exegetischen Untersuchung von 1 Tim 5,3-16

9.1 Literarischer Charakter und Gattungsbestimmung von 1 Tim 5,3-15

Wir hatten anfangs aufgrund der formalsprachlichen Analyse eine hypothetische Scheidung von Tradition und Redaktion in der Witwenregel vorgenommen. Unsere literarkritische Hypothese ging davon aus, daß vv3.5.9*.11fder Tradition zuzurechnen seien, während vv4.6-8.10.13-15 aus der Hand des Verfassers der Pastoralbriefe stammten; v16 war zunächst nicht zugeordnet worden. Die inhaltliche Einzelanalyse hat die literarkritische Hypothese bestätigt. Die getroffene Unterscheidung zwischen Tradition und Redaktion in 1 Tim 5,3-16 hat sich bewährt, da sie es ermöglicht hat, die Spannungen zwischen den verschiedenen Anweisungen und Aussagen in 5,3-15 aus einer einheitlichen Problemstellung zu erklären: Sie resultieren aus dem Gegensatz

---

[305] Der Text von PolPhil 4,3 lautet: (διδάξωμεν) τὰς χήρας σωφρονούσας περὶ τὴν τοῦ κυρίου πίστιν, ἐντυγχανούσας ἀδιαλείπτως περὶ πάντων, μακρὰν οὔσας πάσης διαβολῆς, καταλαλιᾶς, ψευδομαρτυρίας, φιλαργυρίας καὶ παντὸς κακοῦ, γινωσκούσας, ὅτι εἰσὶ θυσιαστήριον θεοῦ καὶ ὅτι πάντα μωμοσκοπεῖται, καὶ λέληθεν αὐτὸν οὐδὲν οὔτε λογισμῶν οὔτε ἐννοιῶν οὔτε τι τῶν κρυπτῶν τῆς καρδίας. Die Altar-Metaphorik leitet sich vom Gebet her: Da das Gebet als Opfer verstanden wird, geht es von der Witwe aus, wie der Opferrauch vom Altar aufsteigt. Die Metapher wird hier gebraucht, um den Lasterkatalog zu begründen: Wie die Opfergaben auf ihre Reinheit überprüft werden, so prüft Gott, ob das Gebet der Witwe rein oder durch moralische Verfehlungen verunreinigt ist. Leider interpretieren *Bartsch*, Rechtsbildungen, 114f; sowie *Osiek*, Widow, 153ff PolPhil 4,3 von SyrDid IX, 45 her: Dort werden Witwen und Waisen gemeinsam als Altar bezeichnet, wodurch der Vergleichspunkt für die Altar-Metapher sich auf das Empfangen von Gaben verschiebt. Diese Bedeutung ist aber in PolPhil 4,3 nicht gemeint, wie der Lasterkatalog und die Prüfung durch Gott zeigen. *Fischer*, Die Apostolischen Väter, 255 erwähnt beide Deutungen.

[306] *Verner*, Household, 99-101, der insbesondere auf den Unterschied zwischen IgnPol 4,1 und PolPhil 4,3 hinweist. Allerdings hält er 1 Tim 5,3-16 für eine Mischung aus beidem, indem er die bedürftigen Witwen in 5,3-8 und die Amtsinhaberinnen in 5,9-15 angesprochen sieht.

[307] Die SyrDid zeigt deutliche Spannungen zwischen den Witwen und dem monarchischen Episkopat; sie versucht, an die Stelle der Witwe die Diakonin zu setzen, die dem Bischof untergeordnet ist. Vgl. *Achelis/Flemming*, SyrDid, 274ff; *Gryson*, Ministère, 65ff; *Osiek*, Widow, 253ff; *Thurston*, 96ff. Zur weiteren Entwicklung des altkirchlichen Witwenamts vgl. neben der genannten Monographie von *Gryson* auch *Bangerter*, Frauen, pass.

[308] Vgl. *Jensen*, Töchter, 74ff.

zwischen der asketisch orientierten Tradition und der am Haus und seinen Strukturen orientierten Ekklesiologie und Ethik des Verfassers der Past. Demnach ist der Text literarisch uneinheitlich, bis auf v16 jedoch thematisch einheitlich, insofern hier nur von *einer* Gruppe anerkannter Witwen die Rede ist. Es entfällt damit die schwierige Hypothese, zwischen v8 und v9 finde ein Themawechsel statt, der im Text nicht markiert ist. Eine Unterscheidung zwischen unterstützungsbedürftigen "true widows" und amtlichen "enrolled widows", wie sie Teile der Forschung vornehmen wollen,[309] erübrigt sich damit. Allerdings läßt sich nach unserer Analyse der Textkohärenz der v16 in den Text nicht integrieren. Er wurde deshalb als nachträgliche Interpolation verstanden.

Formgeschichtlich ist in diachroner Perspektive zu sagen, daß der Verfasser der Past eine traditionelle Witwenregel aufgenommen hat, in der die Bezahlung und Auswahl von Gemeindewitwen geregelt wird. Sie gehört auf der Ebene der Tradition in eine Ämterordnung, die neben der Witwe auf jeden Fall das Amt des Presbyters kennt. Diese Ämterregel hat ihre Grundlage im Gegensatz zu 1 Tim 3,1-13 nicht in der nominal formulierten Ekphrasis, wie *Berger* annimmt.[310] Vielmehr liegt bei den nominalen Elementen in 5,9 gerade Erweiterung durch den Autor der Past vor, der Gattungselemente der Amtsspiegel hier eingetragen hat.

Der Verfasser hat aber nicht nur Elemente eingefügt, die die Witwenregel formal an die anderen Amtsspiegel angleichen, sondern weiter verschiedene Formen integriert: Christlich adaptierte Gnomen (v6.8), Kommentar (v4b); den zweiten, die Auswahl regelnden Teil der Tradition hat er zu einer recht umfangreichen symbuleutischen Argumentation ausgebaut. Hinzu kommt, daß er den Text in den Rahmen der großen Gattung pseudepigrapher Brief eingeordnet hat und ihn so über das Element der "indirekten Weisung" an die Gattung des Paideutikons anlehnt.

1 Tim 5,3-15 ist damit in der in den Pastoralbriefen erreichten Gestalt ein Amtsspiegel als Teil der Kirchenordnung von 1 Tim 2,1-6,2. Formal ist diese Witwenregel allerdings erheblich komplexer als die anderen Amtsspiegel in 3,1-13. Diese Komplexität reflektiert die Spannung zwischen Autor und Tradition:[311] Der Autor benutzt hier einen vorgegebenen rechtlichen Text - zu dessen Aussagen er sich in kaum verhohlener Distanz befindet - und gestaltet ihn so um, daß er seinen Intentionen dient. Dies macht den Unterschied zum Bischofs- und Diakonen-/Diakoninnenspiegel aus, die in ihrer nominalen Form viel allgemeingültiger und weniger auf konkrete Probleme bezogen scheinen: Sie stellen sozusagen die "Haustradition" des Verfassers dar, mit der er grundsätzlich übereinstimmt. Deshalb weisen sie nicht solche Brüche auf wie die Witwenregel.

---

[309] S.o. S. 116.

[310] S.o. S. 61.

[311] Diesen Aspekt der situationsbezogenen Gestaltung betont zu Recht auch *Verner*, Household, 101: "this material gives the appearance of having taken shape in response to the various dimensions of the problem of widowhood as the early church encountered this problem." Da er allerdings in den Past als vorgegebene Tradition nur das Ständetafelschema zuläßt und die Witwenregel diesem nicht entspricht, entgeht ihm der Anteil der Tradition in 5,3ff.

9.2 Zum ursprünglichen Charakter des Witwenamtes

Zur Entstehung und zum Charakter des Witwenamtes hat *Bartsch* die These aufgestellt, daß "der Ursprung des Standes im Unterschied zu den übrigen Ämtern nicht in einem Bedürfnis der Gemeinde zu sehen ist", sondern, "daß ... die Witwen als Empfänger bestimmter, für die Gemeinde konstitutiver Leistungen zu einem Stand geordnet wurden."[312] Diese Rekonstruktion war in der Forschung sehr wirkungsvoll; einige Exegeten haben *Bartschs* Formulierung fast wörtlich übernommen.[313]

Nach unserer Analyse ist diese Sicht der Entstehung des Witwenamtes aber nicht zu halten. Im Zentrum der ursprünglichen Witwenregel hinter 1 Tim 5,3.5.9 steht in v5 ein spiritualisierter Witwenbegriff, der eine besondere Gottesbeziehung aufgrund einer selbstgewählten asketischen Lebensform postuliert.[314] Das Gebet ist damit das zentrale Charakteristikum der Witwe. Diese Wurzel hatte *Bartsch* neben dem Empfangen von Gaben genannt;[315] andererseits hatte er aber die Beschränkung der Witwen auf das Gebet der restriktiven Intention des Autors der Pastoralbriefe zugeordnet. Hier ist neben der Frage der Entstehung des Amtes die Frage der Aufgaben thematisiert. Diese wird in der Forschung meist in Form einer Alternative erörtert, ob nämlich zu den Aufgaben der Witwe *nur* das Gebet gehört, oder ob sie *auch* diakonische Tätigkeiten ausübt. Diejenigen, die die letztere Position vertreten, wollen aus den Qualifikationen von v9f schließen, daß die Witwen Waisenkinder betreuen, seelsorgerliche Hausbesuche machen, etc.[316] Diese Alternative ist aber falsch gestellt: Vom Ursprung des religiösen Typos der Witwe her ist es gerade das Gebet, das ihr eine Ehrenstellung verschafft; diese ist eher eine geistliche Leitungsposition denn eine untergeordnete diakonische Tätigkeit. *Bartsch* begeht hier den Fehler, die Ausrichtung späterer Kirchenordnungen, in denen das Gebet als Charakteristikum der Witwenexistenz zum Ansatzpunkt der Restriktion des Amtes genommen wird,[317] in die Exegese der früheren Witwenregel der Past einzutragen.

Das Witwenamt hat seinen Ursprung in prophetisch-charismatischem Zusammenhang; allerdings ist zu sagen, daß schon auf der Ebene der den Past zugrundeliegenden Tradition eine Institutionalisierung feststellbar ist, wie die Besoldungsanweisung und der formalisierte Auswahlprozeß zeigen. Allerdings kann nicht ohne weiteres vorausgesetzt werden, daß die dort gegebenen Regelungen auch Praxis geworden sind. Gerade die Existenz der jungen Witwen in v11ff zeigt, daß die Altersgrenze der Tradition in der Praxis nicht eingehalten wurde.

---

[312] *Bartsch*, Rechtsbildungen, 113f.
[313] Vgl. *Brox*, Past, 186; *Lips*, Glaube, 119.
[314] S.o. S. 135-143.165-169.
[315] *Bartsch*, Rechtsbildungen, 114.
[316] So *Lips*, Glaube, 121; *Dibelius/Conzelmann*, Past, 59; *Thurston*, Widows, 51.
[317] Vgl. SyrDid XV, 79. Zur Restriktion und Abwertung des Witwenamtes vgl. auch *Osiek*, Widow, pass.

9.3 Die in den Pastoralbriefen sichtbar werdende Situation des Witwenamtes

Die Verbote und Polemiken des Autors in 5,3-15 erlauben es, einige Züge der aktuellen Situation des Amtes, wie sie der Verfasser bekämpft, zu rekonstruieren.

Das asketische Amt hat offensichtlich starken Zulauf von Frauen. Zu den Witwen
gehören Frauen unterschiedlicher Altersgruppen und eventuell auch unterschiedlichen
Familienstands: Während v4.8 voraussetzt, daß Frauen das Witwenamt anstreben, die
verheiratet waren und Kinder haben, ist bei den νεώτεραι von v11 auch an unverheiratete Frauen zu denken.[318] Hier wird eine Situation sichtbar, in der das asketisch orientierte Witwenamt Frauen eine Lebensform eröffnet, die zwar den Verzicht auf Sexualität fordert, dafür aber die Möglichkeit zu selbständiger religiöser Betätigung in einer
anerkannten Form bietet. Die mit viel rhetorischem Aufwand angebrachten Restrikti-
onsbemühungen des Verfassers zeigen, daß diese Option der Witwenexistenz für viele
Frauen erstrebenswert war. Dies entspricht dem auch sonst feststellbaren Befund, daß
asketische Richtungen des frühen Christentums eine hohe Attraktivität für Frauen
hatten.[319]

Die in v6 vom Verfasser formulierte Polemik gegen das "Luxusleben" von Witwen[320] mit ihrem Bezug auf die Reichenparänese in 1 Tim 6,17 deutet darauf hin, daß
die χῆραι über eigene materielle Ressourcen verfügen. Hier ist eine wichtige Parallele
zu den reichen Frauen von 1 Tim 2,9-3,1a gegeben,[321] so daß anzunehmen ist, daß
die Polemik gegen deren Auftreten im Gottesdienst in 1 Tim 2,9f auch Witwen im
Auge hat. Aber der Bezug zum Reichtum ist nicht die einzige Parallele zwischen beiden Texten. Hinzu kommen Analogien beim Thema Lernen und Lehren: Die Betonung des Lernens wird sowohl 1 Tim 2,11 wie 5,13 durch absolut gebrauchtes μανθάνειν ausgedrückt.[322] Das Lehren von Frauen im Gottesdienst wird in 1 Tim 2,12 verboten; in 5,13 wird vorausgesetzt, daß die Frauen falsche Lehren in den Häusern verbreiten. Dabei ist bei der gebrauchten Formulierung λαλεῖν τὰ μὴ δέοντα, wie oben
aufgewiesen,[323] primär an falsche Ethik, die Ablehnung der vom Verfasser propagierten hierarchischen Ordnung in der Gemeinden, zu denken. Die Polemik gegen die intellektuelle Lernbegierde der Frauen in 2 Tim 3,7 deutet aber darauf hin, daß die vom
Autor abgelehnten ethischen Positionen der Frauen nicht isoliert stehen, sondern in einer Theologie begründet sind. Die in 2,11 angemahnte ἡσυχία verweist ebenfalls darauf, daß die Frauen eigenständige theologische und ethische Positionen vertreten.[324]

Die von den Frauen vertretene Theologie ist nicht mit Eindeutigkeit zu rekonstruieren. Der Autor rückt zwar in v13 die ethischen Positionen der Witwen in die Nähe
der Irrlehre; in v14 setzt er voraus, daß einige sich endgültig der Häresie zugewandt

---

[318] So auch *Bassler*, Widows, 35; *MacDonald*, Virgins, 178f; *Osiek*, Widow, 160.
[319] Vgl. *Kraemer*, Share, 157-173; *MacDonald*, Legend, pass.; *MacDonald*, Virgins, 169ff;
MacNamara, Wives, 575ff; *MacNamara*, Sexual Equality, 145ff.
[320] S.o. S. 155ff.
[321] S.o. S. 110-113.
[322] S.o. S. 96f.
[323] S.o. S. 206-208.
[324] S.o. S. 97-99.

haben. Insgesamt bleibt seine Einschätzung jedoch unbestimmt, da er nicht dazu auffordert, daß sich die Gemeinde von ihnen trennen müßte.

Desgleichen ist nicht mehr genau feststellbar, welche Aktivitäten bzw. Funktionen die Witwen ausüben. Unklar ist auch, wie ihre Position in der Gesamtgemeinde ist. In den formgeschichtlichen Überlegungen wurde darauf hingewiesen, daß die in den Past vorgestellte Gemeindeordnung präskriptiv, nicht deskriptiv zu verstehen ist: Dies ist die Ordnung, die der Verfasser als verbindlich vorschreiben will. Daraus kann nicht geschlossen werden, daß sie geltendes Recht ist. Der Konflikt zwischen dem Verfasser und den Frauen/Witwen kann also nicht unbedingt so beschrieben werden, daß die Frauen sich gegen eine geltende Ordnung der Gemeinde auflehnen. Was die Praxis anbelangt, so erscheint es eher so, daß der Autor eine Veränderung der herrschenden Zustände erreichen will, indem er seine am Modell des οἶκος orientierte Ekklesiologie und Ethik durch die pseudepigraphe Zuschreibung an 'Paulus' autoritativ absichert.[325]

9.4 Die Umgestaltung der Witwentradition anhand des οἶκος-Modells

Der Verfasser trägt seine am οἶκος orientierte ekklesiologische und ethische Leitvorstellung in zweifacher Weise in die Witwentradition ein: Zum einen schließt er alle Frauen, die häusliche Aufgaben haben oder aufgrund ihres Alters wahrnehmen könnten, vom Zugang zum Witwenamt aus. Zum anderen orientiert er die Zugangsvoraussetzungen zum Witwenamt selbst an den Pflichten und Werten des οἶκος.

Den ersten Aspekt realisiert er zunächst literarisch durch die Einfügung der vv4.8 in die Witwenregel. Wie im Bischofsspiegel stellt er einen Zusammenhang zwischen häuslichen Pflichten und öffentlicher Funktion in der Gemeinde her. Dieser ist jedoch nicht wie beim Episkopen analog, sondern exklusiv verstanden: Solchen Frauen, die noch Funktionen in der Familie auszuüben haben, ist damit die Aufnahme in gemeindeoffizielle Tätigkeiten verwehrt.[326] Außerdem werden durch v14 alle Frauen im gebärfähigen Alter auf ihre Rolle als Ehefrau, Mutter und Verwalterin des Haushalts verwiesen.[327] Damit bestätigt die Umgestaltung der Witwenregel die Tendenz von 1 Tim 2,9-3,1a: Frauen werden primär auf ihre häusliche Rolle festgelegt und damit weitestmöglich von der Partizipation an gemeindeamtlichen Funktionen ausgeschlossen.[328] Das Verhältnis von οἶκος und οἶκος θεοῦ ist also nicht dergestalt zu verstehen, daß die Gemeinde sich an die Stelle der Hausgemeinschaft setzt. Vielmehr werden die Strukturen und Verpflichtungen im privaten Haus gerade in ihrer Geltung bestätigt: Nach v8 verlangt die πίστις die Erfüllung der familiären Aufgaben der Frauen. Die Orientierung der Pastoralbriefe am Modell des οἶκος stellt also eine zweiseitige Stabilisierungsstrategie dar: Die Amtsträger werden über die Analogie zur

---

[325] Hier werden in der Forschung sehr verschiedene Positionen vertreten: Während *Verner*, Household, 180ff die in den Past beschriebene Kirchenordnung im ganzen als Beschreibung der aktuellen Gemeindesituation annimmt, geht *Donelson*, Pseudepigraphy, 125ff davon aus, daß es der Autor der Past ist, dessen Theologie und Ethik sich in der Minderheitsposition befindet.

[326] S.o. S. 153f.

[327] S.o. S. 211f.

[328] S.o. S. 110-113.

Hausvaterrolle legitimiert; gleichzeitig werden die einzelnen Hausherren durch die Übernahme der Haus-Struktur in der Gemeinde in ihrer Position bestätigt.

Aus dieser Verhältnisbestimmung von οἶχος und οἶχος θεοῦ resultiert auch der interessante Befund, daß der Begriff οἰκεῖοι im Gegensatz zu Gal 6,10 und Eph 2,19 in 1 Tim 5,8 nicht metaphorisch im Sinne von "Angehörige der Glaubensfamilie" auf die Gemeindeglieder angewandt wird.[329] Dies ist deshalb besonders relevant, weil in Gal 6,10 der Begriff οἰκεῖοι τῆς πίστεως ebenfalls in ethischem Kontext erscheint und die besondere moralische Verpflichtung der Christen und Christinnen gegenüber ihren Brüdern und Schwestern einschärft. Die durch den gemeinsamen Glauben geschaffene Gemeinschaft steht damit grundsätzlich über allen durch gesellschaftliche Strukturen vorgegebenen Bindungen. In Eph 2,19 bezeichnet der Begriff die neue kirchliche Einheit, in der die vormalige Trennung in Heidinnen/Heiden und Juden/Jüdinnen aufgehoben ist. In beiden Fällen wird also durch die metaphorische Verwendung des Begriffs οἰκεῖοι die Aufhebung geltender Bindungen und Grenzen in der Kirche verdeutlicht. Es ist somit kein Zufall, sondern fügt sich aufs beste in die Strategie des Autors der Pastoralbriefe ein, wenn er die Bezeichnung der Gemeindeglieder als οἰκεῖοι τῆς πίστεως vermeidet. Der mit dieser Metapher gegebene Gedanke einer neuen Gemeinschaft, die stärker ist als alte Strukturen und Verpflichtungen, paßt nicht in sein Konzept der Harmonie zwischen christlicher Gemeinde und den Strukturen des gesellschaftlichen Umfelds.[330]

Neben dem Ausschluß der Frauen mit Familienaufgaben betrifft die Umgestaltung der Witwentradition nach dem οἶχος-Modell auch den Charakter des Amtes selbst. Der Autor fügt das Witwenamt, das aufgrund seiner asketischen Tradition seiner Leitvorstellung völlig entgegensteht, in seine Gesamtkonzeption ein, indem er Qualifikationen für das Amt einführt, die aus dem Bereich des Hauses stammen.[331] Dadurch entsteht eine widersprüchliche Kombination: Das Witwenamt, das aufgrund seines asketischen Charakters außerhalb der hierarchischen Strukturen des οἶχος steht, wird über seine Zugangsvoraussetzungen an genau diese Strukturen gebunden.[332] "Wo daher eine Funktion der Frau in der Gemeinde im Blick ist, wie im Fall der Witwe, dann unter dem Vorzeichen der speziellen Rolle der Frau und unter der Voraussetzung der Bewährung in dieser Rolle."[333] Gleichzeitig wird den χῆραι damit in doppelter Weise die Anerkennung und das Prestige als Gemeindeamt versagt: Während das Bischofsamt als χαλὸν ἔργον bezeichnet wird, d.h. als wohltätiges Engagement für die Gemeinschaft Prestige erhält, wird solche Bestätigung dem Witwenamt verweigert. Stattdessen wird auf die Notwendigkeit verwiesen, *vorher* gute Werke zu tun; einen guten Ruf erwirbt sich eine Frau also durch die Erfüllung ihrer Rolle als Mutter und οἰκοδέσποινα, nicht durch Engagement in der Gemeinde. Damit ist dem Witwenamt die Fähigkeit abgesprochen, einen geachteten Status zu vermitteln. Die Tradition eines auf sexueller Askese und besonderer religiöser

---

[329] S.o. S. 154.
[330] Vgl. *Lips*, Glaube, 143f.
[331] S.o. S. 172-200.
[332] Vgl. *Bassler*, Widows, 38.
[333] *Lips*, Glaube, 141f.

Qualifikation beruhenden und ursprünglich mit hohem Prestige versehenen Amtes wird so umgedeutet, daß sie in den Gesamtrahmen der als οἶκος θεοῦ strukturierten Gemeinde, und das heißt auch in eine mit grundsätzlicher Unterordnung der Frauen verbundene Leitvorstellung, eingefügt werden kann.

Teil IV:

Die ΟΙΚΟΣ-Ekklesiologie und -Ethik der Pastoralbriefe - eine Strategie zur Restriktion der aktiven Teilhabe von Frauen und zur Absicherung männlicher Herrschaft in der Gemeinde. Auswertung und Ausblick

Der im ersten Teil dieser Arbeit vorgenommene kritische Durchgang durch die Forschungsgeschichte zu den Haus- und Ständetafeln sowie Amtsspiegeln hat zu dem Ergebnis geführt, daß nicht von einer überlieferungsgeschichtlichen Kontinuität zwischen den verschiedenen neutestamentlichen und frühchristlichen Texten ausgegangen werden kann, sondern daß vielmehr form- und traditionsgeschichtlich zwischen den "Haustafeln" in Kol und Eph und den späteren "Ständetafeln" zu unterscheiden ist.[1] Aufgrund der erkannten Gattungsparallele zur antiken Ökonomik hat die Forschung die nur in Kol und Eph vollständig vorliegende Dreierstruktur, die sich am οἶκος mit seinen grundlegenden Beziehungen des Hausherrn zu Ehefrau, Kindern und Sklavinnen wie Sklaven orientiert, sowie die strenge Reziprozität der Ermahnungen als charakteristische Merkmale der Gattung "Haustafel" ausgemacht. Die traditionelle Auslegung seit *Dibelius*, der auch 1 Tim 2,8-15 und 1 Tim 5,5f zu den Haustafeln gerechnet hatte, ist damit überholt. Vielmehr sind die beiden von uns untersuchten Texte als Ständeparänese (1 Tim 2,9-3,1a) bzw. Amtsspiegel (1 Tim 5,3-16) zu bestimmen und stellen als solche Teile einer Gemeindeordnung dar. Traditionsgeschichtlich bestehen allerdings - worauf einige Forschende hingewiesen haben - Bezüge von 1 Tim 2,(8)9ff zur Ständetafel des 1 Petr einerseits sowie zu den Paränesen der Apostolischen Väter andererseits.[2]

In sozialgeschichtlicher Perspektive hat die an der Parallele zur Ökonomik orientierte Auslegung den Anspruch formuliert, die Bedeutung des οἶκος als grundlegender Sozial- und Wirtschaftseinheit antiker Gesellschaften ernstzunehmen. Dieser im Grundsatz richtige soziologische Zugriff darf allerdings nicht verabsolutiert werden, weil sonst die Wechselwirkung von sozialer Struktur und literarischer Verarbeitung nicht mehr in den Blick kommen kann. Ergebnis eines einseitigen soziologischen Zugangs ist dann die These, daß das frühe Christentum sich in seiner Konsolidierung notwendigerweise am Modell des Hauses orientieren mußte. Entsprechend erscheint die Geschichte von den frühesten Gemeinden über die οἶκος-Ekklesiologie der Pastoralbriefe bis hin zur Etablierung des Christentums als Staatsreligion im 4. Jahrhundert als notwendige und folgerichtige Fortentwicklung.[3] Diese Sicht der frühchristlichen Entwicklung wird jedoch unhaltbar, sobald man einmal versucht, die angebliche

---

[1] S.o. S. 62.

[2] S.o. S. 62f.

[3] S.o. S. 63.

Orientierung des Selbstverständnisses und der Struktur christlicher Gemeinden am Haus an den Texten im einzelnen zu belegen. Dabei wird deutlich, daß der οἶκος als ekklesiologisches Leitmodell weder bei Paulus noch in den Deuteropaulinen Kolosser- und Epheserbrief eine entscheidende Rolle spielt. Die Pastoralbriefe erweisen sich so als das älteste Zeugnis für die Erhebung des οἶκος zu ekklesiologischen Leitmetapher; ihr Verständnis von Kirche stellt eine außergewöhnliche und eigenständige ekklesiologische Konzeption dar, die aus den älteren Texten nicht abzuleiten ist.[4] Damit stellte sich die Frage, wie die Orientierung der Ekklesiologie (und Ethik) der Pastoralbriefe am Modell des Hauses zu erklären ist. Hier ist sowohl der polemische Charakter der Pastoralbriefe zu beachten als auch die Erkenntnis der Pseudepigraphieforschung einzubeziehen, daß die Abfassung pseudonymer Schreiben in der Regel durch einen Konflikt motiviert ist, in den mit Hilfe des Rekurses auf eine vergangene Autorität eingegriffen wird.[5] Als Ursache der Abfassung der Pastoralbriefe mit ihrem Leitmodell des οἶκος θεοῦ wurde in der Forschung von *Verner* ein Konflikt zwischen Amtsträgern und Frauen der Gemeinde vermutet, wobei gleichzeitig dogmatische Kontroversen bestünden, während *Kidd* das Hauptproblem in einer Auseinandersetzung zwischen Amtsträgern und reichen lokalen Eliten verortet und die dogmatische Dimension des Konflikts herunterspielt.[6] Beide Ansätze betonen allerdings die gemeindeinternen Gründe als auslösendes Moment für das ekklesiologische Konzept der Pastoralbriefe.

Im Anschluß an diese Ergebnisse der Forschung haben wir am Ende des forschungsgeschichtlichen Teils die vorläufige Hypothese formuliert, daß die οἶκος-Ekklesiologie der Pastoralbriefe auf dem Hintergrund eines Interessenkonflikts zwischen Männern und Frauen verstanden werden muß. Sie spiegelt eine Konkurrenz um kirchliche Führungspositionen wider, in der die Erhebung des οἶκος zur ekklesiologischen Leitmetapher eine Strategie männlicher Führungsschichten darstellt, Frauen aus solchen Leitungsfunktionen auszuschalten.[7]

Soll also - in Übereinstimmung mit dem Ansatz von *Thraede* und den Ergebnissen der Pseudepigraphieforschung - die Intention der Pastoralbriefe als Parteinahme in einem Konflikt verstanden werden, so kann eine Bestimmung solcher Textpragmatik nur durch eine Analyse der Semantik und Syntaktik hindurch erfolgen. Es waren also die entscheidenden Texte als ganze in ihrer Struktur und ihrem Aussagegehalt zu untersuchen. Erst durch diese detaillierten Analysen hindurch konnte erwiesen werden, ob zum einen die Annahme, daß Ansprüche auf Leitungsfunktionen in den Gemeinden der Pastoralbriefe von Frauen faktisch erhoben wurden, von den Texten her wahrscheinlich zu machen ist und zum anderen, ob eine zentrale Intention dieser pseudepigraphen Briefe so verstanden werden kann, daß der Verfasser mit Hilfe der in ihnen propagierten Ekklesiologie und Ethik diesen Ansprüchen von Frauen entgegentritt.

---

[4] S.o. S. 64f
[5] S.o. S. 3f.
[6] S.o. S. 65.
[7] S.o. S. 65.

Die entsprechenden exegetischen Untersuchungen sind im Teil II dieser Arbeit zu 1 Tim 2,9-3,1a und Teil III zu 1 Tim 5,3-16 durchgeführt worden.[8]

Die literarische Analyse von 1 Tim 2,9-3,1a hat zunächst in seiner Struktur eine Zweiteilung in einen exhortativ-paränetischen (2,9-12) und einen indikativisch-thetischen (2,13ff) Teil aufgewiesen.[9] Die traditions- und redaktionskritische Untersuchung zum ersten Teil ergab dann, daß der Verfasser zwei verschiedene Traditionen miteinander verknüpft hat, eine polemische Paränese gegen Schmuck von Frauen und ein Schweigegebot für Frauen im Gottesdienst.

Die Polemik gegen Schmuck und aufwendige Kleidung von Frauen im Gottesdienst findet sich in 1 Tim 2,9f. Im Zusammenhang der Untersuchung dieses Schmuckmotivs konnte die im forschungsgeschichtlichen Teil angesprochene Beziehung der Past zum 1 Petr konkretisiert werden:[10] Der Frauenparänese 1 Tim 2,9f liegt die gleiche oder eine sehr ähnliche jüdisch(-christlich) rezipierte Form eines in der hellenistischen Philosophie verbreiteten Schmucktopos zugrunde wie 1 Petr 3,1-6. Während die Paränese im 1 Petr jedoch stärker theologisch durchgeformt wird, nimmt der Autor der Pastoralbriefe eine Reinterpretation unter Rückgriff auf hellenistische Tugendbegriffe vor, wobei seine Überarbeitung eine enge Verwandtschaft zu Motiven und Aussagen der neopythagoreischen Frauenspiegel aufweist. Hier bestätigte sich unsere Forderung aus dem forschungsgeschichtlichen Durchgang, daß innerhalb der Traditionsgeschichte der frühchristlichen Haus- und Ständetafeln mit der kontinuierlichen Rezeption paganer Literatur zu rechnen ist, wobei die Adaptation paganer Topoi und Argumentationen in einer frühchristlichen Schrift auch Korrektur früherer christlicher Adaptationen sein kann.[11] Mit den neopythagoreischen Frauenspiegeln rezipiert der Autor konkret die restriktivsten Traditionen innerhalb des ökonomischen Schrifttums. Die Pastoralbriefe stehen damit innerhalb der frühchristlichen Traditionsgeschichte für den Prozeß der Hierarchisierung und Patriarchalisierung, wie er in der Forschung ausführlich beschrieben ist.[12]

Beim Lehrverbot in 1 Tim 2,11f ergab die traditionskritische Untersuchung, daß hier die gleiche Tradition vorliegt wie im Schweigegebot 1 Kor 14,33b-36, das dort interpoliert ist, allerdings nicht durch den Verfasser der Pastoralbriefe. Die redaktionskritische Analyse konnte aufzeigen, daß in 1 Tim 2,11 eine sehr eigenständige Bearbeitung dieser traditionellen Gottesdienstregel mit einer spezifischen Stoßrichtung vorliegt. Im Gegensatz zu 1 Kor 14,33b-36 beruht hier die Argumentation nicht auf der Antithese von "öffentlichem" versus "privatem" Raum; vielmehr wird die Paränese formal wie inhaltlich vom Gegensatzpaar "Lehren - Lernen" bestimmt, das mit dem von "Herrschaft - Unterordnung" analog gesetzt wird. Diese Verschiebung

---

[8] Vgl. auch die Ergebniszusammenfassungen der beiden Untersuchungen S. 110ff.227ff.

[9] Wobei v15 eine antithetische Weiterführung des vorangegangenen Verses 2,14b ist, die in 3,1a noch einmal besonders bekräftigt wird; s.o. S. 107-109.

[10] Des weiteren findet sich zwischen 1 Petr und den Past - was in dieser Arbeit nicht ausführlich behandelt werden konnte - eine deutliche Übereinstimmung in der Ermahnung zur Loyalität gegenüber der staatlichen Obrigkeit in 1 Tim 2,1; Tit 3,1 und 1 Petr 2,13-17. Eine ausführliche Analyse findet sich bei *Gielen*, Haustafeltradition, 393-473.

[11] S.o. S. 62f.

[12] S.o. S. 28.33f.36-38.47f.

weist auf das vorrangige Interesse des Autors an der "gesunden Lehre" und ihrer Absicherung durch die (männlichen) Amtsträger. Auch fordert der Autor in Abwehr der lehrenden Frauen nicht primär Schweigen, sondern er verweist sie auf ein Ruhe-ideal, das das akzeptierende Erfüllen der eigenen untergeordneten Rolle impliziert. Damit erweist sich das Lehrverbot in 1 Tim 2,11f als gegen eigenständiges theologi-sches Denken und Lehren von Frauen gerichtet, das als Übertreten der weiblichen Rollengrenzen charakterisiert und damit als Herrschaftsanmaßung desavouiert wird.[13]

Der begründende zweite Teil der Frauenparänese 1 Tim 2,9-3,1a nimmt frühjüdi-sche Interpretationen der Schöpfungs- und Sündenfallerzählungen in Gen 2f auf. Seine zwei Begründungen sind chiastisch auf die zwei Anweisungen im ersten Teil bezogen: Das Lehrverbot wird mit der Ersterschaffung Adams begründet, während die Schmuckpolemik mit einer erotischen Deutung von Gen 3 untermauert wird.[14] Die ab-schließende Rettungsaussage (2,15) mit ihrer formelhaften Bekräftigung (3,1a) ist vom Verfasser formuliert; sie dient dazu, seine Leitvorstellung der weiblichen Rolle durchzusetzen, die primär an der Reproduktionsfunktionen orientiert ist, deren Erfül-lung als heilnotwendiges gutes Werk apostrophiert wird.[15]

In ihrer Verschränkung zielen Schmuckpolemik und Lehrverbot darauf, die aktive Partizipation von Frauen am Gottesdienst und Gemeindeleben zurückzudrängen. Der rhetorische Aufwand der Frauenparänese im Gegensatz zur vorangegangenen Männer-paränese in 1 Tim 2,8 und das mit Nachdruck ausgesprochene Verbot des Lehrens in 1 Tim 2,12 deuten darauf hin, daß hier tatsächlich Frauen im Gottesdienst selbständig lehrend aufgetreten sind. Die Verknüpfung mit der Schmuckpolemik läßt darauf schließen, daß diese Frauen wohlhabend und wirtschaftlich unabhängig waren. Ihr Reichtum dürfte für sie die Grundlage für ihre Autorität und Einflußposition gewesen sein, da er ihnen die Möglichkeit gab, ihre eigene Position im Sinne der in der grie-chisch-römischen Gesellschaft hochgeachteten εὐεργέτης-Rolle als wohltätiges En-gagement zugunsten ihrer Gemeinschaft zu verstehen. Dieses soziale Statusbewußtsein der reichen Frauen greift der Autor durch seine sexualisierende Interpretation des Auftretens der Frauen an und versucht mittels der Rettungsaussage in 1 Tim 2,15, sie in den engen Rahmen der häuslichen Frauenrolle zurückzudrängen.[16]

Die Restriktionsabsicht des Verfassers findet also einen doppelten Angriffspunkt: Gegenüber den im Gottesdienst Lehrfunktionen beanspruchenden Frauen rekurriert er auf die Autoritätsposition des lehrenden Amtsträgers. Diese Strategie beruht auf dem Über- und Unterordnungsverhältnis innerhalb der als οἶκος θεοῦ strukturierten Ge-meinde und mündet in das Lehrverbot. Die zweite Strategie beruht hingegen auf dem Gegenüber von eigenem Haus und Gemeinde: Die primäre Rollenerfüllung für Frauen ist an den häuslichen Funktionen orientiert. Diese Argumentation mündet in die impli-zite Aufforderung zum Kindergebären. Indem so die Frauen mit zweifelhafter theolo-gischer Begründung auf ihre Reproduktionsfunktionen verwiesen werden, werden

---

[13] S.o. S. 92-104.
[14] S.o. S. 104-106.
[15] S.o. S. 107-109.
[16] S.o. S. 110-113.

rückwirkend von der als "Haushalt Gottes" konzipierten Ekklesiologie auch die Strukturen der privaten οἶκοι gestützt.

Der insgesamt umfangreichste Teil III der Arbeit unternahm eine detaillierte Analyse der sogenannten "Witwenregel" in 1 Tim 5,3-16.[17] Die literarische und motivkritische Untersuchung erbrachte das Ergebnis, daß dem Autor eine traditionelle Ämterordnung vorgelegen hat, in der Bestimmungen zur Bezahlung und Auswahl von Gemeindewitwen (1 Tim 5,3.5.9.11.12) sowie zum Presbyteramt enthalten waren (1 Tim 5,17). Die Grundlage dieses Witwenamtes bildet ein spiritualisierter Witwenbegriff, der asketisch und charismatisch orientiert ist. Eine besondere Gottesbeziehung, die sich im Gebet manifestiert, ist demnach Grundlage prophetischer Begabung der χήρα, die ihr eine ausgezeichnete Ehrenstellung sichert. Allerdings hat schon auf der Ebene der den Pastoralbriefen zugrundeliegenden Tradition eine gewisse Institutionalisierung eingesetzt, wie Besoldungsanweisung und formalisierter Auswahlprozeß zeigen.[18] Die asketische Ausrichtung bleibt aber in der traditionellen Amtsregel als Grundlage der Ehrenstellung der Witwen bestehen.

Zu diesem asketisch-charismatischen Grundcharakter der Witweninstitution steht nun der Autor der Pastoralbriefe in kaum verhohlenem Widerspruch, was die auffälligen und in der Exegese schon lange gesehenen Spannungen und Brüche in 1 Tim 5,3-16 erklären kann. Diese kommen - wie unsere Analyse ergeben hat - dadurch zustande, daß der Autor seine am οἶκος orientierte Konzeption von Gemeinde mit ihren restriktiven Konsequenzen für Frauen in die ganz anders ausgerichtete Witwentradition einträgt: Zum einen formuliert er - wie schon in 1 Tim 2,15[19] - den Primat der (privat-)häuslichen Aufgaben für Frauen und versucht damit offensichtlich, den Kreis möglicher Kandidatinnen substantiell einzuschränken. Zum zweiten orientiert er die Zugangsvoraussetzungen zum Witwenamt selbst an den Pflichten und Werten des οἶκος. Damit zwingt er die Institution der χήρα, die aufgrund ihres asketischen Charakters außerhalb der hierarchischen Strukturen des traditionellen Hauses steht, in eine spannungsvolle Synthese mit seiner ekklesiologischen Leitvorstellung. Somit wird das Witwenamt, obwohl selbst asketisch orientiert, ansatzweise für die Bestätigung der häuslichen Normen und Werte in Dienst genommen. Gleichzeitig ist die Einpassung des Witwenamts in die οἶκος-Kirche mit einem fundamentalen Angriff auf das Prestige der gemeindlichen χήρα verbunden: Indem den Kandidatinnen die vorherige Bewährung in ihren Rollen als Ehefrau, Hausverwalterin und Mutter vorgeschrieben wird, um als ehrenhafte Gemeindeglieder gelten zu können, wird dem Witwenamt selbst die Fähigkeit abgesprochen, einen geachteten Status zu vermitteln. Damit wird den - als charismatische Beterinnen und Prophetinnen ursprünglich hochgeachteten - χῆραι der geehrte Status und das Prestige verweigert, das dem Bischofs- und Diakonenamt ausdrücklich zugesprochen wird.

Hintergrund der Restriktionsabsicht dürfte sein, daß das asketische Witwenamt in den Gemeinden, an die die Pastoralbriefe gerichtet sind, für Frauen eine hohe Attrak-

---

[17] Vgl. die ausführlicheren Zusammenfassungen S. 165ff.221ff.227ff.
[18] S.o. S. 228ff.
[19] S.o. S. 107ff.

tivität besaß, da die Lebensform als χήρα die Möglichkeit zu selbständiger religiöser Betätigung in einer anerkannten Form eröffnete. Zumindest einige der "Witwen" verfügen über eigene materielle Ressourcen.[20] Die Polemik des Autors gegen die νεώτεραι in 1 Tim 5,11ff zeigt des weiteren, daß trotz der schon in der Tradition formulierten Altersgrenze auch junge, unverheiratete Frauen als "Witwen" leben. Der Autor nimmt sie als lernbegierig wahr, qualifiziert ihre Erkenntnissuche aber als unfruchtbar. Gleichzeitig lehren Witwen offensichtlich in den Häusern, was den Autor zum Vorwurf, sie verbreiteten unziemliche Reden, motiviert. Es konnte aufgewiesen werden, daß der Autor mit dieser Charakterisierung ihrer Lehre besonders ihre Ethik moniert, die er aufgrund ihres ehe- und familienfeindlichen Charakters ablehnt. Der theologische Hintergrund des zugrundeliegenden Witwenbegriffs in asketisch-charismatischer Tradition weist allerdings - zusammen mit weiteren sprachlichen Indizien - darauf hin, daß hier ein alternatives Verständnis von christlicher Existenz überhaupt vorliegt.[21] Insofern ist davon auszugehen, daß die χήραι nicht nur eine andere Ethik und andere Vorstellungen über die Grundlagen von Autorität in der Kirche haben als der Autor der Pastoralbriefe, sondern diese auch in einer alternativen Theologie und Christologie verwurzelt sind. Es ist kaum möglich, die theologischen Vorstellungen und Lehren der Witwen mit Sicherheit zu rekonstruieren; allerdings hat die These von *MacDonald*, sie verträten die gleichen asketischen Traditionen, die sich später in den apokryphen Akten des Paulus und der Thekla niedergeschlagen haben, einige Plausibilität für sich.[22]

Hatte die kritische Reflexion der Forschungsgeschichte erbracht, daß die Überlieferungs- und Formgeschichte der frühchristlichen Haus- und Ständetafeltradition nicht einlinig verlaufen ist und von Kol und Eph kein direkter Weg zu den Pastoralbriefen führt, so ist nun noch einmal zu fragen, wie denn die Pastoralbriefe mit ihrem Modell des οἶκος θεοῦ in den Entwicklungsprozeß frühchristlicher kirchlicher Ordnungsvorstellungen einzuschreiben sind. Dabei ergeben sich zwei Haftpunkte: einerseits der 1. Petrusbrief, andererseits die Ständeparänesen bei den Apostolischen Vätern. War schon die Schmuckpolemik in der Frauenparänese von 1 Tim 2,9ff einem überlieferungsgeschichtlich späteren Stadium zuzuordnen als die traditionsgeschichtlich verwandte Fassung des 1 Petr,[23] so wurde insbesondere am Motiv der Orientierung an der heidnischen Umwelt deutlich, daß in den Past eine Weiterentwicklung gegenüber Traditionen des 1 Petr vorliegt.[24] Während das Motiv der Rücksicht auf die Umwelt im 1 Petr gleichzeitig apologetischen und missionarischen Charakter hat, ist in den Past eine deutliche Verschiebung festzustellen: Das Motiv erscheint in seiner Außenorientierung defensiver, insofern als der missionarische Impuls verschwindet. Gleichzeitig wird es nach innen offensiver, insofern es dazu dient, die christlichen Gegnerinnen und Gegner zu bekämpfen, indem ihr Heilsstand von der Reaktion der

---

[20] S.o. S. 155ff.199.
[21] S.o. S. 206ff.219ff.
[22] S.o. S. 8f.
[23] S.o. S. 88f.
[24] S.o. S. 215ff.

nichtchristlichen Umwelt abhängig gemacht wird.[25] Das ursprünglich apologetisch nach außen gerichtete Motiv wird funktionalisiert für die Auseinandersetzung im Inneren. Gleichzeitig zeigt die Ausformung der Ständeparänesen in den Past deutliche Parallelen zu denen der Apostolischen Väter.[26] In den Past wird ebenso wie in 1 Clem, IgnPol und PolPhil mit deutlicher Tendenz zur Hierarchisierung aller Nachdruck auf das angemessene Verhalten der Untergeordneten gegenüber den Übergeordneten gelegt. Auch werden die verschiedenen Gruppen nicht mehr direkt angesprochen; in der Form der "indirekten Weisung" wird die Person des (fiktiven oder realen) Adressaten als Mittlerfigur eingeschaltet.

Während Ignatius und die Didache die innergemeindliche Herrschaftsstruktur durch Rückgriff auf den Gedanken des τύπος θεοῦ absichern,[27] entwickeln die Past ebenso wie die Syrische Didaskalie zur Legitimation dieser Hierarchisierung die Konzeption von der Kirche als οἶκος θεοῦ. Allerdings läßt sich zwischen beiden Modellen eine strukturelle Parallele feststellen, da die οἶκος-Ekklesiologie ebenso wie der Abbild-Gedanke auf der Etablierung einer besonders engen Beziehung zwischen Gott und dem Gemeindeleiter beruht. Wie gezeigt werden konnte, fungiert als Vergleichspunkt für die Übertragung des οἶκος-Modells auf die Gemeinde nicht die Gemeinschaft der Christinnen und Christen; die in der paulinischen Tradition geläufige Bezeichnung der Gemeindeglieder als οἰκεῖοι τῆς πίστεως (Gal 6,10) bzw. οἰκεῖοι τοῦ θεοῦ (Eph 2,19) wird gerade vermieden.[28] Οἶκος θεοῦ meint also nicht die Gemeinschaft der Gläubigen als "Familie Gottes",[29] sondern die Kirche als Institution, die den einzelnen Christinnen und Christen gegenübertritt (1 Tim 3,15). Entsprechend kann die geregelte Ordnung der Kirche in 1 Tim 1,4 als Gegenbild zu den Streitigkeiten der Gegnerinnen und Gegner οἰκονομία θεοῦ genannt werden.[30] Dieses Bild von der Kirche als "Hauswirtschaft Gottes" impliziert nun aber ein bestimmtes Verhältnis zwischen Gott und dem leitenden Amtsträger. Der Hausherr ist nämlich Gott selbst, wie das Bild von

---

[25] S.o. S. 214-217.

[26] Darauf verweisen insbesondere *vCampenhausen* und im Anschluß an ihn *Verner*; s.o. S.41.

[27] Did 4,11 erklärt die Herren (Herrinnen?) zum "Abbild Gottes" für die Sklavinnen und Sklaven, während in den Ignatiusbriefen der monarchische Bischof für die Gemeinde als τύπος θεοῦ erscheint (IgnMagn 6,1; IgnEph 6,4; IgnTrall 2,1).

[28] S.o. S. 232.

[29] Anders *Lips* (Glaube, 150), der neben der institutionellen Bedeutungsdimension οἶκος θεοῦ auch noch als "Gemeinschaft der zu Gott Gehörenden" verstehen will. Diese Bedeutung setzt aber eine gewisse Exklusivität voraus, eine Betonung des Abgehobenseins von der Umwelt. Ein solches Bewußtsein wird deutlich in Gal 6,10, wo die Gemeindeglieder als οἰκεῖοι τοῦ θεοῦ bezeichnet werden: Hier versteht sich die Gemeinde alternativ zu den gesellschaftlich vorherrschenden Bindungen als "neue Familie" (S.o. S.232). Hingegen ist in Past der Unterschied zwischen Christinnen und Christen auf der einen Seite und Heidinnen und Heiden auf der anderen Seite eher ein gradueller, wie 1 Tim 4,10 zeigt. Diejenigen Stellen, die zwischen der christlichen Gemeinde und "denen draußen" unterscheiden, tun dies gerade nicht um der Abgrenzung willen, sondern mit der Intention, das Urteil der Draußenstehenden zum Beurteilungskriterium christlichen Verhaltens zu machen, wie oben (S. 215-218) gezeigt wurde.

[30] Wie *Lips* überzeugend dargelegt hat, ist οἰκονομία θεοῦ an dieser Stelle nicht als "Heilsplan Gottes" oder "göttliche Heilserziehung" zu verstehen, sondern als "Haushalterschaft bzw. Hausverwaltung im οἶκος θεοῦ" (Glaube, 145ff, Zitat: 147). Anders *Donelson*, Pseudepigraphy, 133ff; *Michel*, οἶκος, 155.

den verschiedenen Gefäßen in 2 Tim 2,21 impliziert, in dem der οἰκοδεσπότης für Gott steht.[31] Entsprechend ist der Gemeindeleiter οἰκονόμος θεοῦ (Tit 1,7), Hausverwalter, und kann in dieser Funktion auch als δοῦλος κυρίου (2 Tim 2,24) bezeichnet werden.[32] Hier ist ein gewisser Bruch in der Metaphorik festzustellen, insofern einerseits der Gemeindeleiter in seiner Funktion des Lehrens und Leitens analog zum Hausvater beschrieben wird, andererseits aber Gott selbst als Hausherr angesprochen wird, dessen angestellter Verwalter der Bischof dann ist.[33] Die unterschiedliche Metaphorik wird aber erklärbar, wenn zwischen zwei inhaltlich verschiedenen Bereichen differenziert wird: Unter dem Aspekt seines Verhältnisses zur Gemeinde erfüllt der leitende Amtsträger die Aufgaben des Hausherrn; unter dem Aspekt seines Verhältnisses zu Gott ist er in der Rolle des Verwalters.[34] Wichtig ist nun, daß zum zeitgenössischen Bild des οἰκονόμος stark die normative Betonung von Zuverlässigkeit in seiner Arbeit und Treue gegenüber dem Auftraggeber gehört.[35] In der Übertragung des Bildes auf die Kirche steht der Gemeindeleiter dann in einem besonderen Vertrauens- und Verantwortungsverhältnis gegenüber Gott und ist ihm in Bezug auf die Erfüllung seiner Aufgabe rechenschaftspflichtig.[36] Dies drückt sich in den Pastoralbriefen sprachlich in der Form der "indirekten Weisung" aus, wie sie insbesondere im 2. Teil des 1 Tim dominiert.[37]

Die auf das Amt und die ordentliche Verwaltung konzentrierte Anwendung der Haus-Metapher zeigt deutlich die grundsätzlich hierarchische Ausrichtung des Modells. Gleichzeitig wirkt das Modell restriktiv, insofern die Ausübung des kirchlichen Leitungsamtes auf Männer beschränkt wird. Dieser Charakter kommt dadurch zustande, daß mit dem οἶκος-Modell nicht einfach eine soziale Struktur auf die Gemeinde übertragen wurde, sondern auch deren ideologische Verarbeitung, wie sie in der Ökonomik-Literatur faßbar ist: Während faktisch in bestimmten Konstellationen durchaus Frauen als Hausvorsteherinnen agieren konnten, wird in der Konzeption der Ökonomik die Rolle des οἰκοδεσπότης eindeutig dem Mann zugeordnet. Diese konstitutive Rolle des Hausvaters in der paganen Philosophie des οἶκος[38] spiegelt sich bei der Übertragung des Haus-Modells auf die Gemeinde in der Rolle des männlichen Amtsträgers.

Fragt man, wie es zu dieser Hierarchisierung der Gemeindestrukturen sowie zu der damit einhergehenden Herausdrängung von Frauen aus leitenden Positionen innerhalb frühchristlicher Geschichte, so kann für die Pastoralbriefe weder der Hinweis auf de-

---

[31] Vgl. dazu *Lips*, Glaube, 147-150.

[32] Der sozialgeschichtliche Hintergrund dieser Terminologie liegt darin, daß - während in klassischer Zeit οἰκοδεσπότης und οἰκονόμος synonym waren - seit hellenistischer Zeit der οἰκονόμος ein Angestellter des Hausherrn bzw. ein öffentlicher Beamter war, in der Kaiserzeit meist ein Sklave oder Freigelassener. Vgl. *Lips*, Glaube, 148.

[33] Darauf verweist auch *Lips*, Glaube, 147.

[34] Die Hausherr-Verwalter-Metaphorik ist in urchristlichen Schriften belegt (vgl. Lk 12,42; 16,1ff).

[35] Vgl. 1 Kor 4,1f; Siehe auch *Lips*, Glaube, 148.

[36] Vgl. 1 Tim 3,6f.

[37] S.o. S. 11.122.

[38] S.o. S. 33.

fensive Anpassung an die Normen der Umwelt zum Schutz vor Verfolgung noch der Rekurs auf die Notwendigkeiten der Häresiebekämpfung zur Erklärung ausreichen. Zum einen stellt die Herausbildung der immer rigideren Unterscheidung von Orthodoxie und Häresie selbst eine begründungsbedürftige Entwicklung dar.[39] Und zum anderen geht die restriktive Haltung der Pastoralbriefe über eine defensive Apologetik, wie sie etwa im 1 Petr vorhanden ist, deutlich hinaus, wie im Exkurs zur Rücksichtnahme auf die Umwelt gezeigt werden konnte.[40] Das defensiv-apologetische Moment wird deutlich überlagert von einem offensiven Impuls, der von der veränderten inneren Sozialstruktur ausgeht: Die Hierarchisierung der Ämterstruktur entwickelt eine Eigendynamik, da die sozialen Träger der Hierarchie eigene Interessen ausbilden, die mit denen der Gesamtgemeinden nicht kongruent sein müssen. Wenn in den Ämterspiegeln der Pastoralbriefe die Befähigung zu gemeindlichen Funktionen, insbesondere des Episkopats, an die autoritäre Ausfüllung der Hausherrenrolle geknüpft wird, so wird damit ja eine Analogie nachvollzogen, die im gesellschaftlichen Kontext schon ausgebildet ist.[41] Damit wird also nicht nur die Gemeinde dem οἶκος analog gesetzt, sondern auch die Stellung der kirchlichen Amtsträger in Entsprechung zur Position weltlicher Führungsschichten bestimmt.[42] Das kirchliche Leitungsamt tritt langsam "in die Reihe bürgerlicher Berufe ein"[43], und wird entsprechend mit sozialem Prestige verknüpft: 1 Tim 3,1: Εἴ τις ἐπισκοπῆς ὀρέγεται καλοῦ ἔργου ἐπιθυμεῖ und 1 Tim 3,13: οἱ γὰρ καλῶς διακονήσαντες βαθμὸν ἑαυτοῖς καλὸν περιποιοῦνται zeugen von diesem (propagierten) Selbstbewußtsein der Amtsträger, wie auch *Verner* gesehen hat:

"The author appears to speak for his church in regarding office in the church as socially prestigious in the same way that citizens of Greek cities and members of associations regarded office holding. ... Thus, although the leaders of the church may not have been on the same social level as the members of their municipal aristocracy, they shared the same aristocratic social aspirations within a smaller sphere."[44]

Hier ist auch noch einmal auf das Ergebnis der literarischen Analyse des Pastoralbriefe zurückzugreifen: Wenn der Verfasser seine Schreiben an die Gattung der "brieflichen Herrscheranweisungen"[45] anlehnt, so wird damit ein stolzes Selbstbewußtsein der Führungsschicht und ihre Selbsteinschätzung als autoritatives Gegenüber zur Gemeinde symbolisiert. Während *Verner* allerdings dieses Selbstvertrauen tendenziell als Ausdruck einer tatsächlich bestehenden unangefochtenen Machtposition versteht, sollten die Pastoralbriefe eher als Versuch gesehen werden, eine solche Sicht der männlichen Führungsrolle überhaupt erst zu propagieren und in den Gemeinden gegen alternative Konzepte durchzusetzen.[46] Neben der Bekämpfung der Gegnerinnen und Gegner im Inneren muß für solche Prestige-Aspirationen aber natürlich auch in der umgebenden größeren Gesellschaft erst einmal Akzeptanz gewonnen werden. Da-

---

[39] S.o. S. 220.
[40] S.o. S. 215ff.
[41] Vgl. *Lips*, Glaube, 127.
[42] Vgl. *Thraede*, Hintergrund, 366.
[43] Vgl. *Thraede*, Ärger, 126.
[44] *Verner*, Household, 159; siehe auch 183.
[45] Siehe im Einführungskapitel dieser Arbeit S. 12, sowie *Wolter*, Pastoralbriefe, 161ff.
[46] Vgl. *Donelson*, Pseudepigraphy, 5.

für bietet sich mit Blick auf die hierarchische römische Gesellschaft und das konservative Ethos ihrer Führungsschichten aber nun eine Selbstdarstellung an, die die entschlossene Herrschaft christlicher Amtsträger über Frauen, Heranwachsende und Unfreie in den Mittelpunkt rückt. In diesem Sinne ein Anwalt unangefochtener patria potestas zu sein, ließ die männlichen Führungsschichten des sich als orthodox etablierenden Christentums Zustimmung und Achtung vonseiten der (männlichen) paganen Eliten erwarten. Dieses Bewußtsein der grundlegenden Übereinstimmung mit den Vorstellungen der herrschenden Gesellschaftsschicht schlägt sich in den Pastoralbriefen darin nieder, daß sie im Gegensatz etwa zu 1 Petr keine Grenze der Orientierung an der heidnischen Umwelt formulieren, sondern sogar das ewige Heil oder Unheil von Christinnen und Christen von dem Urteil der Außenstehenden abhängig machen können.[47]

Dieser ekklesiologische und ethische Ansatz der Pastoralbriefe hat im weiteren Verlauf der Kirchengeschichte eine große Wirkmächtigkeit entfaltet und Theologie wie Struktur der christlichen Kirche(n) in mannigfacher Weise geprägt. Da die pseudepigraphe Strategie des Verfassers der Pastoralbriefe aufgegangen ist und seine Schreiben als Teil des Corpus Paulinum kanonisiert wurden, bildeten sie in den Auseinandersetzungen um die Rolle von Frauen in der Kirche eine wesentliche Stütze restriktiver Grundhaltungen: Gegenüber Ansprüchen von Frauen auf gleichberechtigte Teilhabe konnte nun immer wieder auf das autoritative Wort des Apostels verwiesen werden. Insbesondere wurde mit Hilfe der in 1 Tim 2,13f entwickelten Schöpfungs- und Sündentheologie die grundsätzliche Inferiorität von Frauen begründet.[48] Darüberhinaus finden sich durch die Kirchengeschichte immer wieder Verbote kirchlicher Amtshandlungen von Frauen sowie restriktive Anordnungen für kirchliche Frauenämter.[49]

So ist es auch der kirchlichen Wirkungsgeschichte der Pastoralbriefe zuzurechnen, daß die Zurückdrängung von Frauen aus Leitungsfunktionen und ihre untergeordnete Stellung durch die Zeit der Alten Kirche und das Mittelalter bis in die Neuzeit zentrale Elemente kirchlicher Ordnungsvorstellungen geblieben sind und für Teile auch der evangelischen Christinnen und Christen noch heute identitätsstiftende Funktion haben.

Allerdings konnte sich die Haltung der Pastoralbriefe in einem Punkt nicht durchsetzen: Ihre Strategie, gegen die gesellschafts- und familienkritischen Implikationen eines asketisch orientierten Christentums eine pointierte Hochschätzung von Ehe und Familie zu setzen, hat sich historisch als nicht genügend durchschlagskräftig erwiesen: Da offensichtlich asketische Grundhaltungen in der Spätantike einem weitverbreiteten Lebensgefühl entsprachen und existenziellen Bedürfnissen von Frauen (und Männern) entgegenkamen, hat die Alte Kirche sich diesen Traditionen nicht verschlossen, sondern sie unter Abkappung ihrer revolutionär-emanzipatorischen Dimension in ihr Ordnungsgefüge integriert.[50]

---

[47] S.o. S. 217.

[48] Vgl. *Pagels*, Adam, pass.; *Schüngel-Straumann*, Frau, pass.

[49] Vgl. die Untersuchungen von *Bangerter*, Frauen; *Gryson*, Ministère; *Jensen*, Töchter; *Ludolphy*, Frau, 436ff. Speziell zur Abwertung des Witwenamtes vgl. *Osiek*, Widow, pass.

[50] Dieser Prozeß ist Thema der Monographie von *Brown*, The Body and Society.

Doch zeigt sowohl die exegetische Beschäftigung mit den Pastoralbriefen als auch der Blick in die Kirchengeschichte, daß der Konflikt um die Machtverteilung zwischen den Geschlechtern nie verstummt ist, weil immer wieder Frauen ihre Ansprüche auf gleichberechtigte Teilhabe geltend gemacht haben. Insofern sind die gegenüber Frauen polemischsten und restriktivsten Zeugnisse wie die Pastoralbriefe gleichzeitig auch immer Belege ihrer eigenen Grenzen: Sie beweisen, daß die Auseinandersetzung fortgeführt worden ist und das Schweigen der Frauen nicht endgültig durchgesetzt werden konnte.

Leider ist diese Auseinandersetzung im Bewußtsein der Kirche wie der wissenschaftlichen Theologie lange Zeit höchstens als Randphänomen wahrgenommen worden. Die in den letzten zwanzig Jahren angestoßene neue Diskussion um die Machthierarchie der Geschlechter verweist demgegenüber darauf, daß es sich hier um ein Zentralproblem von Kirche und Theologie handelt,[51] das den Verlauf ihrer Geschichte entscheidend mitbestimmt hat und bis heute den Charakter des Christentums prägt.

---

[51] Diese Erkenntnis bestimmte schon den ökumenischen Studienprozeß zur "Gemeinschaft von Frauen und Männern in der Kirche"; vgl. den Bericht von der 1981 abgehaltenen Konsultation in Sheffield (*Parvey*, Gemeinschaft, pass.) sowie die Aufnahme dieses Themas in der EKD durch die Synode von 1989.

Literaturverzeichnis

Abkürzungen folgen im allgemeinen S. Schwertner: Theologische Realenzyklopädie. Abkürzungsverzeichnis, Berlin/New York 1976; bei griechischen und lateinischen Autoren dem Abkürzungsverzeichnis in Bd. X,1 des Theologischen Wörterbuchs zum Neuen Testament, hg. v. G. Friedrich, Stuttgart 1978, 53-85. Die in den Anmerkungen verwandten Kurztitel sind im Literaturverzeichnis durch Kursivdruck hervorgehoben.

1. Quellen

1.1 Sammelwerke

Charlesworth, J.H., Ed.: The Old Testament Pseudepigrapha, 2 Bde, London 1983,1985.

Corpus inscriptionum Latinarum consilio et auctoritate Academiae Litterarum Regiae Borussicae editum, Berlin 1863ff.

Diels, Hermann, *Kranz,* Walther, Hg.: Die Fragmente der *Vorsokratiker.* Griechisch und deutsch, Zürich/Hildesheim [11]1964.

Dittenberger, W.: Orientis Graeci *I*nscriptiones *S*electae I-II, Hildesheim 1903-1905.

Dittenberger, W.: Sylloge *I*nscriptionum *G*raecarum I-IV, [3]1915ff, Nachdr. Hildesheim 1960 .

Fischer, Joseph A., Hg.: Die *Apostolischen Väter* (= SUC 1), Darmstadt 1981 .

Hunt, A.S., *Johnson,* J., u.a.: Catalogue of the Greek Papyri in the John Rylands Library, Vol. I-IV, 1911-1952.

Jacoby, Felix: Die *Fragmente* der griechischen Historiker, Leiden 1958ff.

Kraemer, Ross S, ed.: *Maenads,* Martyrs, Matrons, Monastics: A Sourcebook on Women's Religions in the Greco-Roman World, Philadelphia 1988.

Lefkowitz, M.R., *Fant,* M.B., eds.: *Women's Life* in Greece and Rome, Baltimore 1982.

Lipsius, R. Adelbert, *Bonnet,* Maximilian, ed.: Acta Apostolorum Apocrypha, Vol I; II 1/2, Hildesheim/New York 1972.

Malherbe, Abraham J., Ed.: The *Cynic Epistles.* A Study Edition (= SBL Sources for Biblical Study 12), Missoula 1977.

Migne, Jacques Paul: Patrologiae Cursus Completus, Series Graeca, 1857ff.

Nestle, Eberhard, *Aland,* Kurt, Ed.: Novum Testamentum Graece. Post Eberhard Nestle et Erwin Nestle communiter ediderunt Kurt Aland, Matthew Black, Carlo M. Martini, Bruce M. Metzger, Allen Wikgren, apparatum criticum recensuerunt et editionem novis curis elaboraverunt Kurt Aland et Barbara Aland una cum Instituto studiorum textus Novi Testamenti Monasteriensi (Westphalia), Stuttgart [26]1979.

Paulsen, Henning: Die Briefe des Ignatius von Antiochia und der Brief des Polykarp von Smyrna (= HNT 18), Tübingen [2]1985.

Rießler, Paul: Altjüdisches *Schrifttum* außerhalb der Bibel, übersetzt und erklärt, Augsburg 1928 (Nachdruck Heidelberg [5]1984).

Schneemelcher, Wilhelm, Hg.: Neutestamentliche *Apokryphen* in deutscher Übersetzung. II: Apostolisches, Apokalypsen und Verwandtes, Tübingen [5]1989.

Rahlfs, Alfred, ed.: Septuaginta. Id est Vetus Testamentum graece iuxta LXX interpretes, Stuttgart [8]1965.

Städele, Alfons: Die *Briefe* des Pythagoras und der Pythagoreer (= Beiträge zur klassischen Philologie 115), Meisenheim 1980.
Thesleff, Holger, Hg.: The *Pythagorean Texts* of the Hellenistic Period, Acta Academiae Aboensis, Ser. A: Humaniora, Vol. 30,1 (1965).
Tischendorf, Konstantin von: *Apocalypses* Apocryphae, Leipzig 1866 (Nachdruck Hildesheim 1966).
Wengst, Klaus, Hg.: Didache (Apostellehre), Barnabasbrief, Zweiter Clemensbrief, Schrift an Diognet (= SUC 2), Darmstadt 1984.

1.2 Griechische und römische Autoren

Aeschylus, with an English Translation by Herbert Weir Smyth (= LCL), London/Cambridge 1963.
Aristoteles:.
    Ethica Nicomachea. Recognovit brevique adnotatione instruxit I. Bywater (= SCBO), Oxford 1894, Reprint 1957.
    Historia Animalium (= Aristotelis Opera ex Recensione Immanuelis Bekkeri editio altera quam curavit Olof Gigon, Tom. I) Berlin 1960.
    Oeconomica and *Magna Moralia*, with an English Translation by G. Cyrie Armstrong (= LCL), London/Cambridge 1935 (reprint 1962).
    Oikonomikos, hg. v. A. Wartelle, B.A. van Groningen, Paris 1968.
    Politica. Recognovit brevique adnotatione instruxit W.D. Ross (= SCBO), Oxford 1957, Reprint 1964.
    Politics, with an English Translation by H. Rackham (= LCL), Cambridge/London 1932 (reprint 1965).
Athenaeus: The Deipnosophists, in Seven Volumes, with an English Translation by Charles Burton Gulick (= LCL), London/Cambridge 1961.
Carmina Anacreontea, ed. Martin Litchfield West, Leipzig 1984.
Cicero Marcus Tullius: De officiis. With an English translation by Walter Miller (= LCL), London/Cambridge 1975.
Columella, Lucius Iunius Moderarus: Zwölf Bücher über Landwirtschaft, hg. und übersetzt von Will Richter, 3 Bde, 1981-1983.
Dio Chrysostom, with an English Translation by H. Lamar Crosby in five volumes (= LCL), London/Cambridge 1939ff.
Diodorus of Sicily, in Twelve Volumes with an English Translation by Francis R. Walton (= LCL), London/Cambridge 1967.
Diogenes Laertius: Lives of Eminent Philosophers, with an English Translation by R.D. Hicks in two volumes (= LCL), London/Cambridge 1965f.
Dionysius of Halicarnassus: Roman Antiquities, with an English Translation by Earnest Cary in seven volumes (= LCL), London/Cambridge 1961.
Epictetus, The Discourses as Reported by Arrian, The Manual and Fragments, in Two Volumes, with an English Translation by W.A. Oldfather (= LCL), London/Cambridge 1966f.
Galenus.
    Claudii Galeni opera omnia. Vol. I-XII, editionem curavit D.G. Kuhn, Leipzig 1821-1833.
Herodes: Mimes and Fragments, in: The Characters of Theophrastus, newly edited and translated by J.M.Edmonds (= LCL), London/Cambridge 1961, 73-185.
Herodot.
    Historiae. Recognovit, brevique adnotatatione critica instruxit C. Hude, Oxford 1954-55.
    Herodotus. With an English translation by A.D. Godley in four volumes, London repr. 1961-1966
Iamblichos: Pythagoras, hg. und übersetzt von M. Albrecht, Zürich 1963
Lucian. With an English translation by A.M. Harmon, K. Kilburn, M.D. MacLeod in eight volumes, London 1957-1967
Musonius Rufus, ed. by Cora Lutz (= Yale Classical Studies 10), New Haven 1947
Plato:
    Platonis Opera, Recognovit brevique adnotatione critica instruxit Ioannes Burnett (= SCBO), Tom. I-V, Oxford 1900-1907, Reprint 1956ff

Laws, with an English Translation by R.G. Bury in two volumes (= LCL), London/Cambridge 1961

Republic, with an English Translation by Paul Shorey in two volumes (= LCL), London/Cambridge 1963

Theaetetus/Sophist, with an English Translation by Harold North Fowler (= LCL) London/Cambridge 1961

Plutarch, with an English Translation by F.C. Babbitt (= LCL), London/Cambridge 1962

Polybios

The Histories, with an English Translation by W.R. Paton (= LCL), Vol. I-VI London/Cambridge 1922-1927 repr. 1960-1967

Geschichte. Gesamtausgabe in zwei Bänden, eingeleitet und übertragen v. Hans Drexler, Zürich/München ²1979

Seneca: Ad Lucilium Epistulae Morales, with an English Translation by R.M. Gummere in three volumes (= LCL), London/Cambridge 1962

Ioannis Stobaei Anthologium, hg. v. Kurt Wachsmuth, Otto Hense, 4 Bde, Berlin 1884-1912 (Nachdruck 1958)

Strabo: The Geography, in Eight Volumes, with an English Translation by Horace Leonard Jones (= LCL), London/Cambridge 1959

Thukydides, with an English Translation by Charles Forster Smith (= LCL), London/Cambridge 1962-1966

Xenophon:

Xenophontis Opera Omnia. Recognovit brevique adnotatione critica instruxit E.C. Marchant, vol. I-V, Oxford 1960ff

Economique, ed. Paul Chantraine, Paris 1949

Erinnerungen an Sokrates. Griechisch - deutsch, hg. v. Peter Jaerisch, Darmstadt 1987

Oikonomikos, Übersetzung und Kommentar von Klaus Meyer (=Res Bd. 1), Marburg 1975

1.3 Jüdische Autoren und Schriften

Babylonischer Talmud

Der Babylonische Talmud. Neu übertragen durch Lazarus Goldschmidt, 12 Bde., Berlin 1929ff

The Babylonian Talmud. Translated into English with Notes, Glossary and Indices under the editorship of Rabbi Dr. Isidore Epsein, 34 vol., London 1936ff

Joseph und Aseneth

Introduction, Texte critique, traduction et notes, ed. Marc Philonenko (= SPB 13), Leiden 1968

Hg. v. Christoph Burchard (= JSHRZ, II,4), Gütersloh 1983

Ein vorläufiger griechischer Text von Joseph und Aseneth, erstellt von Christoph Burchard, DBAT 14, Oktober 1979, 2-53

Josephus. With an English Translation by H.St.J. Thackeray (Vol. 1-5), Ralph Marcus (Vol. 6-8), L.H. Feldman (Vol.9-10) (= LCL), London/Cambridge 1926-1965

Judit, hg. v. Erich Zenger (= JSHRZ, I,6), Gütersloh 1981

Midrash Mishle, ed. S. Buber, Wilna 1893 (Jerusalem 1965).

Midrash Rabba, ed. M.A. Mirkin, 11 Bde, Tel Aviv 1956-1964

Philo

Philonis Alexandrini Opera quae supersunt omnia, ed. L. Cohn, P. Wendland, Bd. I-VII, Berlin 1896-1930 (Nachdruck 1962/63)

Philo von Alexandria. Die *Werke* in deutscher Übersetzung, ed. Leopold Cohn, Isaak Heinemann, Maximilian Adler u. Willi Theiler, Bd. I-VII, Berlin 1909-1967

Philo with an English Translation by F.H. Colson and G.H. Whitaker, Vol 1-10, (= LCL), London/Cambridge 1929-1962

Philonis Alexandrini *Legatio ad Gaium*, ed. with an Introduction, Translation and Commentary by E. Mary Smallwood, Leiden 1961

Testamente der zwölf Patriarchen

The Testaments of the Twelve Patriarchs. A Critical Edition of the Greek Text, ed. M. de Jonge (= PVTG I,2), Leiden 1978

Testamente der zwölf Patriarchen, hg. v. Jürgen Becker (= JSHRZ III,1), Gütersloh [2]1980

Vita Adae et Evae
La Vie grecque d'Adam et Eve. Introduction, texte, traduction et commentaire, ed. D.A. Bertrand, Paris 1987

Zusätze zu Esther, hg. v. Hans Bardtke (= JSHRZ I,1), Gütersloh 1973

1.4 Christliche Autoren und Schriften

Athanasius: De virginitate, hg. von Eduard von der Goltz, (= TU 29,2a, N.F. 14,2a), Leipzig 1905

Athenagoras: 'Legatio' and 'De Resurrectione', edited and translated by William R. Schoedel, Oxford 1972

Canones Hippolyti, hg. v. Hans Achelis (= Die ältesten Quellen des orientalischen Kirchenrechtes. Erstes Buch, TU 6), Leipzig 1891

Clemens Alexandrinus
    Ausgewählte Schriften aus dem Griechischen übersetzt von Otto Stählin (= BKV II.Reihe Bd. VIII), München 1934
    Stromata. Buch I-VI. hg. v. Ludwig Früchtel, mit Nachträgen von Ursula Treu (= GCS), Berlin 1985

Constitutions Apostoliques. Introduction, texte critique, traduction et notes par Marcel Metzger (= SC 329), Paris 1986

Didascalia Apostolorum (= CSCO 402, Scriptores Syri 176), Louvain 1979

Hirt des Hermas, ed. Molly Whittaker (= GCS 48, Apostolische Väter 2), Berlin [2]1967

Ignace d'Antioche: Lettres; Polycarp de Smyrne: Martyre de Polycarpe. Texte grec, introduction, traduction et notes de P. Th. Camelot (= SC 10), Paris 1958

Origenes
    Origène, Contre Celse. Introduction, texte critique, traduction et notes par Marcel Borret (= SC 132.136.147.150.227), Paris 1967-1976

ΠΡΑΞΕΙΣ ΠΑΥΛΟΥ. Acta Pauli. Nach dem Papyrus der Hamburger Staats- und Universitätsbibliothek, hg. von Carl Schmidt, Glückstadt/Hamburg 1936

Syrische Didaskalia, hg. v. Hans Achelis, Johannes Flemming (= Die ältesten Quellen des orientalischen Kirchenrechts. Zweites Buch, TU 25,2), Leipzig 1904

Tertullian
    Tertulliani Quinti Septimi Florentis Opera. Ex recensione Augusti Reifferscheid et Georgi Wissowa ed. Henricus Hoppe, et al (CSEL 20.47.69.70.76) Prag 1890-1957
    Ad uxorem. Introduction, texte critique, traduction et notes de Charles Munier (= SC 273), Paris 1980
    De exhortatione castitatis. Ermahnung zur Keuschheit, hg. und übersetzt von Hans-Veit Friedrich (= Beiträge zur Altertumskunde 2), Stuttgart 1990
    De monogamia. Le mariage unique. Introduction, texte critique, traduction et commentaire de Paul Mattai (= SC 343), Paris 1988

2. Hilfsmittel

Aland, Kurt, Hg.: Vollständige Konkordanz zum griechischen Neuen Testament, Berlin/New York I,1/2 1983; II 1978

Bauer, Walter: Griechisch-deutsches Wörterbuch zu den Schriften des Neuen Testaments und der frühchristlichen Literatur, bearb. und hg. von K. und B. *Aland*, Berlin/New York [6]1988

Blass, Friedrich, *Debrunner*, Albert: Grammatik des neutestamentlichen Griechisch, 16. Aufl., bearbeitet von Friedrich *Rehkopf*, Göttingen 1984

Hatch, Edwin, *Redpath*: A Concordance to the Septuagint, 3 Volumes, Oxford 1897-1906

Kühner, Raphael, *Gerth,* Bernhard: Grammatik der griechischen Sprache, 2 Bde., Hannover 1892, 1896, Nachdruck Darmstadt 1966

Lampe, G.W.H.: A Patristic Greek Lexicon, Oxford 1961, Reprint 1978

Liddell, Henry George, *Scott*, Robert, *Jones,* Henry Stuart, Hg.: A Greek-English Lexicon, Oxford
⁹1968, reprint 1977

Stephanus, Heinrich: Thesaurus Graecae Linguae, 9 Bde., 1829, Nachdruck Graz 1954

Strack, Hermann L., *Billerbeck*, Paul: Kommentar zum Neuen Testament aus Talmud und Midrasch,
Bd. 1-5, München ²1954-1961

3. Sekundärliteratur

Achtemeier, Paul J., Ed.: *Society of Biblical Literature Seminar Papers 1977, 1978, 1979*, Missoula
1977ff

Aland, Barbara: Was ist Gnosis? Wie wurde sie überwunden? Versuch einer *Kurzdefinition*, in: Taubes:
Gnosis, 54-65.

Aland, Kurt: Falsche *Verfasserangaben*? Zur Pseudonymität im frühchristlichen Schrifttum, ThRv 75
(1979) 3ff.

Aland, Kurt: The Problem of *Anonymity* and Pseudonymity in Christian Literature of the First Two
Centuries, JTHS 12 (1961) 39-49

Albertz, Rainer: Art. *Gebet. II.* Altes Testament, TRE 12, 34-42.

Andresen, Carl, *Klein*, Günter, Hg.: *Theologica crucis* - signum crucis (FS Erich Dinkler), Tübingen
1979

Arbeitsgemeinschaft für Forschung des Landes Nordrhein-Westfalen: Geisteswissenschaften, H.12,
Köln/Opladen 1954

Archer, Léonie J.: The Role of *Jewish Women* in the Religion, Ritual and Cult of Graeco-Roman Palestine, in: Cameron/Kuhrt: Images of Women, 273-287.

Ariès, Philippe, *Béjin*, Andre, Hg.: Die *Masken* des Begehrens und die Metamorphosen der Sinnlichkeit. Zur Geschichte der Sexualität im Abendland, Frankfurt 1984, ²1992

Assmann, Aleida, Hg.: *Weisheit*. Archäologie der literarischen Kommunikation III, München 1991

Aune, David L., ed.: *Greco-Roman Literature* and the New Testament (= SBL Sources for Biblical
Study 21), Atlanta, Georgia 1988

Aune, David L., ed.: *Studies* in New Testament and early Christian Literature. Essays in Honor of Allen P. Wikgren, Leiden 1972.

Balch, David L.: "Let *Wives* Be Submissive ..." The Origin, Form and Apologetic Function of the
Household Duty Code (Haustafel) in 1 Peter, Ph.D. Yale University *1974*

Balch, David L.: *Household Codes*, in: Aune: Greco-Roman Literature, 25-50.

Balch, David L.: Household *Ethical Codes* in Peripatetic, Neopythagorean and Early Christian Moralists, in: Achtemeier: SBL Seminar Papers 1977, 397-404.

Balch, David L.: Let *Wives* Be Submissive: The Domestic Code in 1 Peter (= SBL Monograph Series
26) Chico *1981*

Bangerter, Otto: *Frauen* im Aufbruch. Die Geschichte einer Frauenbewegung in den alten Kirchen,
Neukirchen-Vluyn 1971

Bangerter, Otto: Les *Veuves* des Epitres Pastorales modèle d'un ministère feminin dans l'Eglise ancienne, FV 83 (1984) 27-45.

Barrett, Charles K.: Pauline *Controversies* in the Post-Pauline Period, NTS 20 (1974) 229-245.

Barton, S.C., *Horsley*, G.H.R.: A *Hellenistic Cult Group* and the New Testament Churches, JAC 24
(1981) 7-41.

Bartsch, Hans-Werner: Die Anfänge urchristlicher *Rechtsbildungen*. Studien zu den Pastoralbriefen (=
ThF XXXIV), Hamburg-Bergstedt 1965

Bassler, Jouette M.: The *Widows'* Tale: A Fresh Look at 1 Tim 5:3-16, JBL 103 (1984) 23-41.

Bauer, Walter: *Rechtgläubigkeit* und Ketzerei im ältesten Christentum (= BHT 10), Tübingen ²1964

Baumeister, Theofried: Art. *Gebet. V.* Alte Kirche, TRE 12, 1984, 60-65.

Becker, Jürgen, Hg.: Die *Anfänge* des Christentums. Alte Welt und neue Hoffnung, Stuttgart u.a. 1987

Becker, Jürgen: Das Evangelium nach *Johannes* (= ÖKK 4/1.2), Gütersloh/Würzburg ²1984

Berger, Klaus: Art. *Gebet. IV.* Neues Testament, TRE 12, 1984, 47-60.

Berger, Klaus: Art. *Gnosis*/Gnostizismus. I. Vor- und außerchristlich, TRE 13, 519-535.

Berger, Klaus: Die impliziten *Gegner*. Zur Methode des Erschließens von 'Gegnern' in neutestamentlichen Texten, in: Lührmann/Strecker: Kirche,373-400.

Berger, Klaus: *Formgeschichte* des Neuen Testaments, Heidelberg 1984

Berger, Klaus: Hellenistische *Gattungen* im Neuen Testament, in: ANRW II 25,2, 1031-1432.1831-1885.

Berger, Klaus: Jüdisch-hellenistische *Missionsliteratur* und apokryphe Apostelakten, Kairos 17 (1975) 232-248.

Bertram, Georg: Art. θεοσεβής/θεοσέβεια, ThWNT 3, 124-128.

Bieritz, Karl-Heinrich, *Kähler*, Christoph: Art. *Haus*. III. Altes Testament, Neues Testament, Kirchengeschichtlich, Praktisch-theologisch, TRE 14, 478-492.

Birney, L.: The Role of *Women* in the New Testament Church, Christian Brethren Review 33 (1982) 15-32.

Blank, Josef: *Frauen* in den Jesusüberlieferungen, in: Dautzenberg/Merklein/Müller: Frau im Urchristentum, 9-91.

Böcher, Otto, *Haacker*, Klaus, Hg.: *Verborum Veritas* (FS Gustav Stählin), Wuppertal 1970

Bömer, Franz: *Untersuchungen* über die Religion der Sklaven in Griechenland und Rom. Dritter Teil: Die wichtigsten Kulte der griechischen Welt (= Forschungen zur antiken Sklaverei, hg. v. Heinz Bellen, Bd. XIV), Stuttgart ²1990

Boll, Franz: Die *Lebensalter*. Ein Beitrag zur antiken Ethologie und zur Geschichte der Zahlen. Mit einem Anhang 'Zur Schrift Περὶ ἑβδομάδων', Neues Jahrbuch für das klassische Altertum 31 (1913) 89-145.

Borse, Ulrich: 1. und 2. *Tim*otheusbrief, Titusbrief (= SKK 13), Stuttgart 1985

Boswell, John Eastburn: *Expositio* and Oblatio: The Abandonment of Children and the Ancient and Medieval Family, AHR 89 (1984) 10-33.

Boucher, Madeleine: Some Unexplored *Parallels* to 1 Cor 11:11-12 and Gal 3:28: The NT on the Role of Women, CBQ 31 (1969) 50-58.

Bovon, Francois: Das Evangelium nach *Lukas*: Lk 1,1-9,50 (= EKK 3,1), Zürich/Neunkirchen-Vluyn 1989

Bradley, Keith R.: *Wet-Nursing* at Rome: a Study in Social Relations, in: Rawson: Family, 201-229.

Bremen, Riet van: *Women* and Wealth, in: Cameron/Kuhrt: Images of Women, 223-242.

Broek, Lyle van der: *Women* and the Church: Approaching Difficult Passages, RefR 38 (1985) 225-231.

Brooten, Bernadette J.: Frühchristliche Frauen und ihr kultureller Kontext. Überlegungen zur Methode historischer Rekonstruktion, Einwürfe 2 (1985) 62-93.

Brooten, Bernadette J.: *Methodenfragen* zur Rekonstruktion der frühchristlichen Frauengeschichte, BiKi 39 (1984) 157-164.

Brooten, Bernadette: *Inscriptional Evidence* for Women as Leaders in the Ancient Synagogue, in: Richards: SBL Seminar Papers 1981, 1-17.

Brooten, Bernadette: *Jewish Women*'s History in the Roman Period: A Task for Christian Theology, in: Nickelsburg/MacRae: Christians, 22-30.

Brooten, Bernadette: *Junia* ... hervorragend unter den Aposteln (Röm 16,7), in: Moltmann-Wendel: Frauenbefreiung, 148-151.

Brooten, Bernadette: *Women Leaders* in the Ancient Synagogue (= Brown Judaic Studies 36), Chico 1982

Brown, Peter: The *Body* and Society. Men, Women and Sexual Renunciation in Early Christianity (= LHR, N.S. 13), New York 1988

Brown, R.E.: *Episkope* and Episkopes. The NT Evidence, TS 41 (1980) 322-338.

Brox, Norbert, Hg.: *Pseudepigraphie* in der heidnischen und jüdisch-christlichen Antike (= WDF 484), Darmstadt 1977

Brox, Norbert: Der erste *Petrusbrief* (= EKK 21), Zürich u.a./Neukirchen-Vluyn 1979

Brox, Norbert: Der Hirt des *Hermas* (= KAV 7), Göttingen 1991

Brox, Norbert: Die *Pasto*ralbriefe (= Regensburger Neues Testament 7/2), Regensburg ⁵1989

Brox, Norbert: Falsche *Verfasserangaben*. Zur Erklärung der frühchristlichen Pseudepigraphie (= SBS 79), Stuttgart 1975

Bruce, F.F.: *Women* in the Church: A Biblical Survey, Christian Brethren Review 33 (1982) 7-14.

Bruckmüller, Ernst: *Hausherrschaft* und politische Berechtigung, Beiträge z. hist. Sozialkunde 4 (1974) 69-74.

Bultmann, Rudolf: Art. ἔλπις, ἐλπ5ζω, ThWNT 2, 515-531.

Bultmann, Rudolf: Art. Αἰδώς, ThWNT 1, 168-171.

Bultmann, Rudolf: *Geschichte* der synoptischen Tradition (= FRLANT 29), Göttingen ⁹1979

Burchard, Christoph: Art. *Joseph und Aseneth*, TRE 17, 246-249.

Burchard, Christoph: Der dreizehnte *Zeuge*. Traditions- und kompositionsgeschichtliche Untersuchungen zu Lukas' Darstellung der Frühzeit des Paulus (= FRLANT 103), Göttingen 1970

Burchard, Christoph: The *Importance* of Joseph and Aseneth for the Study of the New Testament: A General Survey and a Fresh Look at the Lord's Supper, NTS 33 (1987) 102-134.

Burchard, Christoph: *Untersuchungen* zu Joseph und Aseneth. Überlieferung - Ortsbestimmung (= WUNT 8), Tübingen 1965

Burdick, Donald W.: *James* (= Expositor's Bible Commentary, Vol. 12), Grand Rapids 1981

Cairns, Douglas L.: *Aidos*. The Psychology and Ethics of Honour and Shame in Ancient Greek Literature, Oxford 1993

Calder, William M. III, *Cancik*, Hubert, *Clytzler*, Bernhard, Hg.: Otto Jahn (1813-1869). Ein Geisteswissenschaftler zwischen Klassizismus und Historismus, Stuttgart 1989

Cameron, Averil, *Kuhrt*, Amelie, Eds.: *Images of Women* in Late Antiquity, Detroit 1983

Cameron, Averil: Neither *Male* nor Female, GaR 27 (1980) 60-68.

Campenhausen, Hans von: Aus der *Frühzeit* des Christentums, Tübingen 1963

Campenhausen, Hans von: Kirchliches *Amt* und geistliche Vollmacht in den ersten drei Jahrhunderten (= BHT 14), Tübingen ²1963

Campenhausen, Hans von: *Polykarp* von Smyrna und die Pastoralbriefe, in: Campenhausen: Frühzeit, 197-252.

Cantinat, Jean, C.M.: Les Epitres de Saint *Jacques* et de Saint Jude (= SBi 15), Paris 1973

Castelli, Elizabeth: *Virginity* and Its Meaning For Women's Sexuality in Early Christianity, JFSR 2 (1986) 61-88.

Cavarero, Adriana: *Ansätze* zu einer Theorie der Geschlechterdifferenz, in: Diotima, Mensch, 65-102

Chadwick, H.: Art. *Enkrateia*, RAC 5, 343-365.

Chadwick, H.: Art. *Florilegium*, RAC 7, 1131-1160.

Clark, Elizabeth A.: *Ascetic Renunciation* and Feminine Advancement: A Paradox of Late Ancient Christianity, AThR 63 (1981) 240-257.

Colpe, Carsten: Art. *Gnosis* I (Erkenntnislehre), Gnosis II (Gnostizismus), RAC 11, 446-537. 537-659.

Conzelmann, Hans: Der erste Brief an die *Korinther* (= KEK 5), Göttingen ¹²1981

Conzelmann, Hans: Die *Schule des Paulus*, in: Andresen/Klein: Theologia Crucis, 85-96.

Countryman, L. William: *Patrons* and Officers in Club and Church, in: Achtemeier, SBL Seminar Papers 1977, 135-144.

Countryman, L. William: The *Rich Christian* in the Church of the Early Empire. Contradictions and Accomodations, New York/ Toronto 1980

Coyle, J. Kevin: *Empire* and Eschaton. The Early Church and the Question of Domestic Relationships, EeT 12 (1981) 35-94.

Coyle, J.Kevin: The Exercise of *Teaching* in the Postapostolic Church, EeT 15 (1984) 23-43.

Cross, F.L.: *Studia Evangelica V, Part II*: The New Testament Message, Berlin 1968

Crouch, J.E.: The *Origin* and Intention of the Colossian Haustafel (= FRLANT 109), Göttingen 1973

Crüsemann, Frank, *Thyen*, Hartwig: *Als Mann und Frau geschaffen*. Exegetische Studien zur Rolle der Frau (= Kennzeichen 2), Gelnhausen u.a., 1978

Crüsemann, Marlene, *Schottroff*, Willy, Hg.: *Schuld* und Schulden. Biblische Traditionen in gegenwärtigen Konflikten, München 1992

D'Angelo, Mary Rose: *Women Partners* in the New Testament, JFSR 6 (1990) 65-86.

D'Angelo, Mary-Rose: *Women* in Luke-Acts: A Redactional View, JBL 109 (1990) 441-461.

Danker, Frederick W.: *Benefactor*: Epigraphic Study of a Graeco-Roman and New Testament Semantic Field, St. Louis 1982

Dassmann, Ernst, *Frank*, K. Suso, Hg.: *Pietas* (FS Bernhard Kötting) (= JAC Erg. 8) Münster 1980

Dassmann, Ernst, *Schöllgen*, Georg: Art. *Haus* II. Hausgemeinschaft, RAC 13, 801-905.

Dassmann, Ernst: Der *Stachel* im Fleisch. Paulus in der frühchristlichen Literatur bis Irenaeus, Münster 1979

Dassmann, Ernst: *Hausgemeinde* und Bischofsamt, in: Vivarium, 82-97.

Dassmann, Ernst: Zur *Entstehung* des Monepiskopats, JAC 17 (1974) 74-90.

Dautzenberg, Gerhard, *Merklein*, Helmut, *Müller*, Karlheinz, Hg.: Die *Frau im Urchristentum* (= QD 95), Freiburg/Basel/Wien 1983

Dautzenberg, Gerhard: Urchristliche *Prophetie*. Ihre Erforschung, ihre Voraussetzungen im Judentum und ihre Struktur im 1. Korintherbrief (= BWANT 6.F. 4), Stuttgart 1975

Davies, S.L.: The *Revolt* of the Widows. The Social World of the Apocryphal Acts, Carbondale/London/Amsterdam 1980

Deissmann, Adolf: *Licht* vom Osten. Das Neue Testament und die neuentdeckten Texte der hellenistisch-römischen Welt, Tübingen [4]1923

Delling, Gerhard, Hg.: *Gott* und die Götter (FS Erich Fascher), Berlin 1958

Delling, Gerhard: Art. *Ehebruch*, Ehegesetze, Ehehindernisse, Eheleben, Ehescheidung, Eheschließung, RAC 4, 666-731.

Delling, Gerhard: Art. τάσσω, κτλ., ThWNT 8, 27-49.

Delling, Gerhard: *Einwirkungen* der Sprache der Septuaginta in "Joseph und Aseneth", JSJ 9 (1978) 29-56.

Delling, Gerhard: *Paulus'* Stellung zu Frau und Ehe (= BWANT 4,5), Stuttgart 1931

Delobel, J.: Encore la *pécheresse*. Quelques réflexions critiques, EThL 45 (1969) 180-183.

Delobel, J.: *L'onction* par la pécheresse. La composition littéraire de Lc 7,36-50, EThL 42 (1966) 415-475.

Dexinger, Ferdinand: Art. *Frau*. III. Judentum, TRE 11, 424-431.

Dibelius, Martin, *Conzelmann*, Hans: Die *Past*oralbriefe (= HNT 13), Tübingen [4]1966

Dibelius, Martin, *Greeven*, Heinrich: Der Brief des *Jakobus* (= KEK 15), [11]1964

Dibelius, Martin: An die *Kolo*sser, Epheser, an Philemon, neubearbeitet von Heinrich Greeven (= HNT 12), Tübingen [3]1953

Dibelius, Martin: Der Hirt des *Hermas* (= HNT Erg. 4), Tübingen 1923

Dickey, Samuel: Die *Bedeutung* wirtschaftlicher und sozialer Faktoren für die Ausbreitung des Christentums in Kleinasien, in: Meeks: Soziologie des Urchristentums, 49-66.

Diller, H.: Art. *Medizin*, Heilkunst, Medizinphilosophie, HistWBPhil 5, 1980, 968-976.

Di Marco, Angelico: Der *Chiasmus* in der Bibel, Linguistica Biblica 36/ November 1975, 21-97; 37/Mai 1976, 49-68; 39/ November 1976, 37-85; 44/Januar 1979, 3-70.

Diotima (Philosophinnengruppe aus Verona): Der *Mensch* ist zwei. Das Denken der Geschlechterdifferenz (= Reihe Frauenforschung Bd. 11) Wien 1989

Donelson, L.R.: *Pseudepigraphy* and Ethical Argument in the Pastoral Epistles (= HUTh 22), Tübingen 1986

Donner, H., Hg.: *Beiträge* zur alttestamentlichen Theologie. FS W. Zimmerli, Göttingen 1977

Dornier, Pierre, P.S.S.: Les Epìtres *Past*orales (= SBi 13), Paris 1969

Doty, Susan Elizabeth Hogan: From *Ivory Tower* to City of Refuge in Joseph and Aseneth and Related Narratives, PhD University of Denver Iliff School of Theology 1989 (Mikrokopie)

Doughty, D.J.: *Women* and Liberation in the Churches of Paul and the Pauline Tradition, Drew Gateway 50 (1979) 1-21.

Dschulnigg, Peter: *Warnung* vor Reichtum und Ermahnung der Reichen. 1 Tim 6,6-10.17-19 im Rahmen des Schlußteils 6,3-21, BZ N.F. 37 (1993) 60-77

Dunn, James D. G.: The *Washing* of the Disciples' Feet in John 13,1-20, ZNW 61 (1970) 247-252.

Earle, Ralph: 1, 2 *Tim*othy (= Expositor's Bible Commentary Vol. 11), Grand Rapids 1978

Easton, B.S.: The *Past*oral Epistles, New York 1947

Ebach, Jürgen: Art. *Frau*. II. Altes Testament, TRE 11, 422-424.

Elliger, Winfried: *Ephesos* - Geschichte einer antiken Weltstadt, Stuttgart 1985

Elliott, J.H. A *Home* for the Homeless. A Sociological Exegesis of 1 Peter, Its Situation and Strategy, Philadelphia 1981

Engel, G.: Let the *Women* Learn in Silence, ET 16 (1904/05) 189-190.

Ernst, J.: Die *Witwenregel* des ersten Timotheusbriefes, ein Hinweis auf die biblischen Ursprünge des weiblichen Ordenswesens?, ThGl 59 (1969) 434-445.

Ernst, Wilhelm, *Feiereis*, Konrad, *Hoffmann*, Fritz, Hg.: *Dienst der Vermittlung*. Festschrift zum 25jähr. Bestehen des philosophisch-theologischen Studiums im Priesterseminar Erfurt (= EThSt 37), Leipzig 1977

Eyben, Emiel: Die *Einteilung* des menschlichen Lebens im römischen Altertum, RhM 116 (1973) 150-190.

Fander, Monika: Die Stellung der *Frau* im Markusevangelium. Unter besonderer Berücksichtigung kultur- und religionsgeschichtlicher Hintergründe (= MThA 8), Altenberge 1989.

Falconer, E.: 1 Timothy 2:14,15: Interpretative *Notes*, JBL 60 (1941) 375-379.

Farmer, W.R., *Moule*, C.F.D., *Niebuhr*, R.R., Eds.: *Christian History* and Interpretation. Studies Presented to John Knox, Cambridge 1967.

Fekkes, Jan III.: "His *Bride* Has Prepared Herself": Revelation 19-21 and Isaian Nuptial Imagery, JBL 109 (1990) 269-287.

Feld, Helmut, *Nolte* Josef, Hg.: *Wort Gottes* in der Zeit (FS Karl Hermann Schelkle), Düsseldorf 1973

Feldman, Louis H.: *Jew* and Gentile in the Ancient World. Attitudes and Interactions from Alexander to Justinian, Princetown 1993

Fiedler, Peter: Art. *Haustafel*, RAC 13, 1063-1073.

Filson, Floyd V.: The *Significance* of the Early House Churches, JBL 58 (1939) 105-112.

Finley, Moses I.: Die antike *Wirtschaft*, München 1977

Fiore, Benjamin: The *Function* of Personal Example in the Socratic and Pastoral Epistles (= AnBib 105), Rom 1986

Fitzer, Gottfried: Das *Weib* schweige in der Gemeinde (= TEH N.F. 110), München 1963

Förster, Werner, Hg.: *Verbum Dei* Manet in Aeternum (FS Otto Schmitz), Wittenberg 1953

Förster, Werner: Art. εὐσεβής, εὐσέβεια, εὐσεβέω, ThWNT 7, 175-184.

Ford, J.M.: A Note on *Proto-Montanism* in the Pastoral Epistles, NTS 17 (1970/71) 338-346.

Frankemölle, Hubert: *1. Petrusbrief, 2.* Petrusbrief, Judasbrief (= Neue Echter Bibel 18/20), Würzburg 1987

Frey, Jean-Baptiste: La *signification* des termes μοναν8ρός et univira. Coup d'oeuil sur la famille romaine aux premiers siècles de notre ère, RSR 20 (1930) 48-60.

Frohnhofen, H.: *Weibliche Diakone* in der frühen Kirche, StZ 204 (1986) 269-278.

Funk, R.W.: The Apostolic *Parousia*. Form and Significance, in: Farmer/Moule/Niebuhr: Christian History, 249-268.

Gärtner, Michael: Die *Familienerziehung* in der Alten Kirche (= Kölner Veröffentlichungen zur Religionsgeschichte 7), Köln/Wien 1985.

Gager, John G.: *Kingdom* and Community. The Social World of Early Christianity, Eaglewood Cliffs 1975

Gardner, Jane: *Women* in Roman Law and Society, Bloomington 1986

Gaudemet, J.: Art. *Familie I* (Familienrecht), RAC 7, 286-358.

Gerstenberger, Erhard S., *Schrage*, Wolfgang: *Frau* und Mann, Stuttgart, Berlin, Köln, Mainz 1980

Gibson, M.D.: Let the *Women* Learn in Silence, ET 15 (1903/04) 374-380.

Gielen, Marlis: Tradition und Theologie neutestamentlicher *Haustafelethik*. Ein Beitrag zur Frage einer christlichen Auseinandersetzung mit gesellschaftlichen Normen (= BBB 75), Frankfurt 1990

Gielen, Marlis: Zur Interpretation der paulinischen *Formel* ἡ κάτ' οἶκον ἐκκλησία, ZNW 77 (1986) 109-125.

Glasscock, E.: The *Husband* of One Wife' Requirement in 1 Tim 3:2, BS 140 (1983) 244-258.

Gnilka, Joachim: Das Evangelium nach *Markus*, Teilbd. 1-2 (= EKK 2/1-2), Zürich/Einsiedeln/Köln 1978-1979

Golden, Mark: *Demography* and the Exposure of Girls at Athens, Phoenix 35 (1981) 316-331.

Goppelt, Leonhard, *Hahn*, Ferdinand: Der *Erste Petr*usbrief (= KEK 12,1), Göttingen [8]1978

Goppelt, Leonhard: Jesus und die *"Haustafel"-Tradition*, in: Hoffmann: Orientierung an Jesus, 93-106.

Graham, R.W.: *Women* in the Ministry of Jesus and in the Early Church, LexTQ 18 (1983) 1-42.

Grassl, Herbert: *Sozialökonomische Vorstellungen* in der kaiserzeitlichen griechischen Literatur (1.-3.Jahrhundert) (= Historia Einzelschriften,H.14), Wiesbaden 1982

Grässer, Erich, *Merk*, Otto, Hg.: *Glaube und Eschatologie* (FS Werner Georg Kümmel), Tübingen 1985

Grayston, K., *Herdan*, G.: The *Authorship* of the Pastorals in the Light of Statistical Linguistics, NTS 6 (1959) 1-15.

Greschat, Hans-Jürgen: Art. *Frau*. I. Religionsgeschichtlich, TRE 11, 417-422.

Groß, Heinrich: Tobit. *Judit* (= Die Neue Echter Bibel. Kommentar zum Alten Testament mit der Einheitsübersetzung, Lieferung 19), Würzburg 1987

Gryson, Roger: Le *ministère* des femmes dans l'Eglise ancienne (= Récherches et Syntheses, Section d'Histoire 4), Gembloux 1972

Hagner, Donald A., *Harris*, Murray J., Eds.: *Pauline Studies*. Essays presented to Professor F.F. Bruce on his 70th Birthday, Grand Rapids 1980

Hahn, Ferdinand, *Klein*, Hans, Hg.: *Glaube* im Neuen Testament. FS Hermann Binder (= BTS 7), Neukirchen-Vluyn 1982

Hahn, Ferdinand: Das Problem des *Frühkatholizismus*, EvTh 38 (1978) 340-357.

Hainz, Josef, Hg.: *Kirche im Werden*. Studien zum Thema Amt und Gemeinde im Neuen Testament, München/Paderborn/Wien 1976

Hainz, Josef: Die *Anfänge* des Bischofs- und Diakonenamts, in: Hainz: Kirche im Werden, 91-107.

Hanse, Hermann: Art. λοιδορέω, κτλ., ThWNT 4, 295-297

Hanson, Ann Ellis, ed.: Collectanea papyrologica. Texts published in honor of Herbert Chayyim Youtie, vol. 1-2 (= Papyrologische Texte und Abhandlungen 19.20), Bonn 1976

Hanson, Anthony Tyrell: *Eve`s Transgression*: 1 Timothy 2.13-15, in: Hanson: Studies, 65-77.129f.

Hanson, Anthony Tyrell: *Studies* in the Pastoral Epistles, London 1968

Hanson, Anthony Tyrell: The *Domestication* of Paul. A Study in the Development of Early Christian Theology, BJRL 63 (1981) 402-418.

Hanson, Anthony Tyrell: The *Past*oral Epistles (= NCeB 12), Grand Rapids/Mich., London 1982

Hanson, Richard P.C.: Art. *Amt*, Ämter, Amtsverständnis. V. Alte Kirche, TRE 2, 533-552.

Harris, William V.: The Theoretical Possibility of Extensive Infanticide in the Graeco-Roman World, CQ 32 (1982) 114-116.

Harrison, P.N.: The *Problem* of the Pastoral Epistles, Oxford 1921

Hartmann, L: Some Unorthodox Thoughts on the *"Household-Code Form"*, in: Neusner/Frerichs/Borgen/Horsley: Social World, 219-232.

Harvey, Susan Ashbrook: *Women* in Early Syrian Christianity, in: Cameron/Kuhrt: Images of Women, 288-298.

Hasler, Victor: Die Briefe an *Tim*otheus und Titus (Pastoralbriefe) (= ZBK.NT 12), Zürich 1978

Haufe, Günter: Gnostische *Irrlehre* und ihre Abwehr in den Pastoralbriefen, in: Tröger: Gnosis, 325-339.

Hawthorne, Gerald F., *Betz*, Otto, Hg.: *Tradition and Interpretation* in the New Testament (FS E. Earle Ellis), Grand Rapids/Tübingen 1987

Hawthorne, Gerald F., Ed.: *Current Issues* in Biblical and Patristic Interpretation. Studies in Honor of Merrill C. Tenney, Grand Rapids 1975

Haykin, Michael A.G.: The Fading *Vision*? The Spirit and Freedom in the Pastoral Epistles, EvQ 57 (1985) 291-305.

Hegermann, Harald: Der geschichtliche *Ort* der Pastoralbriefe, in: Rogge/Schille: Theologische Versuche, 47-64.

Heiligenthal, Roman: *Werke* als Zeichen. Untersuchungen zur Bedeutung der menschlichen Taten im Frühjudentum, Neuen Testament und Frühchristentum (= WUNT 2/9), Tübingen 1983

Heine, Susanne: *Frauen* der frühen Christenheit. Zur historischen Kritik der feministischen Theologie. Göttingen 1986

Heister, Maria Sybille: *Frauen* in der biblischen Glaubensgeschichte, Göttingen 1984

Herrmann, Peter, *Waszink*, Jan Hendrik, *Colpe*, Carsten, *Kötting*, Bernhard: Art. *Genossenschaft*, RAC 10, 83-158.

Herter, Hans, *Hoheisel*, Karl, *Brakmann*, Heinzgerd: Art. *Haus I*, RAC 13, 770-801.

Herzog, R.: Art. *Arzt; Arzthonorar*, RAC 1, 1950, 720-725.

Hesberg-Tonn, Bärbel von: *Coniunx* carissima. Untersuchungen zum Normcharakter im Erscheinungsbild der römischen Frau, Diss. Stuttgart 1983

Hoffmann, Lawrence A.: Art. *Gebet. III.* Judentum, TRE 12, 1984, 42-47.

Hoffmann, Paul, Hg.: *Orientierung an Jesus* (FS J. Schmid), Freiburg/Basel/Wien 1973

Hoffmann, R.J.: *De statu Feminarum*: The Correlation Between Gnostic Theory and Social Practice, EeT 14 (1983) 293-304.

Hofius, Otfried: *Fußwaschung* als Erweis der Liebe. Sprachliche und sachliche Anmerkungen zu Lk 7,44b, ZNW 81 (1990) 171-177.

Hollander, H.W., *De Jonge*, M.: The *Test*aments of the Twelve Patriarchs. A Commentary, Leiden 1985

Holtz, Gottfried: Die *Past*oralbriefe (= ThHK 13), Berlin [4]1986

Holtzmann, H.J.: Die *Past*oralbriefe, kritisch und exegetisch behandelt, Leipzig 1880

Hommes, N.J.: Let *Women* be Silent in the Church: A Message Concerning the Worship Service and the Decorum to be Observed by Women, CTJ 4 (1969) 5-22.

Hooker, Morna D., *Wilson*, Stephen G., Eds.: *Paul and Paulinism*. Essays in Honour of C.K. Barrett, London 1982

Hoover, Karen: Creative *Tension* in 1 Timothy 2:11-15, BLT 22 (1977) 163-166.

Hoppe, Rudolf: *Jak*obusbrief (= SKK NT 15), Stuttgart 1989

Howard, J.K: Neither Male nor Female: An Examination of the Status of *Women* in the New Testament, EvQ 55 (1983) 31-42.

Howe, Margaret E.: Interpretations of *Paul* in the Acts of Paul and Thecla, in: Hagner/Harris: Pauline Studies, 33-49.

Jaspert, Bernd, Mohr, Rudolf, Hg.: *Traditio* - Krisis - Renovatio aus theologischer Sicht. (FS Winfried Zeller), Hamburg 1976

Jebb, S.: A Suggested Interpretation of *1 Tim 2,15*, ET 81 (1969/70) 221-222.

Jensen, Anne: Gottes selbstbewußte *Töchter*. Frauenemanzipation im frühen Christentum? Freiburg 1992

Jeremias, Gert, *Kuhn*, Heinz-Wolfgang, *Stegemann* Hartmut, Hg.: *Tradition und Glaube*. Das frühe Christentum in seiner Umwelt (FS K.G. Kuhn), Göttingen 1971

Jeremias, Joachim: Die Briefe an *Tim*otheus und Titus (= NTD 9), Göttingen [11]1975

Judge, E.A.: Die frühen Christen als *scholastische Gemeinschaft*, in: Meeks: Soziologie des Urchristentums, 131-164.

Kähler, Else: Die *Frau* in den paulinischen Briefen. Unter besonderer Berücksichtigung des Begriffes der Unterordnung, Zürich, Frankfurt 1960

Kamlah, Ehrhard: Ὑποτάσσεσθαι in den neutestamentlichen Haustafeln, in: Böcher/Haacker: Verborum Veritas, 237-243.

Karris, Robert Joseph: The *Background* and Significance of the Polemic of the Pastoral Epistles, JBL 92 (1973) 549-564.

Karris, Robert Joseph: The *Function* and Sitz im Leben of the Paranetic Elements in the Pastoral Epistles, Diss. Harvard University, 1971

Käsemann, Ernst: *Amt* und Gemeinde im Neuen Testament, in: Käsemann: Exegetische Versuche I, 109-134.

Käsemann, Ernst: *Exegetische Versuche* und Besinnungen *I*, Göttingen [4]1965

Keck, Leander E.: Das *Ethos* der frühen Christen, in: Meeks: Soziologie des Urchristentums, 13-36.

Kee, Howard Clark: The *Socio-Cultural Setting* of Joseph and Asenath, NTS 29 (1982/83) 394-413.

Kee, Howard Clark: The *Socio-Religious Setting* and Aims of "Joseph And Asenath", in: MacRae: SBL 1976 Seminar Papers, 183-192.

Kelly, John Norman Davidson: A Commentary on the *Past*oral Epistles: 1 Timothy, 2 Timothy, Titus (= BNTC), London 1963

Kemper, Claudia: *Göttliche Allmacht* und menschliche Verantwortung. Sittlicher Wert bei archaischen Dichtern der Griechen (= BAC 14), Trier 1992

Kertelge, Karl, Hg.: Das kirchliche *Amt* im Neuen Testament (= WdF 439), Darmstadt 1977

Kertelge, Karl, Hg.: *Paulus* in den neutestamentlichen Spätschriften. Zur Paulusrezeption im Neuen Testament (= QD 89), Freiburg u.a. 1981

Kidd, Reggie W.: *Wealth* and Beneficence in the Pastoral Epistles (= SBL Dissertation Series 122), Atlanta, 1990

Klassen, William: *Musonius Rufus*, Jesus, and Paul: Three First-Century Feminists, in: Richardson/Hurd: From Jesus to Paul, 185-206.

Klauck, Hans Josef: *Hausgemeinde* und Hauskirche im frühen Christentum (= SBS 103), Stuttgart 1981

Kloft, Hans, Hg.: *Sozialmaßnahmen* und Fürsorge. Zur Eigenart antiker Sozialpolitik (= Grazer Beiträge, Supplementband III), Graz/Horn 1988

Knight, George W.: ΑΥΘΕΝΤΕΩ in Reference to Women in 1 Timothy 2:12, NTS 30 (1984) 143-157.

Knight, George W.: The *Faithful Sayings* in the Pastoral Epistles, Kampen 1968

Knight, George W.: The *Pastoral* Epistles. A Commentary. Grand Rapids 1992

Knoch, Otto: 1. und 2. *Timotheusbrief*. Titusbrief (= Neue Echter Bibel 14), Würzburg 1988

Knoch, Otto: *Charisma* und Amt: Ordnungselemente der Kirche Christi. Charismatisch-funktionale und amtlich-institutionelle Elemente in den kirchlichen Gegebenheiten der zweiten und dritten christlichen Generation in ihrem gegenseitigen Verhältnis, StNTU 8 (1983) 124-161.

Koschorke, Klaus: Die *Polemik* der Gnostiker gegen das kirchliche Christentum, Leiden 1978

Koschorke, Klaus: Eine neugefundene gnostische *Gemeindeordnung*, ZThK 76 (1979) 30-60.

Köster, Helmut: *Einführung* in das Neue Testament, New York 1980

Kötting, Bernhard: "*Univira*" in Inschriften, in: Kötting: Ecclesia peregrinans, 345-355.

Kötting, Bernhard: Art. *Digamus*, RAC 3, 1016-1024.

Kötting, Bernhard: Art. *Fuß*; *Fußwaschung*, RAC 8, 722-777

Kötting, Bernhard: Die *Bewertung* der Wiederverheiratung (der zweiten Ehe) in der Antike und in der frühen Kirche (= RWAKW G292), Opladen 1988

Kötting, Bernhard: *Ecclesia peregrinans*. Das Gottesvolk unterwegs. Gesammelte Aufsätze 1.Bd (= MBT 54,1), Münster 1988

Kraemer, Ross S.: Her *Share* of the Blessings. Women's Religions Among Pagans, Jews and Christians in the Greco-Roman World, New York/Oxford 1992

Kraemer, Ross S.: Hellenistic *Jewish Women*: The Epigraphical Evidence, in: K. H. Richards, SBL Seminar Papers 1986, 183-200.

Kraemer, Ross S.: The *Conversion* of Women to Ascetic Forms of Christianity, Signs 6 (1980) 298-307.

Kraemer, Ross S.: Women's Authorship of Jewish and Christian Literature in the Greco-Roman Period, in: Levine, Jewish Women, 221-242.

Kraft, Heinrich: Art. χήρα, EWNT 3, 1116-1118.

Kraft, Heinrich: Die *Entstehung* von Gemeindeverbänden, in: Schrage, Studien, 217-241.

Kretschmar, Georg: Der paulinische *Glaube* in den Pastoralbriefen, in: Hahn/Klein: Glaube, 115-140.

Kroeger, Catherine C.: Ancient *Heresies* and a Strange Greek Verb, RefJ 29 (1979) 12-15.

Krug, Antje: *Heilkunst* und Heilkult. Medizin in der Antike, München 1985

Küchler, Max: *Frühjüdische Weisheitstraditionen*. Zum Fortgang weisheitlichen Denkens im Bereich des frühjüdischen Jahweglaubens (= OBO 26), Freiburg/Göttingen 1979

Küchler, Max: *Schweigen*, Schmuck und Schleier. Drei neutestamentliche Vorschriften zur Verdrängung der Frauen auf dem Hintergrund einer frauenfeindlichen Exegese des AT im antiken Judentum (= NTOA 1), Freiburg, Göttingen 1986

Kudlien, Fridolf: Art. *Heilkunde*, RAC 14, 223-249.

Kudlien, Fridolf: Die *Stellung* des Arztes in der römischen Gesellschaft. Freigeborene Römer, Eingebürgerte, Peregrine, Sklaven, Freigelassene als Ärzte (= Forschungen zur antiken Sklaverei 18), Stuttgart 1986

Lampe, Peter, *Luz*, Ulrich: Nachpaulinisches *Christentum* und pagane Gesellschaft, in: Becker: Anfänge, 185-216.

Lampe, Peter: Zur gesellschaftlichen und kirchlichen Funktion der '*Familie*' in neutestamentlicher Zeit. Streiflichter, Ref 31 (1982) 533-542.

Laub, Franz: Die Begegnung des frühen Christentums mit der antiken *Sklaverei*, Stuttgart 1982

Laub, Franz: Sozialgeschichtlicher *Hintergrund* und ekklesiologische Relevanz der neutestamentlich-frühkirchlichen Haus- und Gemeindetafelparänese - ein Beitrag zur Soziologie des Frühchristentums, MünchThZs 37 (1986) 249-271.

Leenhardt, Franz Johan, *Blanke*, Fritz: Die *Stellung der Frau* im Neuen Testament und in der alten Kirche, Zürich 1949

Leenhardt, Franz Johan: Die Stellung der *Frau* in der urchristlichen Gemeinde, in: Leenhardt/Blanke: Stellung der Frau, 3-56.

Leipoldt, Johannes: Die *Frau* in der antiken Welt und im Urchristentum, Leipzig 1954

Leutzsch, Martin: Die *Bewährung* der Wahrheit. Der dritte Johannesbrief als Dokument urchristlichen Alltags (= BAC 16), Trier 1994

Leutzsch, Martin: Die *Wahrnehmung* sozialer Wirklichkeit im "Hirten des Hermas" (= FRLANT 150), Göttingen 1989

Levine, Amy-Jill, ed.: *Jewish Women* in Hellenistic Literature (= Septuagint and Cognate Studies), Atlanta 1991.

Lichtheim, Miriam: Late Egyptian *Wisdom Literature* in the International Context. A Study of Demotic Instructions (= OBO 52), Freiburg/Göttingen 1983

Lightfoot, N.R.: The Role of *Women* in Religious Services, RestQ 19 (1976) 129-136.

Lightman, M., *Zeisel*, W.: *Univira*: An Example of Continuity and Change in Roman Society, ChH 46 (1977) 19-32.

Lindemann, Andreas: *Paulus* im ältesten Christentum: Das Bild des Apostels und die Rezeption der paulinischen Theologie in der frühchristlichen Literatur bis Marcion (= BHT 58), Tübingen 1979

Link, Franz, Hg.: *Paradeigmata*. Literarische Typologie des Alten Testaments (= Schriften zur Literaturwissenschaft 5) 2 Bde, Berlin 1989

Lippert, Peter: Leben als *Zeugnis*. Die werbende Kraft christlicher Lebensführung nach dem Kirchenverständnis neutestamentlicher Briefe (= SBM 4), Stuttgart 1968

Lips, Hermann von: *Glaube* - Gemeinde - Amt. Zum Verständnis der Ordination in den Pastoralbriefen (= FRLANT 122), Göttingen 1979

Lips, Hermann von: *Weisheitliche Traditionen* im Neuen Testament (= WMANT 64), Neukirchen-Vluyn 1990

Livingstone, Elisabeth A., Hg.: *Studia Patristica Vol. XII* part I: Papers presented to the Sixth International Conference on Patristic Studies held in Oxford 1971 (= TU 115), Berlin 1975

Livingstone, Elizabeth A., Hg.: *Studia Evangelica Vol. VII*: Papers presented to the Fifth International Congress on Biblical Studies held at Oxford 1973 (= TU 126), Berlin 1982

Lock, Walter: A Critical and Exegetical Commentary on the *Past*oral Epistles (I & II Timothy and Titus) (= ICC 13), Edinburgh 1924, [3]1952

Loeser, M., Hg.: Auf dem Grunde der Apostel und Propheten. (FS Theophil Wurm), Stuttgart 1948

Lohfink, Gerhard: Die *Normativität* der Amtsvorstellungen in den Pastoralbriefen, ThQ 157 (1977) 93-106.

Lohfink, Gerhard: Die *Vermittlung* des Paulinismus zu den Pastoralbriefen, in: Lohfink: Studien, 267-289.

Lohfink, Gerhard: *Paulinische Theologie* in der Rezeption der Pastoralbriefe, in: Kertelge: Paulus, 70-121.

Lohfink, Gerhard: *Studien* zum Neuen Testament (= SBAB 5), München 1989

Lohfink, Gerhard: *Weibliche Diakone* im Neuen Testament, in: Dautzenberg/Merklein/Müller: Frau im Urchristentum, 320-338.

Lohmeyer, Ernst: Die Briefe an die Philipper, an die *Kol*osser und an Philemon (= KEK 9/2), Göttingen [12]1964

Lohse, Eduard: Das apostolische *Vermächtnis*. Zum paulinischen Charakter der Pastoralbriefe, in: Schrage: Studien, 266-281.

Lohse, Eduard: Die Briefe an die *Kol*osser und an Philemon (= KEK 9,2), Göttingen [14]1968

Lohse, Eduard: Die *Entstehung* des Bischofsamtes in der frühen Christenheit, ZNW 71 (1980) 58-73.

Lövestam, E.: *Divorce* and Remarriage in the New Testament, Jewish Law Annual 4 (1981) 47-65.

Luck, Ulrich: Art. σώφρων, σωφρονέω, σωφροσύνη, ThWNT 7, 1094-1102.

Ludolphy, Ingetraut: Art. *Frau. V.* Alte Kirche und Mittelalter, TRE 11, 436-441.

Lührmann, Dieter, *Strecker*, Georg, Hg.: *Kirche* (FS G.Bornkamm), Tübingen 1980

Lührmann, Dieter: Neutestamentliche *Haustafeln* und antike Ökonomie, NTS 27 (1980/81) 83-97.

Lührmann, Dieter: Wo man nicht mehr *Sklave* oder Freier ist. Überlegungen zur Struktur frühchristlicher Gemeinden, WuD N.F. 13 (1975) 53-83.

Luz, Ulrich: Erwägungen zur Entstehung des *Frühkatholizismus*, ZNW 65 (1974) 88-111.

Lyonnet, St.: "*Unius uxoris vir*" (1. Tim 3,2.12, Tit 1,6), VD 45 (1967) 1-10.

MacDonald, Dennis Ronald: The *Legend* and the Apostle. The Battle for Paul in Story and Canon, Philadelphia 1983

MacDonald, Dennis Ronald: *Virgins*, Widows, and Paul in Second Century Asia Minor, in: Achtemeier: SBL Seminar Papers 1979/1, 169-184.

MacDonald, Margaret Y.: The *Pauline Churches*. A Socio-historical Study of Institutionalization in the Pauline and Deutero-Pauline Writings (= SNTS.MS 60), Cambridge 1988

MacMullen, Ramsay: *Women* in Public in the Roman Empire, Historia 29 (1980) 208-218.

MacNamara JoAnn: *Sexual Equality* and the Cult of Virginity in Early Christian Thought, Feminist Studies 3 (1976) 145-158.

MacNamara, JoAnn: *Wives* and Widows in Early Christian Thought, International Journal of Women's Studies 2 (1979) 575-592.

MacRae, George, Ed.: Society of Biblical Literature 1976 Seminar Papers (= *SBL Seminar Papers 10*), Missoula 1976

Malherbe, Abraham J.: *Medical Imagery* in the Pastoral Epistles, in: March: Texts and Testaments, 19-35.

Malherbe, Abraham J.: *Moral exhortation*, a Graeco-Roman sourcebook (= Library of Early Christianity 4), Philadelphia 1986

Malherbe, Abraham J.: *Social Aspects* of Early Christianity, Philadelphia [2]1983

Malingrey, Anne-Marie: Note sur l'exégèse de *I Tim 2,15*, StPatr XII,1 (1968) 354ff.

March, Eugene W., Ed.: *Texts and Testaments*. Critical Essays on the Bible and Early Church Fathers. A Volume in Honor of Stuart Dickson Currie, San Antonio 1980

Marshall, I. Howard: *Faith* and Works in the Pastoral Epistles, StNTU.A 9 (1984) 203-218.

Marshall, I. Howard: The *Christology* of the Pastoral Epistles, StNTU.A 13 (1988) 157-177.

Mayer, Günter: Die *Funktion* der Gebete in den alttestamentlichen Apokryphen, in: Theokratia, 16-25.

Mayer, Günter: Die *jüdische Frau* in der hellenistisch-römischen Antike, Stuttgart/Berlin/Köln/Mainz 1987

Mayer, H.H.: Über die *Past*oralbriefe (= FRLANT 20), Göttingen 1913

Meeks, Wayne A., Hg.: Zur *Soziologie des Urchristentums*. Ausgewählte Beiträge zum frühchristlichen Gemeinschaftsleben in seiner gesellschaftlichen Umwelt (= TB, Hist. Theologie 62), München 1979

Meeks, Wayne A.: The First *Urban Christians*. The Social World of the Apostle Paul, New Haven/London 1983

Meier, J.P.: On the *Veiling* of Hermeneutics (1 Cor 11,2-16), CBQ 40 (1980) 212-226.

Merk, Otto: *Glaube* und Tat in den Pastoralbriefen, ZNW 66 (1975) 91-102.

Merklein, H., Hg.: *Neues Testament und Ethik* (FS R. Schnackenburg), Freiburg/Basel/Wien 1989

Mérode, Marie: Une *théologie* primitive de la femme, RTL 9 (1978) 176-189.

Metzger, Bruce M.: A *Textual Commentary* on the Greek New Testament, London/New York 1971

Michel, Otto: Art. "οἶκος, κτλ.", ThWNT 5, 122-161.

Michel, Otto: *Grundfragen* der Pastoralbriefe, in: Loeser: Auf dem Grunde, 83-99.

Moltmann-Wendel, Elisabeth: *Frauenbefreiung*. Biblische und theologische Argumente, München/Mainz [2]1978

Moo, Douglas J.: I Timothy 2:11-15. *Meaning* and Significance, Trinity Journal 1 (1980) 62-83.

Moo, Douglas J.: The *Interpretation* of 1. Timothy 2:11-15: A Rejoinder, Trinity Journal 2 (1981) 198-222.

Morgan, Robert: The Significance of '*Paulinism*', in: Hooker/Wilson: Paul and Paulinism, 320-338.

Mott, Stephen Charles: The Power of Giving and Receiving: *Reciprocity* in Hellenistic Benevolence, in: Hawthorne: Current Issues, 60-72

Mühlsteiger, Johannes, S.J.: Zum *Verfassungsrecht* der Frühkirche, ZKTh 99 (1977) 129-155. 257-285.

Müller, Karl-Heinz: Die *Haustafel* des Kolosserbriefes und das antike Frauenthema. Eine kritische Rückschau auf alte Ergebnisse, in: Dautzenberg/Merklein/Müller: Frau im Urchristentum, 263-319.

Müller, Ulrich B.: Zur frühchristlichen *Theologiegeschichte*. Judenchristentum und Paulinismus in Kleinasien an der Wende vom ersten zum zweiten Jahrhundert nach Christus, Gütersloh 1976

Müller-Bardoff, Johannes: Zur *Exegese* von 1. Timotheus 5,3-16, in: Delling: Gott, 113-133.

Munroe, Winsome: *Authority* in Paul and Peter. The Identification of a Pastoral Stratum in the Pauline Corpus and 1 Peter (= SNTSMS 45), Cambridge 1983

Murphy-O'Connor, J.: *Sex and Logic* in 1 Corinthians 11, 2-16, CBQ 42 (1980) 482-500.

Murphy-O'Connor, J.: The *Non-Pauline Character* of 1 Corinthians 11:2-16?, JBL 95 (1976) 615-621.

Mussner, Franz: Die *Ablösung* des apostolischen durch das nachapostolische Zeitalter und ihre Konsequenzen, in: Feld/Nolte: Wort Gottes, 166-177.

Nauck, W.: Die *Herkunft* des Verfassers der Pastoralbriefe, Diss. Göttingen 1950

Neusner, Jacob, *Frerichs*, Ernest S., *Borgen*, Peter, *Horsley*, Richard, Eds.: The *Social World* of Formative Christianity. Essays in Tribute to Howard Clark Kee, Philadelphia 1988

Nickelsburg, George W.E., *MacRae*, George W., S.J, Eds.: *Christians* Among Jews and Gentiles. Essays in Honor of Krister Stendahl, Philadelphia 1986

Niederwimmer, Kurt: *Askese* und Mysterium. Über Ehe, Ehescheidung und Eheverzicht in den Anfängen des christlichen Glaubens (= FRLANT 113), Göttingen 1975

North, Helen: *Sophrosyne*. Self-Knowledge and Self-Restraint in Greek Literature (= Cornell Studies in Classical Philology 35), New York 1966

Nürnberg, Rosemarie: Non decet neque necessarium est ut mulieres doceant. Überlegungen zum altkirchlichen *Lehrverbot* für Frauen, JAC 31 (1988) 57-73.

Oberlinner, Lorenz: Die *Epiphaneia* des Heilswillens Gottes in Christus Jesus. Zur Grundstruktur der Christologie der Pastoralbriefe, ZNW 71 (1980) 192-213.

Oepke, Albrecht: Art. ἀπατάω, ἐξαπατάω, ἀπάτη, ThWNT 1, 383-384.

Oepke, Albrecht: Art. *Ehe* I (Institution), RAC 4, 650-666.

Oepke, Albrecht: Art. διά, ThWNT 2, 64-69.

Oepke, Albrecht: Art. γυνή, ThWNT 1, 776-790.

Osburn, C.D.: ΑΥΘΕΝΤΕΩ (1 Tim 2:12), RestQ 25 (1982) 1-12.

Osiek, Carol: The *Widow* as Altar: The Rise and Fall of a Symbol, Second Century 3 (1983) 159-169.

Padgett, A.: *Wealthy Women* at Ephesus. I Tim 2:8-15 in Social Context, Interp 41 (1987) 19-31.

Pagels, Elaine: *Adam*, Eve & the Serpent, London 1988

Pagels, Elaine: *Versuchung* durch Erkenntnis. Die gnostischen Evangelien, Frankfurt 1981

Panning, A.J.: ΑΥΘΕΝΤΕΙΝ - A Word Study, Wisconsin Lutheran Quarterly 78 (1981) 185-191.

Paràssoglou, George M.: *Circular* from a Prefect: Sileat omnibus perpetuo divinandi curiositas, in: Hanson: Collectanea papyrologica, 261-274.

Parvey, Constance F., Hg.: Die *Gemeinschaft* von Frauen und Männern in der Kirche. Ein Bericht der Konsultation des Ökumenischen Rates der Kirchen in Sheffield, Neunkirchen-Vluyn 1985

Parvey, Constance F.: The *Theology* and Leadership of Women in the New Testament, in: Ruether: Religion, 139-146.

Patterson, Cynthia: "Not Worth the Rearing": The Causes of *Infant Exposure* in Ancient Greece, TPAPA 115 (1985) 103-124.

Payne, P.B.: Libertarian *Women* in Ephesus: A Response to Douglas J. Moo's Article "I Tim 2:11-15. Meaning and Significance", Trinity Journal 2 (1981) 169-197.

Peisker, C.H.: Art. ἡσυχία, κτλ., EWNT 2, 310f.

Perkins, Judith: The *Apocryphal Acts* and the Early Christian Martyrdom, Arethusa 18 (1985) 211-230.

Pervo, Richard I.: *Joseph and Aseneth* And The Greek Novel, Mac Rae: SBL Seminar Papers 10, 171-181.

Pilhofer, Peter: ΠΡΕΣΒΥΤΕΡΟΝ ΚΡΕΙΤΤΟΝ. Der Altersbeweis der jüdischen und christlichen Apologeten und seine Vorgeschichte (= WUNT 2/39) Tübingen 1990.

Plümacher, Eckhard: *Identitätsverlust* und Identitätsgewinn. Studien zum Verhältnis von kaiserzeitlicher Stadt und frühem Christentum (= Biblisch-theologische Studien 11), Neukirchen-Vluyn 1987

Pomeroy Sarah B.: *Frauenleben* im klassischen Altertum, Stuttgart 1985

Pomeroy, Sarah B.: *Infanticide* in Hellenistic Greece, in: Cameron/Kuhrt: Images of Women, 207-222.

Préaux, Claire: Le statut de la *femme* à l'époque hellénistique, RSJB 11,1 (1959) 127-175.

Pusch, Luise: Das Deutsche als *Männersprache*. Aufsätze und Glossen zur feministischen Linguistik, Frankfurt/M. 1984

Quaß, Friedmann: Die *Honoratiorenschicht* in den Städten des griechischen Ostens. Untersuchungen zur politischen und sozialen Entwicklung in hellenistischer und römischer Zeit, Stuttgart 1993.

Raditsa, Leo Ferrero: *Augustus' Legislation* Concerning Marriage, Procreation, Love Affairs and Adultery, ANRW II,13 (1980) 278-339

Ratschow, Carl Heinz: Art. *Gebet*. I. Religionsgeschichtlich, TRE 12, 1984, 31-34.

Rawson, Beryl, Ed.: The *Family* in Ancient Rome. New Perspectives, London/Sydney 1986

Rawson, Beryl: *Children* in the Roman Familia, in: Rawson: Family, 170-200.

Reicke, Bo: The Epistles of *James*, Peter and Jude (= AncB.A 37), Garden City/N.Y. 1964

Rengstorf, Karl-Heinrich: Die neutestamentlichen *Mahnungen* an die Frau, sich dem Manne unterzuordnen, in: Foerster: Verbum Dei, 131-145.

Rengstorf, Karl-Heinrich: *Mann und Frau* im Urchristentum, in: Arbeitsgemeinschaft, 7-52.

Reverdin, Olivier, Hg.: *Pseudepigrapha I* (= Entretiens sur l'Antiquité classique 18), Genf 1972

Richards, Kent Harold, Hg.: *Society of Biblical Literature Seminar Papers 1981-1986*, Atlanta 1981ff

Richardson, Peter, *Hurd*, John C., Eds.: *From Jesus to Paul*. Studies in Honour of Francis Wright Beare, Waterloo 1984

Richter, Georg: Die *Fußwaschung* im Johannesevangelium. Geschichte ihrer Deutung (= BU 1), Regensburg 1967

Ringeling, Hermann: Art. *Frau*. IV. Neues Testament, TRE 11, 431-436.

Rist, Martin: *Pseudepigraphy* and the Early Christians, in: Aune: Studies, 75-91.

Roberts, William P.: *Divorce* and Remarriage. Religious and Psychological Perspectives, Kansas City 1990

Rogers, O.: The Role of *Women* in the Church, Christian Brethren Review 33 (1982) 57-68.

Rogge, Joachim, *Schille*, Gottfried, Hg.: *Frühkatholizismus* im ökumenischen Gespräch, Berlin 1983

Rogge, Joachim, *Schille*, Gottfried, Hg.: *Theologische Versuche* II, Berlin 1970

Rohde, Joachim: *Pastoralbriefe* und Acta Pauli, in: Cross: Studia Evangelica V,Part II, 303-310.

Rohde, Joachim: Urchristliche und frühkatholische *Ämter* (= ThA 33), Berlin 1976

Roloff, Jürgen: Art. *Amt*, Ämter, Amtsverständnis. IV. Im Neuen Testament, TRE 2, 509-533.

Roloff, Jürgen: Der erste Brief an *Timotheus* (= EKK 15), Zürich/Neukirchen-Vluyn 1988

Roloff, Jürgen: *Pfeiler* und Fundament der Wahrheit. Erwägungen zum Kirchenverständnis der Pastoralbriefe, in: Grässer/Merk: Glaube und Eschatologie, 229-247.

Ropes, James Hardy: The Epistle of St. *James* (= ICC 15), Edinburgh 1916 (Repr. 1954)

Rordorf, W.: Nochmals: *Paulusakten* und Pastoralbriefe, in: Hawthorne/Betz: Tradition and Interpretation, 319-327.

Ruckstuhl, E.: *Jak*obusbrief, 1.-3. Johannesbrief (= Die neue Echter Bibel 19), Würzburg 1985

Rudolph, Kurt: Die *Gnosis*. Wesen und Geschichte einer spätantiken Religion, Göttingen ²1980

Rudolph, Kurt: Gnosis - eine spätantike *Weltanschauung*. Ihre Denkstrukturen und Wurzeln, BiKi 41 (1986) 2-7.

Ruether, Rosemary R., *McLaughlin*, F., Hg.: *Women* of Spirit: Female Leadership in the Jewish and Christian Traditions, New York 1970

Ruether, Rosemary R.: *Church and Family* 1: Church and Family in the Scriptures and Early Christianity, NBl 65 (1984) 4-14.

Ruether, Rosemary R.: Die *Abschirmung* des Allerheiligsten. Sexismus und geistliches Amt, WzM 31 (1979) 53-68.

Ruether, Rosemary R., Hg.: *Religion* and Sexism, New York 1974

Ruppert, Lothar: *Liebe* und Bekehrung: Zur Typologie des hellenistisch-jüdischen Romans Josef und Asenat, in: Link: Paradeigmata, 33-42.

Ryrie, Charles C.: Biblical Teaching on *Divorce* and Remarriage, Grace Theol. Journal 3 (1982) 177-192.

Sand, Alexander: Anfänge einer *Koordinierung* verschiedener Gemeindeordnungen nach den Pastoralbriefen, in: Hainz: Kirche im Werden, 215-237.

Sand, Alexander: *Witwenstand* und Ämterstrukturen in den frühchristlichen Gemeinden, BiLe 12 (1971) 186-197.

Sänger, Dieter: *Antikes Judentum* und die Mysterien. Religionsgeschichtliche Untersuchungen zu Joseph und Aseneth (= WUNT 2,5), Tübingen 1980

Sänger, Dieter: *Bekehrung* und Exodus. Zum jüdischen Traditionshintergrund von "Joseph und Aseneth", JSJ 10 (1979) 11-36.

Sänger, Dieter: *Erwägungen* zur historischen Einordnung und zur Datierung von "Joseph und Aseneth", ZNW 76 (1985) 86-106.

Sasse, Hermann: Art. κοσμέω, κτλ., ThWNT 3, 867-898.

Scharffenorth, Gerta, *Thraede*, Klaus: "*Freunde* in Christus werden ..." Die Beziehung von Mann und Frau als Frage an Theologie und Kirche (= Kennzeichen 1), Gelnhausen u.a. 1977

Schaumberger, Christine, Hg.: *Weil wir nicht vergessen wollen* ... zu einer Feministischen Theologie im deutschen Kontext (= AnFragen 1. Diskussionen Feministischer Theologie), Münster 1987

Schelkle, Karl-Heinz: Denn wie das Weib aus dem Mann ist, so auch der Mann aus dem Weib (1. Kor 11,12). Zur Gleichberechtigung der Frau im Neuen Testament, Diak 15 (1984) 85-90.

Schenk, Wolfgang: Die Briefe an Timotheus I und II und an Titus (*Pastoralbriefe*) in der neueren Forschung (1945-1985), in: ANRW II 25.1, 3404-3438.

Schenke, Hans-Martin, *Fischer*, Karl Martin: *Einleitung* in das Neue Testament, 2 Bde., Gütersloh 1978f

Schenke, Hans-Martin: Das *Weiterwirken* des Paulus und die Pflege seines Erbes durch die Paulus-Schule, NTS 21 (1975) 505-518.

Schille, Gottfried: Frei zu neuen *Aufgaben*. Beiträge zum Verständnis der dritten urchristlichen Generation, Berlin 1986

Schindler, Alfred: I. Gott als *Vater* in Theologie und Liturgie der christlichen Antike. II. Geistliche Väter und Hausväter in der christlichen Antike, in: Tellenbach: Vaterbild, 55-69.70-82.

Schlatter, Adolf: Die Briefe an die Thessalonicher, Philipper, *Timotheus und Titus* (= Schlatters Erläuterungen zum Neuen Testament, 8. Teil), Stuttgart 1950

Schlatter, Adolf: Die Kirche der Griechen im Urteil des Paulus, Stuttgart ²1958

Schlesier, Renate: Der böse Blick, in: Calder/Cancik/Clytzler: Otto Jahn, 143ff.

Schlier, Heinrich: Die *Ordnung* der Kirche nach den Pastoralbriefen, in: Kertelge: Amt, 475-500.

Schlosser, Jacques: La *didascalie* et ses agents dans les épîtres pastorales, RevSR 59 (1985) 81-94.

Schmithals, Walter: Art. *Pastoralbriefe*, RGG³ 5, 144-148.

Schmithals, Walter: Das Evangelium nach *Lukas* (= ZBK.NT 3,1), Zürich 1980

Schneider, Johannes: Art. τιμή, τιμάω, ThWNT 8, 170-182.

Schoedel, William R.: Are the *Letters* of Ignatius of Antioch Authentic? Religious Studies Review 6 (1980) 196-200.

Schöllgen, Georg: *Hausgemeinden*, οἶκος-Ekklesiologie und monarchischer Episkopat, JAC 31 (1988) 74-90.

Schöllgen, Georg: Was wissen wir über die *Sozialstruktur* der paulinischen Gemeinden?, NTS 34 (1988) 71-83.

Schottroff, Luise: "*Anführerinnen* der Gläubigkeit" oder "einige andächtige Weiber". Frauengruppen als Trägerinnen jüdischer und christlicher Religion im ersten Jahrhundert n. Chr., in: Schaumberger: Weil wir nicht vergessen wollen, 73-87.

Schottroff, Willy: Die *Armut* der Witwen, in: Crüsemann/Schottroff: Schuld, 54-89

Schottroff, Willy, *Stegemann*, Wolfgang, Hg.: *Traditionen* der Befreiung. Sozialgeschichtliche Bibelauslegungen. II. Frauen in der Bibel, München u.a. 1980

Schrage, Wolfgang, Hg.: *Studien* zum Text und zur Ethik des Neuen Testaments (FS Heinrich Greeven) (= BZNW 47), Berlin/New York 1986

Schrage, Wolfgang: Zur Ethik der neutestamentlichen *Haustafeln*, NTS 21 (1975) 1-22.

Schroeder, David: Die *Haustafeln* des Neuen Testaments. Ihre Herkunft und theologischer Sinn, Diss. Hamburg (Mikrokopie) 1959

Schulz, Siegfried: Neutestamentliche *Ethik* (= Zürcher Grundrisse zur Bibel), Zürich 1987

Schulze, W.A.: Ein *Bischof* sei eines Weibes Mann. Zur Exegese von 1. Tim 3,2 und Tit 1,6, KuD 4 (1958) 287-300.

Schüngel-Straumann, Helen: Die *Frau* am Anfang. Eva und die Folgen, Freiburg 1989

Schürmann, Heinz: "... und *Lehrer*". Die geistliche Eigenart des Lehrdienstes und sein Verhältnis zu anderen geistlichen Diensten im neutestamentlichen Zeitalter, in: Orientierungen am Neuen Testament, 116-156.

Schüssler Fiorenza, Elisabeth: *Brot* statt Steine. Die Herausforderung einer feministischen Interpretation der Bibel, Fribourg 1988

Schüssler Fiorenza, Elisabeth: *Emanzipation* aus der Bibel. Gegen patriarchales Christentum, EK 16 (1983) 195-198.

Schüssler Fiorenza, Elisabeth: Der *Beitrag der Frau* zur urchristlichen Bewegung. Kritische Überlegungen zur Rekonstruktion urchristlicher Geschichte, in: Schottroff/Stegemann: Traditionen, 60-90.

Schüssler Fiorenza, Elisabeth: Die *Rolle der Frau* in der urchristlichen Bewegung, Conc 12 (1976) 3-9.

Schüssler Fiorenza, Elisabeth: *Feminist Theology* and New Testament Interpretation, JSOT 22 (1982) 32-46.

Schüssler Fiorenza, Elisabeth: To Set the Record Straight: *Biblical Women's Studies*, Horizons 10 (1983) 111-121.

Schüssler Fiorenza, Elisabeth: Zu ihrem *Gedächtnis*. Eine feministisch-theologische Rekonstruktion der christlichen Ursprünge, München 1988

Schwarz, Roland: *Bürgerliches Christentum* im Neuen Testament? Eine Studie zu Ethik, Amt und Recht in den Pastoralbriefen (= ÖBS 4), Klosterneuburg 1983

Schweizer, Eduard: Das Evangelium nach *Lukas* (= NTD 3), Göttingen und Zürich [19]1986

Schweizer, Eduard: Die *Weltlichkeit* des Neuen Testamentes: die Haustafeln, in: Donner: Beiträge, 397-413.

Schweizer, Eduard: *Gemeinde* und Gemeindeordnung im Neuen Testament, Zürich 1959

Scott, E.F.: The *Pastoral* Epistles (= MNTC 13), London 1936, [7]1957

Smith, Edgar W., jr.: *Joseph and Asenath* and Early Christian Literature. A Contribution to the Corpus Hellenisticum Novi Testamenti, Diss. Claremont 1974

Smith, Jonathan Z.: *Map Is Not Territory*. Studies in the History of Religion (= SJLA 23), Leiden 1978

Smith, Jonathan Z.: The *Prayer* of Joseph, in: Smith: Map, 24-66

Speyer, Wolfgang: *Religiöse Pseudepigraphie* und literarische Fälschung, in: Brox: Pseudepigraphie, 195-263.

Spicq, Ceslas: ἀργός, in: Spicq, Notes I, 142-145.

Spicq, Ceslas: *Notes* de Lexicographie néo-testamentaire, Tomes I-III (= OBO 22/1-3), Göttingen 1978/1982.

Spicq, Ceslas: Saint Paul: Les Épitres *Pastorales* (= EtB), Paris 1947

Stählin, Gustav: Art. χήρα, ThWNT 9, 428-454.

Stählin, Gustav: Das *Bild* der Witwe. Ein Beitrag zur Bildersprache der Bibel und zum Phänomen der Personifikation in der Antike, JAC 17 (1974) 5-20.

Stenger, W.: *Timotheus* und Titus als literarische Gestalten: Beobachtungen zur Form und Funktion der Pastoralbriefe, Kairos 16 (1974) 252-267.

Stern, Menahem: Greek and Latin *Authors* on Jews and Judaism, vol. I-II, Jerusalem 1974/1980.

Strasburger, Hermann: Zum antiken *Gesellschaftsideal* (= AHAW.PH, Jg.1976, Abh. 4) Heidelberg 1976

Strecker, Georg: Die neutestamentlichen *Haustafeln* (Kol 3,18-4,1 und Eph 5,22-6,9), in: Merklein: Neues Testament und Ethik, 349-375.

Strobel, August: Der *Begriff* des Hauses im griechischen und römischen Privatrecht, ZNW 56 (1965) 91-100.

Strobel, August: *Schreiben* des Lukas? Zum sprachlichen Problem der Pastoralbriefe, NTS 15 (1968/69) 191-210.

Strotmann, Angelika: "Mein Vater bist Du! (Sir 51,10)" Zur Bedeutung der Vaterschaft Gottes in kanonischen und nicht-kanonischen frühjüdischen Schriften (= FthSt 39), Frankfurt/M. 1991

Swidler, Leonard: Greco-Roman *Feminism* and the Reception of the Gospel, in: Jaspert/Mohr: Traditio, 41-55.

Synge, F.C.: *Studies* in Texts. 1. Tim 5,3-16, Theology 68 (1965) 200f.

Taubes, Jacob, Hg.: *Gnosis* und Politik (= Religionstheorie und politische Theologie, Bd. 2), München/Paderborn/Wien/Zürich 1984

Tellenbach, Hubertus, Hg.: Das *Vaterbild* im Abendland I: Rom - Frühes Christentum - Mittelalter - Neuzeit - Gegenwart, Stuttgart/Berlin/Köln/Mainz 1978

Theißen, Gerd: Die soziologische *Auswertung* religiöser Überlieferungen, Kairos 17 (1975) 290f.

Theißen, Gerd: Soziale *Schichtung* in der korinthischen Gemeinde, ZNW 65 (1974) 232-272.

Theißen, Gerd: *Weisheit* als Mittel sozialer Abgrenzung und Öffnung. Beobachtungen zur sozialen Funktion frühjüdischer und urchristlicher Weisheit, in: Assmann: Weisheit, 193-204.

Theokratia, FS Karl-Heinrich Rengstorf (= Jahrbuch des Institutum Judaicum Delitzschianum II, 1970-1972), Leiden 1973

Thesleff, Holger: An *Introduction* to the Pythagorean writings of the Hellenistic period, Acta Academiae Aboensis, Ser. A: Humaniora, Vol. 24,3 (1961)

Thesleff, Holger: On the *Problem* of the Doric Pseudo Pythagorica. An Alternative Theory of Date and Purpose, in: Pseudepigrapha I, 57-82.

Thoma, Clemens: Art. *Amt*. Ämter. Amtsverständnis. II. Altes Testament, TRE 2, 501-509.

Thraede, Klaus: *Ärger* mit der Freiheit. Die Bedeutung von Frauen in Theorie und Praxis der Alten Kirche, in: Scharffenorth/Thraede: Freunde, 31-187.

Thraede, Klaus: Art. *Frau*, RAC 8, 197-267.

Thraede, Klaus: Zum historischen *Hintergrund* der Haustafeln des Neuen Testaments, in: Dassmann/Frank: Pietas, 359-368.

Thurston, Bonny Bowman: The *Widows*. A Women's Ministry in the Early Church, Minneapolis 1989

Thyen, Hartwig: "... nicht mehr männlich und weiblich ...". Eine Studie zu *Gal 3,28*, in: Crüsemann/Thyen: Als Mann und Frau geschaffen, 107-201.

Thyen, Hartwig: *Johannes 13* und die "Kirchliche Redaktion" des vierten Evangeliums, in: Jeremias/Kuhn/Stegemann: Tradition und Glaube, 343-356.

Tolbert, M.A.: Defining the *Problem*: The Bible and Feminist Hermeneutics, Semeia 28 (1983) 113-126.

Towner, Philip H.: *Gnosis* and Realized Eschatology in Ephesus (of the Pastoral Epistles) and the Corinthian Enthusiasm, JSNT 31 (1987) 95-124.

Towner, Philip H.: The *Goal* of our Instruction. The Structure of Theology and Ethics in the Pastoral Epistles (= JSNT Suppl. 34), Sheffield 1989

Trebilco, Paul R.: *Jewish Communities* in Asia Minor (= SNTS.MS 69), Cambridge 1991

Treggiari, Susan: *Roman Marriage*. Iusti Coniuges from the time of Cicero to the time of Ulpian, Oxford 1991

Tröger, Karl-Wolfgang, Hg.: *Gnosis* und Neues Testament. Studien aus Religionswissenschaft und Theologie, Berlin 1973

Trompf, G.W.: On *Attitudes* toward Women in Paul and Paulinist Literature: 1 Cor 11:3-16 and its Context, CBQ 42 (1980) 196-215.

Trummer, Peter: *Corpus Paulinum* - Corpus Pastorale. Zur Ortung der Paulustradition in den Pastoralbriefen, in: Kertelge: Paulus, 122ff.

Trummer, Peter: Die *Paulustradition* der Pastoralbriefe (= BET 8), Frankfurt u.a. 1978

Trummer, Peter: *Einehe* nach den Pastoralbriefen. Zum Verständnis der Termini μιᾶς γυναικὸς ἀνήρ und ἑνὸς ἀνδρὸς γυνή, Bib 51 (1970) 471-484.

Ullmann, Wolfgang: Was heißt deuteropaulinisch?, in: Studia Evangelica Vol. VII (= TU 126), 513-522.

Unnik, W.C. van: Die *Rücksicht* auf die Reaktion der Nicht-Christen als Motiv in der altchristlichen Paränese, in: van Unnik: Sparsa Collecta II, 307-322.

Unnik, W.C. van: *Sparsa Collecta*. The Collected Essays, Vol. I-II (= Suppl. Nov.Test. 30), Leiden 1980

Verner, David Carl: The *Household* of God and the Social World of the Pastoral Epistles (= SBL Diss. Series 71), Chico, CA 1983

Veyne, Paul: Brot und Spiele. Gesellschaftliche Macht und politische Herrschaft in der Antike (= Theorie und Gesellschaft 11), Frankfurt/New York 1988

Vielhauer, Philipp: *Geschichte* der urchristlichen Literatur. Einleitung in das Neue Testament, die Apokryphen und die Apostolischen Väter, Berlin/New York [4]1985

Vivarium. FS Theodor Klauser (= JAC.E 11), Münster 1984

Vogler, W.: Die Bedeutung der urchristlichen *Hausgemeinde* für die Ausbreitung des Evangeliums, ThLZ 107 (1982) 785-794.

Vögtle, Anton: Die *Tugend- und Lasterkataloge* im Neuen Testament, exegetisch, religions- und formgeschichtlich untesucht, Münster 1936

Walker, William O. jr.: 1 Corinthians 11:2-16 and *Paul's Views* Regarding Women, JBL 94 (1975) 94-110.

Walker, William O. jr.: The *Theology* of Women's Place and the Paulinist Tradition, Semeia 28 (1983) 101-112.

Wanke, Joachim: Der verkündigte *Paulus* der Pastoralbriefe, in: Ernst/Feiereis/Hoffmann: Dienst der Vermittlung, 165-188.

Weder, Hans: Art. *Hoffnung*. II. Neues Testament, TRE 15, 484-491.

Wegner, Judith Romney: *Chattel* or Person? The Status of Women in the Misnah, New York/Oxford 1988

Wegner, Judith Romney: The Image of *Woman* in Philo, in: Richards, SBL Seminar Papers 1982, 551-563.

Weidinger, Karl: Die *Haustafeln* (= UNT 14), Leipzig 1928

Weiler, Ingomar: *Witwen* und Waisen im griechischen Altertum. Bemerkungen zu antiken Randgruppen, in: Kloft: Sozialmaßnahmen, 15-33.

Weiser, Alfons: Die Rolle der *Frau* in der urchristlichen Mission, in: Dautzenberg/Merklein/Müller: Frau im Urchristentum, 158-181.

Weiser, Alfons: *Evangelisierung* im Haus, BZ 34 (1990) 63-86.

Weiser, Alfons: *Titus 2* als Gemeindeparänese, in: Merklein: Neues Testament und Ethik, 397-414.

Weiss, Bernhard: Die Briefe Pauli an *Tim*otheus und Titus (= KEK 11), Göttingen, [7]1902

White, John L.: Ancient Greek *Letters*, in: Aune: Greco-Roman Literature, 85-105.

White, John L.: The Form and Structure of the Official *Petition*, Philadelphia 1972

Wilhelm, F.: Die *Oeconomica* der Neupythagoreer Bryson, Kallikratidas, Periktione, Phinthys, RhMus 70 (1915) 161-223.

Wilken, Robert L.: *Kollegien*, Philosophenschulen und Theologie, in: Meeks: Soziologie des Urchristentums, 165-193.

Wilshire, Leland Edward: The TLG Computer and Further Reference to ΑΥΘΕΝΤΕΩ in 1 Timothy 2.12, NTS 34 (1988) 120-134.

Wilson, R. McLachlan: Art. *Gnosis*/Gnostizismus II. Neues Testament, Judentum, Alte Kirche, TRE 13, 534-551.

Windisch, Hans: Der *Barn*abasbrief (= HNT Erg.bd. 3), Tübingen 1920

Windisch, Hans: Die *katholischen Briefe* (= HNT 4,2), Tübingen 1911

Wire, Antoinette Clark: The Corinthian *Women Prophets*. A Reconstruction Through Paul's Rhetoric, Minneapolis 1990.

Witherington, Ben: Rite and Rights for *Women* - Galatians 3,28, NTS 27 (1981) 593-604.

Wlosok, Antonie: *Vater* und Vatervorstellungen in der römischen Kultur, in: Tellenbach: Vaterbild, 18-54.

Wohlenberg, D.G.: Die *Pasto*ralbriefe: der erste Timotheus-, der Titus- und der zweite Timotheusbrief (= KNT, Bd. 13), Leipzig/Erlangen [3]1923

Wolter, Michael: Die *Pastoralbriefe* als Paulustradition (= FRLANT 146), Göttingen 1988

Zimmermann, Alfred F.: Die urchristlichen *Lehrer* (= WUNT 2/12), Tübingen [2]1987

Zscharnack, Leopold: Der *Dienst* der Frauen in den ersten Jahrhunderten der christlichen Kirche, Göttingen 1902

Register

A. Stellenregister

1. Altes Testament

2. Apokryphen des Alten Testaments

3. Pseudepigraphen des Alten Testaments

4. Philo und Josephus

5. Rabbinisches Schrifttum

8. Neues Testament

9. Frühchristliche Texte und Kirchenväter

10. Griechische und römische Schriften

11. Papyri und Inschriften

B. Sachregister

C. Griechisches Begriffsregister

Wissenschaftliche Untersuchungen zum Neuen Testament

Alphabetisches Verzeichnis
der ersten und zweiten Reihe

APPOLD, MARK L.: The Oneness Motif in the Fourth Gospel. 1976. *Band II/1.*

BACHMANN, MICHAEL: Sünder oder Übertreter. 1991. *Band 59.*

BAKER, WILLIAM R.: Personal Speech-Ethics. 1994. *Band II/68.*

BAMMEL, ERNST: Judaica. 1986. *Band 37.*

BAUERNFEIND, OTTO: Kommentar und Studien zur Apostelgeschichte. 1980. *Band 22.*

BAYER, HANS FRIEDRICH: Jesus' Predictions of Vindication and Resurrection. 1986. *Band II/20.*

BETZ, OTTO: Jesus, der Messias Israels. 1987. *Band 42.*

– Jesus, der Herr der Kirche. 1990. *Band 52.*

BEYSCHLAG, KARLMANN: Simon Magnus und die christliche Gnosis. 1974. *Band 16.*

BITTNER, WOLFGANG J.: Jesu Zeichen im Johannesevangelium. 1987. *Band II/26.*

BJERKELUND, CARL J.: Tauta Egeneto. 1987. *Band 40.*

BLACKBURN, BARRY LEE: 'Theios Anēr' and the Markan Miracle Traditions. 1991. *Band II/40.*

BOCKMUEHL, MARKUS N. A.: Revelation and Mystery in Ancient Judaism and Pauline Christianity. 1990. *Band II/36.*

BÖHLIG, ALEXANDER: Gnosis und Synkretismus. Teil 1 1989. *Band 47* – Teil 2 1989. *Band 48.*

BÖTTRICH, CHRISTFRIED: Weltweisheit – Menschheitsethik – Urkult. 1992. *Band II/50.*

BÜCHLI, JÖRG: Der Poimandres – ein paganisiertes Evangelium. 1987. *Band II/27.*

BÜHNER, JAN A.: Der Gesandte und sein Weg im 4. Evangelium. 1977. *Band II/2.*

BURCHARD, CHRISTOPH: Untersuchungen zu Joseph und Aseneth. 1965. *Band 8.*

CANCIK, HUBERT (Hrsg.): Markus-Philologie. 1984. *Band 33.*

CAPES, DAVID B.: Old Testament Yaweh Texts in Paul's Christology. 1992. *Band II/47.*

CARAGOUNIS, CHRYS C.: The Son of Man. 1986. *Band 38.*

– siehe FRIDRICHSEN.

CARLETON PAGET, JAMES: The Epistle of Barnabas. 1994. *Band II/64.*

CRUMP, DAVID: Jesus the Intercessor. 1992. *Band II/49.*

DEINES, ROLAND: Jüdische Steingefäße und pharisäische Frömmigkeit. 1993. *Band II/52.*

DOBBELER, AXEL VON: Glaube als Teilhabe. 1987. *Band II/22.*

DUNN, JAMES D. G. (Hrsg.): Jews and Christians. 1992. *Band 66.*

EBERTZ, MICHAEL N.: Das Charisma des Gekreuzigten. 1987. *Band 45.*

ECKSTEIN, HANS-JOACHIM: Der Begriff der Syneidesis bei Paulus. 1983. *Band II/10.*

EGO, BEATE: Im Himmel wie auf Erden. 1989. *Band II/34.*

ELLIS, E. EARLE: Prophecy and Hermeneutic in Early Christianity. 1978. *Band 18.*

– The Old Testament in Early Christianity. 1991. *Band 54.*

ENNULAT, ANDREAS: Die ›Minor Agreements‹. 1994. *Band II/62.*

FELDMEIER, REINHARD: Die Krisis des Gottessohnes. 1987. *Band II/21.*

– Die Christen als Fremde. 1992. *Band 64.*

FELDMEIER, REINHARD und ULRICH HECKEL (Hrsg.): Die Heiden. 1994. *Band 70.*

FORNBERG, TORD: siehe Fridrichsen.

FOSSUM, JARL E.: The Name of God and the Angel of the Lord. 1985. *Band 36.*

FRIDRICHSEN, ANTON: Exegetical Writings. Hrsg. von C. C. Caragounis und T. Fornberg. 1994. *Band 76.*

GARLINGTON, DON B.: The Obedience of Faith. 1991. *Band II/38.*

GARNET, PAUL: Salvation and Atonement in the Qumran Scrolls. 1977. *Band II/3.*

GRÄSSER, ERICH: Der Alte Bund im Neuen. 1985. *Band 35.*

GREEN, JOEL B.: The Death of Jesus. 1988. *Band II/33.*

GUNDRY VOLF, JUDITH M.: Paul and Perseverance. 1990. *Band II/37.*

HAFEMANN, SCOTT J.: Suffering and the Spirit. 1986. *Band II/19.*

HECKEL, THEO K.: Der Innere Mensch. 1993. *Band II/53.*

HECKEL, ULRICH: Kraft in Schwachheit. 1993. *Band II/56.*
– siehe FELDMEIER.
– siehe HENGEL.
HEILIGENTHAL, ROMAN: Werke als Zeichen. 1983. *Band II/9.*
HEMER, COLIN J.: The Book of Acts in the Setting of Hellenistic History. 1989. *Band 49.*
HENGEL, MARTIN: Judentum und Hellenismus. 1969, [3]1988. *Band 10.*
– Die johanneische Frage. 1993. *Band 67.*
HENGEL, MARTIN und ULRICH HECKEL (Hrsg.): Paulus und das antike Judentum. 1991. *Band 58.*
HENGEL, MARTIN und HERMUT LÖHR (Hrsg.): Schriftauslegung. 1994. *Band 73.*
HENGEL, MARTIN und ANNA MARIA SCHWEMER (Hrsg.): Königsherrschaft Gottes und himmlischer
   Kult. 1991. *Band 55.*
– Die Septuaginta. 1994. *Band 72.*
HERRENBRÜCK, FRITZ: Jesus und die Zöllner. 1990. *Band II/41.*
HOFIUS, OTFRIED: Katapausis. 1970. *Band 11.*
– Der Vorhang vor dem Thron Gottes. 1972. *Band 14.*
– Der Christushymnus Philipper 2,6 – 11. 1976, [2]1991. *Band 17.*
– Paulusstudien. 1989, [2]1994. *Band 51.*
HOLTZ, TRAUGOTT: Geschichte und Theologie des Urchristentums. Hrsg. von Eckart Reinmuth
   und Christian Wolff. 1991. *Band 57.*
HOMMEL, HILDEBRECHT: Sebasmata. Band 1. 1983. *Band 31.* – Band 2. 1984. *Band 32.*
KAMLAH, EHRHARD: Die Form der katalogischen Paränese im Neuen Testament. 1964. *Band 7.*
KIM, SEYOON: The Origin of Paul's Gospel. 1981, [2]1984. *Band II/4.*
– »The ›Son of Man‹« as the Son of God. 1983. *Band 30.*
KLEINKNECHT, KARL TH.: Der leidende Gerechtfertigte. 1984, [2]1988. *Band II/13.*
KLINGHARDT, MATTHIAS: Gesetz und Volk Gottes. 1988. *Band II/32.*
KÖHLER, WOLF-DIETRICH: Rezeption des Matthäusevangeliums in der Zeit vor Irenäus. 1987.
   Band II/24.
KORN, MANFRED: Die Geschichte Jesu in veränderter Zeit. 1993. *Band II/51.*
KOSKENNIEMI, ERKKI: Apollonios von Tyana in der neutestamentlichen Exegese. 1994. *Band II/61.*
KUHN, KARL G.: Achtzehngebet und Vaterunser und der Reim. 1950. *Band 1.*
LAMPE, PETER: Die stadtrömischen Christen in den ersten beiden Jahrhunderten. 1987, [2]1989.
   Band II/18.
LIEU, SAMUEL N. C.: Manichaeism in the Later Roman Empire and Medieval China. 1992. *Band 63.*
LÖHR, HERMUT siehe HENGEL.
MAIER, GERHARD: Mensch und freier Wille. 1971. *Band 12.*
– Die Johannesoffenbarung und die Kirche. 1981. *Band 25.*
MARKSCHIES, CHRISTOPH: Valentinus Gnosticus? 1992. *Band 65.*
MARSHALL, PETER: Enmity in Corinth: Social Conventions in Paul's Relations with the Corinthians.
   1987. *Band II/23.*
MEADE, DAVID G.: Pseudonymity and Canon. 1986. *Band 39.*
MELL, ULRICH: Die »anderen« Winzer. 1994. *Band 77.*
MENGEL, BERTHOLD: Studien zum Philipperbrief. 1982. *Band II/8.*
MERKEL, HELMUT: Die Widersprüche zwischen den Evangelien. 1971. *Band 13.*
MERKLEIN, HELMUT: Studien zu Jesus und Paulus. 1987. *Band 43.*
METZLER, KARIN: Der griechische Begriff des Verzeihens. 1991. *Band II/44.*
NIEBUHR, KARL-WILHELM: Gesetz und Paränese. 1987. *Band II/28.*
– Heidenapostel aus Israel. 1992. *Band 63.*
NISSEN, ANDREAS: Gott und der Nächste im antiken Judentum. 1974. *Band 15.*
NOORMANN, ROLF: Irenäus als Paulusinterpret. 1994. *Band II/66.*
OKURE, TERESA: The Johannine Approach to Mission. 1988. *Band II/31.*
PHILONENKO, MARC (Hrsg.): Le Trône de Dieu. 1993. *Band 69.*
PILHOFER, PETER: Presbyteron Kreitton. 1990. *Band II/39.*
PÖHLMANN, WOLFGANG: Der Verlorene Sohn und das Haus. 1993. *Band 68.*
PROBST, HERMANN: Paulus und der Brief. 1991. *Band II/45.*

RÄISÄNEN, HEIKKI: Paul and the Law. 1983, [2]1987. *Band 29.*
REHKOPF, FRIEDRICH: Die lukanische Sonderquelle. 1959. *Band 5.*
REINMUTH, ECKART: Pseudo-Philo und Lukas. 1994. *Band 74.*
– siehe HOLTZ.
REISER, MARIUS: Syntax und Stil des Markusevangeliums. 1984. *Band II/11.*
RICHARDS, E. RANDOLPH: The Secretary in the Letters of Paul. 1991. *Band II/42.*
RIESNER, RAINER: Jesus als Lehrer. 1981, [3]1988. *Band II/7.*
– Die Frühzeit des Apostels Paulus. 1994. *Band 71.*
RISSI, MATHIAS: Die Theologie des Hebräerbriefs. 1987. *Band 41.*
RÖHSER, GÜNTER: Metaphorik und Personifikation der Sünde. 1987. *Band II/25.*
ROSE, CHRISTIAN: Die Wolke der Zeugen. 1994. *Band II/60.*
RÜGER, HANS PETER: Die Weisheitsschrift aus der Kairoer Geniza. 1991. *Band 53.*
SALZMANN, JORG CHRISTIAN: Lehren und Ermahnen. 1994. *Band II/59.*
SÄNGER, DIETER: Antikes Judentum und die Mysterien. 1980. *Band II/5.*
– Die Verkündigung des Gekreuzigten und Israel. 1994. *Band 75.*
SANDNES, KARL OLAV: Paul – One of the Prophets? 1991. *Band II/43.*
SATO, MIGAKU: Q und Prophetie. 1988. *Band II/29.*
SCHIMANOWSKI, GOTTFRIED: Weisheit und Messias. 1985. *Band II/17.*
SCHLICHTING, GÜNTER: Ein jüdisches Leben Jesu. 1982. *Band 24.*
SCHNABEL, ECKHARD J.: Law and Wisdom from Ben Sira to Paul. 1985. *Band II/16.*
SCHUTTER, WILLIAM L.: Hermeneutic and Composition in I Peter. 1989. *Band II/30.*
SCHWARTZ, DANIEL R.: Studies in the Jewish Background of Christianity. 1992. *Band 60.*
SCHWEMER, A. M.: siehe HENGEL.
SCOTT, JAMES M.: Adoption as Sons of God. 1992. *Band II/48.*
SIEGERT, FOLKER: Drei hellenistisch-jüdische Predigten. Teil 1 1980. *Band 20.* – Teil 2 1992. *Band 61.*
– Nag-Hammadi-Register. 1982. *Band 26.*
– Argumentation bei Paulus. 1985. *Band 34.*
– Philon von Alexandrien. 1988. *Band 46.*
SIMON, MARCEL: Le christianisme antique et son contexte religieux I/II. 1981. *Band 23.*
SNODGRASS, KLYNE: The Parable of the Wicked Tenants. 1983. *Band 27.*
SOMMER, URS: Die Passionsgeschichte des Markusevangeliums. 1993. *Band II/58.*
SPANGENBERG, VOLKER: Herrlichkeit des Neuen Bundes. 1993. *Band II/55.*
SPEYER, WOLFGANG: Frühes Christentum im antiken Strahlungsfeld. 1989. *Band 50.*
STADELMANN, HELGE: Ben Sira als Schriftgelehrter. 1980. *Band II/6.*
STROBEL, AUGUST: Die Stunde der Wahrheit. 1980. *Band 21.*
STUCKENBRUCK, LOREN: Angel Veneration and Christology. 1994. *Band II/70.*
STUHLMACHER, PETER (Hrsg.): Das Evangelium und die Evangelien. 1983. *Band 28.*
SUNG, CHONG-HYON: Vergebung der Sünden. 1993. *Band II/57.*
TAJRA, HARRY W.: The Trial of St. Paul. 1989. *Band II/35.*
– The Martyrdom of St. Paul. 1994. *Band II/67.*
THEISSEN, GERD: Studien zur Soziologie des Urchristentums. 1979, [3]1989. *Band 19.*
THORNTON, CLAUS-JÜRGEN: Der Zeuge des Zeugen. 1991. *Band 56.*
TWELFTREE, GRAHAM: Jesus the Exorcist. 1993. *Band II/54.*
WAGENER, ULRIKE: Die Ordnung des ›Hauses Gottes‹. 1994. *Band II/65.*
WEDDERBURN, A. J. M.: Baptism and Resurrection. 1987. *Band 44.*
WEGNER, UWE: Der Hauptmann von Kafarnaum. 1985. *Band II/14.*
WELCK, CHRISTIAN: Erzählte ›Zeichen‹. 1994. *Band II/69.*
WILSON, WALTER T.: Love without Pretense. 1991. *Band II/46.*
WOLFF, CHRISTIAN: siehe HOLTZ.
ZIMMERMANN, ALFRED E.: Die urchristlichen Lehrer. 1984, [2]1988. *Band II/12.*

Einen Gesamtkatalog erhalten Sie gern vom Verlag
J. C. B. Mohr (Paul Siebeck), Postfach 2040, D-72010 Tübingen